Identität
unbekannt

Christopher Joyce
und Eric Stover

IDENTITÄT UNBEKANNT

Was Gebeine enthüllen

Für die Verschwundenen

Aus dem Amerikanischen
von
Karl-Heinz Gschrey

Fachberatung:
Dr. med. Stephan Bartels

vgs

Die Deutsche Bibliothek – CIP-Einheitsaufnahme

Joyce, Christopher:
Identität unbekannt: was Gebeine enthüllen / Christopher Joyce und Eric Stover. – Köln : vgs, 1991
Einheitssacht.: Witnesses from the grave, the stories bones tell <dt.>
ISBN 3-8025-2208-7
NE: Stover, Eric

Titel der amerikanischen Originalausgabe:
Witnesses from the Grave – The Stories Bones tell

Erstausgabe 1991 bei Little, Brown & Company, Boston

Veröffentlicht in der Bundesrepublik Deutschland durch
vgs verlagsgesellschaft, Breite Straße 118–120, 5000 Köln 1
1. Auflage 1991

Lektorat: Kurt-Jürgen Heering
Satz: ICS Communikations-Service GmbH, Bergisch Gladbach
Schutzumschlag: Papen Agentur, Köln
Druck und Verarbeitung: May + Co., Darmstadt
Printed in Germany
ISBN 3-8025-2208-7

»Der Tod bedeutet für uns zweierlei: Zum einen das Nichtsein. Zum anderen das erschreckend materielle Sein des Leichnams.«

Milan Kundera
Das Buch des Lachens und Vergessens

Und wenn schließlich
der Tag kommt,
an dem sie Dich
auffordern, die
Leiche zu identifizieren
und eine Stimme sagt:
Wir haben ihn getötet,
der arme Kerl starb,
er ist tot.
Wenn sie Dir sagen,
ich sei
auf jeden Fall, bestimmt, unwiderruflich
tot,
glaub ihnen nicht
glaub ihnen nicht
glaub ihnen nicht

Ariel Dorfman, »Last Will and Testament«, aus:
Missing – Poems by Ariel Dorfman

INHALT

Danksagungen

Von allen, die uns halfen, dieses Buch zu schreiben, gilt unser besonderer Dank Nancy Heneson, die mit Scharfsinn und Mitgefühl über unseren literarischen Ergüssen wachte und uns davor bewahrte, mit der Sprache allzu freizügig umzugehen. In unserem Bemühen, ein möglichst klares Bild von unserer Hauptperson zu zeichnen, waren uns Jerry Snows Kenntnisse und die Unterstützung von Marguerite King vom Ralls Historical Museum eine große Hilfe. Danken möchten wir an dieser Stelle auch einer ganzen Reihe von Freunden und Kollegen, die frühere Fassungen des Buches kritisch begutachteten: Joyce Kornblatt, Richard P. Claude, Juan Méndez, Tom Gergely, Gerald Posner, Pamela Blotner, Martin Anderson und Richard Joyce.

Die American Association for the Advancement of Science und William D. Carey, einer ihrer ehemaligen Beamten, ermöglichten das Zustandekommen der im Buch beschriebenen Arbeiten in Argentinien. Erwähnt werden muß in diesem Zusammenhang auch die kenntnisreiche Unterstützung durch Cristian Orrego von der University of California in Berkeley. Auch in Argentinien wurde unserem Projekt von vielen Seiten Unterstützung zuteil, so speziell durch Coche Pereyra und die Abuelas de la Plaza de Mayo, durch die Mitarbeiter des Movimiento Ecumenico de Derechos Humanos sowie durch María Julia Bihurriet, Mauricio Cohen und Brian Thomsen. Besondere Erwähnung verdient Susana Mendez' mutige Bereitschaft, uns durch die Straßen von Buenos Aires zu fahren. Für das uns von der Europäischen Menschenrechtsstiftung in den Niederlanden gewährte Forschungsstipendium sei hier ausdrücklich gedankt.

Wertvolle Informationen über die Jagd nach Josef Mengele

verdanken wir David Marwell vom Justizministerium der Vereinigten Staaten von Amerika, Ralph Blumenthal von der »New York Times« sowie dem Schriftsteller Richard White. Gleiches gilt für Patricia Feeney von Amnesty International im Zusammenhang mit der bolivianischen Episode. Selbstverständlich wollen wir auch all jenen herzlich danken, die es über sich ergehen ließen, von uns für dieses Buch interviewt zu werden. Steve Rubin, der Computerzauberer, erklärte uns die verschlungenen Wege des Wortes durch die Maschine. Ohne Kristine Dahl, unsere Agentin, und Karen Dane, unsere Redakteurin bei Little, Brown, and Company, wäre dieses Projekt wohl weder ins Rollen noch zum Abschluß gekommen. Daß es letztlich überhaupt zustande kam, verdanken wir unserem Verleger William Phillips, von dessen Entscheidung alles abhing.

PROLOG

Die Hölle des Granja de Espejos

An einem warmen Oktobermorgen des Jahres 1989 stand Clyde Collins Snow, seinen Cowboy-Strohhut tief in die Stirn gezogen, auf einer Felsenklippe, von der aus er das Tal des Granja de Espejos in Zentralbolivien überblicken konnte. Papageien flatterten durch das nahegelegene Unterholz, und irgendwo auf dem Grat hinter ihm waren Scharen von Affen schnatternd in eine lautstarke Auseinandersetzung verwickelt. Wenn er auf das unter ihm gelegene Tal mit seinen silbrig glänzenden Flüssen und halbtropischen Wäldern blickte, war ihm, als läge dort unten das Paradies. Doch für die etwa achtzig Männer, die in den weißgetünchten Langhäusern im Tal lebten, war es, das hatte er in den vergangenen Tagen herausgefunden, eher die Hölle.

Snow war eine Woche zuvor in der nahegelegenen Stadt Santa Cruz eingetroffen. Er kam als Wissenschaftler, doch nicht als gewöhnlicher Wissenschaftler. Weder war er an der Heilung von Kranken interessiert noch an der Entdeckung seltener Pflanzen oder Tiere, und auch nicht daran, seine Forschungsergebnisse in irgendeiner Fachzeitschrift zu veröffentlichen. Er war ein forensischer Anthropologe, ein Experte, der sein Wissen über die Variationsbreite des menschlichen Skeletts für zivile und kriminologische Untersuchungen einsetzte. Es gab nur wenige, die Snows Beruf ausübten. Und noch weniger, kaum mehr als eine Handvoll, verwendeten ihre Fähigkeiten wie er darauf, Greueltaten aufzudecken, die von Regierungen verübt worden waren. In diesem besonderen Fall gab es sogar nur ihn, den wissenschaftlichen Detektiv Snow, der das nötige Fachwissen besaß, um die blutigen Ereignisse aufzuklären, die sich in diesem Tal inmitten des bolivianischen Kokainreviers zugetragen hatten.

Der Amerikaner war hierher gekommen, um das Granja de Espejos zu untersuchen, ein Arbeitslager, ein Gefängnis ohne Mauern. Seit 1967 hatte die bolivianische Polizei Hunderte von Knaben und jungen Männern von den Straßen der Städte geholt und in Lager wie das Granja gepfercht. Einige waren die Spreu von Boliviens gewaltiger Kokainindustrie – Süchtige, die, anders als die Dealer, das Kokain inhalieren, statt es für den Export zu verkaufen. Viele andere wiederum waren nichts weiter als kleine Diebe oder das, was das Gesetz als »Landstreicher und Schurken« bezeichnet. Ältere Insassen nannten sie »palomillos« oder kleine Tauben. Viele von ihnen waren süchtig nach »pitillos«, einer zu Zigaretten gerollten Kokapaste, die sie rauchten, um ihren Hunger und ihre Verzweiflung zu betäuben. Selbst wenn einer dieser »palomillos« eine Familie hatte, würde diese nie etwas über das Schicksal ihres Sohnes erfahren oder gar in der Lage sein, seine Inhaftierung anzufechten. Nicht einmal die Möglichkeit, sich um ihn zu kümmern, stand ihr offen.

Für keinen Insassen des Granja hatte es je eine formelle Anklage, eine Verhandlung, geschweige denn eine Verurteilung gegeben. Man schickte sie zur Besserung dorthin, damit sie durch das Bearbeiten der Felder und Obstplantagen und das Pflegen der Tiere Selbstdisziplin lernten. Sie blieben etwa ein Jahr, bis man sie wieder auf die rechte Bahn gebracht hatte – es sei denn, sie starben vorher.

Snow traf am Donnerstag, dem 12. Oktober, in Santa Cruz ein, einer rapide wachsenden Stadt im feuchten Herzland Boliviens. In seinem Hotel, nahe der städtischen Hauptplaza, traf er sich mit drei jungen Argentiniern. Alle drei waren Mitglieder des in Buenos Aires ansässigen »Equipo Argentino de Antropología Forense«, des argentinischen Teams für forensische Anthropologie, einer in ihrer Art in der Welt einmaligen Gruppe. Stämmig und in seinen Luchesse-Cowboystiefeln über 1,80 Meter groß, überragte Snow die Argentinier um Haupteslänge. Seinen Gesichtszügen war anzusehen, daß sie im verzweifelten Abwehrkampf gegen die Schwerkraft lagen, der die Vorliebe des Mannes für harte Alkoholika und durchzechte Nächte in die Hände arbeitete. Der Akzent seines Spanisch deutete darauf hin, daß er in Texas aufgewachsen sein mußte.

Im Laufe der vergangenen fünf Jahre hatte Snow in den Friedhöfen und Leichenhäusern Argentiniens diesem jungen Team viel von seinem Wissen weitergegeben und es mit so mancher Perle westtexanischer Weisheit gewürzt. Nun hatten sie sich bereits in seiner ureigensten Domäne etabliert und ihn bei ihrer neuesten Untersuchung um Hilfe gebeten. Die Gruppe setzte sich in ein Café in der Nähe des Hotels. Snow machte es sich in einem Rohrstuhl gemütlich und zündete sich die erste Zigarette aus der zweiten Packung dieses Tages an. Dann wandte er sein graues Gesicht Morris Tidball Binz zu. Binz, ein drahtiger, athletischer Mann mit dem hellen Teint und den blauen Augen seiner englischen Vorfahren, beschrieb den bisherigen Verlauf der Untersuchung. Sein Kollege Alejandro Incharregui, ein leidenschaftlicher, bärtiger Mann in den Mittdreißigern, bestellte eine Runde Kaffee und einen Scotch für Snow. Der dritte Argentinier, Luis Fondebrider, seines Zeichens Anthropologe und mit weniger als dreißig Jahren der jüngste der drei, hielt sich betont zurück und überließ das Reden seinen Freunden.

Die Argentinier waren Anfang September nach Santa Cruz gekommen, auf Einladung des bolivianischen Menschenrechtsanwalts Alejandro Colanzi. Colanzi versuchte seit 1984, das einhundert Jahre alte bolivianische Gesetz zu reformieren, das die Polizei ermächtigte, so gut wie jeden, den sie wollte, in das 44 Kilometer südwestlich von Santa Cruz gelegene Granja oder in eines der beiden anderen Lager in der Nähe von Cochabamba und La Paz zu schicken. Um seine Bestrebungen zu untermauern, hatte er Dutzende von ehemaligen Granja-Insassen in seinem Büro im »Centro de Estudios Legales y Sociales«, dem Zentrum für Sozial- und Rechtsstudien, in Santa Cruz befragt. Sie hatten ihm von Lagerwachen erzählt, die sich aus Langeweile zu wahren Sadisten entwikkelt hatten, von brutalen Schlägen für nichtige Vergehen sowie von Exekutionen und Begräbnissen auf einem am Hang gelegenen Friedhof, den man die Plantanales nannte.

Die »Cruzeros«, wie man die Einwohner von Santa Cruz nannte, kümmerten sich wenig um die Granja de Espejos, zumindest bis zum Mai 1987. In diesem Monat erschien nämlich in einer Lokalzeitung ein Bericht, der besagte, daß ein junger Student mit Namen Hernán Callau Flores bei dem Versuch, aus dem Lager zu entkommen, erschossen worden war. Monate später wurde seiner Witwe, die die Leiche überführen lassen wollte, vom Lagerkommandanten Luis Camacho mitgeteilt, diese sei bereits bestattet worden. Eine Überführung, beschied er die Witwe, verursache zu viele Umstände.

Ein Jahr später starb ein weiterer Insasse des Granja. Auch er war bei einem Fluchtversuch erschossen worden. So lautete zumindest die offizielle Version. Diejenige, die Colanzi von ehemaligen Granja-Gefangenen zu hören bekam, warf dagegen ein ganz anderes Licht auf den Fall. Edwin »Bubby« Parada Vaca war trotz seiner Pitillo-Abhängigkeit alles andere als ein typischer Granja-Insasse: ein begabter Student, ein Poet und, in den Augen der Wachen, ein Unruhestifter. Er verhöhnte die Wachen, indem er sie Tagelöhner nannte. Ja, er organisierte sogar seine Mitinsassen, um die Forderung nach besserem Essen und weniger Arbeit durchzusetzen. Dann, eines Tages, floh er.

Am späten Nachmittag desselben Tages begab sich ein Wächter mit Namen José Soliz auf die Verfolgung des Geflohenen. Eine ungeschriebene Lagerregel besagte, daß im Falle der Flucht eines Lagerinsassen die diensthabenden Wachleute für dessen Wiedereinfangen verantwortlich waren – tot oder lebendig. Am Mittag des darauffolgenden Tages kam Soliz mit Bubby zurück. Soliz trieb den Mann zum Fußballfeld des Lagers, wo er vor den Augen der anderen Gefangenen mit einem Gummiriemen auf den jungen Dichter einschlug. Als der Junge zusammenbrach, zog Soliz eine Pistole und gab mehrere Schüsse auf den zusammengekrümmten und blutenden Körper ab.

Da mit Bubby ein Angehöriger der Mittelklasse ermordet worden war, verursachte dies weit größere Entrüstung als andere Morde, von denen man im Zusammenhang mit der Granja gehört hatte. Studenten gingen auf die Straße und verteilten Flugblätter, auf denen sie für ihren Studienkollegen Gerechtigkeit forderten. Colanzi ergriff diese günstige Gelegenheit und rang dem Büro das Gouverneurs die Genehmigung zu einer Untersuchung des Lagers ab. Der Wachmann Soliz wurde schließlich in Haft genommen, und Mitte 1989 erhielt Colanzi die Erlaubnis, die Granja und den von den ehemaligen Insassen erwähnten Friedhof zu inspizieren. Innerhalb weniger Tage hatte er mit Amnesty International in London Kontakt aufgenommen, und von dort hatte man ihn dann an das argentinische Team weiterverwiesen.

Im September unternahmen Colanzi und die Argentinier die dreistündige Fahrt, die über schlammige Straßen und durch vom Regen angeschwollene Flüsse zum Granja führte. Am Lagereingang wurde die Gruppe von Luis Camacho erwartet, einem bulligen Mann, der mit seiner grünen, mit Epauletten besetzten Uniform eine imposante Erscheinung abgab.

Camacho prüfte die Papiere der Delegation sorgfältig und führte sie dann durch das Lager. Indem er mal salbungsvoll, mal brüsk und abweisend unter seinem Buschhut hervorblickte, zeigte er ihnen die Wohnquartiere, die Freiluftküchen, die Stallungen, den Ententeich und die Zitronenplantagen. Er ließ sogar die Lagerinsassen antreten. Diese stürzten aus ihren Zellen und reihten sich mit ihren ungewaschenen und zerschlissenen grünen Uniformen in einer nicht eben geraden Formation in Habtachtstellung auf. Camacho befahl ihnen, in einer Reihe zur Freiluftkantine zu laufen, was die Gefangenen, jeder seine eigene farbige Plastikschüssel gegen die Brust gepreßt, auch taten. In diese Schüssel erhielten sie dann aus einem Fünfzig-Gallonen-Behälter einige Kellen einer gallertartigen Suppe.

Camacho stritt ab, daß während der zehn Jahre, die er nun im Lager war, jemals ein Insasse unnötigerweise geschlagen worden sei. Es treffe zwar zu, daß es seinen Wachen durch das Gesetz erlaubt sei, Flüchtlinge zu erschießen, und dies sei auch in einzelnen Fällen vorgekommen; doch solche Vorfälle, beeilte er sich zu betonen, seien die Ausnahme.

Als Colanzi den Lagerkommandanten fragte, ob die Delegation den Friedhof sehen könne, führte Camacho die Besucher nur widerstrebend zur Spitze eines Hügels oberhalb des Lagers. Die Argentinier schritten die Grabreihen ab und schoben dabei kleine Sträucher beiseite. Zwischen einigen Gedenktafeln war die Erde eingebrochen, und es hatten sich flache Vertiefungen gebildet. Insgesamt zählten sie über sechzig Gräber.

Zwei Tage später kehrte die Gruppe zum Granja zurück, diesmal jedoch mit dem Justizbeauftragten des Gouverneurs. Er hatte neue Anweisungen mitgebracht, die besagten, Camacho habe den Argentiniern die Erlaubnis zur Exhumierung von Gräbern zu geben. Der Kommandant warf nur einen kurzen Blick auf das Papier und verwies die Fremden des Lagers.

Wieder in Santa Cruz, beratschlagte die Gruppe, entschlossener denn je, Camacho festzunageln, wie sie weiter vorgehen sollte. Colanzi sollte eine gerichtliche Verfügung erwirken, die Camacho nicht so einfach mißachten konnte. Die Argentinier wollten zwischenzeitlich nach Buenos Aires zurückkehren und sich um die Mitarbeit Snows bemühen, dessen internationaler Ruf ein zusätzliches Druckmittel darstellen würde.

Am 10. Oktober, zwei Tage vor Snows Eintreffen, kehrten die

Argentinier in Begleitung des Richters Hernán Cortez von der Ersten Strafkammer von Santa Cruz und einigen Journalisten zum Granja zurück. Camacho gab angesichts der übergeordneten Autorität und der Überzahl nach und erlaubte die Exhumierung.

In der gleißenden Mittagssonne markierten die Argentinier die Abgrenzungen eines Grabes. Das Holzkreuz trug den Namen Hernán Callau Flores. Vom Fuß des Grabes aus gruben sie, bis sie auf die Füße des Toten stießen und dadurch wußten, wie tief man den Körper vergraben hatte. Nach einigen Stunden hatten sie die Erde weggeschaufelt und ein Skelett freigelegt. Der Tote war mit dem Gesicht nach unten auf einer rohen Unterlage aus Holz und Palmenblättern bestattet worden. Anhand der Erde und der Vegetation im Grab schloß das Team, daß die Beisetzung vor einem, möglicherweise auch schon vor zwei Jahren stattgefunden haben mußte.

Am folgenden Tag exhumierten die Argentinier ein weiteres Skelett, diesmal aus einem unmarkierten Grab. Auch diesen Toten hatte man mit dem Gesicht nach unten bestattet. In die Akten wurde er unter der Kennziffer SC2 aufgenommen. Ein drittes Grab erwies sich als leer, während ein viertes, SC4, die Leiche eines weiteren jungen Mannes enthielt. Auf dem Kreuz stand, fast schon unleserlich, Escobar.

Das Team nahm insgesamt fünf Exhumierungen vor und legte vier Skelette frei. Mit Hilfe einiger Lagerinsassen verpackten sie die sterblichen Überreste in Holzkisten, trugen sie den Hügel hinab und verfrachteten sie mit dem Jeep nach Santa Cruz. Der Anwalt Colanzi, so erfuhr Snow bei seiner Ankunft, erwarte sie im Leichenschauhaus einer Klinik auf der anderen Seite der Stadt. Dort sei alles für ihre Laborarbeiten bereit.

Die kommenden drei Tage brachte Snow damit zu, die Gebeine aus dem Granja zu untersuchen und zu vermessen, um bei jedem Skelett Geschlecht, Rasse und Alter bei Todeseintritt zu bestimmen. Er zog mathematische Tabellen zu Rate, um anhand der Arm- und Beinknochen die Körpergröße zu berechnen, und er fertigte von jedem Knochen Röntgenaufnahmen an, von denen er sich Aufschluß über Frakturen und andere Anomalien erhoffte. Als Hilfsmittel benutzte Snow nur eine Lupe, einen Greiftaster, Stift und Papier sowie einen Taschenrechner. Eingedenk der Tatsache, daß er es, fern der Heimat, mit einem Mord in einem Land der Dritten Welt zu tun hatte, protokollierte er jeden seiner Schritte auf einem Diktiergerät.

Eines der Skelette, so stellte er schließlich fest, gehörte zu einem Jungen von etwa fünfzehn Jahren, ein weiteres Skelett zu einem Vierundzwanzigjährigen. Dies stammte aus dem mit »Escobar« markierten Grab. Beim Umdrehen des linken Unterarms und der Fingerknochen der linken Hand stellte Snow mehrere feine Frakturen fest, wie sie typisch für Fälle sind, in denen sich eine Person gegen Schläge mit einem Schlagstock oder Knüppel verteidigt hat. Ähnliche Frakturen fanden sich auch an den unteren Rippen des Skeletts. In allen Fällen handelte es sich um »Perimortem«-Verletzungen, das heißt um Verletzungen, die unmittelbar vor oder genau zum Zeitpunkt des Todes entstanden waren.

Im Skelett aus dem Hernán Callau Flores zugeschriebenen Grab fand Snow eine Kugel vom Kaliber 22 – die Wachen im Granja trugen Gewehre dieses Kalibers –, die offensichtlich durch eine Rippe auf der linken Körperseite in den Körper eingedrungen war und ihn durch eine weitere Rippe auf der rechten Seite wieder verlassen hatte, wobei als Visitenkarte winzige Metallpartikel zurückgeblieben waren.

Die detailliertesten Schlüsse konnte der Wissenschaftler aus dem letzten Skelett ziehen. Eine glimmende Havanna-Zigarre in der einen Hand und sein Diktiergerät in der anderen, hob er den Schädel hoch, um ihn den im Leichenhaus Anwesenden zu zeigen. Dabei erklärte er knapp, welche Besonderheiten der Schädel aufwies. Eine kleinkalibrige Kugel, führte Snow aus, sei einige Zentimeter hinter dem linken Ohr in den Hinterkopf eingedrungen. Nach dem Schußwinkel zu schließen, der nach rechts oben wies, wäre die Kugel knapp über dem rechten Auge wieder ausgetreten, wenn sie nicht aus Mangel an Energie im Schädel steckengeblieben wäre. Snow neigte den Schädel nach unten, und die Kugel fiel polternd zu Boden. »Was wir hier haben«, resümierte er, »ist ein akuter Fall von Bleivergiftung.«

Anschließend nahm Snow den linken Oberschenkelknochen zur Hand und deutete auf eine weitere Schußwunde an der Stelle, an der der Knochen einen Teil des Knies bildet. »Es sieht so aus, als hätte man dem Mann zuerst die Kniescheibe zerschossen und ihm dann den Rest gegeben«, stellte er fest.

In der Tat hatten Lagerinsassen den Argentiniern berichtet, daß man den Mann geschlagen und ihn dann ins Bein geschossen hatte. Die Wachen hatten ihn danach zum Friedhof geschleppt, ihn mit dem Gesicht nach unten in ein offenes Grab geworfen und schließlich in den Kopf geschossen.

Nach Snows Untersuchungen im Leichenschauhaus ging alles sehr schnell. Richter Cortez verfügte die Inhaftierung von Camacho und drei seiner Wachen. Er schloß auch das Granja, wobei er die minderjährigen Insassen als erste freiließ. Die im Lager verbliebenen Wachen sammelten die anderen Gefangenen zusammen, führten sie zur Straße nach Santa Cruz und ließen sie dann zurück, nachdem sie jedem ein paar Münzen für die Busfahrt gegeben hatten. In der Zwischenzeit flog ein Regierungsbeauftragter aus der Hauptstadt La Paz nach Santa Cruz und gab dort auf einer Pressekonferenz bekannt, daß die Regierung das System der landwirtschaftlichen Arbeitslager überprüfen werde, ebenso das Polizeigesetz, das eine Inhaftierung ohne Verhandlung erlaubte. Camacho und einige seiner Henker wurden zu Haftstrafen verurteilt. Die sterblichen Überreste der vier auf dem Granja-Friedhof exhumierten Lagerinsassen wurden später identifiziert und ihren Familien übergeben.

Da er den Ort der Verbrechen mit eigenen Augen sehen wollte, besuchte Snow an seinem letzten Tag in Bolivien zusammen mit Colanzi das Granja. Sie erstiegen die Klippe über dem Lager, wo der Friedhof gelegen war, und blickten einige Augenblicke schweigend auf die verlassenen Gebäude hinab.

Snow griff in seine Jackentasche, zog eine Zigarre, fast so dick wie eine Schrotpatrone, heraus, und reichte sie dem Anwalt. »Wissen Sie«, sagte der Amerikaner, während er seine Handfläche schützend über ein Streichholz hielt, »damals, 1979, zog man mich zu einem Fall hinzu, bei dem ich ein paar Jungs identifizieren sollte, die ein Psychopath in Chicago ermordet hatte. Ich hätte nicht im Traum daran gedacht, daß ich zehn Jahre später hier unten genau dasselbe tun müßte.«

Er stockte, augenscheinlich auf der Suche nach den richtigen Worten, mit denen er sein Leben zusammenfassen konnte, bei dem es stets darum gegangen war, Zeugen aus den Gräbern zurückzuholen. »Aber bei diesem Fall gab es einen wesentlichen Unterschied«, fuhr er schließlich fort. »Camacho und seine Männer haben diese Jungen mit Rückendeckung des Staates ermordet. In meinen Augen ist das das schlimmste Verbrechen von allen.«

1

Frühe Bekanntschaft mit dem Tod

Mit sechs Jahren hatte Sonny Snow bereits mit den meisten Kindern im Crosby County das Bett geteilt. In den dreißiger Jahren als einziges Kind eines Landarztes geboren, war er früh schon mit fast allen Jungs in diesem Bezirk von Texas in Raufhändel verwickelt gewesen. Er kannte die Namen der Puppen und der Haustiere der Mädchen, und er wußte, welche Kinder geschlagen wurden und welche nicht. Besser als die örtliche Telefonistin wußte er darüber Bescheid, was in den Wohnzimmern und Küchen der Landbevölkerung vorging, er kannte ihre Freuden, ihren Zank und das Unglück, das die Jahre des Dust-Bowls, der großen staubigen Trockenheit, über jeden einzelnen von ihnen gebracht hatten.

Sonnys Vater, W. C. (Wister Clyde) Snow, rief ihn aus seinem Zimmer oder, wenn der Junge bereits schlief, hob ihn ruhig aus seinem Bett und trug ihn hinunter zum Wagen. Seine Mutter, Sarah Isabel Snow, packte die Leinentücher und die medizinischen Instrumente zusammen und nahm als Wegzehrung ein gebratenes Huhn und einige Kekse mit. Dann fuhren die drei hinaus in die texanischen Ebenen, die sich zwischen New Mexico und Oklahoma schieben: ein endlos flaches Land, in dem im Sommer die Luft vor Hitze flimmert und in dem die »Blue Northers« mit der Gewalt einer plötzlichen Überschwemmung eine tödliche Front eiskalter Luft herantragen können.

Der Rücksitz der schwarzen Chevy-Limousine war Sonnys Reich. Wenn sie bei Tage fuhren, las er Bücher über Indianer, die Abenteuer von Davy Crockett oder die Schlacht von Alamo. Wenn ihm das zu langweilig wurde, hielt er nach Eselshasen, Erdkuckucken und Präriehunden Ausschau; oder er zählte die Silhouetten der Windmühlen.

Mitunter fuhren sie stundenlang durch die Felder, durch ein Meer schaumiger Baumwollpflanzen, in dem ihr Wagen zu verschwinden schien, und besuchten ein Bauernhaus oder eine Pächterhütte nach der anderen. W. C. lenkte den Wagen zu einem Haus, Sonny kletterte heraus, streckte sich und kraulte jeden Hund, der sich gerade einfand, während sein Vater ruhig mit dem Farmer oder dessen Frau sprach. Dann begaben sich W. C. mit seiner Arzttasche und Isabel mit den restlichen benötigten Sachen zum Krankenzimmer – im Winter zumeist das Schlafzimmer der Familie, bei heißem Wetter oft ein überdachter, schattiger Vorbau. In den meisten Fällen kannte Dr. Snow oder einfach Doc, wie die Landbevölkerung ihn nannte, seine Patienten mit ihren Vornamen, und er wußte genau, daß ein ermutigendes Schulterklopfen und ein kleines Schwätzchen über die gute Baumwollernte oder das Rodeo im letzten Monat ebenso heilsam war wie jede Medizin aus der Apotheke. Sonny trieb sich derweil draußen herum und spielte mit den Kindern oder mit dem Hund. Wenn es spät wurde, steckte man ihn einfach zu den anderen Kindern ins Bett.

Der »Pfannenstiel«, wie dieser nordwestliche Teil von Texas genannt wird, war in den dreißiger Jahren ein staubiger Landstrich, so staubig, sagten die Leute, daß die Büsche hinter den Hunden herliefen, um ein bißchen Feuchtigkeit zu bekommen. Die meisten Menschen, die von diesem Boden lebten, waren gezwungen ein einfaches, entbehrungsreiches Leben zu führen. W. C. Snow war einer von zwei Ärzten in der Stadt Ralls. Im Laufe der sechzehn Jahre, die er in der Gegend praktizierte, hatte er einige tausend Babys zur Welt gebracht, wofür er jeweils 25 Dollar berechnete, inklusive Entbindung sowie prä- und postnataler Versorgung. Außerdem gab es jede Menge gebrochener Knochen zu richten. Bei all dem Staub in der Luft wurden viele Leute von Lungenentzündungen heimgesucht. Da es damals weder Sulfonamide noch Antibiotika gab, konnte man bei einer Lungenentzündung nichts weiter tun, als bei der Familie zu sitzen und sich zu unterhalten, bis entweder das Fieber sank oder der Tod eintrat. Sonny Snow sah sowohl den Eintritt vieler neuer Leben in die Welt als auch den Abschied so manchen ermüdeten Lebens.

Der Highway 82 verband Ralls mit Lubbock, das 27 Meilen westlich gelegen und die nächste größere Stadt war. Die Eisenbahn versorgte die etwa 1300 Einwohner von Ralls mit Waren und Neuigkeiten aus den östlich gelegenen Städten wie Fort Worth und Dallas. Rodeos, Football-Spiele, Kirchenessen und das Crystal-

Theater, das einzige Kino der Stadt, waren die wenigen Vergnügungen, die geboten wurden. Von Zeit zu Zeit kam auch einmal ein Volksfest oder eine fahrende Medizinshow in die Stadt. Für die Männer gab es einen Saloon, in dem sie neben Domino auch Billard spielen konnten, und am Samstagnachmittag spielten sie im staubigen Park gegenüber dem Stadtplatz Softball. Crosby County war zwar »trocken«, doch Schnaps gab es genug. Die Schwarzbrenner waren so dicht gesät, daß sie aufpassen mußten, sich ihr Selbstgebranntes nicht gegenseitig zu verkaufen. Während der Depression jagten die meisten Leute nach Eselshasen, doch nicht aus Sport, wie in guten Zeiten, sondern um sie zu essen.

Die Snows lebten in der Stadt, über der »Klinik«, die vom Doktor und seiner Frau betreut wurde. Isabel war ihrem Mann von Wisconsin nach Texas gefolgt, um hier zusammen mit ihm zu arbeiten. Sie war ein Yankee, stammte aus einer frommen irisch-katholischen Familie und hatte einen der beiden Ärzte in einer typisch texanischen Stadt geheiratet, die voll von Cowboys, Baumwollfarmern und Baptisten war. Doch Isabel, eine freimütige, hart arbeitende Frau, drehte täglich ihre Runden, versorgte Wunden und half bei der Entbindung von Babys. In den härtesten Jahren der Depression arbeitete W. C. zumeist für nicht mehr als ein »Ich schulde Ihnen was, Doc«. Isabel und Sonny brachten Tage damit zu, von Farm zu Farm zu fahren und durch die endlosen Reihen von Baumwollpflanzen zu laufen, um den Farmer zu suchen und ihn zu fragen, ob er nicht die fünf Dollar für die Behandlung seiner Angehörigen durch Dr. Snow aufbringen könne.

Oft wurde W. C. in Naturalien in Form von lebendem oder totem Geflügel bezahlt. Außerdem hatte es sich in Crosby County schnell herumgesprochen, daß die Snows so gut wie jedes Vieh als Haustier aufnahmen. Auf diese Weise bekam Sonny bald eine kleine Menagerie zusammen. Dazu gehörte ein Lamm mit Namen Eleanor, dessen Zähne so groß und weiß waren wie die ihrer Namenspatronin Eleanor Roosevelt.

Während der Jagdsaison hielten die Farmer vor dem zweistöckigen Ziegelhaus am Stadtplatz, um verwundete Tiere abzugeben: einen Sperber, einen Goldadler, einen Präriehund, den Sonny auf den Namen Oscar taufte und den er in seiner Jackentasche mit sich herumtrug, einen Waschbären, ein Opossum und eine nicht enden wollende Kette von Wildenten. Wenn an einem heißen Sommernachmittag jemand daran dachte, die Sprinkler im Stadtpark anzustellen, konnte man erleben, wie sich die illustre Herde der Snows, bestehend aus verletzten Wild-, Tafel- und Schabenenten, eine hinter der anderen watschelnd über die Straße begab, um ein Bad zu nehmen.

Die Snows waren für örtliche Verhältnisse Büchernarren, und für Sonny war die Fahrt zur Buchhandlung in Lubbock jedesmal ein ganz besonderes Ereignis. Wenn der Junge sich in der Schule auch als durchaus intelligent erwies, so hatte er doch schon bald den Ruf weg, stets das zu tun, was ihm gefiel. Doch sein Vater sah mit Nachsicht darüber hinweg und teilte mit Sonny sein medizinisches Wissen und seine Liebe zu dem weiten, kahlen Land. Wenn sie zusammen im Wagen über Land fuhren, zeigte W. C. seinem Sohn die ausgetrockneten Wasserläufe und Dickichte, in denen er Tauben und Wachteln jagte. Und er machte ihn mit der örtlichen Flora vertraut, mit dem Mesquitbaum, der Zwergzeder und der scharfblättrigen Yucca.

Was die Menschen in dieser Gegend anging, so schien die Einöde extravagante Persönlichkeiten hervorzubringen, ganz so, als wollten sie, ähnlich den gelben Blüten des dornigen Birnenkaktus, einen Ausgleich gegenüber der topographischen Reizlosigkeit des Landes darstellen. Die Jungen wuchsen in diesem Teil des Staates mit Geschichten über den texanischen »Adel« auf, die Öl- und Rinderbarone, die, was Besitz und Freigebigkeit anging, jeden reichen Yankee weit hinter sich ließen – Männer wie der Ire P. H. »Pat« Landergin, der den großen Rinderzügen nach Texas gefolgt war und die über 40 000 Hektar große XIT-Ranch im Oldham und Deaf Smith County gegründet hatte. Landergins Haus war mit seiner Ziegelbauweise, seinen mehr als zwanzig Zimmern unter einem grün glasierten Terrakottadach und seiner neoklassischen und georgianischen Pracht zweifellos das schönste Haus in Amarillo.

Wahrscheinlich spiegelte niemand Sonnys Welt besser wider als Bob Wills. Ganz Texas liebte Wills, obwohl er damals nichts weiter als ein kleiner Prinz des Western-Swing war. Die Leute von Ralls hörten sich beim Wäschemachen oder beim Erledigen der wochenendlichen Hausarbeiten regelmäßig die Sendungen mit Wills und seinen Light Crust Doughboys im Radio an, die aus Saginaw in der Nähe von Fort Worth übertragen wurden. Die Band wurde von der Cargill Burrus Mühle gesponsert, deren Mehl auch bei der Namensgebung der Gruppe Pate gestanden hatte. Die Doughboys tingelten in einem umgebauten Bus durch Texas und den Südwesten, wobei sie in fast allen kleineren und größeren Städten halt-machten. Mitunter lag auch Ralls auf ihrer Route, und dann gab die Band auf der Ladefläche eines Lastwagens ein Gastspiel. Sonny verpaßte keine einzige Show.

Im Herbst verbrachten W. C. und Sonny viel Zeit auf der Jagd. Die Umgebung von Ralls war ein gutes Jagdgebiet für Vögel – es gab Enten in den vielen Seen, Tauben um die Seen herum und in den zerklüfteten Canyons fette blaue Wachteln. Jedes Jahr im November unternahmen Sonny und sein Vater einen Ausflug nach New Mexico, um dort inmitten der Kiefern und Zederzypressen in den Bergen westlich des Rio Peco nach Großohr-Maultierhirschen zu jagen.

Während einer dieser Herbstausflüge, in der Nähe von Silver City in New Mexico, sah Sonny sein erstes Skelett.

Obwohl er 1940 gerade zwölf Jahre alt war, hatte Sonny bereits mehr Erfahrungen mit dem Tod gemacht als die meisten Kinder seines Alters. Seine Freunde nannten ihn »Little Doc«. Oft hatte er mit angesehen, wie ein alter Farmer ruhig in der Nacht entschlief, weil die Medizin seines Vaters keine Heilung versprach. Er hatte oft am eigenen Leib gespürt, wie sich ein Mantel der Trauer über ein Heim legte, in dem ein Baby tot geboren wurde. Schweigend stand er im Hintergrund und beobachtete die absolute Regungslosigkeit eines Körpers, die ein untrügliches Zeichen dafür war, daß das Leben ihn für immer verlassen hatte.

Eine Gruppe von Jägern kam nun in diesem November zu der Jagdhütte in New Mexico, in der Sonny und sein Vater wohnten. Sie fragten, ob sie den Doktor sprechen könnten. Die Männer sagten, sie hätten oben im nahegelegenen Canyon etwas Seltsames entdeckt. Es mußte etwas Außergewöhnliches vorgefallen sein, folgerte Sonny, da Männer in Jagdhütten normalerweise nicht so leise sprachen. Dann kam sein Vater zu ihm herüber: »Es sieht aus, als hätten sie oben im Wald ein Skelett entdeckt«, erklärte er seinem Sohn. »Laß uns nachsehen.«

Der örtliche Hilfssheriff stieß ebenfalls zur Gruppe, und gemeinsam begaben sie sich auf den Weg zur anderen Seite des Berges. Sie hatten einen halbstündigen Fußmarsch durch Kiefernwälder und über Granitklippen vor sich. Die Jäger sagten, die Knochen stammten ihrer Meinung nach von einem Menschen. Es seien jedoch auch andere Knochen zu sehen gewesen, die höchstwahrscheinlich nicht die eines Menschen waren. Um welche Art von Knochen es sich handele, sei schwer zu sagen. Schließlich führten die Jäger ihre Begleiter einen Damm hinab zu einem Dickicht nahe einer Lichtung und deuteten auf ihren Fund, der zwischen Wurzeln und trockenen Blättern lag.

Sonnys Vater kauerte sich vor dem Haufen nieder und legte einen Knochen nach dem anderen aus einem Geflecht von zerfallenen Kleidungsstücken frei. Die Knochen sahen für Sonny wie braune Äste aus, und er fragte sich, warum sie nicht weiß waren wie die Skelette in den Comics und Filmen. Allem Anschein nach waren sie nicht lange genug den Elementen ausgesetzt gewesen, um ausgebleicht zu werden. Die Jäger blickten seinem Vater neugierig über die Schulter, schwiegen jedoch respektvoll, während der Fachmann mit seiner Untersuchung beschäftigt war. Der Doktor sprach kein Wort und ließ seine Augen arbeiten. Schließlich stand er auf und wandte sich zu den Umstehenden.

»Ja, sie stammen von einem Menschen. Und diese da, die dazwischen liegen, stammen von einem Hirsch, und zwar von einem schönen Bock, nach der Größe des Geweihs zu schließen. Der Mann hat ihn wahrscheinlich irgendwo hier geschossen«, fügte er hinzu und deutete auf das abseits der Straße gelegene dichte Unterholz. »Anschließend hat er wohl versucht, das Tier selbst herauszuziehen. Dabei erlitt er wahrscheinlich einen Herzinfarkt.«

In dem, was von den Taschen in der Kleidung des Toten noch übrig war, suchten sie nach einem Hinweis auf seine Identität. Alles, was sie fanden, war ein Schlüsselbund. Der Hilfssheriff hatte jedoch den Verdacht, daß es sich bei dem Toten um einen Mann handeln könnte, der regelmäßig hier gejagt hatte. Er kam aus Silver City und war vor einigen Jahren verschwunden.

Dr. Snow und Sonny fuhren gemeinsam mit dem Hilfssheriff in die Stadt, geradewegs zum Haus des Jägers. Der Hilfssheriff ging zur Vordertür und klopfte. Als niemand antwortete, probierte er einen der Schlüssel, die sie gefunden hatten. Er paßte!

Diese Geschichte hat Sonny in seinem Leben oft erzählt, besonders bei Gelegenheiten, wenn er nach seinen ersten Erfahrungen auf dem Gebiet der forensischen Anthropologie gefragt wurde. Er erinnerte dabei stets daran, wie einfach alles zu sein schien. Man mußte lediglich wissen, welche Knochen zu welchem Körper gehörten. Das hieß im wesentlichen, daß zuerst die grundsätzlichen Fragen geklärt sein mußten, bevor man sich an die Lösung eines Rätsels machen konnte. Danach ergab sich der Rest fast von selbst.

Als gebildeter Mann konnte sich Sonnys Vater nicht nur auf die Medizin beschränken. Die Leute glaubten, daß Dr. Snow als jemand, der sowohl das College als auch das Medizinstudium abgeschlossen hatte, ein tiefer Denker sein mußte, ein Mann, dessen Intellekt ihm Einblicke in die Ursachen und Wirkungen von Ereignissen eröffnete, die oft so wenig Sinn ergaben. In Sonnys Augen war sein Vater in der Tat eine Art Detektiv, von dem seine Mitbürger nicht nur das Einrichten eines Bruchs oder das Senken von Fieber erwarteten, sondern auch Erklärungen für all das, worauf sie sich selbst keinen Reim zu machen vermochten.

Ein Mord beispielsweise war etwas, das unbedingt der Hand eines solchen Experten bedurfte. Etwa zur selben Zeit, als Sonny die Lösung seines ersten forensischen Falls miterleben durfte, wurde in Lorenzo, einem westlich von Ralls gelegenen Ort, ein Mann ermordet.

Lorenzo eine Stadt zu nennen, wäre übertrieben gewesen, erstreckte es sich doch nur über zwei Blocks, wobei das herausragendste Gebäude, die Bank, an einer Ecke der Main Street stand. Nachdem man Irvin Bownds, den zweiundzwanzigjährigen Buchhalter der Bank, eines Nachmitags mit durchschnittener Kehle im Tresorraum der Bank gefunden hatte, schickte man nach Dr. Snow, damit dieser den Toten untersuchte. Sonny war wie immer dabei. Sie fanden den armen Bownds in der Leichenhalle aufgebahrt, die sich im zweiten Stock des Möbelgeschäfts befand; da beide Geschäfte denselben Bedarf an Holz und Schreinerarbeiten hatten, fand man sie zu jener Zeit häufig unter einem Dach. Zur Feststellung des Todes und der Todesursache bedurfte es nur eines kurzen Blicks. Die Antwort auf die Frage, wann und durch wen die Tat geschehen war, konnten jedoch weder Dr. Snow noch irgendein anderer, der sich mit diesem Fall befaßte, geben.

Die Bank schloß jeden Tag um die Mittagszeit. Bownds verließ dann die Bank und ging nach Hause, um zu Mittag zu essen und die 12.30-Uhr-Nachrichten von KFYO, dem lokalen Radiosender, zu hören. Und er war danach stets der erste, der sich wieder am Arbeitsplatz einfand, wobei er die Bank durch den Seiteneingang betrat. Er holte das für die nachmittäglichen Geschäfte benötigte Bargeld aus dem Tresorraum und schloß um Punkt ein Uhr den Vordereingang auf, mit der Pünktlichkeit, die eine Bank normalerweise von ihren Buchhaltern erwartete.

Als Woodrow Watts, ein weiterer Buchhalter, die Bank an jenem verhängnisvollen Tag um ein Uhr betrat, fand er den

Schalterraum leer vor. Da es sich um eine kleine Bank handelte, dauerte es nicht lange, bis er Bownds im Tresorraum fand. Seine Kehle war an drei Stellen durchtrennt worden, und überall war Blut verspritzt. 1487 Dollar fehlten[1].

Direkt gegenüber der Bank, auf der anderen Straßenseite, lag der Gemischtwarenladen, unter dessen Vordach sich den ganzen Tag über die Müßiggänger des Ortes herumtrieben. Von ihnen, so versicherten sie Dr. Snow, hatte niemand während der Mittagszeit irgend jemanden kommen oder gehen gesehen. In der Bank und im Tresorraum fanden sich ebenfalls keine Hinweise, und es gab keine Verdächtigen. Der Doktor war ebenso ratlos wie alle anderen. Das FBI schickte zwar einen Beamten, der sich in der Stadt umsehen sollte, aber das Verbrechen wurde niemals aufgeklärt.

Solche herausfordernden Rätsel waren allerdings in Ralls keineswegs an der Tagesordnung. Aber dafür gab es wenigstens Schach. Sonny erlernte das Spiel von Dave Schein, dem mutmaßlich einzigen Juden in Ralls zu dieser Zeit und einer der führenden Exzentriker des Ortes. Schein war über die Türkei aus Rußland geflohen und hatte schließlich in New York City eine Stellung bei einer Zeitung gefunden. Da er dem Alkohol sehr zugetan war, hatte er es nirgends lange ausgehalten und war schließlich bei einer Zeitung in Ralls gelandet. Er wohnte in einem Hinterzimmer des Zeitungsbüros und malte zur Aufbesserung seines Einkommens Schilder.

Schein lehrte Sonny Schach, weil er ihn für intelligent und aggressiv genug hielt, um einen guten Spieler abzugeben. Und sein Schüler enttäuschte ihn nicht: Bald schon gewann er sämtliche Partien, wenn auch nicht ohne einiges Risiko; denn Schein hatte die Angewohnheit, das Brett »zufällig« umzustoßen, wenn es für ihn zu schnell schlecht auszusehen begann.

Dr. Snow ließ seinem Sohn viel Freiraum, und Sonny nutzte dies weidlich aus. Einmal, kurz vor Weihnachten, holte er seine eingepackten Geschenke aus ihrem Versteck und röntgte sie in der Klinik seines Vaters, um zu sehen, was in den Paketen war. Selbst sein Vater blieb nicht von seinen Tricks verschont. »Eine Sache, die ich immer wieder tat«, erinnert sich Snow an seine Kindheit, »war, daß ich wartete, bis er ein Baby zur Welt brachte. Er hatte an das Haus einen Flügel angebaut, in dem fünf oder sechs Betten standen, damit Frauen hier auf ihre Niederkunft warten konnten und wir uns nicht irgendwo draußen im County die Nächte um die Ohren schlagen mußten. Wenn es dann soweit war, hatte er

Handschuhe übergezogen, so daß ich mich während der Geburt hereinschleichen, mit meiner Hand in seine Tasche fassen und mir einen oder zwei Vierteldollar herausfischen konnte. Und es gab nichts, was er dagegen tun konnte.«

Schließlich war es dann auch einer seiner Streiche, durch den Sonnys Tage in Ralls endeten. Als er im zweiten Jahr der High-School war, trafen er und Charlie Dial, sein bester Freund, spezielle Vorbereitungen für einen Besuch des obersten texanischen Schulinspektors. Da die meisten Leute in Ralls den Besucher für einen mächtigen Mann hielten, verursachte sein Erscheinen an der High-School große Aufregung. Wenige Minuten vor dem Eintreffen des Inspektors versteckten Sonny und Charlie zwei Dutzend Knallfrösche in mehreren Spinden und steckten die Zündschnüre in das glühende Ende einer brennenden Zigarette. Der Streich gelang ihnen besser, als sie es erwartet hatten: Die aufeinanderfolgenden Explosionen lösten ein wahres Chaos aus. Die Gerechtigkeit nahm ebenso schnell ihren Lauf: Man stellte Sonny und Charlie vor die Wahl zwischen einer körperlichen Bestrafung und dem Schulverweis. Sie zogen letzteres vor.

Von einem Tag auf den anderen änderte sich Sonnys Leben von Grund auf. W. C. verfrachtete ihn kurzerhand nach Roswell ins New Mexico Military Institute, und Sonny mußte Ralls, seiner Familie und sogar seinem Spitznamen Lebewohl sagen. Fortan war er schlicht Clyde Snow und die niedrigste Kreatur in einer Welt der Leuteschinderei. Er hatte keine Ahnung, was aus ihm werden sollte. Daran änderte auch die Tatsache nichts, daß man ihm das Reiten beibrachte; denn das Institut hielt als eine der letzten Militärakademien in den vierziger Jahren noch unbeirrt an der Überzeugung fest, daß Männer auf Pferderücken die besten Soldaten abgäben. Zwei Jahre lang schlug sich Snow, nunmehr ein schlaksiger, 1,80 Meter großer junger Mann mit abstehenden Ohren und schneller Auffassungsgabe, mehr schlecht als recht durchs Studium. Dann traf er Abe Cornell, der den Jungen vom Lande in einen richtigen Studenten verwandelte.

Cornell stammte aus Albuquerque und war all das, was Snow nicht war: ein ausgezeichneter Sportler, ein hervorragender Student und ein gewiefter, wenn auch mitunter unorthodoxer Geschäftsmann. Snow bekam Cornell als Zimmergenossen, und seine Erinnerung an Abe ist in jeder Hinsicht scharf:

»Keiner von uns hatte je genug Geld. Unser Taschengeld betrug ganze zwei Dollar die Woche. Abe verlieh Geld zu Wucherzinsen.

Er war ein großer Kerl, sehr zäh und hatte sich schnell einen Ruf gemacht. Wenn er zum Geldeintreiben kam, trug er stets einen Totschläger bei sich.

Eines der großen Ereignisse in Militärschulen zu jener Zeit war die alljährliche ›GI Inspektion‹ durch ein Team von Offizieren, die aus Washington D. C. kamen, um die Militärschulen im ganzen Land zu prüfen und zu bewerten. Die Vorbereitungen dafür waren unglaublich, sie begannen schon eine Woche vorher. Die Zimmer mußten geschrubbt, das Messing zum Blitzen gebracht und die Gewehre gereinigt werden. Oft waren wir bis drei oder vier Uhr früh damit beschäftigt. Alles mußte einfach perfekt sein.

Eines der größten Probleme bestand darin, die Böden zum Blitzen zu bringen. Jede Gruppe legte zu diesem Zweck ihr Geld zusammen und zog los, um eine Putzkolonne anzuheuern. Denn wir warfen das ganze Jahr über achtlos unsere Zigaretten auf den Boden, was auf dem schönen Eichenuntergrund häßliche schwarze Flecke hinterließ.

Normalerweise lief das so ab, daß wir einen von uns zu zwei oder drei Adressen in Roswell schickten, wo er die Putzleute anheuerte. In einem Jahr, ich glaube es war 1944 oder 1945, war es jedoch überall in der Stadt dasselbe: Alle Putzkolonnen waren bereits ausgebucht. Und wer hatte sie angeheuert? ›Tja wissen Sie‹, so lautete bei allen die Antwort, ›vor etwa einem Monat kam ein Kadett mit Namen Abe Cornell hier rein . . .‹ Es stellte sich heraus, daß Abe alle Putzleute in Roswell für sich verpflichtet hatte. Und er berechnete uns eine himmelschreiende Summe pro Stunde oder Minute oder sonst irgendwie. Auf jeden Fall machte er sich dadurch nicht gerade beliebt.«

Cornell zog Snow allmählich ins Vertrauen. Er war nicht nur ein Geschäftsmann, sondern auch Klassenbester; also brachte er Snow das Studieren bei. Er zeigte dem Jungen aus Ralls, wie man sich auf Karteikarten Notizen machte, indem man stichpunktartig das Wichtigste darauf vermerkte und dies anschließend immer weiter verdichtete, bis aus drei Karten zwei und aus zwei Karten schließlich nur noch eine wurden. Sie brachten ganze Abende damit zu, sich anhand der Karten gegenseitig abzufragen.

»Am Anfang war es die reinste Schinderei, nichts als ein mechanisches Auswendiglernen«, erklärte Snow. »Manchmal hielt Abe mich bis zwei oder drei Uhr früh wach und fragte mich ständig mit diesen verdammten Karteikarten ab. Wenn ich dann schläfrig oder aufmüpfig wurde, hatte er immer seinen Totschläger zur Hand!« Als jedoch zur Mitte des Semesters die Zensuren bekanntgegeben wurden, überraschte Snow seine Lehrer und sich selbst mit glatten Einsen.

Snow blieb vier Jahre an der Militärschule und durchlief in dieser Zeit eine Laufbahn, die etwa seinem zweiten Jahr auf dem College entsprach. Er entwickelte sich zu einem recht guten Reiter, obwohl einmal ein Pferd auf ihn fiel und er seitdem leicht hinkte. Wenigstens blieb es ihm dadurch erspart, im Polo-Team mitspielen zu müssen, das regelmäßig von einer Gruppe ortsansässiger mexikanischer Rancharbeiter vom Platz gefegt wurde.

»Diese Mexikaner waren nur ein zusammengewürfelter Haufen«, erinnert sich Snow nicht ohne Sympathie. »Sie arbeiteten für einen Rancher am Ort und schlugen jeden. Keine Uniformen, nur ein paar schäbig aussehende Kerle auf Ranchpferden.« Die Jungens vom Militärinstitut in ihren gestärkten Uniformen auf ihren nervösen Ponys empfanden diese Niederlagen als besonders entwürdigend.

Snows schulische Leistungen reichten aus, um sein miserables High-School-Abschlußzeugnis auszugleichen, und er absolvierte die Aufnahmeprüfung für Harvard, wo man ihn auch annahm. Da er jedoch einer Verpflichtung nachkommen mußte, verbrachte er diesen Sommer in Ford Hood in Texas. In der Zwischenzeit hatte Charlie Dial, sein Mitübeltäter von der Ralls High-School, an der Southern Methodist University in Dallas, wo Snow seine Wochenenden verbrachte, ein lockeres Leben begonnen. Harvard ist weit, dachte Snow, und in Texas pulsiert das Leben. Also beschloß er, sich an der SMU einzuschreiben.

Cornells Totschläger war weit weg, und Snow verfiel wieder in seine alten Unarten. Er verbrachte mehr Zeit in Dials gelbem Cadillac Cabriolet bei Sybil's, einem Drive-In in Dallas mit rollschuhfahrenden Bedienungen in kurzen Shorts, als beim Studium. Am Ende des zweiten Semesters hatte er in achtzehn Fächern die schlechteste überhaupt erreichbare Note.

Nun begann eine Odyssee durch die Colleges des Südwestens. Snow fand schließlich mit Müh und Not noch eines, das ihn aufnehmen wollte, das Eastern New Mexico State, ein College in einer gottverlassenen Gegend, die wenig Versuchungen bot. Nachdem er dort 1951 seinen Bachelor gemacht hatte, ging er an das Texas Tech in Lubbock, um dort seinen Magister in Zoologie zu machen. Noch bevor er damit fertig war, beschloß er, an die medizinische Fakultät von Baylor in Houston überzuwechseln. Da ihn das Medizinstudium aber nicht interessierte, gab er es bereits nach zwei Jahren auf und ging an das Texas Tech zurück. Er schlug ein Angebot aus, an der Iowa State University zu wechseln – eine glückliche Entscheidung, wie er sich heute erinnert, erfuhr er doch später von einigen der dortigen Studenten, daß sie einen Großteil ihrer Zeit damit zugebracht hatten, Stiere ejakulieren zu lassen. 1955 machte er schließlich seinen Master in Zoologie.

Snows Zug durch die Colleges wäre wohl noch ewig so weitergegangen, wäre ihm nicht die Musterungskommission dazwischengekommen. 1954 meldete sich das Büro der Kommission in Roswell bei ihm. Erschrocken begab er sich auf den Weg dorthin. Nachdem er sich jedoch einige Minuten lang in der Fantasie ausgemalt hatte, wie sein Leben als gemeiner Soldat im grünen Drillich aussehen würde, ging er kurzentschlossen in ein nahegelegenes Rekrutierungsbüro der Air Force. Dort fand man, sein Abschluß in Zoologie würde ihn für die Stellung eines klinischen Laboroffiziers qualifizieren. Snow verpflichtete sich auf der Stelle.

Sein Befehl lautete, daß er sich am 1. April 1955 um acht Uhr morgens, also in etwa fünf Monaten, in Montgomery/Alabama zur Ableistung des Fahneneides einzufinden habe. Die Army wollte ihn aber bereits im November einziehen. Er ging also zur Musterungskommission zurück, um seine mißliche Lage zu erklären. Diese zeigte sich jedoch wenig verständnisvoll: »Kommen Sie am 15. November«, hieß es, »Sie werden ein G.I.«

Da Snow die Befugnis der Army anzweifelte, in dieser Weise mit ihm zu verfahren, kehrte er nach Lubbock zurück und wandte sich dort an den Kongreßabgeordneten George Mahon, seines Zeichens Vorsitzender des Haushaltsausschusses und gleichzeitig Abgeordneter von Snows Wahlkreis. Mahon versprach ihm, sich an den richtigen Stellen für ihn zu verwenden. Endlos lange Stunden verstrichen, in denen Snow in seinem Geist eine lange Liste all der Dinge zusammenstellte, die er an Regierungen haßte. Dann endlich bekam er einen Anruf von einem Air-Force-Oberst aus dem Pentagon.

»Zitieren Sie mich nicht«, beeilte sich dieser vorauszuschicken, »aber es ist uns völlig egal, was Sie zwischen heute und dem 1. April machen. Wenn Sie am 1. April um acht Uhr morgens in Montgomery sind, werden Sie als Leutnant der Air Force vereidigt. Also machen Sie sich bis dahin unsichtbar.«

»Bis dahin sind es noch über fünf Monate«, dachte Snow. Die Army schien fest entschlossen, ihn einzuziehen und würde ihn sicher aufstöbern. Wie und wo konnte er sich also »unsichtbar machen«? Welcher Ort würde sich dafür besser eignen als die zerklüftete Wildnis, in der er und sein Vater so viele Sommer verbracht hatten, in der Hütte der Familie in Ruidoso? Snow bepackte also seinen Chevy mit Bourbon, Dosen und langer Unterwäsche und verschwand in den Sacramento Mountains von New Mexico. Er war dort nie im Winter gewesen und fror sich fast zu Tode. Um sich warm zu halten, verbrachte er die meiste Zeit des Tages mit dem Holzmachen für die Nacht. Trotz allem Heizen schwamm an der Oberfläche eines Glases Wasser, das er über Nacht neben seinem Bett hatte stehen lassen, morgens eine trübe Eisschicht.

Wenn er gerade kein Holz machte, vergrub sich Snow unter Decken und Büchern. Er hatte sich eine bunt zusammengewürfelte Sammlung von Kriminalromanen, eine Gesamtausgabe von John Donne, eine Taschenbuchausgabe von William Faulkner und einige Bücher von Charles Dickens mitgebracht. Natürlich durften auch Geschichten über das zerklüftete und eisige Land, das vor seinem Fenster lag, und über die Desperados, die wie er von Zeit zu Zeit in dessen zinnenübersäten Tälern und Gräben untergetaucht waren, nicht fehlen.

Es gelang Snow tatsächlich, unentdeckt zu bleiben, und am 31. März 1955 taute er seinen Wagen wieder auf und fuhr geradewegs nach Montgomery. Die Air Force zog ihn ein, und er leistete drei Jahre Dienst als klinischer Laboroffizier. Trotz der Langeweile, die er während dieser Zeit empfand, sagte er sich doch immer wieder, daß es hier allemal besser sei, als mit einem geschulterten Gewehr herummarschieren zu müssen. Gegen Ende seiner Dienstzeit rang er der Air Force eine vorzeitige Entlassung ab, indem er versprach, aufs College zurückzugehen.

Als graduierter Student der Archäologie an der University of Arizona verbrachte Snow einen gut Teil seiner Zeit damit, in der Gegend umherzustreifen und im Dreck zu buddeln. Aber die Archäologie bestand im Südwesten in erster Linie im Sammeln und Untersuchen von Eimern voller Topfscherben. So sehr Snow es auch liebte, in der Erde zu graben, die Tatsache, daß er dies unter der Leitung eines anderen tun mußte, konnte ziemlich strapazierend sein. Während seiner Zeit am Texas Tech hatte er in dieser

Hinsicht einiges von einem Mann namens William Holden gelernt. Laut Snows Beschreibung war Holden ein Cowboy mit einem akademischen Grad in Archäologie, der bei seinen Ausgrabungen die Einhaltung eines strengen Reglements verlangte. So durften die Studenten beispielsweise nur ganz bestimmte Bleistifte verwenden; wenn Holden bei einem ein anderes Schreibutensil fand, zerbrach er es kurzerhand. Sein Maßstab für die Bewertung der Studenten bestand in der Menge Erde, die sie – natürlich vorsichtig – bewegen konnten. Bereits bei seiner ersten Ausgrabung fand Snow Holdens Ruf aufs deutlichste bestätigt.

»Wir fanden eine Zisterne, die die Indianer etwa um 1000 nach Christi zur Speicherung von Regenwasser gegraben hatten. Sie muß an die fünf Meter tief und 1,80 Meter im Quadrat gewesen sein. Die Indianer gruben sie, verkleideten sie innen und leiteten dann Wasser hinein. Der alte Holden hatte es sich in den Kopf gesetzt, eines von diesen Dingern auszugraben. Nun waren diese Zisternen aber voller Sand. Man mußte also in dieses Loch, in das nicht der leiseste kühlende Luftzug drang, mit nichts als einer Schaufel hineinsteigen und dann Schaufel um Schaufel den Sand ausheben. Wenn Holden mit den Leistungen eines Studenten bei den Ausgrabungen nicht zufrieden war, schickte er ihn ins Loch.

Schließlich hatten wir das Ding leergeschaufelt. Holden stellte sich an den Rand, machte ein Foto vom Inneren der Zisterne, wandte sich dann an mich und sagte: ›Okay, mach's wieder zu.‹ Er erklärte uns, daß wir das Loch wieder zuschaufeln müßten, da ansonsten die Rancher ein Tier darin verlieren könnten und dann mit ihren Schadensersatzforderungen zu ihm kämen.«

Holdens nüchterne Professionalität hinterließ bei Snow einen bleibenden Eindruck, ebenso dessen Gewohnheit, den Enthusiasmus seiner Studenten auf die Probe zu stellen. Dennoch stellte er an seine Mitarbeiter nie derart harte Anforderungen. Doch auch die Archäologie erwies sich nicht als das Richtige für ihn. Immer noch dilettierte er herum. Das Umsteigen von einem Fach auf das andere war ihm inzwischen zur zweiten Natur geworden. Er beschloß, sich mit Anthropologie zu befassen, da ihm diese Disziplin seiner Ausbildung in Zoologie näherzustehen schien. Die Universität schickte ihn für ein Jahr nach Puerto Rico, um dort Rhesusaffen zu studieren, eine Primatenart, die er wegen ihrer unerbittlichen, lärmenden Abscheulichkeit schnell von tiefstem Herzen zu verabscheuen lernte. Womit er sich jedoch sehr wohl anfreunden konnte, war der Lebensrhythmus in Puerto Rico.

Snow wußte genau, daß die biologische Anthropologie, das Studium der evolutionären Veränderungen des menschlichen Skeletts, nur wenigen ihrer Jünger Reichtum oder Ruhm einbrachte. Abgesehen von einigen wenigen Fossilienjägern, wie der Leakey-Familie und Donald Johanson, die dank Genie, Geschick und einem gerüttelt Maß an Glück mehrere Vorfahren des Menschen aus der afrikanischen Erde gegraben hatten, fristen die meisten Anthropologen ihr Leben ruhig in Klassenräumen. Aller Wahrscheinlichkeit nach wäre Snow in deren Fußstapfen getreten, ließ er sich doch, geleitet von den Umständen und zufrieden, solange nur seine Neugier befriedigt wurde, von einem Kurs zum nächsten treiben. Hätte ihm damals jemand gesagt, daß sein Name eines Tages gleichbedeutend mit einer wissenschaftlichen Disziplin sein würde, die zu jener Zeit noch kaum existierte, oder daß er in ferne Länder fliegen würde, um Nazis aufzuspüren und zur Strafverfolgung von Diktatoren beizutragen, hätte er nur ungläubig gelacht.

Obgleich stolz auf die Breite seiner Interessen, war Snow in seinem Herzen noch immer ein Junge aus Ralls, der sich in erster Linie ein schönes Leben machen wollte. Er ritt wie ein Kavallerist, war ein Schürzenjäger und konnte einer Flasche Jack Daniels auch alleine gut zu Leibe rücken. Aufgrund seines liederlichen Lebenswandels hätte Snow damals weniger den Namenszusatz eines Doktors, sondern eher »Texaner« verdient.

So stand es um ihn, als er eines Tages im Jahre 1960 in Puerto Rico einen Anruf von Jerry Snyder, einem alten Studienkollegen, erhielt. Snyder hatte zusammen mit Snow in Arizona seinen Abschluß in Anthropologie gemacht und war nun bei der Federal Aviation Administration (U.S. Luftfahrtbehörde, Anm. d. Ü.) angestellt. Er hatte sich in Korea als P-51-Pilot hervorgetan und dann beschlossen, zu einer akademischen Laufbahn in der biologischen Anthropologie zurückzukehren.

Snyder fragte seinen Freund, ob er sich an die Kollision der TWA Super Constellation und der United Airlines DC-7 über dem Grand Canyon im Juni 1956 erinnere. Natürlich, antwortete Snow. Laut Snyder hatte diese Katastrophe die Regierung veranlaßt, beträchtliche Geldmittel für Forschungen auf dem Gebiet der Flugsicherheit bereitzustellen. Er habe einen Job für Snow in Oklahoma City, ergänzte Snyder, in seinem Labor für Anthropologie am neu eingerichteten Civil Aeromedical Institute (CAMI) der FAA. Er selber leite das Laboratorium für biologische Anthropologie und brauche jemanden, der etwas vom menschlichen Körper verstehe und bei der Neugestaltung von Flugzeugen und all der anderen Dinge helfen könne, die beim Fliegen eine Rolle spielen. Snow könne seine Dissertation – über das Wachstum und die physische Entwicklung des Savannenpavians – bei der FAA fertigstellen.

Snow hatte genug von Rhesusaffen und schwarzen Bohnen. Er nahm Snyders Angebot an und – wie er glaubte für immer – der spanischen Sprache Lebewohl, die seine texanische Zunge ohnehin nie so richtig hatte meistern können.

Während der sechziger Jahre erwies sich die FAA dem Institut gegenüber als überaus freigiebig, die Wissenschaftler am CAMI bekamen fast alles, was sie verlangten. Ihr Auftrag bestand darin, mit Hilfe der Flugmedizin allgemeine Standards für den Flugverkehr zu erarbeiten. Die Anthropologen konstruierten also Attrappen und simulierten Zusammenstöße, um die Konstruktion von Piloten- und Passagiersitzen zu verbessern, oder sie unterstützten Ingenieure beim Entwurf von Konsolen für Luftlotsen. Auch die traditionellen anthropologischen Arbeiten kamen nicht zu kurz, zum Beispiel physikalische Messungen an Piloten und anderen in der Luftfahrt Beschäftigten, um die Ingenieure mit Daten zu versorgen.

Die Arbeit hatte auch ihre erhebenden Momente; so brachte Snow einmal Monate damit zu, Stewardessen zu vermessen. Ihm erschien das als eine vernünftige Tätigkeit. Die Aufgabe des CAMI war es, die FAA bei der Festlegung von Standards für die Konstruktion des Flugzeuginneren zu unterstützen. Es ging darum, Sitze zu bauen, die richtig paßten, Gepäckfächer in der richtigen Höhe anzuordnen und die Notfallausrüstung so zu gestalten, daß junge Frauen damit umgehen konnten. Die Stewardessen hatten sich über häufige Verletzungen bei Flugzeugunglücken beklagt. Viele dieser Verletzungen ließen sich auf ihre minderwertige Schutz- und Überlebensausrüstung zurückführen, die bei weitem nicht die Qualität hatte wie die der männlichen Piloten. Ganz oben auf der Beanstandungsliste standen tödliche, zur Seite weisende Notsitze und schlecht verankerte Gurte. Bei minderschweren Unfällen waren die Passagiere oft tödlichen Dämpfen und Feuer ausgesetzt, und Snow folgerte, daß man überall dort, wo man tote Stewardessen fand, auch eine Menge toter Passagiere finden würde.

Snow war mit Leib und Seele bei der Sache und sammelte im

Laufe des Frühjahrs 1961 über hundert Körpermaße von jeder einzelnen der 423 Stewardessen. Seine Arbeit mit Maßband und Taster brachte dem Projekt den zweifelhaften Ruhm ein, ein Kandidat für den Golden Fleece Preis zu sein. Dieser wurde in unregelmäßigen Abständen von Senator William Proxmire solchen wissenschaftlichen Projekten verliehen, die laut Proxmire nur Steuergelder verschwendeten.[2]

Andere Pflichten Snows waren allerdings weit weniger erfreulich. Das CAMI hatte auch Flugzeugunglücke zu untersuchen, und man bediente sich der Fachkenntnisse des Anthropologen, um festzustellen, was nach einem Flugzeugabsturz mit den Passagieren geschehen war.

Es gibt wenige Ereignisse, die in der Öffentlichkeit einen derartigen Schock auslösen wie ein Flugzeugunglück. Bei Todesfällen durch das Auto, anderen Unfällen oder Verbrechen steigt die Gesamtzahl der Opfer vergleichsweise langsam an, und vor allem sind die Opfer nicht gleichzeitig an ein und demselben Ort. Das Bild eines abgestürzten Flugzeugs jedoch, das in Zeitungen erscheint und wiederholt über die Bildschirme flimmert, läßt die Menschen sich viel stärker mit diesem Ereignis beschäftigen und setzt die Fantasie eines jeden in Bewegung, der schon einmal geflogen ist. Wohl jeder hat sich schon gefragt, wie das während jener schrecklichen letzten Sekunden sein mag. Darüber hinaus geschehen Flugzeugunglücke viel zu selten, als daß man sich an sie gewöhnen könnte wie etwa an Überschwemmungen in Indien oder Massenmorde in den amerikanischen Städten. Und anders als bei Verbrechen oder Autounfällen, wo einige der Opfer ihren Tod möglicherweise mitverschuldet haben, handelt es sich bei den Opfern von Flugzeugunglücken nur um anständige, ganz normale Menschen, deren Unglück es ist, zur falschen Zeit am falschen Ort zu sein.

Ähnlich wie die Archäologen ein Bild der Vergangenheit aus kleinen Bruchstücken herzustellen versuchen, untersuchten die Experten von CAMI die Wracks abgestürzter Flugzeuge und die verstümmelten Leichen der Opfer akribisch nach Spuren der Ursache für die Tragödie. Trotz des traurigen Anlasses hatte diese Arbeit ihren ganz besonderen Reiz, war es doch, als würde man ein Puzzle zusammenlegen, dessen Stücke codierte Botschaften enthalten, die sich vollständig entschlüsselten, sobald man jedes einzelne einmal mittels sorgfältiger Deduktion an seinen Platz gelegt hatte. Diese Botschaften ließen sich dann in technische

Hardware oder Verfahrensweisen ummünzen, die das nächstemal möglicherweise Leben retten konnten.

Diese Tätigkeit faszinierte Snow. Wissenschaftlich, methodisch und unter Zuhilfenahme seines Wissens über die Form und das Verhalten des Menschen rekonstruierte er den Ablauf folgenschwerer Ereignisse aus winzigen Anhaltspunkten. Und bei diesen Rekonstruktionen kamen dieselben Fertigkeiten zum Einsatz, die auch das Rückgrat der forensischen Wissenschaft bilden. Die meisten Menschen denken bei forensischer Wissenschaft an die Aufklärung von Verbrechen. Die Untersuchung von Flugzeugabstürzen durch Teams von CAMI-Spezialisten hatte zwar mit »Verbrechen« als solchen nichts zu tun, es sei denn es war Sabotage im Spiel, doch technisch gesehen waren Abstürze insofern auch juristische Angelegenheiten, als das Gesetz die Feststellung der jeweiligen Unglücksursache verlangte.

Die Ermittler von CAMI gingen dabei in nahezu derselben Weise vor wie Polizeiwissenschaftler. Sie arbeiteten in Teams und hatten nicht nur die Absturzursachen zu klären, sondern mitunter auch die Identität der Opfer und die genaue Ursache ihres Todes. So waren Pathologen damit beschäftigt, festzustellen, ob die Passagiere bei einem Flugzeugunglück durch ein Trauma, durch Feuer oder das Einatmen von Rauch zu Tode gekommen waren. Währenddessen experimentierte möglicherweise ein Toxikologe mit Makterialien, die man in der Passagierkabine gefunden hatte, um herauszufinden, welche Art von Gasen durch deren Verbrennen entstanden sein konnten. Ingenieure wiederum prüften derweil das Wrack auf Anzeichen für strukturelle Mängel oder ein Versagen der Motoren.

Hatten Feuer oder die schiere Gewalt eines Absturzes die Leichen bis zur Unkenntlichkeit verbrannt oder zerstückelt, war es an den Anthropologen und Odontologen, den Knochen- und Zahnkundigen, eine Identifizierung der Opfer zu versuchen. Zwar führen die Fluggesellschaften Unterlagen darüber, wer Tickets kauft und ihre Flugzeuge besteigt, aber aus juristischen Gründen, zum Beispiel zur Regelung einer Erbschaftsangelegenheit oder Klärung eines Versicherungsanspruches, muß die Identität eines jeden Toten von einem Leichenbeschauer oder Gerichtsmediziner bestätigt werden. Diese Behörden stellen für gewöhnlich nur ungern einen Totenschein aus, wenn keine Leiche vorhanden ist.

Nebenbei bemerkt ist, wie Snow und die anderen Ermittler schon sehr bald herausfanden, die Person, auf deren Name das

Flugticket ausgestellt ist, nicht immer auch die Person, die das Flugzeug besteigt. Ein verletzter Sportler kann sein Ticket an einen Teamkollegen weitergeben; Geschäftsleute, die auf Kosten ihrer Firma mit ihren Ehefrauen reisen, fliegen statt dessen mit Sekretärinnen oder Geliebten.

Für Snow bestand ein Teil des Reizes einer Unfalluntersuchung allein schon im Erreichen des Unfallortes. Jerry Snyder hatte eine P-51 Mustang aus Kriegsbeständen gekauft und sie zu einem Zweisitzer umgebaut. Snyder und Snow flogen mit »Phoebe«, die nach Snyders Frau benannt war, überall im Land herum, wobei sich Snow derart in seinen Rücksitz hineinzwängen mußte, daß kein Platz mehr für einen Fallschirm war. Snyder erklärte ihm, ein Fallschirm habe ohnehin wenig Sinn, da nicht genug Platz sei, sich im Falle eines Notausstiegs am Vordersitz vorbei und aus dem Cockpit herauszwängen zu können. »Dabei lächelte er und sagte ›Vertrau mir, Clyde‹«, erinnert sich Snow. »Also blieb mir nichts anderes übrig, als ihm zu vertrauen, aber dennoch fragte ich mich immer wieder, warum er einen Fallschirm trug.«

Snow verbrachte bei Absturzuntersuchungen einen Großteil seiner Zeit damit, mit Überlebenden zu sprechen, um sich ein Bild von dem zu machen, was sich während des Unfalls im Inneren des Flugzeugs abgespielt hatte. Waren beispielsweise Sicherheitsgurte bei einem »überlebbaren« Unfall wie einer Notlandung ein ausreichender Schutz für den durchschnittlichen Passagier? Wie sah der »durchschnittliche« Passagier überhaupt aus? Wie paßte ein Sicherheitsgurt einer Schwangeren? Würde er einen ungewöhnlich korpulenten Menschen, also jemanden, dessen Gewicht über dem von 95 Prozent der Bevölkerung liegt, halten können?

Ein überlebbarer Unfall, der einer United Airlines 727 1965 in Salt Lake City widerfuhr, brachte die CAMI-Gruppe auf eine Idee zur Rettung von Leben, die von Luftfahrtexperten bis heute nicht voll gewürdigt worden ist. Am 11. November sackte das Flugzeug bei der Landung durch und rutschte über die Rollbahn. Dabei fing es schnell Feuer, und 43 der 91 Passagiere kamen ums Leben. Allerdings wurden nur wenige durch den Aufprall verletzt. Wie oft bei solchen Abstürzen, war die Todesursache bei den meisten Opfern der Rauch gewesen, den sie eingeatmet hatten. Als Ernie McFaddin, ein Atmungsphysiologe am CAMI, und Snow in einem Motelzimmer in der Nähe des Flughafens saßen, kamen sie im Laufe ihres Gesprächs plötzlich auf die Idee, daß man, wie Snow es beschreibt, »eigentlich nur einen Sack über dem Kopf haben müßte, um gerade so lange atmen zu können, bis man aus dem Flugzeug heraus war«.

Das CAMI ließ die beiden Wissenschaftler ihre Idee weiterverfolgen. McFaddin baute eine Tretmühle und zog Leuten Plastiktüten über den Kopf, um herauszufinden, wie lange sie darunter ohne Schwierigkeiten atmen konnten. Gemeinsam mit Snow suchte er auch nach einem unbrennbaren Material, wobei die beiden auf Mylar, einen widerstandsfähigen, von DuPont hergestellten Kunststoff stießen, der nicht brennt. Sie experimentierten noch mit verschiedenen Ausführungen und mit anderen Materialien herum, die sie eines nach dem anderen an ihren schwergeprüften Freiwilligen auf den Tretmühlen ausprobierten. Schließlich wandte sich Snow anderen Projekten zu. Die Fluglinien konnten sich ohnehin nie richtig für diese Idee erwärmen. McFaddin arbeitete jedoch unbeirrt an seinem Projekt weiter und präsentierte schließlich eine »Rauchhaube« mit Zugbändern, die einem Passagier theoretisch gerade lange genug Luft verschaffen konnte, um aus einem brennenden Flugzeug herauszusteigen. Doch die Fluglinien sträubten sich mit dem Argument, daß es die Passagiere zu viel Zeit kosten würde, unter den Sitz nach dem Beutel zu greifen und sich die Haube über den Kopf zu ziehen. Die Rauchhaube wurde nie eingeführt.

Das erste Unglück, das Snow untersuchte, betraf eine United DC-8, die am 11. Juli 1961 am Stapleton Airport in Denver abgestürzt war. Es handelte sich um eine im Prinzip überlebbare Notlandung, bei der jedoch 18 Passagiere ums Leben gekommen waren. Im CAMI baute McFaddin eine Attrappe des Flugzeugrumpfes zusammen und ließ Freiwillige hindurchlaufen, um zu sehen, wie schnell Menschen herauskommen konnten. Snow sah sich dieses kleine Drama eine Weile an und beschloß dann, mit wissenschaftlicher Methodik an die Frage heranzugehen, warum einige Menschen solche Unglücke überleben und andere nicht. Dies war genau die Art von Problemen, an denen er allmählich Vergnügen fand: Probleme, die ausführliche Überlegung und Analyse in der klassischen Art und Weise des leidenschaftslosen induktiven Schlußfolgerns aus Fakten erforderten.

Für ein Rohmodell zur Untersuchung von Todesfällen bei Flugzeugunglücken machte sich Snow die Methodik von Wissenschaftlerkollegen aus einer anderen Disziplin, der Toxikologie, zunutze. Wenn Toxikologen die Auswirkungen von Substanzen auf Organismen untersuchen, wenden sie auf die von ihnen untersuchten Gifte eine Maßeinheit mit der Bezeichnung LD50 an. Um den Giftgrad einer Chemikalie genau messen zu können, muß man diese an einer große Gruppe von Organismen, in der Regel Labormäusen, erproben, nicht nur an wenigen, da jeder Organismus unterschiedlich reagieren kann. Ein allgemein verwendetes Maß für die Giftigkeit einer Chemikalie ist die Dosis, die ausreicht, um die Hälfte der Tiere zu töten. Man bezeichnet diese Dosierung als LD 50, wobei »LD« für »lethal dose«, tödliche Dosis, und »50« für den Prozentsatz der mit dieser Dosis getöteten Tiere steht. Die Giftigkeit einer Chemikalie läßt sich jedoch auch mittels LD 25 und LD 75 beschreiben. Heute versuchen Toxikologen, Tiere durch Gewebe oder sogar Computermodelle zu ersetzen, doch in den sechziger Jahren gab es in der Regel keine andere Möglichkeit, als lebende Tiere zu verwenden.

Snow und seine Kollegen Jack Carroll vom National Transportation Safety Board (Nationale Kommission für Transportsicherheit, Anm. d. Ü.) sowie Mackie Allgood vom CAMI wandten das LD 50-Konzept rückwirkend auf die Unfallumgebung an.[3] Sie überprüften sorgfältig die Anzahl der Überlebenden bei drei Flugzeugkatastrophen: den Abstürzen in Denver und Salt Lake City sowie einem weiteren in Rom am 23. November 1964, bei dem in einer TWA-Maschine 48 von 73 Insassen gestorben waren.

»Alle drei Unfälle hatten eines gemeinsam: Verletzungen infolge des Aufpralls waren entweder nicht vorhanden oder unbedeutend«, erklärt Snow. »Folglich bestand das einzige Problem für die Passagiere darin, von ihren Sitzen zum Ausgang zu kommen.« Bei allen drei Unfällen war in der Passagierkabine Feuer ausgebrochen. Der Absturz in Denver stellte eine »thermotoxische Umgebung« dar, die man als eine LD 25 kategorisieren konnte: Es starben weniger als 25 Prozent der Passagiere. Bei dem Absturz von Salt Lake City handelte es sich dagegen um einen LD 50-Fall, während der von Rom schon nahe bei LD 75 lag.

In jenen Tagen standen dem CAMI in ausreichendem Maße Geldmittel zur Verfügung, was bedeutete, daß ein Wissenschaftler, der sich an einem neuen Projekt festgebissen hatte, freie Hand hatte, dieses bis zum Schluß durchzuziehen. Snow verfolgte das Projekt etwa zwei Jahre lang. Anhand von Ticketlisten, zu denen auch von den Flugbegleitern erstellte Diagramme mit den Sitzplätzen der einzelnen Passagiere gehörten (die heute durch Computerlisten ersetzt sind), fertigte Snow Skizzen an, die zeigten, wo jeder einzelne Passagier im Verhältnis zu den Ausgängen gesessen hatte. Er vermerkte überdies Alter und Geschlecht der Passagiere sowie alles, was er sonst an Informationen über sie auftreiben konnte. Dann prüfte er noch die offiziellen Aussagen der Überlebenden und sprach auch persönlich mit einigen von ihnen.

Einige seiner Untersuchungsergebnisse überraschten ihn keineswegs. Leute, die am nächsten an den Ausgängen sitzen, haben natürlich unter ansonsten gleichen Bedingungen bessere Chancen, aus dem Flugzeug herauszukommen. Andere Ergebnisse erforderten hingegen eine gründliche statistische Analyse. Wenn sich Snow beispielsweise bei jedem Flug die Bandbreite der Größe und des Alters der Passagiere ansah, fragte er sich, ob es da etwas Unerwartetes gab, das darauf hindeuten würde, daß einige gegenüber den anderen im Vorteil waren.

Mit seinen Untersuchungsergebnissen, die er 1973 in einem Arbeitspapier bei einer Versammlung der Aerospace Medical Association in St. Louis vorstellte, löste Snow bei seinen Vorgesetzten von der FAA nicht nur ziemliche Unruhe aus, sondern es erwies sich auch, daß er mit seinen Ergebnissen, wie er es ausdrückt, »in einen riesigen Fettnapf getreten war«.

»Männer kommen raus«, folgerte Snow. »Geschäftsleute, die viel fliegen, ebenfalls. Erwachsene Männer sind etwa im Verhältnis zwei zu eins im Vorteil gegenüber Frauen und Kindern. Bei all dem Durcheinander verhalten sie sich allerdings gewiß nicht wie Gentlemen. Etwas anderes sind die eigenen Reisegefährten. Es ist bezeichnend, daß bei Reisegruppen Familien etwas bessere Überlebenschancen zu haben scheinen. Blutsverwandte neigen eher dazu, sich gegenseitig zu helfen. Was die Altersstruktur angeht, so läßt sich sagen, daß Kinder unter zwölf Jahren die geringsten Chancen haben, sich zu retten; nur ungefähr zehn Prozent aus dieser Altersgruppe überleben, zumindest war es in den sechziger Jahren so. Männer über 55 haben dagegen etwa dieselben Überlebenschancen wie Frauen. Je extremere Formen allerdings die toxische Umgebung annimmt, zum Beispiel bei dem Unfall in Rom, um so weniger spielen Alter, Geschlecht und Erfahrung eine Rolle für das Überleben.«

Die Verwaltungsbeamten der FAA waren schockiert. Kinder überleben nicht? Die Öffentlichkeit würde angesichts dieser nüchternen Beschreibung der Dschungelgesetze an Bord der nationalen Lufttransporter erbleichen. Wie nicht anders zu erwarten, hatte Snow kein Blatt vor den Mund genommen, und obwohl es der

FAA nicht gelang, in seinen Statistiken irgendwelche Fehler zu finden, forderte man ihn auf, die Schlußfolgerungen seines Papiers abzuschwächen. Besonders schien man sich bei der FAA über die literarische Verzierung in Snows Vorwort zu ärgern, etwas, das die Bürokraten weder schätzten noch in seiner Tiefe ergründen konnten.

»Ich verwendete ein Zitat«, sagt Snow, »das an sich recht harmlos ist, nämlich den alten hippokratischen Aphorismus: Das Leben ist kurz und die Kunst lang, die Gelegenheit ist im Nu vorüber, die Entscheidung schwer und das Experiment gefährlich.« Dieser Aphorismus paßte zu seinen Schlußfolgerungen; denn Flugzeugunglücke konfrontieren die Passagiere mit eben einer solchen Gelegenheit und einer schwierigen Entscheidung. Darüber hinaus betrachtete Snow in seinem Arbeitspapier die Unglücke als »natürliche Experimente« für den Wissenschaftler. Diese Feststellung war sehr wohl von einem Bedauern angesichts des Verlustes von Menschenleben begleitet, doch nahm die FAA diese Nuance nicht wahr, sondern deutete diese Aussage so, als wollte Snow damit sagen, Unfälle in der Zivilluftfahrt seien »Experimente«. Man drängte ihn, das Papier zurückzuziehen, doch Snow weigerte sich. Im Endeffekt war für ihn die Konferenz ein Mißerfolg, obwohl er seine Ergebnisse schließlich doch veröffentlichte.

Das nächste Jahrzehnt war von einer Art Haß-Liebe zur FAA gekennzeichnet. Der Geldstrom floß weiter, und Snows fachliche Reputation wuchs in einem beträchtlichen Maße. So behandelte man ihn mit Nachsicht und ließ ihm gerade so viel Spielraum für eigene Projekte, daß er seinen Widerwillen gegen Regierungsbestimmungen einigermaßen unter Kontrolle halten konnte. Da Snow an das Sprichwort glaubte: Laß Dich nicht verrückt machen, zahl's ihnen lieber mit gleicher Münze heim, griff er mit Witz an. Er wurde zu einem Meister in der Handhabung der größten Waffe eines jeden Beamten, des Memos beziehungsweise der Aktennotiz, von denen eine wahre Flut von seinem Büro ausging. Er nannte dies »den Affen hetzen«.

Ihre Kombination aus trockenem Sarkasmus und roher Kraft – eine Mischung, die man nur von einem wissenschaftlichen Geist erwarten kann, der aus dem Ton von Nordwest-Texas geformt wurde – machte diese Memos zu Sammlerstücken bei den aufgeschlossieneren unter den Beamten, deren Leben sich innerhalb enger, mit roter Tinte gezogener Grenzen abspielte.

Ein Memo an einen höheren Beamten des CAMI ist repräsentativ für Snows Stil. Es ist datiert vom 14. August 1970, mit Snows Unterschrift versehen und lautet folgendermaßen (wobei wir die Namen der Opfer aus verständlichen Gründen weggelassen haben):

»Ich habe erfahren, daß bei dem jüngsten Treffen in Washington zwischen Ihnen und Dr. XY eine ausführliche Diskussion darüber entbrannt ist, ob Haie mit Hilfe des Geruchs- oder Geschmackssinns den Weg zu ihren Opfern finden.

Nach einigem Nachdenken über diese Frage kam ich auf die Idee, daß sie sich mittels eines einfachen und wirtschaftlichen Experiments ein für allemal lösen ließe. Dazu bräuchten lediglich Sie und Dr. XY in den Überlebenstank des CAMI zu steigen, in den man dann einen großen Hai hineinließe, um dessen Verhalten zu beobachten.

Sollte der Hai Dr. XY angreifen, würde dies beweisen, daß er ihn nicht riechen kann; sollte der Hai aber auf Sie losgehen, würde dies ebenso eindeutig beweisen, daß er einen schlechten Geschmack hat. In beiden Fällen würde mit Hilfe des Experiments eine wichtige wissenschaftliche Frage mit geringem Aufwand für die Regierung gelöst.

Mit Ihrem Einverständnis bin ich gerne bereit, für dieses Projekt ein Formular 1750 vorzubereiten.«

Neben seiner Tätigkeit für das CAMI hielt Snow an der University of Oklahoma Vorlesungen über biologische Anthropologie, durch die sich sein fachlicher Ruf, zumindest auf lokaler Ebene, weiter festigte. Hätte er in einer Stadt im Osten gearbeitet, wäre er wohl nie in die Lage versetzt worden, seine »Knochenkunst« bis zu einem Punkt zu vervollkommnen, an dem er der Wissenschaft eine neue Richtung weisen konnte. Zwar sind nach Snows Beobachtungen in städtischen Zentren wie New York oder San Francisco die weltgewandten Bürger weit eher bereit, viele Formen bizarren Verhaltens zu tolerieren oder zu ignorieren, aber sie sind sehr wohl fähig, bei der Verwesung einen Strich zu ziehen.[4] Infolgedessen kommt es in einer solchen Umgebung kaum jemals dazu, daß eine Leiche einen Zustand erreicht, in dem sie einen Skelettexperten interessieren würde. In Oklahoma dagegen leben die Menschen so weit verstreut wie Pollen über die weite Prärie. Wenn dort jemand hinter dem Horizont verschwindet, wird er mitunter erst wiedergefunden, wenn sein Körper längst den Weg allen Fleisches gegangen und nichts von ihm übriggeblieben ist als ein Bild in der Erinnerung seiner Freunde und Verwandten sowie ein Beutel voller Gebeine.

Hinzu kam, daß Oklahoma mit indianischen Begräbnisstätten übersät war, die bei Erdarbeiten, beispielsweise für den Bau einer neuen Straße oder eines Einkaufszentrums, gelegentlich zutage gefördert wurden. Bei solchen Gelegenheiten bedurfte es der Fachkenntnis eines Experten, der wußte, daß ein Paar schaufelförmiger Schneidezähne oder die vorstehenden Backenknochen eines Schädels zu einem seit langem toten Indianer gehörten und nicht etwa zu Onkel Bobby, der vor drei Jahren Zigaretten holen gegangen und seither nicht mehr aufgetaucht war.

So dauerte es nicht lange, bis das Büro des Leichenbeschauers von Oklahoma City auf diesen Anthropologen aufmerksam wurde und Snow immer mehr von seiner Zeit mit den Mitarbeitern dieses Büros verbrachte. Die Leichen von Menschen, die in Zentral- und West-Oklahoma unter Gewaltanwendung oder verdächtigen Umständen gestorben waren, wurden in ein heruntergekommenes, einstöckiges Gebäude in einem trostlosen Stadtteil gebracht. Wie die meisten Leichenhäuser war auch dieses betont unauffällig, obgleich es durch seine quadratische Unerschütterlichkeit ein unübersehbares offizielles Flair besaß, als wollte man den Leichen die Gewißheit geben, daß ihr Abgang aus dieser Welt über offizielle Kanäle gehandhabt wurde. Wenn die Polizei im Leichenhaus wieder einmal eine Schachtel voller mysteriöser Knochen ablieferte, griffen die Angestellten in ihren Karteikasten und fischten die Nummer von Clyde Snow heraus, jenem krawattenlosen Mann in zerknautschten Stiefeln, der stets zu spät kam und für gewöhnlich einen Hund dabei hatte. Snow selbst nahm gerne die Gelegenheit wahr, dann und wann dem starren Reglement des FAA zu entfliehen und fand sich leicht in seine Rolle als Cowboy-Professor und Experte auf Abruf hinein.

Im Jahre 1967 zog Dr. James Luke, der offizielle Leichenbeschauer von Oklahoma, Snow zu einem Fall hinzu, mit dem sein Büro einfach nicht fertig wurde.[5] Wie bei Snows erstem Erlebnis mit einem Skelett in New Mexico waren es auch diesmal Jäger gewesen, die die Behörden auf etwas Verdächtiges in den Wäldern aufmerksam gemacht hatten.

Jäger nehmen bei polizeilichen Untersuchungen überhaupt einen besonderen Platz ein. Abgesehen von den Fällen, in denen sie durch Zufall sich selbst, andere Jäger, unschuldige Passanten oder überraschtes Vieh töten, kommt es gelegentlich auch vor, daß sie die Polizei rufen, wenn sie über die Überreste von Menschen stolpern, die ihr Leben in den Wäldern ausgehaucht haben. Genau das war auch diesen Jägern widerfahren. Als sie am 19. November in der Hoffnung auf einen leckeren Thanksgivingsbraten in der Nähe eines leerstehenden Farmhauses am südöstlichen Stadtrand von Oklahoma City nach Wachteln jagten, waren sie im Gebüsch über einen Schädel und einige weitere Knochen gestolpert. Neugierig geworden, hatten sie die Knochen mit nach Hause genommen, um sie mit Abbildungen menschlicher Schädel in einem Lexikon zu vergleichen. Nachdem ihnen die Bedeutung ihres Fundes klargeworden war, hatten sie am nächsten Tag die Polizei angerufen und sie zur Fundstelle geführt.

Die Polizei fand etwa 50 Meter südlich des leeren Farmhauses weitere Knochen, zumeist Bruchstücke von Rippen und Wirbeln, sowie ein Kinderkleid. Inmitten eines Dickichts stießen sie auf eine flache Vertiefung in der sandigen Erde. Es war ein provisorisches, nur etwa 45 Zentimeter tiefes Grab, das weitere Knochen, eine Menge verfilztes Haar und ein weitgehend zerfallenes Stück Kinderunterwäsche enthielt. Am nächsten Tag kehrten die Ermittler zurück und unternahmen auf einer Fläche von etwa 40 Hektar eine gründliche Durchsuchung, wobei sie das Gebiet in mehrere Abschnitte von ungefähr 660 mal 3300 Metern einteilten. Jeder dieser Abschnitte wurde von etwa fünfzig Freiwilligen mit Sonden und Rechen durchkämmt. Suchtrupps durchkämmten nahegelegene Gräben, Abzugskanäle und Brunnen, während eine kleine Planiermaschine die Oberflächenvegetation in einem Umkreis von 36 mal 36 Metern um das Grab herum abtrug. Selbst die Dachs- und Coyotenbauten in einem Umkreis von ein bis zwei Meilen wurden bei der Suche nicht ausgelassen.

Das an der Reno Road gelegene Feld war von dichtem Unkraut überwuchert. »Hier könnte eine Lastwagenladung voll Knochen herumliegen, und wir würden sie nie finden«, dachte Bill Forney, ein mit dem Fall befaßter Polizeiermittler. Er wandte sich an Snow und bat ihn um Hilfe.

»Ich habe mir überlegt«, sagte er zu dem Professor, »ob es wohl schaden würde, wenn wir dieses Unkraut abbrennen würden? Könnte dies den Knochen schaden?«

Snow erklärte ihm, daß die von einem derartigen Feuer erzeugte Hitze aller Wahrscheinlichkeit nach keine etwaig noch vorhandenen Knochenüberreste zerstören würde. Dies sei ein kalkulierbares Risiko; zwar könnten durch das Feuer sehr wohl andere Beweisstücke verbrennen, aber sie hätten ja ohnedies schon den Großteil von dem gefunden, was die Person wahrscheinlich an Kleidung getragen hatte. Also ermunterte er Forney, seine Idee in die Tat umzusetzen. Da dieser jedoch die Feuerwehr nicht zur Mitarbeit bewegen konnte, mußten er und sein Team die nächsten beiden Tage damit zubringen, auf Händen und Knien durch das Gestrüpp zu kriechen.

Die Behörden hätten wahrscheinlich diese gigantischen Anstrengungen nicht unternommen, wäre die Stadt nicht bereits durch eine Tragödie aufgebracht gewesen, die sich vor etwas mehr als vier Monaten ereignet hatte. Am 6. Juli war ein fünfjähriges Mädchen verschwunden, das in den Gerichtsunterlagen schlicht als Anna geführt wurde. Zuletzt war sie am Spätnachmittag beim Spielen in der Nähe ihres Elternhauses gesehen worden. Genau vier Wochen später verschwand ein weiteres Kind, die sechs Jahre alte Brenda White, ebenfalls spurlos aus einem Vorort einige Meilen südlich von Oklahoma City. Man fand ihr Fahrrad in einer Gasse hinter einem ihrem Elternhaus benachbarten Lebensmittelgeschäft. Später sagte eine Spielgefährtin aus, sie habe Brenda mit einem jungen Mann mit hellblondem Haar in einem Auto gesehen: Typ oder Modell des Fahrzeugs konnte sie jedoch nicht beschreiben.

Die großangelegte Suche förderte säckeweise Knochen zutage, von zerbrechlichen Feldmausknochen bis hin zu dem Stück eines Pferdeskeletts von der Größe eines Baseballschlägers. Snow fiel die Aufgabe zu, in diesem Wust nach weiteren Hinweisen zu suchen. Er war sich darüber im klaren, daß die skelettale Identifikation eines Kindes eines der schwierigsten Probleme für einen Anthropologen darstellte. Unter der Haut und dem Gewebe sehen Kleinkinder einander außergewöhnlich ähnlich. Zwar ließ die Größe des Schädels keinen Zweifel zu, daß es sich um den eines Kindes handelte, aber schon der Versuch, anhand eines Kinderskeletts auch nur dessen Geschlecht zu bestimmen, kann ein mühsames Unterfangen sein. Die meisten der klassischen Geschlechtsmerkmale wie etwa die Form der Beckenöffnung oder die Schädelcharakteristika sind »sekundäre« Geschlechtsmerkmale, das heißt, sie entwickeln sich in der Regel erst während der Pubertät zu zweifelsfreier Unterscheidbarkeit.

Snow legte die Knochen in seinem Labor bei der FAA auf einem Aluminiumuntersuchungstisch unter dem harten fluoreszierenden Licht des gefliesten Untersuchungsraums aus. Er hatte etwa ein

Drittel eines menschlichen Skeletts vor sich. Der wichtigste Hinweis bisher war der Schädel, obgleich die Mandibula, der Unterkiefer, nicht gefunden worden war. Aufschlußreich waren weiterhin zwei Rippen, ein linkes Wadenbein, einer der beiden Knochen des Unterschenkels und der rechte Oberschenkelknochen. Letzterer erwies sich als Glücksfall, da sich mit seiner Hilfe am ehesten die Größe einer Person bestimmen ließ. Snow legte jeden Knochen in die Position, die er am lebenden Körper innegehabt hatte. In der Mitte des Tisches ordnete er einige Halswirbel an, die Teile des Rückgrats also, die das Genick bilden. Darunter legte er mehrere Brustwirbel, die normalerweise mit den Rippen verbunden sind. Als die Polizei noch mehr Knochen hereintrug, fügte Snow seinem Skelett weitere Stücke hinzu, wie ein Archäologe, der die Scherben eines zerbrochenen Tongefäßes wieder zusammensetzt. Zwei sanft geschwungene Schlüsselbeine, die wie schmale Bumerangs aussahen, plazierte er dort, wo die Schultern des Kindes gewesen waren. Aus den Rippen, die man fast vollständig gefunden hatte, formte er den Brustkasten. Snow hatte darüber hinaus noch die beiden Oberarmknochen und zumindest einen der zwei Knochen der beiden Unterarme, also Elle und Speiche. Unglücklicherweise fehlten die Beckenknochen und die kleineren Knochen der Hände und Füße.

Aller Wahrscheinlichkeit nach gehörten die Knochen zu Brenda, deren Mutter die gefundenen Haare und Kleidungsreste als die ihrer Tochter identifiziert hatte. Sollte man jedoch jemals einen Tatverdächtigen stellen, würde es allerdings einen geschickten Strafverteidiger nur wenig Mühe kosten, diese dürftige Identifizierung zu zerpflücken. Dr. Luke benötigte jedoch einen eindeutigen Beweis dafür, daß diese Knochen entweder zu Brenda oder zu Anna gehörten, wenn nicht sogar zu beiden Kindern. Ja, es lag sogar im Bereich des Möglichen, daß sie zu einem ganz anderen Mädchen gehörten, dessen Verschwinden aus dem einen oder anderen Grund nicht gemeldet worden war.

Die Gründlichkeit, mit der die Suchaktion durchgeführt worden war, bestärkte Snow in der Überzeugung, daß das, was vor ihm lag, bereits alles war, womit er rechnen konnte. Eingedenk eines Grundsatzes der forensischen Wissenschaftler, demzufolge der erste Fall, der danebengeht, wahrscheinlich auch der letzte ist, begab er sich somit an die Arbeit.

Da die Beckenknochen fehlten, mußten die in dem provisorischen Grab gefundenen Haare und Kleidungsreste als Beweis für das weibliche Geschlecht des Opfers ausreichen. Das Haar war leicht gewellt, und die Strähnen waren dünn und leicht pigmentiert, was in Snows Augen bewies, daß der Körper zu einem Angehörigen der kaukasischen Rasse gehört hatte. Snow war sich ebenfalls ziemlich sicher, daß dies keine indianischen Knochen waren, da ein Schneidezahn, der noch nicht aus der Maxilla, dem Oberkiefer, hervorgebrochen war, nicht die Schaufelform aufwies, die bei mindestens 80 Prozent der Indianer vorkommt.

Snow nahm den Schädel zur Hand, drehte ihn um und schaute in die leere Schädelhöhle. Darin fand er etwas Sand, Spinnweben und einige tote Insekten. Er prägte sich das Gesehene ein und befestigte anschließend den Schädel auf einem Kraniophor, einem Aluminiumgestell, das speziell zum Zweck der Schädelvermessung dient. Nach einer intensiven Betrachtung kam er zu dem Schluß, daß die relativ große Hirnschale und das kleine Gesicht zweifellos zu einem Kind gehörten. Dies bestätigten auch die Messungen, die er mittels des Tasters an zwanzig verschiedenen Stellen des Schädels vornahm. Snow hielt den Schädel nahe an seine Augen und prüfte ihn durch seine Hornlupe, wobei er sein besonderes Augenmerk auf die Nahtstellen richtete, an denen die einzelnen Knochen der Hirnschale zusammenstoßen. Unter der Lupe oder sogar mit dem nackten Auge betrachtet, überziehen diese Nähte die Hirnschale in Form von dichten, verschlungenen Serpentinen, ähnlich wie sich ein Fluß kreuz und quer durch ein Delta schlängelt.

Hinweise auf das Alter finden sich jedoch nicht in den Windungen, sondern in dem Grad, in dem sich die Nähte geschlossen haben. Die Hirnschale eines Neugeborenen sieht aus wie ein Ei, dessen Schale zunächst in mehrere Stücke zerbrochen und dann mit deutlich sichtbaren Nahtstellen wieder zusammengeklebt wurde. Da Knochen lebendes Gewebe sind, dehnen sich die Schädelstücke langsam, aber gleichmäßig aus und schließen diese Nähte wieder. Wie eine Kamera fängt der Tod diesen dynamischen Prozeß in einem Schnappschuß ein und hält ihn fest, so daß der Anthropologe nun leicht auf das Stadium schließen kann, in dem sich der Prozeß im Augenblick des Todes befand. Snow konnte klar erkennen, daß das Hinterhauptsbein auf der Rückseite des Schädels, das bei der Geburt aus vier Teilen besteht, vollständig zusammengewachsen war; und dies ist normalerweise erst im Alter von vier oder fünf Jahren der Fall.

Snow hatte darüber hinaus sowohl die Bücher T. Dale Stewards von der Smithsonian Institution, in den sechziger Jahren eine der

Koryphäen der forensischen Anthropologie, als auch die Arbeiten anderer Experten gelesen, in denen weitere Teile des Körpers aufgeführt waren, an denen sich solche Schnappschüsse des Wachstums und der Veränderung finden ließen. Hierzu zählen die Schäfte oder Diaphysen der Arm- und Beinknochen. Keiner dieser Schäfte, die Snow gegen das Licht hielt, war schon völlig mit den knaufartigen Enden beziehungsweise Epiphysen zusammengewachsen. Diese Tatsache deutete darauf hin, daß das Opfer jünger als fünfzehn Jahre sein mußte. Ähnliche Bewertungen des Verschmelzungsstadiums an Teilen der Wirbelsäule engten das Alter auf zwischen fünf und zwölf Jahren ein.

Mit Unterstützung eines Odontologen erarbeitete Snow daraufhin eine Aufstellung der Zähne, die bereits hervorgebrochen waren. Obgleich man viele Zähne nicht gefunden hatte, ließ sich durch Röntgenaufnahmen aufzeigen, ob bleibende Zähne noch im Kiefer eingebettet lagen, was ebenfalls Rückschlüsse auf das Alter des Kindes zuließ. Zähne und Knochen deuteten zuletzt zweifelsfrei darauf hin, daß es sich bei der Leiche um die eines Kindes handelte, das bei seinem Tod zwischen fünfeinhalb und acht Jahre alt gewesen war.

Was die vermutliche Größe des Kindes betraf, schlug Snow in Standardtabellen nach, die die Länge großer Knochen zur Gesamtstatur einer Person in Beziehung setzen. Die auf dem Untersuchungstisch liegenden Oberschenkel- und Oberarmknochen brachten Snow der bitteren Schlußfolgerung noch einen Schritt näher: Sie gehörten zu einem Kind, das etwa 1,30 Meter groß gewesen war – um genau zu sein, zwischen 125,7 und 133,4 Zentimeter.

Der Anthropologe hatte annähernd zwei Wochen mit dem Zusammensetzen des Skelettes zugebracht, unterstützt allein von seinen Lehrbüchern, die er bei sich im Leichenhaus liegen hatte. Abgesehen von Gesprächen mit Ärzten, Zahnärzten und Lehrern, die die vermißten Mädchen gekannt hatten, war er von früh bis spät mit fast nichts anderem beschäftigt gewesen, als die Knochen entweder mit der Hand oder im Geist wieder und wieder umzudrehen. Nicht nur, daß die Presse das Büro des Leichenbeschauers Tag um Tag belagerte, brachte der Fall überdies noch einige weniger angenehme Charaktere von Oklahoma ans Tageslicht. »Ich schwöre, daß ich weder vorher noch nachher je einen Fall wie diesen bearbeitet habe«, erinnert sich der Ermittler Forney. »Bereits am ersten Tag der Untersuchung erhielten wir

130 Anrufe. Alle Anrufer behaupteten, daß sie oder ihre Schwester zu irgendeinem Zeitpunkt von ihrem Bruder oder Onkel belästigt worden seien. Bis zu diesem Zeitpunkt hatte ich nicht gewußt, daß es bei uns so viele Kinderverführer gab.«[6] Und außerdem gab es zwei Familien, die sich verzweifelt an jede noch so kleine Information klammerten.

Von einem streng forensischen Standpunkt aus betrachtet, hatte der Fall einen Vorteil: Er war »geschlossen«. Das heißt, es gab ein wahrscheinliches Opfer, mit dem man die Knochen vergleichen konnte. Bei »offenen« Fällen, also solchen ohne mutmaßliches Opfer, gibt es keine zahnärztlichen Unterlagen, Fotografien oder Beschreibungen, die als Anhaltspunkte dienen können.

Über das Problem einer Schätzung der Größe von Kindern anhand von Knochen gab es wenig Literatur; zwar waren Messungen an Leichnamen in Leichenhäusern vorgenommen worden, doch bezogen sich diese großenteils auf Erwachsene. Trotzdem reichten die Daten, die Snow aus vergleichbaren Untersuchungen von Skeletten prähistorischer Völker sowie einigen europäischen Forschungen zur Verfügung standen, aus, um mit annähernder Sicherheit feststellen zu können, daß die Knochen Brenda White gehören mußten, die zum Zeitpunkt ihres Verschwindens 1,30 Meter groß sowie sechs Jahre und sieben Monate alt gewesen war. Die für ihr Alter recht kleine Anna hatte nur 1,07 Meter gemessen und war fünf Jahre und acht Monate alt gewesen. Ein Aspekt dieses Falls ließ Snow jedoch zögern. Zwei Mädchen waren verschwunden, waren möglicherweise von ein und derselben Person entführt und beseitigt worden. Was, wenn beide Mädchen gemeinsam getötet und verscharrt worden waren? Gab es eine Möglichkeit, das herauszufinden?

Snow versuchte es mit ein wenig mathematischer Tüftelei. Er schätzte, daß es bei einer Sechsjährigen nur etwa 46 Knochen gab, die groß und robust genug waren, um unter diesen Umständen geborgen und ihrer korrekten Position im Skelett zugeordnet werden zu können. Vor ihm lagen 22 dieser Knochen, und keiner von ihnen war doppelt vorhanden. Fügte man zu dieser Gleichung die vier Wirbel hinzu, die von den Suchtrupps gefunden worden waren, so verfügte er über mehr als die Hälfte der Knochen, die überhaupt auffindbar gewesen waren. Wie groß standen die Chancen, fragte sich Snow, daß diese Knochen von zwei Mädchen stammten, wenn er mehr als die Hälfte aller auffindbaren Knochen ohne eine einzige Verdopplung vor sich hatte? Nach seiner Schätzung lag die Wahrscheinlichkeit bei hundert zu eins, genug, um postulieren zu können, daß es sich mit annähernder Gewißheit um die sterblichen Überreste nur eines Kindes handelte.

Eine Frage war jedoch noch immer ungeklärt. Brenda konnte höchstens viereinhalb Monate tot sein. Wie hatten die Überreste des Leichnams, von Haaren und Knochen abgesehen, so schnell verschwinden können? Snow wußte von zwei früheren lokalen Fällen, bei denen es ebenfalls um skelettierte Überreste gegangen war, daß sich Fleisch in der Sommerhitze von Oklahoma schnell zersetzt. Er hatte errechnet, daß einer der beiden Körper pro Tag 2,9 Pfund an Gewebe verloren hatte, der andere dagegen, der nur der Kühle des Frühlings ausgesetzt gewesen war, bloß 0,9 Pfund pro Tag. Legte er diese Zahlen zugrunde, würde der 40 bis 50 Pfund schwere Körper eines Kindes innerhalb von sechs Wochen skelettiert werden, das hieß, schnell genug, daß dies Brendas Knochen sein konnten.

Brenda war im vorigen Sommer verschwunden; ihr Skelett konnte also keinen Winter im Freien gelegen haben. Dies traf auch auf die Knochen zu, die auf Snows Untersuchungstisch lagen: Sie wiesen keine jener filigranen Risse auf, die der Frost auf der Oberfläche von Knochen hinterläßt. Darüber hinaus waren keine Anzeichen dafür zu finden, daß sich Nagetiere an ihnen zu schaffen gemacht hatten. Obwohl sich diese gelegentlich auch von Aas ernähren, verschmähen sie generell Knochen, die nicht mindestens ein Jahr alt sind. Auch die Spinnweben und toten Insekten, die Snow gesehen hatte, als er das Schädelinnere zum erstenmal besah, bekamen nun eine völlig neue Bedeutung. Der Schädel mußte früh genug im Jahr skelettiert worden sein, daß sich Spinnen und Insekten darin festsetzen konnten; dadurch schied der Herbst als Todeszeitpunkt aus.

Drei Wochen, nachdem er den ersten Knochen gesehen hatte, übergab Snow dem Büro des Leichenbeschauers seinen Bericht. Obwohl es Aufgabe des Leichenbeschauers war, das Untersuchungsergebnis formell bekanntzugeben, war sich Snow sicher, daß die Jäger tatsächlich Brendas sterbliche Überreste gefunden hatten. Es war die aufreibendste forensische Untersuchung gewesen, die er bis dahin durchgeführt hatte.

Zwei weitere Entdeckungen klärten die Frage der Identität endgültig. Zum einen war das im Grab gefundene Haar lang, mit Ausnahme eines kleinen Teils, der nur etwa siebeneinhalb Zentimeter maß. Brendas Mutter erinnerte sich, daß Brenda wenige

Monate vor ihrem Verschwinden vom Rad gefallen war und sich am Kopf verletzt hatte. Da die Wunde genäht werden mußte, hatte der Arzt das Haar im Umfeld der Verletzung abgeschnitten. Zum zweiten waren auf einem Foto des Mädchens, das es lächelnd zeigte, eine Reihe von Vorderzähnen zu erkennen, die zu denen im Schädel paßten.

Wie so oft bei forensischen Fällen war die Befriedigung darüber, einen Fall mit Taster und Taschenrechner abgeschlossen zu haben, kein Anlaß zur Freude. Weder wurde ein Tatverdächtiger festgenommen noch fand man je eine Spur von Anna. Die einzige Lehre, die man aus dieser Episode ziehen konnte, war die Einsicht, daß die Wissenschaft, wenn alle anderen Mittel versagten, als Schiedsrichter fungieren konnte. Aufgrund seiner lyrischen Ader bediente sich Snow später nicht wissenschaftlicher Maße, um seine Erinnerung an diesen Fall in Oklahoma auszudrücken, sondern der Poesie, indem er aus dem Gedicht »Time in the Rock« von Conrad Aiken zitierte:

». . . Was können wir von Euch Bemitleidenswerten lernen, Euch armen Opfern der eines unergründlichen Willens, flügellosen Engeln, die mit gewaltigen Armen schlagen . . .?

Oh Geduld, laßt uns geduldig sein, und laßt uns in diesem gefallenen Blatt all das erkennen, was erkannt werden kann, und laßt uns lernen, lernen von dieser traurigen Gewalt, all das lernen, was inmitten der Gewalt gelernt werden kann.«

Ende der sechziger Jahre hatte Snow bereits drei Ehen und drei Scheidungen hinter sich und war Vater von vier Töchtern. In diesem Zusammenhang sagt er manchmal über sich selbst: »Ich bleibe bis zum Schluß treu, behalte mir aber das Recht vor, im letzten Augenblick meine Meinung zu ändern.« 1968 schleppte er sich wieder einmal durch eine seiner ehelosen Perioden und verbrachte einen Großteil seiner Zeit an der Universität. Eines Tages im Februar, als er eben in seinem blauen Arbeitshemd, seiner verblichenen Jeansjacke und seinen Khakihosen rauchend in den Räumen der Studentenschaft saß, wurde er von einer Frau entdeckt, die die vierte (und gegenwärtige) Mrs. Snow werden sollte. Wie er über sein Buch »Field Guide to the Birds of Texas« gebeugt dasaß, hätte man ihn ohne weiteres für einen Studenten halten können. Eine gemeinsame Freundin, die Snow kennengelernt hatte, als sie ihm seine vor kurzem verlorengegangene Brieftasche zurückgab, stellte die beiden einander vor. Was Snow vor sich sah, war eine lebhafte, dunkeläugige graduierte Studentin mit hüftlangem braunem Haar, einer pelzbesetzten Jacke, Stiefeln und mehreren Pfund Indianerschmuck um Hals und Arme. Sie nannte sich Jerry und stammte zu einem Viertel von amerikanischen Ureinwohnern, vom Stamm der Sauk und Fox ab.

Jerry verstand Snow nicht genau, als er sich vorstellte und dachte zunächst, dieser stämmige Kerl mit den wimpernlosen, zusammengekniffenen Augen und langen Koteletten gehöre zur »FFA«, den Future Farmers of America, nicht zur FAA. »Er sieht allerdings ein wenig zu alt aus, um noch eine Karriere als Farmer starten zu können«, dachte sie. Während sie rauchten und redeten, wurde es Jerry jedoch zusehends klarer, daß sie keinen Farmer vor sich hatte. Freilich sagte er nicht eindeutig, was er eigentlich machte. Deshalb erzählte sie ihm auch nicht viel über sich, nicht einmal ihren Nachnamen. Nachdem sie einander etwa eine Stunde lang abgeschätzt hatten, bot Snow an, sie hinzubringen, wohin immer sie wollte. Sie nahm sein Angebot an und ließ sich nach Hause fahren. Als er sie jedoch nach ihrem Namen und ihrer Telefonnummer fragte, antwortete sie nur unbeschwert: »Steht beides im Telefonbuch.«

Natürlich fand Snow beides heraus – er liebte nichts mehr als das Lösen eines Rätsels, besonders, wenn das Rätsel mit einer Frau verknüpft war. Als er Jerry einlud, nahm sie an. Während ihrer ersten Verabredung hielt Snow plötzlich den Wagen an, sprang heraus und hechtete einer Schlange hinterher. Nachdem er sie gefangen hatte, brachte er sie zum Wagen zurück, als wolle er seine Begleiterin auf die Probe stellen; er gelangte zu dem Ergebnis, daß diese Frau anscheinend nur wenig Angst vor Schlangen hatte, was sie in seiner Achtung weiter steigen ließ.

Erst nach mehreren Verabredungen, einschließlich einer, zu der Snow mit drei Tagen Verspätung erschien, fand Jerry Whistler heraus, daß dieser Mann ein Universitätsprofessor war. Sie bewunderte und teilte seine Passion für die lokale Geschichte und nahm ihn zu indianischen Festen mit. Andere Gäste nahmen Snow beiseite und warnten ihn: Die Frauen der Sauk und Fox besäßen starke Kräfte, mit denen sie andere sowohl heilen als auch behexen könnten. Das schreckte Snow jedoch nicht im geringsten ab. »Er ist reizend«, dachte Jerry, selbst wenn er sich ab und zu monatelang die Haare nicht schneiden ließ und ständig ausgesetzte Tiere mit nach Hause brachte.

Clyde und Jerry heirateten 1970. Snow vergaß, einen Ring zu

kaufen, so daß Jerry vorschlug, er solle vor der Zeremonie noch schnell zum nächsten Juwelier gehen, um dies nachzuholen. Er kam mit einem Goldring zurück, der nicht einmal auf ihren Daumen gepaßt hätte. Nach der Trauung ging Jerry deshalb zu dem Juweliergeschäft und tauschte den Ring gegen einen passenden um.

Die Snows zogen in ein Haus auf dem Land, das Architekturstudenten der Universität als Prüfungsarbeit gebaut hatten. Es war nicht allzu teuer und setzte beide zudem der beeindruckenden Einsamkeit der Prärie aus. Regelmäßig fanden sich Tiere auf der Schwelle des Hauses ein, nicht selten mit Snows Unterstützung, als handele es sich bei diesem Haus um eine Art Ellis Island für die Verwahrlosten. Die Snows benannten die Hunde nach Städten in Texas wie Burkeburnett und Paducah. Katzen hingegen erhielten die Namen von Filmstars, die erste hieß Vincent Price.

Clyde saß zumeist am Eßtisch, löste das weiße Fleisch von seinem Hähnchen und stopfte damit die umstehenden hungrigen Mäuler. Immer wieder kam es vor, daß sich auch ein von einem Auto angefahrenes Opossum sowie verschiedenste Schlangen und Schildkröten dazugesellten. Einmal adoptierte Snow gar eine Tarantel, der er den Namen Coalgate gab, nach einer Stadt, aus der die Polizei ihm ein Skelett gebracht hatte: Snow hatte einen Stiefel von dem skelettierten Fuß abgezogen, doch bevor er hineingriff, um lose Knochen herauszufischen, stülpte er ihn vorsichtshalber um. Was herausfiel, war Coalgate.

2

Corpus Delicti

Schußwunden, Unterkühlung, Stromschläge, Hängen und Strangulierung, Schnitte, Hiebe, Stiche oder Risse, Überdosen von Drogen, Vergiftung durch Einnahme oder Einatmen: Es gibt unzählige Arten zu sterben. Viele von uns ereilt der Tod unter merkwürdigen Umständen, die obenstehende Liste stellt nur einen kleinen Ausschnitt der möglichen Todesarten dar. Und obwohl das Sterben eine ebenso sichere Konsequenz des Lebens ist wie Asche aus dem Feuer folgt, fordern wir immer dann, wenn irgendein Zweifel an der Ursache und den Begleitumständen seines Eintretens besteht, eine Erklärung.

Die forensischen Wissenschaftler sind für uns zu Archivaren des Todes geworden. Sie zeichnen auf, auf welche Weise viele von uns die letzten Minuten ihres Erdendaseins verbringen. In der volkstümlichen Vorstellung von einem forensischen Pathologen spiegelt sich William Butler Yeats' Ratschlag wider, der auch als Inschrift auf seinem Grab steht: kühlen Blicks auf Leben und Tod zu schauen und »vorbeizugehen«. Da die Umstände des Todes jedoch selbst dem freudlosesten Dasein zumindest einige wenige hochdramatische Momente verleihen können, spielt der forensische Wissenschaftler mitunter die wichtigste Rolle in einer Tragödie, indem er im Augenblick der größten Verwirrung die Szene betritt, um bei der Lösung des Rätsels mitzuwirken. Bleibt man beim Bild des Theaters, kann sie oder er zum »Deus ex machina« werden, der plötzlich und unerwartet die Bühne betritt und die losen Enden einer verworrenen Handlung miteinander verknüpft.

Der früheste Hinweis auf das Eingreifen eines forensischen Wissenschaftlers findet sich möglicherweise in einer der vielen apokryphen Geschichten des römischen Weltreichs. Im Jahre 66 nach Christi Geburt forderte Neros Geliebte, das Haupt der Kaisergattin sollte auf einem Silbertablett zu ihr gebracht werden, als Beweis dafür, daß sie wirklich tot war. Als der Kopf hereingetragen wurde, überzeugte einer der Ratgeber Neros die noch zweifelnde Geliebte, indem er auf den verfärbten Zahn wies, der das auffallendste Merkmal im Gesicht der Kaiserin gewesen war.

Jahrhunderte später, beim Heraufdämmern eines anderen Weltreiches, identifizierte der amerikanische Volksheld Paul Revere auf ähnliche Weise die Leiche von General Joseph Warren. Revere war nicht nur ein Reiter, der zum richtigen Zeitpunkt am richtigen Ort war, sondern überdies praktizierender Zahnarzt. So konnte er die Identität des Leichnams anhand einer Silber- und Goldbrücke bestätigen, die er dem General zwei Jahre zuvor eingesetzt hatte.

Bis zum Ende des 18. Jahrhunderts konnte jeder, der die Prinzipien der Wissenschaft im Dienste des Gesetzes anwendete, den Titel eines forensischen Wissenschaftlers beanspruchen. Da im angelsächsischen Gesetz kein formeller Kodex für die Konzessionierung forensischer Spezialisten existierte, konnten sich sowohl der ambitionierte Amateur als auch der reinste Scharlatan als Experten auf diesem Gebiet bezeichnen. Der einzige formale Titel, der für einen im Todesfall Ermittelnden zur Verfügung stand, war der des Coronors (vom französischen »couronne«, Krone). Als Verantwortlicher für Strafklagen vertrat der Coronor den König in juristischen Angelegenheiten. Zu seinen Pflichten gehörte auch das Festsetzen und Eintreiben von Steuern, einschließlich einer Todessteuer; selbst das Verlassen dieser Welt hatte seinen Preis, zumindest für die Angehörigen des Dahingeschiedenen. Die Coronors gehörten in der Regel zu den ersten, die erschienen, wenn jemand gestorben war, und sie übernahmen bei verdächtigen Todesfällen die Untersuchung der Begleitumstände.

Medizinisches Wissen mußte der Coronor jedoch nicht besitzen, er wurde gewählt und war gewöhnlich der Freund irgendeiner einflußreichen Person. Folglich verschafften sich die Coronors ihre Informationen in den meisten Fällen durch die Befragung von Zeugen und nicht durch die Untersuchung der Leichen. Das System war willkürlich und nicht selten korrupt. Jürgen Thorwald, einer der anerkanntesten Historiker der forensischen Wissenschaft, beschreibt eines dieser »hoffnungslos unzulänglichen« Systeme in den Vereinigten Staaten:

»Bestattungsunternehmer, die als Coroners tätig waren, gingen grundsätzlich Autopsien aus dem Wege, weil ihnen das Geschäft wichtiger war – schließlich konnten und wollten sie den Verwandten keinen ›beschädigten Toten‹ vorweisen. (. . .) Unter den Coroners, die in New York zwischen 1898 und 1915 gewählt worden waren, befanden sich acht Leichenbestatter, sieben berufsmäßige Politiker, sechs Immobilienhändler, zwei Barbiere, zwei Klempner, ein Metzger, ein Milchmann, zwei Barbesitzer und so fort. Die Ärzte, die vereinzelt gewählt wurden, waren Trinker oder Versager in ihrem Beruf. Manche Coronors in Brooklyn standen in dem Ruf, Preise dafür auszusetzen, daß die Leichen Ertrunkener, die fast täglich im Newton Creek zwischen Brooklyn und Queens trieben, auf die Brooklyner Seite hinübergestoßen wurden, weil ihnen jeder Inquest 12 bis 50 Dollar einbrachte.«[1]

Boston war einer der ersten großen Gerichtsbezirke, der das Coronor-System zugunsten eines mehr wissenschaftlichen Ansatzes aufgab. 1918 folgte New York City mit seiner Medical Examiner Bill. Die Leichenbeschauer, von denen nicht wenige in Europa sowohl in forensischer Wissenschaft als auch in Pathologie ausgebildet worden waren, schafften es, dem Widerstand der aufgebrachten Coronors standzuhalten; sie stellten Grundregeln für die gewöhnlichen Untersuchungen vor Ort sowie für Autopsien in verdächtigen oder gewaltsamen Todesfällen auf.

Die nicht im Osten gelegenen Staaten und Städte taten es Boston und New York bei der Aufgabe des antiquierten Coronor-Systems nur zögernd gleich. Gerechterweise muß man allerdings sagen, daß viele Coronors, besonders in den großen Städten, zur Unterstützung ihrer Arbeit Experten auf den verschiedensten Gebieten hinzuzogen – Pathologen, Toxikologen, Ballistiker und andere Spezialisten. Tatsächlich schossen forensische Unterdisziplinen wie Pilze aus dem Boden. Währenddessen wurde es den Gerichten und Polizeiabteilungen immer klarer, daß eine fundierte Wissenschaft ihnen bei Strafprozessen nützlich sein konnte, und sie bemühten sich, Brücken zwischen den forensischen Wissenschaften, der Kriminologie und der Gerichtsbarkeit zu bauen. So kam es, daß um die Mitte unseres Jahrhunderts Wissenschaftler in Polizeirevieren und Gerichtssälen längst zum vertrauten Anblick gehörten.

Die meisten Untersuchungen, bei denen eine Leiche im Spiel ist, beginnen mit dem Versuch, die Ursache und die Art und Weise des Todes zu bestimmen. Die Unterscheidung dieser beiden Aspekte ist wichtig: Eine Autopsie kann beispielsweise ergeben, daß die

Todesursache bei einem aus dem Fluß gefischten Mann das Erstikken infolge des Eindringens von Wasser in seine Lungen war; stellt sich jedoch heraus, daß bei der Todesursache auch ein offensichtlicher Schlag mit einer Brechstange auf den Kopf eine Rolle gespielt hat, man dem bewußtlosen Opfer dann Betonschuhe verpaßt und es schließlich in einem Jutesack verschnürt hatte, bekommt eine genauere Untersuchung zusätzliche Dringlichkeit. Diese Ergebnisse helfen darüber hinaus den Ermittlern bei der präzisen Bestimmung der Todesart. Generell gibt es fünf Möglichkeiten: Totschlag, Selbstmord, Unfall, natürlicher Tod oder unbestimmte Todesart.

Wie bei den meisten wissenschaftlichen Disziplinen läßt sich auch im Fall der forensischen Anthropologie kein einzelnes Initialereignis festmachen, das zu ihrer Begründung führte. Aber ebenso, wie die Astronomie der Demonstration Galileo Galileis, die Sonne drehe sich nicht um die Erde, sondern umgekehrt, oder wie die Biologie Charles Darwins und Alfred Russel Wallaces Theorie der natürlichen Selektion einen je besonderen Stellenwert im Rahmen ihrer Geschichten einräumen, kann auch die forensische Anthropologie auf einige Ereignisse im 19. Jahrhundert verweisen, die den modernen Vertretern dieser Wissenschaft den Weg bereitet haben. Anders als Galileis Berechnungen oder Darwins weltumspannende Suche nach den verschiedenen Arten waren es jedoch in unserem Fall Morde und schwere Körperverletzungen, die, beginnend mit dem Fall George Parkman, den Anstoß zum Aufstieg dieser Wissenschaft gaben.

In der Woche vor dem Thanksgivingsfest des Jahres 1849 stattete in Boston, Massachusetts, Dr. George Parkman, ein Harvardmann und hervorragender Absolvent der University of Aberdeen in Schottland, einem Kollegen am Harvard Medical College einen verhängnisvollen Besuch ab. Die hochaufgeschossene, hagere Gestalt von Parkman, mit seinem Zylinder und seinem langen Mantel, dessen Schöße seiner steifen Erscheinung hinterher flatterten, war ein vertrauter Anblick auf dem Gelände der Universität, deren Wohltäter Parkman zugleich war. Sein Ruf leitete sich weder von seiner medizinischen Praxis, die minimal war, noch von seinen Veröffentlichungen her, die sich schwerpunktmäßig mit den Geisteskranken und deren Pflege befaßten, sondern von seinem Grundbesitz. Parkman verbrachte einen Großteil seiner Zeit mit dem Eintreiben von Pachten und dem Verleihen von Geld zu hohen Zinsen. Er hatte allerdings 1846 der Universität ein Grundstück geschenkt, auf dem ein Gebäude für die neue medizinische Fakultät errichtet worden war. Trotz seiner abweisenden und förmlichen Art galt dieser reiche Erbe gleichwohl als großzügig, nicht nur gegenüber Harvard, sondern auch gegenüber den Armen.

Zu jener Zeit erlebte Boston eine beispiellose Bevölkerungsexplosion, ausgelöst durch den Zuzug zumeist irischer Einwanderer, die vor einer Hungersnot in ihrer Heimat geflohen waren. Ihnen ließ Parkman sowohl medizinische Versorgung als auch Geld zukommen. Ganz gleich, ob man ihn nun als skrupellosen Geschäftsmann oder als Philantropen betrachtete, war Dr. Parkman der Allgemeinheit doch am ehesten durch seine außergewöhnliche Physiognomie bekannt. Die Studenten wie die gesamte Fakultät sprachen von ihm im privaten Kreis nur als vom »Kinn«, ein Spitzname, der von seinem stark vorgeschobenen Unterkiefer herrührte.

An jenem 23. November 1849 war Parkman in einer besonderen Mission unterwegs: Er wollte Schulden eintreiben. Sein Nachdruck und seine Akribie beim Verfolgen von Schuldnern waren legendär und hatten ihm bereits den Ruf eingetragen, »nicht ganz normal« zu sein.[2] An diesem Tag hatte er eine Verabredung mit Dr. John White Webster, einem anderen bekannten Bostoner aus gutem Hause. Webster war ein stämmiger, geselliger Mann mit einer wuchtigen Stirn, breiten Schultern und einem großen Appetit auf das gute Leben. Er hatte einen Lehrstuhl für Chemie und Mineralogie inne, war Doktor der Medizin, gab mehrere medizinische Zeitschriften heraus und war Mitglied mehrerer wissenschaftlicher Gesellschaften. Seine Ehrbarkeit verdeckte jedoch nur schwach eine Verschwendungssucht, die dem Universitätsklatsch reichlich pikante Nahrung gab. Da er sein Geld mehr als unüberlegt ausgab, mußte er sich, um einen Lebensstil pflegen zu können, den viele seiner Standesgenossen als normal trachteten, oft zusätzlich zu seinem Professorensalär noch Geld leihen.

Webster schuldete Parkman eine beträchtliche Summe, und »das Kinn« wußte sehr wohl zwischen geschäftlichen Forderungen und Mildtätigkeit zu unterscheiden. In diesem Jahr war Websters Schuld bereits auf 2432 Dollar angewachsen, das heißt sie lag höher, als sein jährliches Einkommen von 1900 Dollar aus seinem Gehalt und den Studiengebühren. Parkman, der Mietshausbesitzer und Sproß einer reichen Kaufmannsfamilie, hätte vielleicht einen günstigeren Augenblick abgewartet, wäre ihm nicht zu Ohren gekommen, daß Webster versucht hatte, einen Teil seiner Mineraliensammlung zu verkaufen, die er an Parkman verpfändet hatte. Ungeachtet seines Professoren- und Doktortitels war Webster nicht besonders clever vorgegangen: Der Mann, dem er die Sammlung zum Kauf angeboten hatte, war niemand anderes als Robert Gould Shaw, Parkmans Schwager, der diesen natürlich unverzüglich über Websters verzweifelten Schritt informierte. Völlig außer sich, schwor Parkman, er werde es diesem Verschwender zeigen.

Parkman verbrachte den Freitagvormittag mit Einkäufen. Er erwarb einen Kopfsalat, was damals ein ziemlicher Luxus war, und ging dann zu Paul Hollands Lebensmittelladen im West End, wo er weitere Lebensmittel kaufte. Er ließ die Waren im Laden, mit dem Hinweis, er werde sie in Kürze abholen; doch er kam nie zurück. Anscheinend waren die letzten, die ihn sahen, zwei Schuljungen, die »das Kinn« in Richtung der medizinischen Fakultät schlendern sahen.

Als Parkman am Freitagabend noch immer nicht nach Hause zurückgekehrt war, wandte sich seine Frau an ihren Bruder Shaw, der das Verschwinden seines Schwagers unverzüglich auf Handzetteln und in den örtlichen Zeitungen bekanntmachte. In einer Notiz äußerte Shaw die Vermutung, »eine plötzliche geistige Verwirrung« könne Parkman dazu veranlaßt haben, mit unbekanntem Ziel von seinem ursprünglichen Weg abzuweichen.

Die Nachricht vom Verschwinden einer solch bekannten Persönlichkeit verbreitete sich wie ein Lauffeuer in Boston. Am Sonntag wandte sich Webster, nachdem er seine Familie zur Kirche begleitet hatte, an Parkmans Bruder, Reverend Dr. Francis Parkman, um ihm zu berichten, der Doktor habe sich am vergangenen Freitag wie verabredet in Websters Büro in der medizinischen Fakultät eingefunden. »Ich zahlte ihm das Geld zurück, das ich ihm schuldete«, beteuerte Webster beharrlich. Danach habe Parkman sein Büro eilig verlassen.

Zweifellos war ein Mensch wie Parkman nicht unbedingt bei allen beliebt, was durch sein bitteres Wesen noch verstärkt wurde. Niemand hatte allerdings ein solch offen zutage liegendes Motiv, ihn loszuwerden, wie eben Webster. Das Unbehagen über seine Schulden mußte in der guten Gesellschaft Neu-Englands besonders bedrückend sein, die zwar einen Mann, der mit Millionen in der Kreide stand, großzügig tolerierte, jedoch auf einen kleinen Gauner, dessen einziger wertvoller Besitz aus einer Sammlung von Steinen bestand, nur mit tiefster Verachtung herabblickte.

Während der darauffolgenden Woche ließ Webster freilich nicht das geringste Anzeichen für Schuldgefühle erkennen: Er speiste mit seiner Familie wie gewöhnlich, machte Feiertagsbesuche und spielte mit seinen Nachbarn Karten. Ja, er zeigte sogar einen seiner seltenen Momente von Großzügigkeit, indem er seinem Hausmeister an der medizinischen Fakultät, Ephraim Littlefield, einen Thanksgiving-Truthahn schenkte, den ersten überhaupt in sieben Jahren. Littlefield sollte sich für diese Geste schon bald auf höchst ungewöhnliche Weise revanchieren.

Natürlich hatte die Polizei die Laboratorien der medizinischen Fakultät durchsucht, auch das von Webster, das neben dem Sezierraum nahe am Fluß lag; dessen frische Brisen sollten Chemikaliengeruch vom Campus wegwehen. Hier – wie überall – waren jedoch keinerlei Spuren gefunden worden. Am Tag nach Thanksgiving begann Littlefield nun mit seinen eigenen heimlichen Nachforschungen. Ein Gefühl, das sich in den vergangenen Tagen zunehmend verstärkt hatte, führte ihn in das Steingewölbe unter Websters Büro, in das sich die Toilette des Professors entleerte. Während Mrs. Littlefield Wache hielt, brach der Hausmeister ein Loch in die Ziegelwand des Gewölbes und blickte hinein. An einem Sezierhaken an der Decke des Gewölbes hing etwas, das wie der größte Teil eines menschlichen Körpers aussah.

Littlefield rief unverzüglich die Polizei. Diese nahm nunmehr eine gründlichere Untersuchung von Websters Büro vor. In einer Teekiste entdeckte man einen menschlichen Brustkorb, das heißt das Brustbein sowie die Rippen, die den oberen Rumpf bilden. In dem Ofen, in dem der Professor seine Chemikalien erhitzte, stieß die Polizei schließlich auf eines der belastendsten Beweisstücke: ein paar falsche Zähne. Überdies förderte die Suche noch einige Stücke von verbrannten Knochen und einen Hemdknopf zutage. Am selben Abend noch wurde Webster verhaftet, des Mordes angeklagt und ins Gefängnis gesperrt.

Zur Untersuchung der sterblichen Überreste zog die Polizei ein Team von Ärzten und Dentisten der Harvard University hinzu. Nie zuvor hatte sich, zumindest in diesem Land, eine solche erlauchte Gruppe von Experten zusammengetan, um an der Lösung eines Mordfalles mitzuarbeiten. Zu den Wissenschaftlern gehörte auch Oliver Wendell Holmes, ein anerkannter Anatom und zugleich Dekan der medizinischen Fakultät von Harvard, darüber hinaus der Vater jenes nach ihm benannten Oliver Wendell Holmes, der später Richter am Obersten Bundesgericht der Vereinigten Staaten werden sollte. Mit ihm zusammen arbeitete Dr. Jeffries Wyman, ein weiterer Absolvent der medizinischen Fakultät und Professor für Anatomie an der Universität. Wyman besaß zwar bereits einen Ruf als Gelehrter, hatte jedoch bislang vorwiegend über Tiere und nicht über den Homo sapiens geforscht und veröffentlicht. Zu seinen Arbeiten gehörten etwa die »Anmerkungen zu den Analbeuteln eines Stinktiers«, »Anmerkungen zu einer Fledermaus« und, nicht zu vergessen, »Anmerkungen zum Strahl aus den Nasenlöchern von Walen«.[3] Trotzdem erachtete man ihn als den geeigneten Mann für die Aufgabe, die etwa 150 Knochen (von den insgesamt 206 des menschlichen Skeletts) oder Knochenstücke, die man in Websters Versteck gefunden hatte, wieder zusammenzusetzen.

Die Ermittler kamen zu dem Schluß, daß die Überreste eindeutig von einem Menschen stammten und zu einer Person gehörten, die etwa im selben Alter sowie von derselben Größe und Statur gewesen sein mußte, wie der verschollene Parkman. Sie schätzten das Alter des Opfers auf zwischen 50 und 60 Jahre und seine Größe auf 177,8 Zentimeter; Parkman war zum Zeitpunkt seines Verschwindens 180,3 Zentimeter groß und 60 Jahre alt gewesen.

Konnte es sein, daß sich Medizinstudenten einen makabren Scherz erlaubt hatten, indem sie Teile eines Skeletts zuerst von einem Kadaver abgeschnitten und sie danach in Websters Abtritt geworfen hatten? Nach Meinung der Experten schied diese Möglichkeit aus: Sie hatten an den sterblichen Überresten keine Spuren von Einbalsamierungschemikalien gefunden. Was eine Sektion anbetraf, konnte sich das Team nicht darüber einig werden, ob die Tat von einer Person verübt worden war, die anatomische Kenntnisse besaß. Websters Sezierkenntnisse waren umstritten – er hatte zwar vor 25 Jahren als Medizinstudent einmal einen Körper seziert, sich seitdem aber ausschließlich mit Chemie befaßt. Worin freilich alle übereinstimmten, war die Einschätzung, daß der Verwesungsgrad der im Abtrittgewölbe entdeckten unverbrannten Leichenteile auf ein Todesdatum schließen ließ, das mit dem Zeitpunkt von Parkmans Verschwinden übereinstimmte. Somit kam die Untersuchungskommission zu dem Ergebnis, daß Parkman gewaltsam von Websters Hand gestorben war, obwohl die Art und Weise immer noch im dunkeln lag.

Die Untersuchung und die sie begleitende Presseberichterstattung hatten Boston in ein Tollhaus verwandelt. So begann am 19. März 1850 im städtischen Gericht die Verhandlung vor vollbesetztem Haus. Massen drängten sich in den Gerichtssaal, um dem größten Spektakel beizuwohnen, das die Stadt derzeit zu bieten hatte. Alle zehn Minuten wies der Vorsitzende Richter Lemuel Shaw, Sohn eines Ministers und Harvardabsolvent, die Polizeiwachen an, eine Gruppe von Zuschauern von der Galerie zu entfernen und dafür andere hereinzulassen. Am Ende des Verfahrens hatten nach Polizeischätzungen mindestens 55 000 Zuschauer dem einen oder anderen Teil des Prozesses beigewohnt.

Webster sagte vor Gericht aus, er habe Parkman einen Teil seiner Schulden zurückgezahlt, wonach dieser ihn verlassen habe. Zeugen der Verteidigung bestätigten, daß sie Parkman am Nachmittag seines Verschwindens noch in der Stadt gesehen hatten.

Die forensischen Sachverständigen hielten sich erst gar nicht mit der Frage nach der Glaubwürdigkeit dieser Augenzeugen auf. Vielmehr lenkte der Anatom Wyman die Aufmerksamkeit der Geschworenen auf jenes weit »fürchterlichere materielle Etwas« beziehungsweise das wenige, das man davon noch hatte finden können. Er beeindruckte die Geschworenen mit seiner akribischen Aussage, die später als sein »Knochenkatalog« beschrieben wurde. Wyman hatte jedes auch noch so winzige Knochenfragment, das man in Websters Ofen entdeckt hatte, klassifiziert. Er war bei seinen Untersuchungen zu dem Ergebnis gekommen, daß sie zu Kopf, Gesicht, Nacken und Beinen ein und derselben Person gehörten. Die Schädelteile, so führte er weiter aus, sahen aus, als seien sie vor dem Verbrennen durch »mechanische Gewaltanwendung« zerbrochen worden. In seinen Darlegungen führte Wyman weiterhin an, daß der fleischige Teil des Brustkorbs, den sie gefunden hatten, der behaarteste gewesen sei, den er je an einem Menschen gesehen habe. Und Parkman, so wurde den Geschworenen mitgeteilt, sei ein ausgesprochen behaarter Mann gewesen.

Als dann Oliver Wendell Holmes in den Zeugenstand trat, stützte er die Anklage noch zusätzlich durch das Gewicht seiner Reputation. Redegewandt und würdevoll hielt Holmes dafür, daß die Hände, von denen der Körper des Toten zerstückelt worden war, gewußt hätten, wo sie die Säge ansetzen mußten; ihr Besitzer müsse demzufolge Kenntnisse der menschlichen Anatomie besitzen. Nichts, was er an den sterblichen Überresten gesehen habe, teilte Holmes den Geschworenen mit, passe nicht zu dem Parkman, den er gut gekannt habe.

Durch die Zeugenaussage des Zahnarztes Dr. Nathan Keep wurden die wissenschaftlichen Untersuchungsergebnisse zusätzlich gestützt. Keep erinnerte sich sehr präzise an seinen Patienten. Vier Jahre zuvor war Parkman wegen einer Prothese zu ihm gekommen. Er hatte darauf bestanden, diese so schnell wie möglich zu bekommen, rechtzeitig für die bevorstehende Einweihung der neuen medizinischen Fakultät im Jahre 1846. Parkman habe gesagt, er wolle beim Sprechen nicht klappern. (Geschichtliche Dokumente belegen, daß entweder Keep seine Sache nicht gut gemacht oder Parkman seine Meinung später geändert hatte. Als jedenfalls Edward Everett, der damalige Gouverneur von Massachusetts, sich bei der Einweihung an Parkman gewandt hatte, war dieser nur kurz aufgestanden, hatte sich verbeugt und sofort wieder Platz genommen.)

Parkman, »das Kinn«, besaß einen eigenartigen Unterkiefer, der so verschoben war, daß Keep für die Prothese einen höchst ungewöhnlichen Guß herstellen mußte. Als Parkman die Prothese anprobierte, beklagte er sich, daß er keinen Platz für seine Zunge mehr hätte. Also feilte Keep den Guß ab. Im Zeugenstand hielt der Zahnarzt die Prothese für die Geschworenen hoch und zeigte ihnen nicht nur die vom Feilen stammenden Schrammen, sondern führte auch vor, daß die Prothese genau zu seiner Gußform paßte. Die Zähne seien aller Wahrscheinlichkeit nach noch im Schädel gewesen, als man ihn in den Ofen warf, sagte Keep; ansonsten wären sie infolge der starken Hitze explodiert.

Keeps Aussage bewegte seine Zuhörer zutiefst. Da er ein enger Freund sowohl des Opfers als auch des Angeklagten war, weinte er während seines langen Martyriums im Zeugenstand fast unablässig. Er wiederholte dem Gericht, was er seinen Medizinerkollegen bei der Untersuchung der Zähne aus dem Ofen gesagt hatte: »Nach der Untersuchung sagte ich: ›Dr. Parkman hat uns verlassen. Wir werden ihn nie wiedersehen.‹« Dann brach er, ebenso wie die meisten der Anwesenden, in Tränen aus. In diesem Moment nahm der Prozeß eine tragikomische Wendung: Der Anklagevertreter bat um eine Vertagung, da in seinem Büro ein Feuer ausgebrochen war und er dringend einige wichtige Papiere vor den Flammen retten mußte.

Trotz ihrer Schlüssigkeit wurde Keeps Aussage von der Gegenseite in Frage gestellt. Diese Aufgabe fiel Dr. William T. G. Morton zu, der ebenfalls Zahnarzt war, wenn auch kein gewöhnlicher: Weniger als drei Jahre zuvor hatte er den Äther entdeckt, der als der größte einzelne Durchbruch in der Geschichte der Medizin bezeichnet wurde, zumindest von all denen, die schon einmal eine Operation ohne Anästhesie über sich hatten ergehen lassen müssen. Im Zeugenstand drehte Morton die Prothese in seinen Händen und erklärte den Geschworenen, daß sie zu sehr geschmolzen sei, als daß man sie noch von irgendeiner anderen unterscheiden könnte. Morton ließ sich daraufhin die Gußform geben, anhand derer Keep die falschen Zähne hergestellt hatte, und zog dann plötzlich einen anderen Satz Zähne aus der Tasche, die er ebenso nahtlos in die Form einpaßte wie Keep es zuvor mit einigen der Zähne aus dem Ofen getan hatte. Morton hielt die Form hoch, um die Augen der Geschworenen auf sie zu lenken, deutete dann auf die Zähne aus Websters Ofen und höhnte: »Ich könnte diese Gußform nehmen und Ihnen Zähne bringen, die besser in sie passen als diese da.«

Gegen den Rat seines Verteidigers trat schließlich Webster selbst in den Zeugenstand. Fünfzehn Minuten lang suchte er die Geschworenen mit einem überzeugenden, wohldurchdachten Plädoyer für das Urteil »Nicht schuldig« zu gewinnen. Er bat sie, seine Ruhe während des Prozesses nicht als kühle Überlegenheit zu mißdeuten, sondern in ihr eher einen Beweis für sein Vertrauen auf Gott zu sehen.

Webster tat gut daran, eher auf Gott zu setzen als auf Richter Shaw, der bei seiner Rechtsbelehrung an die Geschworenen einen bedeutenden Präzedenzfall schuf. Traditionellerweise war es an der Anklagevertretung, nachzuweisen, daß das »corpus delicti« – wörtlich »der Gesamttatbestand eines Vergehens«, in diesem Fall der Mord an George Parkman – wirklich stattgefunden hatte. Obwohl die wissenschaftlichen Beweise den Geschworenen von einer Ehrfurcht gebietenden Expertenschar vorgelegt worden waren, konnten sie letztlich nicht völlig befriedigen. Shaw belehrte nun aber die Geschworenen, das Verbrechen selbst und die Schuld des Angeklagten müßten nur so weit bewiesen werden, daß »ein begründeter Zweifel ausgeschlossen war«. Darüber hinaus machte er sie darauf aufmerksam, daß auch bloße Indizien das corpus delicti nachweisen könnten.

Am elften Tag des Verfahrens kehrte der Obmann der Geschworenen nach nur dreistündiger Beratung in den Gerichtssaal zurück. Er benötigte für das Urteil nur ein Wort: »Schuldig«. Websters Schutzwall der Ruhe brach in sich zusammen: Er schloß die Augen, krallte sich an der vor ihm stehenden Schranke fest und brach dann tränenüberströmt in seinem Stuhl zusammen. Am folgenden Tag verurteilte Shaw Webster zum Tode durch Erhängen. Trotz all seiner Ämter und Würden wurde am 30. August 1850 das Urteil an Webster vollstreckt, der damit zum ersten Harvardprofessor wurde, der auf diese Weise seines Amtes enthoben wurde. Bevor er starb, bestätigte er jedoch ein weiteres Mal seinen Glauben an Gott, indem er dem Reverend Dr. George Putnam, den er während des Prozesses kennengelernt hatte, sein Verbrechen beichtete. Putnam gab später Websters Geschichte so wieder: Ein wutentbrannter Parkman hatte Webster in seinem Büro in der medizinischen Fakultät mit Vorwürfen überhäuft, woraufhin sich die Stimmung derart erhitzte, daß Webster zurückschlug. Er griff nach dem dicken Stiel eines getrockneten Weinstocks und streckte damit Parkman mit einem einzigen Schlag zu Boden, so daß dieser auf der Stelle tot war. Unverzüglich von Reue ergriffen, aber gleichzeitig die Entdeckung fürchtend, hatte Webster daraufhin die Leiche seziert und versucht, sich ihrer auf genau die von den Experten beschriebene Weise zu entledigen.

Rechtsgelehrte haben seither immer wieder behauptet, die forensische Beweisführung sei in diesem historisch wegweisenden Fall ihrer Rolle in Wirklichkeit nicht gerecht geworden. Keiner der Fachleute habe mehr feststellen können, als daß die Knochen zu einem älteren, relativ großen Mann gehörten, der Parkman nicht ausgesprochen »unähnlich« gewesen sei. Der Rest der Beweisführung habe sich auf Indizien gestützt: Websters Motiv, Parkmans Besuch in Websters Büro und die Tatsache, daß Körperteile an einem ungewöhnlichen Ort gefunden worden waren.

Auch mag zutreffen, daß Websters Verteidiger der Anklagevertretung und der Presse deren Darstellung des Mordes nicht genügend Widerstand geleistet hat; jedenfalls zitieren Juristen den Webster-Fall noch heute als Musterbeispiel für eine unfaire Berichterstattung vor der Verhandlung, den unzulässigen Einsatz von Beweismitteln seitens der Anklagevertretung sowie eine inkompetente Verteidigung. In der Tat hatte Websters Anwalt beim Schlußplädoyer die Geschworenen darauf hingewiesen, daß sein Klient wahrscheinlich schuldig sei, aber nicht wegen Mordes, sondern allenfalls wegen Totschlags verurteilt werden könne.

Dennoch legte dieser Fall den Grundstein für eine Methodik, auf der forensische Wissenschaftler bis heute aufbauen. Zunächst teilte sich ein Team von Fachleuten die Aufgabe einer Identifizierung der sterblichen Überreste, wobei jeder auf seinem Fachgebiet einen Beitrag zur Gesamteinschätzung durch das Gremium leistete. Obwohl Oliver Wendell Holmes, der Gelegenheitsdichter, bei diesem Wort gewiß erblaßt wäre, hat es sich in der modernen forensischen Wissenschaft eingebürgert, dies den »multidisziplinären« Ansatz zu nennen.[4] Darüber hinaus kann ein solches Team jederzeit weitere Experten hinzuziehen, deren Fachkenntnisse von Nutzen sind; im Webster-Fall war dies die Einbeziehung des Zahnarztes Keep.

Heutzutage wird ein Team von einem örtlichen Leichenbeschauer – in der Regel ein Pathologe – geleitet, der die juristische Bevollmächtigung besitzt, im jeweiligen Gerichtsbezirk bei allen ungeklärten oder gewaltsamen Todesfällen die Ursache und Art des Todes sowie die Identität des Opfers zu bestimmen. Im Webster-Fall fiel diese Rolle offensichtlich Wyman zu.

Das Harvard-Team scheint außerdem bei der Untersuchung des Verbrechens und bei der Beweisführung anhand eines heute allgemein gebräuchlichen Grundprotokolls vorgegangen zu sein. In einer Reihe von Fragen gibt dieses Protokoll folgende Linie vor:

1. Sind die aufgefundenen Überreste menschlich?
2. Stammen sie von einem einzigen Menschen oder von mehreren?
3. Wann trat der Tod ein?
4. Wie alt war der Tote?
5. Welches Geschlecht hatte er?
6. Welcher Rasse gehörte der Tote an?
7. Wie groß war der Tote? Wie hoch lag sein Gewicht? Welche Statur hatte er?
8. Wies das Skelett oder die Leiche irgendwelche auffälligen anatomischen Anomalien, Anzeichen alter Krankheiten und Verletzungen oder andere Merkmale auf, die für sich allein oder zusammengenommen soweit außerhalb des Normalen liegen, daß sie zu einer positiven Identifizierung dienen können?
9. Was war die Todesursache? (Gewalttrauma, Schußwunde, Krebs, unbekannt und so weiter?)
10. Was war die Todesart? (natürlich, Unfall, Totschlag, Selbstmord oder unbekannt.)[5]

Mag Webster auch für die Verpflichtung eines schlechten Verteidigers einen hohen Preis bezahlt haben, so räumte doch sein Geständnis zuletzt alle Zweifel an seiner Schuld aus.

Parkman mit seinem ungewöhnlichen Unterkiefer und seiner unvergeßlichen Prothese hat so schließlich die amerikanische forensische Anthropologie und Odontologie bekanntgemacht. Und Wyman, dem der Großteil des Verdienstes für das Zuammenfügen der körperlichen Beweisstücke zufiel, nimmt zumindest in den Augen der heutigen forensischen Wissenschaftler den Ehrenplatz als Stammvater der forensischen Anthropologie ein. Dennoch verlegte sich Wyman nicht auf die forensische Seite der Anthropologie. Wie die meisten Pioniere auf diesem Gebiet betrachtete er sich als einen hehren Gelehrten und nicht als einen Wanderer auf den verschlungenen Wegen des Verbrechens. Den Parkman-Fall hätte er jedoch kaum ausschlagen können, waren darin doch sowohl ein Kollege als auch ein Mäzen verwickelt. Es gibt aber keine Aufzeichnungen darüber, daß er danach noch an weiteren Kriminalfällen gearbeitet hätte.

Wyman wurde 1866 der erste Kurator des Peabody Museum of American Archeology and Ethnology. Bleibenden Ruhm hat er sich darüber hinaus auch dadurch erworben, daß er den biologischen Anthropologen das erste präzise Wissen über das Skelettsystem der Gorillas und das breite flache Schienbein der amerikanischen Ureinwohner verschafft hat.

Hatte ein Mord das erste Team forensischer Wissenschaftler in den Vereinigten Staaten zusammengebracht und damit den Grundstein für die forensische Anthropologie gelegt – wenn auch zunächst unter dem Namen forensische Medizin oder Anatomie –, so war es pure wissenschaftliche Neugier, die den zweiten Stammvater dieser Disziplin zu seinen Untersuchungen motivierte: Thomas Dwight, geboren 1843, trat in Wymans Fußstapfen.

Dwight machte ebenfalls in Harvard seinen Abschluß in Medizin und wurde 1883 Professor für Anatomie. Obwohl er sich an einigen gerichtsmedizinischen Untersuchungen beteiligte, war keine von ihnen spektakulär. Vielmehr war es Dwights Erkenntnis, daß menschliche Skelette Unterschiede aufwiesen, in denen sich die physischen Merkmale ihrer Besitzer – Geschlecht, Alter, Rasse – widerspiegeln, wodurch die neue Wissenschaft allmählich von der Anatomie zur Anthropologie gedrängt wurde, also zum Studium von Menschengruppen und der sie unterscheidenden physischen Merkmale. 1878 veröffentlichte Dwight seinen Aufsatz »Die Identifizierung des menschlichen Skeletts: Eine gerichtsmedizinische Studie«, der ihm einen Preis und die Anerkennung seiner älteren Kollegen einbrachte. Mit der Leidenschaft des jungen Forschers, der von einer neuen Idee besessen ist, brachte er die nächsten Jahre an den Seziertischen von Harvard zu; er sammelte zahllose Skelette aus dem unablässigen Strom von Leichnamen, die auf ihrem Weg ins Vergessen durch sein Labor wanderten.

Dwight verfaßte eine wahre Flut von Aufsätzen, in denen er zum erstenmal auf systematische Weise zu zeigen beabsichtigte, daß ein Fachmann einzelne Knochen oder eine Gruppe osteologischer Merkmale messen und davon zuverlässig auf bestimmte Fakten hinsichtlich ihres Besitzers schließen konnte. So war Dwight beispielsweise davon überzeugt, daß jedes Sternum, gemeinhin auch Brustbein genannt, je nach Geschlecht, Alter und Größe einer Person anders aussieht. 1894 äußerte er, die Länge der Wirbelsäule eines Skeletts lasse Rückschlüsse auf die Lebensgröße der Person zu. Später zeigte er auf, daß man das Geschlecht einer skelettierten Person anhand der Gelenkflächen oder der Enden der langen Arm- und Beinknochen bestimmen kann.

Der Forscher arbeitete fast ausschließlich in der Weltabgeschiedenheit des akademischen Labors. Mit seinen sanften, zwinkernden Augen, seinem gepflegten Moustache und seinem altmodischen Backenbart, der von seinem Kinn weit abstand, entsprach Dwight haargenau dem Bild, das wir von einem alten Professor haben. Wahrscheinlich wird Dwight heute auch deshalb als zweiter Stammvater der forensischen Anthropologie neben Wyman gestellt, weil die Historiker dieser Disziplin es vorziehen, den »reineren« Wissenschaftlern eine führende Rolle zuzubilligen.

Während des ausgehenden 19. Jahrhunderts wurde in den Augen vieler Anatomen und vieler selbsternannter Fachleute der Schädel allmählich zu so etwas wie einem Rosetten-Stein; jedenfalls glaubten viele, man könne die verschiedenen Erhebungen, Spalten, Vorsprünge, Symphysengewölbe, Höcker, Balken und Knoten des Schädels wie Schriftzeichen entziffern. Oft gewann dabei die Versuchung, soziale Vorurteile in die Interpretationen des körperlichen Basreliefs unterzumischen, die Oberhand über eine nur vorgebliche Objektivität. Der in Harvard lehrende Geologe und Wissenschaftshistoriker Stephen Jay Gould hat in mehreren Büchern darauf hingewiesen, daß die Humanbiologie im 19. Jahrhundert ständig in der Gefahr stand, zur Verteidigung der fadenscheinigsten zeitgenössischen Sozialtheorien mißbraucht zu werden. Während beispielsweise Dwight seine Beobachtungen im Zusammenhang mit den Schädelnähten – den Linien, an denen die Knochen der Schädeldecke zusammengewachsen sind – in sorgfältig abgewogener Weise formulierte, lasen andere aus den Knochen rassische Prädestination heraus. So schrieb etwa 1865 der französische Wissenschaftler Louis Pierre Gratiolet:

»Steht das lange Offenstehen der Nähte bei der weißen Rasse möglicherweise in irgendeinem Zusammenhang mit der fast unbegrenzten Vollkommenheit ihrer Intelligenz? Scheint nicht das Fortdauern eines infantilen Zustandes darauf hinzudeuten, daß das Gehirn bei diesen vollkommenen Menschen eines ständigen, langsamen Wachstums fähig ist? Vielleicht ist gerade dies der Grund dafür, daß die dauernde Jugendhaftigkeit des Geistes bei den größten Denkern selbst dem Alter und dem Tod zu trotzen scheint. Bei Schwachsinnigen und primitiven Rassen umschließt die Hirnschale dagegen das Gehirn wie ein Gefängnis. Bei ihnen ist es nicht mehr länger ein Tempel . . ., sondern eher eine Art Helm, der gegen starke Schläge schützt.«[6]

Diese Art von Umkehrschluß erreichte schließlich ihre Apotheose in einem wissenschaftlichen Rassismus, dem auch Nazis wie Heinrich Himmler huldigten, indem sie die Ausrottung der Juden mit dem Ausmerzen unerwünschter Pflanzen durch einen Züchter verglichen, der eine neue Rasse züchten will.[7] Ebenso, wie alle Besucher des mythischen Prokrustes in das Bett ihres Gastgebers gesteckt wurden und, je nachdem, ob sie zu lang oder zu kurz waren, entweder gestreckt oder gekürzt wurden, schrieb man den Juden und anderen Unerwünschten immer gerade jene Charakteristika zu, die erforderlich waren zur Bestätigung der pseudowissenschaftlichen Schlußfolgerung, das »Überleben der Stärkeren« erzwänge die »Ausrottung der Schwächeren«. Neben Wissenschaftlern fast aller Fachrichtungen, die sich freiwillig meldeten oder zur Praktizierung dieser Art von wissenschaftlichem Rassismus verpflichtet wurden, standen Ärzte hierbei stets in der ersten Reihe. Und keiner von ihnen verschrieb sich dieser Ideologie mit größerem Nachdruck und Enthusiasmus als Josef Mengele, der berüchtigte Arzt von Auschwitz.

Was Gratiolets Gehirnnähte angeht, so hat die Anthropologie zwischenzeitlich gezeigt, daß es im Hinblick auf den Zeitpunkt, an dem sich diese Nähte schließen, keine nachweisbaren Unterschiede zwischen den Rassen und Geschlechtern gibt. Vielmehr zeigen sich diesbezüglich derart große Unterschiede zwischen den einzelnen Menschen, daß heute die Fachleute das Alter allein anhand der Nähte nur auf einen Zeitraum von zehn Jahren eingrenzen können – und auch dies nur, um andere Untersuchungsergebnisse zu bestätigen.[8]

In den neunziger Jahren des vorigen Jahrhunderts hatten europäische Anthropologen bereits damit begonnen, die biologische Anthropologie ernsthaft für die Aufklärung von Verbrechen einzusetzen. Schließlich waren es auch europäische Wissenschaftler gewesen, die sich als erste an ein systematisches Studium von Fossilien begeben hatten. Von dort war es auf der osteologischen Stufenleiter nur noch ein winziger Schritt zur Untersuchung menschlicher Knochen, ganz gleich, ob man diese nun aus einem paläolothischen Grabhügel ausgegraben oder unter den Dielen eines Hauses entdeckt hatte.

Der erste, der Ruhm als forensischer Anthropologe erntete, war denn auch ein Europäer – ein bombastischer Träumer und Redner, der schließlich die Wissenschaft in eine Sackgasse führte. Cesare Lombroso, ein italienischer Arzt, stand in der letzten Dekade des 19. Jahrhunderts in dem Ruf, ein moderner Denker zu sein. Er hatte die Darwinsche Theorie in sich aufgenommen und einige ihrer Grundgedanken durch eigene Vorstellungen ergänzt. Er glaubte, daß der »l'uomo delinquente«, der Kriminelle, nicht nur die »wilden Instinkte unserer primitiven Vorfahren und der niederen Tiere« geerbt hatte,[9] sondern auch bestimmte physische Stigmata, die Lombroso kategorisieren und zur Identifizierung des »geborenen« Verbrechers heranziehen zu können glaubte. Verbrecher seien Atavismen in unserer Mitte, so Lombroso, und das sehe man ihnen buchstäblich an der Nase an.

»So erklärten sich anatomisch die riesigen Kiefer, die vorstehenden Wangenknochen, die Knochenwülste der Augenbrauen, die vereinzelten Handlinien, die Übergröße der Augenhöhlen, die henkelförmigen Ohren, wie sie bei Verbrechern, Wilden und Affen zu finden sind, die Schmerzunempfindlichkeit, die extreme Sehschärfe, die Tätowierungen, der übertriebene Müßiggang, die Vorliebe für Orgien und die verantwortungslose Sucht nach dem Bösen um des Bösen willen, der Wunsch, nicht nur das Leben des Opfers auszulöschen, sondern auch die Leiche zu verstümmeln, ihr Fleisch zu essen, und ihr Blut zu trinken.«[10]

Lombrosos Sprachbegabung überstieg indes bei weitem seine Fähigkeiten als Wissenschaftler. Wie Gould hervorhebt, betrachtete der Italiener die Anatomie als Schicksal. Er glaubte, diese

Stigmata der Kriminalität seien ebenso etwas evolutionär Bedingtes wie beispielsweise die Zweifüßigkeit oder ein großes Gehirn. Diese Argumentation war ausgesprochen modern in einer Zeit, in der Gelehrte aller Fachrichtungen Darwins Ideen wie einen angeschwollenen Strom in ihre eigenen Kanäle umleiteten, um damit häufig selbstzweckhafte Auffassungen zu bewässern. Die »Sozialdarwinisten« beispielsweise zogen die Theorie von der Entwicklung der Arten durch natürliche Auswahl zur Rechtfertigung des sozialen Status quo heran.

In seinem 1876 veröffentlichten Hauptwerk »L'uomo Delinquente« (»Der Verbrecher in anthropologischer, ärztlicher und juristischer Beziehung«) untersuchte Lombroso das Tierreich und reicherte es mit menschenähnlichen Unarten jeder Sorte an, um daraus die Schlußfolgerung zu ziehen, daß der Verbrecher in Wirklichkeit einen Rückschritt des Menschen zu den Tieren darstellt, aus denen er sich entwickelt habe. Ameisen fallen aus Wut über Blattläuse her, so seine Beobachtung, ehebrecherische Störche ermorden ihren Partner, und Affen kopulieren mit orgiastischer Hemmungslosigkeit. Die im Sudan lebenden Dinka, schrieb er, besäßen dreilappige Nasen wie Affen. Darüber hinaus unterzögen sie sich schmerzlicher Pubertätsrituale mit scheinbarer Unbekümmertheit und tätowierten sich eigenhändig. Nachdem er sich seine Informationen aus den A-priori-Argumenten einiger weniger europäischer Wissenschaftler zusammengeklaubt hatte, konnte Lombroso seine Theorie der Straffälligkeit mühelos mit einem einzigen Faden zusammennähen: vom Affen über den gemeinen Wilden zum modernen Kriminellen. Schließlich behauptete er gar, er könne in den Kindern seiner Zeit den lebenden Primitiven erkennen, was ein weiterer Beweis für die unterschwellige Kriminalität sei, die keimhaft selbst mitten unter den aufgeklärten Europäern schlummere.

Unglücklicherweise fanden Lombrosos Ideen den Weg in das europäische Strafgerichtssystem. Unzählige Menschen standen im ausgehenden 19. Jahrhundert Anklagevertretern gegenüber, die entweder von sich aus oder mit der Hilfe Lombrosos und seiner Schüler überall an den Körpern der Angeklagten Anzeichen für deren Schuld zu sehen glaubten. So konnte es jemandem allein schon zum Nachteil gereichen, wenn er groß war: Lombroso bezeichnete das Vorhandensein großer Kiefer, langer Arme, großer Ohren und eines im Verhältnis zum Kopf relativ kleinen Gesichts als Anzeichen schlummernder Kriminalität. Ein dicker

Schädel mit einer niedrigen und schmalen Stirn galt ebenso als schlechtes Zeichen wie eine dunklere Haut, Behaartheit und frühzeitige Runzeln. Man glaubte in Kriminellen auch übermenschliche Eigenschaften wie schärfere Augen und eine große Schmerzunempfindlichkeit zu entdecken, als hätte die Natur Verbrecher mit den für sie passenden Talenten ausgestattet. Lombroso wollte sogar an Prostituierten Atavismus erkennen, das heißt das Auftreten von Merkmalen urmenschlicher Vorfahren an einem gegenwärtigen Individuum. Als ihm 1896 auf dem Vierten Internationalen Kongreß für Kriminalanthropologie Fußabdrücke von Prostituierten gezeigt wurden, meinte er, sie sähen wie Greiffüße aus und seien sogar noch abnormaler als die Füße von Kriminellen.

Das wenige, was die forensische Anthropologie Lombroso an wissenschaftlicher Methode verdankt, hat er auf dem Gebiet der Vermessung von Kriminellen geleistet. Die systematische Vermessung von Körpern, auch als Anthropometrie bezeichnet, war Ende des letzten Jahrhunderts in Mode und sollte bald zum vorherrschenden Mittel der Wissenschaft für die Identifizierung von Kriminellen werden. Lombroso vermaß insgesamt 383 Schädeldecken toter Krimineller und verglich sie mit den generellen Proportionen von 3839 lebenden Nicht-Kriminellen. Unter anderem suchte er nach Anzeichen dafür, daß Verbrecher ein kleineres Gehirn besitzen – wie konnten sie auch nicht? –, und wurde, wie jeder Wissenschaftler, der nach Daten sucht, die zu seinen Vorurteilen passen, schließlich auch belohnt. Er behauptete hartnäckig, daß die kleineren Schädel vorrangig zu Kriminellen gehörten, während brave Bürger weit häufiger größere Schädel besaßen – anscheinend war es nicht immer schlecht, große Körperteile aufzuweisen.

In Wahrheit lassen sich laut Gould aus Lombrosos Häufigkeitsverteilungen so gut wie keine erkennbaren Unterschiede zwischen den beiden fraglichen Gruppen herauslesen. Außerdem besaßen einige der gesetzestreuen Bürger sogar extrem große Schädel, was nicht weiter überrascht, da Lombroso in dem von Gould analysierten Experiment 328 »Gute«, aber nur 212 »Böse« untersucht hatte. Eine große Anzahl von Untersuchten ist fast schon eine Garantie für eine größere Bandbreite an Variationen – je größer die Stichprobe, um so größer ist die Chance, daß man Extreme findet. Folglich war auch der Durchschnittswert für die Gesetzestreuen höher.

Einige Wissenschaftler machten sich über Lombrosos Art von Kriminalanthropologie und ihre zahlreichen Anhänger lustig. Dennoch traten Lombrosianer bei Kriminalprozessen häufig als Sachverständige auf. Bei einer Gelegenheit führte Lombroso folgende Argumente für seine Überzeugung an, daß ein des Mordes angeklagter Mann mit Namen Fazio, der schließlich freigesprochen wurde, die Tat begangen hatte:

»Bei seiner Untersuchung fand ich Henkelohren, mächtige Ober- und Unterkinnladen mit Halbaffenfortsatz, geteiltes Stirnbein, frühzeitige und tiefe Furchen, düsteren Blick, schiefe Nase (nach rechts), also eine Physiognomie, die sich im ganzen dem Kriminellen nähert: sehr wenig bewegliche Pupille, große Tätowierung auf der Brust, ein Weib darstellend und die Worte: Erinnerung an Celina Laura (dies war seine Frau), auf dem linken Arm das Bild eines Mädchens. Er hatte eine epileptische Tante und einen irrsinnigen Vetter in seiner Familie, die Erkundigungen ergaben, daß die Biologie Anzeichen bot, welche im Verein mit den gerichtlichen genügt hätten, ihn in einem gegen Verbrechen nicht so nachsichtigen Lande verurteilen zu lassen; trotzdem wurde er aber doch freigesprochen.«[11]

Die Lombrosia, wie man diese seichte Pseudowissenschaft nennen könnte, maßte sich sogar an, sich in die Diskussion über die Strenge des Strafmaßes für Kriminelle einzumischen – Lombroso gab der Internierung von »geborenen« Kriminellen in Strafkolonien den Vorzug vor der Todesstrafe. Um die Jahrhundertwende kamen jedoch neue Ideen über den Zusammenhang zwischen kriminellem Verhalten und den sozialen Bedingungen auf, denen die Täter ausgesetzt waren. Man brauchte weder Taster noch Statistiken, um einzusehen, daß drückende Armut, Diskriminierung oder eifersüchtige Wut eine ansonsten völlig harmlose Person zu einem Verbrechen treiben konnten. Zudem sträubten und sträuben sich Anwälte und Richter dagegen, ihren Gerichtssaal und ihre rechtswissenschaftliche Domäne irgendwelchen Fachleuten in weißen Mänteln und ihrem wissenschaftlichen Kauderwelsch zu überlassen. Also starb die Kriminalanthropologie, zumindest in dieser Form, allmählich aus. Dennoch haben sich Spuren von ihr erhalten, und die Genetik, die sich im Brennpunkt des Interesses der gegenwärtigen Biologie befindet, könnte neue Variationen des hartnäckigen, stets wiederkehrenden Wunsches, Vorurteile zu rechtfertigen, auf den Plan rufen.

Während Lombroso noch nach Spuren von Wildheit bei Kriminellen suchte, war in Paris ein außerordentliches Experiment im

Gange. Ein bescheidener Sekretär im Polizeipräsidium war auf die Idee gekommen, daß umfassenderes Wissen um die Variationsbreite der menschlichen Gestalt für die Verbrechensbekämpfung von Nutzen sein könnte. Da ihr die hochtrabenden Ansprüche der Lombrosianischen Schule fehlten, reifte dieser Same einer Idee langsam im verborgenen heran. An verantwortlicher Stelle wollte sie niemand ernst nehmen. Dennoch sollte sie schließlich die Polizeiarbeit in ganz Europa revolutionieren, indem mit ihr endlich eine wissenschaftliche Lösung für das überaus drängende Problem zur Verfügung stand, Schwerverbrechern auf der Spur zu bleiben.

Der bescheidene Sekretär, der Schöpfer des anthropometrischen »Abdrucks«, war ein sarkastischer, übellauniger Franzose mit Namen Alphonse Bertillon. Obwohl er sich während seiner Karriere nur wenige Freunde machte, darf Bertillon eine der höchsten Ehrungen eines Gelehrtendaseins für sich beanspruchen – noch zu seinen Lebzeiten benannte man eine wissenschaftliche Methode nach ihm: die »Bertillonage«. Mehr als 20 Jahre lang genoß Bertillon den Respekt, wenn nicht gar die Zuneigung europäischer Wissenschaftler sowie die innigste Form von Schmeichelei, die Nachahmung. Hätten die Engländer durch die Entdeckung der Fingerabdrücke seine Pläne nicht über den Haufen geworfen, gehörte möglicherweise Bertillons System der Körpermessungen noch heute zum Instrumentarium der Kriminologie.

Alphonse Bertillon wurde 1853 in eine hochintellektuelle Familie hineingeboren. Sein Großvater war ein leidlich erfolgreicher Chemiker und experimentierender Dilettant gewesen, der eine Methode zur Reinigung von Zucker erfunden hatte. Alphonses Vater, Louis-Adolphe Bertillon, war ein Arzt mit technischer Ader. Beide Leidenschaften führten Louis-Adolphe schließlich zur gerade aufblühenden Anthropologie und dort speziell zur Vermessung von Menschen. Das Haus der Bertillons war von wissenschaftlichen Fachgesprächen erfüllt und entwickelte sich zu einem Treffpunkt für Gastgelehrte, besonders solcher, die sich für die Anwendung der neueren Disziplinen, etwa der Statistik, auf soziale Probleme interessierten.

Schon bald schien sich allerdings zu zeigen, daß Alphonse aus der Art schlug. Der hochaufgeschossene, blasse Jugendliche mit seinen spöttischen grauen Augen verfiel häufig in üble Launen oder in unberechenbare Gereiztheit. Aus der ersten Schule, die er besuchte, wurde er hinausgeworfen und trieb dann seinerseits einen Privatlehrer aus dem Haus. Nachdem ihn sein Vater in ein Internat gesteckt hatte, legte er sich auch dort mit seinen Lehrern an, da er sich nur mit den Fächern beschäftigte, die ihn interessierten: Naturgeschichte und Mathematik. In den anderen Fächern hingegen zeigte er nicht das geringste Engagement. Er spezialisierte sich geradezu darauf, von Schulen verwiesen zu werden, und hatte aufgrund seines anstößigen Charakters schon bald den Spitznamen »Barbar« weg.

Bertillons letzter Rauswurf, diesmal aus dem Lycée Imperial in Versailles, war in jeder Hinsicht eine feurige Angelegenheit. Alphonse hatte sich in seinem Pult, in den französischen Schulen des 19. Jahrhunderts ein imposantes Möbelstück, eine Miniaturküche eingerichtet. Für die Hitze sorgte eine Spirituslampe, und ein Dutzend sorgfältig zerlegter Eierschalen dienten als Kochtöpfe. Während sich sein Geschichtslehrer lautstark über Thukydides erging, kochte Bertillon heiße Schokolade und verteilte sie an seine Klassenkameraden. Eines Tages aber fing seine Küche Feuer, und Bertillons heimliche verzweifelten Löschversuche schlugen fehl. Als aus dem Pultdeckel schwarzer Rauch und der unverkennbare Geruch verbrannter Schokolade herausdrang, ging der Lehrer wütend zu Bertillon und versuchte den Deckel zu öffnen; doch der Junge drückte ihn zu. Im Lauf dieser Auseinandersetzung stand der verzweifelte Bertillon schließlich auf, ergriff ein schweres Griechischwörterbuch und schlug es seinem Widersacher auf den Kopf.

Damit endete seine formelle Erziehung. Dank des Privatunterrichts bei seinem Großvater mütterlicherseits gelang es ihm jedoch, zumindest noch den niedrigsten akademischen Grad des Bakkalaureus zu erwerben. Da er nicht die geringsten Karriereambitionen zeigte, verfuhr seine Familie mit ihm, wie alle französischen Familien zu verfahren pflegten, die mit törichten und unnützen Sprößlingen gestraft waren: Sie schickte Alphonse nach England, damit er dort wenigstens die Sprache erlernte. Zwei Jahre später rief der Militärdienst ihn nach Frankreich zurück. Er leistete ihn nur mit äußerstem Widerwillen ab, doch entwickelte sich während dieser Zeit sein Interesse für Anatomie. Diese Entscheidung, wurde sie auch aus Langeweile getroffen, veränderte schließlich nicht nur sein Leben, sondern beeinflußte auch die Zukunft der forensischen Wissenschaft.

Mit 26 Jahren trat Bertillon die Stelle eines Sekretärs in der Polizeipräfektur von Paris an, und zwar sehr weit unten: Seine

Aufgabe bestand im Kopieren von Formularen. Die langweilige Arbeit beschäftigte zwar seine Hände, verdammte jedoch seinen Geist zur Untätigkeit. Bertillon sah sich von einem Polizeisystem umgeben, das nicht den leisesten Ansatz wissenschaftlicher Gründlichkeit erkennen ließ. Die französische Polizei war auf Informanten und »agents provocateurs« angewiesen, um professionellen Kriminellen auf die Spur zu kommen. Bei den »agents provocateurs« handelte es sich um als Kriminelle getarnte Polizisten, die mitunter sogar Haftstrafen verbüßten (oder dies zumindest vorgaben), um ihre Ziele zu erreichen. François Vidocq, ein zur Polizei übergewechselter Krimineller, hatte zu Beginn des Jahrhunderts diese fünfte Kolonne hauptsächlich dadurch ins Leben gerufen, daß er andere Kriminelle für die Mitarbeit gewann. Für die Identifizierung von Rückfalltätern hielt Vidocq seine Kollegen an, es ihm gleichzutun: nämlich sich deren Physiognomie genau einzuprägen. Dies war ein willkürliches Verfahren, um es milde zu sagen, das dem Irrtum und der Korruption Tür und Tor öffnete.

Bertillon verachtete dieses Verfahren, sich menschliche Charakteristika einzuprägen. Er war sich sicher, daß er dafür eine bessere Lösung finden könnte. Und eben daran arbeitete er, während er weiterhin dienstbeflissen seine Polizeiberichte kopierte.

Zu diesem Zeitpunkt hatte die Fotografie bereits Einzug in das Polizeisystem gehalten, und Bertillon brachte Stunden damit zu, Abbildungen von Straftätern zu zerschneiden, um dann die Nasen auf ein Stück Pappe, Ohren auf ein anderes Stück Pappe und Münder auf wieder ein anderes zu kleben. Jedes dieser Körperteile maß er und reduzierte die Messungen dann auf Formeln, die sich systematisch auf jeden anwenden ließen, der ein Polizeirevier betrat. Obwohl auf Fotografien und nicht auf lebendiger Anschauung basierende Prinzipien der Physiologie keineswegs als hieb- und stichfest gelten konnten, brauchte Bertillon nicht sehr lange, um zu erkennen, daß jeder auf diese Weise vermessene Mensch einmalig war. Er war sich sicher, daß diese Methode aus der polizeilichen Identifizierungsarbeit eine zuverlässige wissenschaftliche Technik machen würde.

Als Bertillon, ein einfacher Sekretär mit lediglich acht Monaten Amtszugehörigkeit, seine Vorschläge jedoch dem Polizeipräfekten Louis Andrieux vorlegte, wies dieser ihn zurecht: »Monsieur Bertillon«, sagte Andrieux zu dem unbeholfenen Jungen, der da vor ihm stand, »Sie sind ein junger Mann, der in dieser Abteilung eine untergeordnete Stellung bekleidet und über keinerlei Erfahrung verfügt. Sie verfügen über keine wissenschaftliche Qualifikation und haben da einen unverständlichen Bericht verfaßt, den Sie nicht einmal erklären können. Nehmen Sie das als Warnung: Sollten Sie mich noch einmal behelligen, werde ich es nicht bei einfachen Worten bewenden lassen.«[12]

Außer sich vor Wut, wandte sich Bertillon an seinen Vater, der damals Präsident der Anthropologischen Gesellschaft war und über gute Verbindungen zur Pariser Gesellschaft und zur Regierung verfügte. Noch bevor jedoch Alphonse mit seinem Vater sprechen konnte, erhielt dieser einen aufgebrachten Brief vom Polizeipräfekten. Dr. Bertillon konnte über Alphonses Anmaßung keineswegs lachen und zeigte ihm den Brief, in dem ihm der Rat erteilt wurde, seinen Sohn »doch einmal auf seinen Geisteszustand hin untersuchen zu lassen«. Sprachlos wie immer, konnte Alphonse nichts weiter tun, als in seine Tasche zu greifen und seine Notizen über die neue kriminalistische Methode herauszuziehen.

Für die Augen eines kundigen Anthropologen ließen die Berechnungen und Zeichnungen durchaus ein Verständnis für die Prinzipien der Statistik und der menschlichen Form erkennen. Möglicherweise war dies doch mehr als ein weiterer Anfall von Alphonses Aufsässigkeit. Was als Standpauke begonnen hatte, entwickelte sich zu einer Lobrede. »Natürlich wußte ich, daß du dich für Anthropologie und Statistik interessierst«, sagte der Doktor zu seinem Sohn, »aber ich hätte mir nie träumen lassen, daß du das, was du von uns auf diesem neuen Gebiet gelernt hast, praktisch anwenden würdest.« Enthusiastisch fuhr er fort: »Du wirst Verbrecher anhand deiner Messungen identifizieren. Gut! Aber dank ihrer werden wir überdies in der Lage sein zu beweisen, daß jede Frau und jeder Mann, die auf diese Welt kommen, einmalige Exemplare sind.«

Wäre nichts als Enthusiasmus nötig gewesen, um Alphonses Hypothese in Taten umzusetzen, hätte die Kriminalwissenschaft bereits in jenem Winter 1879 in Paris eine Neugeburt erlebt. Aber Dr. Bertillons Eintreten für seinen Sohn verfehlte seine Wirkung auf Andrieux. Ihm bleibe nichts anderes übrig, teilte der Doktor Alphonse hinterher mit, als zu warten, bis seine Zeit gekommen sei und die Bürokratie Andrieux abgesägt habe. Vielleicht zeige sich sein Nachfolger dann aufgeschlossener.

Also kehrte der junge Bertillon an seinen Schreibtisch zurück, um sich weiterhin mit dem stumpfsinnigen Ausfüllen von Formularen zu beschäftigen, in die amateurhafte und subjektive Beschreibungen der Gesichter, Körper sowie der Gangart und Kleidung von Kriminellen eingetragen wurden. Aus seiner Verdrießlichkeit wurde allmählich Bitterkeit, und der ohnehin nie besonders beliebte Sekretär, von seinen Kollegen als zu ehrgeizig für seine Stellung eingestuft, fand sich zusehends isoliert. Doch trotz der Ignoranz um ihn herum wollte er seine Arbeit fortsetzen. Seine Vorgesetzten ließen sich gerade so weit erweichen, daß sie ihm ein wenig mehr Freiraum für ein paar Experimente gewährten, möglicherweise mit dem Hintergedanken, daß er sich in seinen eigenen wackeligen Berechnungen verrennen und dann von selbst von der Bildfläche verschwinden würde.

Da er nun wußte, was er messen mußte, begab sich Bertillon konzentriert an seine Studien. Er kaufte sich einige Taster und Zangenlehren und experimentierte mit jedem, der dies über sich ergehen ließ. Bertillon kam zu dem Schluß, daß alles in allem elf Messungen genügen würden: die Länge und Breite des Kopfes und des rechten Ohrs, die Länge vom Ellbogen bis zum Ende des Mittelfingers, die Länge des Mittel- und Ringfingers, die Länge des linken Fußes, die Gesamtkörpergröße, die Länge des Rumpfes und die Länge der ausgestreckten Arme. Dieser anthropologischen Karte fügte er noch eine schriftliche Beschreibung hinzu, die ihr Hauptaugenmerk auf eine Liste physischer Merkmale richtete, sowie eine Anweisung, alles Auffällige oder Einmalige zu vermerken. Er nannte diese subjektive Beschreibung ein »portrait parle«, ein »gesprochenes Porträt«, das er schließlich durch Frontal- und Profilfotografien jedes zu Vernehmung gebrachten Verdächtigen ergänzte.

Diese anthropometrischen Analysen beeindruckten Andrieux keineswegs. Bertillon, der seine statistischen Hausaufgaben gemacht hatte, argumentierte, die Wahrscheinlichkeit, daß zwei Personen genau dieselben Maße besaßen, stehe eines zu mehreren Millionen. Dennoch konnte er Andrieux nicht überzeugen, der, wie die meisten Polizisten seiner Zeit, jedwedem wissenschaftlichen Gerede in der Präfektur mißtrauisch gegenüberstand. Hinzu kam noch, daß es für ihn zu einer Prestigesache geworden war, Bertillons Ansinnen abzuweisen. Seine Meinung zu ändern, hätte einen Gesichtsverlust bedeutet.

Bertillons Stunde kam 1882, als Andrieux zurücktrat. Sein Nachfolger Jean Camecasse, obzwar ebenfalls nur aus politischen Gründen auf seinen Posten gelangt, erwies sich Bertillons System gegenüber weit aufgeschlossener, wenn er es auch ebensowenig verstand wie sein Vorgänger: »Camecasse erklärte am Ende gequält: ›Gut, Sie werden die Chance erhalten, Ihre Ideen zu erproben. Von der nächsten Woche an werden wir Ihre Methode der Identifizierung probeweise einführen. Sie erhalten dazu zwei Hilfsschreiber. Ich gebe Ihnen drei Monate Frist. Wenn Sie in dieser Zeit einen rückfälligen Verbrecher ausschließlich durch Ihre Methode wiedererkennen . . .«[13]

Ganze drei Monate! In dieser kurzen Zeit eine positive Identifizierung zustande zu bringen, schien unmöglich. Jede Messung mußte genauestens vorgenommen werden, was selbst einem erfahrenen Techniker nur dann gelingen konnte, wenn er mit Sorgfalt und Enthusiasmus zu Werke ging. Bertillons Assistenten hingegen waren in seinen Augen Trottel, bestenfalls schlicht dumm, und sie verhielten sich sogar kontraproduktiv, wenn sie nur die Möglichkeit dazu hatten.

Bertillon versuchte dies auszugleichen, indem er sich mit Haut und Haaren in die Arbeit stürzte. Nachts nahm er seine Messungen mit nach Hause in seine kleine Wohnung, die er mit einer kurzsichtigen, scheuen Österreicherin namens Amelie Notar teilte. Sie übertrug Bertillons Notizen auf Karteikarten, von denen jede die wesentlichen Angaben über einen einzelnen Verdächtigen oder Kriminellen enthielt. Tag um Tag nahmen sich Bertillon und seine Assistenten, ausgerüstet mit Tastern, Maßbändern und einem großen Kamerakasten, eine neue Gruppe von Betrügern, Trinkern, Prostituierten, Dieben, Mördern, Kidnappern und anderem Strandgut der Pariser Unterwelt vor. Ungläubig staunten die Opfer den Doktor mit seinem steifen, weißen Kragen, seinen tiefliegenden Augen und dem kantigen Gesicht an, der sie mit seinen bizarren Forderungen behelligte. Bertillon musterte sie eindringlich, und es kam nicht selten vor, daß seine Assistenten die unglücklichen Verdächtigen fesseln mußten, während dieses »Bleichgesicht der Präfektur«, wie man ihn mitunter nannte, verschiedene Teile ihres Körpers maß. Alles, was er brauchte, war eine einzige Übereinstimmung seiner Ergebnisse mit den Merkmalen, die er von Hunderten bereits einmal festgenommener Verbrecher in seiner Kartei vermerkt hatte. Jede Nacht kam er heim zu Amelie, um über seine dahinschwindenden Chancen, wissenschaftliche Unsterblichkeit zu erlangen, nachzusinnen, wobei seine Enttäuschung und Unruhe sich in heftigen Migräneanfällen äußerten.

Da ihm nur noch ganze zwei Wochen blieben, um Camecasse vom Wert seiner Technik zu überzeugen, war Bertillons Stimmung meist ebenso düster wie die Straßen, durch die er morgens zur Arbeit ging. Am 20. Februar 1883 verliefen seine Messungen wie an den anderen Tagen, ein Gesicht und ein Körper folgte dem anderen, bis Bertillons Assistent einen Mann namens DuPont hereinbrachte. Der Name besagte überhaupt nichts, er war als Falschname unter den Kriminellen jener Tage ebenso beliebt wie die Rasiermesser. Und doch meinte Bertillon, sich an diesen Mann zu erinnern. Aber wie oft hatte er sich schon eingeredet, eine Übereinstimmung gefunden zu haben und sich dann über seine Kartei hergemacht, ehe er schließlich doch wieder mit leeren Händen dastand? Er schloß seine Messungen ab und zwängte sich dann an den überhäuften Schreibtischen der Dokumentationsabteilung vorbei zu seinen mit Karteikarten prall gefüllten Kästen.

Selbst wenn Bertillon niemals Camecasses Forderung nachgekommen wäre, hätte er doch zumindest den Ruhm für sich beanspruchen können, der forensischen Anthropologie zu ihrem ersten effektiven Kategorisierungssystem verholfen zu haben. Im Februar 1883 war seine Sammlung bereits auf etwa 1800 Karteikarten angewachsen, von denen jede die Beschreibung einer ganz bestimmten Person enthielt. Zum leichteren Auffinden derjenigen Karten, die möglicherweise mit einer gerade verhafteten Person übereinstimmten, hatte Bertillon die Karten gemäß einer Hierarchie von Körpermaßen unterteilt. Zuerst kam eine Palette von Kopfgrößen, die in groß, mittel und klein unterteilt waren. Herr DuPont – der sechste DuPont, den er an diesem Tag vermessen hatte – gehörte zur mittleren Gruppe. Dadurch fielen schon etwa zwei Drittel der Karteikarten weg. Die Breite seines Kopfes grenzte die Suche nochmals ein, und die Länge des kleinen Fingers ließ schließlich nur noch drei mögliche Kandidaten zur Auswahl. Nach wenigen Minuten hielt Bertillon eine einzige Karteikarte in der Hand. Jedes der elf darauf vermerkten Maße entsprach denen DuPonts. Nur der Name auf der Karte war ein anderer, er lautete Martin. Der Mann war am 15. Dezember 1882 wegen des Diebstahls leerer Flaschen verhaftet worden.

Bertillon raste zurück in den Vermessungsraum und baute sich vor dem Gefangenen auf. »Ich hab' dich schon mal gesehen«, sagte er ihm auf den Kopf zu. DuPont stritt dies ab, doch sein hartnäckiger Widerstand begann zu bröckeln, sobald Bertillon ihm ruhig erklärte, daß ihn die Polizei vor zwei Monaten wegen des Diebstahls von Flaschen festgenommen hatte. »Damals nanntest du dich Martin«, hielt er dem Gefangenen selbstzufrieden vor, der auf der Stelle seine Identität zugab.

Bertillon hatte es also zuletzt doch noch geschafft. Die Pariser

Zeitungen griffen die Geschichte dieser Identifikation und das dahinterstehende wissenschaftliche Verfahren natürlich sofort auf. Der junge Wissenschaftler wurde, wenn auch widerwillig, von Camecasse und seinen Kollegen gelobt und erhielt die Zusicherung, daß er seine Arbeit mit einem größeren Mitarbeiterstab und mehr Geld fortsetzen könne. Je größer die Routine bei den Vermessungen wurde, um so häufiger kam es auch zu erfolgreichen Identifizierungen von Wiederholungstätern. Im Laufe des Jahres 1884 identifizierte Bertillon 300 Verdächtige, die bereits wegen anderer Vergehen Haftstrafen verbüßt hatten. Er verfeinerte seine Technik, indem er neue Beschreibungen hinzufügte, die aus sorgfältigen Fotografien von Ohren, die Iris von Augen, auffälligen Nasenrücken, der Größe und Form von Nasenlöchern und Dutzenden anderen Einzelheiten der menschlichen Gestalt bestanden. Niemals fand er zwei Menschen mit genau den gleichen Maßen. Die französische Polizei machte sich diese revolutionäre Entdekkung des nunmehr zum Lieblingskind Frankreichs avancierten Bertillon ebenso bereitwillig zu eigen wie, in ihrem Gefolge, auch das Strafvollzugssystem.

Im Laufe des folgenden Jahrzehnts erarbeitete sich Bertillon den Titel eines Direktors des Polizeilichen Erkennungsdienstes. 1892 löste er seinen größten Fall, indem er Ravachol identifizierte, einen Anarchisten, der verdächtigt wurde, mehrere Menschen ermordet sowie in Restaurants und im Haus eines Richters Bomben gelegt zu haben. Dieser Erfolg machte den Namen Bertillon endgültig zu einem Begriff im ganzen Land.

Auch in anderen Städten Europas übernahmen die Polizeibehörden die Bertillonage, und im Pariser Büro des nun berühmten Mannes prangte eine stattliche Liste von Würdenträgern, die zu Besuch gekommen waren, um Bertillon, der bereits zu seinen Lebzeiten als »Genie« der französischen forensischen Wissenschaft des 19. Jahrhunderts bezeichnet wurde, ihre Hochachtung zu zollen und von ihm zu lernen.

Doch Bertillons Triumph sollte nur von kurzer Dauer sein. Gerade als sein System die Strafvollzugssysteme und Polizeidienststellen in Berlin, Moskau, Wien und Rom zu revolutionieren begann, reifte in London bereits eine neue Methode heran, die an die Stelle der Bertillonage treten sollte: Die Daktyloskopie, das Fingerabdruckverfahren, hatte die Aufmerksamkeit des britischen Innenministeriums erregt. William Herschel, ein britischer Verwaltungsbeamter in Hooghly, der Hauptstadt des gleichnamigen Distrikts in Indien, hatte entdeckt, daß die Fingerkuppen, vorausgesetzt sie waren schmutzig genug, unverwechselbare Abdrücke auf Glas oder Papier hinterließen. Diese schienen sich von Person zu Person zu unterscheiden. Andere Forscher brachten in der typisch vorsichtigen Weise der Briten jedoch zunächst mehr als ein Jahrzehnt damit zu, mit der Idee zu experimentieren.

Der eigentliche Anfang vom Ende der Bertillonage wurde so in Argentinien eingeläutet. 1891 fiel einem außergewöhnlich wißbegierigen und ehrgeizigen Argentinier ein wissenschaftlicher Aufsatz über Fingerabdrücke in die Hand. Juan Vucetich, ein 33 Jahre altes Mitglied der Provinzpolizei von Buenos Aires, hatte bereits viel über die Bertillonage und darüber, wie sie die Praxis der Verbrechensaufklärung in Europa revolutioniert hatte, gehört. Wie viele Argentinier war auch er ein Einwanderer, geboren in dem kroatischen Dorf Lesina im heutigen Jugoslawien. Vucetich wollte die Bertillonage auch in Buenos Aires einführen. Darüber hinaus nahm er jedoch auch Fingerabdrücke von den Verdächtigen, wie es der Engländer Francis Galton beschrieben hatte, der diese neue Technik propagierte. Vucetich brachte in den Leichenhäusern von Buenos Aires zahllose Stunden damit zu, von Leichen Fingerabdrücke zu nehmen, ja, er nahm sogar von den Mumien im Naturgeschichtlichen Museum von La Plata Abdrücke. Ebenso wie Bertillon unter dem Hohn verständnisloser Skeptiker zu leiden hatte, wurde auch Vucetich von seinen Kollegen zumeist nur mit Argwohn und Spott bedacht; doch wie im Fall des Franzosen, den Vucetich verehrte und letztlich ruinieren sollte, kam auch Vucetichs Chance schließlich in Form eines Kriminalfalls.

Am 19. Juni 1892 wurden am Rande der Hüttenstadt Necochea, an der Atlantikküste nahe La Plata, die Leichen zweier ermordeter Kinder gefunden. Ihre Mutter, die unverheiratete Francisca Rojas, war außer sich durch das Dorf gelaufen und hatte einen Mann namens Velasquez der Tat bezichtigt. Sie behauptete, Velasquez sei wütend gewesen, da sie sich seinen Annäherungsversuchen widersetzt habe; aus Rache habe er deshalb ihren Kindern die Schädel eingeschlagen.

Velasquez hatte indes ein Alibi. Die Polizei von La Plata vermutete, daß in Wirklichkeit die Mutter den Kindermord begangen hatte, da ihr Liebhaber sich beklagt hatte, sie seien eine Plage und stünden einer Heirat im Wege. Es fehlten allerdings Beweise, und Francisca Rojas blieb bei ihrer Version.

Einige Wochen nach dem Verbrechen besichtigte ein Polizeiinspektor, der mit Vucetich an dessen Fingerabdrucksystem gearbeitet hatte, den Tatort. An der halboffenen Badezimmertür entdeckte er einen blutigen Daumenabdruck. Der Inspektor machte einen Abzug von diesem Abdruck und hatte trotz seiner Unerfahrenheit Glück: Der Abdruck paßte exakt und unbestreitbar zu einem Daumenabdruck von Francisca Rojas. Mit diesem scheinbar magischen Beweis konfrontiert, den die Polizei von der Holztür weggezaubert zu haben schien, gestand die Frau schließlich ihre Tat.

In Argentinien entbrannte daraufhin eine Diskussion darüber, welcher Methode man den Vorzug geben solle: der Bertillonage oder dem Verfahren der Fingerabdrücke. Möglicherweise ermutigt durch die Tatsache, daß ausgerechnet ein Argentinier mit Hilfe der letztgenannten Methode ein Verbrechen aufgeklärt hatte, entschied sich die Provinzpolizei für die Fingerabdrücke. Damit war Argentinien das erste Land, das sich offiziell des Fingerabdrucksystems bediente. Fatalerweise sollte das Faible der Argentinier für diese Methode zur Folge haben, daß künftig von großen Teilen der Bevölkerung Fingerabdrücke genommen wurden, wodurch es 84 Jahre später den Militärs des Landes möglich war, Tausende unbescholtener Bürger, die mit der Militärdiktatur nicht einverstanden waren, zu verfolgen, einzusperren und zu töten.

Die Daktyloskopie ließ Vucetichs Stern erstrahlen und den von Bertillon sinken. Zwar hatte auch der Franzose mit Fingerabdrükken experimentiert und sogar Fotografien von ihnen in seine Verbrecherakten aufgenommen und sich ihrer bei einigen wenigen Untersuchungen bedient, aber er war ihnen gegenüber mißtrauisch und spielte ihre Bedeutung und vermeintliche Unfehlbarkeit herunter. Noch Jahre später, als bereits in den meisten Teilen Europas die Fingerabdrücke an die Stelle der Bertillonage traten, hielt Frankreich mit geradezu sprichwörtlicher Hartnäckigkeit an der Erfindung seines Helden fest.

Währenddessen wurde Vucetich in Argentinien gefeiert und genoß die Freuden des Reisens, die seine Berühmtheit mit sich brachte. Doch er verehrte Bertillon weiterhin und unternahm sogar eine Pilgerfahrt zu dessen Büro in der Pariser Präfektur. Laut einem Bericht von Bertillons Nichte[14] traf Vucetich eines Morgens im Jahre 1913 dort ein und wurde in Bertillons Vorzimmer geleitet. Nach einer ziemlichen Weile sprang die Bürotür des großen Mannes auf, er kam heraus, stand auf der Schwelle und starrte seinen Besucher böse an. Schließlich sagte er: »Mein Herr, Sie haben versucht, mir großen Schaden zuzufügen.« Dann drehte sich Bertillon um und schlug die Tür seines Büros hinter sich zu. Vucetich sah ihn nie wieder.

Ein Jahr später starb der Franzose, blind und arbeitsunfähig infolge einer perniziösen Anämie. Im Beisein einer riesigen Menge von Bewunderern wurde er mit allen nationalen Ehren beigesetzt. Neben einer wissenschaftlichen Methode ist auch eine kurze Straße im 15. Arondissement von Paris nach ihm benannt.

Ein Mann mit mehr innerer Größe hätte möglicherweise die unausbleibliche Tatsache akzeptiert, daß die Bertillonage durch das Fingerabdruckverfahren verdrängt worden war. Schließlich konnte er immer noch den Ruhm beanspruchen, der wissenschaftlichen Kriminologie auf die Sprünge geholfen, die Kriminalfotografie perfektioniert und das erste kriminologische Labor geschaffen zu haben. Doch Bertillon bekämpfte die Einführung des Fingerabdrucksystems bis zum letzten Atemzug. Als er verschied, starb mit ihm sowohl der letzte Anhänger der Bertillonage als auch diese Methode selbst.

Eine letzte Bemerkung noch zu Bertillon: Sein Ruhm in der Geschichte wäre wahrscheinlich weit größer, hätte er nicht unverständlicherweise seine unerbittliche Objektivität vergessen und sich in dem berühmt-berüchtigten Fall Dreyfus über die Schranken seiner Wissenschaft hinausgewagt.

Im Jahre 1894 wurde Hauptmann Alfred Dreyfus, ein französischer Offizier jüdischer Abstammung, verhaftet und des Verrats militärischer Geheimnisse an den deutschen Feind bezichtigt. Das belastendste Beweisstück gegen Dreyfus war ein angeblich von seiner Hand geschriebenes verräterisches Dokument, ein sogenanntes »bordereau«. Es handelte sich um ein dünnes Blatt von einem Papier, das von Korrespondenten wegen seines geringen Gewichts bevorzugt wurde. Bertillon, der zwar gelehrte Artikel über die Handschriftanalyse verfaßt hatte, den damaligen Graphologen gegenüber jedoch ansonsten sehr skeptisch war, wurde gebeten, die Handschrift auf dem »bordereau« mit derjenigen des Hauptmanns zu vergleichen. Nach einer für ihn typischen akribischen Untersuchung des Dokuments, bei der Bertillon sowohl die Abstände zwischen den einzelnen Buchstaben als auch diese selbst maß, kam er zu dem Schluß, die Unterschiede zwischen dem Dokument und der Handschrift Dreyfus' seien schlicht und einfach darauf zurückzuführen, daß dieser versucht habe, seine Handschrift unkenntlich zu machen. Dreyfus, so Bertillons Bericht, habe eine »Eigenfälschung« versucht, die Einmaligkeit seiner Handschrift allerdings letztlich doch nicht völlig ausmerzen können. Der Hauptmann wurde daraufhin schuldig gesprochen und zu lebenslanger Haft verurteilt.

Dreyfus war Franzose, was bei einem Fall von Hochverrat schon schlimm genug war. Aber er war eben auch Jude, und die Dreyfus-Affäre war der Funke, an dem sich eine Protestwelle gegen den unterschwelligen Antisemitismus der Justiz entzündete. Die Verurteilung entfachte die Gemüter der Dreyfusianer, die nach wie vor von seiner Unschuld überzeugt waren. Einige Jahre später wurde der Hauptmann freigesprochen, weil der wirkliche Verräter seine Tat gestanden hatte. Bertillon stürzte von seinem Podest und landete, zumindest in den Augen der Dreyfus-Anhänger, in einem Haufen von Scharlatanen und Quacksalbern. Selbst für das juristische Establishment, das wenig Grund hatte, wegen eines einzigen Fauxpas an Bertillon zu zweifeln, hatte er von seiner überragenden Größe eingebüßt.

Bertillons unbeholfenes Auftreten vor Gericht mag seinen Teil dazu beigetragen haben, daß seine Spekulationen als Tatsachen mißdeutet wurden. Möglicherweise aber hätte die Gewalt des französischen Antisemitismus jeden Versuch einer objektiven Deutung ohnehin zunichte gemacht. Wie dem auch sei, Bertillon hat, wie viele forensische Wissenschaftler nach ihm, das sichere Terrain dessen, wovon er wirklich etwas verstand, verlassen oder sich davon weglocken lassen. Die Erlangung der Meisterschaft in »geheimem« Wissen ist mit harter, ermüdender Arbeit verbunden und bringt mitunter nicht viel Ruhm ein. Wenn dann die Öffentlichkeit plötzlich nach einem Experten verlangt, kann die Versuchung, sie um jeden Preis zufriedenstellen zu wollen, unwiderstehlich sein. Zwar verfügt die forensische Wissenschaft in unseren Tagen über Hochschulen und Qualifikationsnachweise, um die Spreu der Wahrsager und Scharlatane vom Weizen der Spezialisten zu trennen, aber es gibt noch immer, nicht selten von Anwälten und den trauernden Familien der Opfer verstärkt, diesen Antrieb, sich ein wenig über das Gebiet des tatsächlich Nachweisbaren hinauszuwagen. Forensische Wissenschaftler halten danach Ausschau wie Segler, die eine Küste nach knapp unter der Wasseroberfläche liegenden Klippen absuchen.

3

Der Anthropologe als Detektiv

War Thomas Dwight der erste gewesen, der die forensische Anthropologie aus dem Dunkel ans Licht geführt hatte, so war George Dorsey aus Chicago derjenige, der sie ins Scheinwerferlicht rückte. Wie Dwight und einige andere aus dem Team, das den Parkman-Fall gelöst hatte, war auch Dorsey in Harvard ausgebildet worden, allerdings als Anthropologe. Bis 1890 hatte es diesen Studiengang überhaupt nicht gegeben, doch Dorsey machte bereits vier Jahre später seinen Doktor.

Nennenswerte Beiträge zur wissenschaftlichen Literatur hat Dorsey allem Anschein nach kaum geliefert, seinen Ruf verdankt er vielmehr einem einzigen sensationellen Mordfall. Obwohl er sich dabei im Zeugenstand hervorragend schlug, scheint diese Erfahrung ihn dermaßen aufgewühlt zu haben, daß er danach nie wieder an einem spektakulären Mordfall mitarbeitete. Seine Teilnahme an der Untersuchung und dem Prozeß bereitete jedoch den Weg für andere forensische Anthropologen und offenbarte gleichzeitig einige der Fallstricke, die diese Disziplin erwarteten.[1]

Hatte sich Boston angesichts der schrittweisen Enträtselung des Parkman-Webster-Falles in einem Zustand permanenter Erregung befunden, so stand Chicago praktisch sprachlos vor dem Fall Adolphe Louis Luetgert. Luetgerts gräßliches Verbrechen paßte zu Chicago, dem »Schlachthaus der Welt«, wie Carl Sandburg die Stadt nannte, wie die Fehde zwischen zwei Honoratioren der besseren amerikanischen Gesellschaft zu Boston gepaßt hatte.

Luetgert, ein gebürtiger Deutscher, war ein stämmiger, schmieriger Mann von 22 Jahren, der sein Leben lang in der Fleischverarbeitung gearbeitet hatte. Zunächst hatte er sich als Gerber und

Metzger verdungen und sich kurzzeitig auch als Saloon-Besitzer versucht; dann arbeitete er sich immer weiter nach oben und brachte es schließlich zum Besitzer einer Wurstfabrik. Obwohl er in dem Ruf stand, ein wohlhabender Mann zu sein, war es um sein Geschäft nicht gerade zum besten bestellt. Seine Fabrik, ein schmutziges, durch abblätternden Putz und schadhafte Ziegel verunstaltetes Gebäude, stand trostlos in einer heruntergekommenen Gegend. Luetgert hatte die Wurstfabrikation aufgegeben und betrieb nur noch ein kleines Einzelhandelsgeschäft auf dem Gelände, um die Schuldeneintreiber am Schließen des Betriebs zu hindern.

Adolphe, seine kleine Frau Louisa und die beiden kleinen Kinder Louis und Elmer wohnten in einem Haus direkt neben der Fabrik. Die Luetgerts kamen nicht gut miteinander aus, so daß Adolphe zusammen mit seinen Hunden in einem Raum in der Fabrik schlief. Somit war es schon ziemlich außergewöhnlich, daß er am Abend des 1. Mai 1897, einem Samstag, Louisa zu einem Spaziergang im Laternenschein einlud. Das war das letzte Mal, daß sie gesehen wurde – zumindest in erkennbarer Form

Drei Tage später kam Louisas Bruder zum Haus der Luetgerts. Als er fragte, wo seine Schwester sei, erhielt er von Adolphe zur Antwort: »Keine Ahnung. Ist sie denn nicht bei dir?« Als der Bruder erwiderte, das sei sie nicht, äußerte Aphonse unbekümmert die Vermutung, dann sei seine Frau wohl davongelaufen. Wenig später wurde die Polizei eingeschaltet. Man untersuchte die Abflußkanäle, suchte den Fluß ab und befragte Angehörige und Freunde der Verschollenen. Am Samstag, dem 15. Mai, erschienen die Polizisten schließlich auch in der Wurstfabrik. Dort schlug ein Wachmann vor, einmal einen der drei großen Dampfbottiche, die im Keller standen, etwas näher zu untersuchen. Die Bottiche dienten normalerweise zum Abkochen von Würsten. Laut einem Untersuchungsbericht stieß man bei der Untersuchung auf folgendes:

»Man fand diesen Bottich etwa zur Hälfte mit einer rotbraunen Flüssigkeit gefüllt, die einen ekelerregenden Gestank erzeugte. Ein Außenstopfen nahe dem Boden des Bottichs wurde von der Polizei herausgezogen, nachdem man zuvor auf der Erde unter dem Spundloch einige Jutesäcke (die gerade herumlagen) ausgebreitet hatte. Als die Flüssigkeit herausfloß, setzte sich auf den Säcken ein schleimiges Sediment ab, in dem auch einige kleine Knochenstücke lagen. Bei der weiteren Untersuchung des Bottichs fand man am Boden neben weiteren Knochenfragmenten auch zwei schlichte Goldringe, die ineinandersteckten und mit einer schleimigen, rötlich grauen Substanz überzogen waren; der kleinere von beiden war ein Schutzring, der größere ein Ehering, in dessen Innenseite die Angaben »L.L.« und »18 karat« eingraviert waren.[2]

In der Nähe des Bottichs fand man weiteres belastendes Material: eine etwa 30 Zentimeter lange Haarsträhne, ein Stück Leder, ein Stück Stoff, einige Schnurstücke, eine Haarnadel und die deutlich erkennbare Hälfte eines falschen Zahns aus dem Oberkiefer. In der Straße vor der Fabrik, wo, wie sich später herausstellte, Arbeiter auf Luetgerts Anweisung hin die Aschenabfälle aus dem Räucherhaus abgeladen hatten, fand die Polizei weitere Fragmente verbrannter menschlicher Knochen sowie einige Stücke von verbranntem Korsettstahl. Am Montag nach der Durchsuchung der Fabrik – offensichtlich wollte man die Sabbatruhe in dem jüdischen Viertel nicht stören – stattete die Polizei Luetgert in seinem Haus einen Besuch ab und brachte ihn, unter lautstarkem Protest seinerseits, ins Gefängnis.

Der Prozeß gegen Luetgert begann am 30. August 1897 im Cook County Criminal Court unter dem Vorsitz von Richter Richard S. Tuthill. Die Anklage, derzufolge Adolphe seine Frau getötet und in dem Wurstbottich verkocht hatte, rief in der Öffentlichkeit ein geradezu fieberhaftes Interesse hervor – und das in einer Stadt, die nicht gerade in dem Ruf stand, besonders friedlich zu sein. Zeitungsreporter reisten aus einem Umkreis von tausend Meilen an, um einander mit immer sensationelleren Berichten zu überbieten. Die Verhandlung dauerte fast zwei Monate und brachte fortlaufend neue Enthüllungen über das grausame Verhalten Luetgerts an den Tag. Im Gefängnis sorgte der Angeklagte für einen weiteren Skandal, indem er Liebesbriefe an Christina Feldt schrieb, eine reiche Witwe, mit der er in Geschäftsbeziehungen gestanden hatte. Überdies entwickelten viele Chicagoer plötzlich eine ausgesprochene Abscheu vor Wurst, die in einer Stadt mit so vielen Polen und Deutschen praktisch zu den Grundnahrungsmitteln zählte.

George Dorsey fiel die Aufgabe zu, als Sachverständiger die vermutlichen Überreste von Louisa zu untersuchen. Seine Aussage hatte wahrscheinlich einen größeren Einfluß auf die Entwicklung der forensischen Wissenschaften und der Beweiskraft von Sachverständigengutachten bei Strafprozessen, als sie der Anklagevertretung nützlich war. Indizienbeweise gegen Luetgert gab es zwar zuhauf, aber Dorseys Analyse der im Bottich und in dessen Nähe gefundenen Knochen stand auf eher wackeligen Beinen.

Zunächst untersuchten Dorsey und seine Kollegen vom Field Museum, Dorseys Arbeitsstätte, die Knochen und Knochenfragmente, die die Polizei am vermeintlichen Tatort gefunden hatte. Man identifizierte den Teil eines Oberschenkelknochens, eine Rippe und ein Sesambein; außerdem einen zusätzlichen Knochen, der sich mitunter speziell an den Finger- und Zehengelenken über den Sehnen bildet, sowie eine Phalanx, das heißt ein Zehenglied, und ein Fragment vom Schläfenbein eines Schädels; schließlich noch einen Mittelhandknochen und den Teil eines Oberarmknochens. Andere Spezialisten gaben zu Protokoll, daß die rötlich braune Flüssigkeit, die aus dem Bottich gesickert war, Spuren von Hämatin enthalten habe, einem Zersetzungsprodukt des im Blut enthaltenen Hämoglobins.

Bevor Dorsey in den Zeugenstand trat, wurden etliche Zeugen aufgeboten, die die Darstellung einer von Brutalität gekennzeichneten Luetgertschen Ehe gaben. Mehrere Freundinnen von Louisa erinnerten sich, daß Adolphe seine Frau oft gequält und sie obendrein gelegentlich auch noch geschlagen hatte. Auch habe er mit dem Dienstmädchen geschlafen und sich nicht die geringste Mühe gegeben, dies vor Louisa zu verheimlichen.

Schließlich kam man zu der Frage, wie sich Luetgert seiner Frau entledigt haben könnte. Nach der Aussage des Räucherhausgehilfen Frank Odorowsky hatte Luetgert am 11. März 1897 378 Pfund rohe Pottasche gekauft und in die Fabrik geliefert bekommen. Am 24. April hatte Luetgert Odorowsky und »Ham« Lewandowsky, einem weiteren Angestellten, die Anweisung erteilt, die Pottasche in die Fässer neben dem Bottich zu füllen. Die Pottasche habe, so erinnerte sich Odorowsky, »wie Feuer gebrannt«, als sie mit seiner Haut in Berührung gekommen sei; auch das Überziehen von Lappen über die Hände und das Gesicht habe weitere Verätzungen nicht verhindern können. Am selben Tag noch, so die weiteren Ergebnisse der Zeugenaussagen, hatten Luetgert und der Wachmann der Fabrik die Pottasche in den Bottich gefüllt und Wasser darüber gegossen. Anschließend siedete das Gebräu eine Woche lang vor sich hin. Am Samstag, dem 1. Mai, dem Tag von Louisas Verschwinden, hatte Luetgert eine Dampfleitung aufgedreht, die in den Bottich führte, um die Mischung zum Kochen zu bringen. Dann hatte er den Wachmann auf zwei Botengänge geschickt, so daß sich fast den ganzen Tag und die Nacht über niemand auf dem Fabrikgelände aufhielt – abgesehen von Luetgert, der den Bottich bis etwa drei Uhr morgens heftig am Kochen hielt und zwischendurch immer wieder ein Nickerchen auf dem Stuhl in seinem Büro hielt.

Vom Sonntag nachmittag bis zum Montag morgen brodelte der Bottich weiter vor sich hin. Mehrere Arbeiter halfen Luetgert, die aus dem Bottich überkochenden schleimigen Rückstände wegzuwischen. Luetgert selbst kratzte die festen Rückstände aus den Abflüssen und Überlaufrinnen heraus und vergrub sie zum Teil. Einen weiteren Teil verbrannte er im Räucherhaus, und den verbleibenden großen Rest lud er bei den nahegelegenen Bahngleisen ab.

Luetgert war als Mörder ebenso nachlässig wie als Geschäftsmann. Er zog so viele Leute in die Vorgänge im Bottichraum hinein – er gab ihnen gegenüber vor, er produziere Seife, um die Fabrik als Vorbereitung für ihren Verkauf zu reinigen – und hielt sie derart oft zu absolutem Stillschweigen an, daß er sich dadurch nur um so verdächtiger machte.

Die Anklagevertretung bot eine bizarre, dafür aber um so anschaulichere Demonstration auf, um ihre Argumentation zu stützen. Die Sachverständigen bestanden darauf zu prüfen, ob die von Luetgert aufgekochte Pottaschenlösung wirklich einen Körper so weit auflösen konnte, daß nur noch solche kaum identifizierbaren Überreste zurückblieben, wie man sie in und um den Wurstbottich herum gefunden hatte. Man erwarb also einen menschlichen Leichnam und ging haargenau nach Luetgerts mutmaßlichem Verfahren vor; und das Ergebnis war tatsächlich ziemlich genau dasselbe.

Was nun aber, wenn Luetgert wirklich Seife gemacht hätte, wurden die Geschworenen gefragt. Wo kamen dann die Knochen her? Handelte es sich bei ihnen, wie der Angeklagte standhaft behauptete, tatsächlich um Tierknochen, die bei der Wurstherstellung ebenso selbstverständliche Bestandteile sind wie Hobelspäne in einer Schreinerei? Die Anklagevertretung rief an diesem Punkt der Beweisführung George Dorsey in den Zeugenstand.

Dorsey war ebensosehr ein Abenteurer wie ein Gelehrter. Er hatte einige Jahre damit zugebracht, an der Westküste Südamerikas, genauer im peruanischen Ancón, Begräbnisstätten auszugraben, und sich auch eine Zeitlang in Alaska aufgehalten, um die Kultur und Physiologie amerikanischer Ureinwohner zu studieren.

Aus Peru war er mit einer umfangreichen Mumiensammlung zurückgekehrt, die er zum 400. Jahrestag der Entdeckung Amerikas durch die Europäer in einem Museum ausstellen ließ. Obwohl er weit mehr daran gewöhnt war, brusttief in schlammigen Friedhöfen herumzugraben, muß Dorsey, will man den Prozeßberichten Glauben schenken,[3] die im Gerichtssaal Anwesenden schnell für sich eingenommen haben. Mit dem wettergegerbten Gesicht eines an das Leben im Freien gewöhnten Mannes und mit seinem kompakten Körperbau und eckigen Kinn verströmte Dorsey ein in sich ruhendes Selbstvertrauen.

Sorgfältig legte Dorsey den Geschworenen eine Reihe von Vergleichen zwischen der Handvoll verbrannter knochiger Überreste, die man in Luetgerts Fabrik gefunden hatte, und Kisten voller Knochenmuster aus dem Museum dar. Er versicherte dem Gericht, daß die Knochenfragmente, alles in allem ein recht kümmerliches Häufchen, zu einer Frau gehörten. Ein Prozeßbeobachter, der Kolumnist Julian Hawthorne, äußerte sich in der »Chicago Tribune« vom 17. September 1897 folgendermaßen zu Dorseys Aussage:

»Man ist sich allgemein darüber einig, daß Professor Dorsey von allen Zeugen der Anklage den stärksten Eindruck hinterlassen hat. Selbst am Ende des Tages war er noch genauso frisch wie zu Beginn, möglicherweise war er sogar noch lebhafter und schärfer. Jede seiner Aussagen stützte die Anklage ein Stück mehr, und bei alledem ließ er nie den geringsten Zweifel daran aufkommen, daß es ihm nur um die Darstellung des exakten Sachverhalts ging, soweit er diesen kannte. Dabei übertrieb er weder, noch entstellte er irgend etwas in böser Absicht. Seine Stimme war beherrscht, und seine Darlegungen waren so klar, daß trotz ihrer mitunter technischen Natur sämtliche seiner Aussagen von den Geschworenen verstanden wurden. Seine Beweisführung war so klar gegliedert, so fundiert, präzise und breit, daß es ein Vergnügen war, ihm zuzuhören; es ist einem nicht oft vergönnt, mit einem Geist in Kontakt zu kommen, der so gradlinig, so vital und so gesund ist.«

Hätte die Entscheidung über Schuld oder Unschuld des Angeklagten in Händen des lobhudlerischen Hawthorne gelegen, wäre der ganze Prozeß eine Sache von wenigen Stunden gewesen. Die Verteidigung rief jedoch ihren eigenen Sachverständigen in den Zeugenstand: W. H. Allport von der Medizinischen Fakultät der Northwestern University. Anders als Dorsey war Allport ein waschechter Mediziner und besaß kein fundiertes Wissen über die menschlichen Knochen. Seine Argumentation lief schlicht und einfach darauf hinaus, daß sein allgemeines Wissen ausreiche, um mit Sicherheit sagen zu können, daß Dorseys Identifizierung dieser kieselgroßen Stücke als Louisa Luetgert einfach lächerlich sei. Im Kreuzverhör machte Allport allerdings keine so gute Figur wie Dorsey. Lassen wir auch hierzu Hawthorne zu Wort kommen:

»Es begann gestern morgen sehr schnell . . . Aber wir hatten dennoch genügend Zeit, um uns innerlich auf das vorbereiten zu können, was einfach kommen mußte. Dr. Allport sollte zur Schlachtbank geführt werden, seine Zeit war gekommen. Er saß in seinem Stuhl und blickte entschlossen, wenn auch etwas nachdenklich drein. McEwen (der Anklagevertreter) und Professor Dorsey saßen Seite an Seite, um sich herum lauter Knochen. Einige Wochen zuvor hatte Dr. Allport bei einem Kreuzverhör über Sesambeinchen den Finger am Abzug gehabt; nun war es an ihm, vor der Mündung zu sitzen . . .

Sein liebenswürdiger Gesprächspartner legte ihm den Knochen irgendeines Tiers vor, den er unverzüglich als den eines Affen identifizierte. Als er den Geschworenen in einem interessanten Vortrag die verschiedenen charakteristischen Merkmale erklärte, wurde er von Mr. McEwen mit den freundlichen Worten unterbrochen: Wie mir Professor Dorsey soeben mitteilt, ist dies das Bein eines Hundes.

Die Geschworenen waren peinlich berührt, und über die Züge des Doktors huschte ein Schatten der Verzweiflung. Schließlich sagte er: ›Es gibt eine Klasse von Hundeaffen.‹«

Angesichts der damaligen Beweislage haben Anthropologen seither mehrmals bezweifelt, daß Dorsey wirklich in der Lage war, anhand des »corpus delicti« die Menschlichkeit, geschweige denn das Geschlecht des mutmaßlichen Opfers zu bestimmen. Dennoch gewann Dorsey das Vertrauen der Geschworenen. Wahrscheinlich waren es letztlich die Eheringe, mit deren Hilfe die Anklagevertretung ihre Beweiskette lückenlos schließen konnte. Luetgerts Version der Geschichte war dagegen eher lachhaft, falls zu diesem Zeitpunkt überhaupt noch jemand lachen konnte: Daß er 2000 Pfund Seife gemacht – genug um die Fabrik mehrere Male von oben bis unten zu schrubben, und dies zu einem wesentlich höheren Preis, als wenn er die Seife im Laden gekauft hätte – und diese dann noch mitten in der Nacht höchstpersönlich verkocht haben wollte, war wirklich eine einmalig unglaubwürdige Geschichte. Luetgert hatte seine Frau zugegebenermaßen gehaßt und nicht einmal versucht, sie nach ihrem angeblichen Verschwinden zu suchen. Die Bilder des Kellers, des Bottichs, der dampfenden Pottasche, des glitschigen Bodens und schließlich Luetgerts, einem Ehemann, der um Mitternacht den Kessel umrührt, während seine Frau allmählich zu Gelatine verkocht, machten zweifellos einen ebenso tiefen Eindruck auf die Geschworenen wie auf die Öffentlichkeit, die die täglichen Zeitungsberichte las. Als der Anklagevertreter schließlich gegenüber den Geschworenen die Behauptung aufstellte, Luetgert habe Louisa in den Keller gelockt, sie dort niedergeschlagen und dann – hoffentlich tot – in den Bottich gesteckt, glaubten die Geschworenen ihm: Luetgert wurde zu lebenslanger Haft verurteilt. Seinen Platz in der Kriminalgeschichte beschreibt Clyde Snow knapp so: »Da er seine Ehe nicht auflösen konnte, hat er kurzerhand seine Frau aufgelöst.«[4]

Der Luetgert-Fall veranschaulicht Probleme, aus denen sich auch die Zurückhaltung einiger Wissenschaftler, freiwillig als Sachverständige vor Gericht aufzutreten, erklären läßt. Im angelsächsischen Rechtssystem ist es üblich, bei der Auswahl von Sachverständigen ähnlich vorzugehen, wie die Polizei bei der Auswahl von Angriffshunden operiert: Man achtet auf einen möglichst guten Stammbaum, gepaart mit der Bereitschaft, dem Gegner notfalls auch an die Gurgel zu gehen. Die meisten Wissenschaftler, biologische Anthropologen eingeschlossen, sind der Überzeugung, daß wissenschaftliche Daten nur zu einer einzigen objektiven Schlußfolgerung führen sollten. Eine Gerichtssaalschlacht zwischen zwei gleichermaßen qualifizierten Akademikern kann allerdings bei den Geschworenen leicht die Frage aufwerfen, ob sich die Wissenschaft überhaupt in irgendeinem Punkt einig ist. Wer nun also Schaden für seine Wissenschaft fürchtet oder wem die geforderte Kampfbereitschaft fehlt, der neigt verständlicherweise dazu, möglichen Konflikten aus dem Weg zu gehen, indem er diesbezügliche Anfragen von vornherein ablehnt.

In der Tat trat Dorsey nie mehr vor Gericht auf. Der Luetgert-Fall war seine erste und letzte forensische Untersuchung. Später schlug ihm auch noch die Kritik seiner Kollegen entgegen, einschließlich jenes verbitterten Allport, der es gewagt hatte, in einem Chicagoer Gerichtssaal aus dem Stegreif in Anthropologie zu dilettieren. Bei einer Tagung der Chicagoer Gesellschaft für Gerichtsmedizin am 3. Dezember 1898, bei der Dorsey über die Behandlung des menschlichen Skeletts in der forensischen Wissenschaft referierte, schlug Allport mit bösartiger Gereiztheit zurück. Auf den Parkman-Fall anspielend, der mit Harvard, der Alma mater Dorseys, zu tun hatte, äußerte Allport vor der versammelten Gesellschaft:

»Interessanterweise waren die damaligen Zeitungen voll des Lobes für das Geschick der Fakultät von Harvard, aus 156 vorhandenen Knochen Dr. Parkmans Skelett zu identifizieren und wieder zusammenzusetzen. Welche bemerkenswerten Fortschritte muß der Unterricht an dieser Institution seither gemacht haben, daß einer ihrer jüngeren Absolventen (Dorsey) heute dazu in der Lage ist, anhand von vier erbsengroßen Knochenfragmenten eine Frau zu identifizieren.«[5]

Das europäische System der Jurisprudenz vermeidet diesen auf Publikumswirksamkeit bedachten Einsatz von Sachverständigen. Der Richter ernennt dort einen Sachverständigen, dessen wissenschaftliches Gutachten anschließend die Grundlage für die juristische Interpretation eines Falles ist. Obwohl dieser wissenschaftliche Ansatz komplizierte Sachverhalte für den Richter und die Geschworenen möglicherweise leichter faßbar macht, ignoriert er gleichzeitig die Tatsache, daß die wissenschaftliche Praxis äußerst porös ist. Während die Wissenschaft durchaus die von ihr geforderte Aufgabe erfüllt – zum Beispiel aus Fossilienknochen eine Theorie der Entwicklung des Menschen abzuleiten oder Menschen anhand der Knochenstruktur zu klassifizieren –, befindet sie sich doch gleichzeitig in einem ständigen Zustand der Kontroverse: Im Laufe der Zeit wird selbst die sicherste Theorie durch eine neue ersetzt. Der angelsächsische Ansatz gewährleistet zumindest, daß beide Seiten gehört werden, ganz gleich, ob das fair ist oder nicht. Hinzu kommt, daß sich die Sachverständigen beider Seiten oft zusammensetzen, bevor der Fall zur Verhandlung kommt, und sich dabei nicht selten auf eine gemeinsame Einschätzung des Beweismaterials einigen. In solchen Fällen wird das betreffende Beweismaterial dann entweder verworfen oder ohne Diskussion vorgelegt.

Ein weiteres vom Luetgert-Fall schlaglichtartig beleuchtetes Problem existiert noch heute und wird wahrscheinlich nie zu beseitigen sein: Wissenschaftler sehen die Welt nicht in Schwarz-Weiß, sondern sie messen die Wahrheit in Form von Wahrscheinlichkeitsabstufungen. Das Wahrscheinliche, so beobachtete schon Aristoteles, ist das, was für gewöhnlich geschieht. Wissenschaftler müssen diesen Umstand aber in Zahlen ausdrücken. Genauer gesagt, sie müssen die Wahrscheinlichkeit ausdrücken, daß die von ihnen erzielten Ergebnisse ein Produkt des Zufalls sein könnten – also ein Mißgeschick. Die Verfasser wissenschaftlicher Abhandlungen tragen diesem Umstand in der Regel dadurch Rechnung, daß sie ihren Ergebnissen in einer scheinbar bescheidenen Paranthese den Zusatz »($p < .05$)« hinzufügen, den sogenannten P-Wert. Ein P-Wert von weniger als .05 bedeutet, daß die Wahrscheinlichkeit, das beobachtete Phänomen könne in Wirklichkeit durch Zufall und nicht aufgrund einer von dem Wissenschaftler zugrunde gelegten Hypothese eingetreten sein, geringer als fünf Prozent ist. Mit anderen Worten: Die Chancen, daß es sich bei dem Phänomen um eine bloße Zufallsabweichung handelt, stehen fünf zu einhundert.[6]

Anwälte, Richter und Geschworene geben sich jedoch nicht mit statistischen Spitzfindigkeiten ab, sondern mit der Überzeugungskraft von Beweisen oder mit berechtigten Zweifeln. Der einzige Maßstab für die Beurteilung einer Beweisführung in Zivilprozessen ist die Überzeugungskraft des Beweises zugunsten der einen Behauptung oder der anderen. Der höchste Maßstab, der an die Beweisführung in Strafprozessen anzulegen ist, ist ähnlich schwer zu quantifizieren: Die Geschworenen können einen Schuldspruch fällen, wenn die Schuld jenseits begründeter Zweifel erwiesen ist.

Diese Maßstäbe bleiben freilich weit hinter denen zurück, die Wissenschaftler für die Beurteilung ihrer Daten akzeptieren. Sobald sich ein Wissenschaftler jedoch im Zeugenstand befindet, muß er, so Dorseys Feststellung, alle Grauschattierungen auf seiner Palette zusammenmischen und eine Meinung äußern. Wären diese »erbsengroßen« Knochenfragmente die einer Frau oder die eines Mannes: Ja oder nein? Es gab hier kein Kollegium von graubärtigen Wissenschaftlerkollegen, das Dorseys Ergebnisse überprüft hätte, wie das bei einer Veröffentlichung in einer wissenschaftlichen Zeitschrift der Fall gewesen wäre. Angesichts der Geschworenen sowie des Sachverständigen und des Anwalts der Gegenseite, die auf jede noch so geringe Schwäche in seiner Aussage lauerten, befand sich Dorsey in derselben Zwickmühle wie Paris, der von drei Göttinnen – Athene, Aphrodite und Hera – die schönste zu wählen hatte: Er war verdammt, ganz gleich, welche Wahl er traf. (Zumindest bekam Paris zuletzt als Dank dafür, daß er sich für Aphrodite entschieden hatte, die schöne sterbliche Helena – zweifellos ein besseres Geschäft als ein Sachverständigenhonorar.)

Die Fälle Parkman und Luetgert waren insofern außergewöhnlich, als biologische Anthropologen damals nur selten vor Gericht auftraten; das Studium von Skeletten spielte sich in den USA fast ausschließlich in der abgeschlossenen Welt der Akademie ab. In Frankreich hingegen hatte Bertillon der forensischen Anthropologie ein gewisses Maß an Respektabilität verschafft, so daß europäische Anwälte häufig Experten dieser Disziplin zu Rate zogen. Deshalb befaßten sich die Wissenschaftler dort weit häufiger mit der Frage, wie Skelette zur Aufklärung von Verbrechen beitragen könnten, anstatt in ihnen lediglich ein für das Studium der Anatomie und Physiologie unerläßliches Objekt zu sehen.

Im Jahr 1888 vermaß der Franzose Étienne Rollet die langen Knochen von 100 Leichen, in der Absicht, eine Möglichkeit zu finden, aus der Länge der fraglichen Knochen – des Oberarmknochens, der Speiche und Elle des Arms sowie des Oberschenkelknochens und des Schien- und Wadenbeins – auf die Statur einer Person schließen zu können. Seine Messungen wurden 1892 von seinem Landsmann Leonce Manouvrier und 1899 von dem Briten Karl Pearson überarbeitet und durch zusätzliche Formeln für die Bestimmung der Statur ergänzt.

All diese Forscher waren Pioniere in der Anwendung der Regressionsanalyse auf die forensische Anthropologie. Anhand dieser noch heute gebräuchlichen mathematischen Technik ist es möglich, einen Wert, zum Beispiel die Größe einer Person, aus mehreren zu ihm in Beziehung stehenden Werten abzuleiten. Wenn also die Polizei den Oberschenkelknochen eines menschlichen Skeletts findet, mißt ein forensischer Anthropologe zunächst dessen Länge mit Hilfe eines osteometrischen Bretts, einer einfachen Vorrichtung, bei der ein langer Knochen zwischen zwei Bretter, ähnlich Buchstützen, gelegt und die Länge an einem kalibrierten Lineal abgelesen wird. Die Länge des Oberschenkelknochens in Zentimetern wird dann zur unabhängigen Variablen in einer Gleichung, in der sie mit Standardwerten multipliziert und addiert wird. Das Ergebnis – mit maximalen Abweichungen von plus/minus etwa drei Zentimetern – entspricht der Größe jener Person, zu der dieser Oberschenkelknochen einst gehörte; dies ist nun die abhängige Variable. Den Kern dieser Technik bilden die Standardwerte (sie weichen bei verschiedenen rassischen Gruppen geringfügig vorneinander ab), die im Laufe der Jahre aus zahllosen Messungen der Knochen von Menschen, deren Größe bekannt war, abgeleitet wurden.

Rollet, Manouvrier und Pearson waren die ersten, die sich mit dieser Art der Ableitung befaßten. Sie waren überzeugt, daß die Länge einiger Knochen zur Gesamtgröße einer Person in einem unverrückbaren Zusammenhang stehen mußte, und sie fanden auch heraus, welche Knochen am geeignetsten für dieses Verfahren waren; anschließend berechneten sie die Standardwerte oder Koeffizienten. Die Vorgehensweise ähnelt derjenigen, die angewendet wird, um ausgehend von der für eine Wand benötigten Farbmenge die Gesamtmenge zu errechnen, die zum Streichen eines ganzen Hauses nötig ist. Jeder der drei Europäer veröffentlichte Tabellen, in denen die jeweils zu messenden Knochen, die Koeffizienten und die entsprechenden Körpergrößen aufgeführt waren. Auf je mehr Knochen sich diese Berechnung stützen kann, um so gesicherter ist das Ergebnis; denn die Regressionsanalyse ist dann »multipel« und wird dadurch in der Regel genauer.[7]

Die Erfahrung hat gezeigt, daß die Fehlergrenze je nach Art der verfügbaren Knochen schwankt. So ist beispielsweise eine auf der Grundlage von Armknochen errechnete Körpergröße weniger verläßlich als eine, die anhand der Beinknochen erschlossen wurde. Hinzu kommt noch, daß die 100 von Rollet vermessenen Leichname vom Standpunkt der Statistik keine ausreichend repräsentative Anzahl darstellen. Außerdem haben moderne Anthropologen festgestellt, daß die Skelette sich im Laufe der vergangenen weniger als hundert Jahre beträchtlich verändert haben. Das allgemeine Ernährungsniveau und die Verbreitung bestimmter Krankheiten können den skelettalen Durchschnitt ganzer Bevölkerungen ändern. Ethnische Vermischungen haben darüber hinaus ebenfalls Unterschiede verwischt, die im 19. Jahrhundert möglicherweise noch deutlicher ausgeprägt waren. Die von Rollet vermessenen Körper waren unter Umständen noch nicht einmal für den durchschnittlichen Pariser seiner Zeit typisch. Sie standen jedenfalls nur deshalb für sein Labor zur Verfügung, weil sie von Nichtseßhaften, Kriminellen oder von Personen stammten, auf deren Leichen niemand Anspruch erhob.

Nach der Jahrhundertwende scheint sich die biologische Anthropologie wieder von den forensischen Wissenschaften abgewendet zu haben, obwohl einige der führenden Gelehrten ihrer Zeit wie T. Wingate Todd gelegentlich polizeilichen Ermittlern unter die Arme griffen, wenn diese sich mit einem unidentifizierten Skelett konfrontiert sahen.

Todd erstellte Tabellen für eine grobe Altersschätzung, die auf dem Verwachsungsgrad der Schädelnähte basierten. Er fand außerdem eine praktikable Methode für die Bestimmung des Alters beim Todeseintritt. Die rechten und linken Hüftknochen, die man auch als Hüft- oder Schambein bezeichnet, bilden zusammen mit dem Kreuzbein das Becken. Dabei berühren sich die Hüftknochen an der Vorderseite des Beckens jedoch nicht, sondern sind durch ein kleines Knorpelstück getrennt.[8] Die Fläche der beiden Schambeine, die an den Knorpel stößt, wird als Schambeinfuge bezeichnet. Todd fand heraus, daß diese Fugen sich hinsichtlich ihrer Struktur und Form im Laufe eines Menschenlebens in regelmäßiger und vorherschaubarer Weise verändern. Er teilte die Fuge zu diesem Zweck sorgfältig in fünf Bereiche ein: eine Oberfläche, äußere und innere Ränder oder Wälle sowie obere und untere Extremitäten. Außerdem fügte er noch bestimmte ergänzende topographische Merkmale wie Furchungen und Wellungen hinzu, die sich im Laufe des Lebens ebenfalls verändern. Anschließend teilte Todd die Veränderungen dieser Furchen zehn Lebensabschnitten zu, die mit einem Alter von 18 bis 19 Jahren beginnen und mit einem Alter von 50 Jahren und darüber enden. Jeden Abschnitt setzte er zu unverwechselbaren Merkmalen an den Fugen in Beziehung, die sich von Anthropologen in derselben Weise ablesen lassen wie offen zutage liegende Gesteinsschichten von Geologen. Im Alter von 18 Jahren weist die Oberfläche dieser Furchen eine gebirgsähnliche Struktur auf und ist von horizontalen Graten durchzogen, die durch deutlich abgehobene Rillen getrennt sind. Im Laufe der folgenden vier Jahrzehnte des Wachstums durchlaufen die Furchen eine Reihe von Veränderungen, wobei sie Plateaus, Knötchen, abgeschrägte Kanten, Rinnen und Wulstränder entwickeln, um schließlich im höheren Alter den Großteil ihrer Oberflächencharakteristika wieder einzubüßen.

Todds im Laufe der Zeit mehr oder weniger kontinuierlich verbesserte Technik wurde zur Hauptstütze für die Altersbestimmung anhand von Skeletten und ist immer noch in Gebrauch, wenngleich sie mittlerweile durch die mikroskopische Knochenrindenanalyse an Genauigkeit übertroffen wird.

Anthropologen versuchten auch, die Geschlechtsbestimmung bei Skeletten weiter zu vervollkommnen. Man möchte eigentlich meinen, die Unterschiede zwischen männlichen und weiblichen Skeletten seien offensichtlich: Frauen sind generell kleiner, ihre Knochen sind leichter und ihre Beckenöffnung ist größer, da Kinder bei der Geburt hindurchpassen müssen. Geschlechtsunterschiede lassen sich sogar an der Form des Schädels und der Gesichtsknochen festmachen; so tritt beispielsweise der Augenbrauenwulst bei Männern deutlicher hervor als bei Frauen.[9]

Wie steht es aber bei einer Frau, die ungewöhnlich groß war, so daß ihre Maße mit denen der kleinsten Männer verwechselt werden können? Solche Fälle sind so ungewöhnlich nicht. Wenn ein Anthropologe die Geschlechtermischung in einem ausgegrabenen paläolithischen Lagerplatz feststellen will, stellt die Verwechslung zwischen einer Frau und einem Mann lediglich ein geringfügiges statistisches Versehen dar. Wenn jedoch seit einem Jahr der Star eines weiblichen Basketballteams vermißt wird und die Polizei ein gefundenes Skelett fälschlicherweise für das eines kleinwüchsigen Mannes hält, dann kann die Justiz durch diesen Irrtum der Möglichkeit beraubt werden, ein Verbrechen aufzuklären.

Für das ungeübte Auge unterscheiden sich männliche und weibliche Skelette überraschend wenig voneinander. Wilton M. Krogman, ein führender Vertreter dieser Fachdisziplin, dem die forensische Anthropologie dank seiner Verbindung mit dem Federal Bureau of Investigation ihre Wiederbelebung im Jahre 1939 verdankt, schätzte, daß sich die Unterschiede lediglich auf etwa acht Prozent der Merkmale belaufen.[10] Wenn Experten nur einen Schädel vorliegen haben, so liegt die Fehlerquote bei der Geschlechtsbestimmung bei ungefähr zehn Prozent.[11]

Trotz aller Unzulänglichkeit, zumindest für gerichtliche Zwecke, war die Geschlechtsbestimmung von Skeletten noch immer weit weniger kontrovers als die Rassenbestimmung. Die stereotypen und in der Regel von Vorurteilen geprägten Auffassungen hinsichtlich anderer Rassen, die europäische und amerikanische Anthropologen im 19. Jahrhundert auch in ihren Laboratorien nicht ablegten, hatten unweigerlich zur Folge, daß an die Skelette von Weißen stets die vorteilhaftesten Maßstäbe angelegt wurden. Ein Beispiel hierfür sind die Forschungen Samuel George Mortons, eines angesehenen Wissenschaftlers und Arztes, der aus einer der vornehmsten Familien Philadelphias stammte. Morton vermaß um die Mitte des letzten Jahrhunderts das Schädelvolumen verschiedener Rassen, und er manipulierte seine Daten so, daß die Weißen auf jeden Fall am besten abschnitten.[12] Er sorgte dafür, daß jene Untergruppen der amerikanischen Ureinwohner mit den nachweislich kleinsten Schädeln, etwa die peruanischen Inkas, in seinen Stichproben indianischer Schädel im allgemeinen überrepräsentiert waren. Bei der Vermessung kaukasischer Schädel nahm Morton dagegen umgekehrt lediglich drei Schädel von Indern in seine Sammlung auf, da deren generell kleinere Schädel sich unvorteilhaft auf die von ihm zu errechnende Durchschnittsschädelgröße ausgewirkt hätten.

Morton konnte sich also selbst bei seinen wissenschaftlichen Experimenten nicht von den herrschenden sozialen und rassistischen Auffassungen lösen. Je mehr sich aber die Ansichten über das Wesen der Rassen in Richtung einer in unseren Augen aufgeklärteren Sichtweise entwickelten, um so mehr verschoben sich auch die Positionen der biologischen Anthropologie. Obgleich bestimmte skelettale Strukturen sich tatsächlich von Rasse zu Rasse deutlich unterscheiden, stehen sie dennoch in keinerlei nachweisbarem Zusammenhang mit der Intelligenz oder dem Charakter. Für forensische Anthropologen sind diese Unterschiede lediglich Indikatoren, die sie auf die richtige Spur bringen. So weisen beispielsweise etwa 80 Prozent aller amerikanischen Ureinwohner spatenförmige Schneidezähne auf. Und die meisten Menschen afrikanischer Abstammung besitzen breitere Nasenöffnungen als etwa die Kaukasier.

1930 führte Todd eine sorgfältige Untersuchung der Schädel von 398 erwachsenen schwarzen Amerikanern, 64 weißen Angelsachsen und 277 Schwarzafrikanern durch. Dabei stellte er eine Reihe typischer Unterschiede zwischen Schwarzen und Weißen fest, die auch heute noch bei der Identifizierung von Schädeln hilfreich sind. Todd fand heraus, daß die Schädel von Schwarzen eher wellen- als tafelförmige Augenbrauenwulste aufweisen. Weitere von ihm an den Schädeln von Schwarzen festgestellte Besonderheiten waren: schärfere obere Ränder der Augenhöhlen; eine eher runde Glabella, das ist der am weitesten vorragende mittlere Teil des Stirnbeins; ein geringfügiger Unterschied gegenüber den Schädeln Weißer hinsichtlich der Weichheit der Fronto-Nasal-Verbindung, jener Stelle, an der das Nasenbein, das den Nasenrücken bildet, an das Stirnbein stößt; und eine größere Spanne zwischen den Augen, auch Interorbital- oder Augenhöhlenabstand genannt. Weiterhin lassen sich sowohl von der Seitenansicht als auch insgesamt gesehen geringfügige Unterschiede der Kopfformen Schwarzer und Weißer feststellen.

Mit dem Aufkommen einer ausgefeilteren Diskriminanten-

Funktionsanalyse, bei der verschiedene Messungen hinsichtlich ihrer Eignung für die Unterscheidung zwischen skelettalen Rasse- oder Geschlechtsmerkmalen gewichtet werden, wurde die Genauigkeit einer rassischen Identifizierung verbessert. Seit den sechziger Jahren unseres Jahrhunderts sind Anthropologen in der Lage, in 90 Prozent aller Fälle die Rasse eines nichtidentifizierten Skeletts zu bestimmen.[13] Die Vermischung der Rassen in den Vereinigten Staaten hat jedoch dafür gesorgt, daß die biologischen Anthropologen noch heute eifrig damit beschäftigt sind, Messungen und Berechnungen zum Finden präziserer Maßeinheiten anzustellen, um sich nicht ausschließlich auf die Schädelanalyse stützen zu müssen.

In der Zeit zwischen der Jahrhundertwende und dem Jahr 1939 versuchten die biologischen Anthropologen gegen die verbreitete Auffassung anzukämpfen, daß sie nichts anderes seien als Anatomen oder Knochensammler, die gelegentlich zum Vergnügen einen Ausflug in den Busch unternahmen. Durch besonderes Engagement tat sich dabei ein eigenwilliger, wenn auch bisweilen übertrieben streitbarer Tscheche namens Aleš Hrdlĭcka hervor. Hrdlĭcka, ein seriöser Akademiker, verlieh dem Fachgebiet 1918 Respektabilität, indem er die erste Fachzeitschrift herausgab, das »American Journal of Physical Anthropology«. Zehn Jahre später gründete er die Amerikanische Gesellschaft für Biologische Anthropologie – und in der Wissenschaftskultur galt und gilt eine Gesellschaft noch immer als sichtbares Zeichen dafür, daß eine Disziplin den Kinderschuhen entwachsen ist.

Forensische Probleme spielten jedoch weder in der Zeitschrift noch im Rahmen der Gesellschaft eine Rolle. Obwohl er Medizin und Anthropologie studiert hatte, kümmerte sich Hrdlĭcka weit mehr um seine Standesorganisation und in seiner Eigenschaft als Leiter des naturgeschichtlichen Museums der Smithonian Institution um eine Einflußnahme auf die staatliche Wissenschaftspolitik, als daß er sich bemühte, seine Fachkollegen an praktische Anwendungsmöglichkeiten ihrer Disziplin heranzuführen. Trotzdem war er seiner Zeit insofern voraus, als er Anthropologen für die biologische und kulturelle Anthropologie amerikanischer Schwarzer zu interessieren suchte. Ganz allgemein boten damals nur wenige Anthropologen der Polizei ihre Dienste freiwillig an, und ebenso selten gingen die Behörden von sich aus die in ihren Laboratorien eingeschlossenen Professoren um Hilfe an.

Wilton Marion Krogman war in dieser Hinsicht eine Ausnahme. Der ausgebildete Anatom und biologische Anthropologe verbrachte 1928 ein Jahr bei T. Wingate Todd an der Case Western Reserve Medical School in Cleveland. Immer noch von der Klassifizierung besessen, hatte Todd damit begonnen, eine in ihrer Art einmalige Sammlung von Skeletten identifizierter Personen zusammenzutragen, von denen er jedes auf das sorgfältigste vermessen und die Ergebnisse protokolliert hatte. Krogman erkannte, daß niemand im ganzen Land mehr über die Erfassung der skelettalen Charakteristika von Populationen wußte als Todd, geschweige denn sich überhaupt damit befaßte; also kehrte er nach diesem ersten Jahr bald wieder nach Cleveland zurück und blieb für weitere zehn Jahre an der Case School, wo er auch eine außerordentliche Professur erwarb.

Im Laufe dieser Zeit arbeiteten Krogman und Todd bei einer Reihe forensischer Fälle zusammen und erachteten ihre Arbeit schließlich als interessant genug, um sie zu systematisieren. Ihr Buch »A Guide to the Identification of Human Skeletal Material« (»Handbuch zur Identifizierung menschlichen Skelettmaterials«) war einer jener stillen Beiträge zum menschlichen Wissen, welche die Öffentlichkeit nie zur Kenntnis nimmt, deren Inhalt sie jedoch, ähnlich wie bei den Gesetzesbüchern, gleichermaßen aus zweiter Hand, auf dem Weg über ein Heer von Interpreten, erreicht. Die Interpreten saßen in diesem Fall im Federal Bureau of Investigation (FBI), das in den blutigen Tagen des Gangstertums der dreißiger Jahre leichter geneigt war, von den Hilfen Notiz zu nehmen, die ihm die biologischen Anthropologen anzubieten hatten. Die erste Lektion erhielten sie durch Krogmans Veröffentlichung des »Guide« im »FBI Law Enforcement Bulletin«. Hiermit nahm eine besonders enge Beziehung zwischen den Anthropologen und dem FBI ihren Anfang, die noch bis zum heutigen Tage andauert.

Etwa zur gleichen Zeit entdeckte das FBI, daß sich eine ganze Schar von Anthropologen in den roten, gotischen Türmen der Smithonian Institution aufhielt, nur wenige Häuserblocks von J. Edgar Hoovers Büro in Washington entfernt. Immer häufiger wanderten nun FBI-Agenten mit unidentifizierten Körperteilen unter dem Arm zu den Laboratorien der Smithsonian Institution, um ihre Funde den Gelehrten in ihren Tweedanzügen vorzulegen.

Als die FBI-Agenten immer mehr Kriminalfälle auf den Schreibtischen der Wissenschaftler abluden, erkannten die Anthropologen die Notwendigkeit einer breiteren Datenbasis, anhand derer es möglich war, sich wiederholenden Mustern in den Skeletten auf die Spur zu kommen. Gab es beispielsweise Meßreihen, die subjektive Urteile hinsichtlich Geschlecht und Rasse stützen konnten? Der Bedarf war um so dringlicher, als ein Experte vor Gericht nur gerade soviel Respekt bei den Geschworenen erheischen konnte, als die Geschicklichkeit der Anwälte, die ihn ins Kreuzverhör nahmen, dies zuließ: Dort erwartete man mehr als ein bloßes »Meinem Dafürhalten nach ist dies in der Tat das Becken einer weiblichen Kaukasierin.«

Eine wissenschaftliche Theorie entwickelt sich, sobald durch Beobachtungen genügend Rohdatenmaterial angesammelt und analysiert worden ist. Diese Daten können für den Insektenkundler die Form von Schachteln voller getrockneter Käferflügel oder für den Teilchenphysiker die Form der spiralförmigen Spuren zertrümmerter Atome haben. Biologische und forensische Anthropologen setzen menschliche Körper mit Daten gleich. Da sich jedoch Körper in der Regel nicht so leicht aufbewahren lassen wie Käferflügel, geben sie sich zumeist mit Skeletten zufrieden. Außerdem bevorzugen forensische Wissenschaftler die Skelette jüngst Verstorbener: Die Knochen einer 2000 Jahre alten ägyptischen Mumie spiegeln keineswegs die Norm eines Homo sapiens des 20. Jahrhunderts wider, da moderne Ernährungsgewohnheiten und die Fortschritte der Medizin, um nur zwei Faktoren zu nennen, auch den menschlichen Knochenbau merklich verändert haben. Somit wurde die Todd-Sammlung, wie man die 3300 Skelette an der Case Western School schon bald bezeichnete, zum wichtigsten Laboratorium für diejenigen, die – wie man Daniel Webster einmal beschrieb – so sehr vom Tod besessen sind, daß sie unter der Haut ihrer Mitmenschen deren Schädel sehen.[14]

Bis in die vierziger Jahre unseres Jahrhunderts waren die Todd-Sammlung und die nach dem Anatomen Robert J. Terry benannte Sammlung von 1636 Skeletten an der Washington University in St. Louis die wichtigsten Hilfsmittel der forensischen Anthropologie. Während des Zweiten Weltkriegs fielen in jeder einzelnen Schlacht während nur einer Stunde derart viele Leichen an, daß die Todd-Sammlung schnell in den Schatten gestellt wurde. So waren es denn auch die Kriegsopfer, denen die forensische Anthropologie schließlich eine beträchtliche Bereicherung ihres Wissens verdankte.

Im Jahre 1946 stellte das Armeebüro des Generalquartiermeisters einen Anthropologen ein, der bei der Identifizierung von Kriegsopfern helfen sollte. Auch der Gräberregistrierungsdienst benötigte die Fachkenntnisse von Anthropologen, um zunächst aus Europa und dann auch aus dem Pazifik Kriegsopfer in die Heimat überführen zu können. Einer dieser Anthropologen, eine Frau aus St. Louis, sah eine Möglichkeit, diese ermüdende und deprimierende Aufgabe in einer Weise zu handhaben, daß sie den Lebenden helfen konnte.

Mildred Trotter lehrte Anatomie an der medizinischen Fakultät der Washington University in St. Louis, als der Gräberregistrierungsdienst sie 1948 darum bat, nach Hawaii zu kommen. Dort warteten noch immer Leichen aus Guadalcanal, aus Iwo Jima, dem philippinischen Dschungel und von anderen Schlachtfeldern im Pazifik auf ihre Identifizierung. Die schwierigsten Fälle legte man der Anatomin vor: Körper, zumeist ohne eine einzige Spur von Gewebe oder auch nur von Haaren, mußten mit alten Röntgenaufnahmen, mit Körperbeschreibungen durch Angehörige, mit zahnärztlichen Unterlagen oder den bei der Einberufung erfaßten Körpermaßen verglichen werden. Gleichzeitig stützten sich die Anthropologen bei der Körperstaturbestimmung immer noch auf die von Rollets 100 französischen Leichen abgeleiteten Regressionsgleichungen.[15]

Die Anatomin hatte von der Armee den schlichten Auftrag erhalten, Identifizierungen vorzunehmen. Ihre Vorgesetzten im Leichenschauhaus von Hawaii hielten zunächst nicht viel von der Idee dieser eigensinnigen Frau, so gut wie alle Knochen der bereits identifizierten Leichen zu vermessen. Mildred Trotter konnte sie schließlich doch überzeugen, indem sie darauf hinwies, daß die Skalen und Tabellen, auf die sie sich für die Bestimmung der Körpergröße anhand der langen Arm- oder Beinknochen stützen mußte, nicht nur 50 Jahre alt, sondern zudem auch noch französischen Ursprungs waren. Sie setzte ihren Willen durch.

Damit begann die umfassendste Vermessungsaktion, die jemals mit dem Ziel der Körpergrößenschätzung anhand von Knochen vorgenommen wurde. Trotter und ihre Assistenten brachten Monate damit zu, Oberschenkelknochen, Schien- und Wadenbeine, Oberarmknochen, Speichen und Ellen mit Hilfe von osteometrischen Brettern zu vermessen. Wenn sie ein Knochenpaar vom selben Körper vorliegen hatten, errechneten sie eine Durchschnittslänge, um die Chancen für Zufallsabweichungen zu reduzieren. Dank der Militärunterlagen kannten sie zumindest die Größe der Skelette im Lebenszustand. Insgesamt vermaßen Trotter und ihr Team 790 männliche Skelette, von denen 710 zu Weißen und 80 zu Schwarzen gehörten.[16]

Die Wissenschaftlerin wußte, daß die europäischen Regressionsgleichungen nicht gut auf Amerikaner paßten. Sie hatte sie bereits an den Knochen von 100 männlichen weißen Amerikanern bekannter Körpergröße getestet und dabei herausgefunden, daß die Berechnungen anhand der Gleichungen um bis zu 4,38 Zentimeter danebenlagen. Es ging nun darum, so lange verschiedene Zahlen in der Gleichung auszuprobieren, bis sie jene finden würde, die für die Berechnung der Körpergröße am zuverlässigsten war. Neben denen der Kriegsopfer vermaß Mildred Trotter auch Skelette aus der Todd- und Terry-Sammlung. Die genauesten Ergebnisse – das heißt solche, bei denen der durchschnittliche Fehlerwert bei der Berechnung der Körpergröße anhand des Oberschenkelknochens bei nur 0,02 Zentimetern lag – erhielt sie, wenn sie die Länge dieses Knochens mit 2,38 multiplizierte und dann 61,41 Zentimeter hinzuaddierte.[17]

Trotters nüchterne Arbeit ersetzte den seit mehr als einem halben Jahrhundert gültigen Standard und ist bis heute die gebräuchlichste Methode geblieben, wenn auch Scharen von Anthropologen seither versucht haben, sie weiter zu verbessern. Die einzigen Änderungen an ihren Untersuchungsergebnissen aus dem Leichenschauhaus auf Hawaii nahm sie ein Jahrzehnt später selbst vor, als sie die Skelette von Opfern des Koreakrieges untersuchte. Da die Opfer dieses Krieges aus einer breiteren genetischen Mischung stammten, das heißt, auch Mexikaner, Puertoricaner und Orientalen umfaßten, waren diese Messungen weit repräsentativer.[18] (Wie sich herausstellte, waren sie jedoch für die Körpergrößenbestimmung in der Regel weniger präzise, da diese rassische Mischung wahrscheinlich tendenziell osteologische Unterscheidungsmerkmale verwischt.)

Die Tatsache, daß amerikanische Soldaten der Mitte des 20. Jahrhunderts einen anderen Körperbau besaßen als Franzosen zu Rollets Zeiten, sollte eigentlich niemand überrascht haben. Rasse und Familie sind nicht die einzigen bestimmenden Faktoren für die Anatomie; die Ernährung, abhängig sowohl vom Wohlstand als auch von der Kultur, übt ebenfalls einen großen Einfluß auf das Wachstum eines einzelnen Lebewesens wie einer ganzen Bevölkerungsgruppe aus. Trotter entkräftete auch die Auffassung, daß die Knochen des Menschen nach dem 18. Lebensjahr nicht mehr wüchsen. In den von ihr untersuchten Stichproben hielt das Wachstum noch über das 20. Lebensjahr hinaus an. Sie fand außerdem heraus, daß die Beziehung zwischen der Knochenlänge, speziell der Länge der Beinknochen, und der Körpergröße bei Weißen, Schwarzen und Mongoliden derart große Unterschiede aufweist, daß für jede dieser Rassen eine eigene Regressionsgleichung erforderlich ist. Und schließlich zeigten Trotters Untersuchungen in den fünfziger Jahren, daß die zu dieser Zeit lebenden männlichen Weißen bei einer gegebenen Reihe von Knochenlängen größer waren, als sie es noch wenige Jahrzehnte zuvor bei entsprechenden Maßen gewesen waren.

Die Untersuchungen während des Koreakrieges erregten bei den modernen forensischen Fachleuten größte Aufmerksamkeit. Denn sie trugen nicht nur dazu bei, daß die Gleichungen für die Schätzung der Körpergröße neugefaßt wurden, sondern sie lieferten auch die Mittel für eine Schätzung des Alters: Nie zuvor hatten Anthropologen in den Vereinigten Staaten die Möglichkeit gehabt, die Skelette einer derart großen Zahl junger Erwachsener zu untersuchen, deren Alter bekannt war.

Der Mann, der die erste gründliche Analyse im Zusammenhang mit dem Koreakrieg durchführte, war T. Dale Stewart. Jeder forensische Anthropologe kennt heutzutage Stewarts Namen. Ein Mitglied der alten Schule, hatte er zunächst einen Abschluß in Medizin gemacht, bevor er sich der Anthropologie zuwandte, und er teilt sich mit Krogman den Ruhm, den forensischen Wissenschaften einen Platz am Firmament der biologischen Anthropologie erkämpft zu haben. Neben seiner Tätigkeit, die anthropologische Abteilung der Smithsonian Institution zu leiten, schulte er Beamte des FBI. Aufgrund seiner umfassenden Erfahrungen bescherte er der forensischen Anthropologie nicht nur eine Vielzahl ihrer Werkzeuge, sondern er half auch anderen Wissenschaften, auf ihrem ureigensten Gebiet Fortschritte zu machen.

Im Jahre 1954 baten Beamte des Gräberregistrierungsdienstes Stewart, ihnen bei der Identifizierung von Opfern des Koreakrieges zu helfen. Wie es schon Mildred Trotter Jahre zuvor auf seine Anregung hin getan hatte, nahm auch Stewart die Gelegenheit wahr, anhand der ihm zur Verfügung stehenden Hunderte von Skeletten einige seiner eigenen Hypothesen zu überprüfen. Seine

Absicht war es, Veränderungen am Skelett im Zuge des Alterungsprozesses einer Person festzustellen. Je genauer man die Veränderung von Knochen bei der Alterung kennt, um so präziser kann man das Alter einer Person anhand ihres Skelettes bestimmen.

Stewart verbrachte vier Monate in der tristen Industriestadt Kokura auf der japanischen Insel Kyshu. Der Ort war ein Mekka für Anthropologen, denn nirgends sonst hatte man je zuvor so viele Skelette identifizierter oder zumindest prinzipiell identifizierbarer Amerikaner studieren können. Täglich arbeiteten die Wissenschaftler in einer kahlen Lagerhalle, in der sich Kisten mit Knochen aus Korea bis unter die Decke stapelten. Stewarts Team untersuchte 450 Skelette zumeist junger Männer. Jeden Tag wurden weitere Kisten ausgepackt, die Knochen in anatomischer Anordnung auf Werkbänken ausgelegt und jeder einzelne von ihnen unter den prüfenden Blicken des berühmten Professors vom Smithsonian Institut bis ins kleinste Detail beschrieben. Trotz seines gutmütigen und heiteren Wesens bestand Stewart auf einer strikten Beachtung der Methodik und zeigte sich von einer geradezu besessenen Hingabe an die Wissenschaft.

Die Arbeit war für die kleine Gruppe von Anthropologen erhebend und deprimierend zugleich: Auf der einen Seite bot sich ihnen die Möglichkeit, ihre Ideen und Hypothesen zu überprüfen. War das Trockengewicht der Knochen ein Indikator für das Lebendgewicht einer Person? Ließ sich an den Wirbeln das Alter eines Toten ablesen? Wurden die Knochen im Laufe des Lebens permanent in einer Art und Weise umgeformt, daß dies als Ansatz für die Bestimmung des Alters bei Eintritt des Todes dienen konnte? Auf der anderen Seite aber handelte es sich hier nicht um die Knochen irgendwelcher unbekannter Jäger, die man aus einem 300 Jahre alten Beinhaus aussortiert hatte: Das hier waren amerikanische Jungs gewesen, die auf den Baseball-Feldern aufgewachsen waren, zu den Pfadfindern gehört hatten und am Samstagabend in denselben Städten zum Tanzen gegangen waren, in denen auch die Wissenschaftler zu Hause waren. Und es waren so unendlich viele! Jeden Tag kamen neue Oberschenkelknochen und weitere gebrochene Rippen oder Brustbeine hinzu. Insgesamt waren es 550 Skelette, und doch war diese Zahl, verglichen mit der Gesamtzahl der Opfer dieses Krieges, nicht mehr als eine Handvoll Blätter in einem riesigen Wald.

Die wissenschaftlichen Arbeiten, die auf der Grundlage dieser Recherchen in Kokura entstanden, setzten das Alter einer Person gewissenhaft zu den verschiedensten Knochenmerkmalen in Beziehung: Zu den Symphysengruben, zu den Verbindungen zwischen Epiphysen und Diaphysen an den Röhrenknochen, zu den Dorn- und Querfortsätzen der Wirbel, zu den Trochantern (Knochenhökkern) am Oberschenkelknochen, zu den Pfeilnähten, zu den Darmbeinkämmen, zu den medialen Gelenkhöckern und zu einer Vielzahl anderer Merkmale, deren Aufzählung mit ihren lateinischen Namen ins Endlose weitergeführt werden könnte. Was in diese Arbeiten allerdings nicht einfloß, waren die nächtlichen Reflexionen über die Vergänglichkeit des Lebens, die zwangsläufig jeden ankommen – gleich ob er ein erfahrener und abgehärteter Professor oder ein Student im ersten Semester ist –, der einmal die Knochen eines anderen Menschen in Händen gehalten hat.

Die Kokura-Übung, Teil des von den Militärs als »Operation Glory« bezeichneten Rückführungsprogrammes, bei dem Kriegsopfer über die entmilitarisierte Zone ausgetauscht wurden, präzisierte und vervielfachte also die Werkzeuge, deren sich die forensische Anthropologie fortan bedienen konnte. Zusammen mit seinem Kollegen Thomas McKern vom Forschungs- und Ingenieurzentrum des Armee-Quartiermeisters in Natick, Massachusetts, entwickelte Stewart eine neue Methode für die Schätzung des Alters beim Todeseintritt. Anhand der Abgüsse, Zeichnungen und Messungen aus Kokura erarbeiteten Stewart und McKern ein numerisches Berechnungssystem zur Bestimmung des Alters. Sie fanden heraus, daß der beste Indikator der Grad der Verschmelzung zwischen den Teilen von neun Knochen war.[19] Bis zu einem Alter von etwa 18 Jahren sind die Schäfte langer Knochen, die sogenannten Diaphysen, von ihren knochigen Kappen, den Epiphysen, getrennt. Einige andere Knochen weisen ebenfalls Epiphysen auf, etwa die Zentren (Hauptkörper) der Wirbel, das Schlüsselbein (Clavicula), das Schulterblatt (Skapula), das Kreuzbein an der Basis der Wirbelsäule sowie Teile der Beckenknochen. In der Mitte des zweiten Lebensjahrzehnts eines Menschen beginnen sich die Epiphysen mit den Diaphysen zu vereinigen, woraus schließlich eine nahtlose Verbindung entsteht.

Da dieser Prozeß bei den einzelnen Knochen zu einem jeweils unterschiedlichen Zeitpunkt zum Abschluß kommt, liegen hier zusätzliche Anhaltspunkte vor, die Anthropologen für die Bestimmung des Alters bei Eintritt des Todes heranziehen können.[20] So wächst beispielsweise die Epiphyse am distalen, das heißt dem am weitesten vom Rumpf entfernten Ende des Oberschenkelknochens im Alter zwischen 14 und 19 Jahren mit der Diaphyse zusammen (bei Mädchen kann dieser Prozeß auch geringfügig früher abgeschlossen sein). Die früheste Verschmelzung in einem Skelett ereignet sich im Alter zwischen zwei und vier Jahren an einem Teil vom Kopf des Oberarmknochens, dem sogenannten Großen Tuberkel – wobei Tuberkel soviel bedeutet wie Vorsprung oder Höcker. Zu den Knochen, die am spätesten verschmelzen, zählt das Schlüsselbein, das erst im Alter zwischen 23 und 25 Jahren mit dem Brustbein zusammenstößt.

Besondere Aufmerksamkeit schenkte Stewart auch einem anderen Teil des menschlichen Skeletts, dessen Entwicklung sich im Laufe eines Menschenlebens, wie Todd bereits 37 Jahre zuvor festgestellt hatte, erstaunlich regelmäßig vollzieht und leicht voraussagen läßt: der Schambeinfuge. Stewart und McKern waren der Auffassung, daß Todd den Umfang ihrer Veränderungen allzusehr vereinfacht hatte. Ähnlich wie Bergsteiger ihren Einstieg in eine Wand skizzieren, beschrieben Stewart und McKern diesen Knochen bis in die kleinsten Details. Ein Laie mag in der Schambeinfuge nur ein pockennarbiges, unebenes Stück Knochen sehen, das nicht regelmäßiger ist als ein Klumpen Vulkangestein. Für Stewart hingegen besaß dieser Knochen ein wogendes und gleich einer Daunendecke gerilltes Rückenplateau) einen abgeschrägten und porösen Bauchwall sowie eine Symphysenkrempe, die im Laufe der Zeit die Symphysenoberfläche immer mehr umgrenzt, bis sie im höheren Alter allmählich zu bröckeln beginnt. Stewart entdeckte, daß sich jeder dieser Bereiche unabhängig von den anderen und unterschiedlich schnell verändert. Gemeinsam mit McKern ordnete er jedem Bereich einen Zahlenwert zwischen Null und Fünf zu, je nachdem wie weit dessen Metamorphose fortgeschritten war. Die Zahlensummen setzten sie zum Alter des Menschen in Beziehung: Eine Summe von vier bis fünf bedeutete beispielsweise, daß die Person bei Eintritt des Todes zwischen 18 und 23 Jahre alt war. Die höchstmögliche Summe von 15 deutete auf ein Alter von mindestens 36 Jahren hin.

Die 1957 entwickelte Stewart-McKern-Methode erwies sich als das präziseste Mittel für die Schätzung des Alters bei Todeseintritt. Man stellte Gipsabgüsse von Symphysen her, 18 an der Zahl, das heißt, je sechs für die einzelnen Entwicklungsabschnitte der drei Bereiche. Auch heute noch haben forensische Anthropologen diese Abdrücke in mit Filz ausgelegten Holzkästen bei sich, wenn sie ein Leichenschauhaus irgendwo im Land betreten.

Bei Skeletten von Personen, deren Alter über 36 Jahren liegt, sagt die Schambeinfuge allerdings wenig aus. Wieder war es Stewart, der seine Erfahrungen aus Japan nutzte, um eine neue Methode für die Identifizierung von Skeletten älterer Verstorbener zu entwickeln. Bei der Untersuchung der Abgüsse aus Korea und Beobachtungen an der Terry-Sammlung stellte er eine regelmäßige Zunahme knochiger Wucherungen an den Zentren der Wirbel fest. Diese beginnen sich bereits im Alter von 20 Jahren zu bilden und werden aufgrund der Verknöcherung von Knorpel im Laufe der Zeit immer größer. Ähnliche Wucherungen treten auch an vielen Gelenken auf, speziell am Ellbogen und den Knien. Anhand dieser Wucherungen lassen sich die Altersschätzungen erhärten.

Auch die Stellen, an denen die Enden der Rippen mit dem Brustbein zusammenstoßen, lassen sich zu diesen Schätzungen heranziehen. Während sie in jungen Jahren abgerundet und stumpf sind, nehmen sie im mittleren Lebensalter aufgrund der Knorpelverknöcherung zusehends eine rauhe und zerklüftete Form an, ähnlich dem stark verrosteten Ende eines Rohres. Mit zunehmendem Alter werden die Knochen außerdem dünner, da sich der zentrale Markkanal, in dem sich das Knochenmark befindet, auf Kosten der Kortikalis, der dichten äußeren Knochenwand, verbreitert. Bei sehr alten Menschen wird auch das Schädeldach immer dünner. Überdies werden im Laufe der Zeit die Knochen löchrig. Und schließlich nutzen die Jahre der Reibung an den Gelenkoberflächen die Knorpel ab und polieren oder eburnifizieren (verhärten) den Knochen, was ein weiterer Hinweis darauf ist, daß eine Person ein fortgeschrittenes Alter erreicht hatte.

Obwohl es schließlich Krogman war, der 1962 den Stand der Wissenschaft in einem ersten abschließenden Werk – »The Human Skeleton in Forensic Medicine« (»Das menschliche Skelett in der forensischen Medizin«) – vorlegte, wurde Stewart zum Schutzpatron der forensischen Anthropologie. Während seiner 60 Jahre am Smithsonian Institut bildete Stewart einen Kader von Experten heran und sammelte einen reichen Erfahrungsschatz, so daß die Disziplin immer mehr an Ansehen gewann. Er unterrichtete nicht nur zwei Generationen von Osteologen und biologischen Anthropologen, sondern auch die Mitarbeiter des FBI. Seine Losung lautete »Skepsis«, und zwar nicht nur gegenüber dem ersten Eindruck, den das jeweilige Beweisstück nahezulegen scheint, sondern auch gegenüber den eigenen Scheuklappen. Einen seiner eigenen Fehler führte er zur Warnung an:

»Kürzlich kamen Dr. Newman (Marshall T., ein Mitarbeiter des Smithonian) und ein FBI-Agent in mein Büro und sagten: ›Hier sind einige verbrannte Fingerknochen. Wir wollen wissen, ob sie von einem Menschen stammen.‹ Es dürfte wohl niemanden allzusehr verwundern, daß ich diese Knochen als Phalangen (Fingerknochen) untersuchte. Als ich zu dem Ergebnis gekommen war, daß sie nicht von einem Menschen stammten, schlug ich vor, sie zur genaueren Identifizierung dem Leiter der Säugetierabteilung zu bringen. Irgendwie vermieden oder überwanden die Mammalogen die Fixierung, in der ich gefangen gewesen war, da ich später erfuhr, daß es sich nicht um Fingerknochen, sondern um die Schwanzknochen eines Pferdes gehandelt hatte.«[21]

Stewart hielt häufig vor seinen Kollegen Vorträge, wie sich ihre Wissenschaft bei der Verbrechensbekämpfung einsetzen ließ. Er verdächtigte viele Anthropologen der Prahlerei, wenn sie für sich beispielsweise die Fähigkeit beanspruchten, in neun von zehn Fällen das Geschlecht auf Grundlage von zwei Messungen am Becken und einer Messung am Unterkiefer bestimmen zu können. »Ich habe den Verdacht, daß eine generelle Tendenz zu übersteigertem Selbstvertrauen besteht«, sagte Stewart im Zusammenhang mit dem Problem der Geschlechtsbestimmung. Das war weit mehr als eine höfliche Kritik, zieht man in Betracht, daß einer der von ihm kritisierten Wissenschaftler Hrdlǐcka war, sein Vorgänger am Smithsonian, der in der biologischen Anthropologie Amerikas wie ein Halbgott angesehen wurde. Sein Tadel galt auch Krogman – einem Schwergewicht seiner Disziplin (mit über 1,80 Metern Größe und 200 Pfund Gewicht galt dies im übertragenen wie auch im wörtlichen Sinne) –, der 1939 in einem Artikel im FBI-Bulletin das Studium des Skeletts als eine »exakte Wissenschaft« beschrieben hatte, deren Vertreter »präzise Methoden« anwendeten. Stewart warnte: »Ich glaube, daß diese Aussagen allzu optimistisch sind und den falschen Eindruck hervorrufen, die Identifizierung eines Skeletts sei eine weitgehend mechanische Angelegenheit.«

Obwohl sein Laboratorium gemeinhin als Standard betrachtet wurde, an dem man andere maß, und ungeachtet des großen Aufhebens, das sensationsheischende Magazine um ihn als den Sherlock Holmes der forensischen Osteologie machten, bewahrte sich Stewart einen klaren Blick dafür, daß von allen Fällen, an denen er arbeitete, nur ganze drei schließlich zur Verhandlung kamen.

Nach dem Koreakrieg machte die forensische Anthropologie aus einer ganzen Reihe von Gründen rasche Fortschritte. Neben der kriegsbedingten Verfügbarkeit einer großen Anzahl von Skeletten zog die wissenschaftliche Methodik, insbesondere die Mikroskopie, neue Techniken nach sich. Wie so oft in der Wissenschaft, gaben neue Werkzeuge, deren Nutzen zunächst zweifelhaft schien, den Anstoß zu weiterführenden Theorien – nicht umgekehrt. Videokameras, die das Foto einer vermißten Person über das Bild eines Schädels blenden können, haben zu Identifizierungen geführt, die ansonsten unmöglich gewesen wären. Genauere Messungen der Dicke der Gesichtshaut haben medizinischen Bildhauern jene Informationen an die Hand gegeben, die sie benötigten, um ausgehend von nichts anderem als einem anonymen Schädel naturgetreue Büsten der lebenden Person zu schaffen.

Auch mit den kleinsten Nuancen der statistischen Analyse sind die Anthropologen inzwischen vertraut. Sie können mit kalten Zahlen die subtilste Biegung des Knöchels, die leiseste Krümmung des Wangenknochens oder auch jede noch so undeutliche sichelförmige Krümmung der Augenhöhle quantifizieren. Diese Zahlen setzen sie dann in Tabellen und Skalen ein, überprüfen sie mathematisch wieder und wieder und vergleichen sie mit neuen Skeletten, um auch noch den letzten Rest von Vorurteil und Zweifel auszuräumen.

Immer noch ist allerdings neben allen empirischen Messungen ein gewisses Maß an Kunstfertigkeit für die forensische Anthropologie unerläßlich. Messungen lassen sich aus Büchern und von Professoren lernen, Kunstfertigkeit hingegen erfordert Jahre des vertrauten Umgangs mit den Knochen und kann nur auf Grundlage einer eher seltenen Leidenschaft für die menschliche Form und deren Entwicklung gedeihen. Für den bloßen Handwerker ist die forensische Anthropologie ein Vorgehen nach dem Lehrbuch, für den Künstler ist sie eine Sache des Gefühls.

4

Der Himmel über uns

Das Haus eines Menschen enthüllt zugleich eine Menge über seinen Geist. Neben einem Zufluchtsort für Tiere ist Clyde Snows vollgestopftes Haus in der Prärie Oklahomas zum Teil eine Bibliothek, zum Teil auch ein Museum. Tomahawks, alte Schachspiele, Porträts von Sauk- und Fox-Kriegern, Skizzen von allen möglichen Affenarten und Schädeln, Navajo-Teppiche und hie und da ein gebleichter Knochen nehmen jeden Handbreit Platz ein, der nicht ohnehin bereits durch Möbel, Tiere und Haustierutensilien belegt ist. Aufgeschlagene Bücher liegen wie bei einem rastlosen Gelehrten herum, der nach einem Buch greift, es bis zu dem Punkt liest, an dem er zufrieden ist, und es dann an Ort und Stelle liegenläßt, um gleich ein anderes Buch zur Hand zu nehmen. In überwiegender Zahl handelt es sich dabei um Geschichtswerke, besonders über den amerikanischen Westen, aber ebenso über die Briten in Ägypten oder über das Russische Reich. Aus anatomischen Schriften starren einen Torsi und Gesichter an, denen man die Haut abgezogen hat, um die grazilen Schwingungen der Muskeln und Sehnen sichtbar zu machen. Shakespeares Gesamtwerk liegt neben den Gedichten John Donnes und neben Handbüchern über Tatortuntersuchungen.

Ordnung, zumindest wenn man darunter das sorgsame Aufreihen von Objekten oder Ideen nach einem starren System versteht, hat in Snows Welt keinen sonderlich hohen Stellenwert. Seine Frau Jerry hat Nachsicht mit seinen Exzentrizitäten. Im Laufe der Jahre lernten dies auch seine Vorgesetzten bei der Federal Aviation Administration (FAA) und am Civil Aeromedical Institute (CAMI), wenn auch aus anderen Gründen.

Obwohl Snows kontroverser Bericht über Möglichkeiten und

Chancen des Überlebens bei Flugzeugunglücken, einschließlich seiner hippokratischen Anspielungen, erst 1970 veröffentlicht wurde, hinterließ diese Episode auf beiden Seiten Argwohn gegenüber der anderen. Snows Fachkenntnisse im Bereich Schutz und Überleben des CAMI, einem Spezialgebiet, auf dem es nur wenige Dutzend Experten gab, wogen indes die Kantigkeit seiner Persönlichkeit auf. Diese Kenntnisse ermöglichten es ihm darüber hinaus, für verschiedene Polizeidienststellen als Berater tätig zu sein, was er als einen willkommenen Ausgleich für seine eintönige Arbeit am staatlichen Institut betrachtete. Die Rolle des Experten auf Abruf gefiel ihm, und da sein steigender Bekanntheitsgrad auch ein günstiges Licht auf das CAMI warf, gaben dessen Direktoren Snow genügend Freiraum, um bei der Aufklärung von Verbrechen mitzuarbeiten. Was als Zeitvertreib begann, sollte schließlich seine ganze Aufmerksamkeit beanspruchen, seine Talente bündeln und ihm eines Tages bei der Aufklärung einiger der blutigsten Verbrechen unseres Jahrhunderts zugute kommen.

Der Pathologe, der Polizeidienststellen bei der Aufklärung von Verbrechen behilflich ist, stellt das klassische Beispiel eines forensischen Wissenschaftlers dar: Er ist Mediziner, trotz einer gewissen Bedächtigkeit und seinem Kleben an erprobten Methoden in seinem eng eingegrenzten Fachgebiet mit allen Wassern gewaschen, und steht dem unberechenbaren Genie von Sherlock Holmes als ein treuer Watson zur Seite. Schon lange vor Snows forensischen Lehrjahren hatten sich in der Wissenschaft allmählich Veränderungen eingestellt. Pathologen teilten ihre Leichenschauhäuser immer häufiger mit einer ganzen Menagerie anderer Spezialisten: mit Genetikern, Entomologen (Insektenforschern) und zuletzt auch Anthropologen.

Nach dem Fall der verschwundenen Kinder in Oklahoma im Jahr 1967 brachten die Staatspolizei und das Büro des amtlichen Leichenbeschauers nach und nach immer neue Schädel oder Knochenstücke in Snows Büro beim CAMI. Der drehte die Fundstücke bedächtig in seinen großen Händen und urteilte dann, daß die Abschrägung der Beckenknochen auf ein weibliches Skelett hindeutete oder der Gelenkhöcker dieses Oberschenkelknochens ein Hinweis dafür war, daß der Sheriff ihm Reste einer Kuh angeschleppt hatte. Je öfter man ihn auf diese Weise um Rat fragte, um so mehr stellte Snow fest, daß er wieder und wieder auf die wenigen Texte zurückgriff, die als Anleitung geschrieben worden waren, das menschliche Skelett durch das Vergrößerungsglas der forensischen Wissenschaften zu betrachten. Seine Exemplare von Wilton Krogmans »The Human Skeleton in Forensic Medicine« hatten vom häufigen Gebrauch bereits Eselsohren. Das »American Journal of Forensic Science« enthielt hie und da einen Artikel über Knochen, und auch eine gründliche Durchsicht der anthropologischen Fachzeitschriften förderte dann und wann Hinweise zutage, die einen vereinzelten Knochen zu erklären halfen, den man in einem Bewässerungsgraben oder in einem Brunnen gefunden hatte. Alles in allem belief sich die praktische und wissenschaftliche Literatur zu diesem Thema jedoch auf nicht mehr als ein Körnchen hier und ein Körnchen dort. Wie bei den meisten »Geheimwissenschaften« entwickelte sich die wahre Meisterschaft langsam, von einem Fall zum anderen.

Einer von Snows Vertrauten in jenen Jahren war ein junger Arzt, der 1972, noch grün wie die Wälder in seinem Heimatstaat Maine, die Büroschwelle des Leichenbeschaueramtes von Oklahoma überschritten hatte. Mit seinem nicht gerade athletischen Körperbau, seiner weit über die medizinische Fachliteratur hinausreichenden Belesenheit und seiner Übersensibilität fiel Fred Jordan in dieser Rodeostadt stark aus dem Rahmen. Er hatte zuvor nicht einmal Cowboystiefel besessen. Als Assistent des obersten Leichenbeschauers kam Jordans erste Begegnung mit dem Verbrechen unerwartet und wirkte schockierend. In Snow fand er einen Mentor.

»Snow ist ein unabhängiger Fachmann von extrem hohem Ansehen«, erinnert sich Jordan. »Er ist von vollkommener intellektueller Gewissenhaftigkeit beseelt. Die Wissenschaft betreibt er in ihrer reinsten, teilnahmslosesten Form. Und dann schlägt diese unbeteiligte Sachlichkeit plötzlich in eine Woge des Mitgefühls und Verständnisses für die Menschen um, die dem Leiden ausgesetzt sind; dieses Leiden habe den Fall überhaupt erst zu einem solchen gemacht.«[1]

Jordan und Snow arbeiteten bei Dutzenden von Fällen zusammen, zumeist bei Morduntersuchungen. Bei Jordan, der schließlich oberster Leichenbeschauer von Oklahoma wurde, haben diese Erfahrungen unauslöschliche Spuren hinterlassen, die manchmal unter einer Schutzschicht aus schwarzem Humor hervortreten:

»Man wird von den Menschen getötet, mit denen man arbeitet, mit denen man schläft, von den Leuten, die man kennt, von der eigenen Familie . . . Heute handelt es sich bei den meisten Fällen um Drogendeals, die in Gewalt umgeschlagen haben, um häusliche Probleme, um Auseinandersetzungen in Bars, bei denen man Körper hinauszerrt und einfach in den nächsten Graben wirft . . . Mit unserer Arbeit hier, und daher rührt wohl auch zum Teil meine Unzufriedenheit, betreiben wir eine Art Dokumentation der Unmenschlichkeit der Menschen untereinander. Man dokumentiert aber auch Fälle, in denen sich keine Abhilfemaßnahmen ergreifen lassen. Ich bin nicht der Meinung, daß es irgendeine Art von Abhilfe ist, jemanden ins Gefängnis zu sperren. Gut, in gewisser Hinsicht schon, aber es bewirkt nicht das geringste . . .

Dies ist eines der frustrierenden Dinge an der täglichen Arbeit in einem Büro wie diesem. Die Arbeit an Tötungsdelikten ist nicht befriedigend. Schon eher sind dies beispielsweise Fälle von Selbstmord, bei denen man den Familien immerhin mit der Feststellung hilft, ob ein Tod Selbstmord oder Mord war. In gewisser Hinsicht halfen wir bei der Diagnose einer Epidemie, als Selbstmorde unter Teenagern immer häufiger wurden. Befriedigend kann es auch sein, wenn man einer unbekannten Krankheit auf die Spur kommt, die sich in einer Familie ohne ihr Wissen vererbt hat. Bei den meisten Morden handelt es sich dagegen nur um ein einfaches Töten, dessen sich schlechte Menschen, Übeltäter schuldig machen, die sich selbst in Schwierigkeiten gebracht haben. Sie sind einen trinken gegangen, und es kam zu Gewalttätigkeiten . . .«

Snow entdeckte jedoch für gewöhnlich in diesen Kriminalfällen etwas Faszinierendes, etwas, das seine Neugier erregte, während es gleichzeitig den Schrecken ein wenig überdeckte. »Wenn er eine seiner Launen hatte, mußte man ihn beschäftigen«, erinnert sich Jordan. »Es war eine überaus aufschlußreiche Erfahrung. Wenn ihn jemand fragte, ob er deprimiert sei, dann entgegnete er nur ›Zum Teufel, nein‹; in dieser Hinsicht war er einfach anders als wir übrigen. Wenn ich deprimiert bin, bin ich froh, wenn ich mich mit jemandem aussprechen kann, weil der mir vielleicht hilft. Das ist ein sehr häufiges Phänomen bei Leuten, die eine Arbeit wie die unsere machen.«

Nur wenige Vorkommnisse in Snows Karriere stellten seine Emotionen auf eine derart harte Probe wie die Ereignisse des Jahres 1979 in Chicago. Es war ein turbulentes Jahr. Obwohl tödliche Unfälle und schockierende Morde schon fast zum täglichen Leben gehörten, war das letzte Jahr dieser Dekade besonders katastrophal, als ob die Menschheit einer Mahnung bedurft hätte, daß sie ja nicht in die irrtümliche Annahme verfiele, sie hätte die Natur oder ihre eigenen Instinkte gemeistert. Für Snow war dieses Jahr zugleich ein Wendepunkt in seiner Karriere.

Am Freitag, dem 25. Mai 1979, einem wolkenlosen und sonnigen Tag, startete am Nachmittag die American Airlines 191 von der Startbahn 32R des O'Hare International Airport von Chicago mit Ziel auf Los Angeles. Die Maschine hob sanft von der Startbahn ab und drehte nach Norden, um sich aus dem dichten Luftraum über dem Flughafen zu entfernen. Die McDonnell-Douglas DC-10 hatte gerade eine Höhe von etwa 60 Metern erreicht, als plötzlich das linke Triebwerk samt der Aufhängung sowie ein etwa ein Meter langes Stück von der Vorderkante der linken Tragfläche abbrachen und auf die Startbahn stürzten.

Der Fluglotse im Turm sah, wie das Triebwerk herabfiel, auf der Startbahn aufschlug und mehrere hundert Meter über sie hinwegrutschte. Er versuchte, sofort Funkverbindung mit dem Flugzeug aufzunehmen: »American 191, wollen Sie umkehren? Wenn ja, welche Landebahn wollen Sie?«[2] Doch er erhielt keine Antwort.

Scharen von Zuschauern richteten die Augen starr und ungläubig zum Himmel und wurden Zeugen, wie die Maschine bis zu einer Höhe von knapp 100 Metern weiter aufstieg und sich dann langsam nach links neigte, bis sie mit senkrecht zum Boden gekehrten Tragflächen seitlich weiterflog. Das Flugzeug beschrieb nun einen Bogen und neigte dabei seine Nase immer weiter in Richtung Boden, bis die linke Tragfläche diesen in einem Feld in der Nähe der Startbahn streifte. Weniger als eine Sekunde später schlug auch der Rest des Flugzeugs auf dem Boden auf, explodierte in einem Feuerball und wurde durch die Wucht der Explosion in Abertausende von Teilen zerrissen, die über das Feld und einen angrenzenden Wohnwagenstellplatz verstreut wurden.[3]

Der achtzehnjährige Brian Pekovic, der sich gerade in dem Caravanpark aufhielt, schilderte, was er sah:

»Als es (das Flugzeug) sich immer mehr zur Seite neigte, wußte ich, daß irgend etwas nicht stimmte. Es wackelte . . . auf und nieder, auf und nieder. Dann neigte es seine Nase geradewegs zum Boden. Die ganze Gegend war voll schwarzem Rauch. Und dann war da noch die Hitze. Über den Caravanpark muß eine Hitzewalze von über 100 Grad hinweggefegt sein.«

258 Passagiere, 13 Besatzungsmitglieder und zwei Menschen am Boden waren auf der Stelle tot. Der Flug 191 ging als das Flug-

zeugunglück mit den meisten Todesopfern in die Geschichte der amerikanischen Luftfahrt ein.

Wenig konnte getan werden, solange die Flammen nicht gelöscht und die Hitze nicht verflogen war. Vom Nachmittag bis zum nächsten Tag durchstöberten Suchmannschaften die Trümmer nach Leichen. Bruce Arbeit, ein Feuerwehrmann aus dem Chicagoer Stadtteil Norwood Park, beschrieb einem Reporter die Unglücksstelle wie folgt: »Wir fanden keine einzige vollständige Leiche. Überall waren nur Leichenteile verstreut. Wir sahen kein einziges Gesicht, sondern nur Rümpfe, Hände, Arme, Köpfe und Teile von Beinen. Aber da sie alle verstümmelt waren, konnten wir unmöglich feststellen, ob sie zu einer Frau oder zu einem Mann, zu einem Erwachsenen oder zu einem Kind gehörten.«

Stöcke mit aufgedruckten Nummern ragten aus dem Boden wie frischgepflanzte Stecklinge. Jeder stand für eine Leiche oder ein Leichenteil. Das mit Flutlichtscheinwerfern beleuchtete und zum Schutz vor Neugierigen hastig eingezäunte Feld rauchte wie die Hölle.

Das Büro des Leichenbeschauers von Cook County richtete in einer riesigen Flugzeughalle der American Airlines ein provisorisches Leichenhaus ein. Bis endlich ein Kühlwagen eintraf, lagen dort die 1,80 Meter langen Leichensäcke nebeneinander am Boden aufgereiht. Die Nationale Kommission für Transportsicherheit flog ein »Go-Team« ein, eine Gruppe von Absturzexperten aus dem ganzen Land, die stets einen gepackten Koffer zu Hause stehen haben, weil sie zu jeder Tages- oder Nachtstunde einen Anruf bekommen und zu einem Absturzort gerufen werden können. Triebwerksspezialisten von der General Electric Corporation fanden sich ebenso ein wie Vertreter der Vereinigten Pilotengewerkschaft sowie von dem Konzern McDonnell-Douglas. Die Experten schlossen sich zu Teams mit jeweils eigenen Untersuchungsgebieten zusammen: Antrieb, Flugwerk, Navigation, Wetter, menschliche Faktoren und so weiter.

Die Identifizierung der Toten fiel in die Zuständigkeit des Teams, das die »menschlichen Faktoren« behandelte. Die Untersuchung wurde von Bob Stein geleitet, dem obersten Leichenbeschauer des Cook County, einem lebhaften und weitgereisten Mann, der seine Ausbildung in Europa erhalten hatte. Mindestens 100 Fachleute waren an diesem Prozeß beteiligt: Teams von je einem Pathologen, einem Dentisten, einem Labortechniker, einem Gerichtsmediziner und einem Protokollführer konzentrierten sich auf je einen Satz sterblicher Überreste, die sie auf Dutzenden von Tischen in einer Ecke der Halle auslegten.

Das FBI hatte ebenfalls Experten geschickt, welche Handflächen- und Fingerabdrücke nehmen sollten, obwohl kaum Hoffnung bestand, daß über eine größere Anzahl der Passagiere und Besatzungsmitglieder diesbezügliche Unterlagen existierten.

Auf anderen Tischen wurden von Arbeitern die persönlichen Gegenstände aufgehäuft, die man aus dem Wrack und von der Absturzstelle geborgen hatte: Ringe, Armreife, Uhren, Kameras, Brieftaschen und dergleichen sammelten sich zu kleinen verlorenen Häufchen an wie vergessene Gegenstände im Fundbüro eines Hotels.

Stein bestand darauf, daß alles Menschenmögliche, Autopsien eingeschlossen, getan werden sollte, um so viele Opfer wie möglich zu identifizieren. Wie Absturzexperten nur allzugut wußten, sind die Passagiere nicht immer identisch mit den Personen, deren Namen auf den Tickets und in den Passagierlisten stehen. Zur Klärung von Nachlaßansprüchen schreibt das Gesetz jedoch einen amtlichen Totenschein vor. Und Stein hatte wie die meisten ehrbaren Leichenbeschauer nicht die Absicht, ein solches Dokument auszustellen, wenn nicht vorher alles getan worden war, um eine zweifelsfreie Identifizierung vorzunehmen.

Aufgrund des Zustandes der Leichen konnten die Dentisten mehr als alle anderen Experten zur Identifizierung beitragen. Einer von ihnen war Lowell Levine, ein redseliger Odontologe aus New York. Der dunkelbärtige, leidenschaftliche und freimütige Mann von 41 Jahren hatte seine ersten forensischen Erfahrungen als Berater der Leichenbeschauer von New York und von Nassau County auf Long Island verdient. Auch für die American Airlines war er bereits als Berater tätig gewesen. Als einer von nicht mehr als 150 forensischen Odontologen im gesamten Land hatte Levine alle Hände voll zu tun. Dem Sonderausschuß für Attentate des Senats hatte er bei der Verifizierung von Röntgenaufnahmen geholfen, die man bei der Autopsie von John F. Kennedy gemacht hatte. Und er hatte auch die achtundzwanzigjährige Diana Oughton identifiziert, eines von drei Mitgliedern der radikalen Weathermen-Gruppe, die am 17. März 1970 in einem Haus in Greenwich Village von einer vermutlich selbstgebastelten Bombe zerrissen worden waren. Die Hinweise, auf die er sich bei jener Untersuchung stützen konnte, bestanden aus einem Teil des Kiefers und dreieinhalb Zähnen.

Levine hatte entscheidend dazu beigetragen, die Leistungen der Odontologie für die Gerichtsmedizin in der Öffentlichkeit herauszustellen. Entschieden und spitzzüngig trat er all jenen Pathologen und anderen Fachleuten entgegen, die in seinesgleichen nur verbrechenssüchtige Dentisten sahen, die allein darauf aus waren, dem täglichen Einerlei, in anderer Leute Münder starren zu müssen, entkommen zu können. Er hatte Jahre damit zugebracht, dem Handwerk – sofern diese Bezeichnung hier angebracht ist – der Bißabdrucksidentifizierung Anerkennung zu verschaffen. Bei diesem Verfahren geht es darum, Bißabdrücke an den Körpern von Opfern mit den Zähnen der mutmaßlichen Mörder oder Vergewaltiger zu vergleichen. In einem Aufsatz zu diesem Thema erinnerte Levine seine Leser daran, daß »Zähne seit Menschengedenken als Waffen gebraucht werden. In ihrer Eigenschaft als Waffen weisen sie ein einmaliges Merkmal auf: Die durch die Zähne zurückbleibenden Wunden sind ebenso unverwechselbar wie die Zähne, durch die sie verursacht wurden«.[4] Levines Bemühungen zahlten sich aus: 1975 half er bei der Überführung eines Mannes, der ein Jahr zuvor eine junge Frau erwürgt hatte. Levine wies nach, daß die Bißabdrücke auf der Brust des Opfers von dem Beschuldigten stammten.

Das Team der rund 20 Dentisten, die am Fall des Fluges 191 arbeiteten, stand unter der Leitung von Edward Pavlik, einem Odontologen aus Chicago. Trotzdem war es Levine, in dem die Presse eine zuverlässige Informationsquelle entdeckte und der immer wieder für das eine oder andere forsche Zitat gut war. Wie bei den meisten Wissenschaftlern fordert auch bei den Forensikern eine ungeschriebene Regel, sich die Presse möglichst vom Leibe zu halten. Wenn ein Wissenschaftler dennoch öffentlich zu seiner Arbeit Stellung nimmt, sind Understatement und Zurückhaltung oberste Gebote. Um dieses Gesetz kümmerte sich Levine allerdings wenig, er sagte immer, was er dachte.

Levine saß am Abend jenes verhängnisvollen 25. Mai mit seiner Familie beim Essen in einem Restaurant in Ford Lauderdale, Florida, als er Tischnachbarn über einen schrecklichen Flugzeugabsturz in Chicago reden hörte. Er ließ seinen Nachtisch stehen und stieg schnellstmöglich in ein Flugzeug nach Chicago. Am dortigen O'Hare-Flughafen nahm er sich ein Zimmer im Hilton und spürte dann Stein in der zum Leichenhaus umfunktionierten Flugzeughalle auf. Innerhalb weniger Stunden hatten er und andere das seiner Ansicht nach »wahrscheinlich weltgrößte Institut für forensische Pathologie zusammengestellt«.[5] Neben acht großen Kühllastern für die Leichen installierten die Arbeiter fließendes Wasser, Licht und Telefonanschlüsse in der Halle. Auch Safes wurden aufgestellt. »Bei dieser Art von Unfällen«, erklärte Levine gegenüber der Presse, »finden sich für gewöhnlich Bargeld und eine Menge Wertsachen, die nicht selten vom Unfallort verschwinden.«

Stein brachte die Mediziner aller Fachrichtungen in einem großen Raum in der zweiten Etage der Halle unter. Seinem Hang zur Dramatik entsprechend sprach Levine von einer »medizinischen Nachrichtenzentrale«.

»Wir nahmen alles von den Wänden ab und beklebten sie statt dessen mit braunem Packpapier. Dann teilten wir die Fläche in 300 große Rechtecke auf der einen und 300 ebensolche Rechtecke auf der anderen Seite ein. Wir wußten nicht genau, mit wie vielen Toten wir es zu tun hatten. Wir brachten also die Namen, die wir zusammentrugen, auf der einen Wand an und führten dann auf der gegenüberliegenden Wand, wenn neue Leichensäcke hereinkamen, Unterlagen, Berichte, alle Beweisstücke, persönliche Gegenstände, Größen, Gewichte, Altersangaben und Bekleidungsfragmente detailliert auf.

Durch diese Art von Organisation erhielten wir Abertausende kleiner Zettel, von denen jeder genau das Beweisstück sein konnte, das eine Identifizierung ermöglichte – Fingerabdrücke, ärztliche und zahnärztliche Unterlagen und so weiter.

Selbst eine negative dentale Identifizierung ist hilfreich. Wenn man schon nicht sagen kann, wer es ist, so kann man wenigstens sagen, wer es nicht ist. Auch der Vorgang des Ausschließens ist also hilfreich. Das ist eine wahre Sisyphusarbeit: Zuerst untersucht man viele Dinge anhand einer Hypothese, und wenn man dann an einen toten Punkt kommt, versucht man es mit einem ganz anderen Ansatz nochmal von vorn . . .

Aufgrund des Feuers waren so gut wie keine Bekleidungsfragmente erhalten geblieben. Diejenigen, die man fand, waren mit Flugzeugtreibstoff überzogen und verkohlt. Man mußte sie zuerst mit der Hand waschen und dann an der Luft trocknen, damit sie sich aufgrund der Hitze nicht auflösten. So war es möglich, Etiketten und Kleidungsgrößen festzustellen.

Schmuck war ebenfalls schwer zu finden, und wenn man doch welchen fand, mußte er zunächst gereinigt werden. Selbst das noch so winzige Stück einer Goldkette konnte genügend unverwechselbare Merkmale aufweisen, um später von Nutzen zu sein. Mit der Zeit wurden Tausende von Fragmenten persönlicher Gegenstände zusammengetragen. Wenn man einen Torso mit Hosen fand, in denen eine Brieftasche steckte, so war diese nützlich. Findet man dagegen nur eine Brieftasche, bringt diese nicht sehr viel.

Im Grunde genommen wird jeder zum Detektiv. Eine Krankenschwester fand beispielsweise einen Ring mit einer verblichenen Inschrift. Es waren zwei Namen und ein Hochzeitsdatum. Diese eigneten sich für eine vorläufige Identifizierung, die wir anhand anderer physischer Befunde erhärten konnten.«

Nach wenigen Tagen kannten die Ermittler die Namen der meisten Passagiere und Besatzungsmitglieder. Einige Dutzende von sterblichen Überresten hatten jedoch noch nicht identifiziert werden können. In der medizinischen Kommandozentrale nahm Levine deshalb Stein beiseite und machte ihm einen Vorschlag: »Hol Clyde Snow.«

Snow traf im O'Hare Hilton mit nichts weiter als einer einzigen Sporttasche, einem Satz frischer Unterwäsche, einem Satz Greiftastern und einem hölzernen, mit grünen Filz ausgekleideten Kasten mit den Abgüssen von Schambeinfugen ein. Levine hatte ihm gesagt, man werde ihn wahrscheinlich nur für ein paar Tage benötigen. Tatsächlich aber sollte die DC-10-Katastrophe Snow für ganze fünf Wochen mit Haut und Haaren in Anspruch nehmen.

In der Leichenhalle lagen noch immer 50 Leichen beziehungsweise Teile von ihnen, die es zu identifizieren galt. Vermutlich lag unter der Vielzahl ärztlicher und zahnärztlicher Röntgenbilder und der Personenbeschreibungen vermeintlicher Passagiere, die man in den Reihen grauer Aktenschränke entlang den Wänden abgelegt hatte, der eine oder andere Schlüssel zur Identifizierung des Inhaltes der noch verbliebenen gelben Leichensäcke verborgen. Der Vergleich von Unterlagen und Knochen sei eine gewaltige Aufgabe, teilte Snow den forensischen Teams mit, die ihre Fähigkeiten und ihre Geduld auf eine harte Probe stellen werde. Sie sollten sich darauf gefaßt machen, daß starker Kaffee ihre Droge, der Gedanke an Essen bald nur noch etwas sehr Untergeordnetes und Schlaf ihre einzige Atempause sein würden.

Das Team benötigte einen guten Radiologen. Die forensischen Wissenschaftler hatten bisher noch nicht viele solcher Fachleute in ihren Reihen, obwohl es bereits einige Präzedenzfälle für die

Identifizierung unbekannter Leichen mit Hilfe von Röntgenaufnahmen gab. Die erste derartige Identifizierung fand bereits 1927 statt, als die beiden Radiologen W. L. Culbert und F. M. Law eine Leiche anhand der Röntgenbilder von den Nasennebenhöhlen und anhand der Form ihrer Warzenfortsätze, die sich unmittelbar hinter jedem Ohr befinden, identifizierten. Culbert hatte den fraglichen Mann in glücklicheren Tagen operiert, um ihn von einer Mastoiditis – einer Entzündung der Schleimhäute am Warzenfortsatz des Schläfenbeins – zu heilen.[6] 1925 verschwand sein Patient in Indien im Indus. Als man zwei Jahre später ein Skelett fand, auf das seine Beschreibung paßte, nahmen die beiden Ärzte anhand ihrer Röntgenunterlagen die positive Identifizierung vor.

Der eigentliche Durchbruch gelang den Radiologen allerdings im Zusammenhang mit einem weit tragischeren Vorfall. Am 17. September 1949 brach an Bord des Dampfers »Noronic«, der in Toronto vor Anker lag, ein Feuer aus, das sich rasch ausbreitete. Es wurde 119 Menschen zum Verhängnis, von denen 107 bis zur Unkenntlichkeit verbrannten. Die Röntgenexperten versuchten eine Identifizierung mit einer bis dahin unerprobten Technik, indem sie sich in manchen Fällen auf einen kleinen Keilbeinknochen konzentrierten, der die Form einer fliegenden Fledermaus hat und sich an der vorderen Schädelbasis befindet. Das Keilbein (ein Schädelknochen) hat eine kleine Vertiefung, den sogenannten Türkensattel, in dem die Hypophyse liegt und der kleine Löcher aufweist, durch die Blutgefäße zu dem Organ verlaufen. Weit wichtiger, zumindest für forensische Experten, ist die Tatsache, daß die Form des Knochens von Mensch zu Mensch große Unterschiede aufweist. Dies ermöglichte es den Ermittlern, anhand von Röntgenaufnahmen die Identifizierung von 19 Opfern der »Noronic«-Katastrophe vorzunehmen.[7]

Das Team in Chicago hatte allerdings keine formelle Liste von Radiologen bei der Hand, auf die man kurzfristig zurückgreifen konnte. Zum Glück jedoch kannte Stein genau in der Nachbarschaft einen Experten: John Fitzpatrick.

Stein rief Fitzpatrick in dessen Büro am Cook County Hospital an. Am Ende seines Arbeitstages lockerte der rothaarige Fitzpatrick also seine Krawatte, warf sein Jackett auf den Rücksitz seines grünen Mercury Montego und machte sich auf den Weg durch die westlichen Vororte, unter Überführungen hindurch und über die Betonautobahnkreuzungen hinweg, vorbei an Lagerhallen und Lastwagendepots, bis er schließlich zu den riesigen Flugzeughallen kam, die O'Hare umgeben. Am frühen Abend hatte die erste Schicht gerade ihre Arbeit beendet, und die Angehörigen der zweiten Schicht näherten sich ihrem Arbeitsplatz, beschienen von den Lichtkegeln der Lampen, die die hallende Weite der American Airlines Hall erhellten.

»Das erste, was sie von mir wollten«, erinnert sich Fitzpatrick, »war, daß ich eine Liste von Passagieren mit Schußwunden durchging. Ich glaube, es waren zehn Leute, die vermutlich Schußwunden aufwiesen.« Er sah sich die zu Lebzeiten der Opfer angefertigten Röntgenaufnahmen an, die man von deren Angehörigen erhalten hatte, und verglich sie mit denen, die man von den immer noch nicht identifizierten Leichen nach deren Bergung aus dem schwelenden Feuer gemacht hatte. Snow hatte zuvor bereits die Überreste von Fasanen, streunenden Hunden und anderen Tieren ausgesondert, die sich bei dieser Art von Suchaktionen auf Feldern unvermeidlich unter die menschlichen Überreste mischen.

Fitzpatrick fand im Unterarm eines Mannes, wenige Zentimeter unterhalb des Ellbogens, ein kleines Metallstück. Ein paar Anrufe bei den Familien bisher noch nicht identifizierter Passagiere führten das Team schließlich zum Bruder seines vermeintlichen Opfers. Ja, erinnerte sich dieser am Telefon, sein Bruder habe ab und zu andere Leute diese Kugel unter seiner Haut fühlen lassen. Er glaube, die Kugel sei von einem 22er-Kaliber gewesen, ergänzte er. Da wurde er von einer jugendlichen Stimme aus dem Hintergrund unterbrochen, die dies verneinte und behauptete, die Kugel stamme aus einem Luftgewehr. »Wo war die Kugel steckengeblieben?« fragte Fitzpatrick. Unmittelbar unter dem Ellbogen, lautete die einstimmige Auskunft der Familie. Fitzpatrick war eine weitere Identifizierung gelungen.[8]

So leicht war es allerdings nicht immer, da manche Familien die Zusammenarbeit verweigerten. Sie waren von ihren Anwälten angewiesen worden, mit niemandem zu sprechen, solange noch Schadensersatzklagen gegen die Fluglinie ungeklärt waren. Einige gaben sich geradezu feindselig. »Manchmal geriet man auch in äußerst heikle Situationen«, berichtet Fitzpatrick. »Ich weiß von einem Fall, bei dem die Ermittler bei jemandem zu Hause anriefen, um nach einer Frau zu fragen. Nennen wir sie Mrs. X. Sie dachten, Mrs. X sei eine der Leichen. Nun, Mrs. X lebte. Ihr Mann war ums Leben gekommen, und es gab zwei Tickets, eines für Mr. X und eines für Mrs. X.«

Das Team arbeitete nunmehr unter der fachkundigen Leitung

von Robert Kirschner, dem stellvertretenden Leichenbeschauer von Cook County, einem nur 1,65 Meter großen Mann, der geradezu ein Bündel geschäftiger Energie war. Kirschner trug einen schwarzen Bart um sein rundliches Gesicht, dem nur ein Schnäuzer zu seiner Vollkommenheit fehlte: Beim Sprechen federte er auf seinen Fußballen auf und ab. Kirschner ging an die vorliegende Arbeit mit dem größten Respekt heran, doch in der Freizeit spielte er den Entertainer für seine erschöpften Mitarbeiter.

Der stellvertretende Leichenbeschauer hatte bereits viele Autopsien vorgenommen. Das Ausmaß dieser Katastrophe erteilte ihm allerdings dennoch einige Lektionen, nicht so sehr darüber, wie die Menschen sterben, sondern darüber, wie sie leben.

»Da war dieses Mädchen in der Liz-Claiborne-Bluse«, erinnert sich Kirschner. Sie hatte den Mund voller Goldkronen. Das Team glaubte zwar, durch die Passagierliste zu wissen, wer sie war, benötigte aber stichhaltige Beweise. »Es war sehr schwer, von ihrem Zahnarzt in Rochester Unterlagen zur Bestätigung ihrer Identität zu bekommen. Diese Frau lebte in einem vornehmen Vorort und hatte eine Menge von ihren Zähnen richten lassen.« Als sie schließlich doch an die Unterlagen herankamen, merkten sie schnell, weshalb sich der Zahnarzt gesträubt hatte: Die Unterlagen wiesen einen weit geringeren Umfang an zahnärztlicher Behandlung aus, als das Team an den Zähnen der Frau festgestellt hatte. »Dies war eines der Charakteristika dieses Flugzeugabsturzes . . . Der Mann hatte offensichtlich nur die Hälfte der von ihm durchgeführten Behandlungen in seinen Unterlagen aufgeführt, um gegenüber dem Finanzamt ein geringeres Einkommen angeben zu können. Wenn man es andererseits mit einem Zahnarzt zu tun hatte, der vor allem Sozialfälle behandelte, konnte es umgekehrt vorkommen, daß man im Mund eines Opfers drei Füllungen fand, die zahnärztlichen Unterlagen aber zehn auswiesen. Es waren einfach mehr Füllungen eingetragen, damit man bei Medicaid abkassieren konnte!«[9]

Kirschner mußte sich überdies mit einer unmöglichen Forderung des U.S.-Außenministeriums herumschlagen. Offensichtlich hatte sich an Bord des Fluges 191 auch eine Familie von einiger Wichtigkeit aus Saudi-Arabien befunden, die auf Verlangen des Außenministeriums zuerst identifiziert werden sollte. Kirschner nahm auch den Anruf einer Frau entgegen, die darauf bestand, die sterblichen Überreste ihrer Tochter persönlich abzuholen, da diese nicht neben irgendwelchen Juden begraben werden sollte.

Währenddessen war Fitzpatrick noch immer damit beschäftigt, Röntgenbilder miteinander zu vergleichen. Viele der Opfer paßten zu einem einzigen, ganz bestimmten Muster: dem durchschnittlichen Geschäftsmann. Sie waren weiß, zwischen 40 und Mitte 50, durchschnittlich 1,75 Meter groß und ließen in der Regel solch hilfreiche Hinweise wie Tätowierungen (falls ihre Überreste nicht skelettiert waren) oder Wunden vermissen, die Spuren an den Knochen manch anderer Toter hinterließen. Je geringer die Unterschiede waren, um so härter war der Job.

Fitzpatrick tat sich schwer. Zwar hatte er bereits direkte Erfahrungen mit dem Tod gemacht, zunächst bei Autopsien während des Studiums und dann in Vietnam, wo er seine Ausbildung zum erstenmal in der Praxis einsetzen konnte. Auch hatte er bei einem Mordfall in Nord-Chicago bereits eine radiologische Analyse vorgenommen. Nie zuvor jedoch war er mit einer derartigen Massenkatastrophe wie dieser konfrontiert worden. Mit seiner ruhigen, fast schweigsamen Art wurde er nur langsam mit den anderen warm. »Ich fühlte mich ein wenig wie ein Außenseiter unter all diesen Leuten, die schon lange in diesem Geschäft waren«, bestätigt Fitzpatrick seine Sonderrolle. In Snow indes fand er einen lakonischen Partner, der sich mit seiner überlegten Vorgehensweise grundlegend von Levine unterschied.

Fitzpatrick fährt fort: »Ich hatte so gut wie keine Erfahrung. Meine Aufgabe lag außerhalb meines bisherigen Tätigkeitsgebiets. Ich brauchte eine Weile, bis ich den Mut fand, diese Leute darum zu bitten, eine Leiche wieder hervorzuholen und beispielsweise das Rückgrat herauszunehmen. Als sie das aber für mich taten und die Knochen reinigten, war das recht hilfreich.«

In vielen Fällen waren die Wirbelsäulen verdreht oder verschoben, zumindest aber nicht in derselben anatomischen Stellung, in der sie sich befunden hatten, als ihre Besitzer in Krankenhäusern oder Arztpraxen geröntgt worden waren. Dennoch enthielten die einzelnen Wirbel Hinweise. Jeder hatte eine individuelle Oberflächenstruktur. Anhand von Stielen, Querfortsätzen und Stacheln ließen sich die Wirbel ebenso deutlich voneinander unterscheiden wie Landschaften anhand ihrer Klippen, Steilabbrüche und Schluchten.

Ein besonderes Problem bereitete die Identifizierung dreier junger Mädchen. Die einzigen Anhaltspunkte, auf die sich das Team stützen konnte, waren Snows Bestimmung ihres Geschlechts und Alters: weiblich und zwischen unter 20 und Ende 20. Auf den zu Lebzeiten angefertigten Röntgenaufnahmen der Brustkörbe waren die Wirbelsäulen nicht deutlich genug zu erkennen, um Unterschiede ausmachen zu können. Keines der Mädchen hatte eine zusätzliche Rippe, eine Verletzung oder irgendein anderes Merkmal besessen, anhand dessen man sie voneinander hätte unterscheiden können.

Fitzpatrick hatte aber immerhin die Schlüsselbeine von zwei der Mädchen vorliegen. Ähnlich einem Sammler, der die Echtheit eines Meisterwerks prüft, verglich er die Winkel und Formen dieser schlanken Knochen mit den Röntgenbildern. In der Epiphyse eines jeden von ihnen fand er genügend einmalige Merkmale, um sie mit den Röntgenbildern vergleichen und so eine eindeutige Identifizierung von zwei der Mädchen vornehmen zu können. Als Folge davon konnte das Team das dritte Mädchen anhand des Ausschlußverfahrens identifizieren.

Trotz Fitzpatricks Erfolgen wurde schnell offensichtlich, daß das Team ein besseres System benötigte, um über Informationen hinsichtlich Lebender wie auch Toter auf dem laufenden zu sein. Immer noch lagen den Ermittlern mehrere Dutzend nicht identifizierter Leichen vor, von denen jede aus einer unterschiedlich umfangreichen Sammlung von Knochen bestand. Einige Skelette waren fast vollständig, andere bestanden lediglich aus einigen wenigen Knochenfragmenten. Und die mußten mit einem wahren Wust von Hinweisen über die Lebenden verglichen werden, einige so konkret wie Krankenhausröntgenbilder, andere wiederum so flüchtig wie die Erinnerungen von Familienangehörigen und Freunden.

Snow, der bis zu diesem Zeitpunkt im Rahmen der Untersuchung fast ausschließlich mit der Klärung von Fragen hinsichtlich Geschlecht, Statur und Rasse der jeweiligen Person beschäftigt gewesen war, hatte bei der FAA bereits ein wenig mit Computern herumexperimentiert. Vielleicht könnte das Team ein Programm ausarbeiten, das Mikrochips einen Teil ihrer Arbeit tun ließe, schlug er deshalb den anderen vor.

Bisher hatte noch niemand den Versuch unternommen, forensische Daten von einer Katastrophe zum Zweck der Identifizierung in einem Computer zu speichern. Je mehr Snow darüber nachdachte, um so überzeugter war er, daß ein Computer ihnen bei ihren Problemen helfen konnte: Man mußte auf irgendeine Weise eine Gruppe von Menschen – die in Form von Röntgenbildern, Fotos und Beschreibungen festgehaltenen »lebenden« Erinnerungen – mit einer anderen Gruppe, nämlich den sterblichen Überresten in den gelben Leichensäcken, zusammenbringen. In ihrer mechanischen Unermüdlichkeit konnten Computer diese Art von Vergleich weit schneller und besser bewerkstelligen als jeder Mensch.

Mit Unterstützung eines Programmierers der American Airlines erarbeitete Snow auf einem Computer, den man im medizinischen Hauptquartier in der provisorischen Leichenhalle aufgestellt hatte, ein Programm. Hierin floß eine vollständige Liste biographischer Daten ein, die man mit Hilfe von Familienangehörigen der Passagiere zusammengetragen hatte: Verletzungen, Blinddarmoperationen, Krankheiten, ob die Männer beschnitten gewesen waren, ja, sogar welche Art von Unterwäsche sie für gewöhnlich trugen und so weiter. Snow und sein Partner gaben ein anthropologisches und dentales Porträt jedes Opfers ein: Geschlecht, Alter, Rasse, Statur, Zahnfüllungen, zahnsanierende Maßnahmen, Körpermale oder andere Besonderheiten wie geheilte Brüche, durchstochene Ohrläppchen oder Linkshändigkeit – also alle nur denkbaren Merkmale, anhand derer man die Leichen möglicherweise voneinander unterscheiden konnte.

Das Team hätte den Computer zu gar keinem besseren Zeitpunkt bekommen können: Die Identifizierungen hatten zuletzt immer mehr Zeit in Anspruch genommen. Daran änderten auch die achtzehnstündigen Arbeitstage nichts, die man damit zubrachte, das grausige »Arbeitsmaterial« zwischen den Kühlanhängern und dem Untersuchungsraum hin- und herzuschieben, wenn Kirschner mit neuen Informationen über einen noch nicht identifizierten Passagier eintraf. Den forensischen Wissenschaftlern war alles und jedes willkommen, das Dinge erspähen konnte, die ihren erschöpften Augen womöglich entgangen waren.

Snow programmierte die Maschine so, daß sie jeweils nur die Beschreibung einer zusammengehörigen Sammlung von Knochen hervorholte. Dann überprüfte das Programm anhand dieser Vorgaben alle Informationen über noch nicht identifizierte Passagiere und druckte die Namen von zehn Passagieren aus, deren Beschreibungen den vorgegebenen Daten am ehesten ähnelten. Fitzpatrick und Snow holten daraufhin alle Röntgenbilder, die sie von diesen zehn Passagieren besaßen, röntgten die sterblichen Überreste und hingen die Aufnahmen zum Vergleich nebeneinander auf. Manchmal kehrten sie das Verfahren auch um, indem sie den Computer die physische Historie eines einzigen noch nicht identifizierten

Passagiers vorgaben. Diese ließen sie dann mit dem Datenbestand über die sterblichen Überreste vergleichen und sich anschließend die Etikettennummern jener zehn Sätze von Knochen ausdrucken, die dem vermißten Passagier am stärksten glichen.

Snow arbeitete den ganzen Tag bis zum frühen Abend, während Fitzpatrick sowohl in den Nächten, nachdem er seinen achtstündigen Arbeitstag am Cook County Hospital hinter sich hatte, als auch an den Wochenenden zum Team stieß. Die beiden Wissenschaftler verbrachten alles in allem wohl Tage vor dem Röntgensichtgerät, wobei sie auf der Suche nach einem winzigen Persönlichkeitsmerkmal, das dem Computer zufolge vorhanden sein mußte, die Filme hin- und herdrehten und justierten, um den Konturen dieses oder jenes Knochens nachzuspüren. Auf diese Weise stellten sie eine Übereinstimmung nach der anderen fest, und innerhalb weniger Tage waren ihnen und ihrem Computer etwa ein Dutzend Identifizierungen gelungen.

Das war es dann aber auch schon: So schnell der Sturm neuer Identifizierungen über Snow und Fitzpatrick hereingebrochen war, so schnell war er auch wieder versiegt. Es waren einfach nicht genügend Informationen vorhanden, um weiterzukommen. Dennoch überraschte das, was beide erreicht hatten, Kirschner und die alten Hasen vom Büro des Leichenbeschauers nicht gerade wenig. In nur fünf Wochen hatte das Team unter Anwendung einer Kombination von Techniken, die an Unterschiedlichkeit und Erfindungsreichtum alles in den Schatten stellten, worauf man sich bisher bei einer Absturzuntersuchung gestützt hatte, von etwa 50 Leichen immerhin 20 identifiziert.

Zu diesem Zeitpunkt hatten sich die übrigen wissenschaftlichen Teams und Arbeitsgemeinschaften bereits aufgelöst, ihre Mitglieder saßen wieder an ihren Schreibtischen und gingen ihrer gewohnten Arbeit nach. Der Fall des Fluges 191 lag hinter ihnen. Auch Snow und Fitzpatrick packten nun ihre Instrumente zusammen und schlossen die Türen der Halle hinter sich; sie hatten gleichsam als Nachhut an einem Feldzug teilgenommen, dessen Ziel es gewesen war, gegenüber den Toten das Menschenmögliche an Wiedergutmachung zu leisten. Von den 273 bei dem Absturz Getöteten blieben 29, zumindest biologisch, unidentifiziert. In der ungeschriebenen Geschichte der Massenkatastrophen hatten Snow und Fitzpatrick so etwas wie einen Meilenstein gesetzt, indem sie durch neue Methoden und unter Zuhilfenahme nicht ganz so neuer Technologien ihre Wissenschaft einen kleinen Schritt weitergebracht hatten.

Snow erinnert sich folgendermaßen an seine fünf Wochen in Chicago:

»Ich kann Ihnen sagen, das war die unangenehmste Erfahrung meines Lebens. Massenkatastrophen sind harte Arbeit, und man lernt nichts dabei. Ich nehme mir lieber ein einzelnes Skelett vor, mit dem ich mich einen, zwei oder auch drei Tage beschäftigen kann. Ich stoße immer auf etwas Neues und kann ein wenig lernen. Bei diesen Dingen kann man dagegen nichts lernen . . .

Ich wohnte drüben im O'Hare Inn, wo das Hauptquartier war. Ich stand am Morgen auf, trank eine Tasse Kaffee und ging dann zum Tor H I, wo ein Lastwagen der American Airlines auf mich wartete. Mit dem fuhr ich dann rüber zur großen Halle. Ich versuchte, pünktlich um acht Uhr dort zu sein. Da war dann auch schon die Mannschaft mit den Pathologen, den Zahnärzten, den Polizisten, den Gerichtsmedizinern und den Angestellten der Fluggesellschaft versammelt. Fitz kam erst gegen etwa fünf Uhr abends. Im Grunde genommen arbeiteten wir in zwei Schichten . . . Ich glaube, ich habe in meinem Leben noch nie so hart gearbeitet oder mich körperlich derart verausgabt. Es war keine schwere Arbeit, aber man stand unter einem permanenten Druck, der einen zermürbte.

Nach der Arbeit kam ich in mein Hotel zurück, ging auf mein Zimmer und gab kurz vor Mitternacht, also gerade noch im letzten Moment, beim Zimmerservice eine Bestellung auf. Es war im Grunde genommen immer dieselbe: Ich ließ mir einen Martini, eine gespritzte Flasche Wein und ein Steak bringen. Dazu ein wenig Nachtisch und Kaffee. Dann aß ich und versuchte, dieses und jenes zu tun, nur nicht fernzusehen. Für gewöhnlich ging ich gegen zwei oder drei Uhr morgens schlafen und stand schon um sieben wieder auf, um rechtzeitig wegzukommen und den Laster wieder zu erwischen . . .

So ging das im Grunde gekommen fünf Wochen lang. Die letzten drei oder vier Tage war ich so erschöpft, daß ich – und das ist mir weder vorher noch nachher passiert – beim Laufen seitlich abzudriften begann. Es war eine Art Gleichgewichtsverlust.«

Wäre der Absturz von Flug 191 der einzige Fall gewesen, an dem Snow in diesem Jahr arbeitete, hätte er die Trübsinnigkeit und Erschöpfung, die im Sommer 1979 an ihm zehrten, leicht abschütteln können. Aber er tanzte gewissermaßen auf zwei Hochzeiten gleichzeitig: Neben seinen Untersuchungen in der zweckentfremdeten Flugzeughalle half er frustierten Ermittlern bei der Aufklärung eines bizarren Mordfalles, der so grauenhaft war, daß im Vergleich dazu selbst der alte Wurstfabrikant Luetgert, der seine Frau in Lauge aufgelöst hatte, verblaßte.

5

Der Schlamm unter uns

Der Vorfall, der die Morde in Des Paines, Illinois, überhaupt erst ans Tageslicht brachte, betraf den fünfzehn Jahre alten Robert Piest. Am 11. Dezember 1978 rief Piest seine Mutter an und bat sie, ihn von dem Drugstore abzuholen, in dem er arbeitete. Als sie dort eintraf, sagte ihr Sohn, sie solle kurz drinnen warten, er müsse noch mit einem Bauunternehmer über einen Sommerjob reden, der mehr als die 2,85 Dollar einbringen würde, die man ihm in der Apotheke in der Stunde bezahlte. Mrs. Piest wartete zunächst einige Minuten und sah sich dann draußen um. Robert war verschwunden. Seine Mutter sollte ihn nie wiedersehen.

Mrs. Piest fuhr nach Hause und rief die Polizei an. Diese konzentrierte ihr Augenmerk in den nächsten beiden Tagen auf den Bauunternehmer, der an der Apotheke einige Ausbesserungsarbeiten durchgeführt hatte. Am 13. Dezember suchte die Polizei den Mann zu Hause auf und fand Beweise dafür, daß Piest bei ihm gewesen war. Bei der nun folgenden Überprüfung des Mannes fand man heraus, daß er vor Jahren in Iowa eine Strafe wegen sexueller Belästigung eines Jugendlichen verbüßt hatte. Während die Polizei sich um einen Hausdurchsuchungsbefehl bemühte, überwachte sie den stämmigen Bauunternehmer. Als sie schließlich zum Ranchhaus in der 8213 West Summerdale Avenue zurückkehrte, gab der Mann seelenruhig zu, daß er Piest getötet hatte. Ja, er habe sogar noch viele andere Jungen getötet, sagte er, in der Regel, nachdem er mit ihnen sexuell verkehrt hätte. Die Polizei brauche nur unter seinem Haus nachzusehen, ergänzte John Wayne Gacy, dann werde sie sehen, daß er recht habe.

Am nächsten Tag rissen die Ermittler den Fußboden von Gacys Haus auf und legten darunter einen schlammigen, etwa 45 Zentimeter hohen Kriechgang frei. Unter einer 60 Zentimeter dicken Schicht aus Erde und Kalk fanden sie einen verwesten Leichnam und Teile von zwei weiteren. Gacy nahm die Polizei mit in seine Garage, sprühte einen Punkt auf den Boden und hieß sie an dieser Stelle graben. Darunter fand man einen weiteren Leichnam. Gacy sagte, man werde etwa 16 Leichen unter seinem Haus und ungefähr 20 weitere anderswo finden; so habe er einige auch in einem See und einem Fluß versenkt.[1]

Gacys überraschte Nachbarn berichteten, der Unternehmer sei ihnen stets als das Musterbild eines guten Amerikaners erschienen, er habe sich zugänglich und freundlich gegeben, aufgrund seines verkäuferischen Talents mit seinem Baugeschäft Erfolg gehabt und großen Anteil am Gemeindeleben genommen. Auch habe er unaufgefordert den Schnee von den nachbarlichen Gehsteigen weggeräumt. Und schließlich hatte er viel Zeit damit zugebracht, Kinder in einem Clown-Kostüm zu unterhalten.

Ermittler berichteten, daß der sechsunddreißigjährige Gacy sich seiner Clownsnummer als Mittel zum Töten bedient hatte. So erweckte er etwa durch das Angebot an einen Jungen, ihm einen Trick, beispielsweise die Entfesselung aus Handschellen, zu zeigen, zunächst die Neugier seines Opfers. Sobald er ihm aber die Handschellen angelegt hatte, sagte er: »Nun laß mich dir einen anderen Trick zeigen.« Damit stellte er sich hinter den Gefesselten und erdrosselte ihn mit Hilfe einer Schnur oder manchmal auch eines schmalen Bretts.

Robert J. Stein, der Leichenbeschauer von Cook County, traf am Morgen nach der Entdeckung der ersten vier Leichen bei Gacys Haus ein. Stein hatte es schon mit vielen Todesopfern in den schmutzigen Straßen Chicagos zu tun gehabt, doch wenn sich Gacys Behauptungen als wahr herausstellen sollten, dann hatte es weder in der Geschichte der Stadt noch in der des ganzen Landes je zuvor einen Fall wie diesen gegeben. Mit grimmigem Gesichtsausdruck zog Stein einen Overall an, ließ sich durch eine Falltür in ein Gelaß unter Gacys Haus hinab und zwängte sich dann in den Kriechgang. Der Strahl seiner Taschenlampe beleuchtete frisch aufgegrabene Erde, Pfützen mit brackigem Wasser und zwei aus dem Schlamm herausragende menschliche Armknochen.

Als er wieder draußen war, teilte der Leichenbeschauer den Reportern mit, man werde den Kriechgang mit derselben Sorgfalt ausschachten müssen wie eine archäologische Fundstelle. »Ich werde meinen Anthropologen kommen lassen, damit er alle

Beweise, die dabei zutage gefördert werden, untersucht. Ich bin sicher, daß da eine Menge haarige Kleinstarbeit auf uns zukommt.«

Charles Warren, ein Anthropologe vom Chicago Circle-Campus der University of Illinois, und der forensische Odontologe Edward J. Pavlik schlugen ihre Zelte im Büro des Leichenbeschauers von Cook County auf. Im Laufe der nächsten Tage brachte die Polizei eine Leiche nach der anderen in das Leichenschauhaus. Gacys Aussagen erwiesen sich als grausig zutreffend. Die Zeitungen waren voll mit Geschichten über Orgien und Gewaltakte, erzählt von jungen Männern und Knaben, darunter auch einige, die mit Gacy geschlechtlich verkehrt hatten, aber mit dem Leben davongekommen waren.

Bis zum 29. Dezember wurden 28 Leichen gefunden, alle mehr oder weniger dort, wo Gacy sie nach seinen eigenen Aussagen vergraben hatte. Mit dieser Anzahl von Opfern übertraf Gacy jeden anderen Massenmörder in der amerikanischen Geschichte. Und die Funde nahmen noch immer kein Ende.

In Gacys Haus fand die Polizei persönliche Gegenstände von zwei Jungen. Was die restlichen Opfer betraf, so gab es keinerlei greifbare Hinweise auf ihre Identität. Bei vielen von ihnen hatte es sich wahrscheinlich um Streuner, um Ausreißer gehandelt, um Kinder, die in die Nacht verschwunden und nie mehr nach Hause zurückgekehrt waren.

Das forensische Team sah sich einer schier aussichtslosen Aufgabe gegenüber. Die Polizei wandte sich an Familien, die ein Kind als vermißt gemeldet hatten, und bat sie, Röntgenbilder und zahnärztliche Unterlagen zu schicken. Bis zum 30. Dezember meldeten sich jedoch nur weniger als ein Dutzend Familien beim Büro des Leichenbeschauers.[2] Und obwohl er die Polizei selbst zu den Leichen von einigen seiner Opfer geführt hatte, konnte oder wollte Gacy die meisten nicht mit Namen nennen.

Bis zum 5. Januar 1979 war es den Behörden gelungen, sechs Jungen anhand von zahnärztlichen Unterlagen und Röntgenbildern zu identifizieren. Und bis zum 26. Januar kamen vier weitere hinzu, zwei davon anhand von Fingerabdrücken. Stein ging das alles jedoch nicht schnell genug. Es waren nur wenige zahnärztliche Unterlagen und Röntgenbilder von vermißten Jugendlichen eingetroffen; nach Meinung der Ermittler hing das vermutlich damit zusammen, daß sich die Familien zuzugeben scheuten, daß ihre Söhne weggelaufen waren und sich mit Gacy eingelassen hatten. Als

Monate ohne eine einzige weitere Identifizierung vergingen, entschloß sich Stein, Hilfe von außen zu holen.[3]

Clyde Snow traf mehrere Monate nach Entdeckung der ersten Leiche in Chicago ein. Er hatte zuvor schon einmal für Stein gearbeitet, und dieser wußte genau, daß er dem Professor aus Oklahoma nichts über das Vorgehen in einem solchen Fall zu erzählen brauchte. Stein führte Snow geradewegs in die Leichenhalle, wo 14 der insgesamt 33 von Gacy getöteten jungen Männer in Leichensäcken mit der Aufschrift »Unbekannt« lagen.

Snow löste Warren ab und tat sich mit dem Radiologen John Fitzpatrick zusammen, der mit forensischen Fällen noch keine Erfahrung hatte. Stein stellte ihn deshalb zunächst mit einigen von den Opfern vorliegenden Röntgenbildern auf die Probe, indem er ihn beispielsweise fragte, ob auf dem einen die Spuren eines verheilten Schädelbruchs oder auf dem anderen die eines gebrochenen Ellbogens zu erkennen seien. Der Radiologe gewann bald Steins Vertrauen und erhielt dessen Einwilligung, mit Snow zusammenzuarbeiten.

Die letzten Identifizierungen waren natürlicherweise die schwierigsten – es war, als würde man ein Kreuzworträtsel zur Hand nehmen, das jemand weggelegt hatte, und versuchen, die letzten Lücken auszufüllen. Als erstes nahm sich Fitzpatrick die Röntgenfilme vor, die von Familien und Polizeidienststellen aus dem ganzen Land eingegangen waren. Er wies Snow auf alle Besonderheiten hin, die auch an den Skeletten in der Leichenhalle erkennbar sein könnten. In der Zwischenzeit begann Snow mit einer akribischen Bestandsaufnahme all jener Merkmale an den Skeletten, die ein Bild ihres Besitzers zu Lebzeiten zeichnen konnten.

Snow stellte von jedem Skelett ein Knochenverzeichnis auf. Zur Bestimmung des Alters der Opfer richtete er sein Augenmerk auf das Ausmaß der Verschmelzung von Epiphysen und Schädelnähten sowie darauf, ob bereits Backenzähne hervorgebrochen waren. Als Bestätigung für das männliche Geschlecht der Skelette dienten Snow die relative Enge des Ischiaslochs – einer kleinen V-förmigen, etwa daumenbreiten Einbuchtung am Rande beider Hüftknochen –, die relative Schärfe einer Biegung im unteren Schambeinbereich sowie die deutliche Enge der Beckenöffnung. Auch große Augenbrauenwulste und kräftige Warzenfortsätze, bei denen es sich um die pyramidenförmigen Schädelvorsprünge hinter den Ohren handelt, bestätigten den Geschlechtsbefund. Die Diskriminantenfunktionsanalyse der Schädel, bei der mehrere Messungen mit Standardwerten multipliziert und dann addiert werden, deutete darauf hin, daß die Opfer weiß gewesen waren. Snow hatte das bereits auf den ersten Blick gesehen: Die Schädeldächer waren relativ hoch und schmal, ebenso die Proportionen des Gesichts; die Nasenöffnungen waren schmal und die Zahnhöhlenbögen (die Gaumen) eher breit als hufeisenförmig.

Die Ähnlichkeit der Opfer – alle im Alter zwischen 14 und Mitte Zwanzig, männlich, weiß – machte eine individuelle Identifizierung um so schwieriger. Da Gacy einige seiner Opfer übereinander vergraben hatte, mußte Snow sicherstellen, daß von der Ausgrabungsmannschaft keine Knochen durcheinandergebracht wurden. Zu diesem Zweck stellte er Tabellen auf, in denen für jeden Schädel der 14 Leichen 35 charakteristische Merkmale vermerkt waren. Ähnlich einem Ballistikexperten, der eine Kugel auf Scharten untersucht, anhand derer er den Gewehrlauf identifizieren zu können hofft, aus dem sie stammte, verglich Snow jedes Merkmal der einzelnen Skelette mit den Fotos, Beschreibungen und wenigen Röntgenbildern von Vermißten, die tröpfchenweise bei Fitzpatrick eingetroffen waren. Sobald auch nur der kleinste erfolgversprechende Hinweis auftauchte, bestieg Snow in Oklahoma City ein Flugzeug und flog nach Chicago zurück, um dort im fensterlosen Untergeschoß der Leichenhalle in der West Polk Street zusammen mit Fitzpatrick die neuen Informationen mit den zusammengehörigen Sätzen der ihnen mittlerweile nur allzu vertrauten Knochen zu vergleichen. In der Regel führte jede Untersuchung zu einem Ausschlußverfahren: Irgendein Charakteristikum am Skelett, sei es eine Zahnbehandlung, sei es seine Größe oder sein Alter, wiesen eindeutig darauf hin, daß es nicht zu dem neuen Kandidaten gehören konnte.

Im November 1979 gelang den Wissenschaftlern ein Durchbruch: In ihrer Liste vermißter Jugendlicher war auch ein gewisser David Paul Talsma verzeichnet, der am 9. Dezember 1977 im Gebiet von Chicago als vermißt gemeldet worden war. Zum Zeitpunkt seines Verschwindens war Talsma 19 Jahre alt gewesen. Seine Familie hatte den ehemaligen Angehörigen der Marines als einen etwa 1,78 Meter großen Mann mit schmalem Gesicht beschrieben.[4]

Ein weiteres Detail – die Erinnerung der Familie, daß sich der Junge vor einigen Jahren den linken Oberarm gebrochen hatte – führte zu einem von Gacys Skeletten. Snow konnte Anzeichen einer derartigen Fraktur deutlich am Oberarm des Skeletts mit der Nummer 1378 erkennen, das man als siebzehntes bei Gacys Haus ausgegraben hatte. Die Fraktur befand sich an der Suprakondyle, einem Muskelansatzwulst am unteren Ende des Oberarmknochens, in der Nähe des Ellbogens. Kleinkinder brechen sich diesen Teil des Armes oft, wenn sie bei einem Fall mit dem Ellbogen zuerst aufschlagen. Die Fraktur schien alt und gut verheilt zu sein, außerdem hatte sich eine Knochennarbe gebildet.

Talsmas Eltern hatten jedoch auch steif und fest behauptet, ihr Sohn habe sich einst eine Kopfverletzung zugezogen, woraufhin die Ärzte eine Metallplatte in seinen Schädel eingesetzt hätten. Das Skelett in Chicago wies jedoch weder eine Metallplatte noch Spuren davon auf. Also strich das forensische Team Talsma von seiner Liste.

»Aber Clyde sah sich den Schädel noch mal an«, erinnert sich Fitzpatrick.[5] »Er hatte den Eindruck, daß die hintere Lambdanaht so aussah, als hätte sie sich früher geschlossen und als sei sie ein wenig flacher, was darauf hindeuten konnte, daß der Junge wirklich eine Kopfverletzung gehabt hatte.« Die Lambdanaht beginnt hinter jedem Ohr und verläuft quer über den Hinterkopf. Sie trennt das Hinterhauptsbein des Schädels, genau über der Spitze des Genicks, von den beiden Scheitelbeinen, welche die Seiten und das Dach des Schädels bilden.

Fitzpatrick hatte von Talsmas Familie zwar Röntgenaufnahmen von dessen Brustkasten und Unterleib erhalten, nicht jedoch von seinem Kopf. Snow bat die Ermittler von Cook County herauszufinden, ob Talsma irgendwann im Laufe seines kurzen Lebens wegen eines Schädelbruchs behandelt worden war. Die Polizei spürte daraufhin Röntgenaufnahmen und Behandlungsunterlagen von einem Krankenhaus in Kentucky auf. Sie enthielten allerdings keinerlei Hinweis auf eine Metallplatte, da diese nur in der Phantasie der Familie existierte.

»Also nahm Clyde die Knochen, reihte sie in ihrer anatomisch richtigen Position auf, und wir röntgten sie«, erinnert sich Fitzpatrick. »Dann setzte ich mich hin und verglich die Filme von dem Skelett mit denen, die man im Krankenhaus gemacht hatte. Alles paßte haargenau zusammen.«

Den ausschlaggebenden Beweis fanden die Wissenschaftler in einem Knochenwulst an einem Teil des Schulterblattes, das die Gelenkpfanne um den Oberarmknochen bildet. Einem Kugelzapfen ähnlich, ermöglicht diese Knochenanordnung das Drehen des

Armes. Wenn man aber den Arm ausstreckt, kommt der Kopf des Oberarmknochens mit dem rückwärtigen Rand der Pfanne in Berührung. Im Laufe der Zeit schrägt sich der hintere Rand des Gelenkes aufgrund der stärkeren Abnutzung des häufiger verwendeten Armes immer mehr ab. Dessen regelmäßiges Ausstrecken, um beispielsweise einen Baseball zu werfen, verändert die Form des Knochens, und die lebenslange Bevorzugung eines Armes gegenüber dem anderen – oder wie Anthropologen es nennen: die Händigkeit – ist feststellbar. Darüber hinaus hat die bevorzugte Verwendung eines Armes nicht selten zur Folge, daß dessen Knochen länger werden, mitunter sogar um mehrere Millimeter.[6]

Das linke Schulterblatt in Snows Chicagoer Labor wies eine deutlich stärkere Abschrägung auf. Auch waren die linken Armknochen um mehrere Millimeter länger als die rechten. David Talsma war, so hatte die Familie zu Protokoll gegeben, Linkshänder gewesen. Endlich konnten Snow und Fitzpatrick einen Erfolg vermelden; ein Grund zum Feiern war dies unter den gegebenen Umständen gewiß nicht, aber doch eine hart erkämpfte Bestätigung.

Ende 1979 konnten die beiden Wissenschaftler weitere fünf Identifizierungen verbuchen, wodurch die Anzahl der nunmehr namentlich bekannten Opfer auf 24 anwuchs; doch neun Leichen blieben weiterhin unidentifiziert.

Schon lange trafen keine Unterlagen mehr über weitere vermißte Jugendliche ein. Gacy saß für immer hinter Gittern und schwieg sich hartnäckig über die Namen der übrigen von ihm getöteten Jungen aus. Es schien fast, als sei die Zeit gekommen, die Dossiers, Fotos, Röntgenfilme und Taster einzupacken und nach Hause zu fahren. Die verbleibenden Skelette würden wohl mit der Grabinschrift »Identität unbekannt« bestattet werden müssen.

Einen Versuch wollte Snow allerdings noch wagen.

Betty Pat Gatliff hatte nicht viel Ähnlichkeit mit den anderen Regierungsangestellten, die das Bürolabyrinth im geschäftigen Hauptquartier des CAMI in der Nähe von Oklahoma City bevölkerten. Sie trug ihr schulterlanges dunkles Haar offen, manchmal auch zu einem losen Pferdeschwanz gebunden, der durch eine silberne Haarspange indianischer Machart zusammengehalten wurde. Die junge Frau war in Oklahoma geboren und aufgewachsen, und ihre offenen, freundlichen Züge strahlten Freimütigkeit und Unkompliziertheit aus. Wie viele Eingeborene des Südwestens betrachtete sie den Türkis nicht nur als einen Schmuckstein, sondern als Emblem ihres Teils von Amerika. So prangte der azurblaue Stein wie ein Wappen von Oklahoma an den großen Gürtelschnallen und Halstüchern, die sie fast immer trug. Ansonsten kleidete sie sich schlicht und unauffällig, ganz ihrer sonstigen Lebensweise entsprechend. Obwohl ihr im Hinblick auf das Wissen um die menschliche Form und Struktur kaum jemand das Wasser reichen konnte, besaß sie keinen wissenschaftlichen Abschluß. Betty Pat Gatliff beschwor die menschliche Form auf ihre eigene Art und Weise herauf: Sie war eine medizinische Künstlerin.

Als sich Clyde Snow – sie nannte ihn fast immer Dr. Snow, obwohl sie sich schon seit annähernd zwei Jahrzehnten kannten und zusammenarbeiteten – im Herbst 1979 in ihrem Büro zu einem Schwätzchen einfand, wußte sie, was kommen würde: Er hatte einen Job für sie. Denn Snow hatte eine ganz spezielle Art, sich an sein eigentliches Thema heranzutasten, besonders dann, wenn sie etwas für ihn tun sollte. Nicht daß sie etwas dagegen gehabt hätte, für ihn zu arbeiten – sie lernte schließlich bei dieser Zusammenarbeit stets etwas hinzu –, doch manchmal konnte es auch eine frustrierende Erfahrung sein: Snow setzte seinen eigenen »Zeitrahmen«, wie sie es diplomatisch nennt. Manchmal wartete er bis zur letzten Minute und verlangte dann von ihr von einem Augenblick auf den anderen die Zeichnung einer Figur oder eines Skeletts. Aber ganz gleich, ob es spät geschah oder gar nicht, was er machte, machte er gut.

Diesmal mußte Gatliff nicht lange warten. Schon nach wenigen Minuten war Snow beim Thema: John Wayne Gacy. Gatliff wußte, daß Snow während der letzten Monate zwischen dem Büro des Leichenbeschauers von Cook County und Oklahoma City hin- und hergependelt war. Nun hatte er einen Schädel von einer der Leichen, die man in Gacys Haus gefunden hatte, hierher mitgebracht: Konnte sie auf dem Schädel ein Gesicht formen?

Snow hatte Gatliff schon oft mit ähnlichen Fällen konfrontiert, und beide gemeinsam, der Anthropologe und die Bildhauerin, hatten sich im Laufe der Jahre einen Ruf als Vervollkommner eines außergewöhnlichen und faszinierenden Handwerks erworben: der Gesichtsrekonstruktion, die teils Wissenschaft und teils Kunst ist.

Das Gesicht ist in seiner Art außergewöhnlich. Wild divergierende Rundungen, Vorsprünge, Kreise und Buckel prallen auf einer ovalen Fläche zusammen, die letztlich viel zu klein für solch ein Übermaß an Details ist. Leidenschaftslos betrachtet, sieht das Ganze wie eine Schale mit wild zusammengewürfelten Früchten aus. Dennoch ist jede Zusammenstellung einmalig und bietet eine Vielzahl von Merkmalen, anhand derer wir uns voneinander unterscheiden. Man wird das Gesicht von W. C. Fields nie mit dem von Grace Kelly verwechseln. Aber es waren weniger das Fleisch und die Haut als vielmehr die darunterliegenden Knochen, denen Fields seine komische Wirkung und Kelly ihre Schönheit verdankten; denn Schönheit ist eben nicht oberflächlich, sondern sie reicht hinunter zum Schädel oder kommt von ihm herauf.

Der deutsche Anatom Wilhelm His unternahm 1895 als erster den Versuch, von nichts als einem Schädel ausgehend die Züge eines Gesichts zu rekonstruieren. Er maß die Dicke der Gesichtsmuskeln und der Haut, indem er bei 24 männlichen und vier weiblichen Leichnamen eine eingeölte Nähnadel durch die Haut bohrte. Wenn die Nadelspitze auf den Knochen stieß, markierte er mit einer Gummischeibe am Nadelschaft die Tiefe des Muskels und der Haut.[7] Er entdeckte, daß die Dicke der Haut an verschiedenen Stellen des Gesichts deutlich voneinander abweicht. Dabei bleibt die jeweilige Dicke jedoch von Person zu Person bemerkenswert gleich. Demzufolge ist das, was ein Gesicht vom anderen unterscheidet, in die Konturen des Schädels eingemeißelt. Man mag zwar, wie Shakespeare einst schrieb, im Gesicht wie in einem offenen Buch lesen können, aber doch umschließt es den Schädel wie ein Handschuh.

Ein Bildhauer schuf auf Grundlage von His' Messungen ein Gesicht, wobei er darauf achtete, daß die Dicke des von ihm verwendeten Lehms mit den einzelnen Hauttiefenmessungen übereinstimmte. Die Rekonstruktion wäre vielleicht außerhalb des engen Kreises der an diesen Fragen interessierten deutschen Anatomen unbeachtet geblieben, hätte His nicht einen Schädel gewählt, der als derjenige Johann Sebastian Bachs galt. Es war in der Tat Bachs Schädel, und die Rekonstruktion machte His und seine Methode berühmt.

Seither haben zahlreiche Anthropologen ihre eigenen Messungen an Leichnamen vorgenommen, um die Hautdickentabellen zu verfeinern, anhand derer die Rekonstrukteure arbeiten. Für Weiße haben sich die Werte kaum geändert, obwohl einige Praktiker meinen, daß die modernen kaukasoiden Amerikaner aufgrund der fetteren Ernährung ein wenig mehr Fleisch angesetzt haben.[8] Die Dicke der Gesichtshaut weist bemerkenswerte Schwankungen auf: Bei einem männlichen Weißen liegt die dickste Stelle mit elfeinhalb Millimetern in der Mitte des Philtrums, der Fleischbrücke zwischen dem Fuß der Nase und der Oberlippe. Die mit nur zwei Millimetern dünnste Stelle findet sich am oberen Ende des Nasenbeins. An der Glabella, der unmittelbar über dem Nasenrükken gelegenen unbehaarten Stelle des Brauenwulsts, ist die Haut mit vierdreiviertel Millimetern bei den meisten männlichen Weißen ebenfalls sehr dünn. Das Gonion, der Punkt am Kiefer unterhalb des Ohrläppchens, wo der Unterkiefer eine scharfe Wendung nach oben in Richtung der Hirnschale macht, ist mit einer Dicke von zehneinhalb Millimetern dagegen überaus fleischig.

Die Tatsache, daß weibliche Gesichter in der Regel weicher sind als männliche, muß wohl kaum durch das Stechen von Nadeln in einen Leichnam bestätigt werden. Was die Gesichtsrekonstrukteure allerdings brennend interessiert, ist die Frage, wo genau sie weicher sind. So liegt beispielsweise das Fleisch bei einer Frau am mittleren Philtrum und am Nasenrücken enger am Knochen an als bei einem Mann. Unter dem Kinn ist das Fleisch einer Frau allerdings dicker als das eines Mannes, ebenso in der Mitte des Suborbitalknochens – unterhalb jedes Auges – und entlang der nach hinten verlaufenden Backenknochen. Relativ neue Forschungen haben gezeigt, daß die durchschnittliche Dicke des Gesichtsfleisches an den Gesichtern von Schwarzen generell größer ist als bei Weißen, die von Orientalen dagegen geringer.[9] In der Tat weist die Haut eines männlichen Schwarzen an einigen Gesichtsstellen, beispielsweise unter den Augen und über den Backenknochen, die zweifache Dicke von der eines männlichen Europäers auf. (Viele der für Europäer geltenden Messungen wurden vor der Jahrhundertwende mittels relativ unausgereifter Techniken vorgenommen. Gelehrte hegen heute den Verdacht, daß diese Messungen die modernen Hautdicken möglicherweise unterschätzen und dadurch einigen Rekonstruktionen ein verfälschendes hageres Erscheinen verleihen.)

Wilton M. Krogmans Buch über forensische Anthropologie hatte zu einer Wiederbelebung des Interesses an Gesichtsrekonstruktionen im Zusammenhang mit forensischen Fällen beigetragen. Krogman selbst hatte 1946 dabei geholfen, auf dem Schädel eines namentlich bekannten Schwarzen ein Gesicht zu formen, das nach Krogmans Angaben gut erkennbar gewesen sei. Dennoch überzeugte die Methode nicht allgemein. Dr. M. F. Ashley Montagu vom Hahnemann Medical College in Philadelphia brachte die Kritik in einem Aufsatz mit dem herablassenden Titel »A Study of Man Embracing Error« (sinngemäß: »Untersuchung über den Menschen und dessen Anfälligkeit für Irrtümer«; Anm. d. Ü.) zum Ausdruck. Unter anderen schrieb er: »Es ist nahezu unmöglich, ausgehend vom Schädel die Art des Haares, der Augen, der Nase, der Lippen, der Ohren, der Augenbrauen, der Hautfalten, der Fülle des Ausdrucks zu rekonstruieren . . . Es ist deshalb höchst wünschenswert (die Rekonstruktionen) aufzugeben, da sie wirklichen Schaden anrichten können.«[10] Andere Kritiker sahen in der Rekonstruktion eine Art Gesellschaftsspiel, das allenfalls geeignet sei, für Museumsdioramen Szenen mit paläolithischen Indianern nachzubilden, die um ein Lagerfeuer versammelt sind; für forensische Ermittlungen mangele es diesem Verfahren jedoch an der nötigen Präzision.

Natürlich hinterlassen Haare, Augenfarbe, Augenbrauen, Ohren, Hautfalten und andere Gesichtsmerkmale eine Person keine Spuren auf dessen Schädel. Doch Montagus Kritik ging an der eigentlichen Frage vorbei: Kann die anthropologisch sorgfältig gesicherte Rekonstruktion eines völlig unbekannten Skelettes nicht möglicherweise doch eine Ähnlichkeit mit der lebenden Person ergeben, die immerhin ausreicht, um damit Verwandte oder Freunde ausfindig zu machen, deren Informationen dann zu einer Identifizierung führen?

Im Jahre 1948 stieß Krogman auf einen Fall, bei dem er das Rekonstruktionsverfahren erproben konnte. Ende August 1947 hatten einige Männer, die am Salt Creek im Norden des Menard County in Illinois fischten, in den auf den Boden herabreichenden Ästen eines Baumes Teile eines skelettierten menschlichen Körpers gefunden, der offensichtlich vom Hochwasser angespült worden war. Anhand des Schädels und einiger Knochen ließ sich feststellen, daß das Skelett zu einem männlichen Weißen gehört haben mußte, der kurz vor seinem zwanzigsten Lebensjahr gestanden hatte und etwa 1,63 Meter groß gewesen war. Weiter ließ sich nichts in Erfahrung bringen; auch lag keine Anzeige vor, daß eine Person, auf die diese Beschreibung paßte, vermißt wurde.

Der Künstler Bartlett Frost und sein Kollege John McGregor, die beide am Illinois State Museum arbeiteten, taten sich mit Krogman zusammen, um dem mysteriösen Mann sein Gesicht zurückzugeben. Sie klebten den Unterkiefer wieder fest und fertigten einen Abguß von dem Schädel an. An fünfzehn Stellen des Abgusses, der nun den Schädel ersetzte, trugen sie kleine Lehmkleckse auf. Die Dicke jedes dieser Kleckse entsprach genau der von His und seinen deutschen Kollegen vor 50 Jahren an männlichen Europäern gemessenen Hautdicke. Anschließend füllte das Team unter genauer Beachtung von Lage und Größe der Muskeln die Zwischenräume mit unterschiedlich dicken Lehmstreifen aus.

Die drei Männer versuchten die Technik nach eigenen Erkenntnissen zu verfeinern. So hatte Krogman beispielsweise an lebenden Modellen festgestellt, daß die Spitze der Hornhaut des Auges, von vorne betrachtet, genau an der Verbindungsstelle zweier imaginärer Linien liegt: Die eine dieser Linien verläuft von jener Kante der Augenhöhle, die der Nase am nächsten liegt, zu dem am weitesten außen liegenden Punkt des Außenrandes der Augenhöhle; die andere Linie teilt die Augenhöhle in zwei Hälften. Krogman wußte außerdem, daß Augäpfel keine wesentlichen Größenschwankungen aufweisen: Sie haben von Geburt an einen Durchmesser von 25 bis 26 Millimetern. Lediglich die Größe der Augenhöhlen, der Orbitae, ändert sich.

Man könnte die menschliche Nase bildlich auch als ein Zelt beschreiben, das über jene biegsamen Plastikstangen gespannt ist, die man heute anstelle der hölzernen Zeltstangen verwendet. Im Gegensatz dazu wird die Nase allerdings nicht durch nichtabbaubaren Kunststoff, sondern durch Knorpel gestützt. Knorpel zersetzt sich nach dem Tod ziemlich schnell und hinterläßt dann jenes klaffende Loch, das man mit einem menschlichen Schädel assoziiert. Bei der Rekonstruktion der Nase des Mannes stützte sich Krogman auf den Nasenstachel des Schädels und auf die Breite der Nasenöffnung. Der Stachel ist ein Knochensplitter, der einer schmalen Pfeilspitze ähnelt; er ragt vom Fuß der Nasenöffnung aus dem Gesicht heraus. Gleich einem horizontalen Träger bildet der Stachel das Fundament der Nase und mißt in der Regel ein Drittel der Länge der Nasenbasis. Was die Breite angeht, so ist die Nase eines Weißen, von Nasenflügel zu Nasenflügel gemessen, etwa um ein Drittel breiter als die Nasenöffnung.

Krogman wußte zwar um die Unkalkulierbarkeit von Lippen, aber er wußte auch, daß die Breite von Mündern in etwa dem Abstand zwischen den Pupillen der Augen entspricht. Auch die Form der Ohren läßt sich nicht vom Knochen ablesen, aber ihre Länge vom Ohrläppchen zur Spitze kann annähernd mit der Länge der Nase vom Nasion, der Vertiefung am Nasenrücken, zur Spitze gleichgesetzt werden.

Eine Fotografie der fertigen Skulptur stellte schließlich einen blassen jungen Mann mit einem großen, vorspringenden Kinn, fast nicht vorhandenen Brauenwulsten und einer leichten Stirnbeule genau über der Nase dar. Die Lippen waren zusammengepreßt, und die linke Orbita (Augenhöhle) lag etwas tiefer als die rechte.[11] Aus Absicht oder auch aus Mitgefühl für das traurige Schicksal des Toten verlieh das Team dem Gesicht einen ernsten Ausdruck.

Doch es handelte sich hier nicht um Kunst. Wie Aldous Huxley einst bemerkte, führt die Kunst den Geist von der Realität weg, während diese Skulptur die Realität in Fleisch und Blut (oder doch zumindest in Lehm) wiederauferstehen lassen sollte. Krogman war von seinem Werk beeindruckt und ließ ein Foto seiner Rekonstruktion in den Zeitungen abdrucken, in der Hoffnung, irgend jemand würde das Gesicht erkennen und so eine Identifizierung des Toten ermöglichen. Nachrichtenagenturen griffen die Geschichte auf und sorgten für eine landesweite Verbreitung des Bildes. Krogman erhielt zwar Meldungen über mehrere vermißte Männer, die ähnlich aussahen, aber zu keinem von ihnen paßten die übrigen Merkmale des Skeletts. Als Krogman schließlich Mitte 1948 einen Bericht über sein Experiment veröffentlichte, war immer noch keine Identifizierung gelungen.

Im Laufe der nächsten zwei Jahrzehnte versuchten sich verschiedene forensische Experten mit unterschiedlichen Ergebnissen an der Gesichtsrekonstruktion. Einige von ihnen, die mit Künstlern zusammenarbeiteten, gaben die Rekonstruktion völlig auf und versuchten statt dessen, vom Schädel ausgehend, einfache Skizzen des vermuteten Gesichts anzufertigen. Bis 1970 versuchte niemand, die Technik der Rekonstruktion wissenschaftlich zu überprüfen.

Zu diesem Zeitpunkt hatte Snow alles gelesen, was er über die Rekonstruktionstechnik finden konnte. Er entschloß sich, das Verfahren objektiv zu testen. Snow hatte Betty Pat Gatliff bereits mit Krogmans Arbeiten bekannt gemacht, und die Künstlerin hatte sich während ihrer Zeit am CAMI schon an einigen Rekonstruktionen versucht.

Für den von ihm geplanten Versuch benötigte Snow die Schädel mehrerer namentlich bekannter Menschen, von denen er Lebendfotografien besaß. Gatliff sollte anhand der von Krogman aufgestellten Regeln den Schädeln ein Gesicht geben, ohne die Bilder ihrer lebenden Besitzer vorher sehen zu dürfen. Daraufhin würde Snow uneingeweihte Beobachter – Mitarbeiter des CAMI, von denen nach Snows Meinung nur allzu viele in die Kategorie »unwissend« fielen – darum bitten, zu der rekonstruierten Büste das jeweils passende Foto zu finden; ähnlich wie bei einer polizeilichen Gegenüberstellung sollten sie aus einer Reihe von Fotos, die Menschen mit entsprechendem Alter, derselben Rasse und ähnlichem physischen Aussehen darstellten, die tatsächlich anhand der Schädel gestalteten Gesichter herauspicken.

An die Schädel heranzukommen war nicht weiter schwierig: Snow verfügte über vier, die seinen Anforderungen entsprachen. Einer hatte einem sechsundzwanzigjährigen männlichen Vollblut-Cheyenne gehört, der an einer unbekannten Todesursache gestorben, in einen Farmteich gestürzt und erst wiedergefunden worden war, nachdem sein Körper bereits verwest war. Ein weiterer Schädel stammte von einer 56 Jahre alten Frau, deren Knochen man in einem Waldgebiet gefunden hatte, wo sie erdrosselt worden war. Der dritte Schädel stammte von einer älteren Frau, einer pensionierten Collegeprofessorin, die ihren Körper der University of Oklahoma Medical School vermacht hatte. Der letzte Schädel gehörte schließlich einem 36 Jahre alten ehemaligen Sträfling, dessen Leiche man in einem Straßengraben gefunden hatte, wo er von seinen Mördern versteckt worden war. Abgesehen von der pensionierten Professorin, waren die Leichen allesamt von Leichenbeschauern identifiziert worden, und Snow hatte von allen vier Fotos gefunden, die vor ihrem Tod aufgenommen worden waren.

Gatliff ging bei sämtlichen Schädeln anhand der Krogmanschen Rekonstruktionstechniken vor. Nachdem sie mit dem ersten, dem Cheyenne, fertig war, fragte Snow Freunde des Opfers, ob sie eine annähernde Ähnlichkeit sähen, was von allen bestätigt wurde. Von der erdrosselten Frau war nur ein Foto vorhanden, das 25 Jahre vor ihrem Tod aufgenommen worden war, und die Ähnlichkeit war nicht sonderlich beeindruckend. Bekannte der Frau sagten, daß Gatliffs Rekonstruktion danebenliege.

Der eigentliche Test der Rekonstruktionsmethode hing jedoch von den Skulpturen drei und vier ab. Snow verschaffte sich ein Bild der pensionierten Professorin aus dem Universitätsjahrbuch und wählte dann sechs Fotos von ungefähr gleichaltrigen Frauen aus. Nun reihte er die Fotos, einschließlich dem der Professorin, nebeneinander auf. Darunter setzte er ein Foto von Gatliffs Rekonstruktion. Bei der Skulptur Nummer vier, der des ermordeten Sträflings, ging er in gleicher Weise vor, wobei er dessen Foto und die Fotos von sechs anderen etwa gleichaltrigen Männern den Polizeiakten entnahm. Daraufhin hängte er diese Montage, versehen mit der Anweisung, man solle das Foto benennen, das Gatliffs Rekonstruktion am ähnlichsten sei, an den schwarzen Brettern des CAMI und anderer FAA-Büros sowie in drei Polizeistationen auf.

Ehemalige Studenten der Professorin und Polizeibeamte, die das Mordopfer gekannt hatten, hatten Snow bereits mitgeteilt, daß die Rekonstruktionen eine sehr große Ähnlichkeit mit den lebenden Personen aufwiesen. Was Snow allerdings verblüffte, waren die Antworten von unbeteiligten Betrachtern der Bildmontagen: Von 104 Personen, die sich die Bildmontage der Professorin ansahen, brachten nur 27 das richtige Foto mit der Rekonstruktion in Verbindung. Obwohl diese Anzahl einen Zufall praktisch schon ausschloß, waren zudem zwei falsche Fotos von jeweils 25 Testpersonen gewählt worden, das heißt fast genau sooft wie das richtige Bild. Frauen und Polizeibeamte schnitten bei dem Test geringfügig besser ab als männliche Zivilpersonen.

Weit besser war das Ergebnis hingegen bei Gatliffs Rekonstruktion des ermordeten Kriminellen: Von 200 Betrachtern wählten 135 das richtige Foto aus. Die Fotos zweier weiterer Männer wurden ungefähr halb sooft gewählt, was in etwa der Trefferquote entspricht, wenn man bei verbundenen Augen mit Pfeilen nach den Fotos werfen würde. In diesem Fall schnitten Polizisten überdurchschnittlich besser ab als die Zivilisten und unter diesen die Frauen geringfügig besser als die Männer.

Snow und Gatliff lernten verschiedene Dinge aus dem Experiment. Zunächst war im Fall der Professorin die Frau bei ihrem Tod 67 Jahre alt gewesen, das Foto aus dem Jahrbuch aber zeigte sie in den frühen Vierzigern. Der Schädelknochen formt sich im Laufe des Lebens permanent um, weshalb die Änderungen, die während der letzten Lebensjahre eingetreten waren, sich zwar in der Rekonstruktion niedergeschlagen hatten, auf den Fotos aber noch nicht zu erkennen waren. Zweitens waren die alten Fotos in einem professionellen Fotostudio aufgenommen worden, wo die Fähigkeit, schmeichelhafte Bilder zu gestalten, dem Fotografen Nachfolgeaufträge einbringt. Folglich unterschied sich das Ergebnis dieser Fotositzung möglicherweise deutlich vom wirklichen Gesicht. Der Polizeifotograf andererseits, von dem die Aufnahme des Verbrechers im Fall Nummer vier stammte, hatte sich weder aus Interesse noch aus geschäftlichen Erwägungen heraus veranlaßt gesehen, seinem Modell zu schmeicheln. Und schließlich stammten die meisten bis 1970 vorgenommenen Hautdickenmessungen von männlichen Leichnamen; für Frauen verfügte man nur über geschätzte Mittelwerte.[12]

Snow zog aus alledem den Schluß, daß die positive Identifizierung eines Skeletts nicht allein auf einer Gesichtsrekonstruktion basieren durfte. Diese konnte jedoch sehr wohl dazu herangezogen werden, eine Übereinstimmung auszuschließen, und sie konnte auch – in Verbindung mit anderen Skelettmerkmalen – als gewichtiges Indiz für eine Identifizierung dienen. Auf jeden Fall war die Gesichtsrekonstruktion mit an Sicherheit grenzender Wahrscheinlichkeit mehr als eine bloße Spielerei.

In der Tat sollte Gatliff schließlich den Wert dieser Technik durch eine Rekonstruktion beweisen, die die Polizei von Oklahoma in Erstaunen versetzte und jeden Zweifel daran ausräumte, daß ein Gesicht mehr aussagt als tausend Worte; darüber hinaus übertraf Gatliffs Rekonstruktion Krogmans und Snows Erwartungen bei weitem.

Sechs Jahre nach dem Experiment mit den vier Schädeln wandten sich Kriminalbeamte mit der Bitte an Gatliff und Snow, ihnen bei der Aufklärung eines Falles zu helfen, in dem die Polizei nicht weiterkam. Am frühen Morgen des 13. Juni 1976 waren tief in den Wäldern am Stadtrand von Stillwater in Oklahoma Eichhörnchenjäger auf einen menschlichen Schädel gestoßen. Eine sofort eingeleitete Suche hatte den Großteil des restlichen Skeletts zutage gefördert, das offensichtlich von Aasfressern aus einem flachen Grab in einer Senke hervorgezogen worden war. Des weiteren wurden Reste menschlicher Haare, ein Paar Strumpfhosen, ein BH mit Vorderverschluß sowie ein auffallend altmodisches Kleid entdeckt. Schmuck oder andere für die Identifizierung der Leiche hilfreiche Habseligkeiten wurden dagegen nicht gefunden.

Man zog Snow zu den Untersuchungen hinzu. Zweifelsfrei, so teilte er den Ermittlern mit, deuteten die rechteckige Form der Beckenöffnung, ihre feine Struktur sowie das breite Ischiasloch auf eine Frau hin. Sie mußte bei Eintritt des Todes zwischen 25 und 35 Jahre alt und etwa 1,50 Meter groß gewesen sein. Der Schädel sah wie der einer Weißen aus, und diese Vermutung wurde durch die Anwendung mathematischer Formeln auf mehrere Schädel-maße noch erhärtet. Die Frau hatte keine sehr feinen Züge besessen, so Snows Vermutung, und wahrscheinlich ein breites Gesicht mit vorstehenden Backenknochen gehabt.

Doch da war noch ein anderes außergewöhnliches Detail: Der Unterkiefer wies eine zum Zeitpunkt des Todes bereits gut verheilte massive Fraktur auf. Auch in der unteren Gesichtshälfte waren mehrere, allerdings weniger gut verheilte Frakturen festzustellen. Am ersten Lendenwirbel fand Snow außerdem eine verheilte Kompressionsfraktur.[13] »Sie hatte offensichtlich irgendeinen Unfall, möglicherweise einen Autounfall,« teilte Snow den Kriminalbeamten mit. »Vielleicht hilft das jemandes Gedächtnis nach.«[14]

Dem war allerdings nicht so, zumindest nicht während der folgenden zweieinhalb Monate. Da es keine weiteren Anhaltspunkte gab, bat der Sheriff von Payne County Betty Gatliff um Hilfe. Die machte sich also daran, auf dem Schädel ein Gesicht zu formen, das sie durch eine Perücke in der Farbe jener Haarreste ergänzte, die man in der Nähe des Grabes gefunden hatte. Entsprechend Snows Voraussage stellte Gatliffs Skulptur nicht gerade eine Schönheit dar, sondern vielmehr ein Gesicht mit einem etwas verschobenen Kiefer und Backenknochen, einem robusten Brauenwulst, einer stumpfen Nase und einem kleinen Mund. Eine Lokalzeitung veröffentlichte das Foto dieser Nachbildung, und die Kriminalbeamten hielten die Daumen. Sie hatten Glück: Schon kurz darauf meldete sich ein Informant bei der Polizei. Er sagte, er habe die Frau im April in einer Bar in Stillwater in Gesellschaft eines Einheimischen gesehen. Ihr Name sei Jeanett gewesen und sie sei angeblich aus Kalifornien gekommen. Das war alles, was er wußte.

Der Mann in der Bar hieß, so stellte sich heraus, Elmer Clayton Finin, ein Vorbestrafter, der Verwandte in der Gegend hatte. Finin hatte sich kurz zuvor einer Bestrafung wegen eines Waffenvergehens durch Flucht entzogen, aber in der Nähe von Stillwater zuvor zwei Tage lang eine Arbeitsstelle innegehabt. Dort hatte er auf Versicherungsformularen eine gewisse Jeanett Bodard als Begünstigte eingetragen. Officer Staley fand in mühseliger Kleinarbeit heraus, daß Finin vor kurzem in Chino, Kalifornien, eine Gefängnisstrafe verbüßt hatte. Während dieses Gefängnisaufenthalts war ihm Post von einer Frau zugestellt worden. Deren Name lautete Jeanett Maria Bodard, und sie stammte aus Crescent City in Kalifornien.

In Crescent City schloß Sergeant Roy VanDerpool den Kreis. Er spürte einen Freund von Jeanett Bodard auf, der sich daran erinnerte, daß die Frau in Kalifornien bei einem Autounfall schwer verletzt worden war. »Sie wurde gegen das Armaturenbrett und gegen die Windschutzscheibe geschleudert und zog sich dabei schwere Schnittwunden zu«, berichtete VanDerpool. Im städtischen Krankenhaus fand er außerdem ihre medizinischen Unterlagen, einschließlich jener Beweisstücke, deren Snow noch zur endgültigen Identifizierung bedurfte: Röntgenaufnahmen.

Die Übereinstimmung war fast perfekt: Jeanett Bodard war weiß, 34 Jahre alt und 1,48 Meter groß. Außerdem hatte sie, wie Snow ebenfalls vorausgesagt hatte, Kinder zur Welt gebracht, was der Anthropologe aus Spuren am Becken des Skeletts geschlossen hatte. Staley war verblüfft über das Ausmaß der Schlüsse, die Snow hatte ziehen können. »Es ist schon fast gespenstisch, wenn man Snows Beschreibung und die medizinischen Unterlagen vergleicht«, sagte er. Was Gatliffs Rekonstruktion anging, fand Staley kein anderes Wort als »unglaublich«.

Finin, Bodards Lebensgefährte, wurde schließlich in Arkansas aufgespürt. Der schwächliche, brünette Mann von 33 Jahren gestand, Jeanett im Zorn mit einem einzigen Schlag an die Kehle getötet zu haben, und wurde daraufhin wegen Mord zweiten Grades zu zehn Jahren Haft verurteilt. Auch er war von Gatliffs Werk beeindruckt gewesen: Kurz nachdem er das Bild in der Zeitung gesehen hatte, war er aus der Stadt verschwunden.

Somit wandte sich Snow mit einer Mischung aus Hoffnung und heilsamer wissenschaftlicher Skepsis mehr als zwei Jahre nach diesem Erfolg in Stillwater abermals an Betty Gatliff und fragte sie, ob sie ihre Fähigkeiten auf die Jungen von Chicago anwenden würde. Ein Jahr war vergangen, seit die Polizei den Fußboden von Gacys Vorstadthaus aufgerissen hatte, und neun der gefundenen Leichen hatten noch immer nicht identifiziert werden können. Die Erfolgschancen für eine Identifizierung anhand von Rekonstruktionen seien nicht sehr groß, warnte er seine Mitarbeiterin gleichzeitig, die Arbeit könne möglicherweise auch vergebens sein. Andererseits biete sich aber, wie grausam der Fall auch sei, hier die seltene Gelegenheit, die Technik außerhalb der engen Grenzen des Laboratoriums zu testen. Diese Chance müsse man schon allein deshalb nutzen, weil die im Rahmen des Labors vollmundig verkündeten wissenschaftlichen Versprechungen sich, wie er, Snow, sehr wohl wisse, in der Praxis oftmals als nutzlos erwiesen.

Außerdem seien da noch die Jungen: Namenlose gäben schlechte Zeugen ab. Von wem sonst könnten sie ihre Identität zurückerhalten? Snow glaubte jedenfalls, daß sie anhand von Rekonstruktionen, zog man Gatliffs Erfolgsbilanz in Betracht, möglicherweise wenigstens zwei oder drei von ihnen identifizieren könnten.

Gatliff wollte es versuchen. Selbst eine einzige erfolgreiche Identifizierung würde den Aufwand lohnen.

Betty Gatliff zählte zu den besten Gesichtsrekonstrukteuren des Landes. Nach einer zwanzigjährigen intensiven Beschäftigung mit menschlichen Schädeln hatte sie in ihrer Arbeit gewissermaßen eine Ehe zwischen Kunst und Anthropologie geschlossen: Was der Schädel nur andeutete, konnte sie vollenden. So wußte sie beispielsweise, was geschieht, wenn der Schädel einen hohen Nasenrücken, das oberste Drittel der Nase, und einen kurzen Nasenstachel ausbildet. Die Nase startet mit hohen Schwüngen vom Nasenrücken aus, muß dann jedoch einen Haken schlagen, um den kurzen Stachel zu erwischen. Das Ergebnis ist ein Höcker. Aber auch das Gegenteil kann der Fall sein: ein tiefhängender Nasenrücken und ein langer Nasenstachel, wie man es von dem ehemaligen U.S.-Präsidenten Richard Nixon kennt.

Aus Betty Gatliffs Mund klingt dieses Verfahren recht einfach: »Die Dinge passen meistens zusammen. Wenn man einen breiten, flachen Nasenrücken und einen breiten, möglicherweise sogar gespaltenen Nasenstachel hat, dann stützt dieser eine größere Knolle auf der Nase, als es wahrscheinlich ein sehr scharfer Rükken tut . . . Ein breiter, flacher Nasenrücken und eine spitze Nase passen einfach nicht zusammen.«

Gatliff versucht darüber hinaus einen Ausgleich zwischen den ihrer Meinung nach vergleichsweise besser genährten Amerikanern unserer Zeit und den Leichnamen zu schaffen, deren Hautdicken His in den neunziger Jahre des letzten Jahrhunderts gemessen hat. Sie macht sich auch Gedanken darüber, in welcher Stellung die Körper waren, als man die Messungen an ihnen vornahm. »Wenn man seinen Kopf zur Seite lehnt oder auf dem Rücken liegt, verschiebt sich das weiche Gewebe. In meinen Augen haben die Messungen der Dicke um die Kiefer herum zu hohe Werte ergeben. Das liegt wahrscheinlich daran, daß Leute nicht im Sitzen sterben. Sie sterben eher im Liegen. Ich habe das (Forschern) gegenüber erwähnt, und die sagen, sie wüßten nicht, was sie da machen könnten. Wir können die Leute nicht auffordern, im Sitzen zu sterben!«

Die Lehmnachbildung eines menschlichen Gesichts erfordert mehr als nur millimetergenaue Präzision. Gatliff setzt ihren Rekonstruktionen in der Regel ein Lächeln auf. Das tut sie nicht, damit die Toten fröhlich aussehen; vielmehr sind bei einem Lächeln die Zähne sichtbar, deren Form oder Anordnung oft in ihrer Art einmalig sind. Außerdem gibt es wenig, was länger im Gedächtnis haften bleibt als das Lächeln einer geliebten Person.

»Aber Sie lächeln nicht nur mit dem Mund«, erklärt Gatliff den Studenten ihrer Rekonstruktionsklasse. »Auch Ihre Augen lächeln. Ihre Backe hebt sich. Legen Sie sich die Hand auf die Backe. Lächeln Sie. Hebt sie sich? Unter Ihren Augen bilden sich kleine Bausche. Das macht die Augen weicher, und Ihre Augen lächeln.«

Gatliff stattet ihre Rekonstruktionen pflichtbewußt mit diesen kleinen Bäuschen unter den Augen aus, da das Gesicht ohne diese Verzierungen, selbst wenn diese nicht bewußt wahrgenommen werden, nicht echt wäre.

Kurz nachdem sich Betty Gatliff zur Mitarbeit an der Untersuchung des Gacy-Falls bereit erklärt hatte, brachte ihr Snow sieben Schädel aus Chicago zur Rekonstruktion nach Oklahoma. In der Zwischenzeit hatte die Bildhauerin die Krogman-Technik in einigen Punkten weiterentwickelt. Statt wie Krogman zur Festlegung der Hautdicke Lehmkleckse auf den Schädel aufzutragen, nahm sie die Radiergummis von Bleistiften ab, schnitzte sie auf die richtige Dicke zurecht und klebte sie auf den Schädel. Die Dicke der Lippen berechnete sie anhand des Abstands der Zahnfleischlinien voneinander, und die Mundwinkel setzte sie beiseitig an den Fugen zwischen dem Eckzahn und dem ersten kleinen Backenzahn an. Sie kaufte bei Spezialfirmen Augenprothesen aus Kunststoff. In Fällen, in denen man bei den Leichen Haare gefunden hatte, fügte sie eine Perücke in der entsprechenden Farbe hinzu.

Als die Rekonstrukteurin mit den ersten sieben Gesichtern fertig war, fotografierte Snow diese und schickte Abzüge nach Chicago. Er und Gatliff flogen anschließend selbst dorthin, und Gatliff fertigte innerhalb von elf Tagen zwei weitere Rekonstruktionen an. Die letzten beiden waren speziell für die Presse bestimmt. Der Leichenbeschauer Stein und seine Kollegen hofften, daß die Fotos der Rekonstruktionen in den Zeitungen Verwandte oder Freunde der Opfer erreichen und sie dadurch einige neue Hinweise erhalten würden.

Doch Stein und Gatliff ging es nicht besser als Krogman mit seiner Wasserleiche. Die Reaktion war entmutigend.

»Es war eines meiner enttäuschendsten Projekte«, erinnert sich Gatliff. Keiner wurde identifiziert. Dr. Stein versuchte mich zu trösten. Er sagte: ›Hör mal Betty, ärgere dich nicht darüber. Natürlich ist es enttäuschend, aber wir haben getan, was wir konnten. Und wenn die Eltern die Zusammenarbeit verweigern . . .‹

Ich erinnere mich, daß am ersten Tag, an dem nach der Rekonstruktion Anrufe eingingen, zwei Mädchen aus unterschiedlichen Vororten anriefen und den Namen ein und desselben Jungen nannten, von dem sie behaupteten, er wäre ihr Bruder. Als man sie aber nach den Namen ihrer Eltern fragte, sagten sie: ›Oh nein, das kann ich Ihnen nicht sagen, weil meine Mutter sich weigert, darüber zu reden.‹ Also fragten wir nach dem Namen des Zahnarztes. Darauf sagten sie, sie wüßten ihn nicht. Wir baten sie, ihre Mutter danach zu fragen. ›Oh nein, sie spricht nicht darüber.‹ . . . Wir bekamen nie heraus, ob die beiden Mädchen ihre Anrufe abgesprochen hatten oder nicht.«[15]

Zu diesem Zeitpunkt, glaubt Gatliff, »wußte die Polizei ohnehin schon, wer der Täter war, und hatte Wichtigeres zu tun als unseren Hinweisen bei Leuten nachzugehen, die nicht mit ihr zusammenarbeiten wollten . . . Sie hatte ihren Mann und damit war ihr Job erledigt.«

Die fünf Familien, deren Söhne Snow und Fitzpatrick identifiziert hatten, waren, wenn auch mit einer traurigen Nachricht, immerhin der schrecklichen Ungewißheit enthoben worden. Und auch Gatliffs Mühe sollte sich schließlich noch auszahlen. Mehrere Jahre nach Abschluß der Ermittlungen klärte ein Reporter einer Lokalzeitung die Identität eines der neun jungen Männer, deren Gesicht Gatliff rekonstruiert hatte. Die übrigen wurden ohne Klärung ihrer Identität beigesetzt. Das einzige, was entfernt ein Andenken an sie bewahrt, sind die Fotos von Gatliffs Abgüssen.

Ende 1979 mußte Snow eine schwere Entscheidung treffen. Das FAA fragte bei ihm an, ob er sich frühzeitig in den Ruhestand versetzen lassen wolle. Die Behörde mußte Personaleinsparungen vornehmen und bot ihm die vollen Ruhestandsbezüge an. Snow, dessen Talente immer gefragter wurden, überlegte sich das Angebot mehrere Wochen lang. Er dachte sich, daß mehrere Polizeidienststellen und Büros von Leichenbeschauern überall im Land ihn, wenn er selbständig tätig wäre, mit genügend Arbeit versorgen würden, um seinen Nachschub an Zigaretten, neuen Bücher und ab und zu einem Steak sicherzustellen. Also warf er eine Münze: Kopf für bleiben, Zahl für gehen. Er mußte die Münze zweimal werfen, um das gewünschte Ergebnis zu erzielen. Snow verließ also die FAA 1980 im Alter von 52 Jahren und machte sich selbständig. Seiner Frau sagte er, es sei an der Zeit, ein wenig Spaß zu haben. Und vielleicht, so dachte er bei sich, warten da draußen ja noch ein paar interessante Fälle.

6

Der Outlaw in Arsen

Die forensische Arbeit zeigte, zumindest in ihrer von Snow praktizierten Form, auch ihre schönen Seiten. Nicht jede Untersuchung hatte eine Tragödie zum Anlaß. Mitunter waren auch historische Ereignisse aufzudecken oder deren Zusammenhänge zu rekonstruieren. Mochten diese Ereignisse zum Zeitpunkt ihres Eintretens auch tragisch gewesen sein, so waren sie doch durch all die Jahre, die seither ins Land gegangen waren, verblaßt genug, um weniger Entsetzen als Neugierde hervorzurufen.

Snow war seit seiner Jugend von den Männern fasziniert, die den amerikanischen Südwesten geprägt hatten. Insbesondere waren dies die Cowboys, Indianer und Outlaws, das heißt die Gesetzesbrecher und Vogelfreien, um deren Taten sich eine amerikanische Mythologie rankt, die derjenigen von Griechen und Römern nicht unähnlich ist – mit dem Unterschied, daß der Horizont und die Sonnenuntergänge, in die die Wildwesthelden ritten, dieselben waren, die Snow aus seiner Kindheit in Texas kannte. Die Bücher, die sich auf dem Rücksitz des väterlichen Chevrolets stapelten, hatten seine Phantasie während jener langen Fahrten durch den Pfannenstiel reichlich mit Geschichten über Outlaws und Indianerscouts versorgt. Sein zeitweiliges Liebäugeln mit der Archäologie hatte seine Neigung für diesen Ausschnitt aus der Geschichte zusätzlich verstärkt, was noch in späteren Jahren mitunter dazu führte, daß er in einen Gewissenskonflikt zwischen dieser Neigung und seinem Beruf geriet.

Seine speziellen Skelettkenntnisse verschafften Snow das Privileg, sich an den verschiedenartigsten Untersuchungen beteiligen zu können. Selbstverständlich lief er den Fällen nicht hinterher, das taten nur Amateure; doch sein Ruf war 1977 schon so weit verbreitet und so gut, daß die Fälle zu ihm kamen und er sich den Luxus leisten konnte, dann und wann einen einfach zum Spaß zu übernehmen. Dazu gehörte auch der Fall des Elmer McCurdy, des Outlaws, der nicht aufgeben wollte.[1]

Am 7. Dezember 1976 filmte ein Fernsehteam von den Universal Studios im Nu-Pike-Vergnügungspark von Long Beach, Kalifornien, eine Episode für die Serie »The Six Million Dollar Man«. Als die Kameraleute in einer dunklen Ecke des Gruselkabinetts Position bezogen, um dort eine Szene zu drehen, entdeckten sie eine Schaufensterpuppe, die an einem dicken Seil von der Decke herabhing. Die Puppe war mit roter fluoreszierender Farbe bestrichen, so daß sie in der Dunkelheit leuchtete, wenn sie von einer in ihrer Nähe versteckten Ultraviolettlampe angestrahlt wurde.

Da die Schaufensterpuppe nicht in die zu filmende Szene paßte, griff ein Techniker sie am Arm, um sie beiseite zu schaffen. Plötzlich hielt er den Arm in der Hand. An der Puppe baumelte dagegen ein Armknochen.

Das Team rief die Polizei und Beamte des Morddezernats an, die den seltsamen Fund zum Labor von Dr. Thomas T. Noguchi brachten, seines Zeichens Leichenbeschauer von Los Angeles und berühmter »Gerichtsmediziner der Stars«. Dort wurde der Arm vom stellvertretenden Leichenbeschauer Dr. Joseph H. Choi untersucht, mit dem Ergebnis, daß es sich dabei um einen menschlichen Arm handelte. Man hatte es also nicht mit einer Schaufensterpuppe zu tun, sondern mit einer Mumie.

Die Polizei fuhr also zum Gruselkabinett zurück, schnitt die Mumie ab und brachte sie zu Choi, der eine vollständige Autopsie vornehmen sollte. Choi hatte eine Leiche wie diese noch nie zuvor gesehen. Die Bauch- und Brustorgane waren ebenso wie das Gehirn hart wie Stein. Vom oberen Brustkorb bis herunter zum Bauch verlief ein annähernd y-förmiger Einschnitt. Auf beiden Seiten der Leistengegend stellte Choi ebenfalls zwei Einschnitte von der Art fest, wie sie beim Einbalsamieren eines Körpers vorgenommen werden.

Was die Todesursache anging, so waren die Organe zu verhärtet, als daß sie auf den ersten Blick irgendeinen Aufschluß geben konnten. Eine nähere Untersuchung des oberen Brustkorbes zeigte allerdings, daß irgend etwas ungewöhnlich war: Ungefähr zehn Zentimeter rechts von der Mitte des Brustkorbes entdeckte Choi eine Schußwunde. Er verfolgte den Einschußkanal nach links unten, wobei sich zeigte, daß die Kugel die rechte sechste Rippe, den rechten Lungenflügel, das Zwerchfell, die Leber und die Därme durchbohrt hatte. Das Geschoß selbst war nirgends zu finden, im Becken entdeckte Choi allerdings eine auch als Dichtungskragen bezeichnete Patronenhülse. Die Ballistiker, denen er die Hülse übergab, vermerkten später in ihrem Bericht, es handele sich um die Hülse eines Geschosses vom Kaliber 32, wie es von den dreißiger Jahren des letzten Jahrhunderts bis vor dem Ersten Weltkrieg in Gebrauch war.[2]

Die Organe befanden sich noch in einem außergewöhnlich guten Zustand. Unter dem Mikroskop waren sowohl Zellkerne als auch Pigmente einzelner Fasern des Herzmuskels zu erkennen. Die Koronararterien waren normal, und rote und weiße Blutkörperchen waren ebenso deutlich zu erkennen wie Neuronen im Gehirn. Die angegriffenen Lungen ließen andererseits darauf schließen, daß der Mann zum Zeitpunkt seines Todes möglicherweise eine Lungenentzündung gehabt hatte.

Niemand wußte, wer die Mumie aus dem Gruselkabinett war, doch der gründliche Choi suchte nach weiteren Hinweisen. Als er den Mund der Mumie öffnete, erlebte er nicht nur eine Überraschung, sondern fand auch den ersten brauchbaren Hinweis auf deren Identität. Im Mund lag nicht nur eine Pennymünze aus dem Jahr 1924, sondern auch der Kontrollabschnitt einer Eintrittskarte mit dem Aufdruck »Louis Sonney's Museum of Crime, So. Main St., L.A.«.

Am 10. Dezember, einen Tag, nachdem die Zeitungen über die grausige Entdeckung berichtet hatten, meldete sich ein gewisser Edward Liersch bei der Polizei. Liersch gab an, er habe früher einen Teil des Nu-Pike-Vergnügungsparks gepachtet gehabt und eine Schaufensterpuppe besessen, die er von Spoony Singh, dem Besitzer des Hollywood Wax Museum, erworben hatte.[3]

In der Zwischenzeit hatte man bei der Überprüfung von Führerscheinen, die auf den Namen Louis Sonney lauteten, einen Dan Louis Sonney gefunden, wohnhaft 906 South Stanley Avenue. Am Telefon gab Dan Sonney die Auskunft, sein Vater Louis habe die Mumie, die er, Dan, stets für eine Schaufensterpuppe gehalten habe, in den zwanziger Jahren erworben. Von wem, wußte er allerdings nicht zu sagen. Der ältere Sonney war im Schaustellergewerbe tätig gewesen, war von Rummelplatz zu Rummelplatz und von Vergnügungspark zu Vergnügungspark gezogen und hatte dort den Leichtgläubigen 25 Cent aus der Tasche gezogen, indem er sie angeblich »den Outlaw, der nicht lebend gefangen werden wollte«, sehen ließ. Nach Sonneys Tod 1949 wurde der gesamte Nachlaß seines Unternehmens, der Entertainment Ventures, bis 1971 eingelagert. In diesem Jahr wurde er vollständig von Singh erworben, die Puppe eingeschlossen.

Singh hatte Schwierigkeiten, aus seiner neuen Erwerbung Gewinn zu schlagen. In der Annahme, sie sei aus Pappmaché, schickte er die Puppe zum Mount Rushmore, um sie im dortigen Vergnügungspark, wo gerade ein Spukhaus eingerichtet wurde, aufstellen zu lassen. Er bekam sie mit der Bemerkung »nicht lebensecht genug« zurück. Singh erachtete die Puppe als »zu plump, um (in seinem Wachsmuseum) ausgestellt zu werden«; ein Wachmann des Vergnügungsparks berichtete allerdings, sie sei dort doch in einem Schaukasten zu sehen gewesen. Singh überließ sie schließlich einem Freund, jenem besagten Liersch, damit dieser sie in seinem Museum am Long Beach Pier verwenden konnte. Als dieses Unternehmen 1972 bankrott ging, behielten Lierschs Vermieter im Nu-Pike das gesamte Inventar anstelle der noch ausstehenden Pacht.

Somit hatte die Polizei die Spur der Leiche nach mehreren Tagen mühevoller Kleinarbeit bis in die zwanziger Jahre zurückverfolgt. Ganz gleich, wie alt sie letztlich war, Mord blieb Mord, und man mußte die Untersuchung fortsetzen. Wo also hatte Sonney die Mumie her?

Louis Sonney war früher einmal Sheriff in Centralia, Washington, gewesen. 1921 fing er einen Bankräuber und stieg mit den 5000 Dollar Belohnung mit einer Attraktion, die er »The March of Crime« nannte, ins Schaustellergewerbe ein. Einer anderen Quelle zufolge nahm er die vermeintliche Puppe einem anderen Schausteller ab, der ihm 500 Dollar schuldete.

Der letzte Hinweis, den die Polizei noch auftreiben konnte, stammte von Dwayne Esper aus Arizona, einem alten Schausteller und ehemaligen Partner von Louis Sonney. Obwohl sich Esper wegen seiner 85 Jahre nicht mehr genau an alle Details erinnern konnte, war er sich dennoch sicher, die Puppe für 1000 Dollar von einem pensionierten Gerichtsmediziner in Tulsa, Oklahoma, erworben zu haben. Der Hintergrundgeschichte zufolge, die man ihm erzählt hatte, handelte es sich bei ihr um die Nachbildung eines Mannes mit Namen McCurdy, der eine Bank ausgeraubt oder ein ähnliches Verbrechen begangen hatte. Er und Sonney hätten die Puppe in ihre Show aufgenommen und den Neugierigen erzählt, McCurdy sei ein Rauschgiftsüchtiger gewesen und habe nach einem Überfall auf einen Laden auf offenem Feld Selbstmord begangen, weil ein Suchtrupp ihn eingekreist hatte. Esper war schockiert, als er hörte, daß es sich bei der vermeintlichen Puppe um eine Mumie handelte.

Weiter kam man mit der Untersuchung in Los Angeles nicht. Wenn Espers Geschichte auch nur annähernd stimmte, mußte Oklahoma der Ort gewesen sein, an dem McCurdys Leben nach dem Tode begonnen hatte. Und in der Tat erhielt Noguchi von einem gewissen Fred Olds, einem Historiker aus Oklahoma, einen Anruf. Olds hatte den Bericht über die mysteriöse Entdeckung in der Zeitung gelesen und bot seine Hilfe an, die Identität der Mumie aufzuklären. Neugierig, wohin diese Spur führen würde, nahm Noguchi das Angebot an. Old brachte einen Fachmann ins Spiel: Clyde Snow.

»Zu diesem Zeitpunkt«, erinnert sich Snow, »brachte eine stichhaltige Kette von Indizien die Puppe, oder besser die Mumie, mit einem Outlaw in Oklahoma in Verbindung. Als Ausgangspunkt für eine positive Identifizierung standen aber keinerlei Informationen über den Lebenden zur Verfügung, noch nicht einmal eine Beschreibung. Auch Angehörige hatte man nicht finden können. Wenn niemand sie identifizieren konnte, drohte der Mumie die Einäscherung unter dem Namen Doe, John, Nummer 255.« (John Doe ist eine in der USA gebräuchliche Bezeichnung für den namenlosen Durchschnittsamerikaner; Anm. d. Übs.)

»Nun, die Leute in Oklahoma sind eine Sorte für sich«, betont Snow. »Bekannterweise sind sie mit lokalen Gesetzesbrechern nicht gerade sanft umgesprungen, solange diese lebten. Wenn diese aber erst einmal 50 Jahre tot sind, entwickeln sie ungewöhnlich sentimentale Gefühle für sie.«[4]

Olds und einige Historikerkollegen kämmten daraufhin die Bibliotheken und das Staatsarchiv nach Unterlagen über Verbrecher durch, die man überführt hatte. Dabei stießen sie auf einen Verdächtigen: Elmer McCurdy, alias Elmer McCuardy, Elmer McAudry, Frank Curtis und Frank Davidson. Beruf: Outlaw. In der Western History Collection der University of Oklahoma entdeckten sie zwei Fotos des toten McCurdy. Außerdem stießen sie auf zwei Kopfbilder, die von McCurdy aufgenommen worden waren, als er im Landesgefängnis von Oklahoma einsaß. Eine aus derselben Zeit stammende Beschreibung seiner Physis vermerkte sein Alter mit 31 Jahren und seine Größe mit etwa 1,70 Metern. Trotz des Fehlens zahnärztlicher und medizinischer Unterlagen fiel den Historikern dennoch eine Perle in die Hände: Eine der Beschreibung beigeheftete Notiz besagte, daß McCurdy auf dem Rücken seines rechten Handgelenks eine etwa fünf Zentimeter lange Narbe gehabt habe.[5]

Auf Bitten der Leute in Oklahoma flog Snow nach Los Angeles zurück. Mit Unterstützung von Judy Suchey, einer örtlichen forensischen Anthropologin, untersuchte er die Jahrmarktleiche zwei Tage lang. Die Bestimmung ihres Geschlechts und ihre rassische Einordnung als kaukasoid bereitete ihnen keinerlei Schwierigkeit. Was allerdings die Bestimmung ihres Alters bei Eintritt des Todes anging, so standen sie vor einem Problem: Wie sollten sie an die Aufschluß versprechenden Knochen herankommen, ohne die Mumie im buchstäblichen Sinne auseinanderzunehmen?

Die zierliche, rotblonde Judy Suchey war Spezialistin für Schambeinfugen und hatte die, nach ihren eigenen Angaben, weltgrößte Sammlung dieser Knochen zusammengetragen, die sie in einem Kleiderschrank aufbewahrte – die männlichen in blauen und die weiblichen in rosa Schachteln.[6] Geschickt schnitten sie und Snow die beiden Symphysenflächen von den Beckenknochen der Mumie heraus und führten an ihnen die klassische McKern-Stewart-Analyse durch, wobei sie das Alter anhand des physischen Entwicklungszustandes der Symphysenflächen bestimmten. Als nächstes legten sie sich einen Plan zurecht, wie sie an einige der Epiphysen herankommen konnten, die ihnen weitere Aufschlüsse über das Alter bei Todeseintritt geben konnten. Durch vorsichtige Einschnitte in die Haut über den medialen Enden der Schlüsselbeine, dort, wo diese genau unter dem Hals aufeinandertreffen, legten sie die Epiphysen frei. Die Tatsache, daß diese zusammengewachsen waren, ließ darauf schließen, daß sie es mit einem Erwachsenen zu tun hatten, der Ende zwanzig oder älter gewesen war. Als sie zu dem an der Basis des Rückgrats gelegenen Kreuzbein weiterschnitten, stellten sie fest, daß fünf Segmente des Kreuzbeins vollständig zusammengewachsen waren. Das bestätigte ihre von den Schlüsselbeinen ausgehende Schätzung. Auch ließen die Rückenwirbel noch keine deutlichen Abnutzungserscheinungen erkennen, was den Verdacht erhärtete, daß vor ihnen die Leiche eines Mannes lag, der die Mitte der Dreißig noch nicht überschritten hatte.

Bis zu diesem Punkt deutete alles auf McCurdy hin. Als Snow und Suchey jedoch die Größe der Mumie maßen, schien sich die

Spur plötzlich zu verlieren: »Als wir den Mann hinlegten und ihn maßen, war er nur 160 Zentimeter groß«, erinnert sich Snow. Damit fehlten zehn bis zwölf Zentimeter zu der in den Unterlagen aus Oklahoma angegebenen Größe des Outlaws. »Wir vermuteten aber, daß die Mumie im Laufe der Jahre ein wenig geschrumpft war. Da die Haut so verdammt hart war, konnten wir die Knochen nicht wie bei einer normalen Autopsie herausnehmen. Aber wir konnten immerhin, ohne viel herumschneiden zu müssen, die Länge der Oberschenkelknochen messen. Die Standardberechnungen nach Trotter und Gleser ergaben eine Gesamtgröße von etwa 170,5 Zentimetern. Es paßte.«

Snow hatte Gewebeproben der Mumie an einen Kollegen in Detroit geschickt, an Theodore A. Reyman, den Chef der Pathologie am Mount Carmel Mercy Hospital. Reymans Befund besagte, daß der Körper voller Arsen war. Die Einbalsamierung mit Arsen war in den Vereinigten Staaten um die Jahrhundertwende eingestellt worden, und ab den zwanziger Jahren war sie schließlich in den meisten Bundesstaaten gesetzlich verboten.

Folgende Arsenkonzentrationen wurden im Körper gemessen: 0,270 Milligramm pro Gramm Gewebe in der Lunge; 0,390 Milligramm in der Haut; 0,270 Milligramm im Herzen; 0,659 Milligramm im Knochen. Im Gehirn lag der Wert am höchsten: 0,700 Milligramm Arsen pro Gramm grauer Substanz. Wer immer die Leiche so behandelt hatte, er mußte beabsichtigt haben, sie für lange Zeit aufzubewahren; sie wies eine um das Vielhundertfache höhere Arsenkonzentration auf als ägyptische Mumien.

Und dann war da noch die Narbe, die McCurdy dem Bericht zufolge an einem Handgelenk gehabt hatte. Obwohl die rötliche Haut durch den Schrumpfungs- und Verwitterungsprozeß Risse wie ausgetrockneter Lehm bekommen hatte, konnte Snow Spuren der Narbe an genau der Stelle feststellen, wo sie laut den Gefängnisunterlagen gewesen sein mußte.

Ein letzter Test stand noch aus. Forensische Wissenschaftler hatten schon länger versucht, Schädel mit Fotos vermeintlicher Opfer zu vergleichen, um auf diese Art Identifizierungen zuwege zu bringen. Die Methode, die zum erstenmal in Großbritannien im Zusammenhang mit dem Fall Buck Ruxton zu Ruhm gelangte, ist zugleich für ihre Subjektivität berüchtigt. Von einem talentierten Anthropologen mit einem guten Auge für Details angewandt, hat dieses Verfahren allerdings, wie im Fall Ruxton, schon zur Aufklärung einer ganzen Reihe von Verbrechen beigetragen. Aber es gehörte mehr dazu, als einfach, gleich einem modernen Hamlet, einen Schädel in der einen und ein Foto in der anderen Hand zu halten und dann beide miteinander zu vergleichen.

In welchem Maße das Gesicht der Mumie den Aufnahmen entsprach, die man zu Lebzeiten McCurdys gemacht hatte, war unklar; die Zeit und der Mumifizierungsprozeß hatten der Haut und den Gesichtszügen ein ausgezehrtes, spitzes Aussehen verliehen, ganz zu schweigen von der Festbemalung, die von ihren früheren Besitzern herrührte. »Alle diese Jahre im Showgeschäft hätten ihren Preis gefordert – natürlich nur, falls wir es wirklich mit McCurdy zu tun hatten«, erklärt Snow.

In seinem Labor in Oklahoma hatte Snow bereits mit Fotovergleichen herumexperimentiert und dabei auch ein wenig moderne Technologie ins Spiel gebracht. So hatte er beispielsweise versucht, einen Schädel vor einer Videokamera zu montieren und ein von dessen Besitzer zu Lebzeiten aufgenommenes Foto vor einer anderen. Schließlich hatte er sich für ein System entschieden, bei dem ein sogenannter elektronischer Bildmischer zum Einsatz kam. Damit konnte Snow die Bilder des Fotos und des Schädels aufnehmen und sie anschließend gemeinsam auf einem einzigen Bildschirm darstellen lassen. Nunmehr konnte ein Techniker die verschiedensten Überblendungen der beiden Bilder vornehmen, und zwar auf folgende Weise: Zunächst wird ein Bild über das andere gelegt, ähnlich der Doppelbelichtung desselben Stücks Film. Dann läßt der Techniker ein Bild sich allmählich »auflösen«, während er gleichzeitig das andere vergrößert. Durch einen zusätzlichen Spezialeffektgenerator können die Bilder auch »weggewischt« werden. Dabei deckt beispielsweise ein Wischmuster einen Teil des einen Bildes ab und ersetzt diesen durch den entsprechenden Teil des anderen Bildes. Oder der Techniker kann das darüberliegende Foto langsam von oben nach unten oder von einer Seite zur anderen wegwischen.[7] Ein besonderes unheimlicher Effekt läßt sich mit Hilfe dieser Technik dadurch erzielen, daß man das Foto einer lebenden Person elektronisch wie Seidenpapier von dem darunterliegenden Bild des Schädels abzieht.

Snow hatte gelernt, besondere Merkmale am Schädel, etwa die Position der Backenknochen oder die Nasenöffnungen, mit entsprechenden Merkmalen auf dem Foto der lebenden Person zu vergleichen. In diesem Fall hatte er allerdings keinen Schädel vorliegen, sondern einen mumifizierten Kopf. Er arbeitete also mit zwei Fotos statt mit einem Schädel und einem Foto. Das eine Bild zeigte die Mumie im Profil, und für das andere stellten ihm die Historiker in Oklahoma zwei Aufnahmen zur Verfügung, die man kurz nach McCurdys Tod gemacht hatte; sie zeigten ihn in einem schwarzen Anzug auf einer Bahre liegend, ebenfalls im Profil.

In Los Angeles bauten Snow und Suchey eine Videokamera auf. Die Ergebnisse der wochenlangen Ermittlungen, Autopsien und anthropologischen Untersuchungen liefen in dieser einen »Doppelbelichtung« zusammen. Als sie die Fotografien übereinander blendeten, bestand kein Zweifel mehr: Wenn McCurdy nicht einen eineiigen Zwillingsbruder gehabt hatte, dann war das ihr Mann.

In der Zwischenzeit hatte man sich in Oklahoma ein ziemlich genaues Bild von den letzten Tagen des Outlaws gemacht. »Man könnte sagen, daß Elmers Karriere in zwei Phasen ablief: vor seinem Tod und nach seinem Tod«, sagt Snow, der die Geschichte genausogut kennt wie den Mann – nämlich in- und auswendig.

McCurdys Geschichte vor seinem Tod begann Anfang unseres Jahrhunderts in Oklahoma, wo er mal als Bergmann, mal als Klempner arbeitete. Auch die Verbüßung einer Strafe im Landesgefängnis von Oklahoma fällt in diese Zeit. Im Frühjahr 1911 schloß sich McCurdy einer Bande an, die in der Nähe von Coffeyville, Kansas, einen Zug der Missouri Pacific ausraubte. Im selben Jahr noch heuerte er zwei Freunde an, um mit ihnen den sogenannten Katy-Zug auszurauben, der zwischen Missouri, Kansas und Texas verkehrte. An ihm interessierte sie vor allem ein Safe, in dem mehrere tausend Dollar liegen sollten, die an Indianerstämme ausgezahlt werden sollten.

Die Bande schlug in der Nacht des 6. Oktober zu. Sie hielt den Zug auf einem einsamen Streckenabschnitt in der Nähe von Okesa, Oklahoma, an und koppelte die Lokomotive und den Gepäckwagen von den Personenwagen ab, um in Ruhe die Beute einsammeln zu können. An diesem Punkt geriet ihr Plan durcheinander: Die Banditen hatten den falschen Zug erwischt, in der Geldkassette lagen lächerliche 46 Dollar.

»Vielleicht hatte Elmer wie so viele Reisende vor und nach ihm einfach Schwierigkeiten beim Lesen von Zugfahrplänen«, spekuliert Snow. Der einzige Trost der Räuber bestand in einer Ladung Schnaps, die im Zug gewesen war. Als die verärgerten Desperados abzogen, griff sich Elmer zwei große Korbflaschen mit Whiskey.

Anschließend teilte sich die Gruppe auf. Als McCurdy zwei Tage später bei der Revard Ranch in den Osage Hills auftauchte, hatte sich jedoch bereits ein Suchtrupp an seine Fersen geheftet. Trotz seiner Nähe zum Ölgürtel stand das Territorium in dem Ruf, eines der wilderen Teile des neuen Staates Oklahoma zu sein, und es gab wenig sichere Plätze, an denen man eine Nacht verbringen konnte. Also machte Elmer, laut einem Bericht vom 8. Oktober 1911 im »Daily Enterprise« von Bartlesville, betrunken und müde bei der Ranch halt. Er nannte sich Frank Amos und behauptete, der Whiskey sei von dem Zug gefallen, den man in der Nähe von Okesa angehalten hatte. Er trank noch etwa eine Stunde mit den Cowboys und fragte dann nach einem Platz zum Schlafen. Man führte ihn zum Heuboden. Wenig später, es war etwa zwei Uhr früh, kamen drei Mitglieder des Suchtrupps zur Ranch geritten: Bob Fenton, sein Bruder Stringer und Dick Wallace. Sie hatten Elmer den ganzen Tag über verfolgt. Als sie erfuhren, wer da in der Scheune schlief, bezogen sie draußen Stellung und warteten auf den Tagesanbruch.

Von den Ereignissen des nächsten Tages gibt es mehrere voneinander abweichende Berichte. Den detailliertesten Bericht über den darauffolgenden Kampf mit »Curtis« (einer der damaligen Decknamen McCurdys) verdanken wir allerdings Arthur H. Lamb, dem »›Sage‹ of the Osage« (dem Weisen der Osage, Anm. d. Ü.):

»Curtis wollte sich nicht ergeben, er trank Fusel. Als man ihn zum Aufgeben aufforderte, bestand seine Antwort im schnellen Abfeuern seines sechsschüssigen Revolvers. Dank der Qualität des Fusels, den das Frachtunternehmen in das Indianerreservat lieferte, war er allerdings nicht sehr treffsicher, und die Jungs gingen hinter verstreuten Baumstümpfen und Bäumen notdürftig in Deckung. Sie erwiderten das Feuer, und der Kampf tobte für etwa eine Stunde. Die Belagerer verständigten daraufhin ihr Hauptquartier, daß sie Nachschub an Munition bräuchten, wobei sie gleichzeitig erklärten, sie würden die Sache an Ort und Stelle ausfechten, selbst wenn es den ganzen Sommer dauern würde, oder etwas Ähnliches in diesem Sinne. Sie bemerkten, daß der Belagerte ebenfalls das Feuer eingestellt hatte, hielten es jedoch nicht für angeraten, die Deckung zu verlassen und die Scheune zu stürmen, solange sie nicht mit Sicherheit wußten, daß auch ihrem Gegner die Munition ausgegangen war.«[8]

Ein Junge erklärte sich »freiwillig« bereit, zur Heubodenfestung hinüberzugehen und Elmer zur Aufgabe aufzufordern, was dieser jedoch unmißverständlich ablehnte. Die Schießerei begann von neuem, und in der nächsten Feuerpause wurde der Junge abermals losgeschickt. Auch diesmal weigerte sich Elmer beharrlich. Beim dritten Versuch jedoch blieben die Rufe des Jungen unbeantwortet. Er kletterte also auf den Heuboden und fand dort McCurdy tot auf dem Heu ausgestreckt. Eine Kugel hatte seine Brust durchschlagen, als er auf dem Bauch liegend durch eine Öffnung im Heuboden auf den Suchtrupp gefeuert hatte. Der Whiskeykrug enthielt noch drei gehörige Schluck, McCurdys Revolver dagegen war leergeschossen.

Man brachte die Leiche zum Bestattungsinstitut Johnson im nahegelegenen Pawhuska. Von Angehörigen war nichts bekannt, man wußte nicht einmal, ob McCurdy überhaupt sein richtiger Name war. Mit dem Kampf bis zum Tod hatte er es allerdings ernst gemeint. »Er muß ein mutiger Kerl gewesen sein«, sagte Stringer Fenton nach dem Kampf einem Reporter. »(Als) wir den Emissär mit der Aufforderung zu dem Banditen in die Scheune schickten, er solle sich ergeben, kam der mit der Nachricht von McCurdy zurück, daß wir uns zum Teufel scheren möchten.«[9]

Snow hat seine eigene Erklärung für das Verhalten des Mannes. »Für mich steht außer Zweifel«, sagte er, »daß jeder, der mit fast zwei Krügen Whiskey intus eine kalte Nacht in einem Heuhaufen verbracht hat, nicht gerade die Freundlichkeit in Person ist, wenn man ihn früh um sieben weckt.«

Da niemand McCurdys Leichnam für sich beanspruchte, balsamierte ihn Dr. Johnson unter Zuhilfenahme einer großzügig bemessenen Menge Arsen ein. »Statt ihn zu begraben«, erklärt Snow, »bewahrte ihn Johnson mehrere Jahre in einem Hinterzimmer seines Bestattungsinstitutes auf. Für einen Nickel erhielten ortsansässige Neugierige die Erlaubnis, sich Elmer, der bereits jetzt den klangvollen Namen ›Der Bandit, der nicht aufgeben wollte‹ trug, anzusehen.« In Snows Augen ist Johnsons Vorgehen der schlagendste Beweis dafür, daß H. L. Menckens Aussage über die Intelligenz der amerikanischen Öffentlichkeit ebenso für ihren Geschmack zutrifft: nämlich daß noch kein einziger einen Pfennig Geld verlor, der ihn unterschätzte. »Damals waren unsere ländlichen Vorväter allerdings noch nicht in der glücklichen Lage wie wir«, fügt Snow entschuldigend hinzu, »sich Gewalt und ihre Nachwirkungen in der angenehmen Atmosphäre ihres Wohnzimmers zu Gemüte führen zu können.«

Auf diese Weise begann also die steile Karriere des toten Elmer im Showgeschäft. Fotografen fertigten sogar Postkarten von ihm an, von denen einige bis auf den heutigen Tag überdauert haben.

Sie zeigen den heute verrunzelten Outlaw, wie er, mit Sechsschüssern, Cowboyhosen und Cowboyhut herausgeputzt, irgendwie verloren in der Ecke des Bestattungsinstituts steht.

Die nächste Entwicklung von McCurdys Karriere hat der Historiker Lamb in seinen Geschichten aus den Osage Hills beschrieben:

»Sein Körper stand lange in der Ecke eines kleinen Raumes in Johnsons Bestattungsinstitut. Tausende sahen ihn, aber niemand identifizierte ihn. Jeder Schausteller oder fahrende Jahrmarkt, der in die Stadt kam, versuchte ihn für Showzwecke zu kaufen. Jedesmal wurde die abschlägige Antwort jedoch damit begründet, daß er in der Hoffnung aufbewahrt werde, daß eines Tages Angehörige Anspruch auf den Leichnam erhöben. Aus fast allen Staaten der Union trafen Briefe ein, die um Beschreibungen und Fotos baten, jedoch vorerst ohne Erfolg.

Schließlich forderten angebliche Angehörige aus Kalifornien auf telegrafischem Wege Auskünfte an, und kurz darauf erschienen zwei nette Männer, um ihn sich anzusehen. Einer von beiden gab daraufhin vor, in ihm zweifelsfrei den lange verlorengeglaubten Bruder zu erkennen, den er seit Jahren nicht mehr gesehen hatte. Er wartete mit einer pathetischen Geschichte von einem mißratenen Sohn und von Eltern mit gebrochenen Herzen auf, die beide bereits in eine bessere Welt hinübergegangen seien. Der Bruder wollte nun unbedingt den letzten Wunsch seiner Eltern erfüllen und den Leichnam nach Kalifornien zurückbringen, wo er in heimatlicher Erde neben den Eltern zur letzten Ruhe gebettet werden sollte. Am 7. Oktober, (fast) fünf Jahre nach seinem tragischen Tod, wurde der Leichnam überführt.«[10]

Monate später sprach sich in Pawhuska herum, daß die mumifizierte Leiche in Westtexas als Attraktion bei einer fahrenden Jahrmarktsshow aufgetaucht war. McCurdys »Brüder« hatten das getan, was fast genausogut war, wie den Tod hereinzulegen: Sie hatten den Leichenbestatter überlistet.

Verschiedene Berichte belegen für die nächsten Jahre Elmer Auftauchen an den verschiedensten Orten des Westens. So behauptete etwa auch Bob Fenton, durchziehende Schausteller hätten ihm in Tulsa erlaubt, sich den Outlaw anzusehen und damit die Bekanntschaft zu erneuern, die sie 17 Jahre zuvor auf der Revard Ranch geschlossen hatten.

»So begab sich auch Elmer«, schreibt Snow in seiner Version der Saga, »wie manch andere seiner Zeitgenossen aus Oklahoma

– Will Rogers, Tom Mix, Gene Autry, Woody Guthrie – auf den Weg in die Welt des Films, wobei er zunächst einige Jahre in Hollywood herumhing, bis er seine Chance erhielt. Als jedoch sein großer Augenblick kam – ein Gastauftritt in der Serie ›The Six Million Dollar Man‹ –, hatte Elmer weniger Glück als seine Kollegen. Er vermasselte alles und zerfiel buchstäblich in Stücke.«

Nachdem Elmers Geschichte von Snow und den Historikern in Oklahoma Stück für Stück vervollständigt worden war, konnte Noguchi einen kalifornischen Totenschein ausstellen und damit den Weg für McCurdys Rückkehr nach Oklahoma freimachen. Seine sterblichen Überreste trafen am 14. April 1977 mit dem Flugzeug in Oklahoma City ein. Eine Abordnung vom Büro des staatlichen Leichenbeschauers holte die Leiche ab und brachte sie in die Leichenhalle, wo sie bis zur Beisetzung verblieb. Die Begräbniskosten teilten die Indian Territorial Posse of Westerners, eine Organisation prominenter, an der Geschichte ihres Staates interessierter Bürger Oklahomas, sowie die Oklahoma Historical Society.

In der darauffolgenden Woche, an einem regnerischen Freitagmorgen, wurde Elmer in einem von zwei Schimmeln gezogenen, gläsernen Leichenwagen zum Summit-View-Friedhof in Guthrie gebracht. Den Leichenzug bildeten zwei Pferdefuhrwerke und fünf Berittene. Hunderte von Zuschauern säumten den Weg und hielten auf Fotos fest, wie der letzte Cowboyoutlaw in der rauhen, roten Erde Oklahomas zu seiner letzten Ruhe gebettet wurde. Er wurde neben mehreren anderen Outlaws, Pionieren und Politikern beigesetzt, die sich in den wilden Tagen Oklahomas einen Namen gemacht hatten.[11] Keinem von ihnen, nicht einmal den Politikern, war es gelungen, sich seinen zweifelhaften Ruf über einen so langen Zeitraum zu erhalten wie McCurdy.

Sogar eine Grabinschrift wurde, wenn auch privat, für ihn entworfen. Sie stammte von Snow, der sich natürlich gut an sie erinnert:

»Rest in peace, dear Elmer,
Beneath this Okie sky,
Where many an outlaw slumbers
And politicians lie.«

(»Ruhe in Frieden, lieber Elmer,/ Unter dem Himmel Oklahomas,/ Worunter schon viele andere Outlaws schlummern/ Und Politiker liegen/lügen.«)

Auf Veranlassung des staatlichen Leichenbeschauers wurden

eineinhalb Kubikmeter Beton über den Sarg gegossen, bevor man das Grab zuschaufelte. »Damit sollte nur sichergestellt werden«, erklärt Snow, »daß der ruhelose Elmer nicht abermals auf Wanderschaft geht.«

7

Custers letzter Posten und erste Auferstehung

»Die Eroberung des Westens« war Amerikas am längsten gespieltes Sittenstück, und in ihm gebührt neben dem Eisenbahnräuber und dem Desperado auch noch einigen anderen Charakteren eine gleichberechtigte Erwähnung auf der Besetzungsliste: dem Rancher, dem Indianer, dem Fallensteller, dem Cowboy und dem Gesetzeshüter. Einem Anthropologen mit Snows besonderen Talenten hatte jeder von ihnen etwas über die Epoche zu sagen.

1985 erhielt Snow die Gelegenheit, die Knochen einiger der legendenumwobensten Charaktere der Geschichte des Westens zu studieren: der Kavalleristen, die gegen die Indianer gekämpft hatten.

In der Erde der welligen Prärien Montanas, westlich der Black Hills von Süddakota, ruhen die sterblichen Überreste der meisten jener 267 Soldaten und Zivilisten, die mit General George Armstrong Custer am 25. Juni 1876 in der Schlacht am Little Bighorn fielen. Custers Niederlage markierte den größten Erfolg der Sioux und Cheyenne in jenem Krieg, den der Weiße Mann in den siebziger Jahren des letzten Jahrhunderts gegen sie führte. Ihr Triumph trug den Prärieindianern allerdings den Zorn einer ganzen Nation ein und besiegelte wenige Jahre später ihr Schicksal.

Um die Schlacht weben sich viele Legenden, um so mehr, als keiner von Custers Soldaten überlebte und die wahre Geschichte erzählen konnte. Somit mußten Historiker sich ein Bild anhand der Erinnerungen von Indianern und Soldaten anderer Abteilungen von Custers Regiment zusammenklauben. Aufgrund einer veränderten Einstellung zur Eroberung des Westens sehen wir heute in Custer weniger einen Helden als einen Unterdrücker der amerikanischen Ureinwohner. Zu ihrer Zeit galten er und seine Männer jedoch als Märtyrer und gaben dadurch den Stoff für Legenden ab, bei denen es nicht so sehr ins Gewicht fiel, ob deren Akteure einer grausamen Sache dienten.

Der Verlauf der Schlacht und ihre unmittelbaren Folgen sind von dem Tag an umstritten, an dem man die Leichen über den heute Custer Hill genannten Hügel verstreut fand. Jede neue Information gab und gibt noch immer Anlaß zu einer Neubewertung. Die jüngste Entwicklung nahm im August 1983 ihren Anfang, als ein Steppenfeuer das Präriegras und die Beifußgewächse niederbrannte, die das Schlachtfeld bedeckten. Als später Archäologen das Gelände besichtigten, sammelten sie von der nackten Erde auch Knochen von einigen Soldaten der Siebten Kavallerie ein, die in den vergangenen 107 Jahren nicht entdeckt worden waren. Diese Knochen haben seither die Historiker zu neuen Erkenntnissen über dieses historische Ereignis geführt.

Die Schlacht am Little Bighorn war das zweite von drei größeren Gefechten der Armee mit Kriegern aus einem Lager von etwa 2000 Sioux, Cheyenne und Arapahoes, das am Südufer des Little Bighorn River im heutigen südlichen Montana lag.[1] Custer befehligte ein Regiment der Dakota-Kolonne, bestehend aus zwölf Kompanien der Siebten Kavallerie der U. S. Armee. Diese Truppen waren einbezogen in einen Angriff, der mit mehreren Spitzen vorgetragen wurde. Sein Ziel war die Versprengung und Demoralisierung von Indianerbanden, die sich nicht in den Reservaten im Osten sammeln wollten. Auch Geld spielte eine Rolle: Goldschürfer hatten Erz in den Black Hills entdeckt, die Teil der Great Sioux Reservation im Dakota Territory waren. Präsident Ulysses T. Grant sah sich im Weißen Haus starkem Druck ausgesetzt, den Indianern das erzhaltige Land abzujagen.

Der ersten Schlacht stellte sich Mitte Juni Brigadegeneral George Crook am Rosebud Creek, einem Nebenfluß des Little Bighorn. Da auf seiner Seite Crow- und Shoshone-Indianer kämpften, hatte Crook mit einem leichten Sieg gerechnet. Dies war eine der ersten Fehleinschätzungen, welche die Armee im Verlauf dieses Feldzuges machen sollte. Statt sich wie erwartet in die Wälder und in die Wildnis zurückzuziehen, lieferten sich die Sioux- und Cheyenne-Krieger fast einen ganzen Tag lang mit Crooks Männern eine Schlacht, aus der keine der beiden Seiten als klarer Sieger hervorging.

Die Armeeführung ließ sich nicht beirren. In den Tagen nach dem ersten Gefecht bewegten sich mehrere Marschkolonnen auf die vermeintliche Hauptstreitmacht der Indianer zu. Etwa 800 Krieger, die mehrheitlich unter der Führung Sitting Bulls standen, vermutete man irgendwo entlang des Little Bighorn River. Trotz der Schlacht am Rosebud Creek ging Crook weiterhin davon aus, auf keinen ernsthaften Widerstand zu stoßen. Denn er nahm an, daß sich die Indianer nie länger als einige wenige Tage in großen Zahlen verbünden könnten.

Custer, der für seinen Eifer ebenso bekannt war wie für sein wallendes blondes Haar und seine fransenbesetzten Wildlederjakken, wurde ausersehen, den ersten vernichtenden Schlag zu führen.

Während sie die Spur der Indianer entlang dem Rosebud verfolgten, wurden die Soldaten immer wieder in Scharmützel verwikkelt. Sie wußten freilich nicht, daß zu den 800 Kriegern Sitting Bulls an die 1000 weitere Kämpfer hinzugestoßen waren. Mehrere Gruppen von Sioux, einschließlich Hunkpapas, Oglallas, Minneconjous, Yanktonais und Santees, hatten sich Sitting Bull angeschlossen, dazu Gruppen der Sans Arcs, Blackfoot, Two Kettles, Brulés, weitere Cheyenne und einige wenige Arapahoes.

Entgegen den Erwartungen der Armee zeigten sich die Indianer wild entschlossen. Nichts hatte sie je so geeint wie die weiße Bedrohung der von ihnen verehrten Black Hills, in denen es von Wild und Fischen wimmelte und wo die Gebeine ihrer Vorfahren ruhten. Bei einem wenige Wochen zuvor von den Sioux einberufenen Sonnentanz hatte Sitting Bull angeblich eine Vision gehabt, in der er voraussah, daß viele weiße Soldaten im Frühjahr fallen würden. Als am 25. Juni, einem Montag, die Sonne über dem Little Bighorn aufging, beschien sie ein riesiges Indianerlager, das auf Krieg eingestellt war.

An diesem Tag entdeckte Custer von einer mehrere Meilen entfernten Hügelspitze aus das Indianerdorf. Weder war er sich sicher, wie groß es war, noch kannte er das Terrain und eine geeignete Vormarschroute. Seine Befehle waren widersprüchlich. Von einigen wird die Ansicht vertreten, es sei sein Auftrag gewesen, die Hauptmacht der Indianer zu umgehen und ihr den Rückzugsweg abzuschneiden, ansonsten aber abzuwarten, bis weitere Truppen einträfen. Statt dessen schickte er Major Marcus A. Reno entlang des Südufers zu einem ersten Angriff vor. Renos 140 Berittene wurden unter schweren Verlusten zurückgeschlagen, woraufhin sie in heilloser Unordnung durch dichtes Unterholz und durch den Fluß hindurch den Rückzug auf das Nordufer des Little Bighorn antraten.

In der Zwischenzeit rückten Custers restliche Kompanien, der Hügelkette folgend, am Nordufer entlang vor. In Unkenntnis der Schlappe Renos schickte der General zwei Kompanien durch einen Hohlweg zum Flußufer hinunter. Sie wurden unverzüglich von Sioux angegriffen und vereinigten sich am Calhoun Hill rasch wieder mit Custer. Die von dem berühmten Krieger Gall angeführten Hunkpapa-Sioux bedrängten nun die Soldaten von Süden, während gleichzeitig Crazy Horse mit seinen Oglalas auf der West- und Nordflanke angriff. Statt sich auf eine offene Schlacht mit den Soldaten einzulassen, suchten die Indianer hinter Beifußstrauchklumpen, hohem Gras und hinter allem, was in den Furchen der faltigen, aber baumlosen Hügel sonst noch dazu geeignet war, Deckung und feuerten von dort auf die Soldaten.

Custer und 40 ihm noch verbliebene Männer bildeten einen Kreis und erschossen ihre Pferde, um sich hinter deren Kadavern zu verschanzen. Nun, da sie sich einer gewaltigen Übermacht gegenübersahen und in der Falle saßen, kämpften sie bis zum letzten Mann.

In den beiden folgenden Tagen hielt Reno mit dem Rest seiner Männer – verstärkt durch eine dritte Abteilung von Custers Truppen unter der Führung von Captain Frederick Benteen, die Custers Bataillon im Abstand von zwölf Meilen gefolgt war – Stellung in einer tellerförmigen Erdschanze auf dem heutigen Reno Hill. Die Soldaten hatten keine Ahnung, was mit Custer geschehen war, konnten sich allerdings auch kaum mit dieser Frage auseinandersetzen. Indem sie einen schützenden Ring um ihre Verwundeten bildeten, sahen sich die 350 Männer von allen Seiten vernichtendem Beschuß ausgesetzt und mußten befürchten, jeden Augenblick von einem massierten Angriff überrannt zu werden. Nachdem sie den ersten Tag mit nur elf Toten überstanden hatten, lauschten sie in der Nacht auf die Trommeln der indianischen Kriegstänze unten im Tal und beobachteten den Widerschein ihrer Lagerfeuer in der Dunkelheit.

Der nächste Tag brachte weitere Kämpfe. Am späten Nachmittag ließen jedoch die Indianer aus unerfindlichen Gründen von den Soldaten ab, trieben ihre Pferde zusammen, bauten ihre Wigwams im Lager ab und zerstreuten sich in alle Winde.

In der Nacht begruben die Soldaten ihre Toten und bereiteten sich für den nächsten Tag auf eine mögliche Rückkehr der Indianer und weitere Kämpfe vor. Doch der Tag brach an, ohne daß ein Schuß fiel. Weit entfernt war eine dünne blaue Linie von Soldaten zu erkennen, die langsam ins Tal vorrückte. Es war die Zweite Kavallerie unter der Führung von General Alfred H. Terry, Custers Kommandeur. Wenig später traf ein Voraustrupp bei den Männern ein. Die erste Frage lautete: Wo ist Custer? Niemand wußte es.

Wenige Stunden später entdeckte man Custer Hill. Die meisten der Toten waren skalpiert, zerstückelt oder verstümmelt worden. Custers Bruder Tom hatten die Indianer nicht nur skalpiert, sondern ihm auch den Schädel zertrümmert und seinen Körper mit Pfeilen gespickt. Die Patrouille begrub die Leichen, so gut es ging, und kennzeichnete die flachen Gräber mit rohen Holzpflöcken. Die Soldaten hielten die Identität der nicht bis zur Unkenntlichkeit verstümmelten Toten auf kleinen Zetteln fest, die sie in leere Geschoßhülsen steckten und mit den Leichen begruben.

Die Armee und eine aufgebrachte Öffentlichkeit übten schon bald Rache an den Sioux und Cheyenne. Die Indianer waren nie mehr in der Lage, sich in der Weise solidarisch zusammenzuschließen, die ihnen zu ihrem Sieg am Little Bighorn verholfen hatte. In den folgenden Jahren wurden sie getrennt und in Reservationen zusammengepfercht. Ende 1876 überließen sie die Black Hills der US-Regierung. Crazy Horse, Gall und schließlich auch Sitting Bull, der nach Kanada geflohen war, aber dort von Soldaten an der Büffeljagd gehindert wurde, stellten sich den Behörden.

In den Jahren nach der Schlacht am Little Bighorn kehrte die Armee mehrmals an den Ort ihrer schlimmsten Niederlage zurück. 1877 machte sich eine Abteilung Soldaten von der Siebten Kavallerie an die Bergung der Überreste von Custer und seinen Offizieren. Zehn Sätze von Knochen wurden geborgen, darunter diejenigen Custers, die später in West Point beigesetzt wurden. Viele Gebeine von anderen Gefallenen waren von Aasfressern und den Elementen verstreut worden, da die ursprünglichen Gräber nur knapp unter der Oberfläche gelegen hatten. Im Laufe der nächsten Jahre berichteten Besucher der nunmehr berühmten Stätte von einer weiteren Verstreuung der Gedenktafeln und einem Aufbrechen der Gräber.

1881 entsandte die Regierung eine weitere Abordnung, um die freiliegenden Knochen einsammeln und sie in einem Massengrab oben auf dem Custer Hill beisetzen zu lassen. Heute steht an dieser

Stelle ein Gedenkstein aus Granit. Alle noch auffindbaren Gräber wurden exhumiert und die Knochen in das Massengrab gelegt, obwohl auch heute noch numerierte marmorne Gedenksteine die Stellen kennzeichnen, an denen die Männer vermutlich gefallen waren. Die Knochen der zahlreichen Pferde, die immer noch über das Feld verstreut lagen, wurden ebenfalls eingesammelt und in einem weiteren großen Grab nahe dem ihrer vormaligen Reiter beigesetzt.

Im Laufe der folgenden 100 Jahre tauchten auf und nahe dem Schlachtfeld immer wieder Gebeine auf. Diejenigen, die nicht als Souvenirs verschwanden, wurden in ein Museum am Schlachtfeld gebracht, das heute ein Nationaldenkmal ist. 1958 führten Archäologen am Reno-Benteen-Schlachtfeld nochmals Ausgrabungen durch, bevor eine Straße für die Touristen mitten hindurch gebaut wurde. Dabei fand man die sterblichen Überreste von drei Soldaten, die ebenfalls in das Museum gebracht wurden.

Nach dem Präriefeuer im Jahre 1983 entdeckte ein Archäologe in der Nähe der Gedenksteine 33 und 34 am Deep Ravine Trail einen aus dem Boden herausragenden menschlichen Knochen. Hier, so glaubte man, war ein Trupp von 20 oder 30 von Custers Männern umzingelt und aufgerieben worden. Berichten zufolge hatte man ihre Leichen gemeinsam an der Stelle begraben, wo man sie gefunden hatte. 1984 begannen gründliche Ausgrabungen, die jedoch nur eine magere Ausbeute brachten: ein paar Flußkiesel, eine Kugel, ein Stück Bleischrot, ein Gummiknopf, drei Hosenknöpfe und ein länglicher Perlmuttknopf.

Die anthropologischen Früchte der Suche waren dagegen ein wenig vielversprechender. Die Archäologen Doug Scott und Melissa Connor vom National Park Service fanden drei Fragmente eines Schädels, einen Halswirbel, einen verschmolzenen Steißbeinwirbel, einen Fingerknochen, einen großen Handwurzelknochen der rechten Hand und 14 nicht zuzuordnende Knochensplitter. Die Schädelfragmente umfaßten Teile der Maxilla, des genau über der oberen Zahnreihe gelegenen Knochens, und den linken Teil der Backe, das sogenannte Jochbein. Hinzu kamen noch acht Zähne.[2]

Scott und Connor fragten sich, ob die Skelettreste ausreichten, um ihren Besitzer zu identifizieren. Es war ihnen klar, daß sie einen Anthropologen, und zwar einen forensischen Anthropologen, vor Ort brauchten.[3]

Clyde Snow traf im Mai 1985 auf dem Schlachtfeld ein und war von Anfang an voller Enthusiasmus für sein neues historisches Projekt. Die Sätze von Gebeinen, die die Archäologen gefunden hatten, waren überwiegend Einzelteile ganzer Skelette. Doch für Snow machte das die Aufgabe nur noch interessanter. Außerdem war das Museum voll mit Knochen vom Schlachtfeld, die ein Stück anthropologischer Geschichte darstellten, eine Sammlung von »Knochenbiographien«, wie Snow sich gegenüber Scott ausdrückte. »Manchmal«, so Snow, »sind diese historischen Fälle weit interessanter als zeitgenössische Morde. Außerdem muß man bei ihnen nicht vor Gericht aussagen und hat ein wenig mehr Freiraum für Spekulation.«

Snow unternahm mehrere Ausflüge zum Schlachtfeld, um jene Knochen zu untersuchen, die Scott und Connor zusammen mit einer Schar von Freiwilligen entdeckt hatten. Die meisten der gefundenen Überreste ließ er von dem Radiologen John Fitzpatrick röntgen. Gleichzeitig versenkte sich Snow in die historischen Details, die man über die Männer der Siebten Kavallerie zusammengetragen hatte, und las alle Berichte über die Schlacht, derer er habhaft werden konnte.

Zu etwas über 40 Prozent hatte es sich bei den getöteten Männern um Ausländer gehandelt. Das größte Einzelkontingent stellten mit 28 die Iren, denen 27 Deutsche und 16 Briten folgten. Drei der Männer waren Indianer-Scouts vom Stamm der Crow gewesen: Bloody Knife, Bob-Tailed Bull und Little Brave. Unter den Opfern war auch ein Schwarzer gewesen, ein Dolmetscher namens Isaiah Dorman. Snow ging davon aus, daß die Schädel jedes dieser vier Männer genügend rassische Merkmale aufweisen würden, um zumindest eine annähernde Identifizierung zu erlauben. Ein weiterer getöteter Dolmetscher, Mitch Boyer, hatte einen Franzosen zum Vater und eine Angehörige der Santee-Sioux zur Mutter gehabt.

Das Durchschnittsalter der Soldaten lag damals ein wenig über dem in der heutigen US-Armee. Gemeine Soldaten waren in der Regel um die 27 Jahre alt, das Alter der 13 Offiziere bewegte sich zwischen 22 und 36 Jahren. Die anhand der Musterungsunterlagen nachprüfbare Durchschnittsgröße lag bei etwa 168 Zentimetern und damit fast fünf Zentimeter unter der des durchschnittlichen Rekruten im Jahr 1966. Snow stellte auch ein Gefälle hinsichtlich Statur und Rang fest: Gemeine Soldaten waren meist ein wenig kleiner als Unteroffiziere, die ihrerseits wiederum von Feldwebeln um mehr als zweieinhalb Zentimeter überragt wurden. Snow vermutet, daß größere Männer bessere Beförderungsaussichten in einer Armee hatten, in der die schiere körperliche Fähigkeit, anderen seinen Willen aufzuzwingen, nach wie vor einen wichtigen Führungsfaktor darstellte.[4]

Nachdem er einige fälschlicherweise für menschlich gehaltene Tierknochen im Museum ausgesondert hatte, stellte Snow 20 »Assemblagen« zusammen, von denen jede ein einzelnes Skelett repräsentierte; außerdem erstellte er drei Sammlungen von verschiedenen Gebeinen, die aus einem weiteren Umkreis stammten und zu mindestens 14 verschiedenen Menschen gehören konnten. Der Großteil der Körperteile war vorhanden, so auch die Wirbel, die Rippen, die Arm- und Beinknochen, die Fuß- und Handknochen, einige Unterkiefer und sogar ein paar winzige Zungenbeine, die man im Hals gefunden hatte. Scott und Connor brachten alle Funde zum Büro des Leichenbeschauers in Oklahoma City, damit Snow sie gründlich untersuchen konnte.

Anhand der langen Knochen schloß Snow auf die Größe der Soldaten. Knochenauswüchse an Wirbeln deuteten darauf hin, daß der Besitzer die Dreißig bereits überschritten hatte. Wie zu erwarten war, wiesen viele Knochen Spuren von Gewaltanwendung auf. Schnittspuren verrieten die Einwirkung von Indianeräxten und Pfeilen, und an einigen Knochen waren Spuren von Schußwunden nachweisbar. In einigen Fällen konnte Snow feststellen, daß die Sieger Teile des Körpers abgetrennt hatten. Das Fragment eines Halswirbels in einer Assemblage war beispielsweise deutlich sichtbar schräg durchtrennt worden, und zwar mit einem einzigen Schlag; eine Enthauptung, lautete Snows Schußfolgerung. Viele der Schädel, mitunter auch andere Knochen, waren gebrochen, wobei die rauhen Kanten und die Formen der Fragmente nur auf das von Experten so genannte »stumpfe Trauma« zurückzuführen sein konnten. Nach Ende des Kampfes waren die Indianer anscheinend über die noch Lebenden hergefallen und hatten sie mit massiven Schlägen auf den Kopf getötet.

Das vollständigste Skelett wurde 1985 gefunden. Der von dem Archäologenteam auf den Namen »Mike« getaufte Mann war zum Zeitpunkt seines Todes etwa 21 Jahre alt gewesen und hatte ein stark vorspringendes Kinn sowie leicht gebogene lange Knochen gehabt, die auf einen Kaukasoiden, vielleicht auch einen Mongoloiden hinwiesen. Eine leichte Abschrägung der Gelenkpfanne im rechten Schulterblatt deutete auf Rechtshändigkeit hin, ausgeprägte Muskelbänder an den langen Knochen ließen darüber hinaus den Schluß zu, daß der Mann kräftig und bei einer Körpergröße von ungefähr 168 Zentimetern wahrscheinlich recht stämmig gewesen war.

»Mikes« fünfter Lendenwirbel war noch aufschlußreicher: Ihm fehlte rechts ein Plättchen und eine untere Gelenkfläche – ein Geburtsfehler, der nach Snows Ansicht besonders bei jemanden, der viel reiten mußte, im unteren Rückenbereich Schmerzen verursacht haben mußte. Die Tatsache, daß der Unterkiefer gutentwikkelte Muskelbänder aufwies, ließ auf eine Nahrung schließen, die besonders intensives Kauen erforderlich machte.

Da er selber Reiter war, richtete Snow sein Augenmerk auf die verräterischen Merkmale eines Kavalleristen und fand sie auch: Knochenhöcker an den Oberschenkelknochen. Diese von einem gutentwickelten »adductor magnus«-Muskel stammenden Knochenveränderungen sind charakteristisch für Reiter.

Der Zustand des in zwei Teile zerbrochenen Unterkieferknochens legte den Schluß nahe, daß auf »Mike« etwa zum Zeitpunkt seines Todes mit einem schweren Gegenstand eingeschlagen worden war. Eine Schnittwunde am linken Schlüsselbein deutet auf eine Verwundung durch ein Messer oder eine metallene Pfeilspitze hin. Mehrere Rippen waren in einer für Schußwunden typischen Weise gebrochen. Es sah außerdem so aus, als wäre der Soldat mindestens zweimal in die Brust und in den Unterleib geschossen worden. Die Speiche des linken Arms wies unmittelbar über dem Handgelenk eine kleine Fraktur auf, in der ein Stück einer Bleikugel steckte. Die an beiden Oberschenkelknochen erkennbaren Hiebspuren stammten nach Snows Ansicht von einem nicht sehr scharfen Instrument, zum Beispiel einem Beil oder einer Axt. Offensichtlich war Mike zerstückelt worden.

Snow glaubte, daß er mehr tun konnte, als nur ein Bild zu skizzieren, wie der typische Kavallerist zur Zeit der Indianerkriege aussah und welches Ende ihn mitunter erwartete. Neben anderen Knochenresten hatte man bei der Ausgrabung auch ein Schädelstück, den Teil eines Oberkiefers mit acht Zähnen sowie einige Wirbel und einen Fingerknochen zutage gefördert. Sie wiesen gerade noch so viele charakteristische Merkmale auf, daß den Anthropologen der Versuch reizte, womöglich doch einen der Gefallenen zu identifizieren.

Das auffälligste Merkmal am Schädelfragment war die Nasenöffnung. Mit 25 Millimetern war sie recht breit für einen Kaukasoiden. Auch wies der Nasendorn, der Knochenwulst an der Unterseite der Nasenöffnung, nicht die für einen Kaukasoiden charakteristischen erhöhten Ränder auf. Möglicherweise war der Mann ein Indianer oder, wissenschaftlich ausgedrückt, ein mongolider Typus gewesen. Dem stand allerdings entgegen, daß die Schneidezähne nicht die bei den amerikanischen Ureinwohnern vorherrschende Schaufelform aufwiesen. Snow lagen aber auch einige Wirbel des Skeletts vor. Die Verwucherung an den Rändern war weit genug fortgeschritten, daß sie auf ein Alter von mindestens 35 Jahren bei Eintritt des Todes hindeuteten. Darüber hinaus legte der zusammen mit den Knochenresten gefundene Perlmuttknopf den Schluß nahe, daß es sich bei dem Mann um einen Zivilisten handelte, zumindest um jemanden, der Zivilkleidung getragen hatte.

Snow und dic Archäologen überprüften die historischen Unterlagen über Custers Truppen. Die Beschreibung paßte nur auf einen einzigen Mann: Mitch Boyer, ein Halbblut, der als Dolmetscher und Scout fungiert hatte. Als er mit der Siebten Kavallerie ausritt, war er 38 Jahre alt gewesen, also in etwa so alt, wie die Wirbelverwucherungen hatten vermuten lassen.

Doug Scott gab Snow ein Foto von Boyer, das er im Museumsarchiv gefunden hatte. Boyer, ein stumpf dreinblickender Mann mit einem massiven Kiefer, nach unten gezogenem Mund und Federkopfschmuck, starrte an der Kamera vorbei, als posierte er für einen Werbespot auf dem Mount Rushmore. Das Foto bekam jedoch einen ganz anderen Stellenwert, der weit über denjenigen eines lediglich neuen Versatzstückes aus Snows »am längsten gespielten Stück« hinausging: Es bot möglicherweise den Schlüssel für die Bestätigung, daß die von Scott und Connor so sorgfältig ausgegrabenen Knochen zu einem Halbblut gehörten, der für Custer gekämpft hatte.

Nachdem Snow ihm einige Anweisungen für die Durchführung einer Schädel-Gesicht-Überblendung gegeben hatte, nahm Scott das Schädelfragment und das Foto mit zum Studio des Nebraska Educational Television Network in Lincoln, wo das Archäologenteam sein Hauptquartier hatte. Obwohl Snow bereits in mehreren Fällen mit der Schädel-Gesicht-Überblendung gearbeitet hatte, war er nicht sicher, daß das gefundene Schädelstück für einen Vergleich ausreichen würde: Es war nur etwa zehn Zentimeter lang und einige Zentimeter breit und umfaßte den Oberkiefer mit der dazugehörigen linken oberen Zahnreihe, die linke Nasenöffnung, die Unterseite der linken Orbita (Augenhöhle) sowie den linken Backenknochen. Trotz der Dürftigkeit dieses Knochenmaterials war indes seine Form einmalig.

Als Scott das Bild des Schädels über das Foto blendete, war die Übereinstimmung beeindruckend perfekt: Das Auge saß genau in der Augenhöhle, die Nase bedeckte millimetergenau die Nasenhöhle, und die Zähne fügten sich exakt unter Boyers steife Oberlippe.

Snow besiegelte die Identifizierung schließlich durch die Entdekkung eines weiteren Details. Er überprüfte die Zähne nochmals eingehend unter seiner Lupe und fand am linken Schneide- und Eckzahn ungewöhnlich gewölbte Abnutzungsspuren. Er hatte so etwas zuvor schon häufiger gesehen: Derartige Spuren rührten von einem regelmäßig zwischen die Zähne geklemmten Pfeifenstiel her. Und Boyer war Pfeifenraucher gewesen.

Obwohl Boyers Identifizierung vor einem Gericht wahrscheinlich nicht standgehalten hätte, erfüllte sie doch einen historischen Zweck. Scott und Connor hatten Boyers Gebeine auf dem Kamm einer kleinen Hügelkette gefunden, die den Namen South Skirmish Line trug. An der Schlacht beteiligte Indianer hatten den Historikern aber erzählt, sie hätten Boyers Leiche in der Deep Ravine gesehen. Wieder andere Quellen behaupteten, sie hätten ihn im Fluß, am Flußufer, in der Mitte zwischen dem Custer-Schlachtfeld und dem ersten der Reno-Schlachtfelder oder auf einer Hügelkette gesehen. Wenn das Schädelfragment wirklich zu Mitch Boyer gehörte, mußten nach Ansicht von Scott und Connor einige der Berichte, auf die sich Geschichtstexte bei ihrer Schilderung der Schlacht stützten, in Zweifel gezogen werden.

Snow stimmte dem zu. Dies war eine der Begleiterscheinungen, die das Ausgraben von Knochen mitunter nach sich zog – eine Revision dessen, was bisher als gesichert galt: »Knochen geben gute Zeugen ab«, sagt Snow häufig. »Obwohl sie das, was sie zu sagen haben, nicht laut in die Welt hinausposaunen, lügen sie dennoch nie, und sie vergessen nicht.«

Im Museum am Schlachtfeld fand Snow noch etwas, von dem er annahm, es könnte womöglich eine Geschichte erzählen: ein annähernd vollständiger Schädel. Dieser Schädel war 1958 von Archäologen an der Stelle des Reno-Benteen-Schlachtfeldes entdeckt worden. Obwohl der Unterkiefer fehlte, war der Schädel zweifellos der vollständigste, den Snow in der gesamten Sammlung gesehen hatte. Ein linker Arm, eine Rippe und zwei Wirbel, die man mit ihm zusammen gefunden hatte, deuteten darauf hin, daß der Soldat etwa 1,70 Meter groß, von schwacher bis mittelkräftiger Statur und bei seinem Tod zwischen 25 und 27 Jahre alt gewesen war.

1986 wurde der Körper zusammen mit anderen, die man ebenfalls 1958 gefunden hatte, umgebettet. Vor der Beisetzung wurden jedoch Abgüsse von dem Schädel angefertigt. Snow bat darum, daß man einen davon zur Gesichtsrekonstrukteurin Betty Pat Gatliff nach Norman, Oklahoma, sandte.

Normalerweise fertigte Gatliff keine Rekonstruktionen von Schädeln ohne Unterkiefer an. Denn es gab einfach zu viele Variablen am Kinn, die das Aussehen einer Person beträchtlich verändern konnten. Die Bildhauerin traute sich jedoch zu, in einem Fall wie diesem, bei dem es nicht um die Strafverfolgung oder um die Überführung eines Verdächtigen ging, anhand einiger zuerst von Wilton Krogman vorgeschlagener Kalkulationen die Form des Unterkiefers in etwa zu schätzen.[5]

Scott schickte also den Abguß nach Norman, woraufhin Betty Gatliff in ihrem Büro, dem »SKULLpture lab« (ein Wortspiel mit der Wortähnlichkeit von »skull«, Schädel, und »sculpture«, Skulptur; Anm. d. Ü.), an die Arbeit ging. Das Ergebnis war ein recht angenehmes jugendliches Gesicht mit vollen, fleischigen Lippen an einem breiten Mund, einem ausgeprägten Kiefer, ein wenig zusammenstehenden Augen und einer breiten Nase. Als Scott den rekonstruierten Schädel, den ersten in seinem Leben, sah, war er erstaunt, wie viele Details Gatliff aus den Schädelkonturen hatte herausholen können. Er verglich daraufhin die Fotos einiger Schlachtenteilnehmer, die die Historiker im Laufe der Jahre zusammengetragen hatten, mit der Skulptur. Immer wieder nahm er dabei ein bestimmtes Foto zur Hand: Es zeigte einen kecken jungen Soldaten, mit salopp seitlich aufgesetztem Kavalleriekäppi und verwegenem Gesichtsausdruck, der Gatliffs Skulptur sehr ähnlich war. Der Mann auf dem Foto war Sergeant Miles O'Hara. Als Gatliff ihrer Skulptur ein Käppi aufsetzte, teils auch, um den in ihren Augen ziemlich groben Haarschopf zu verdecken, den sie ihr gegeben hatte, war die Ähnlichkeit geradezu unheimlich.

Scott nahm die Skulptur mit zurück nach Lincoln und zeigte sie seinen Kollegen. Die Unterlagen über O'Hara untermauerten das augenscheinliche Zeugnis. O'Hara war zum Zeitpunkt seiner letzten Schlacht 171 Zentimeter groß sowie 25 Jahre und acht Monate alt gewesen. Die Video-Überblendung erbrachte eine exakte

Übereinstimmung zwischen dem Foto und dem Schädel. Um die Zuverlässigkeit der Technik zu überprüfen, wandte sie das Team auf die Fotos von drei anderen, in der Nähe von O'Hara getöteten Soldaten an. Der Schädel paßte zu keinem der drei. Man konnte also einen weiteren Erfolg verbuchen.

Erneut mußten die Archäologen sich eingestehen, daß die harten Indizien im Widerspruch zu den historischen Berichten über die Schlacht standen. O'Hara war in der Schlacht im Tal gefallen, doch seine Leiche war nachgewiesenermaßen auf dem Reno Hill beigesetzt worden. Snow vermutete, daß er nur verwundet und anschließend in ein Feldlazarett gebracht worden war.

In einer schalkhaften Stimmung äußerte Snow die Vermutung, die Knochen des Little Bighorn könnten noch weit größere Überraschungen bereithalten. Nachdem er sich eine Weile in die Unterlagen über Custers Begräbnis auf dem Schlachtfeld und seine nachfolgende Exhumierung zum Zweck der Überführung nach West Point vertieft hatte, schrieb er folgenden Bericht:

»Nach Aussage von Sergeant John Ryan von der M-Kompanie, der Custers Beisetzung persönlich beaufsichtigte, wurde diese mit besonderer Sorgfalt durchgeführt. Im Gegensatz zu der Verfahrensweise bei den anderen Toten, die man in Gräber legte, welche kaum tief genug waren, um den Körper zu bedecken, hob man für den General ein Grab mit einer Tiefe von etwa 46 Zentimetern aus. Es wurde darüber hinaus breit genug gemacht, daß auch der Leichnam von Custers Bruder Tom darin Platz fand. Dann wurden beide Leichen Seite an Seite hineingelegt. Der General war von zwei Kugeln getroffen worden; eine war in die linke Schläfe eingedrungen, und eine zweite hatte ihn in die Brust getroffen. Er hatte auch eine Wunde an seinem rechten Unterarm, die entweder von einer dritten Kugel herrührte oder von einem wiederaustretenden Fragment der Kugel, die die Brustwunde verursacht hatte. Er war weder skalpiert worden noch hatte man ihm Glieder abgehackt . . .

Bevor man das Grab zuschaufelte, bedeckte man die Leichen mit Decken und einigen Zeltplanen. Schließlich wurde noch ein indianischer »Travois« (eine von Pferden gezogene Trage), den man in dem verlassenen Indianerlager gefunden hatte, über das Grab gelegt und mit Steinen beschwert. Obwohl bei weitem nicht pharaonisch, hätte eine solche Bestattung ausreichen müssen, um die Leichen vor den Elementen und tierischen Aasfressern zu schützen, die mit vereinten Kräften die flacheren Gräber der rangniedrigeren Toten freilegten. Man hätte also erwarten können, daß die Exhumierungsmannschaft zwei vollständige Skelette vorgefunden hätte . . .«[6]

Statt dessen aber enthielt das Grab, das man 1881 bei der Bergung von Gebeinen der Offiziere und einiger Zivilisten auf dem Schlachtfeld als dasjenige Custers identifizierte, nur einen Leichnam. Nachdem man die sterblichen Überreste ausgegraben hatte, stellte sich heraus, daß die zusammen mit den Knochen gefundene, bereits in Auflösung begriffene Uniformbluse den Namen eines Unteroffiziers trug. Also versuchte man es mit einem anderen Grab, von dem man annahm, daß Custer in ihm begraben sein könnte. Darin fand man aber lediglich einen einzigen Schädel, mehrere Rippen und einen Oberschenkelknochen, die aller Wahrscheinlichkeit nach von ein und derselben Person stammten. Obwohl manche Mitglieder der Ausgrabungsmannschaft Zweifel äußerten, wurden diese Knochen als zum General gehörig deklariert und nach West Point überstellt.

»Es erschien ebenfalls befremdlich, daß offensichtlich keinerlei Reste der Decken und Zeltplanen gefunden wurden, die man über die Toten gebreitet hatte«, bemerkte Snow nach dem Studium der Unterlagen. Es könnte also durchaus sein, mutmaßt er, daß der im Sarg von General Custer beigesetzte Mann gar nicht George Armstrong Custer ist.

8

Der gefallene Todesengel

Am 6. Juni 1985 stand der Leiter der Bundespolizei von São Paulo in Brasilien am Rand eines Hügelgrabes auf dem Friedhof des Dorfes Embú. Die Arme über der Brust gekreuzt, sah Romeu Tuma dabei zu, wie drei Totengräber sich mit Hacken und Schaufeln an dem unkrautüberwucherten Grab zu schaffen machten. Seit fast einer Stunde mühten die Männer sich schon damit ab, ihre Spaten in den harten Boden zu treiben und große rote Erdbrocken aus der zusehends breiter werdenden Mulde herauszuschaufeln.

Die Hacke von einem der Totengräber traf endlich auf Holz. Tuma neigte sich nach vorn und gab gleichzeitig einem weiteren Mann die Anweisung, ebenfalls in das Loch hinabzusteigen. Die Männer räumten daraufhin die noch vorhandenen Erdklumpen vom Deckel eines Sarges weg und versuchten, ihn mit der Hacke aufzusprengen. Der Deckel rührte sich nicht von der Stelle. Sechs Jahre in feuchter Erde hatten die Riegel derart verrosten lassen, daß sie sich nicht mehr bewegen ließen.

Tuma befahl einem der Totengräber, den Sargdeckel zu zertrümmern. Mit einem Hieb seiner Hacke zersplitterte der Mann das morsche Holz, und nach einem zweiten Schlag gelang es ihm schließlich, den Deckel aufzureißen. Im Sarg lag zwischen zerlumpten Kleidungsstücken ein Durcheinander von modrigen Knochen.

Der Polizist blickte auf die sterblichen Überreste und lugte dann aus den Augenwinkeln zu Liselotte Bossert, einer hochgewachsenen, abgespannt wirkenden Frau mit kurzen grauen Haaren und breiten Schultern, die neben ihrem Mann Wolfram am Grab stand. Gleichsam mechanisch wischte sie sich mit den Spitzen ihrer blassen Finger die Tränen aus den Augenwinkeln.

Zwei Tage zuvor hatte die brasilianische Polizei, einem Hinweis westdeutscher Ermittler folgend, die Bosserts überraschend in ihrem Haus in Embú, ungefähr 20 Kilometer westlich von São Paulo, aufgesucht. Wolfram gab sich zunächst der Polizei gegenüber offen, wurde dann jedoch von Liselotte mit einigen scharfen deutschen Worten zum Schweigen gebracht. Schließlich gelang es der Polizei doch, die Zurückhaltung des Paares zu brechen und es zu überreden, Tuma zu dem Friedhof in Embú zu führen. Die Frau hatte dort ihren nachdrücklichen Beteuerungen zufolge 1979 das Begräbnis eines Mannes arrangiert, der unter dem Namen Wolfgang Gerhard bestattet worden war. Es handelte sich bei dem Toten angeblich um einen mit den Bosserts befreundeten österreichischen Emigranten. Liselotte sagte aus, der von ihr beerdigte Mann sei bei einem Badeunfall ums Leben gekommen. Der Name Gerhard sei allerdings nur angenommen gewesen, gestand sie schließlich, doch hätten die Bosserts seine wahre Identität seit langem gekannt. Gerhard war in Wirklichkeit Josef Mengele, der sogenannte »Todesengel von Auschwitz«, jener Naziarzt, der 400000 Menschen, von denen er viele zuvor gequält hatte, in Auschwitz in den Tod geschickt hatte. Seither stand er auf der Liste der weltweit gesuchten Mörder ganz oben.

Am geöffneten Grab bahnte sich Dr. José Antonio de Mello, der stellvertretende Direktor des forensischen Labors der Polizei, seinen Weg durch die Scharen von Journalisten, Fotografen und Neugierigen, die sich gleich von einem Magnet angezogenen Eisenspänen um das Grab drängten. Mit seinen glänzenden schwarzen Schuhen glitt der rundliche, geschäftige de Mello im Schmutz aus, als er sich zu dem Sarg niederkniete. Er legte die Gebeine in eine lange weiße Plastikkiste, hob sich jedoch den zerbrochenen Schädel bis zum Schluß auf, um ihn zuvor noch für die Menge deutlich sichtbar hochzuhalten. Innerhalb weniger Stunden sollte dieses Bild weltweit über Millionen Fernsehschirme flimmern.

Tuma trat vom Grab zurück und sah in die Runde. Dies war ein erhebender Moment für Brasilien, für dessen Polizei und insbesondere für Romeu Tuma. Er wußte genau, daß alles, was er nun sagen würde, schon bald in die Nachrichtenredaktionen überall auf der Welt telegrafiert werden würde. Tuma sprach deutlich und feierlich, wobei sich unter seinem buschigen schwarzen Schnauzbart ein leises Lächeln abzeichnete: »Ich kann kategorisch erklären«, sagte er, »daß er zweifelsfrei tot ist.«[1]

In annähernd 13000 Kilometern Entfernung knallte Ralph Blumenthal, ein altgedienter, auf Recherchen spezialisierter Journalist der »New York Times«, eine Meldung auf seinen Schreibtisch, die gerade über den Fernschreiber hereingekommen war. Er blickte zu dem Reporter auf, der ihm gerade die Meldung gebracht hatte, und sagte mit einem Lachen: »Das ist die lächerlichste Geschichte, die ich jemals gehört habe. Es ist zu perfekt. Überall auf der Welt sucht man nach dem Kerl, und dann präsentieren sie in Brasilien auf einmal diese Knochen. Wenn du mich fragst, ist das ganz offensichtlich ein Trick.«[2]

Blumenthal hatte allen Grund, skeptisch zu sein. Wenige Journalisten wußten so viel über die Halbwelt der Nazi-Kriegsverbrecher wie er. Anfang der siebziger Jahre hatte er eine Artikelserie über die »Operation Paper Clip« geschrieben. Dieser Codename war von der US-Einwanderungsbehörde für eine Operation benutzt worden, bei der sie kurz nach dem Krieg Dutzenden von Naziwissenschaftlern dabei half, ihre Vergangenheit zu verschleiern und sich in den Vereinigten Staaten niederzulassen. Seit dieser Zeit hatte Blumenthal nach überlebenden Nazi-Verbrechern gejagt und sich dabei besonders auf den Fall Mengele spezialisiert. Der meistgesuchte Kriminelle der Welt konnte seiner Ansicht nach nicht tot sein. Seine Quellen besagten, daß Mengele sich in einer deutschen Enklave im südamerikanischen Dschungel verborgen hielt.

Josef Mengele war einer der letzten Überlebenden, die in leitender Funktion an Hitlers Plan der »Endlösung«, das heißt dem Vorhaben, alle europäischen Juden auszurotten, maßgeblich mitgewirkt hatte. Der 1911 als Sohn einer wohlhabenden bayerischen Familie geborene Mengele legte schon früh einen hochfliegenden Ehrgeiz an den Tag. Eines Tages, so erzählte er einem Schulfreund, würde man seinen Namen im Lexikon lesen. Er entwickelte eine Leidenschaft für klassische Musik und fand Vergnügen an schnellen Autos. Am stärksten jedoch faszinierte ihn die Wissenschaft.

Im Jahr 1930 verließ Mengele sein Elterhaus in Günzburg und schrieb sich an der Münchener Universität ein, wo er zunächst einen Abschluß in Anthropologie und anschließend auch in Medizin machte. 1938 trat er Hitlers persönlicher Polizei- und Sicherheitstruppe bei, der Schutzstaffel (SS). Später hielt er sich als Mitglied der Genealogischen Abteilung des »Rasse- und Siedlungs-Hauptamts der SS« neun Monate lang im besetzten Polen auf.

Dem direkten Befehl Heinrich Himmlers unterstellt, hatten Mengele und andere SS-Ärzte den Auftrag, die »annektierten Gebiete von allen Nicht-Deutschen zu säubern« und die rassische Eignung derjenigen zu untersuchen, die dort angesiedelt werden sollten. 1941 stieß Mengele zu den deutschen Truppen in der Ukraine, wo er schon bald als »ein besonders begabter Sanitätsoffizier« auffiel. Bis 1943 hatte er es bereits zum Hauptmann gebracht, und im Mai desselben Jahres wurde er nach Auschwitz versetzt, in das größte jener Vernichtungslager, in denen das Völkermordprogramm des Dritten Reiches in die Realität umgesetzt wurde.

Überlebende von Auschwitz können sich noch lebhaft an den Mann erinnern, der ihnen im Morgendunst am Ausladebahnhof des Todeslagers gegenüberstand. Es war ein gutaussehender, überaus gepflegter Offizier mit einer aufrechten Körperhaltung, dunklen Haaren und dunklem Teint. Stets stand er mit hocherhobenem Haupt da, auf dem schräg seine SS-Mütze saß, und hielt entweder eine Reitpeitsche oder einen Rohrstock mit silberner Kappe in seinen behandschuhten Händen. Im Sommer trug er Hosenträger und ein Khakihemd. Und selbst im Winter, wenn eisige Winde durch das Lager fegten, sah er in seinem knielangen Ledermantel und seinen auf dem gefrorenen Schlamm glänzenden schwarzen polierten Stiefeln stets makellos aus. Mengele sprach selten, er wies immer nur mit dem Daumen in die eine und dann wieder in die andere Richtung. Die eine Richtung bedeutet den sofortigen Tod, die andere das Leben.

Beim Mustern der Neuankömmlinge an der Transportrampe veränderte Mengele nur selten seinen kalten, unbeteiligten Gesichtsausdruck. Dann und wann aber, zum Beispiel wenn seine Augen auf ein Zwillingspaar fielen, ließ er sich zu einem Lächeln hinreißen, bei dem die deutliche Lücke zwischen seinen beiden Vorderzähnen zutage trat. In solchen Fällen rief er dann: »Zwillinge heraustreten!« Mark Berkowitz, der bei seinem Eintreffen in Auschwitz zwölf Jahre alt war, erinnert sich an Mengeles faszinierten Gesichtsausdruck, als dieser auf ihn und seine Zwillingsschwester herabblickte. »Er stellte meiner Mutter nur eine einzige Frage: ›Ihr Sohn ist blond, und Ihre Tochter sieht wie eine Zigeunerin aus; wie erklären Sie sich das?‹«[3] Für Mengele, den Anthropologen, waren diese Kinder seltene Objekte für Experimente, mit denen er sich in der Wissenschaftsgeschichte einen Namen machen wollte.

Mengele brachte die Zwillingspaare in gesonderten Baracken unter, wo sie komfortable Betten und gutes Essen bekamen.

Manchmal brachte er ihnen auch Schokolade mit. Er nahm akribische anatomische Messungen an ihren Köpfen, Augen, Nasen, Ohren und Gliedmaßen vor. Ein Überlebender erinnert sich: »Er konzentrierte sich jeweils auf einen einzigen Körperteil. . . (einmal) vermaß er ungefähr zwei Stunden lang nur unsere Augen.«[4]

Das Interesse Mengeles an der Humanmorphologie ging auf seine Studentenzeit zurück. Seine anthropologische Dissertation trug den Titel »Rassenmorphologische Untersuchung des vorderen Unterkieferabschnittes bei vier rassischen Gruppen«. In München und in Frankfurt hatte er sich mit Eugenik befaßt, einer Disziplin, die sich ursprünglich der Vermeidung von Erbkrankheiten widmete, zunehmend aber zu einer pseudobiologischen Theorie verkommen war, die Geistesschwache, Geisteskranke und Mißgebildete als schädlich für die menschliche Rasse betrachtete.

Anfang der zwanziger Jahre hatten sich die Eugeniker bereits wie Unkraut über die Universitäten fast der gesamten westlichen Welt ausgebreitet. In den Vereinigten Staaten schafften es Verfechter dieser Theorie, die Gesetzgeber in 25 Bundesstaaten zur Verabschiedung von Gesetzen zu veranlassen, die die Zwangssterilisierung geisteskranker Krimineller und anderer als biologisch minderwertig betrachteter Personen verfügten.[5] Es waren jedoch die Nazieugeniker, die aus dieser Theorie die grausamsten Konsequenzen zogen. Sie vertraten die Auffassung, Ärzte hätten »wertloses« Leben zu zerstören, um die arische Rasse zu reinigen. Diese Theorie des »lebensunwerten Lebens« führte zu den schon 1933 verabschiedeten Zwangssterilisierungsgesetzen, durch die Ärzte dazu ermächtigt wurden, Patienten zu sterilisieren, die an psychischen Krankheiten wie Schizophrenie, Chorea minor und manischen Depressionen, aber auch an erblicher Blindheit litten. Von 1934 an wurden Hundertausende gegen ihren Willen oder ohne ihr Wissen sterilisiert. Später bedienten sich die Nazis dieser Theorien zur Rechtfertigung für die »Euthanasie« an angeblich unheilbar Geisteskranken sowie für die Massenausrottung von »Zigeunern« (Sinti und Roma) und Juden.

In Auschwitz war Mengele fest davon überzeugt, seine Experimente an Zwillingen würden seine eigene Theorie beweisen, derzufolge durch geeignete Selektion und Züchtung die Qualität einer Rasse verbessert werden könnte. Er schlußfolgerte, daß die bei Zwillingen identischen Merkmale vererbt sein und deshalb auch genetisch steuerbar sein müßten.

Unterstützung für seine »Forschungen« in Auschwitz erhielt

Mengele von der Deutschen Forschungsgemeinschaft. Außerdem hatte er in seinem Mentor, Professor Otmar Freiherr von Verschuer, dem Direktor des Kaiser-Wilhelm-Instituts für Anthropologie, Vererbungslehre und Humangenetik in Frankfurt, einen starken Fürsprecher. Mengele verwendete das ihm zu Verfügung gestellte Geld, um in Auschwitz in einem der Krematorien ein spezielles Pathologielabor einzurichten. Nachdem er seine Experimente an einem Zwillingspaar abgeschlossen hatte, ließ er es in vielen Fällen töten und zur Sezierung in sein Labor bringen. Anhand des Vergleichs von gesunden und kranken Organen wollte er dann die Auswirkungen der Vererbung nachweisen. Diese und andere Forschungsergebnisse, die er während seiner 21 Monate in Auschwitz zusammengetragen hatte, schickte er dann zur weiteren Analyse ins Frankfurter Institut.

Neben den Zwillingen wählte Mengele auch andere Lagerinsassen aus, um an ihnen seinen »wissenschaftlichen« Ehrgeiz zu befriedigen. In den Hospitalblocks sonderte er die schwächsten Patienten aus und ließ sie in sein Labor bringen. In den von den Westdeutschen zwischen 1959 und 1981 ausgestellten Haftbefehlen und Anklageschriften wurde Mengele beschuldigt, die Schmerzbelastbarkeit junger Frauen getestet zu haben, indem er sie unter Strom setzte.[6] Außerdem wurde ihm vorgeworfen, eine Gruppe polnischer Nonnen intensiver Strahlung ausgesetzt zu haben, von der diese schwere Verbrennungen davontrugen. Bei anderen Gelegenheiten führte er an gesunden Lagerinsassen Knochenmarksverpflanzungen durch, aus dem schlichten Grund, weil er die Ergebnisse beobachten wollte.

Das erste, was die am 27. Januar 1945 auf Auschwitz vorrückenden russischen Soldaten sahen, waren riesige Backsteinschornsteine. Als sie das Lager betraten, sahen sie, daß in den Öfen noch Glut war. Die Nazis waren geflohen; im Lager hatten sie Hunderte von überall verstreut liegenden Leichen zurückgelassen.

In der Nacht, als Mengele Auschwitz verließ, stattete er der Lageranthropologin Martina Puzyna einen letzten Besuch ab. »Mengele kam in mein Büro, ohne ein Wort zu sagen«, erzählte sie Jahre später dem Schriftsteller John Ware.[7] »Er raffte alle meine Unterlagen zusammen, packte sie in zwei Schachteln und ließ diese dann zu einem draußen wartenden Auto bringen.« Von dieser Nacht an tauchte Mengele in der Anonymität des stetig wachsenden Stroms deutscher Soldaten unter, die in Richtung Westen zurückwichen. Obwohl er im Juni 1945 von amerikanischen Truppen in Bayern gefangengenommen wurde, gelang es diesen nicht, ihn als SS-Offizier zu identifizieren. Nachdem die US-Army ihn wieder laufengelassen hatte, fand er immer wieder bei Nazisympathisanten Unterschlupf, bis er München erreichte. Von dort aus führte ihn sein Weg nach Rosenheim in der Nähe der österreichischen Grenze, wo Freunde ihm eine Arbeitsstelle auf einem Bauernhof verschafft hatten. Hier blieb er bis zum August 1948, ehe er sich dann in der Nähe seiner Geburtsstadt Günzburg niederließ. Im Frühjahr 1949 mußte Mengele immer deutlicher erkennen, daß sich das Netz, das von denen ausgeworfen worden war, die für die Greueltaten der Nazis an den Tätern Vergeltung üben wollten, über kurz oder lang auch um ihn zusammenziehen würde. Er floh also über die Alpen nach Genua, wo er sich einen Ausweis des Internationalen Roten Kreuzes auf den Namen Helmut Gregor verschaffte. Mitte Juli 1949 bestieg der »Todesengel« mit einem kleinen Koffer voller Unterlagen aus Auschwitz die »North King«, ein Passagierschiff, das nach Argentinien auslief.

Damit nahm eine Odyssee ihren Anfang, die 30 Jahre dauern sollte. Während dieser Zeit wurde Mengele in mehr als zehn Ländern angeblich tot oder lebend gesichtet. 1968 behauptete ein ehemaliger Angehöriger der brasilianischen Polizei, Mengele am Paraná-Fluß zwischen Paraguay und Argentinien aufgespürt und bei einem Feuergefecht in den Hals und in die Brust geschossen zu haben. 1979 verdrängte Mengele sogar die UFOs von der Titelseite des »National Enquirer«. In diesem Jahr behauptete der Naziverfolger Simon Wiesenthal, Mengele lebe in einer geheimen Nazikolonie am Fluß der chilenischen Anden. Dann wieder erschienen Meldungen, er halte sich in Asunción auf, wo er sich angeblich mit Bienenzucht beschäftige und man ihn oft in einer schwarzen Limousine durch die Straßen fahren sehe. 1981 veröffentlichte das Magazin »Life« eine sensationelle Geschichte, die besagte, daß der flüchtige Nazi ein Haus in Bedford Hills, circa 55 Kilometer nördlich von New York City, bezogen hatte. Mengeles letzter »Tod« ereignete sich dann im März 1985, als ein Mann, der in Lissabon Selbstmord beging, einen Abschiedsbrief hinterließ, in dem er behauptete: »Ich bin Josef Mengele.« Die westdeutsche Polizei untersuchte den Leichnam und erklärte, daß es sich bei dem Toten nicht um Mengele handelte.

Bei der »New York Times« war auch Ralph Blumenthal in den

Strudel der Jagd nach Mengele hineingezogen worden, einer Jagd, bei der sich die Ereignisse mitunter derart überschlugen, daß die Fakten mit ihnen nicht Schritt halten konnten. Anfang 1986 griff Blumenthal eine Spur auf, die darauf hindeutete, daß Mengele in Uruguay in einer Villa am Meer ein luxuriöses Leben führte. Die »Times« schickte Blumenthal daraufhin nach Los Angeles zum dortigen Büro des von Simon Wiesenthal gegründeten Jüdischen Dokumentationszentrums in Wien. Dort zeigte man ihm Fotos von Mengele, wie der sich neben einem Swimmingpool räkelte. Blumenthal flog nach Paris, um diese Information an Serge und Beate Klarsfeld weiterzugeben, die sich ebenfalls der Verfolgung von Naziverbrechern gewidmet haben. Von Paris flog er weiter nach Frankfurt, um dort mit deutschen Ermittlern zu sprechen.

Die Jagd hatte 1984 mit einer Mantel-und-Degen-Geschichte begonnen, deren Urheber der westdeutsche Journalist Herbert John und der ehemalige argentinische Polizist Saul Sztemberg waren. Sie behaupteten, von einem Oberst aus Uruguay angesprochen worden zu sein, der seinerseits eine mit Mengele liierte Prostituierte zu kennen vorgab. Diese hatte angeblich dem Oberst erzählt, daß sie den alternden Naziarzt, der sich Walter Branaa nannte, einmal im Monat in einer seiner Villen an der Atlantikküste Uruguays besuchte.

John und Sztemberg schlossen daraufhin einen Handel mit dem Oberst ab und gaben die Information an die »New York Post« weiter. Ende 1984 schickte die Zeitung ihren Reporter Charles Lachman nach Buenos Aires, um mit Sztemberg zu sprechen. Als Lachman bei Sztemberg eintraf, fand er dort Richard White vor, ebenfalls ein Vertreter der schreibenden Zunft. White, ein spindeldürrer Abenteurer Anfang Vierzig, sprach fließend Spanisch und hatte bereits zwei Bücher über Lateinamerika geschrieben. Er plante, Mengele alias Branaa zu entführen. Nachdem Lachman die Nacht hindurch mit White verhandelt hatte, erklärte sich dieser schließlich dazu bereit, den Reporter auf seine Aufklärungsmission mitzunehmen, bei der dieser Fotos von dem Playboy Mengele in dessen Liebesnest schießen wollte. Als Gegenleistung erhielt White das Versprechen, daß die »Post« ihn auf ihre Gehaltsliste setzen würde.

Sobald sie in Uruguay waren, legten sich White und Lachman bei einem von Branaas Anwesen auf die Lauer. Sie bauten sich in einem nahegelegenen Gehölz einen notdürftigen Unterstand und wechselten sich in der Beobachtung der Villa ab. Das Warten machte sie nervös, aber sie fühlten sich gleichzeitig durch das Versprechen des New Yorker Verlegers beruhigt, daß Senator d'Amato ihnen helfen würde, falls sie Ärger mit den Behörden bekommen sollten. Schließlich gelang es ihnen, vier Schnappschüsse von Branaa zu machen, als dieser auf seinem Grundstück einen Spaziergang machte. Daraufhin flogen beide unverzüglich nach New York zurück, ließen Computervergrößerungen von den Bildern anfertigen und gingen mit ihnen zuversichtlich zum Büro des New Yorker Leichenbeschauers. Ihre Hoffnungen erhielten einen schweren Dämpfer, als ihnen die beratende Anthropologin Peggy Caldwell eröffnete, daß die Bilder für eine Analyse zu unscharf seien.

Lachman und White kehrten also wieder nach Uruguay zurück, diesmal jedoch zusammen mit Dan Brinzac, dem Fotografen der »Post«. Sie mieteten ein Wohnmobil, brachten Vorhänge darin an und parkten es in 100 Metern Entfernung von der Villa. Dann legten sie sich auf die Lauer. Als Branaa die Verandastufe zu seinem Swimmingpool hinabstieg, drückte Brinzac auf den Auslöser seiner mit einem 2000-Millimeter-Objektiv ausgestatteten Kamera. Die Nahaufnahmen zeigten Branaa, eine Goldkette auf seiner behaarten Brust, wie er genau in die Richtung der Kamera blickte. Auf einer weiteren Fotoserie war er in Badehose neben einem Swimmingpool zu sehen, ins Gespräch mit einer korpulenten Frau mit kurzen dunklen Haaren vertieft.

Überzeugt, daß sie nunmehr alles hatten, was sie benötigten, kehrten die drei Amateurdetektive nach New York zurück. Dort ließen sie von ihrem Bildmaterial drei Abzüge machen. Einen Satz davon übergaben sie Peggy Caldwell, zusammen mit einer SS-Fotografie von Mengele aus dem Jahr 1938; den zweiten Satz erhielt J. Lawrence Angel, der inzwischen verstorbene berühmte biologische Anthropologe an der Smithsonian Institution in Washington; der dritte Satz schließlich war für Ellis Kerley bestimmt, einen forensischen Anthropologen an der University of Maryland. Um jede Voreingenommenheit bei der Analyse auszuschließen, äußerte Angel gegenüber White die Bitte: »Ich möchte nicht, daß sie mir sagen, wer das ist.«[8] Nach seinen eigenen Angaben ließ White auch gegenüber Caldwell und Kerley nichts über die mutmaßliche Identität des Mannes auf den Fotos verlauten.

Unabhängig voneinander nahmen die drei Wissenschaftler eine Analyse der Fotos von 1938 und 1985 vor. In ihrem Bericht beschreibt Peggy Caldwell, wie sie körperliche Merkmale vermaß und bewertete, unter anderem die »Neigung der Stirn«, die »Fettsucht des oberen Augenlids« und die »Mund-Nase-Sorgenfalten«.[9] Sie fand ein Diastema, eine Lücke zwischen den beiden oberen Schneidezähnen, die zwar auf den Fotos des jungen Mengele, nicht jedoch auf den späteren Bildern zu erkennen war. Obwohl diese Diskrepanz sie verwirrte, schrieb sie sie »einem Altersfaktor ... aufgrund einer Mesialverschiebung zu, die in dem Zeitraum zwischen 1937 und 1985 beträchtlich gewesen sein konnte«!

Alle drei Wissenschaftler kamen zu ähnlichen Schlußfolgerungen. Sowohl Kerley[10] als auch Angel[11] behaupteten, daß das SS-Foto und das in Uruguay geschossenen Foto mit einer Wahrscheinlichkeit von 95 Prozent ein und denselben Mann zeigten. Später erinnerte sich White, daß Kerley Whites Zweifel an dem Analysebefund mit der Bemerkung abgetan hätte: »Nun, in gewisser Weise verwette ich meine Berufsehre darauf.« Angel fand die Ähnlichkeit derart auffallend, daß er White gegenüber versicherte, er würde »damit falls nötig sogar vor Gericht gehen«. Nach einer näheren Erklärung gefragt, antwortete Angel: »Es ist genauso, als würde man in 15 Metern Entfernung ein Auto herankommen sehen und dann sagen: ›Das ist ein Mercedes.‹ So läuft das bei uns in der Regel.«

In ihrem Bericht kam Caldwell zu dem Schluß, es stehe »mit mindestens neunzigprozentiger Wahrscheinlichkeit fest, daß diese Fotos von ein und demselben männlichen kaukasoiden Individuum zu verschiedenen Zeitpunkten seines Lebens aufgenommen wurden«.

White und Lachman jubelten. Am 4. Februar flogen die beiden nach Israel, um dort mit Angehörigen des israelischen Geheimdienstes Mossad zusammenzutreffen. Laut Whites Darstellung billigten die israelischen Agenten den Fotos zwar eine gewisse Aussagekraft zu, sagten aber gleichzeitig, sie müßten ihre eigenen Leute nach Uruguay schicken, um die Geschichte zu überprüfen.

Die beiden Journalisten kehrten nach New York zurück. Die nächsten Wochen verbrachten sie damit, ihren nächsten Schritt zu planen: die Entführung des vermeintlichen Mengele. In der Zwischenzeit hatten jedoch sowohl Ralph Blumenthal als auch die Fernsehgesellschaft NBC von der Geschichte Wind bekommen; die NBC schickte gleich ein vollständiges Filmteam nach Uruguay.

Mit einemmal begann sich die Geschichte jedoch wie eine Sandburg bei Flut aufzulösen. Lachman erhielt einen Anruf von den

Israelis: Walter Branaa, so beteuerten sie, sei nicht der Mann, für den ihn die forensischen Experten hielten.

Damit hätte diese Episode eigentlich beendet sein können. »Die Medien«, so White später, »witterten einfach eine zu große Story, als daß sie so kurz vor dem Ziel aufgeben wollten.« Vielleicht irrten sich die Israelis. John Martin von der ABC wollte Whites Informationen über Branaa haben, und dieser verkaufte sie ihm schließlich für 15 000 Dollar. Daraufhin tauchte ein Team der ABC bei Branaas Villa auf. Branaa war schockiert über die Behauptung, er sei Mengele. Zum Beweis des Gegenteils legte er seine Geburtsurkunde und seine Schulzeugnisse vor. Er sprach sogar ein Spanisch mit uruguayischem Akzent, und sein Sohn war ein landesweit bekannter Rockstar. Die Fernsehleute waren überzeugt: Wieder einmal hatten Nazijäger, denen ihre Jagdleidenschaft den Blick für das Offensichtliche getrübt hatte, eine Mengele-Legende geschaffen.

1985 erhielt die Jagd nach den Nazi-Mördern neuen Auftrieb. In diesem Jahr jährte sich die Befreiung von Auschwitz zum vierzigsten Mal, und die offiziellen Stellen sahen sich von Überlebenden des Lagers dem Druck ausgesetzt, Mengele um jeden Preis zu fassen. Die ersten Wellen schlugen hoch, als das Simon-Wiesenthal-Center im Dezember 1984 mit großem Wirbel Dokumente des US-Geheimdienstes veröffentlichte, die belegten, daß die amerikanischen Truppen Mengele nach dem Krieg in Gewahrsam gehabt, ihn dann jedoch wieder laufengelassen hatten. Im Zuge dieser Veröffentlichung setzte das Center eine Belohnung in Höhe von einer Million Dollar für Hinweise auf den Aufenthaltsort des Naziarztes aus. Bald wurden auch noch von anderen Seiten Belohnungen ausgesetzt, bis schließlich für die Ergreifung von Mengele eine Belohnung in der unglaublichen Höhe von 3 458 000 Dollar winkte.

Am 17. Januar 1985 hielt eine Gruppe von Überlebenden des Todeslagers eine Mahnwache an den Toren von Auschwitz ab. Vor laufenden Fernsehkameras drängten sich die ehemaligen Lagerinsassen wegen der Kälte eng aneinander. Sie beschrieben Mengeles Greueltaten und äußerten ihre Empörung darüber, daß er immer noch frei war. Eine Woche später veranstaltete Simon Wiesenthal in Jerusalem eine Scheingerichtsverhandlung gegen den »Todesengel«. Vier Nächte hintereinander konnten Fernsehzuschauer überall auf der Welt zusehen, wie Dutzende von Überlebenden in den

Zeugenstand traten, um Mengeles grausame Experimente zu schildern.

Die Öffentlichkeit auf diese Weise wachzurütteln, zeigte Wirkung: Schon wenige Tage später gaben die Regierungen Amerikas, Israels und der Bundesrepublik Deutschland bekannt, sie wollten einen neuen Versuch unternehmen, Josef Mengele zu finden. Der Justizminister der USA, William French Smith, versicherte, seine Regierung sei bestürzt über die Enthüllung, daß Mengele sich nach dem Krieg möglicherweise in amerikanischem Gewahrsam befunden hatte. Er wies das Office of Special Investigations (OSI) des Justizministeriums an, in Zusammenarbeit mit der Bezirkspolizei die Suche nach Mengele zu leiten. Das 1979 von der Administration unter Präsident Jimmy Carter gegründete OSI war bereits mit der Aufgabe betraut, flüchtige Nazis, die sich unter Verschweigen ihrer Verbrechen am Ende des Krieges Zutritt zu den Vereinigten Staaten verschafft hatten, aufzuspüren und abzuschieben. »Ja, ich glaube, wir kriegen ihn«, sagte Neal Sher, der Direktor des OSI, nach Smiths Ankündigung zur Presse. »Ich bin mir zu 99 Prozent sicher.«[12]

Shers westdeutsche und israelische Kollegen teilten seinen Optimismus. »Ich bin sicher, daß er noch am Leben ist, und ich bin zuversichtlich, daß wir ihn fangen werden«, verkündete der auf westdeutscher Seite mit den Ermittlungen betraute Staatsanwalt Hans Eberhard Klein.[13] Sher und Klein sowie Menachem Russek, der Leiter der Abteilung Naziverbrechen bei der israelischen Polizei, versprach, bei diesem neuen Vorstoß zur Ergreifung Mengeles zusammenzuarbeiten. Von den nun folgenden Ereignissen wurden die amerikanischen und israelischen Ermittler allerdings völlig überrascht.

Am 31. Mai 1985 führten Beamte des westdeutschen Bundeskriminalamtes, ohne die Amerikaner und Israelis vorher zu informieren, dem Hinweis eines Universitätsprofessors folgend, im Haus von Hans Sedlmeier in Günzburg eine Razzia durch. Sedlmeier war ein Freund Mengeles aus Kindheitstagen, und er hatte später die Einkaufsabteilung der Landmaschinenfabrik geleitet, die Mengeles Familie in Günzburg besaß. Der Professor hatte der Polizei mitgeteilt, er habe während seines Urlaubs im Spätherbst 1984 gemeinsam mit Sedlmeier und dessen Frau Renate gegessen. Gegen Ende des Essens, so die Aussage des Hochschullehrers, habe Sedlmeier damit geprahlt, Geld zu Mengele geschleust zu haben, der sich in Südamerika versteckt halte.

In Sedlmeiers Haus fand die Polizei ein verschlüsseltes Adreßbuch und Fotokopien von Briefen Mengeles, die Renate Sedlmeier unter den Fußbodendielen versteckt hatte. Einer der Briefe stammte von Wolfram Bossert. Darin teilte dieser »in tiefer Trauer den Tod unseres gemeinsamen Freundes« mit.[14]

Sechs Tage nach der Razzia in Günzburg kam in Washington Morgan Hardiman mit einer dringenden Nachricht in das Büro von Senator Alfonse d'Amato.[15] Als juristischer Berater des Senators von New York hatte Hardiman das zurückliegende Jahr damit zugebracht, Behauptungen zu untersuchen, denen zufolge sich Mengele nach dem Krieg im US-Gewahrsam befunden hatte und 1947 als Gegenleistung für Geheimdienstinformationen wieder freigelassen worden war. In enger Zusammenarbeit mit dem Simon-Wiesenthal-Center hatte Hardiman bisher geheimgehaltene Dokumente aufgespürt, die einen vom Senat eingesetzten Unterausschuß des Rechtsausschusses dazu veranlaßten, im Februar und März 1985 Anhörungen zu der möglichen Rolle der US-Army bei der Flucht des Naziarztes abzuhalten.

Diese Anhörungen erbrachten jedoch keine schlüssigen Beweise, weder für die Schuld noch für die Unschuld der US-Streitkräfte. Statt dessen entwickelten sie sich schon bald zu einem Katz-und-Maus-Spiel, bei dem die Ermittler des Justizministeriums und des Armeegeheimdienstes sich zugeknöpft gaben und immer wieder den Fragen des Unterausschusses auswichen. So teilte etwa ein Beamter des Justizministeriums den Senatoren mit: »Wir haben es hier (bei dieser Untersuchung) mit einer heiklen Angelegenheit zu tun, und zwar insofern, als im Augenblick Ermittlungen laufen; und wir bitten den Ausschuß mit allem Respekt darum, von einer weiteren öffentlichen Erörterung der laufenden Untersuchung oder der dabei eingeschlagenen speziellen Vorgehensweise abzusehen.«[16]

Nun, drei Monate später, stand Hardiman aufgebracht in d'Amatos Büro. Die brasilianische Polizei, sagte er, habe Mengeles Grab aufgespürt und wolle es noch an diesem Tag öffnen.

»Welche Rolle spielt das Justizministerium bei der Sache?« fragte d'Amato.

»Gerade erhielt ich einen Anruf von Sher (vom OSI). Er rief mich vom Flughafen aus an, wo er einen Flug nach Brasilien zu bekommen versucht. Er weiß nicht mehr als wir auch!«

»Holen Sie mir Leslie Lukash ans Telefon!« wies d'Amato ihn an.

Wenige Minuten später erhielt Dr. Leslie Lukash, der oberste Leichenbeschauer von Nassau County, New York, einen Anruf aus Washington.[17] Lukash, ein gedrungener, freundlicher Mann Ende Sechzig, war so etwas wie eine Institution unter den Gerichtsmedizinern New Yorks, da er seit mehreren Jahrzehnten in der Stadt und in deren Umkreis praktizierte. Er war seit den sechziger Jahren mit d'Amato befreundet und erkannte an der Stimme des Senators sofort, daß etwas in der Luft lag.

»Hast du schon von der Sache in Brasilien gehört?« fragte ihn d'Amato.

»Nein.«

»Also, die brasilianische Polizei behauptet, sie hätte Josef Mengeles Leiche gefunden.«

Lukash räusperte sich nervös.

»Leslie, ich weiß, es klingt absurd, aber ich glaube, die Deutschen nehmen das ernst. Sie haben schon zwei Ermittler losgeschickt.«

»Was ist mit den Amerikanern und Israelis?« fragte Lukash.

D'Amato antwortete, er wisse es nicht im Detail, aber es scheine ganz so, als habe das Justizministerium bis zum vorigen Tag keine Ahnung gehabt, was die Brasilianer und Deutschen vorhatten. Die Israelis waren skeptisch und befürchteten, daß es sich um eine Falschmeldung handelte. Ihm gehe es nun vor allem darum, daß die Leiche mit der dem Fall angemessenen Gründlichkeit und Sorgfalt untersucht werde. Lukash wußte, was nun kommen würde.

»Leslie, könntest du da runter fliegen?« fragte d'Amato. »Nur um ein Auge auf die Sache zu haben.«

Ja, antwortete Lukash, er werde gehen, aber nicht allein. Da es sich um Skelettüberreste handle, erklärte er dem Senator, könne eine wissenschaftliche Untersuchung, die auch nur einen Pfifferling wert sein solle, nur von einem Team durchgeführt werden. Er benötige einen Anthropologen, einen Odontologen und einen Radiologen. Dazu fielen ihm auch gleich die Namen einiger Experten ein: Clyde Snow war einer von ihnen; dann war da noch Lowell Levine, der forensische Odontologe; und schließlich gab es noch in Chicago einen Radiologen namens John Fitzpatrick. Ein Team wie dieses zusammenzustellen, fügte Lukash hinzu, werde aber einige Zeit in Anspruch nehmen. D'Amato war einverstanden. In der Zwischenzeit wollte er sich darum kümmern, daß das Justizministerium seine Zustimmung für die Entsendung des Teams gab.

Lukash legte den Hörer auf und lehnte sich in seinen Sessel zurück. Für ihn klang die Sache wie ein ausgemachter Schwindel. In seiner fünfunddreißigjährigen Laufbahn als forensischer Pathologe, mit mehr als tausend Autopsien pro Jahr, hatte er bereits genügend spektakuläre Ankündigungen erlebt, von denen unendlich viele schließlich in der Akte »Ungeklärt« endeten. Die meisten Erfolge, so hatte ihn die Erfahrung gelehrt, kamen nur deshalb zustande, weil die besten forensischen Spezialisten mit der richtigen Kombination aus Fachwissen und Erfahrung zusammmengearbeitet hatten. Er griff nach dem Telefon und wählte Snows Nummer in Norman, Oklahoma.

»Warum nicht?« meinte Snow, als er sich Lukashs Vorschlag angehört hatte. »Ich bin zwar gerade erst aus Argentinien zurückgekommen und habe meine Koffer noch gar nicht ausgepackt, und Jerry sagt, sie will verdammt sein, wenn sie es tut . . . Ja, die Sache interessiert mich.« Als nächsten rief Lukash Fitzpatrick an, der als einer der besten forensischen Radiologen der Welt galt. Fitzpatrick sagte, er müsse die Frage zunächst mit seinem Chef klären, im Prinzip sei er jedoch bereit. Den restlichen Nachmittag verbrachte Lukash damit, überall im Lande telefonische Nachrichten für Lowell Levine zu hinterlassen, den Zahnarzt, der dem Büro des Leichenbeschauers von Nassau in den letzten 15 Jahren schon in vielen Fällen unter die Arme gegriffen hatte. Wie sich herausstellte, war Levine gerade bei einer Reserveübung der Marine in New Orleans. Es sollten noch mehrere Tage vergehen, bis er Lukashs Anruf schließlich beantwortete.

Am Abend desselben Tages schaltete Snow um sechs Uhr bei sich zu Hause die Nachrichten ein, ließ sich in seinen Ledersessel zurückgleiten und streifte sich die Stiefel ab. Gleich zu Beginn der Nachrichtensendung sahen die amerikanischen Zuschauer Bilder des kleinen Bergfriedhofs in Brasilien. Auf dem Bildschirm war zunächst nur ein Gewimmel von Polizisten und Neugierigen zu sehen. Dann hielt ein neben dem Grab stehender Mann, dem Kommentator zufolge ein brasilianischer Wissenschaftler, irgend etwas hoch. Snow beugte sich vor, um dieses Etwas besser sehen zu können. Auf dem flackernden Bildschirm war nun deutlich ein zerbrochener Schädel zu erkennen. »Du lieber Himmel«, murmelte Snow in sich hinein, »sie machen ein verdammtes Volksfest aus der Sache.«

Auch Lukash saß um dieselbe Zeit vor dem Fernseher. Er vergaß nie, welchen Eindruck die Exhumierung im ersten Moment auf

Oben links: »Sonny« Snow im Alter von einem Jahr mit seinem Vater Wister in Ralls (Texas).

Oben rechts: Clyde Snow beim Vögelbeobachten in New Mexico (1952).

Rechts: Snow mit einem Beweisstück, einem Unterkiefer aus der anthropologischen Sammlung des Leichenbeschauers von Oklahoma City.

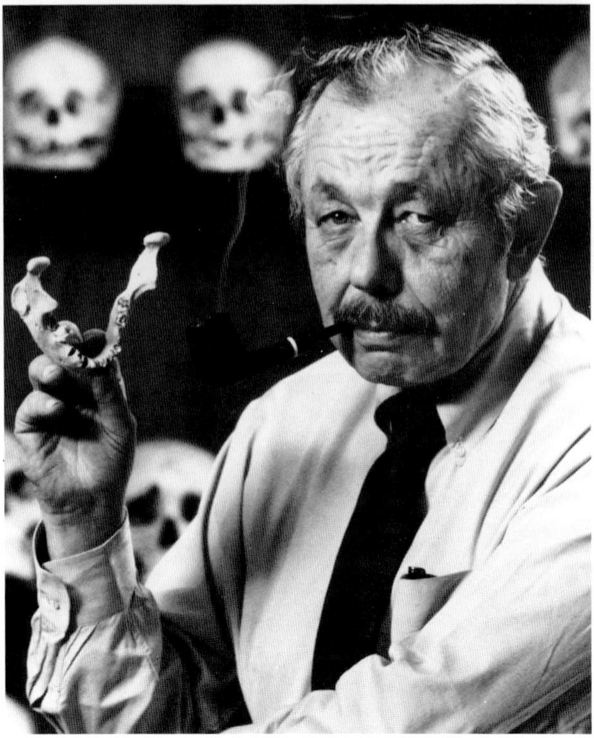

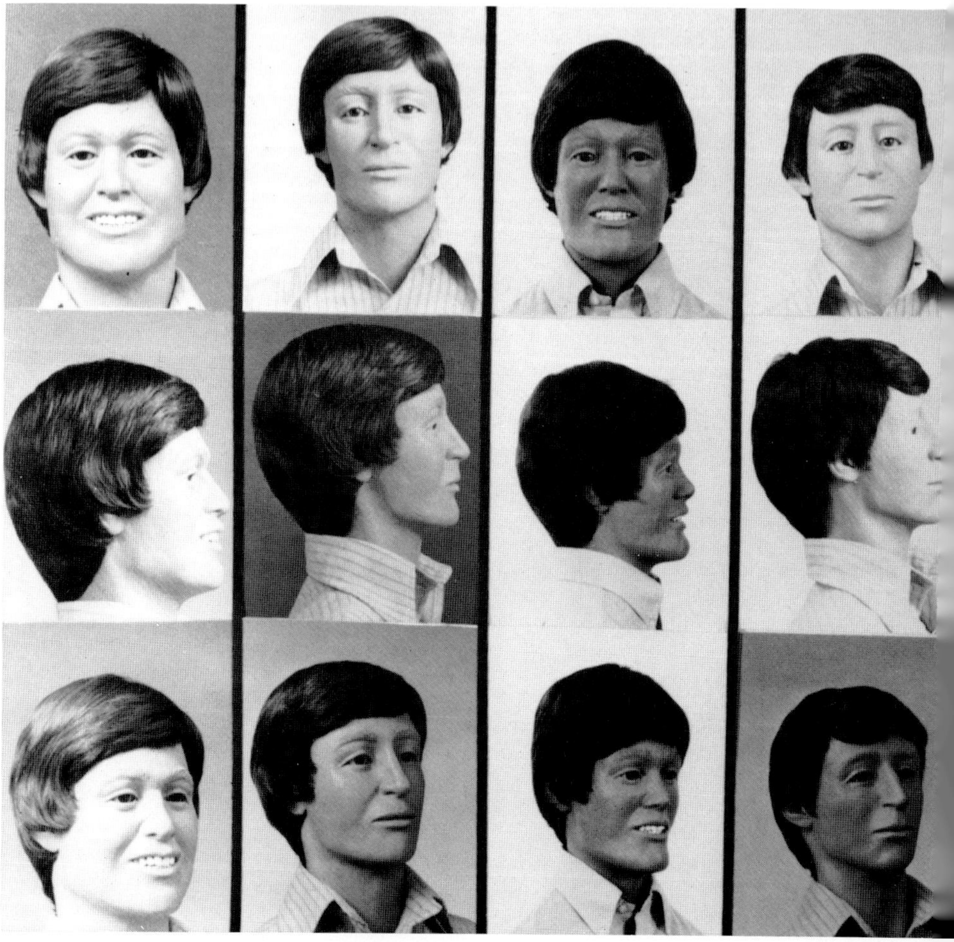

Von der anatomischen Künstlerin Betty Pat Gatliff anhand der Schädel von acht anonymen Opfern des Massenmörders John Wayne Gacy angefertigte Gesichtsrekonstruktionen (1979).

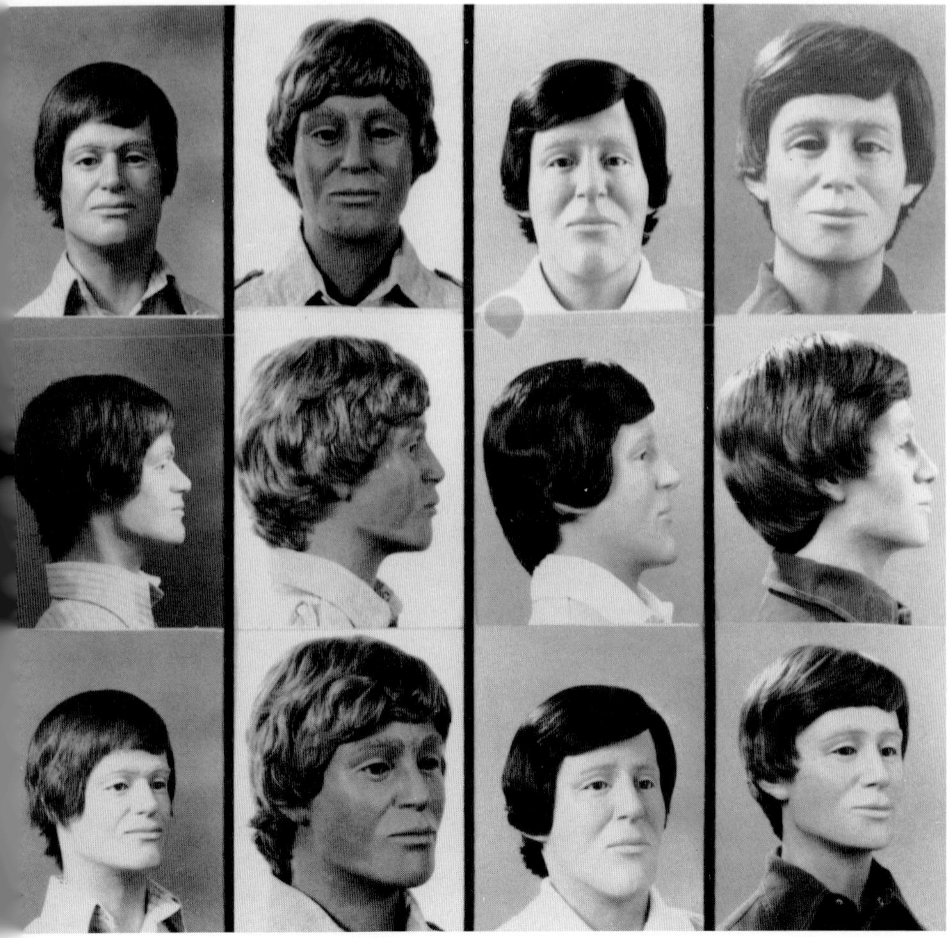

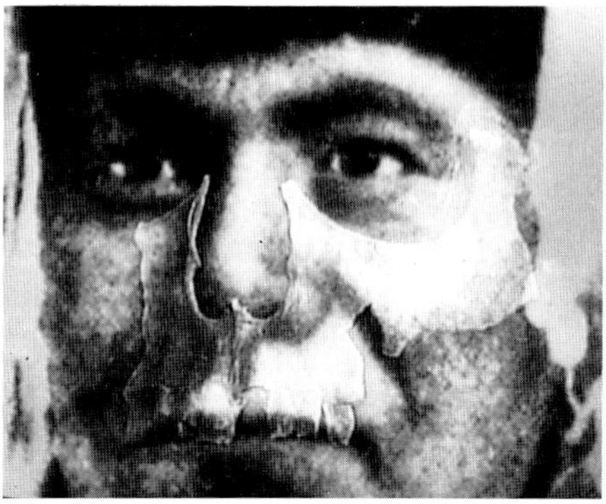

Die Fotoüberblendung, anhand der es möglich war, einen auf dem Custer-Schlachtfeld gefundenen Schädel dem Scout Mitch Boyer zuzuordnen.

Mitch Boyer, der unter General George Custer dienende Scout halb indianischer, halb französischer Abstammung, in traditioneller Tracht. Diese Fotografie diente als Schablone für eine Fotoüberblendung mit Schädelfragmenten, die man auf dem Schlachfeld am Little Bighorn River gefunden hatte.

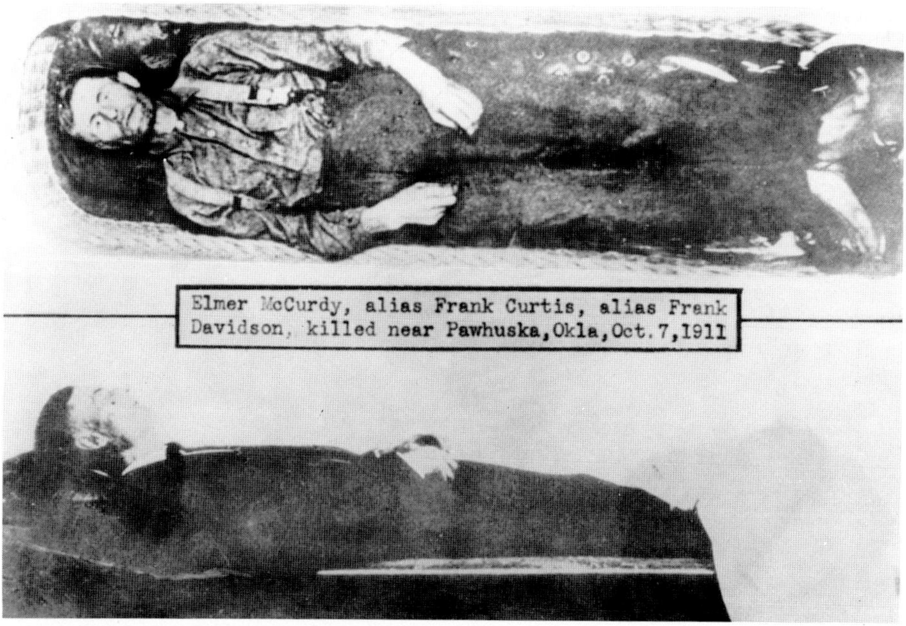

Im Oktober 1911 in Pawhuska (Oklahoma) aufgenommenes Foto des aufgebahrten Elmer McCurdy, des Outlaw, der nicht sterben wollte.

Josef Mengele, der »Todesengel von Auschwitz« (Pfeil), bei einem Ausflug mit Freunden in der Nähe von São Paulo in Brasilien.

Dieses SS-Foto aus dem Jahr 1938 zeigt deutlich das Diastema (die Zahnlücke) zwischen den beiden oberen Schneidezähnen Mengeles; es wurde auch an dem Schädel festgestellt, den man in Embú fand.

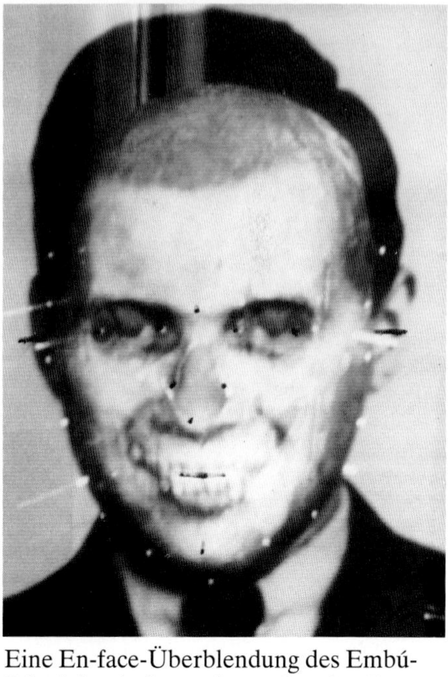

Eine En-face-Überblendung des Embú-Schädels mit dem nebenstehenden Foto von Mengele. Die Punkte am und um das Gesicht sind Markierungen auf Nadeln, mit deren Hilfe man den Abstand zwischen den Schädelknochen und den darüberliegenden Fleisch- und Hautpartien festlegt.

Snow (Mitte) mit Josef Mengeles Schädel, zusammen mit dem brasilianischen Anthropologen Daniel Muñoz (links) und einem weiteren brasilianischen Kollegen im Gerichtsmedizinischen Institut von São Paulo.

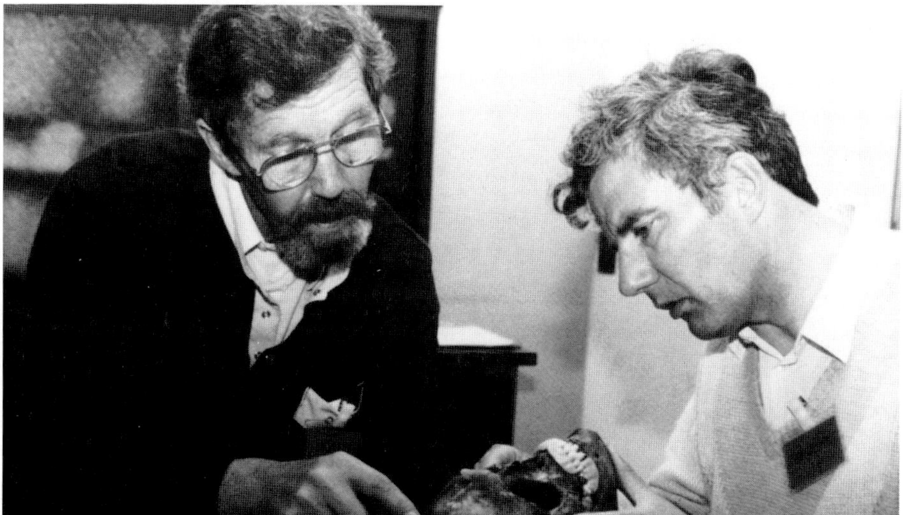

Der deutsche forensische Anthropologe Richard Helmer (rechts) und ein Assistent legen letzte Hand an die Rekonstruktion von Mengeles zertrümmertem Schädel an.

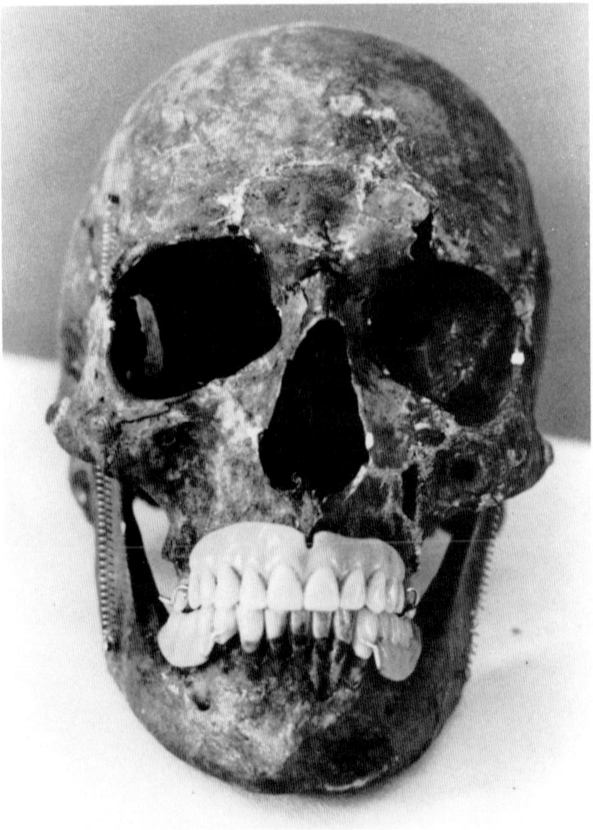

Von Richard Helmer im Sommer 1985 in Brasilien wieder zusammengesetzter Schädel Josef Mengeles, mit rekonstruiertem Gebiß.

Schädel-Gesichtsprofile von Richard Helmers Farbmontage des lebenden und toten Mengele.

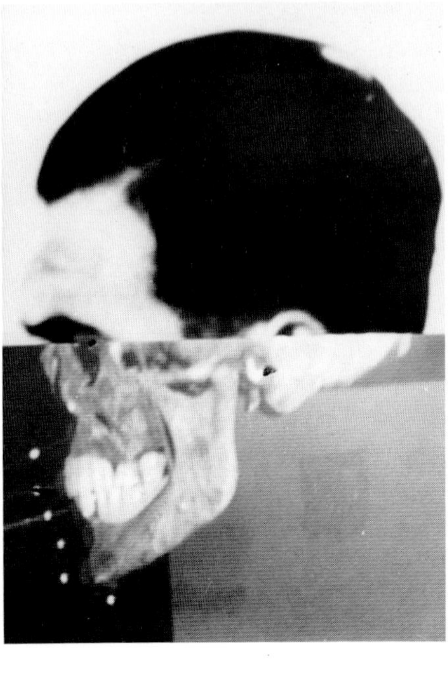

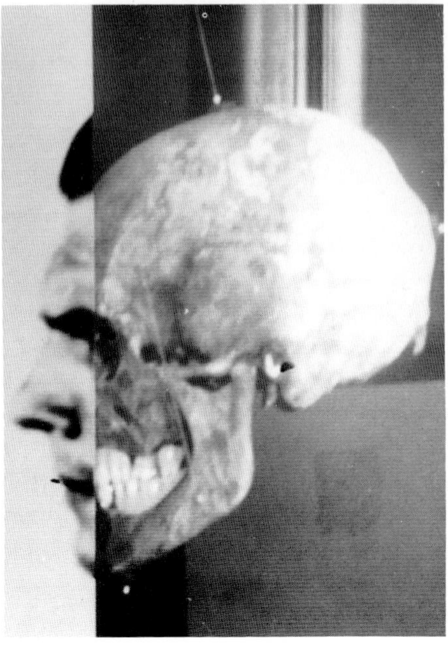

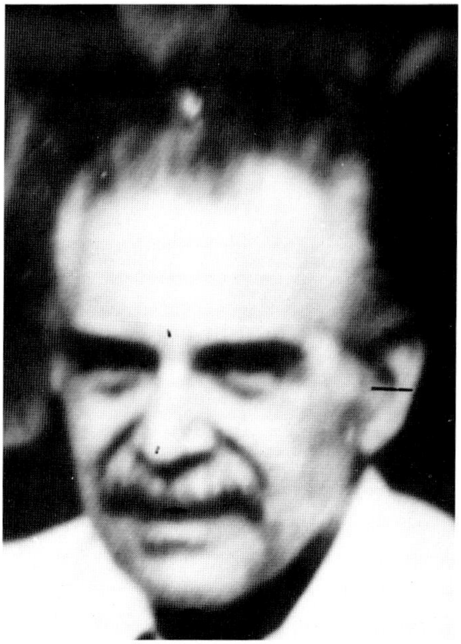

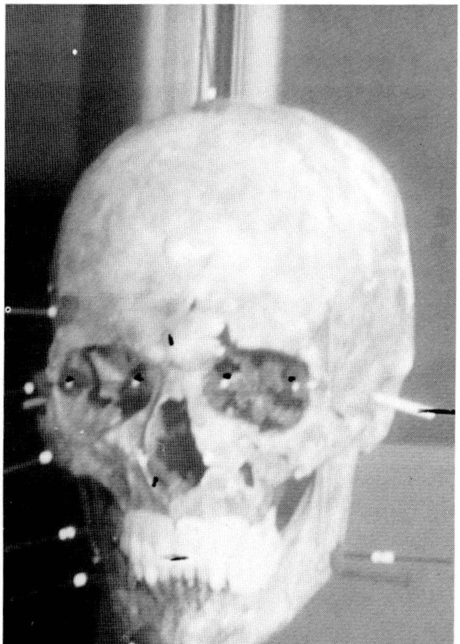

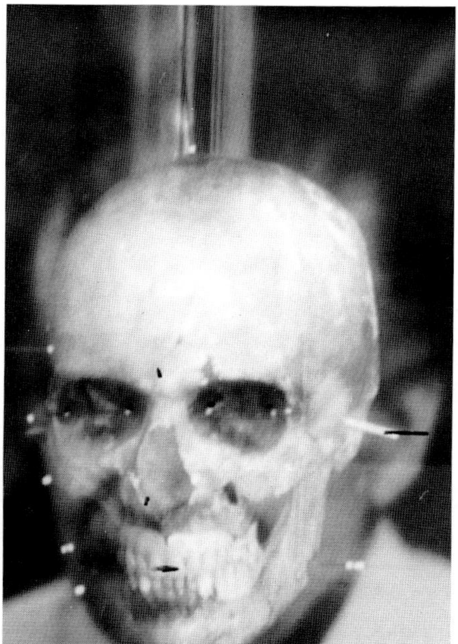

Richard Helmers Schädel-Gesichtsüberblendungsmethode erwies sich als entscheidend für den Vergleich des Embú-Schädels mit Fotografien von Josef Mengele.

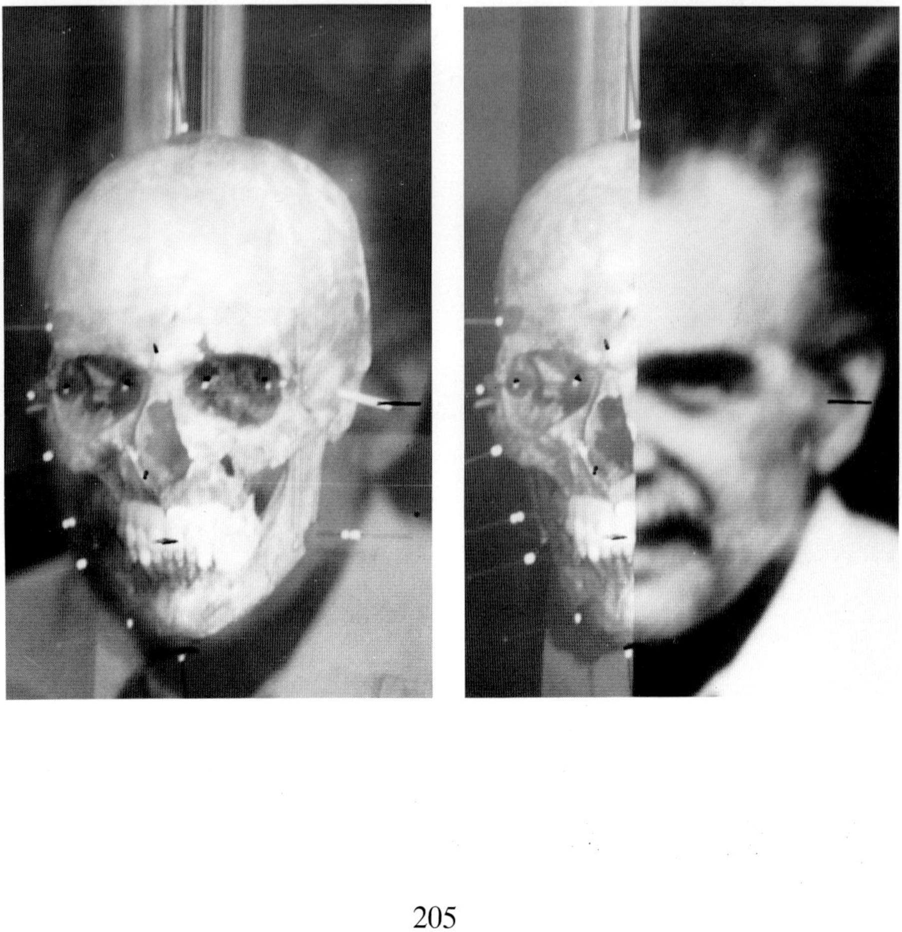

Das im Untersuchungsraum des Gerichtsmedizinischen Instituts in São Paulo ausgelegte Embú-Skelett (1985).

Fotos einiger Verschwundener im Büro der Mütter der Plaza de Mayo in Buenos Aires.

Ein kurz vor ihrem Verschwinden im November 1977 aufgenommenes Foto der ›Desaparecida‹ Liliana Pereyra.

Dr. Laura Bonaparte, die Mutter einer verschwundenen Frau, sucht unter den Skelettresten aus einem von den argentinischen Behörden Anfang 1984 exhumierten Massengrab vergeblich nach den sterblichen Überresten ihrer Tochter. Ein Jahr später begann Clyde Snow damit, argentinische Medizin- und Anthropologiestudenten in den korrekten Techniken für die Exhumierung und Identifizierung skelettaler Überreste zu unterweisen.

Snow legte 1985 bei dem Verfahren gegen die Mitglieder der Militärjunta, die Argentinien von 1976 bis 1983 regiert hatte, wissenschaftliche Beweise für die Identifizierung von Liliana Pereyra vor.

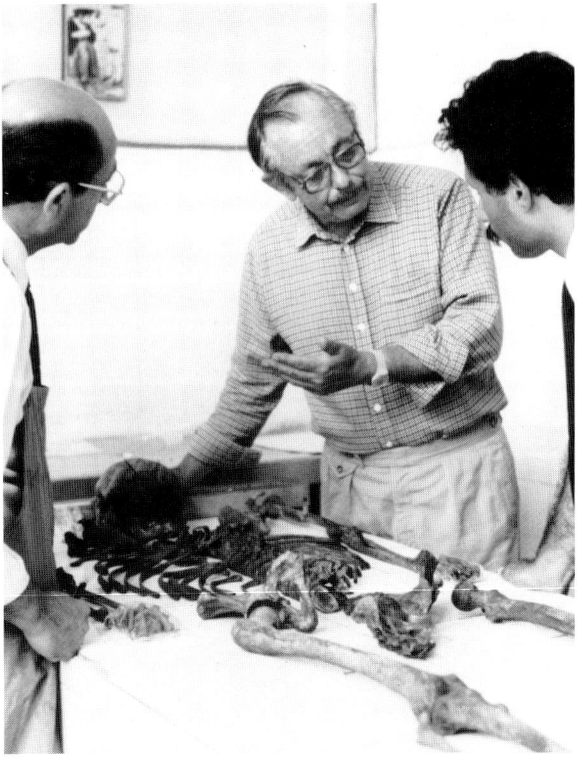

Snow untersucht unter Mitwirkung argentinischer forensischer Experten die Überreste eines Verschwundenen.

Luis Fondebrider und Patricia Bernardi, Mitglieder des argentinischen Teams, bei der Arbeit in einem »Cuadrícula« (einem abgeteilten Suchfeld) auf dem Avellaneda-Friedhof.

Morris Tidball steht neben Skeletten, die in einjähriger Arbeit von dem argentinischen Team 1989 auf dem Avellaneda freigelegt wurden.

Mercedes Doretti vom argentinischen Team für forensische Anthropologie exhumiert 1989 ein Skelett in einem Massengrab auf dem Avellaneda.

Das sorfältig freigelegte Skelett eines auf dem Avellaneda-Friedhof anonym begrabenen Verschwundenen.

Clyde Snow mit dem argentinischen forensischen Team 1988 vor dessen Büro. *Von links nach rechts:* Dario Olmo, Alejandro Inchaurregui, Patricia Bernardi, Snow, Mercedes Doretti und Luis Fondebrider. (Nicht auf dem Foto: Morris Tidball.)

ihn machte. »Sie gingen bei der Exhumierung des Skeletts derart chaotisch vor, als wäre die Szene einem alten Slapstickfilm entnommen«, erinnert er sich. »Das einzige, was noch fehlte, war, daß sie Hamburger und Getränke servierten.«

Tags darauf fuhr Snow nach Oklahoma City zum Nachrichtenstudio von KOCO, der Zweigstation des Fernsehsenders ABC. Ein Techniker steckte ihm dort ein winziges Mikrofon ans Revers und deutete auf den Bildschirm, auf dem in wenigen Augenblicken Charles Gibson, der Moderator der Sendung »Nightline«, erscheinen würde, um mit dem berühmten forensischen Anthropologen ein Interview zu führen.

Was Snow Sorgen bereitete, war der Zustand des Skeletts. Die Knochen waren durch die Hände von Polizisten gegangen, die keinerlei Ausbildung in forensischen Techniken besaßen. Diese Art von unprofessioneller Vorgehensweise konnte die Untersuchung zum Scheitern verurteilen, noch bevor sie überhaupt richtig begonnen hatte. Als Gibson mit dem Interview begann, ließ Snow, der im Umgang mit der Presse sonst sehr behutsam war, seinen Gefühlen freien Lauf.

»Einen Polizisten ein Skelett ausgraben zu lassen, ist in diesem Fall, als ließe man einen Schimpansen eine Herzverpflanzung durchführen«, sagte er zu Gibson. »Skelettüberreste sind extrem zerbrechlich. Wie ich bereits gesagt habe, gehen kleine Gegenstände wie Zähne, Kugeln oder andere persönliche Gegenstände, die bei der Identifizierung hilfreich sein könnten, leicht verloren. Man muß dabei dieselben gewissenhaften methodischen Vorgehensweisen anwenden, wie sie Archäologen schon seit hundert Jahren beim Ausgraben prähistorischer Überreste anwenden.«[18]

Natürlich hatte Snow recht. Nur forensische Wissenschaftler konnten feststellen, ob die brasilianische Entdeckung ein Schwindel war oder nicht. Und selbst sie waren keineswegs unfehlbar, wie der gerade zwei Monate zurückliegende Fehlschlag in Uruguay gezeigt hatte. Die Israelis waren besonders mißtrauisch. Als Israels oberster Nazijäger Menachem Russek von der Entdeckung in Brasilien erfuhr, tat er sie kategorisch als eine weitere List ab, die von Mengeles Familie sorgfältig inszeniert worden sei, um die Weltöffentlichkeit von seinem wirklichen Versteck in Paraguay abzulenken. »Er muß sich jetzt mit dem Rücken zur Wand fühlen«, bemerkte Russek. »Er weiß, daß die amerikanische, deutsche und israelische Polizei zusammenarbeiten und daß sich die Schlinge um ihn zusammenzieht.«[19]

In Washington konnten sich die Beamten des Justizministeriums nicht entscheiden, ob sie nun ein Team von forensischen Experten entsenden sollten, um das Skelett in Embú zu untersuchen, oder nicht. »Die Dinge komplizierten sich zusehends«, sagte ein Beamter des OSI später. »Die Spannungen zwischen dem OSI und der US-Bezirkspolizei waren groß.«[20] Das OSI beanspruchte die Leitung der Untersuchung für sich, stieß damit jedoch auf den hartnäckigen Widerstand der Polizei, die behauptete, nur sie habe das Recht, Mengele im Ausland zu jagen. Und die Polizei setzte sich schließlich durch. »Ich weiß nicht, warum«, so der OSI-Beamte weiter, »aber die Polizei wollte Snow nicht zu der Untersuchung zulassen. Vielleicht hing es mit dem zusammen, was er in der Fernsehsendung gesagt hatte, aber ich bin mir nicht sicher.« Auch mit Lukash und Fitzpatrick waren die Bezirkspolizisten nicht einverstanden. Am 10. Juni fragte schließlich das Justizministerium bei Lowell Levine, einem Marineoffizier der Reserve, an, ob er bereit sei, die US-Regierung in diesem Fall zu vertreten.

Obwohl bereits das Büro des Senators d'Amato angefragt hatte, ob er der von diesem zusammengestellten Gruppe beitreten wolle, beschloß Levine, das Angebot des Justizministeriums anzunehmen. »Ich hatte einen Marschbefehl vom Justizminister in der Tasche«, erinnert sich Levine. »Er wollte wissen, ob es Mengele war, oder ob sich das nicht eindeutig feststellen ließ. Das war alles, was sie interessierte . . . Ich dachte nur bei mir: ›Das ist der größte Haufen Scheiße, der mir jemals begegnet ist . . . (Aber) eigentlich wollte ich schon immer mal nach Brasilien.‹«[21]

Das Justizministerium verpflichtete noch zwei weitere Wissenschaftler: Ellis Kerley, den forensischen Anthropologen, der die Fotos von White und Lachman falsch identifiziert hatte; und Ali Hameli, seines Zeichens forensischer Pathologe und oberster Leichenbeschauer des Staates Delaware. Das Ministerium zog darüber hinaus drei Dokumentenexperten hinzu: David Crown, einen pensionierten CIA-Mitarbeiter, der auf die Überprüfung der Echtheit von Dokumenten spezialisiert gewesen war; Antonio Cantu, einen Papier- und Tintespezialisten des FBI; und Gideon Epstein, einen auf dasselbe Fachgebiet wie Crown spezialisierten Mitarbeiter der US-Einwanderungsbehörde.

Senator d'Amato war sprachlos, als er erfuhr, daß man die von ihm vorgeschlagenen Wissenschaftler zurückgewiesen hatte. »In unserem Büro ging es ziemlich hektisch zu«, erinnert sich Hardiman. »Das ist nun mal der Arbeitsstil des Senators. Er setzt sich etwas in den Kopf, und seine Leute müssen es dann um jeden Preis zuwege bringen. Er wollte die besten Wissenschaftler, er wollte das allerbeste Team. Dann wird er brüskiert. Also stellten wir uns auf die Hinterbeine.«

Hardiman rief nun Rabbi Marvin Hier an, den Präsidenten des Simon-Wiesenthal-Centers, und erklärte ihm die Situation. Hier erklärte sich bereit, Snow, Lukash und Fitzpatrick als eigenes Team im Auftrag des Centers zu entsenden.

In Deutschland wurde ebenfalls ein forensisches Team zusammengestellt. Staatsanwalt Klein bot für die Untersuchung zwei der führenden forensischen Spezialisten des Landes auf: Rolf Endris, einen forensischen Odontologen aus Mainz, und Richard Helmer. Helmer, ein ruhiger, introvertierter Anthropologe von der Universität Kiel, besaß ein besonderes Talent: Er war ein Meister der als Schädel-Gesicht-Überblendung bezeichneten Videotechnik. Niemand ahnte, daß Helmer den Schlüssel zu der berühmtesten forensischen Untersuchung der Welt in Händen hielt.

Ralph Blumenthal stand an einer Straßenecke im Herzen São Paulos und hielt die Augen starr auf den Rücken der beiden Amerikaner gerichtet, die vor ihm gerade die Straße überquerten. Er war schweißgebadet, was größtenteils darauf zurückzuführen war, daß er selbst im tropischen Brasilien nicht von seiner Gewohnheit abließ, eine Tweedjacke und eine Krawatte zu tragen. Es war gerade Hauptverkehrszeit, und ein endloser Strom von Autos und Lastwagen schob sich durch die Straßen. Ein Bus hielt am Bordstein und versperrte Blumenthal für einen Augenblick die Sicht. Als der Bus endlich wieder losfuhr, sah der Reporter, daß die beiden Männer, die er beobachtete, bereits die Stufen zum Hauptquartier der Bundespolizei hinaufstiegen. Rasch überquerte er die Straße und folgte ihnen in das aschgraue Gebäude.

Der Reporter hatte der Versuchung durch die Story in Brasilien schließlich doch nicht widerstehen können und war nach São Paulo geflogen, um der Sache vor Ort auf den Grund zu gehen. Die Woche seit seiner Ankunft hatte er zum Großteil damit zugebracht, in den Hügeln um Embú herumzustreifen. Dabei hatte er die Bosserts und viele von Mengeles ehemaligen Nachbarn interviewt. Auch hatte er erfahren, daß sich die beiden amerikanischen Schriftsachverständigen David Crown und Gideon Epstein in der Stadt aufhielten und in einem Raum arbeiteten, den Tuma ihnen in der Polizeistation zur Verfügung gestellt hatte.

Blumenthal holte die beiden Amerikaner ein, als sie gerade ihr Büro betreten wollten. Von Crown und Epstein erfuhr er, daß sie im Auftrag des Justizministeriums hier seien, um Schriftproben, die nach Auskunft der Bosserts von Mengele stammten, mit Dokumenten zu vergleichen, die der junge Naziarzt in Deutschland während des Zweiten Weltkriegs verfaßt hatte. Crown nahm daraufhin Blumenthal beiseite und sagte zu ihm: »Wissen Sie, wir können Ihnen noch nichts sagen, es ist noch nicht offiziell; aber ich glaube, wir sind uns einig, daß die Schriftproben authentisch sind.«[22]

Am Tag darauf, dem 14. Juni, gaben die beiden Amerikaner auf einer Pressekonferenz das Ergebnis ihrer Untersuchung bekannt. Später schrieb Crown über die Untersuchung:

»Dieser Fall wurde von dem jüngsten Debakel mit den gefälschten Hitlertagebüchern überschattet. Obwohl die genauen Umstände, die in diesen Fall hineinspielten, nicht bis ins letzte bekannt sind, bedeutete sein Ergebnis ganz offensichtlich eine Warnung für alle forensischen Wissenschaftler. Nur allzu leicht kann man in eine Sache verwickelt werden, bei der eine angebliche Irreführung durch Vorspiegelung falscher Tatsachen vorliegt, und man sich dem Druck ausgesetzt sieht, die Angelegenheit möglichst schnell zum Abschluß zu bringen.«[23]

Vor der Presse erklärten Crown und Epstein, sie hätten unabhängig voneinander 14 Dokumente untersucht, die von der brasilianischen Polizei in mehreren Häusern entdeckt worden waren, in denen Mengele sich nach Aussage der Bosserts in den zurückliegenden mehr als 15 Jahren aufgehalten hatte. Diese Dokumente reichten von mehreren Zetteln bis zu einer 13 Seiten umfassenden Notizensammlung, deren erstes Blatt mit dem 1. Januar 1976 datiert war. Zum Vergleich mit diesen Dokumenten hatte man den Wissenschaftlern das Original von Mengeles SS-Akte zur Verfügung gestellt, die sich im Berliner Dokumentations-Zentrum zur Aufklärung von Nazi-Verbrechen (Berlin Document Center) befand, dem zentralen Verwahrungsort von Nazi-Kriegsdokumenten in Deutschland. Diese Akte enthielt von Mengele eigenhändig verfaßte Angaben zu seinem Lebenslauf. Als diese Dokumente erstellt worden waren, war der Arzt 22 Jahre alt gewesen und hatte laut Crown »die Schriftreife erreicht«. Die Wissenschaftler postulierten, daß sich seine Handschrift im Laufe der Jahre nicht entscheidend verändert haben konnte, »es sei denn, Krankheit, Drogen oder etwas Ähnliches hätten sie beeinflußt«.

Die Wissenschaftler stellten fest, daß die 14 brasilianischen Dokumente keines der klassischen Anzeichen für eine Fälschung aufwiesen, weder Absetzer noch außergewöhnliche Bewegungsimpulse oder nachträgliche Ausbesserungen. Was den Inhalt der Dokumente betraf, so erklärte Crown, daß es »den Anschein hat, als handelte es sich dabei um die persönlichen Betrachtungen eines am Rande der Gesellschaft Lebenden, bedingt Strafentlassenen, der in der ständigen Angst lebte, daß jeden Augenblick israelische Agenten auftauchen könnten«. Eines der Schriftstücke war ein gewundener, halbautobiographischer Essay mit dem lateinischen Titel »Fiat Lux«, »Es werde Licht«. Ein weiterer Essay mit dem ebenfalls lateinischen Titel »Verbum Compositum«, »Gesammelte Gedanken«, war eine ziemlich hohle Abhandlung über die Evolution.

Mehr als 25 individuelle Schriftmerkmale stimmten in den brasilianischen und deutschen Schriftproben überein. Zu den von den Experten festgestellten »Individualitätsübereinstimmungen« zählten etwa »ein Zusatzstrich in der Nähe des oberen Endes des Schafts beim großen ›D‹, die mit Arkaden versehene Bewegung bei den ›e‹ und ›o‹ im Wortinneren und der zusätzliche, nach unten weisende Impuls im Loch des ›e‹ am Wortanfang«.[24] Zwölf der brasilianischen Schriftstücke stammten nach Meinung der Experten aus der Hand von Josef Mengele. »Wir sagen lediglich«, beeilte sich Epstein einzuschränken, »daß Mengele das geschrieben hat; welche Schlüsse daraus allerdings auf die Identität der Leiche gezogen werden können, dafür sind die Pathologen, Odontologen und anderen Fachleute zuständig, die hier sind . . .«[25]

Am 14. Juni 1985 startete ein Flugzeug der Delta Airlines mit Clyde Snow an Bord vom Oklahoma City International Airport. Auf seinem Fensterplatz im Raucherabteil nahm Snow einen Kugelschreiber aus seiner Hemdtasche und klemmte ihn in die Sitztasche vor seinen Knien. Bei der FAA hatte er genügend Autopsieberichte gelesen, um zu wissen, daß ein plötzlicher Stillstand des Flugzeugs ihn gegen den Sitz vor ihm schleudern und einen harmlosen Kugelschreiber in einen auf sein Herz zielenden Eispickel verwandeln würde. Die Stirn gegen das Fenster gepreßt, sah Snow die letzten Sonnenstrahlen hinter dem Horizont versinken. Im Süden verdunkelten düstere Wolken den Himmel.

Snow hatte kürzlich von Kerleys Fehlschlag mit den Fotos aus Uruguay gehört. Er respektierte den Kollegen, meinte aber, sein alter Freund hätte es doch besser wissen müssen. Obwohl der Fotovergleich durchaus auch seine Vorzüge hatte, war es doch mehr eine Kunst als eine exakte Wissenschaft. Und jetzt war Kerley in São Paulo. Wenn die Presse eine Verbindung zwischen beiden Fällen herstellen würde, konnten sie gleich einpacken.

Sobald das ›Bitte-nicht-rauchen‹-Zeichen erloschen war, fischte sich Snow eine Camel aus seiner Jackentasche. Er wechselte den Platz und blickte den Gang entlang zu der Sitzreihe, in der Lukash saß. Noch ein Problem, dachte er bei sich. Anfang der Woche hatte ihn Lukash angerufen, um sich darüber zu beklagen, daß Levine ihn hintergangen hatte, indem er in letzter Minute zum Team des Justizministeriums übergewechselt war. In Lukashs Augen war Levines Schritt mehr als nur eine berufliche Brüskierung. Snow wußte, daß Lukash den Odontologen gefördert hatte und ihn als seinen besonderen Schützling betrachtete. Snow hoffte, daß die beiden ihr Kriegsbeil begraben würden. Denn er wünschte, wie das Sprichwort so schön sagt, daß alle gemeinsam an einem Strang zögen und nicht gegeneinander arbeiteten.

Als Snow und seine Kollegen in Miami zwischenlandeten, wurden sie in der Transit-Lounge von einem Schwarm Fotografen und Journalisten abgefangen. Ob Schwindel oder nicht, die Medien stiegen voll auf die Brasilien-Story ein. »Wie sollen wir eine Meinung zu dem Fall äußern, wenn wir die Knochen noch nicht einmal gesehen haben?« blockte Snow einen aufdringlichen Reporter ab. Wieder im Flugzeug, konnte der Anthropologe keinen Schlaf finden. Er trank Whisky, rauchte und unterdrückte sein wachsendes Unbehagen an der ganzen Affäre, indem er sich auf der Grundlage des Teamansatzes, der sich bei Flugzeugunglücken bewährt hatte, einen schrittweisen Plan für die Durchführung der Untersuchung zurechtlegte. Diese Ablenkung bewährte sich, bis das Flugzeug in São Paulo landete, wo gleich ein weiteres Rudel von Reportern über Snow und seine Kollegen herfiel.

Die Polizei bahnte ihnen einen Pfad durch das Dickicht aus Mikrofonen und schreienden Journalisten und verfrachtete Snow, Lukash und Fitzpatrick in eine alte Behelfslimousine. Als sie losfuhren, wischte sich Snow mit seinem weißen Taschentuch den Schweiß von der Stirn und sah sich in dem Wagen um, der ihm seltsam vertraut schien. Er tippte dem Fahrer auf die Schulter und fragte ihn in seinem gebrochenen Spanisch, von dem er hoffte, daß es hinreichend portugiesisch klang, um verstanden zu werden: »So, amigo, digame, es una Chevy?«

»Warum? Ja, Sir, es ist einer«, erwiderte der Mann in perfektem Englisch. »Er gehörte meinem Vater.«

Snow lächelte bei der Erinnerung, daß auch sein Vater nur Chevys gefahren hatte. Nun gut, dachte er, wenigstens etwas machen sie hier unten richtig.

Mit über sechs Millionen Einwohnern ist São Paulo die bevölkerungsreichste Stadt Südamerikas und das führende industrielle Zentrum des gesamten Kontinents. Bis in die achtziger Jahre des letzten Jahrhunderts war es nichts als eine verschlafene, schäbige Kleinstadt mit 30 000 Einwohnern gewesen. Heute ist São Paulo dreimal so groß wie Paris, brilliert mit neuen Wolkenkratzern und blumenübersäten Parks und pulsiert vor fiebriger Energie. Ein Dorf und eine Gemeinde nach der anderen wird von den sich ausbreitenden Industrieansiedlungen geschluckt. Von dem 40 Kilometer südlich der Metropole gelegenen Hafen Santos laufen Schiffe, beladen mit Baumwolle, Zucker, Früchten, Maschinenteilen und elektrischen Geräten, in alle Teile der Welt aus. Den Ehrgeizigen und Fleißigen unter den Abertausenden von Brasilianern, die auf der Suche nach Arbeit in die Stadt kommen, verspricht sie eine goldene Zukunft. Gleichzeitig ist São Paulo jedoch auch eine Stadt der Slums, das heißt der »Favelas«, jener Barakkensiedlungen aus Pappdeckeln und Brettern, die in den Schluchten aus Stahl und Beton wie krumme Pilze aus dem Boden wachsen.

Während seine Gefährten auf dem Rücksitz vor sich hindösten, starrte Snow durch das offene Fenster auf das an ihm vorüberziehende Leben. Im breiten Eingang eines Ladens waren Jugendliche in durchgeschwitzten T-Shirts gerade dabei, heißes Glas für Neonröhren in die Form von Buchstaben zu biegen. Ein paar Blocks weiter spielten zwei Jungen mit nackten Oberkörpern auf einem schmutzigen Platz bei einer alten Kirche und bewegten sich dabei im Rhythmus des »Capoeira«, jenes Tanzes, der halb schon Kampf ist. Lachend und johlend stampften sie auf den Boden und ließen dabei kleine Wolken roten Staubes aufsteigen. Der Wagen fuhr an Parks vorbei, die von hohen, dickstämmigen Palmen eingesäumt wurden, in deren Schatten Verkaufsstände aufgebaut waren. An ihnen wurden Gemälde in hellen tropischen Farben und ballenweise karmesinrote Webarbeiten feilgeboten. Auf der anderen Straßenseite erhoben sich neue Wolkenkratzer in den Himmel, während sich gleichzeitig zu ihren Füßen feingekleidete Geschäftsleute mit Bettlern die Gehwege teilten.

Der Chevy schwankte die Auffahrt zum São Paulo Hilton hinauf. Snow vermutete sofort, daß sie hier am Ziel waren, als er die am Eingang herumlungernden Journalisten sah. »Oh mein Gott, seht euch das an«, entfuhr es dem Fahrer, als die Meute auf das Auto zustürzte. Als Mikrofone durch die offenen Fenster in das Auto gestreckt wurden, sprang die Gruppe heraus, stürmte zum Hoteleingang und überließ es dem Fahrer, sich um das Gepäck zu kümmern. »Also Leute«, rief Snow seinen Kollegen zu, als sich die Menge vor ihnen teilte, »willkommen im Zirkus.«

Am Nachmittag desselben Tages holte der Chevy die drei Wissenschaftler vom Hotel ab und brachte sie zum Gerichtsmedizinischen Institut, wohin man die Gebeine des vermeintlichen Mengele nach der Exhumierung gebracht hatte. Das Institut war in der städtischen Leichenhalle untergebracht, nur wenige Autominuten vom Hotel entfernt. Dieser triste, postkoloniale Zementsockel stand wie eine weggeworfene Schuhschachtel neben dem größten Krankenhaus von São Paulo. Am Eingang des Instituts wurden die Wissenschaftler bereits von nervösen Sekretären erwartet. Diese geleiteten Snow und seine Kollegen in ein Vorzimmer, wo ihnen ein bärtiger, freundlicher Mann Ende Dreißig entgegentrat, der sich als der Anthropologe Daniel Muñoz vorstellte. »Ja, Doktor Snow, ich habe alle Ihre Arbeiten gelesen«, sagte er mit einem breiten Lächeln. »Ich freue mich, mit Ihnen zusammenarbeiten zu können.« Dann führte Muñoz Snow, Fitzpatrick und Lukash die Treppen zu einem großen Konferenzraum hinauf.

Das Wiesenthal-Team war als letztes eingetroffen. An der anderen Seite des Raumes entdeckte Snow neben einer Reihe von Bücherschränken voller verstaubter Bücher und Gefäßen mit Autopsieproben Levine und Kerley. Sie waren gerade in ein Gespräch mit drei brasilianischen Wissenschaftlern vertieft, die wie Muñoz Labormäntel trugen. Es schloß sich eine Vorstellungsrunde an, die in eine höfliche Konversation überging, während derer man mehrere Tassen pechschwarzen brasilianischen Kaffees trank, der kräftig gezuckert in kaum eierschalengroßen Tassen serviert wurde.

Das ist ja alles ganz schön und gut, dachte sich Snow, aber wann können wir uns endlich die Gebeine ansehen? Und da war noch etwas, das ihn beunruhigte: Es war höchste Zeit, ein paar Worte mit Dr. de Mello zu sprechen, dem brasilianischen Wissenschaftler, der dabeigewesen war, als die Polizei die Knochen in Embú ausgegraben hatte. Zusammen mit Ali Hameli, dem im Iran geborenen forensischen Pathologen des Justiz-Teams, durchstreifte Snow den Raum, bis er den Brasilianer endlich fand.

»Dr. dah Mella, ich bin Clyde Snow«, stellte er sich, seine texanische Herkunft durch seine Aussprache unüberhörbar bekundend, seinem Gegenüber vor. »Ich würde gern mit Ihnen sprechen.« Wenn sich irgend etwas wegen meiner Bemerkungen im Fernsehen bei ihm oder anderen aufgestaut hat, dachte sich Snow, kann es genausogut gleich rauskommen. Aber de Mello lächelte nur diplomatisch und ließ Snow reden.

»Doktor, ich hielte es für eine gute Idee, nochmals zum Grab zurückzugehen und uns dort ein wenig umzusehen«, fuhr Snow fort. »Ich habe in meinem Leben schon einige Exhumierungen durchgeführt und, na ja . . . Ich meine, wir könnten noch das ein oder andere finden, das vergessen, äh, das bisher noch nicht gefunden wurde.« De Mello nickte, als ob er diesen Vorschlag erwartet hätte; allerdings gab er keine ausdrückliche Zusage. In der Tat hatte ihm tags zuvor das Team des Justizministeriums den gleichen Rat gegeben.

Nachdem er seine Botschaft so höflich, wie es ihm irgend möglich war, an den Mann gebracht hatte, stieß er wieder zu seinen Kollegen. Das Taktieren hatte bereits begonnen. In einer Ecke neben einem verhangenen Fenster unterhielt sich ein US-Marshal leise, aber eifrig mit einem Polizisten aus Frankfurt und einem kleinen, grauhaarigen Mann, bei dem es sich, wie Snow bald erfuhr, um Menachem Russek handelte, den Chef der israelischen Abteilung für Naziverbrechen. Russek war vorsichtig bis zur Heimlichtuerei; er wechselte fast täglich sein Hotelzimmer, wahrscheinlich, um einer befürchteten Entführung zu entgehen. Nur der deutsche Anthropologe Richard Helmer stand alleine herum. Scheu und seiner englischen Sprachkenntnisse unsicher, starrte er in seine Kaffeetasse oder aus dem Fenster auf den unten vorbeiströmenden Verkehr.

Mitten in die kollegiale Atmosphäre platzte Romeu Tuma, der untersetzte, dreiundfünfzigjährige Rechtsanwalt syrischer Abstammung, der über die Polizei von São Paulo gebot. Tuma strahlte Selbstvertrauen aus, das zweifellos durch den ihn ständig umgebenden Schwarm von Kriminalbeamten noch Auftrieb erhielt. Tuma war selbst ein Nazijäger, hatte er doch 1978 Gustav Franz Wagner, den »Henker« des Konzentrationslagers Sobibor, zur Strecke gebracht. In Brasilien war Tuma als ein Polizist ganz eigener Art bekannt. Er war stets unbewaffnet, und er trank und rauchte nicht. Zur Zeit der Militärdiktatur war es Tumas Aufgabe gewesen, Studenten- und Arbeitergruppen zu infiltrieren. Während einige seiner Kollegen jedoch Oppositionelle entführten und folterten, behauptete Tuma, er persönlich lehne derartige Techniken als unmoralisch und unprofessionell ab.

Tuma räusperte sich und bat seine Gäste, um den großen Tisch in der Mitte des hohen Raumes Platz zu nehmen. »Ich fühle mich richtig wohl in der Gegenwart so vieler Experten«, sagte er, wobei er die Arme theatralisch ausbreitete.[26] Snow nahm ihm das nicht ab. Er wußte genau, was auch Tuma wußte: Diese Wissenschaftler konnten sehr wohl zu dem Ergebnis kommen, daß der Polizeichef die Exhumierung derart dilettanisch gehandhabt hatte, daß eine Identifizierung unmöglich geworden war.

»Nach Aussage mehrerer Zeugen«, fuhr Tuma fort, »handelt es sich bei dem in Embú ausgegrabenen Leichnam um Josef Mengele.« Er fügte jedoch schnell hinzu: »Eine endgültige Feststellung der Identität liegt aber natürlich bei Ihnen als Wissenschaftlern.« Das einzige, worum er sie bitte, sei, daß sie an die Presse keine Informationen weitergäben.

Nach Tuma ergriff Dr. Wilmes Roberto Teixeira, ein erfahrener Leichenbeschauer und offizieller Verwahrer der umstrittenen Gebeine, das Wort und gab einen kurzen Bericht über die Vorbereitungen zur Untersuchung des Skeletts. Teixeira war Mitte fünfzig, ein kleiner blasser Mann mit stets penibel gekämmten glatten weißen Haaren. Er sprach fließend Englisch und liebte es, wie die amerikanischen Experten schon bald merken sollten, die Rolle eines übertrieben diensteifrigen Hirten zu spielen.

»Bei unserer Untersuchung werden wir auf die klassische europäische Weise vorgehen«, sagte er. »Wir betrachten dies als eine Autopsie. Die brasilianischen Wissenschaftler werden zwar den Abschlußbericht unterschreiben, aber wir brauchen Ihr fachliches Urteil.« Die Vorgehensweise bei der Untersuchung, die Teixeira im folgenden beschrieb, klang freilich für Snow ausgesprochen unsystematisch.

»Jeden Morgen«, erklärte Teixeira, »werden wir das Skelett unter einem anderen Gesichtspunkt untersuchen: zuerst Geschlecht, dann Rasse, dann Statur und so weiter. Jedes Team – die Deutschen, die Leute von der amerikanischen Justiz und die Experten des Wiesenthal-Centers – wird seine eigene Untersuchung durchführen und zu einer unabhängigen Schlußfolgerung gelangen. Am Ende des Tages werden wir dann die Ergebnisse miteinander vergleichen.« Damit stand er abrupt vom Tisch auf. »Das ist alles für heute, meine Herren.«

›Das war alles?‹ dachte Snow. ›Und was ist mit dem Skelett? Worauf warten die noch?‹ Als er mit den anderen den Raum verließ, verkniff es sich Snow, die Aufstellung eines Zeitplanes für die Untersuchung des Skeletts zu fordern. Er hatte bereits im Fernsehen die brasilianischen Behörden vor den Kopf gestoßen und beschloß, sich fürs erste zurückzuhalten. Aber die Sache gefiel ihm ganz und gar nicht.

An diesem Abend saß das Wiesenthal-Team in gereizter Stimmung in Snows Hotelzimmer zusammen. Die Brasilianer, darüber waren sich alle einig, agierten gerissen. Hielten sie mit irgend etwas hinter dem Berg? Es stand viel auf dem Spiel, nicht zuletzt ihr guter Ruf. Snow, Lukash und Fitzpatrick verspürten ein Unbehagen, das einen oft in Ländern beschleicht, deren Sprache man nicht spricht. Außerdem waren sie es als führende Vertreter ihrer Disziplinen nicht gewohnt, von Fremden Anweisungen entgegenzunehmen, noch dazu, wenn es sich dabei um Leute handelte, über die sie so gut wie nichts wußten.

»Wenn ich diesen Teixeira besser kennen würde«, stieß Lukash, einen glimmenden Zigarrenstummel im Mundwinkel, hervor, »würde ich einfach zu ihm sagen: ›Leg mal alles auf den Tisch.‹«

»Ich glaube, es ist höchste Zeit, daß wir genau das tun«, erwiderte Snow. Er wählte seine Worte sorgfältig, während er sich aus einer frischen Packung eine Camel anzündete. »Wir können nicht bei einer Sache mitmachen, bei der Informationen unter den Tisch gekehrt werden.«

»Auf keinen Fall!« rief Lukash aus.

»Wenn wir nur den geringsten Hinweis darauf haben, daß uns etwas vorenthalten wird«, fuhr Snow fort, wobei er, um seinen Worten Nachdruck zu verleihen, auf den marmornen Kaffeetisch klopfte, »und wenn das forensische Material nicht in Ordnung ist, wozu auch ein vollständiges Skelett gehört, dann werden wir einfach unsere Koffer packen und nach Hause fahren. Vorher lassen wir sie dann aber noch eine Pressekonferenz einberufen. Da sagen wir: ›Nicht mit uns, Freunde, wir spielen bei diesem Spiel nicht mit.‹ Und einen Tag später können wir schon hier weg sein. Meinst du nicht auch, Fitz?«

Fitzpatrick, der die ganze Zeit nervös zugesehen hatte, wie Asche von der Zigarette seines Freundes herabfiel und an seinem

Hosenbein entlangrollte, blickte auf und erwiderte: »Du hast recht, Clyde, aber, hey . . . kannst du nicht die verdammte Zigarette ausmachen, bevor du uns noch alle in Flammen setzt?«

In den frühen Morgenstunden des 16. Juni, eines Sonntags, verließ ein Wagen das Gerichtsmedizinische Institut in Richtung Stadtrand. Darin saßen José de Mello und ein Angestellter der Leichenhalle. Der Wissenschaftler wies den Fahrer an, in Richtung Embú zu fahren, zum Friedhof »Unserer Lieben Frau vom Rosenkranz«. Als sie dort anlangten, stiegen die beiden Männer aus dem Wagen und kletterten an marmorweißen Grabsteinen vorbei den Hügel zu einem offenen Grab hinauf, das mit Kerzen und frischen Blumen geschmückt war. Der Leichenhallenangestellte ließ sich in das Grab hinab und streckte von unten de Mello hilfreich seine Hand entgegen. Als er ebenfalls unten war, zog de Mello eine kleine Kelle aus seiner Mappe, ließ sich auf die Knie nieder und begann, die lockere Erde umzugraben. Er fand einen Zahn. Er siebte noch mehr aus der Erde heraus und entdeckte auch noch einige kleine Fingerknochen. Dann hörte er Stimmen.

Er richtete sich auf und lugte über den Rand des Grabes. »Mierda!« entfuhr es ihm leise. Den Hügel herauf kam ein Fernsehteam, gefolgt von den deutschen Wissenschaftlern. Da Helmer und Endris an diesen Tag nichts zu tun hatten, waren sie zum Friedhof hinausgefahren. Die Fernsehreporter hatten von der zweiten Exhumierung Wind bekommen und sich an die Fersen der Brasilianer geheftet, um mit laufender Kamera dabeizusein.

Nun ging es am Grab hoch her. Die Nachrichtenleute schalteten ihre Kameras ein und filmten, wie die beiden Deutschen de Mello aus dem Grab halfen. Der Brasilianer wandte sein Gesicht schüchtern von der Kamera ab, gab seinem Assistenten den Plastikbeutel mit den neuen Funden und trollte sich den Hügel hinunter.

Während de Mello seine zweite überhastete Exhumierung durchführte, trafen sich Snow und Levine in dessen Zimmer im Maksoud Plaza Hotel, um die von den beiden amerikanischen Teams mitgebrachten Dokumente durchzugehen. Kerley, ein großer, zurückhaltender Mann in den Sechzigern, mit aristokratischem Gehabe, war ebenfalls zu ihnen gestoßen. Levine zog mehrere Manilakuverts aus seiner Aktentasche und legte sie vor den beiden Anthropologen auf dem Kaffeetisch aus. »Das Justizministerium ist an die herangekommen«, erklärte er. »Das sind Mengeles SS-Unterlagen aus dem Berlin Document Center.«

Bei einem Dokument handelte es sich um den Bericht über die körperliche Untersuchung Mengeles durch die SS im Jahre 1938. Außerdem waren da noch einige Fragebögen, die der junge Naziarzt handschriftlich ausgefüllt und zwischen 1938 und 1939 beim »Rasse- und Siedlungs-Hauptamt der SS« eingereicht hatte.[27]

Einer der Fragebögen betraf eine hochaufgeschossene, gutaussehende Blondine mit Namen Irene Schoenbein. Mengele wollte sie heiraten, bevor er an die Ostfront beordert wurde. Da er aber SS-Offizier war, mußten sich beide erst auf ihre »rassische Reinheit« hin untersuchen lassen. Sie reichten also die nötigen Formulare ein, und die Papiere nahmen zunächst auch ohne Probleme ihren Weg durch die Bürokratie. Dann aber äußerte ein höherer SS-Offizier Zweifel im Zusammenhang mit Irenes Großvater, der im Verdacht stand, der uneheliche Sohn eines Juden zu sein. Obwohl Mengele nicht zweifelsfrei nachweisen konnte, daß nicht der geringste Tropfen jüdischen Bluts in den Adern von Irenes Familie floß, brachte er überschwengliche Charakterzeugnisse von Irenes Freunden bei, die ihr »überaus nordisches Wesen« in den höchsten Tönen priesen.[28] Im März 1939 wurde Irene vom Rasse- und Siedlungshauptamt für rassisch rein erklärt, und vier Monate später streifte Mengele ihr den Trauring über den Finger.

Diese frühen SS-Akten waren Rosettensteine für das forensische Team: Sie enthielten eine Beschreibung der Physis Mengeles, mit der sie das Skelett von Embú würden vergleichen müssen. Der medizinische Bericht beschrieb Mengele als einen Weißen männlichen Geschlechts, mit einer Körpergröße von 174 Zentimetern und einem Kopfumfang von 57 Zentimetern. Seine zahnärztliche Dateikarte, eine Zeichnung der Zähne, belegte, daß zwölf von ihnen eine Füllung hatten. Über die Art der Füllung und über die im einzelnen betroffenen Zähne stand jedoch nichts auf der Karte. Auch Mengeles Zahnlückenlächeln war mit keinem Wort erwähnt. ›Vom forensischen Standpunkt betrachtet‹, dachte Snow bei sich, ›ist das nicht gerade eine Goldmine.‹

Snow überflog Mengeles Ariernachweis, bis er die Anamnese des Naziarztes fand. Diesem Bericht zufolge hatte sich Mengele im Alter von 13 Jahren einer Operation zur Behebung eines rechtsseitigen Leistenbruchs unterziehen müssen. Außerdem hatte er zwischen 1926 und 1927 unter einer Nierenentzündung gelitten und war schließlich 1934 wegen dieses Leidens aus Hitlers Schlägertruppe, der »Sturmabteilung« (SA), ausgetreten.

Die Bruchoperation und die vage Diagnose einer Nierenerkrankung waren zwar verlockende Hinweise, für die anstehende Skelettuntersuchung jedoch nur von geringem Wert, da sie an den Knochen keine Spuren hinterließen. Eine Eintragung auf der nächsten Seite erregte allerdings Snows Aufmerksamkeit: Im Alter von 15 Jahren hatte sich Mengele eine seltene entzündliche Knochenerkrankung zugezogen, deren wissenschaftlicher Name Septische Osteomyelitis lautet.

Snow hielt den Finger auf die Stelle, um sie sich einzuprägen, und blickte dann zu Levine auf, der erneut in seiner Aktentasche kramte. Schließlich zog er ein Memorandum hervor, das er wenige Tage zuvor von David Marwell erhalten hatte, einem Historiker des OSI. Er übergab es Snow, der das Dokument laut vorlas:

»Wir haben heute morgen eine Nachricht erhalten, die für die Identifizierung der jüngst in São Paulo entdeckten sterblichen Überreste möglicherweise von Nutzen sein kann. Ein ehemaliger Kommilitone von Mengele erinnerte sich an folgendes: Er speiste vor dem Krieg mit Mengele in einem Münchener Restaurant. Dabei kam Mengele auf seine vegetarische Ernährungsweise zu sprechen.

Dieser Quelle zufolge litt Mengele in einem seiner Beine an Osteomyelitis. Mit dieser Osteomyelitis ging ein Sequester einher, bei dem es sich offenbar um ein Knochenstück handelt, das sich an der Infektionsstelle vom Knochen abgelöst hat. Zur Beschleunigung der Heilung des Knochens wurde dieser Sequester operativ entfernt, und zwar mittels einer sogenannten Sequestrierung. Laut einer medizinischen Kapazität, mit der ich heute morgen sprach, müßten die Osteomyelitis und die nachfolgende Sequestrierung an den skelettalen Überresten Spuren hinterlassen haben. Der Quelle zufolge war die Osteomyelitis im Schienbein und hatte aller Wahrscheinlichkeit nach eine Asymmetrie der Beine zur Folge. Es steht nicht fest, ob diese Asymmetrie ein Hinken verursacht hat. Die Quelle konnte sich nicht mit Sicherheit erinnern, welches Bein von der Osteomyelitis betroffen war, deutete im Gespräch jedoch auf das eigene rechte Bein . . . Der sicherste Weg, das mögliche Vorhandensein der Osteomyelitis festzustellen, wäre das Röntgen der fraglichen Knochen.«[29]

Snow wechselte einen schnellen wissenden Blick mit Kerley, der als Berufskollege genau wußte, wie wertvoll diese Spur sein konnte.

Definitionsgemäß handelt es sich bei der Osteomyelitis um eine Infektion der Knochenrinde und des Knochenmarks, die im betroffenen Knochen zu Wucherungen führen kann.[30] Die häufigste Ursache ist der »Staphylokokkus Aureus«, ein pyogener, das heißt eiterproduzierender Mikroorganismus, der über Frakturen oder chirurgische Skeletteingriffe in den Knochen eindringen kann. Weitere Auslöser für die Krankheit können infiziertes Gewebe im Umkreis des Knochens sowie vom Blut mitgeführte und über den Körper verteilte Bakterien sein, die sich im Knochen ansiedeln. Haben die Bakterien einmal das Knochenmark erreicht, bildet sich ein Abszeß, der sich ausdehnt und den umliegenden Knochen zusammendrückt. Schließlich gerinnt das Blut in den unmittelbar neben dem Knochen gelegenen Blutgefäßen, und der Knochen stirbt ab. Der tote Knochen, der sogenannte Sequester, wird von neuem Knochenmaterial resorbiert und ersetzt oder umschlossen. Heute behandeln Ärzte eine Osteomyelitis, indem sie den toten oder infizierten Knochen operativ entfernen und die Infektion mit Antibiotika behandeln. Wird die Infektion nicht behandelt, kann sie das ganze Leben lang immer wiederkehren.

Snow und Kerley waren nur äußerst selten Skelette aus jüngerer Zeit mit Anzeichen für eine Osteomyelitis untergekommen. Vor der allgemeinen Einführung von Antibiotika in den vierziger Jahren unseres Jahrhunderts war dieses Leiden allerdings ziemlich weit verbreitet gewesen. Insbesondere bei Kindern und Jugendlichen, die an Typhus, Tuberkulose, Syphilis oder Sichelzellenanämie litten, kam es häufig vor. Bei Menschen mittleren Alters ging die Osteomylitis in vielen Fällen mit einer Harnblaseninfektion einher. Verwundete Soldaten wurden ebenfalls oft von dieser Infektionskrankheit befallen. Kerley hatte in vielen der über 3000 Knochenproben, die er während seiner neun Jahre am Pathologischen Institut der Streitkräfte in Washington untersucht hatte, ebenfalls Hinweise auf diese Krankheit gefunden.[31]

Die Wissenschaftler wogen den Wert dieses Hinweises auf Osteomyelitis ab. Anekdotische Berichte legten den Schluß nahe, daß an den Knochen irgendein Hinweis auf die Krankheit vorhanden sein müßte, insbesondere wenn sie in ihrer chronischen Form aufgetreten war. Andererseits verfügten die Wissenschaftler weder über Röntgenbilder noch über detaillierte klinische Beschreibungen des genauen Ortes und der Schwere der Krankheit, von denen sie sich bei der Untersuchung der Überreste aus Embú hätten leiten lassen können. Zudem fragte sich, wie zuverlässig Mengeles eigene Erinnerung an die Krankheit einzustufen war. Die Tatsache, daß er Arzt war, fiel nicht sonderlich ins Gewicht, hatte sich die Krankheit doch nachweislich vor jeglicher medizinischer Ausbildung ereignet. Selbst für den Fall, daß er wirklich eine Osteomyelitis gehabt hatte: »Wie groß war dann die Wahrscheinlichkeit, daß davon noch Spuren an dem Skelett eines 69 Jahre alten Mannes zurückgeblieben waren? Anders als ein Zahn ist ein Knochen ein dynamisches Gewebe, das sich im Laufe der Zeit selbst umformen kann. Wäre nun die Osteomyelitis, an der Mengele im Alter von 15 Jahren angeblich gelitten hatte, harmlos und Mengele zudem während seines restlichen Lebens relativ gesund gewesen, dann war es sehr gut möglich, daß die Zeit sämtliche Spuren dieser Krankheit verwischt hatte.

Am Montag, dem 17. Juni, versammelten sich die ausländischen Experten morgens erneut im Konferenzraum des Gerichtsmedizinischen Instituts. Angestellte der Leichenhalle servierten ihnen Kaffee, während sie sich die Zeit mit dem Erzählen von Geschichten über frühere Fälle vertrieben. Natürlich stellten sie auch Spekulationen darüber an, weshalb man sie die Gebeine so lange nicht sehen ließ. Snow schaute bereits zum wiederholten Male auf seine Uhr. Es war schon zehn Uhr, und Teixeira war immer noch nicht da, obwohl mehrere seiner Landsleute inzwischen eingetroffen waren und sich unter ihre ausländischen Kollegen gemischt hatten.

Endlich kam Teixeira. Im Raum breitete sich ein Schweigen nervöser Erwartung aus.

»Guten Morgen, meine Herren«, begrüßte sie der Brasilianer. Er war weit besser gelaunt als am Samstag zuvor. Snow befürchtete, daß für den Rest des Vormittags geplant war, den Ausländern ein Beispiel für südländische Gastfreundschaft zu geben. Dem grimmigen Gesichtsausdruck seiner amerikanischen Kollegen konnte er ansehen, daß sie fest entschlossen waren, den Vormittag nicht verstreichen zu lassen, ohne das zu bekommen, was sie wollten: die Knochen.

»Wenn Sie mir nun bitte folgen wollen«, fuhr Teixeira fort, »dann können wir einen Blick auf das Skelett werfen.«

Dann führte er die Wissenschaftler die Treppe hinauf. Schweigend gingen sie einen Korridor entlang, wobei sie an mehreren kleinen Laboratorien vorbeikamen, an deren Türen jeweils der Name des Teams stand, dem es zugeteilt war. Vor der Tür am Ende der Halle blieb Teixeira stehen und griff in die Tasche, um den Schlüssel herauszuholen.

»Onde esta a Chave?« fragte er einen Kollegen.

»Eu, não sei«, erwiderte der Mann mit einem Schulterzucken. Füße scharrten, und Augen blickten verlegen zu Boden. Die Brasilianer durchwühlten ihre Taschen. Endlich fand einer den Schlüssel und gab ihn Teixeira, aus dessen Gesicht die gute Laune inzwischen gewichen war. Eilig schloß er die Tür auf und trat beiseite, als die Wissenschaftler hineingingen.

In dem Raum stand nichts außer einem Sofa und zwei Tischen. Ein Luftzug blähte die schneeweißen Vorhänge, mit denen die hohen, offenen Fenster verhangen waren, nach innen auf. Die Morgensonne tauchte die in ungefährer anatomischer Anordnung auf dem größeren der beiden Tische ausgelegten menschlichen Gebeine in ein weiches gelbes Licht.

Die Wissenschaftler drängten sich um den Tisch, wobei sie zunächst noch zögerten, irgend etwas zu berühren. Die Anthropologen faßten sich als erste und drängten sich an den anderen vorbei, um die gelbbraunen Knochen zu zählen, indem sie den Tisch umrundeten. Snow und Kerley brachten dabei diskret einzelne Phalangen (Finger- und Zehenknochen) in ihre richtige Position, ohne ein Wort darüber zu verlieren, daß die Brasilianer sie an der falschen Stelle plaziert hatten.

Der Schädel, möglicherweise das entscheidende Beweisstück, lag in Stücken. Als Helmer seinen beklagenswerten Zustand sah, schüttelte er den Kopf. Er nahm die Hirnschale vom Tisch und drehte sie vorsichtig in seinen Händen. Wenigstens war dieses Stück vom Spaten des Totengräbers verschont geblieben. Er legte es wieder hin und nahm mehrere kleine Fragmente des Nasenknochens, einige davon nur noch so klein wie Kürbissamen, in die Hand. Es war ein Jammer.

Lukash und Hameli, die beiden Pathologen, standen zu beiden Seiten von Helmer und starrten auf die Fragmente in seiner Hand, als würden sie im Kaffeesatz lesen. »Dr. Helmer«, fragte Lukash schließlich, »glauben Sie, daß Sie ihn rekonstruieren können?«

»Ihn?«

»Den Schädel.«

»Oh . . . sicher. Ja, ich kann.«

Er konnte, aber es würde sein, als wollte er ein holographisches Puzzle zusammensetzen.

9

Ein Skelett erzählt eine Geschichte

Nun, da die Wissenschaftler endlich an der Arbeit waren, vergaßen sie die Zeit und legten lediglich dann und wann kurze Pausen ein, um eine Tasse Kaffee zu trinken und ihre Notizen miteinander zu vergleichen. Von der unten vorbeiführenden Straße, einer der dichtbefahrensten der Stadt, klang unaufhörlich das Hupen und lautstarke Gangschalten der vorbeibrausenden Lastwagen herauf. Etwa jede halbe Stunde kam ein Krankenwagen durch das Tor des Instituts gefahren und machte durch Hupen auf sich aufmerksam. Leichenhallenangestellte kamen heraus, schrien beim Öffnen der Hecktüren des Krankenwagens den Fahrern Grußworte zu, zogen eine Tragbahre mit ausklappbaren Rädern heraus und bugsierten sie in die matt erleuchtete Leichenhalle. Um die Mittagszeit waren in dem Gebäude mehr Tote als Lebende.

In dem Untersuchungsraum über der Leichenhalle hatten sich die meisten ausländischen Experten ebenso wie ihre brasilianischen Kollegen bereits entgegen Teixeiras Vorstellungen aus ihren »Mannschaften« gelöst und sich nach Fachdisziplinen zu Teams zusammengefunden. Nur die beiden Deutschen waren zusammengeblieben.

Helmer hatte den nebenan gelegenen Raum mit Beschlag belegt. Dann ging er zum Haupteingang hinab, wo am frühen Morgen eine über und über mit Lufthansa-Stickern beklebte große Plastikkiste angeliefert worden war. Mit Unterstützung eines Leichenhallenangestellten schaffte er die Kiste die Treppe hinauf in seinen Raum und schloß dann die Tür hinter sich ab.

In der Zwischenzeit brachten die anderen Anthropologen – Snow, Kerley und der Brasilianer Muñoz – den Schädel, die Beckenknochen und die beiden langen Knochen in den Raum, den man dem Wiesenthal-Team zugewiesen hatte. Sie setzten sich auf wacklige Holzstühle und breiteten die Knochen auf einer weißen Theke aus. Snow trat eine Zigarette auf dem Fliesenboden aus und nahm den Schädel in die Hand. Er drehte ihn so, daß die anderen die Warzenfortsätze, die beiden direkt hinter den Ohren fühlbaren Vorsprünge des Schläfenbeins, sehen konnten.

»Ich würde sagen, daß ihre Größe auf einen Mann hindeutet«, bemerkte Snow. Kerley beugte sich vor und schob seine Brille auf den Nasenrücken. »Stimmt«, antwortete er. Auch Muñoz nickte. Snow neigte den Schädel leicht zurück, um einen Blick auf den Nackenkamm zu werfen: »Er ist zu gut entwickelt für eine Frau«, ergänzte er. Kerley vermerkte den Befund auf dem Arbeitsblatt. Snow wandte sich nun dem Gesicht des Schädels zu. Der supraorbitale oder Brauenwulst war groß und vorstehend, ebenfalls ein maskulines Merkmal.

Die beiden Hüftknochen waren als nächstes an der Reihe. Sie bilden zusammen mit dem Kreuzbein und dem Steißbein das Becken. Im Laufe der Pubertät nimmt das Becken eine immer deutlichere männliche oder weibliche Form an. Für das geübte Auge liefern diese Merkmale die zuverlässigsten Hinweise für die morphologische oder visuelle Geschlechtsbestimmung eines Skeletts. So ist beispielsweise das Becken eines erwachsenen Mannes in der Regel robuster und weist deutlich sichtbare Muskelabdrücke auf. Die weibliche Beckenöffnung ist im Vergleich dazu breiter, wobei sich der Knochen möglicherweise deutlich leichter anfühlt. In ihrer Normalposition sehen die Hüftknochen wie die Flügel eines Schwalbenschwanz-Schmetterlings aus, die nach innen gebogen und an den unteren Spitzen miteinander verbunden sind. An der Stelle, wo die beiden Knochen zusammentreffen, liegt die kleine, korkenförmige Schambeinfuge, die einen Puffer zwischen den Enden der beiden Knochen bildet. Das untere Ende dieser Verbindungsstelle ist bei Männern enger als bei Frauen.

Auch die Gesamtform der Hüftknochen und der Schambeinfuge deutete auf einen Mann hin. Muñoz drehte einen der Hüftknochen um und strich mit dem Finger an dessen Kante entlang, um die Ischiaskerbe zu finden, die etwa so breit war wie ein 25-Cent-Stück. Die Tatsache, daß sie vergleichsweise eng und tief war, deutete wiederum auf einen Mann. Der Brasilianer untersuchte außerdem das Acetabulum, die Hüftgelenkpfanne, in der der Kopf des Oberschenkelknochens ruht. Ihr großer Durchmesser und ihre gut entwickelten Ränder waren typisch männliche Merkmale.

Ein weitere, wenn auch weniger verläßliche Methode für die Geschlechtsbestimmung eines Skeletts besteht im Messen des Vertikaldurchmessers der Köpfe des Oberarm- und Oberschenkelknochens. Der bahnbrechende forensische Wissenschaftler Thomas Dwight hatte diesen geschlechtlichen Dimorphismus entdeckt, nachdem er Anfang unseres Jahrhunderts 400 männliche und weibliche Skelette untersucht hatte.[1] Dwight hatte herausgefunden, daß Oberschenkelknochenköpfe mit einem Durchmesser von mehr als 45 Millimetern in der Regel bei Männer, solche mit einem Durchmesser von weniger als 42 Millimetern dagegen in der Regel bei Frauen zu finden sind. (Köpfe mit einem dazwischenliegenden Durchmesser können von beiden Geschlechtern stammen.)

Ellis Kerley legte die Meßtaster an die Oberschenkelknochenköpfe an. »55 Millimeter«, diktierte er Snow. Dieselbe Messung am Oberarmknochen ergab einen Durchmesser von 52 Millimetern. Beide Werte, vermerkte Snow auf dem Arbeitsblatt, lagen weit über den von Dwight festgesetzten Obergrenzen für weiße Frauen.

Nach weniger als einer Stunde waren sich die Anthropologen sicher, daß sie es mit einem männlichen Skelett zu tun hatten. Außerdem war der Mann Rechtshänder gewesen: Die rechtsseitigen Langknochen waren deutlich länger als die linksseitigen.

Nach Geschlecht und Händigkeit war die Bestimmung der Rassenzugehörigkeit an der Reihe. Der intakte Teil des Schädels war schmal und wies nur kleine Brauen auf, was die zwingende Vermutung nahelegte, daß die Knochen zu einem Kaukasoiden gehörten. Eine endgültige Klärung würde jedoch erst möglich sein, wenn Helmer die Gesichtsknochen wieder zusammengesetzt hatte. Dann wäre es möglich, an mehreren Punkten des Schädels Messungen vorzunehmen, um das zu bestätigen, was ihre erfahrenen Augen bereits vermuteten.

Ihre nächste Aufgabe bestand darin, festzustellen, ob die sterblichen Überreste dieses weißen, rechtshändigen Mannes diejenigen von Wolfgang Gerhard sein konnten, des Mannes also, den die Bosserts, wie sie zunächst gegenüber den brasilianischen Behörden behauptet hatten, 1979 begraben haben wollten.

Den Anthropologen waren zwei Charakteristika bekannt, anhand derer sie Mengele und Gerhard unterscheiden konnten: Alter und Statur. Der Knochenverlust an den Zähnen sowie deren Abschleifungsgrad ließen den Schluß zu, daß dieses Skelett einem Mann gehören mußte, der bei Todeseintritt zwischen 60 und 70

Jahre alt gewesen war. Trotz dieses großen Spielraums schien Gerhard nicht in Frage zu kommen, da dieser 1979 erst in den Fünfzigern gestanden hätte. Doch es war die Statur, die den Wissenschaftlern den ersten schwerwiegenden Hinweis darauf gab, daß es sich diesmal bei der Entdeckung des vermeintlichen Josef Mengele wahrscheinlich nicht um eine Täuschung handelte. Die Bosserts hatten Gerhard mit dem Spitznamen »Langer« gerufen, und in der Tat war der Österreicher um fast 15 Zentimeter größer gewesen als Mengele.

Snow und Kerley machten sich als nächstes daran, den Oberschenkelknochen und das Schienbein des Skeletts zu vermessen. Snow legte den Oberschenkelknochen auf ein osteometrisches Brett und schob den Block gegen das Ende des Knochens: »49,1 Zentimeter«, las er ab. Snow wiederholte den Vorgang mit dem Oberarmknochen. Dessen Länge betrug 35,7 Zentimeter. Kerley addierte die beiden Werte und setzte sie in eine Regressionsgleichung ein.

»Clyde, schau doch mal in meinem Notizbuch nach, wie groß Gerhard war!« bat er Snow.

Dieser schlug die Seite mit der Überschrift »Wolfgang Gerhard« auf und ließ seinen Finger auf dem Blatt nach unten gleiten, bis er auf eine mit roter Tinte umrahmte Zahl stieß: »188 Zentimeter.«

»Blättere doch mal um und sieh nach, welche Größe für Mengele angegeben ist.«

»174 Zentimeter«, erhielt er zur Antwort.

Kerley zog seine dunklen Augenbrauen hoch und blickte zu Snow und Muñoz: »Nun, wenigstens sind wir auf der richtigen Spur. Dieser Mann hier war ungefähr 173,5 Zentimeter groß. Das schließt Gerhard mit Sicherheit aus und läßt Mengele im Rennen.«

Zwei Türen weiter, in einem Raum mit einem Röntgensichtschirm, schaltete Levine das Deckenlicht aus und zog sich neben Carlos Valerio, einem brasilianischen Zahnarzt Anfang der Fünfziger, mit breiter Stirn und ergrauenden Schläfen, einen Stuhl heran. Hinter ihnen standen mit verschränkten Armen der Radiologe John Fitzpatrick und der Chefradiologe des Instituts, Luis Donato, ein großer Brillenträger Ende Dreißig. Valerio schaltete den Röntgenschirm ein und tauchte damit den Raum und die Gesichter der Männer in phosphoreszierendes Licht.

Valerio und Levine hatten die zehn Zähne, die im Grab zusammen mit dem Schädel gefunden worden waren, untersucht und ihre Ergebnisse mit Mengeles zahnärztlichen SS-Unterlagen aus dem

Jahre 1938 verglichen. So weit sie sehen konnten, stimmte alles überein. Valerio klemmte das Röntgenbild des zum Skelett gehörenden Oberkiefers am Schirm fest und fragte die Amerikaner nach ihrer Meinung. Levine strich sich über seinen buschigen schwarzen Schnäuzer und gluckste: »Okay Fitz, du bist an der Reihe. Sag uns, was du siehst. Was ist daran Besonderes?«

Fitzpatrick zog einen Stift aus der Tasche seines weißen Hemds und beugte sich über Donatos Schulter. Mit der Spitze des Stifts fuhr er, ohne dabei den Schirm zu berühren, die weiße Linie entlang, die den Gaumen auf dem Bild in zwei Hälften teilte. »Nun, das ist der Schneidezahnkanal, an dem die beiden Hälften des oberen Gaumens aufeinanderstoßen, und er ist überdurchschnittlich breit . . .«

»Und das bedeutet?«

»Und das bedeutet . . . daß dieser Mann eine Zahnlücke gehabt haben muß.«

Levine kramte bereits in seiner Aktentasche unter dem Stuhl herum. Er zog ein 20,3 x 25,4 Zentimeter großes Foto hervor, legte es auf die Theke und sagte: »Und hier, meine Herren, haben wir eine Aufnahme von Mengele im Alter von 27 Jahren. Zum Glück für uns lächelt er. Hier sehen wir die Lücke zwischen seinen vorderen Schneidezähnen.« Es handelte sich um ein Diastema, ein vererbtes Merkmal, bei dem die linke und rechte Hälfte des oberen Gaumens nicht vollständig aneinanderstoßen. Dieses Phänomen tritt bei elf Prozent der Weltbevölkerung auf.

An diesem Abend wurde das Wiesenthal-Team in der Bar des São Paulo Hilton von Ralph Blumenthal erwartet. Der Reporter stellte sich Snow und seinen Kollegen vor und lud sie an seinen Tisch ein. Das Gespräch begann zunächst in einer angespannten Atmosphäre. Lukash erklärte Blumenthal, es müßten zunächst einige prinzipielle Dinge zwischen ihnen klargestellt werden, wenn der Journalist Details über die Untersuchung wissen wollte. In der Zwischenzeit bestellte Snow eine Runde »Gaipirinhas«, eine starke Mischung aus Limonade und »Cachaca« (Zuckerrohrrum).

Er und seine Kollegen, erklärte Lukash, würden nur unter der Bedingung Fragen beantworten, daß alles, was sie sagten, erst nach Bekanntgabe der Untersuchungsergebnisse veröffentlicht werde. Blumenthal willigte ein und verlor dann keine Zeit: »Wann wäre das in etwa?« lautete gleich seine erste Frage, wobei er einen Spiralblock aus seiner Jackentasche zog.

»Schwer zu sagen«, erwiderte Lukash. »Nach dem augenblicklichen Stand der Dinge könnte es noch einen weiteren Monat dauern. Wie Clyde Ihnen bestätigen kann, stammt das Skelett von einem Mann, wobei Statur, Alter, Händigkeit und Rasse mit den Angaben in Mengeles SS-Akte übereinstimmen. Aber sehr weit sind wir damit immer noch nicht.«

»Also ist es nicht Wolfgang Gerhard?« fragte Blumenthal.

»Mit Sicherheit nicht. Wir können ihn wegen seines Alters und seiner Größe ausschließen . . .«

»Außerdem«, unterbrach ihn Snow, »hat die österreichische Regierung Gerhards Totenschein ausgegraben. Demzufolge ist Gerhard 1978 in Österreich an Gehirnblutung gestorben.«

Blumenthal blickte von seinen Notizen auf: »Sehen Sie, wie Sie wohl wissen, gibt es eine Menge Leute, dic ernste Zweifel an der Geschichte der Bosserts haben. Ich habe den heutigen Tag bei Tuma verbracht. Bei ihm ist eine brasilianische Zahnärztin mit Namen Maria Elena Viera de Castro aufgetaucht. Sie behauptet, sie habe Mengele in ihrer Klinik behandelt, und zwar im März oder April 1979, also einen oder zwei Monate, nachdem er den Bosserts zufolge gestorben ist. Außerdem behauptet der Mossad laut Tuma, er besitze ein Foto von Mengele, auf dem dieser in einem Mercedes in Asunción zu sehen ist, und zwar noch 1980.«

Fitzpatrick hatte bis dahin schweigend zugehört. Normalerweise ignorierte er die »Hintergrundgeräusche«, jenes spekulative Geben und Nehmen, von dem die meisten polizeilichen Untersuchungen begleitet werden. Er glaubte nur das, was er mit eigenen Augen sah. Wie die meisten Radiologen, die sich mit forensischen Fällen befassen, kam es nur selten vor, daß er irgendwelche Tatorte besuchte oder Angehörige von Verstorbenen befragte. Sein Arbeitsmaterial waren harte Indizien: die unverwechselbaren Bilder von Röntgenaufnahmen.

Fitzpatrick schob seinen Drink beiseite und mischte sich in die Unterhaltung ein. »Wissen Sie, am Ende könnte es uns möglicherweise gelingen, mit hoher Wahrscheinlichkeit zu sagen, ob dieses Skelett zu Mengele gehört oder auch nicht. Es gibt aber etwas, das die ganze Sache beträchtlich abkürzen könnte, und das wäre ein zu Lebzeiten aufgenommenes Röntgenbild. Wenn Sie mich fragen, dann sollten die Leute weniger Zeit mit Spekulationen verschwenden und statt dessen danach suchen.«

Dem konnte niemand widersprechen. In der Welt der forensischen Anthropologie ist ein Antemortem-Röntgenbild so etwas wie ein Fingerabdruck. Dabei manifestiert sich die Einmaligkeit eines Skeletts nicht wie bei den Fingerabdrücken in Windungen und Furchen, sondern in der anatomischen Form und den strukturellen Komponenten jedes einzelnen Knochens. Verletzungen wie eine alte Handgelenksfraktur oder sogar die Krümmung der Wurzel eines einzelnen Zahnes können einen Fall lösen helfen, sobald das Röntgenbild auf den Schirm gespannt ist.

»Irgendwo in dieser Stadt«, fuhr Fitzpatrick fort, »muß es einen Satz Röntgenbilder oder zumindest einen Abdruck von den Zähnen dieses Kerls geben. Er hatte doch eine Teilprothese, nicht wahr? Und die ist ziemlich neu. Von den Knochen werden wir nicht erfahren, wo die Röntgenbilder sind. Also muß Tuma es aus den Bosserts oder aus irgendwelchen anderen Bekannten herauskriegen.«

»Nun, ich bin mir nicht sicher, ob wir das nur Tuma überlassen sollten«, sagte Snow, als sich die Gruppe erhob, um zum Abendessen zu gehen. »Ich hätte nichts dagegen, mir die Bosserts einmal selber vorzunehmen.«

Am frühen Morgen des Dienstag rief Teixeira die Wissenschaftler im Konferenzraum des Instituts zusammen. Er hatte eine schlechte Nachricht: Die Deutschen hatten in Mengeles SS-Unterlagen keine Röntgenbilder finden können. Aber, so fügte er optimistisch hinzu, Tuma werde über Interpol eine Anfrage an die Regierungen von Argentinien und Paraguay richten, mit der Bitte, etwaig vorhandene medizinische Unterlagen von Mengele an ihn zu überstellen. »Das wurde auch Zeit«, raunte Snow Fitzpatrick zu.

Fitzpatrick und Donato kehrten zu ihren Röntgenbildern von den Gebeinen zurück. Sie hatten mehrere geheilte Frakturen und Anzeichen für eine Arthritis, eine Gelenkentzündung, gefunden. Dies war bei dem Skelett eines Menschen dieses Alters keineswegs verwunderlich. Nun untersuchten sie die leuchtende Schwarz-Weiß-Montage auf Anzeichen einer Osteomyelitis. Falls Mengele diese Krankheit wirklich gehabt hatte und sie zudem chronisch gewesen war, müßten auf den Röntgenbildern der Oberschenkelknochen eine Verdickung der Rinde und kleine Hohlräume im Knochen sichtbar sein. Sie fanden nichts dergleichen.

Eine der Frakturen war allerdings aufschlußreich. Tags zuvor hatten Snow und die anderen Anthropologen an der rechten Hüftgelenkspfanne einen geheilten Bruch entdeckt, der sich bis weit in das Becken erstreckte. Röntgenaufnahmen der Frakturlinie machten deutlich, daß der Bruch durch einen starken, nach oben gerichteten Stoß des Oberschenkelknochens gegen die Gelenkpfanne verursacht worden war. Außerdem war der rechte Oberschenkelknochen um einen Zentimeter kürzer als der linke. Über das genaue Alter der Fraktur ließ sich nichts sagen, doch aus dem Grad der Heilung des Bruchs ließ sich schließen, daß der Mann sich die Verletzung Jahre, möglicherweise Jahrzehnte vor seinem Tod zugezogen haben mußte.

Gab es irgendwelche Hinweise darauf, daß sich Mengele eine Hüfte gebrochen hatte? Mehrere Dokumente in Mengeles SS-Akte legten einen solchen Schluß nahe. In ihnen fand sich der Hinweis, daß Mengele, damals noch ein junger Sanitätsoffizier, 1942 während der deutschen Invasion in die Ukraine schwer verwundet und später mit dem Verwundetenabzeichen ausgezeichnet worden war. Leider enthielt das Dokument keinen Hinweis auf die Art der Verletzung.

Einem deutschen Polizeibericht zufolge war Mengele später bei einem Verkehrsunfall in der Nähe von Auschwitz »verletzt« worden. »Am 21. Juni 1943 gegen 16 Uhr«, so der Bericht, »fuhr (Mengele) mit dem Motorrad SS 16314 von den Krankenbaracken des Konzentrationslagers Auschwitz, vorbei an den Offiziersunterkünften und dem Gemeinschaftslager, zum Kriegsgefangenenlager in Birkenau.« Als Mengele am Lagereingang um eine Ecke fuhr, stieß er mit einem Traktor zusammen und »wurde auf die Eisenbahngleise rechts von der Straße geschleudert«.[2]

Hatte sich Mengele bei dem Motorradunfall die Hüfte gebrochen? Möglicherweise. Weiter wollten die Wissenschaftler allerdings nicht gehen. Der Polizeibericht enthielt weder Röntgenbilder noch eine medizinische Beschreibung der Verletzung. Nicht einmal die Stelle, an der sich Mengele die Verletzung zuzog, wurde erwähnt, ebensowenig, ob er sich einer ärztlichen Behandlung unterziehen mußte. Außerdem waren seit diesem Unfall im Jahre 1943 und Mengeles angeblichem Tod 1979 36 Jahre verstrichen, in denen er sich andere Verletzungen zugezogen haben konnte, die mit der Fraktur im Zusammenhang standen.

Am Ende kamen die Wissenschaftler zu dem Schluß, daß die Hüftfraktur am Skelett zumindest mit der Annahme »im Einklang stand«, daß Mengele bei dem Motorradunfall verletzt worden war. Als Beweis dafür, daß das Skelett von Embú zu Josef Mengele gehörte, reichte dies jedoch bei weitem nicht aus.

Am selben Morgen zeichnete sich ein weiteres Rätsel ab, das die Anthropologen und den Odontologen Levine entzweien sollte. Der Gegenstand, an dem sich der Zwist entzündete, war ein erbsengroßes Loch im linken Zygoma, das heißt dem Jochbein. Es sah aus, als wäre an diesem Knochen ein winziger Vulkan ausgebrochen, der einen rostfarbigen Krater hinterlassen hatte.

Levine teilte der Gruppe mit, das Loch sehe wie ein durch eine Zahninfektion verursachter fistulöser Kanal aus. Er habe Ähnliches bereits an lebenden Patienten gesehen, als er in New York City als Zahnarzt praktizierte. Da die Infektion nicht durch den Zahn abziehen konnte, habe sie sich einen Weg durch den Knochen gebahnt, bis zu einem Punkt, wo sie schließlich in das angrenzende Gewebe ausgebrochen sei.

Snow war anderer Meinung: »Es ist ein Postmortem-Artefakt«, hielt er Levine entgegen. Die Röntgenaufnahmen des kreisförmigen Rostmusters um das Loch, so seine Argumentation, fügten sich zu Röntgenaufnahmen der rostfarbigen Flecken an der im Grab gefundenen Kleidung. Da der Körper sechs Jahre lang in der Erde gelegen habe, sei aufgrund der Korrosion von Nägeln und Sargbeschlägen wahrscheinlich Wasser eingesickert. Tropfen von rostigem Wasser seien dann vermutlich auf die Kleidung getropft, hätten sie durchdrungen und Knochen freigelegt. »Eine Art chinesischer Wasserfolter«, mutmaßte Snow.

Es war nicht das erstemal, daß Levine und Snow nicht einer Meinung waren. Beide wußten, daß sie auf ihrem je eigenen Fachgebiet absolute Experten waren, und beide waren zudem ausgesprochen stur. Der Ursprung dieses Knochendefekts blieb weiterhin ein Streitpunkt. »Sehen Sie«, äußerte sich Levine später über diese Meinungsverschiedenheit, »wenn es um solche Krankheitsprozesse geht, bin ich gegenüber Anthropologen im Vorteil. Da sie immer nur mit Gebeinen zu tun haben, fehlt ihnen der Bezug zum Leben . . . Diejenigen Experten, die früher lebende Patienten behandelt hatten, waren sicher, daß es sich um einen durch Infektion verursachten Kanal handelte, die Anthropologen dagegen versteiften sich auf die These, es sei ein Artefakt.«[3]

Obwohl der einfachere Teil der Identifizierung – die Bestimmung des Geschlechts, der Rasse und der Struktur – relativ unproblematisch verlaufen war, waren die Wissenschaftler einer Identifizierung des Skeletts immer noch nicht wesentlich nähergekommen. Sie benötigten härtere, spezifischere Informationen, und sie bekamen sie schließlich auch. Ellis Kerley hatte sich vor

20 Jahren einen Namen gemacht, indem er eine Methode für die Schätzung des biologischen Alters eines Skelettes beziehungsweise des Alters bei Eintritt des Todes entdeckte. Diese Methode stützte sich auf die Beobachtung verschiedener mikroskopischer Veränderungen in der Rinde der langen Knochen.[4] Vor dieser Entdeckung basierten Altersschätzungen bei Skeletten mit einem Todesalter von mehr als 50 Jahren auf derart intuitiven Kriterien wie arthritischen Randwulstbildungen, der Struktur und dem Gewicht der Knochen oder dem Schließungsgrad der Schädelnähte. Kerleys Methode erforderte zwar Zeit und ein scharfes Auge, aber nach Ansicht der Anthropologen war sie die präziseste Technik für die Altersbestimmung von Skeletten älterer Verstorbener.

Noch am Morgen desselben Tages hatte Kerley den linken Oberschenkelknochen des Skeletts in die Universitätsklinik von São Paulo gebracht, wo ihm ein eigener Raum zur Verfügung stand. Dort befestigte er den Oberschenkelknochen mit Klammern auf einem Tisch. Wie ein Tischler, der einen Holzblock in dünne Plättchen zersägt, schnitt er mit äußerster Vorsicht drei Querschnitte von dem Knochen ab. Unter Zuhilfenahme von Schmirgelpapier mit zwei unterschiedlichen Körnungen schliff er jedes Plättchen auf eine Dicke von einem Zehntel Millimeter zu und legte dann jedes auf einen eigenen Objektträger. Zwei der Querschnitte untersuchte er unter dem Mikroskop, den dritten hob er sich für später auf, um ihn zu Hause in seinem Labor an der University of Maryland zu untersuchen.

Durch die Linse konnte er in der Knochenrinde eindeutig blutführende Kanäle, sogenannte Osteonen, erkennen. Bei einhundertfacher Vergrößerung sehen die Osteonen und Lamellen, das heißt die sie umgebenden konzentrischen Knochenschichten, ähnlich wie die Jahresringe eines Baumes aus. Je länger ein Mensch lebt, um so zahlreicher und um so zersplitterter werden diese Kanäle. Im hohen Alter ist so gut wie jedes vollständige Osteon von den Fragmenten mehrerer älterer Osteonen umgeben. Kerley zählte die Osteonen und Osteonenfragmente und setzte die Zahl in seine Altersberechnungsgleichung ein. Er kam zu dem Ergebnis, daß diese Person im Alter zwischen 64 und 74 Jahren gestorben sein mußte. Er halbierte die Differenz und kam zu dem Schluß, dieser Mann sei, bei einer Fehlergrenze von fünf Prozent, zum Zeitpunkt seines Todes Ende Sechzig gewesen. Nach Aussage der Bosserts war Mengele 1979 einen Monat vor Vollendung seines achtundsechzigsten Lebensjahres ertrunken.

Am Mittwoch, dem 19. Juni, um zehn Uhr morgens betrat Tuma den Konferenzraum des Instituts, wo er bereits von den versammelten Wissenschaftlern erwartet wurde. Auf seinen Wink hin schüttete ein Kriminalbeamter den Inhalt einer offenen Schachtel, die er in der Hand gehalten hatte, auf dem Konferenztisch aus. Ein buntes Durcheinander von Gegenständen ergoß sich über die lackierte Tischfläche: Messingknöpfe, ein abgenutztes Brillenetui, ein kleines Stück grüner Filz, zwei Patronen des Kalibers 45, ein zerbrochener Bilderrahmen, ein Griffelkasten aus Teakholz, eine Brieftasche und ein Sortiment von Pillenflaschen.

»Dies, meine Herren«, erklärte Tuma, »haben meine Männer und ich auf dem Dachboden des Hauses gefunden, in dem Mengele gewohnt hat.«

Teixeira, der Leichenbeschauer, drehte die Schachteln und Flaschen mit einem Stift um, um keine Fingerabdrücke auf ihnen zu hinterlassen. Er übersetzte die Etiketten für seine ausländischen Kollegen: »Das hier sind Aspirintabletten. Und das hier ist eine Art . . . wie nennen Sie das? Ein Einreibemittel gegen Muskelkater.«

»Irgendwelche Rezeptetiketten, Doktor Teixeira?« fragte Lukash.

»Nicht daß ich wüßte.«

»Nun, der Mann war zweifellos ein pedantischer Sammler«, stellte Lukash fest. »Einige dieser Medikamente sehen aus, als wären sie schon Jahrzehnte alt.«

Snow lehnte sich über den Tisch und deutete auf eine kleine schwarze Schachtel mit goldener Beschriftung. Die normalerweise blassen Wangen des neben ihm stehenden Helmer liefen plötzlich rot an.

»Hey, Doktor Helmer, sagen Sie ihnen, was da draufsteht«, stieß Snow lachend hervor. Helmer wurde sichtlich verlegen, als sich alle Augen auf ihn richteten. »Nun, das ist Deutsch«, murmelte er. »Ich glaube Sie nennen das . . . Kondome.«

Teixeira öffnete vorsichtig mit seinem Stift eine Blechbüchse. Darin befanden sich Barbiturate, etwas Morphium, Hämorrhoidenzäpfchen, eine Spritze, eine verrostete Nadel und eine kleine Phiole mit einem unbekannten Pulver. Trotz des Hinweises auf die noch bestehende oder zumindest eingebildete Manneskraft legten diese persönlichen Gegenstände die Vermutung nahe, daß dieser Mann in seinen letzten Lebensjahren unter chronischen Schmerzen gelitten hatte.

Tuma kündigte an, daß er noch am selben Tag die Bosserts und einen anderen Zeugen für eine Befragung in das Institut kommen lassen werde. Damit verließ er den Raum und überließ es einem Beamten, die Habseligkeiten des Toten einzusammeln.

Kurz nach drei Uhr am Nachmittag nahmen die Wissenschaftler wieder ihre Plätze im Konferenzraum ein, um an der Zeugenbefragung teilzunehmen. Tuma führte zunächst Gitta Stammer herein, eine zierliche, nervös aussehende Frau in den Sechzigern mit haselnußbraunen Augen. Sie wurde von einer jüngeren Frau begleitet, die laut Tuma als Dolmetscherin fungieren sollte. Gittas mit zahllosen Ringen geschmückte Hände zitterten leicht, als sie den Verschluß ihrer Handtasche öffnete. Sie holte eine Zigarette heraus, zündete sie an und blies ein langes Rauchband zur Decke.

Der Polizeichef erläuterte, er und seine Beamten hätten in der ersten Woche der Untersuchung in São Paulo annähernd ein Dutzend von Mengeles Bekannten in der Gegend befragt. Neben den Bosserts fanden sie jedoch nur eine einzige Person, die aufschlußreiche Hinweise geben konnte, und das war Frau Stammer.

Die Nachforschungen der brasilianischen und deutschen Polizei hatten ergeben, daß Mengele in Argentinien und Paraguay gelebt hatte, bevor er nach Brasilien kam. Allem Anschein nach hatte er bei seiner Ankunft in Buenos Aires im Jahr 1949 so gut wie keine Anstalten gemacht, seine Identität zu verheimlichen, ja, sogar einen Telefonanschluß auf seinen eigenen Namen angemeldet. 1954 ließ er sich von seiner Frau Irene scheiden, die immer noch in Deutschland lebte. Vier Jahre später heiratete er, immer noch unter seinem eigenen Namen, in Uruguay die Witwe seines älteren Bruders. Mengele verließ sie jedoch schon kurz darauf und schlüpfte 1959 in Paraguay bei Nazisympathisanten unter.

Nachdem Adolf Eichmann 1960 in Buenos Aires von israelischen Agenten aufgespürt und entführt worden war, verschwand Mengele plötzlich von der Bildfläche. Seine Verfolger nahmen an, daß er von der »Odessa« (»Organisation der ehemaligen SS-Anghörigen«) oder dem »Kameradenwerk« beschützt würde. Wenn man jedoch Tumas Quellen Glauben schenken durfte, war die Anonymität Mengeles beste Tarnung, als er 1961 über die Grenze nach Brasilien schlüpfte. Bald schon machte er die Bekanntschaft von Gitta Stammer und ihrem Gatten Geta.[5]

»Senhora Stammer, bitte beginnen Sie!« wies der Polizeichef die Frau an.

Gitta Stammer drückte ihre Zigarette aus, faltete die Hände in ihrem Schoß und begann zu erzählen. Sie und Geta trafen Mengele 1961 zum erstenmal, als Wolfgang Gerhard, ein Freund ihres Mannes, sie einander vorstellte. Mengele nannte sich damals Peter Hochbichler und behauptete, Schweizer zu sein. Gerhard, ein ehemaliger Nazi-Unteroffizier, erzählte dem Paar, sein Freund suche vorübergehend Arbeit. Die Stammers willigten daraufhin ein, Hochbichler die Verwaltung ihrer kleinen Farm in der österreichisch-deutschen Kolonie Nova Europa in Araraquara, etwa 300 Kilometer nördlich von São Paulo, zu übertragen. 1962 zogen die Stammers dann auf eine andere Farm in Serra Negra, ungefähr 160 Kilometer näher an der Stadt, und Hochbichler kam mit ihnen.

Dort keimte in Gitta ihrer eigenen Aussage zufolge zum erstenmal der Verdacht auf, daß Peter Hochbichler nicht der schweizerische Arbeiter war, für den er sich ausgab. Ihr fiel beispielsweise auf, daß er sich mit großem Geschick um kranke und verletzte Tiere kümmerte. Dabei hatte er nie die leiseste Andeutung auf eine medizinische Vorbildung gemacht. Auch entsprachen seine Neigungen nicht gerade denen eines gewöhnlichen Farmarbeiters: Er las Bücher über Philosophie und Geschichte und hörte am Abend oft klassische Musik.

Eines Tages schließlich schlug Frau Stammer die Zeitung »Folha de São Paulo« auf und sah darin ein Foto von Mengele in Auschwitz. Das Bild zeigte einen jungen Mann Ende Zwanzig, dessen Gesicht ihr seltsam bekannt vorkam. Ihr fielen sein Lächeln und die Lücke zwischen den beiden Vorderzähnen auf. »Damals hatte er seine Vorderzähne noch«, fügte sie erläuternd hinzu.

Gitta zeigte das Bild daraufhin ihrem Angestellten und zog ihn wegen der Ähnlichkeit auf. Er sei erbleicht, beschrieb Gitta seine Reaktion, und habe überstürzt den Raum verlassen. Später am Abend sei er zurückgekommen und habe ein Geständnis abgelegt: »Ich bin nun seit zwei Jahren bei Ihnen, und Sie haben ein Recht, die Wahrheit zu erfahren. Ich bin Doktor Mengele.«

Als die Stammers Gerhard mit Hochbichlers wahrer Identität konfrontierte, erwiderte dieser, sie sollten sich glücklich schätzen. »Ihr wart absolute Niemande«, erklärte er ihnen. »Jetzt hat sich etwas Großes in eurem Leben ereignet.«

Für die folgenden zwölf Jahre blieb Mengele unter dem Schutz des Ehepaars Stammer. Während dieser Zeit vermied er weitestgehend persönliche Kontakte, machte jedoch beim Sex eine Ausnahme. Wie Frau Stammer berichtete, hatte Mengele während dieser Jahre mehrere Affären mit ihren Hausmädchen und mit Mädchen von anderen Farmen in der Gegend. »Männer sind nun einmal Männer, selbst in der Hölle«, hatte sie einst einem Reporter erzählt. »Aus Angst vor einer Entdeckung konnte er aber keine Beziehungen mit Frauen seines Standes eingehen.«

Die Wissenschaftler, die begierig waren, medizinische Informationen zu erhalten, fragten nach Mengeles Zahnlücke.

»Ja«, erwiderte sie, »er hatte eine Lücke zwischen seinen oberen Zähnen.«

»Hat er jemals über Zahnschmerzen geklagt?« wollte Levine wissen.

»Ja, mehrmals. Aber solange er bei uns war, ging er nie zu einem Zahnarzt.«

»Haben Sie jemals irgendwelche Goldkronen an der Unterseite seiner Zähne bemerkt?«

»Ja, hinten, aber ich erinnere mich nicht mehr, auf welcher Seite.«

»Haben Sie jemals eine Schwellung an Herrn Hochbichlers linker Wange bemerkt?« wollte Levine mit einem schelmischen Blick in Snows Richtung wissen.

»Ja, das habe ich. Ich dachte, er hätte Zahnschmerzen.«

»Trat dies in Abständen immer wieder auf?«

Gitta Stammer dachte einen Augenblick nach und antwortete dann: »Wenn Sie die Schwellung meinen: Ja, sie trat vielleicht zwei- oder dreimal in all diesen Jahren auf.«

Als Snow bemerkte, daß sein Kollege ihn zu übertrumpfen drohte, schaltete er sich ein und fragte, ob Hochbichler diese Schwellung jemals habe behandeln lassen.

»Wenn ich mich richtig erinnere, legte er sich ein heißes Handtuch auf die Wange.«

»Das ist der fistulöse Kanal im Backenknochen. Der Eiter fließt in Richtung der Wärme ab«, raunte Levine Hameli zu.

»Hatte er eine Narbe im Gesicht? Vielleicht auch nur eine kleine?« fragte Snow.

Nein, erwiderte Frau Stammer, daran könne sie sich nicht erinnern.

»In Ordnung. Hatte er irgendwo anders an seinem Körper eine Narbe?«

»Da war etwas auf seinem Rücken«, bestätigte die Zeugin, wobei sie sich angesichts der Tatsache, daß die Wissenschaftler ihrem Wissen anscheinend einigen Wert beimaßen, allmählich ein wenig zu entspannen schien. Sie drehte sich im Sitzen um und deutete auf die rechte Seite ihres Rückgrates. »Es war nicht sehr groß . . . Er sagte, es sei schon in seiner Kindheit passiert.«

»Woher wissen Sie, daß er diesc Narbe hatte? Haben Sie sie gesehen?« hakte Snow nach.

Als ihr die Frage übersetzt wurde, lief die Frau rot an. Die brasilianischen Zeitungen hatten bereits angedeutet, daß sie und Mengele möglicherweise ein Verhältnis gehabt hatten. Unter Tränen hatte sie diese Behauptungen gegenüber ausländischen Reportern abgestritten, obwohl mehrere Liebesgedichte entdeckt worden waren, die Mengele der »schönen« Gitta gewidmet hatte.

Gittas Stimme zitterte, als sie antwortete: »Ich weiß es nur deshalb, weil mein Sohn eines Tages hinfiel und Peter ihn daraufhin dadurch zu trösten versuchte, daß er ihm erzählte, er sei selbst einmal hingefallen und habe sich dabei verletzt. Dann zeigte er ihm die Narbe. Deshalb weiß ich davon.«

»Mrs. Stammer«, fragte Lukash höflich, »hat der Mann, den Sie als Peter Hochbichler kannten, während der Zeit, in der er sich bei Ihnen aufhielt, jemals einen Arzt konsultiert?«

»Ja, einmal, als er Beschwerden hatte . . .« Sie brach ab und flüsterte der Dolmetscherin etwas zu, woraufhin diese erklärte: »Uh, sie möchte sich über die genaue Stelle nicht näher äußern, aber es war hinten.«

Die Zeugin fuhr fort: »Er ging in ein Krankenhaus, wo der Arzt einen winzigen Einschnitt machte und ein kleines Klümpchen oder Kügelchen entfernte . . . Er sagte, er habe eine Menge Haare von seinem Schnurrbart verschluckt. So weit ich mich erinnere, war es das einzige Mal, daß er einen Arzt aufsuchte. Er hatte Schwierigkeiten mit dem Stuhlgang. Er sagte, sie seien durch das Klümpchen verursacht worden.«

»Herrgott«, flüsterte Snow dem neben ihm sitzenden Fitzpatrick zu und stieß ihm dabei mit dem Ellenbogen in die Seite, »der Kerl hatte ein Haarknäuel wie eine meiner Katzen in Norman.«

»Erinnern Sie sich, in welchem Krankenhaus er sich damals behandeln ließ? Und wann?« fragte Lukash.

»Nein, ich weiß nicht, welches Krankenhaus es war. Ich weiß auch nicht genau, wann das war. Aber es muß ein oder zwei Jahre vor seinem Weggang gewesen sein.«

An mehr konnte sich Gitta Stammer nicht erinnern. Nachdem die Wissenschaftler ihr gedankt hatten, wurde sie hinausgeführt. Herein kamen nun Liselotte und Wolfram Bossert.

Die brasilianische Kriminalpolizei hatte das Ehepaar im Verlaufe der Woche bereits mehr als sechs Stunden lang verhört. Außerdem fielen noch immer ausländische Journalisten, zumeist Nachzügler, in Schwärmen über ihr Vorstadthäuschen her. Die Belastung war den Gesichtern der beiden anzumerken. Am schlimmsten war es ihnen allerdings am Morgen desselben Tages ergangen: Tuma hatte erfahren, daß die Bosserts mehrere von Mengeles Notizbüchern, die von der Polizei übersehen worden waren, an die deutsche Illustrierte »Stern« verkauft hatten. Der Polizeichef war außer sich. Er nahm unverzüglich mit den deutschen Behörden Verbindung auf und verlangte die Beschlagnahmung der Papiere. Dann schickte er seine Beamten zu einer Hausdurchsuchung bei den Bosserts. Dabei fanden sie unter anderem ein Tonband mit einer Rede von Adolf Hitler, einen Burberry-Regenmantel und einen Hut, der nach Aussage des Ehepaars Mengele gehört hatte.

Liselotte Bossert ergriff zuerst das Wort. Irgendwann im Jahr 1970 habe ihnen Wolfgang Gerhard, ein alter Freund, Peter Hochbichler vorgestellt. Sie wurden daraufhin zu dessen Vertrauten, die auch um sein größtes Geheimnis wußten. Wolfram ging sogar so weit, seinem neuen Freund 1971 bei einer Fälschung zu helfen. In diesem Jahr hatte Wolfgang Gerhard beschlossen, in seine Heimat Österreich zurückzukehren. Vor seiner Abreise gab er Mengele ein wertvolles Geschenk: seinen brasilianischen Personalausweis. Bossert, ein Amateurfotograf, machte mehrere Paßfotos von Mengele, schlitzte dann den in Folie verschweißten Personalausweis auf und schob Mengeles Bild über das von Gerhard. In der Zwischenzeit stattete Gerhard dem 18 Kilometer westlich von São Paulo gelegenen Friedhof »Zu Unserer Lieben Frau vom Rosenkranz« einen Besuch ab, um sich eine Grabstelle neben derjenigen seiner Mutter zu kaufen. Dann reiste er nach Österreich ab.

1975 verließ Mengele die Farm der Stammers in Caieiras und bezog in der Alvarengastraße in Eldorado, einem Vorort von São Paulo, einen kleinen, mit gelbem Stuck verzierten Bungalow, der den Stammers gehörte. Das Haus in der Alvarenga war für einen Mann, dessen Geist sich durch die Einsamkeit und eine zunehmende Paranoia immer mehr verwirrte, nur ein schwacher Trost. Er litt unter einer Vielzahl von Beschwerden, die ihn oft ans Bett fesselten. Im Mai 1976 erlitt er einen Schlaganfall und lag mehrere Tage im Santa Maria Hospital im nahegelegenen Santo Amaro. – Als die Polizei 1985 allerdings die Krankenhausakten nach medizinischen Unterlagen und Röntgenbildern durchforschte, fand sie lediglich eine Aufnahmekarte, die auf den Namen Wolfgang Gerhard ausgestellt war und auf der nur die Dauer des Aufenthalts, die Krankheit und der Name des behandelnden Arztes vermerkt waren.

1976, kurz bevor der gefälschte Personalausweis auslief, kehrte Gerhard auf Mengeles Kosten nach Brasilien zurück, um eine neue Karte anfertigen zu lassen. Während seines Aufenthalts besuchte Gerhard erneut den Friedhof in Embú und erklärte dessen Direktor, Gino Carita, er solle sich auf das Eintreffen eines »kränklichen älteren Verwandten« gefaßt machen. Daraufhin kehrte Gerhard nach Österreich zurück, wo er zwei Jahre später starb.

Mitte der siebziger Jahre verschlechterte sich die Beziehung zwischen den Stammers und Mengele. Mengele wurde immer mürrischer und autoritärer. Er kritisierte die Art und Weise, wie die Stammers ihre Kinder erzogen, und verlangte, daß sie strenger sein sollten. »Auch im Umgang mit unseren Kindern, die er vergötterte, wurde er launisch und sogar aufbrausend«, erzählte Liselotte Bossert den Wissenschaftlern. Gelegentlich entließ er ohne Absprache mit den Stammers Farmarbeiter, was Geta in Rage brachte. Bei einem seiner Besuche als Geldbote versuchte Mengeles alter Freund Hans Sedlmeier, die Dinge wieder zurechtzubiegen. Doch seine diplomatischen Bemühungen schlugen fehl: Geta Stammer kaufte sich sogar eine Wohnung in der Stadt, nur um von dem alten Mann wegzukommen.

Ein Nachbar in der Alvarenga erzählte der Polizei, der Mann, den er unter dem Namen Don Pedro kannte, habe eine Mauser besessen, die er tagsüber in einem verschlossenen Kasten in seinem Schlafzimmer und nachts neben seinem Bett liegen hatte. Aus derselben wie auch aus anderen Quellen erfuhr die Polizei, daß Don Pedro sich in ein ehemaliges Hausmädchen verliebt hatte. Elsa Gulpian de Oliveira weigerte sich allerdings, ihn zu heiraten. Als sie schließlich 1978 einen anderen heiratete, sei der alte Mann verärgert und deprimiert gewesen.

Da die Erzählungen sich immer mehr von Mengeles medizinischer Geschichte entfernte, schaltete sich Levine ein. »Mr. Bossert, hat Peter Hochbichler jemals erwähnt, ob er in seiner Kindheit ernstlich krank war?«

»Doch, das tat er«, erwiderte der Zeuge, wobei er seinen spindeldürren Körper in dem Stuhl aufrichtete. »Er erzählte unseren Kindern, er sei in seiner Kindheit sehr oft krank gewesen. Deshalb habe er oft den Unterricht in der Schule versäumt und dafür um so härter arbeiten müssen, um nicht hinter seinen jüngeren Brüdern zurückzubleiben.«

»Hat er je über irgendwelche Zahnbehandlungen gesprochen?«

»Ja, er klagte oft über seine Zähne. Er erzählte mir einmal, daß er irgendwo in Paraguay eine zahntechnische Behandlung habe machen lassen, um seine Lücke zu verbergen. Die Qualität der Maßnahme sei jedoch sehr schlecht gewesen.«

»Haben Sie oder Ihre Frau jemals irgendwelche Goldzähne in seinem Mund gesehen?«

»Ja, auf der linken unteren Seite hatte er eine Goldkrone oder irgendeine Art von Goldfüllung«, antwortete Frau Bossert.

»Hat er gesagt, wo er sie hat machen lassen?«

»Nein, aber es war nicht hier. Es war lange, bevor er nach Brasilien kam.«

»Wissen Sie, wo er sich die Prothesen machen ließ?«

Nach kurzer Beratung mit seiner Frau antwortete Bossert: »Er hatte einen Zahnarzt . . . während seiner letzten drei Lebensjahre. In der Gegend, wo er wohnte, gab es keinen. Also muß er einen in einem anderen Teil von São Paulo gehabt haben. Einen Namen hat er allerdings nie erwähnt.«

Liselotte mischte sich ein: »Es muß ein relativ billiger Zahnarzt gewesen sein. Ich bin mir sicher, daß er nie zu einem deutschen Zahnarzt oder zu einem Zahnarzt mit überwiegend deutschen Patienten gegangen wäre. Er wollte vermeiden, erkannt zu werden oder irgend etwas zu sagen, wodurch er seine Identität verraten hätte.«

Snow schloß eine Frage an: »War er Rechts- oder Linkshänder?«

»Er war Rechtshänder«, erwiderte Bossert. »Sehen Sie, ich bin selbst Linkshänder, und wir hätten sicher darüber gesprochen, wenn er es auch gewesen wäre.«

Die Bosserts beschrieben daraufhin den letzten Akt in Mengeles Lebensdrama. Das Ende, erzählten sie, sei am 7. Februar 1979 an einem Strand südlich von São Paulo gekommen. »Wir luden ihn ein, mit uns das Wochenende in einem Haus zu verbringen, das wir in Beritoga gemietet hatten«, begann Bossert. Wie er weiterhin berichtete, kam Mengele mit dem Bus, da er weder ein Auto noch einen Führerschein besaß. Etwa um fünf Uhr nachmittags stand der Gast dann von seinem Stuhl, den er neben denen der Bosserts und ihrer Kinder am Strand aufgestellt hatte, auf und stürzte sich in die Brandung. Mit kräftigen Schwimmzügen schwamm er in ruhigeres Wasser hinaus und schwamm nun parallel zum Strand. Wenige Augenblicke später bemerkte Liselotte, daß er keine Schwimmbewegungen mehr machte und statt dessen mit einem Arm um sich zu schlagen schien. Sie alarmierte ihren Mann, der sofort ins Wasser stürzte und zu Mengele hinaus schwamm. Einen Arm um die Brust des Ertrinkenden gelegt, zog Bossert ihn in Richtung Strand, während die Wellen über beiden zusammenschlugen.

An diesem Punkt der Erzählung sprang Bossert von seinem Stuhl auf und wirbelte zur Veranschaulichung der Rettungsaktion wild mit seinen Armen herum und blies seine Backen auf. Die Dolmetscherin hatte alle Mühe, mit seinem Wortschwall Schritt zu halten.

»Ich wurde zusehends erschöpfter. Aber dann dachte ich: Warum nicht die Wellen ausnutzen? Also tauchte ich unter und hielt ihn über Wasser . . . Dann hörte er auf, sich zu bewegen, und ich merkte, wie sein Kopf schwer auf meine Schulter fiel.« Mehrere Badende rannten ins Wasser und zogen die beiden Männer an Land. Bossert brach neben Mengele zusammen. »Als er da so im Sand lag, nahm ich irgendwie instinktiv seinen Kopf und legte ihn auf meinen Arm . . . Ich atmete schwer . . . Ich erinnere mich, daß Schaum aus seinem Mund kam.«

Die Polizei brachte den Körper zu Dr. Jaime Edson Andrade Mendonca, dem örtlichen Gerichtsmediziner. Mendonca untersuchte die Leiche oberflächlich und stellte als Todesursache Ertrinken fest. Dann stellte er einen Totenschein auf den Namen Wolfgang Gerhard aus. In der Zwischenzeit brachte Liselotte Bossert ihren Gatten, der sich ständig erbrechen mußte, eiligst in ein Krankenhaus; er wäre bei dem Rettungsversuch um ein Haar selber ertrunken.

Am nächsten Morgen mietete Frau Bossert einen Leichenwagen mit Fahrer und brachte den Leichnam Mengeles nach Embú. Während der Nacht war ein tropischer Sturm über die Küste hinweggefegt, der auf der schmutzigen Straße, die aus der Stadt herausführte, tiefe Pfützen hinterlassen hatte. Als der Leichenwagen auf dem ausgefahrenen Untergrund hin und her schlitterte, wandte sich Liselotte Bossert mehrmals beunruhigt zu dem Sarg um, der mit klapperndem Deckel im Fond des Wagens von einer Seite auf die andere rutschte. Plötzlich kam der Wagen ins Schlingern und rutschte von der Straße. Ein Hinterrad versank im

Schlamm. Die Frau und der Fahrer brauchten zwei Stunden, um den Wagen wieder herauszuziehen.

Liselotte Bossert bemerkte kaum, daß das Sonnenlicht durch die Wolken brach, als sie endlich die Außenbezirke von São Paulo erreichten. Da sich der Fahrer nunmehr sicher war, daß sie ihr Ziel ohne weitere Zwischenfälle erreichen würden, lehnte er sich in seinem Sitz zurück und begann, all die Mißgeschicke aufzuzählen, die sich im Laufe seines Berufslebens schon ereignet hatten. Die Frau hörte, ihre müden Augen auf die vor ihnen liegende Straße geheftet, nur mit halbem Ohr zu. Da ihr bis auf die üblichen Höflichkeitsfloskeln nichts einfiel, fragte sie den Fahrer nach seinem Namen. »Ich heiße María Elena,« antwortete er. Leicht verunsichert wandte sich Frau Bossert zu dem Fahrer, um diesen Mann mit einem Frauennamen etwas genauer zu betrachten. Als er ihre Verwirrung bemerkte, klärte der Fahrer sie auf: »Das ist wirklich mein Vorname. Ich habe vor einigen Jahren eine Geschlechtsumwandlung machen lassen. Es klingt vielleicht komisch, aber alle nennen mich immer noch María Elena. Warum sollte ich also meinen Namen ändern?«

Liselotte Bossert war in einem erbarmungswürdigen Zustand, als sie endlich bei dem Friedhof »Zu Unserer Lieben Frau vom Rosenkranz« in Embú ankamen. Mit zitternden Händen überreichte sie dem Direktor Gino Carita den Totenschein. Als dieser den Namen Wolfgang Gerhard las, fiel ihm der große Österreicher ein, der ihn zwei Jahre zuvor gebeten hatte, ein Grab für einen alten Verwandten bereitzuhalten. »Ja, das ist der Lauf der Welt«, sagte er. Der Tod hatte also statt dessen Gerhard selbst ereilt. Er fragte, ob er den Sarg öffnen dürfe. »Nein, das möchte ich nicht«, stieß Frau Bossert hysterisch hervor. »Mein Mann ist krank, und ich weiß nicht, wie es ihm geht. Ich bin ganz alleine hier und möchte die Sache so schnell wie möglich hinter mich bringen.« Carita zügelte seine Neugierde und fügte sich dem Wunsch der Frau. Er wies seine Sekretärin an, Arbeiter den Hügel hinauf zu schicken, damit sie das Grab vorbereiteten.

Zwei Trauernde standen an diesem Nachmittag an Wolfgang Gerhards offenem Grab, als die Totengräber Seile um den Sarg legten und ihn in die Erde herabließen. Liselotte Bossert zuckte zusammen, als sich der Sarg losriß und gegen die Wände des Grabes schlug.

Wieder zu Hause, rief Frau Bossert Gitta Stammer an. »Der alte Mann ist tot«, teilte sie ihr mit.

»Welcher alte Mann?« fragte ihre Freundin.

»Peter. Es ist Peter, er ist tot.«

»Gott sei Dank, es ist vorbei!« seufzte Gitta.

Mit diesen Worten beendete Liselotte Bossert ihre Schilderung der Ereignisse. »Mehr kann ich Ihnen nicht sagen«, beteuerte sie, wobei ihre Schultern zusammensanken und sie ihre Hände in den Schoß fallen ließ. Ihr Mann, der wie betäubt auf einen Riß in dem Fliesenboden des Konferenzraumes starrte, sah aus wie eine Marionette, die jemand über einen Stuhl gehängt hatte.

Am 20. Juni, einem Donnerstag, verließ Richard Helmer kurz vor Sonnenaufgang sein Hotel, hielt eines der wenigen Taxis an, die um diese Zeit durch die grauen Straßen von São Paulo fuhren, und wies den Fahrer an, ihn zum Gerichtsmedizinischen Institut zu fahren.

Dort brannte in einem der Labors schon Licht. Wie üblich, war der eifrige Daniel Muñoz als erster erschienen. Er saß über den Untersuchungstisch gebeugt, wobei ihm der hochgeschlagene Kragen seines Labormantels das Aussehen eines Fernsehdetektivs verlieh. Nicht sehr gesprächig, besonders dann nicht, wenn Arbeit auf ihn wartete, warf der Deutsche Muñoz nur ein kurzes »Hallo« zu und verschwand sofort in seinem Labor.

Der Dreh- und Angelpunkt der gesamten Untersuchung lag auf einem Korkuntersatz auf einer Bank. Helmer nahm den Schädel in die Hand und betrachtete sein Werk mit den Augen eines Bildhauers, der kritisch die Einzelheiten einer Marmorbüste prüft. Es hatte ihn Stunden gekostet, mit Hilfe von Pinzette und Klebstoff die hauchdünnen Knochen um die Augenhöhlen und die Nasenöffnung wieder dort anzubringen, wo sie hingehörten. Nun wurde es Zeit, dem Schädel sein Lächeln zurückzugeben.

Mit einem kleinen Handbohrer bohrte Helmer Löcher in beide Seiten des Unterkiefers und dann noch zwei weitere in das Scheitelbein des Schädels, unmittelbar über den Schläfen. Er befestigte Federn am Unterkiefer, führte sie unter den Jochbögen vorbei, die sich von den Wangenknochen zum Ohr zurückbiegen, und befestigte sie mit kleinen Schrauben am Schädel. Ein weiteres Detail fehlte noch. Helmer setzte die im Grab gefundenen Prothesen zwischen dem Ober- und Unterkiefer ein und befestigte sie neben den zehn echten Zähnen.

Wie Shakespeares Hamlet stellte sich in diesem Augenblick auch Helmer die Frage, ob es ihm gelingen würde, den Besitzer des

Schädels, den er in Händen hielt, zu identifizieren. Ihm stand hierzu eine Technik zur Verfügung, die er selber entwickelt hatte.

Ende der siebziger Jahre hatte Helmer ein als Schädel-Gesicht-Überblendung bezeichnetes Videoabbildungsverfahren perfektioniert, bei dem das Videobild eines Fotos über das Videobild eines Schädels geblendet wird, um festzustellen, ob beide von ein und derselben Person stammen.[6] Snow hatte sich dieser Technik bereits 1975 in vereinfachter Form bedient und sie verschiedentlich bei Identifizierungen eingesetzt, so etwa 1977 bei der Identifizierung der Cowboy-Mumie des Elmer McCurdy und 1985 bei einem Soldaten General Custers. Inzwischen hatte Helmer die Zuverlässigkeit des Verfahrens noch weiter vervollkommnet. In seinem Labor an der Universität Kiel hatte er, ähnlich wie ein Ingenieur, der die Gewölbe und Bögen einer Kathedrale vermißt, die Topographie von Hunderten von Schädeln studiert und seine Ergebnisse auf geometrische Formeln reduziert. Sein Verfahren zur positiven Identifizierung unbekannter Personen war inzwischen vor deutschen Gerichten als Beweismittel zugelassen.

Das Herzstück von Helmers Technik lag in der Feststellung begründet, daß die Schädel der einzelnen Menschen sich hinsichtlich ihrer Konturen beträchtlich unterscheiden. Der Schädel kann an der Stirn breit oder schmal sein, er kann von der Stirn zum Kinn lang oder kurz sein, er kann hohe Wangenknochen oder vorstehende Augenbrauenwulste haben. Die Augenhöhlen variieren hinsichtlich Größe und Lage. Nasenöffnungen können breit oder schmal sein. Darüber hinaus können Krankheiten und Verletzungen im Laufe des Lebens ihre Spuren am Schädel hinterlassen. All diese Variablen machen jeden von uns einmalig, im Leben wie im Tod.

Wenn der Mann, den man in Embú begraben hatte, Josef Mengele war, mußte der Schädel zu seinen Fotos passen. Helmer hatte zwei Sätze von Fotos, die den Naziarzt zeigten. Der eine bestand aus zwei SS-Fotos aus dem Jahr 1938, als Mengele 27 Jahre alt war. Der andere Satz stammte aus einer Sammlung von Fotos, die der leidenschaftliche Fotograf Wolfram Bossert zwei Jahre vor dem Badeunfall von dem vermeintlichen Mengele geschossen hatte.

Da er sich nicht damit zufriedengeben wollte, das Bild der lebenden Person über das des Schädels zu legen und dann durch ein rein visuelles Abschätzen die Übereinstimmungen zwischen beiden festzustellen, kam es Helmer darauf an, beide Bilder bis auf den Millimeter genau übereinanderzulegen. Zu diesem Zweck hatte er sich eine geniale, wenn auch ein wenig bizarr anmutende Methode ausgedacht. Zunächst schlug er in seinen Tabellen über die Hautdicke nach, ebenso wie es die Gesichtsrekonstrukteurin Betty Pat Gatliff tat, bevor sie daran ging, auf einem Schädel ein Gesicht zu formen. Er hatte Maße für 30 Stellen im Gesicht, die denen für einen männlichen Kaukasoiden in seinen Zwanzigern entsprechen mußten. Die Werte für eine Frau, einen Schwarzen, einen Mongoliden oder für ein Kind waren ganz andere. Helmer nahm die Standardmaße: die Supraglabella an der Mittellinie der Stirn; das Nasion genau über dem Nasenrücken; das mittlere Philtrum, der besonders fleischige Punkt in der Mitte zwischen der Unterseite der Nase und der Oberlippe; je drei Punkte an jedem Wangenknochen; die Kinnvorwölbung, der niedrigste Punkt des Kinns, bevor es sich in Richtung des Halses zurückbiegt; dazu einige andere Maße, die er sorgfältig zusammengestellt hatte.

Helmer nahm nun 30 Nadeln, von denen jede mit einem kleinen Lehmklecks an einem der 30 Punkte am Schädel zu befestigen war. Zunächst schob er jedoch eine weiße Markierung über den Schaft jeder einzelnen Nadel und befestigte sie an der Stelle, wo beim lebenden Menschen die Haut gewesen wäre. An dem für das mittlere Philtrum bestimmten Stift setzte er die Markierung beispielsweise in einem Abstand von elfeinhalb Millimetern vom Schädel. Am Nasion betrug der Abstand fünf, an der Kinnvorwölbung betrug er zehneinhalb Millimeter.

Sobald er die Stifte am Schädel befestigt hatte, trug er den Schädel in einen kleinen fensterlosen Raum, der dem Institut normalerweise als Fotolabor diente. Hier war es heiß und stickig, und ihm stieg der scharfe Geruch von Entwicklungsflüssigkeit in die Nase. Die blaßgrünen Wände, von denen der Putz bereits abblätterte, waren mit Dutzenden von verblichenen Fotos übersät, auf denen Tatorte, Patronenhülsen und Fingerabdrücke zu erkennen waren. Helmer befestigte den Schädel auf einem Aluminiumstativ. Er sah wie eine Kuriosität aus, die man in einem schäbigen Souvenirladen als eine Art bizarres Nadelkissen finden könnte. Das SS-Foto von 1938 befestigte er auf einem zweiten Aluminiumstativ direkt neben dem Schädel.

Der Wissenschaftler hatte bereits zwei hochauflösende Videokameras in dem Raum aufgestellt, die beide auf Gleitschienen angebracht waren, so daß man sie vor und zurück bewegen konnte. Die Videobilder wurden auf einen Bildübersetzer und von diesem zu einem Monitor übertragen. Helmer, der sich nun von einem Wissenschaftler in einen Kameramann verwandelt hatte, blickte in den Sucher der einen Kamera, um den Schädel scharf ins Bild zu bringen. Dann wechselte er zur zweiten Kamera und brachte mit ihr das Foto ins Bild. Zwischen den beiden Kameras hin und her pendelnd, schob er diese auf ihren Schienen so lange vor und zurück, bis die Bilder des Schädels und des Gesichts auf dem Monitor gleichgroß waren. Mit dem Bildübersetzer blendete er schließlich die beiden Bilder übereinander, wobei er das Fleisch des Gesichts an jeder Nadelspitze mit der weißen Markierung auf eine Linie brachte. Wenn das Mengele war, dann mußten Haut und Markierung Punkt für Punkt übereinstimmen. Wenn sie das nicht taten . . . Nun, dann war jemand anderes in dem Grab in Embú begraben worden.

Mittags verließ Helmer das Fotolabor. Er holte tief Luft und ging eilig den Korridor entlang, um seinen Kollegen Rolf Endris, den Dentisten im deutschen Team, zu suchen. Als er ihn fand, brach es aus dem ansonsten eher unerschütterlichen Anthropologen überschwenglich hervor: »Rolf, ich hab's. Komm! Und bring alle anderen mit!«

Minuten später drängten sich die Wissenschaftler in Helmers Labor. Der Deutsche schaltete die Kameras ein. Auf dem Bildschirm erschien der Nadelkissen-Schädel mit dem darübergeblendeten Foto. Es war ein gespenstischer Anblick, den zu verarbeiten das Auge wie das Gehirn einige Sekunden brauchten. Da war ein Mensch zu sehen, wie ihn sonst niemand je im Leben sehen konnte. Die Haut lag wie ein hauchdünner gespenstischer Überzug über dem Schädel. Die Konturen des Gesichts auf dem Foto – die Ecken des Kiefers, die Neigung der Stirn, die Lage der Nase über der Nasenöffnung – stimmten haargenau mit der Form des Schädels überein. Nadelspitze um Nadelspitze gingen sie das Gesicht durch. An jedem einzelnen Punkt lag die weiße Markierung genau auf der Hautlinie.

»Nun sehen Sie, daß es keine Einbildung ist«, erklärte Helmer seinen sprachlosen Zuhörern. »Das ist Josef Mengele.«

Am Abend versammelten sich die amerikanischen Wissenschaftler im US-Konsulat am anderen Ende der Stadt. Dort hatte man einen großen Raum für sie vorbereitet. Auf einer Wärmeplatte zischte eine Kaffeekanne, und eine überdimensionale Klimaanlage im Fenster röhrte auf vollen Touren. Mitten in dem mit Teppichboden belegten Raum stand dominant ein großer ovaler Konferenztisch, dessen Oberfläche ebenso blankpoliert war wie die Dienstlimousine des Generalkonsuls. In einer Ecke hing steif das Sternenbanner.

Polizeichef Tuma hatte in seinem Bemühen, die Untersuchung zum Abschluß zu bringen, bei einer Pressekonferenz am Nachmittag seiner Überzeugung Ausdruck verliehen, daß alle Indizien auf eine einzige Schlußfolgerung hindeuteten: Die in Embú exhumierten sterblichen Überreste waren diejenigen Josef Mengeles.[7] Hier im Konsulat eröffnete nun Lukash die Diskussion, indem er anmerkte, daß Tuma zweifellos ein Recht auf seine Meinung habe. Die Entscheidung darüber, ob das Skelett wirklich Mengele gehörte, obliege jedoch den Wissenschaftlern, und zwar gestützt auf ihre eigene Analyse der physischen Beweise. »Wir können aber auch«, fuhr Lukash fort, »zu dem Schluß kommen, daß uns nicht genügend physische Beweise zur Verfügung stehen, um zu einer eindeutigen Identifizierung zu kommen. Bedenken Sie, daß dies kein gewöhnlicher Fall ist und daß die Öffentlichkeit, und insbesondere die Skeptiker, gewöhnliche Beweise schlichtweg nicht akzeptieren wird.«

Levine suchte in Lukashs Gesicht nach irgendwelchen Anzeichen für die Gründe, die ihn veranlaßten, in letzter Minute noch Zweifel zu äußern. Levine hatte zwar fest damit gerechnet, daß Lukash bei der Formulierung des Abschlußberichts einigen Ärger machen würde, allerdings nur, um es ihm persönlich heimzuzahlen, daß er sich vom Justizministerium hatte verpflichten lassen; aber hinter Lukashs jetzigem Verhalten, das spürte Levine, steckte mehr als nur verletzter Stolz.

»Okay, Leslie, du hast alle Beweise gesehen. Also was stört dich?«

»Zunächst einmal: Warum sind die Deutschen nicht hier?«

»Weil sie von ihrer Regierung angewiesen wurden, sich mit öffentlichen Stellungnahmen so lange zurückzuhalten, bis sie ihren Bericht geschrieben haben. Sie haben aber ihre Teilnahme an der morgigen Pressekonferenz zugesagt. Du hast Helmers Arbeit gesehen. Er ist davon überzeugt, daß es Mengeles Schädel ist.«

»Sicher habe ich sie gesehen, und ich war beeindruckt. Aber das ist nicht meine Technik, und ich bin derjenige, der seinen Namen unter den Bericht setzen muß.«

»Was ist mit dem Diastema und der Goldkrone?« fragte Levine, der von Sekunde zu Sekunde skeptischer wurde.

»Das sind Übereinstimmungen, aber ohne Röntgenbilder von den Zähnen keine schlüssigen Beweise. Das weißt du genau, Lowell.«

»Alter, Geschlecht, Statur, Händigkeit und Rasse?«

»Übereinstimmungen.«

»Der Motorradunfall und die Beckenfraktur?«

»Eine mögliche Übereinstimmung, aber letztlich nicht mehr als ein Indiz.«

Lukash stand auf, steckte die Hände in die Taschen und ging auf und ab. Mit erhobener Stimme fuhr er fort: »Mein Problem ist, daß wir es bei den Bosserts und den Stammers mit Nazis erster Güte zu tun haben. Wenn man konspirieren kann, um jemanden zu verstecken, dann kann man auch konspirieren, um eine Menge anderer Dinge zu tun. Versteht ihr, wir haben keinerlei Unterlagen. Das einzige, was wir haben, ist ein Totenschein auf den Namen Wolfgang Gerhard. Es gibt keinerlei allgemein- und zahnmedizinische Unterlagen. Wir haben nur jede Menge Indizien. Na gut, wenn man die anthropologischen Beweise, die Schädelübereinstimmung bei den Bildtechniken und in begrenztem Umfang auch das, was wir an Zähnen haben, zugrunde legt, kann man zu dem Schluß kommen, daß es mit hoher Wahrscheinlichkeit Josef Mengele ist. Aber der absolute Beweis dafür fehlt.«[8]

Nun griff Lukash in seine Hemdtasche und zog ein Telex hervor, das er und sein Team vor wenigen Stunden von Rabbi Hier vom Wiesenthal-Center erhalten hatten. Er las es laut vor. Der Rabbi bat die Wissenschaftler, eine Pressekonferenz abzuhalten, bei der sie von Mengeles Familie in Deutschland die Herausgabe zusätzlicher medizinischer Unterlagen fordern sollten, von Unterlagen, die von der Familie bereits zugesagt, jedoch nie zur Verfügung gestellt worden waren. Erst nach Einsichtnahme in diese Unterlagen, so Hier weiter, sollten die Wissenschaftler ein endgültiges Urteil abgeben. Andernfalls könnte die Familie Mengele einfach all das nachbeten, was sie in den Zeitungen über die physische Untersuchung der Wissenschaftler gelesen habe.[9]

Lukash nahm seine Brille ab und blickte Levine an. »Nun, Lowell, ist das etwa eine unzumutbare Forderung?«

»Politik, Leslie, reine Politik«, erwiderte Levine.

Snow verfolgte die Debatte mit wachsendem Unbehagen. Die Dinge drohten offensichtlich eine unangenehme Wendung zu nehmen. Es war gerade eine Woche her, daß die Wissenschaftler begeistert wie Schuljungen, die sich auf eine Schatzsuche vorbereiteten, in São Paulo eingetroffen waren. Die einzige Spannung, die unter der Oberfläche aus Kollegialität zutage trat, war die Konkurrenz, die überall auftritt, wo eine Gruppe von Gleichrangigen gemeinsam ein wichtiges Rätsel zu lösen versucht. Aber dies hier waren Männer, deren in harter Arbeit erworbener Ruf auf dem Spiel stand.

In einem Punkt mußte Snow indes Lukash recht geben: Dies war beileibe kein gewöhnlicher Fall. Aber auch Lukash konnte sich der Tatsache nicht verschließen, daß es keinen einzigen physischen Hinweis darauf gab, dieses Skelett könnte womöglich doch nicht das von Mengele sein. Wenn man dies abwog gegen die auffallende große Anzahl an Übereinstimmungen zwischen dem Skelett und dem, was man über Mengele wußte, schien es keinen vernünftigen Grund zu geben, eine eindeutige Aussage zu vermeiden.

»Hört mal«, warf Snow mit einem Blick auf die Uhr am anderen Ende des Raums in die Runde, »ich würde vorschlagen, daß wir beim Abfassen des Berichts folgendermaßen vorgehen. Laßt uns zuerst Schritt für Schritt alles noch einmal durchgehen, um zu sehen, ob wir auch nur eine einzige Inkonsistenz finden. Als nächstes vergleichen wir dann jedes einzelne unserer Untersuchungsergebnisse mit Mengeles SS-Unterlagen.«

Die amerikanischen Wissenschaftler waren einverstanden und brachten die folgenden fünf Stunden damit zu, um den Wert jedes einzelnen Beweisstücks zu feilschen. Neben ihren eigenen Untersuchungsergebnissen lag ihnen noch ein Bericht vor, der von einem Team deutscher Wissenschaftler stammte. Die Deutschen hatten die Fotos von Mengele aus dem Haus der Bosserts mit dem SS-Foto aus dem Jahr 1938 verglichen und dabei 24 übereinstimmende physische Merkmale festgestellt.[10]

Der einzige Punkt, an dem die Meinungen schließlich auseinandergingen, war das Fehlen von Hinweisen auf eine Osteomyelitis. Fitzpatrick vertrat die Meinung, daß es sich dabei schlicht und einfach um eine Fehldiagnose gehandelt hatte. Kerley und Snow stimmten ihm zu, schränkten jedoch ein, sie würden es vorziehen, die Sache offenzulassen, da sich der infizierte Knochen im Laufe der Jahre aller Wahrscheinlichkeit nach neugebildet hatte.

Die Diskussion zog sich immer tiefer in die Nacht hinein. Snow bat eine Sekretärin, dafür zu sorgen, daß man ihnen etwas zu essen brachte. Als sie zurückkam und zwei große Papiertüten auf den Tisch knallte, warf Lukash einen mißbilligenden Blick auf den unter Goldbögen tanzenden Clown, der auf den Tüten abgebildet war: »Sie wollen mir doch nicht erzählen, daß die Regierung der Vereinigten Staaten uns, die wir hier in Brasilien am wichtigsten forensischen Fall der Geschichte arbeiten, nichts anderes servieren kann als ein paar Hamburger?«

Um ein Uhr morgens beschloß die Gruppe, die Diskussion zu beenden und das Ergebnis zu Papier zu bringen. Um Meinungsverschiedenheiten zu vermeiden, einigte man sich darauf, daß alle bis auf Snow und Kerley den Raum verlassen sollten. Die beiden sollten allein einen Entwurf des Berichts anfertigen. Snow zog seinen Laptop-Computer hervor und begann unter den wachsamen Blicken Kerleys zu schreiben:

»Auf Grundlage unserer Untersuchung der am 6. Juni 1985 auf dem Friedhof Nossa Senhora de Rosario im Embú, Brasilien, exhumierten Überreste kommen wir zu dem Schluß, daß diese Überreste von einem Weißen männlichen Geschlechts stammen, der von mittelkräftigem Körperbau und zum Zeitpunkt seines Todes zwischen 64 und 74 Jahre alt gewesen ist. Anhand von Messungen der langen Knochen angestellte Berechnungen haben ergeben, daß die Körpergröße vor dem Tod ungefähr 174 Zentimeter betragen haben muß. Untersuchungen der Knochen der oberen Extremitäten deuten darauf hin, daß der Mann Rechtshänder war.

Bei pathologischen und radiologischen Untersuchungen wurden eine alte, ausgeheilte Fraktur der rechten Hüfte, eine ausgeheilte Fraktur an der rechten Daumenbasis, eine im Stadium der Heilung befindliche Fraktur des rechten Schulterblatts sowie eine alte, bereits ausgeheilte Verletzung des Schlüsselbeins festgestellt. Am gesamten Skelett waren arthritische Veränderungen festzustellen. Zusätzlich fand sich noch ein knöcherner Defekt am linken Wangenknochen.

Die Untersuchung des Oberkiefers ergab das Vorhandensein dreier Backenknochen, die mit einer Silber-Amalgam-Füllung versehen waren. Der Unterkiefer enthält sieben Zähne, von denen zwei eine Goldüberzug-Krone besitzen. Alle fehlenden Zähne, mit Ausnahme der Backenzähne, wurden durch herausnehmbare Teilprothesen ersetzt, die allem Anschein nach aus Chromlegierung und Acryl bestehen. Darüber hinaus gibt es skelettale Hinweise darauf, daß zwischen den oberen mittleren Schneidezähnen eine große Lücke klaffte, bevor sie entfernt wurden.

Wir haben medizinische, zahnärztliche, polizeilich ermittelte und andere biographische Informationen, die uns von mehreren regierungsamtlichen und privaten Institutionen zur Verfügung gestellt wurden, überprüft und diese Daten mit unseren Untersuchungsergebnissen verglichen. Wir haben auch die fotografische Schädel-Gesicht-Analyse und die vergleichenden Fotografieuntersuchungen deutscher forensischer Wissenschaftler einer Überprüfung unterzogen. Darüber hinaus lag uns der von Schriftsachverständigen ausgefertigte Bericht über die Handschriftenanalyse vor.

Auf der Grundlage all dessen sind die Unterzeichnenden zu der Ansicht gelangt, daß die exhumierten Überreste definitiv nicht die von Wolfgang Gerhard sind. Wir glauben weiterhin mit hinreichender wissenschaftlicher Sicherheit sagen zu können, daß dieses Skelett das von Josef Mengele ist.

Ein detaillierterer Bericht folgt zu einem späteren Zeitpunkt.«[11]

Lukash stieß sich an der Formulierung »hinreichende wissenschaftliche Sicherheit« und hätte statt dessen die Formulierung »hinreichende Wahrscheinlichkeit« bevorzugt, aber er unterschrieb das Dokument trotzdem. Einer nach dem anderen setzten auch die anderen ihre Namen darunter, packten ihre Papiere zusammen und verließen den Raum, allesamt zu erschöpft, um sich über den Erfolg ihrer Mission freuen zu können. Snow ging als letzter. Die Uhr an der Wand zeigte drei Uhr morgens, als er die Tür hinter sich schloß.

10

Jenseits eines begründeten Zweifels

Am Morgen des 21. Juni, einem Freitag, trafen die Kamerateams am Polizeihauptquartier ein. In dem Konferenzraum im dritten Stock waren Techniker zwei Stunden damit beschäftigt, ihre glänzenden Aluminiumkoffer auszupacken, Kamerastative aufzustellen, Lampen zu plazieren, Kabel am Boden festzukleben und ihre Mikrofone einzustellen. Wenig später trafen die Vertreter der schreibenden Zunft ein, unter ihnen auch Ralph Blumenthal. Die Zeitungsjournalisten beschwerten sich sofort bei den TV-Teams darüber, daß die ihnen mit ihren Kameras den Blick auf den Tisch versperrten, an dem die Wissenschaftler sitzen sollten. Ein Wort gab das andere, bis die gereizte Stimmung so weit eskalierte, daß ein Reporter einem Mitglied eines Kamerateams einen Stoß versetzte, woraufhin dieser sofort zurückschlug. Der Kampf gedieh allerdings nicht weiter als bis zum Umwerfen eines Stuhls, da beide sich rechtzeitig ihres gemeinsamen Journalistenberufes besannen und aus Angst, sich zu verletzen, die Fäuste sinken ließen. Gerade als sich eine Art Waffenstillstand einzustellen schien, kam der Pressesprecher der Polizei herein und forderte die Anwesenden auf, sich auf die andere Seite des Raumes zu begeben. Unverzüglich rafften die Techniker ihre Ausrüstung zusammen und zogen um. Es bedurfte abermals einiger Revierkämpfe, um eine neue Ordnung herzustellen.

Ein Stockwerk tiefer füllte sich Tumas Büro allmählich mit Angehörigen der Wissenschaftlerteams. Die lange arbeitsreiche Woche hatte sich in schwarzen Ringen unter ihren Augen niedergeschlagen. Fitzpatrick war als einziges Mitglied des Wiesenthal-Teams erschienen, Snow und Lukash zogen dem Medienspektakel einen ausgedehnten Schlaf vor.

Levine verteilte Kopien des gemeinsamen Berichts der Amerikaner an die deutschen und brasilianischen Wissenschaftler. Als die ihre Zufriedenheit bekundet hatten, erhob sich Tuma, um ein paar Worte an die versammelten Experten zu richten; dem Anlaß entsprechend war er in einem hellgrauen Anzug erschienen und hatte sein pechschwarzes Haar und seinen Schnurrbart sorgfältig gekämmt.

»Meine Herren, nun sind wir an dem Punkt, wo bei einer Trauung die Aufforderung an die Anwesenden ergeht: ›Sprechen Sie jetzt, oder schweigen Sie für immer.‹«

Niemand sagte ein Wort.

»Nun gut. Gehen wir nach oben, und stellen wir uns der Presse.«

Tuma führte die Gruppe in den überfüllten Konferenzraum im dritten Stock. ›Scheiße‹, dachte Levine bei sich, ›das ist wie im Zoo.‹[1] Tuma plazierte die Wissenschaftler um den Rednertisch.

Ralph Blumenthal war es gelungen, sich ziemlich weit vorne einen Platz zu ergattern, direkt neben dem brasilianischen Anthropologen Muñoz, der eine große Schachtel unter dem Arm hielt.

»Hey, was haben Sie da drin«, scherzte der New Yorker, »etwa die Knochen?«

»Ein paar«, bekam er trocken zur Antwort.

»Sie scherzen.«

»Nein. Hier, sehen Sie selbst.« Muñoz öffnete den Deckel der Schachtel gerade so weit, daß Blumenthal einen Blick hineinwerfen konnte: Kein Zweifel, da lag ein Schädel.

Im Nu war der Rednertisch von Reportern umringt. Tuma ergriff als erster das Wort. Er sagte, die Wissenschaftler hätten bestätigt, daß das in Embú gefundene Skelett das von Josef Mengele sei. Diese Äußerung wurde durch mehrere Wissenschaftler ergänzt, die ihre Beobachtungen darlegten; alle vorgetragenen Berichte legten den unausweichlichen Schluß nahe, daß die exhumierten Gebeine aus dem Grab in Embú diejenigen Josef Mengeles waren.

»Es ist vom mathematischen Standpunkt so gut wie ausgeschlossen, daß es sich um eine andere Person handelt«, sagte Teixeira.

»Die Chancen, daß dies jemand anderes als der Arzt von Auschwitz ist, sind astronomisch gering«, fügte Lowell Levine hinzu und hielt dabei eine Kopie des in der vorigen Nacht erstellten Berichts triumphierend in die Höhe.

Wie sicher er sich denn sei, wurde er gefragt.

»Mit hinreichender wissenschaftlicher Sicherheit.« Da er sich der Mehrdeutigkeit dieses wissenschaftlichen Terminus bewußt war, fügte er hinzu: »Das bedeutet einen sehr, sehr, sehr hohen Grad an Wahrscheinlichkeit. Wissenschaftler legen sich nie hundertprozentig auf etwas fest.«

Blumenthal ging auf einen zwischen den Zuschauern stehenden Mann zu, den er nie zuvor getroffen hatte, mit dem er jedoch schon immer einmal sprechen wollte: Menachem Russek, der grauhaarige Nazijäger aus Israel, beobachtete das Geschehen mit einem Anflug von Geringschätzung. »Also, was glauben Sie?« wollte Blumenthal von ihm wissen.

»Kein Kommentar!« erwiderte Russek, ohne sich umzudrehen.

»Was heißt kein Kommentar?« stieß Blumenthal hervor. »Da haben Sie das Skelett. Was paßt Ihnen an der Angelegenheit nicht?«

»Ich möchte dazu nichts sagen«, insistierte Russek.

Die Zornesröte schoß Blumenthal ins Gesicht. Die Israelis konnten sich unter diesen Umständen doch nicht um eine Stellungnahme drücken, sie konnten doch nicht einfach mauern. Der Reporter versuchte Russek aus der Reserve zu locken:

»Haben Sie dieses Ergebnis nicht erwartet? Bezweifeln Sie die Aussagen der Brasilianer? Glauben Sie ihnen etwa nicht?« Aber Russek ließ sich nicht provozieren, sondern fertigte Blumenthal mit der Bemerkung ab, der Reporter solle doch seine Fragen gefälligst an die Brasilianer richten.

Inzwischen hatten die Wissenschaftler ihr methodisches Vorgehen anhand von Fotografien erläutert. Jetzt brachte Muñoz, der bis dahin unbeachtet in seinem Labormantel dagestanden hatte, seine Schachtel nach vorn. Er öffnete den Deckel und griff vorsichtig hinein, als wolle er seltenes Porzellan herausholen. Zum Vorschein kam der Schädel. Die immer noch an ihm befestigten Prothesen hatten den Mund zu einer bizarren Grimasse gefrieren lassen. Muñoz drehte den Schädel frontal in Richtung der Kameras. Unverzüglich brach ein wahres Blitzgewitter los, dann verschwand der Schädel wieder in der Schachtel. Darin ruht er, neben den anderen Resten von Josef Mengele, noch heute in einem verschlossenen Lagerraum in São Paulo.

Die forensischen Wissenschaftler hatten ihre Koffer zu Hause noch kaum ausgepackt, als schon die Zweifler auf den Plan traten und ihre Untersuchungsergebnisse in Zweifel zogen. Die Überlebenden von Auschwitz fühlten sich verständlicherweise der Genugtuung beraubt, Mengele lebend gefangen zu sehen. Für viele seiner Opfer war der Naziarzt längst zu einer durch ihre kollektiven Alpträume geformten und durch ihre Abscheu am Leben erhaltenen mythischen Gestalt im Sinne C. G. Jungs geworden. Sie wollten, daß Mengele seinen Anklägern gegenübertreten und die Konsequenzen seines Handelns tragen sollte. Nun hatten unbeteiligte Wissenschaftler ihn in weniger als einer Woche zu einem Wust aus Messungen und Statistiken verharmlost und ihnen nicht nur die Gerechtigkeit, sondern auch die Gelegenheit vorenthalten, sich von ihrer Pein zu befreien.

Ein politisches Ende der Jagd nach der Nummer eins unter den untergetauchten Nazis schien allerdings weniger sicher zu sein. Am 23. Juni erklärte die israelische Regierung in Tel Aviv, deren vielgerühmtem Geheimdienst es jahrzehntelang nicht gelungen war, Mengele aufzuspüren, daß sie, obschon sie das Gutachten der drei Wissenschaftlerteams nicht in Zweifel ziehe, den Fall erst dann abschließen wolle, wenn ihre eigenen forensischen Experten das gesamte Beweismaterial geprüft hätten.[2] Die US-Regierung hingegen war bereit, den Bericht der Experten zu akzeptieren. Justizminister Edwin Meese bezeichnete ihn als »das letzte Kapitel in einem tragischen und schrecklichen Abschnitt der Weltgeschichte«.[3] Auch Rabbi Hier vom Simon-Wiesenthal-Center sah den Fall als abgeschlossen an, wenngleich er seine Enttäuschung nicht verhehlen konnte, daß es Mengele gelungen war, das Schicksal zu betrügen.[4]

Mehrere Angehörige des Office of Special Investigations (OSI) im Justizministerium hatten jedoch privat ihren Unmut darüber bekundet, daß die Wissenschaftler außerstande gewesen waren, zu einem definitiven Urteil über die angebliche Osteomyelitis zu gelangen, die mehrere Bekannte Mengeles an ihm im Laufe der Jahre bemerkt haben wollten.[5] Um diese Zweifel endgültig auszuräumen, wandte sich das OSI an Donald Ortner, einen biologischen Anthropologen an der Smithsonian Institution in Washington.

Ortner hatte dem FBI gelegentlich schon bei der Untersuchung von Gebeinen geholfen, die im Zusammenhang mit Kriminalfällen eine Rolle spielten. 1981 hatte er zusammen mit einem Kollegen ein wegweisendes Werk über Knochenkrankheiten verfaßt: »Identification of Pathological Conditions in Human Skeletal Remains«. Seither galt Ortner als einer der führenden Osteopathologen des Landes. Nach Auffassung des OSI war er der richtige Mann, um die Gebeine in Brasilien einer unvoreingenommenen Überprüfung zu unterziehen.

Im Januar 1986 flog Ortner nach São Paulo. Jener Teil der ersten Untersuchung, der ihn von Anfang an mit Skepsis erfüllt hatte, war Helmers Schädel-Gesicht-Überblendung, die auf das forensische Team einen derart nachhaltigen Eindruck gemacht hatte. In Ortners Augen war die Technik noch nicht hinreichend auf ihre Zuverlässigkeit überprüft worden. Im Gerichtsmedizinischen Institut der brasilianischen Metropole untersuchte er alle Knochen mit Ausnahme des Schädels, der sich gerade bei einem Gesichtsrekonstrukteur befand. Auch die Fotos und Röntgenbilder der Knochen unterzog er einer Überprüfung. Was er sah, beunruhigte ihn. So war auf den Röntgenbildern beispielsweise zu erkennen, daß jemand, wie er fand unnötigerweise, einen Einschnitt in die Fistel des Wangenknochens vorgenommen hatte, wodurch möglicherweise Beweise zerstört worden waren. Er fand die geheilte Läsion (Verletzung) am rechten Hüftbein ebenso wie den knöchernen Sporn, einen etwa einen Zentimeter breiten und drei bis vier Zentimeter langen Vorsprung im Bereich der Hüfte.[6] Die Läsion des Hüftbeins konnte der Beweis für eine Verletzung sein, die schwer genug war, um zu einer Osteomyelitis zu führen – ein eindeutiger Beweis war es jedoch nach Ortners Einschätzung nicht. Was den knöchernen Sporn betraf, so war auch an ihm herumgeschnitten worden.

Ortner kehrte mit einem Bericht nach Washington zurück, in dem er zu dem Schluß kam, daß an den Knochen keine eindeutigen Hinweise auf eine Osteomyelitis zu finden seien. Doch der Mann, dessen Knochen man in Embú ausgegraben hatte, mußte sich in jungen Jahren eine schwere Verletzung zugezogen haben. Der knöcherne Sporn an der Hüfte konnte nur von einer Verletzung herrühren. Anhand der Röntgenbilder in São Paulo hatte Ortner sehen können, daß die Sehne und die Muskelfasern in dem Sporn in genau entgegengesetzter Richtung verliefen wie diejenigen in dem ihn umgebenden Knochen. Nach einer traumatischen Verletzung kommt es nicht selten vor, daß Muskel und Sehne verknöchern. Das Muskelgewebe liefert Zellen, die zur Bildung einer Schwiele (eines Kallus) um die Bruchstelle herum beitragen. Was den Knochen angeht, so löst das Muskeltrauma die Bildung eines Hämatoms (Blutergusses) aus. Dieses löst sich zwar in der Regel nach einiger Zeit wieder auf, aber es kann vorkommen, daß das Muskelgewebe in der Weise auf das Trauma reagiert, daß es, oft im Zusammenhang mit dem Hämatom, im Muskel selbst Knochen produziert. Diese exzessive Knochenbildung durch den Muskel kann entweder völlig getrennt vom Knochen vonstatten gehen, sie kann aber auch mit dem vorhandenen Knochengewebe verschmelzen. Dieser als traumatische »Myositis ossificans« bezeichnete Zustand kommt in der Regel im Zusammenhang mit Verletzungen bei Heranwachsenden und jungen Erwachsenen vor. Die äußeren Anzeichen, so Ortners Vermutung, könnten fälschlicherweise mit einer Osteomyelitis in Zusammenhang gebracht worden sein, was die Diagnose der Krankheit in Mengeles SS-Unterlagen von 1938 erhärten würde.[7] Ortner beauftragte das Justizministerium, die Schulunterlagen des jungen Mengele daraufhin zu überprüfen, ob dieser irgendwann einmal wegen einer Verletzung mehrere Monate gefehlt hatte.

Inzwischen waren deutsche Ermittler in Mengeles Tagebüchern auf den Hinweis gestoßen, den die Wissenschaftler in Brasilien gesucht, aber nicht gefunden hatten: Ein Tagebucheintrag vermerkte zwei Besuche bei einem nicht namentlich genannten Zahnarzt, am 5. und 11. Dezember 1978, zwei Monate vor Mengeles Tod. Dieser hatte die Zähne seines Patienten untersucht und war zu dem Schluß gekommen, Mengele brauche einen Wurzelkanal, den er aber nicht machen könne. Der Name des Wurzelkanalspezialisten war vermerkt: »Dr. Gama« in der Stadt Sama.[8]

Die Ermittler des Justizministeriums glaubten sich am Ziel: Wo ein Zahnarzt ist, sind auch Röntgenbilder. Wenn es ihnen gelänge, Gama und ein Röntgenbild der Zähne seines Patienten zu finden, dann könnten sie diese mit Aufnahmen von dem Schädel aus Embú vergleichen. Eine Übereinstimmung würde alle noch bestehenden Zweifel vom Tisch fegen, selbst wenn die Fragen um Mengeles angebliche Osteomyelitis niemals geklärt werden könnten.

In Brasilien begab sich Stephen Dachi, ein ursprünglich als Oralpathologe ausgebildeter Diplomat, auf die Suche nach jenem mysteriösen Dr. Gama. Der fünfundfünfzigjährige Dachi war US-Generalkonsul in São Paulo. Er war in Ungarn geboren, in Rumänien aufgewachsen und im Zweiten Weltkrieg im Alter von elf Jahren von russischen Soldaten gefangengenommen worden. Doch Dachi hatte fliehen können und war in einer Synagoge untergeschlüpft. Nach dem Krieg ging er nach Kanada und von dort weiter in die Vereinigten Staaten, wo er Medizin studierte und daraufhin Zahnheilkunde unterrichtete.[9]

Dachi brütete über dem Schlüsseleintrag im Tagebuch. Erstens gab es die Stadt, die Mengele Sama nannte, überhaupt nicht. Und zweitens war Gama ein weit verbreiteter Name. Die einzige Beschreibung des Arztes in dem Tagebuch besagte lediglich, daß er eine Glatze und ein rundliches Gesicht hatte. Die Brasilianer hatten mehrere Gamas befragt, den richtigen aber nicht gefunden. Vielleicht verbarg sich zwischen den Zeilen mehr, als auf den ersten Blick ersichtlich war. Handelte es sich bei dem Eintrag möglicherweise um einen Code, fragte sich Dachi. In der Tat hatten seine Beschützer, die Bosserts und Stammers, ausgesagt, Mengele habe auf allerlei seltsame Weisen versucht, sich und seine Aufenthaltsorte zu tarnen. So trug er beispielsweise selbst bei brütender Hitze einen Hut, da er glaubte, sich dadurch in einem gewissen Grad unkenntlich machen zu können. Außerdem wußte Dachi, daß andere Teile des Tagebuchs codiert waren.

Der Diplomat begann also mit seiner eigenen Untersuchung.[10] Er studierte die Mitgliedslisten zahnärztlicher Vereinigungen und die Kundenlisten von Firmen für Zahnarztbedarf. Von den sieben Gamas, die er dabei fand, war einer tot, vier andere hatten erst nach 1979 ihren Doktor gemacht und einer überhaupt noch nie als Zahnarzt praktiziert. Eine Befragung des letzten Verdächtigen schloß auch diesen aus. Er war kein Spezialist für Wurzelkanäle.

Auf dem Rückweg von dem Treffen mit diesem letzten Dr. Gama dachte Dachi über den Namen Sama nach. Konnte es sich dabei um ein Akronym handeln? Oder vielleicht um eine Art Abkürzung? War möglicherweise Santa Amaro gemeint?

Im Konsulat wühlten sich Dachi und sein Vizekonsul Fred Kaplan durch weitere Akten und Bücherregale, bis Dachi schließlich ein altes Exemplar des Branchenfernsprechbuchs fand. Unter normalen Umständen hätten sie nie davon Gebrauch gemacht, da sich angesichts des chaotischen Telefonsystems in diesem Land kaum jemand um das offizielle Telefonbuch kümmerte. Dachi blätterte die gelben Seiten auf der Suche nach Eintragungen für den Vorort Santa Amaro durch. Ja, fast hätte er laut aufgeschrien, da gab es einen Gama . . . Hercy Gonzaga Gama Angelo.

Dachi bat seine brasilianische Sekretärin Stella, bei Gama anzurufen, er wollte durch seinen ausländischen Akzent keinen Verdacht erregen. Die Sprechstundenhilfe des Zahnarztes sagte, Dr. Gama mache ausschließlich Wurzelkanäle. Das ist gut, nickte Dachi Stella zu, das ist sehr gut. Stella erzählte der Sprechstundenhilfe, ein Freund habe ihr Dr. Gama empfohlen. Sie wolle aber sichergehen, den richtigen gefunden zu haben: Hatte der Doktor eine Glatze und ein rundliches Gesicht? Oh ja, bestätigte die Frau am anderen Ende der Leitung, das ist mein Chef. Stella vereinbarte einen Termin für Freitag, den 21. März 1986.

Am vereinbarten Tag fuhren Dachi, Kaplan und ein Polizist in Zivil in den Vorort Santa Amaro. Obwohl Gamas Praxis nicht im Adreßbuch verzeichnet war, fand man sie schließlich doch. Gama war von dem Besuch dreier Männer, die ganz offensichtlich keinen Wurzelkanal wollten, sichtlich überrascht. Als man ihm ein Foto von Mengele zeigte, erkante er es sofort: Er hatte die Presseberichterstattung über die Untersuchung im letzten Juni aufmerksam verfolgt. Er konnte sich allerdings nicht erinnern, diesen Mann jemals behandelt zu haben. Deshalb schickte er seine Sprechstundenhilfe los, um in den Unterlagen nachzusehen. Nach etwa dreißig Sekunden kam sie kopfschüttelnd zurück.

»Ein Patient wartet auf mich«, entschuldigte sich Gama bei seinen Besuchern. »Vielleicht könnten Sie später noch einmal wiederkommen.«

»Nein«, erwiderte der Polizist. »Nicht später. Bringen Sie uns die Unterlagen jetzt.«

Gama, auf dessen haarlosem Kopf sich Schweißperlen bildeten, fügte sich und kehrte dann zu seinem Patienten zurück. Die drei Männer teilten die Stapel von Aktenordnern unter sich auf und suchten nach denen, die Behandlungsunterlagen von Ende 1978 enthielten. Nach einer dreiviertel Stunde hielten sie eine Karteikarte in Händen, die vom 5. und 11. Dezember 1978 datiert war. Auf ihr war vermerkt, daß ein Wurzelkanal gelegt und eine Behandlung an den oberen Backenzähnen durchgeführt worden war. Außerdem konnte man nachlesen, daß dem Patienten einmal 2000 und einmal 1000 Cruzeiros für die Behandlungen berechnet worden waren, genau die gleiche Summe, die auch in Mengeles Tagebuch verzeichnet worden war. Dachi drehte die Karteikarte um. Auf der Rückseite stand: Pedro Hochbichler, 5555 Estrada Alvarenga.

Gama blickte erstaunt drein. »Wenn ich das meiner Frau erzähle«, sagte er, wobei er verwundert den Kopf schüttelte. Er schwor aber Stein und Bein, daß er keine Röntgenbilder von diesem Patienten besitze. Er habe sie wie üblich an den Zahnarzt geschickt, der Hochbichler zuerst behandelt hatte. Wer dieser Zahnarzt gewesen sei, wollte Dachi wissen. Dr. Kasumasa Tutiya, erwiderte Gama.

»Ich atmete tief und schwer durch«, erinnert sich Dachi. »Mengele hatte Mrs. Bossert erzählt, er sei bei einem japanischen Zahnarzt in Behandlung, da seiner Meinung nach für einen Japaner alle Europäer gleich aussehen mußten; schließlich würden sich ja auch für die Europäer alle Japaner gleichen. Den Namen des Zahnarztes hatte er Mrs. Bossert gegenüber jedoch nie erwähnt.«

Tutiyas Praxis lag nur ein paar Häuser weiter. Die drei Ermittler legten die Strecke fast rennend zurück. Sie fanden das Gebäude, einen schäbigen Betonblock, in dem ein Secondhand-Kleiderladen untergebracht war, stiegen die dunkle Treppe zum zweiten Stock hinauf und folgten den Zimmernummern in einem grauen Korridor, bis sie die Suite mit der Nummer 2 gefunden hatten. Nun standen sie im Wartezimmer, während die Sprechstundenhilfe den Zahnarzt holte. Dachi bemerkte, daß auf einem Ecktisch die neueste Ausgabe von »Veja«, der brasilianischen Version des Magazins »Time« lag; vom Titelblatt strahlte ihm das triumphierende Gesicht von Romeu Tuma entgegen.

Der Japaner führte sie in sein Büro. Seine Ablage schien hervorragend geführt, denn schon nach wenigen Sekunden hatte er Hochbichlers Akte gefunden. Darin fanden sich Datenblätter für den Zeitraum von 1976 bis 1978, auf denen die ausgeführten Behandlungen sowie das dafür jeweils berechnete Honorar vermerkt waren.

Dachi versuchte seine Erregung unter Kontrolle zu halten. »Sie haben nicht zufällig irgendwelche Röntgenaufnahmen?« fragte er.

»Einen Moment«, sagte Tutiya. Dann verließ er den Raum und kehrte – wie es Dachi schien, erst nach Stunden – mit einem Umschlag zurück, den er über seinem Schreibtisch öffnete. Acht Negative fielen heraus. Dachi fühlte sich, als hätte er in der Lotterie gewonnen.

Bevor die Besucher Tutyias Büro verließen, zeigte Dachi dem Zahnarzt noch eine Reihe von Fotos. Sie stellten allesamt Männer um die Sechzig dar, und es befand sich auch eine Aufnahme von Mengele darunter, die Wolfram Bossert für den gefälschten Personalausweis gemacht hatte. »Ist Ihr Patient darunter?« wollte Dachi wissen.

»Sicher«, entgegnete Tutyia mit einem breiten Lächeln. »Ich erkenne ihn wieder. Es ist der mit dem Hut.«

Eine Woche später schickte das OSI Levine wieder nach São Paulo, um Tutyias Röntgenbilder mit denen zu vergleichen, die man von dem in Embú gefundenen Schädel gemacht hatte. Als Levine die Röntgenbilder miteinander verglich, stimmten sie hundertprozentig überein: der weite Abstand zwischen den oberen Schneidezähnen, das breite Diastema, die Formen der Füllungen und des Kiefernhöhlenbodens und die ungewöhnliche Biegung in der Wurzel des linken unteren Eckzahns. Jeder Zweifel war ausgeschlossen, teilte Levine dem OSI mit. Tutyias Patient und der Mann, den man in Embú begraben hatte, waren ein und dieselbe Person.

Bis heute – diese Zeilen wurden Mitte des Jahres 1990 niedergeschrieben – steht die Veröffentlichung eines Abschlußberichts zur Mengele-Untersuchung noch immer aus. Nach Aussage eines der im Justizministerium mit der Untersuchung befaßten Beamten hat die US-Regierung einen offiziellen Bericht fertiggestellt, der bekräftigt, daß die in Embú gefundenen Gebeine diejenigen von Josef Mengele sind. Das Justizministerium will ihn jedoch erst veröffentlichen, wenn die Israelis ihre Zustimmung dazu geben. Auch die deutschen Behörden haben ihren Bericht in der Schublade liegen, aber sie warten ebenfalls auf ein Wort aus Israel.

Laut Dachi und dem erwähnten Beamten des Ministeriums hat sich ein israelischer Pathologe die Überreste und die forensischen Daten angesehen und ist seinerseits davon überzeugt, daß man Mengele gefunden hat. »Als er kam«, erinnert sich Dachi, »sagte er: ›Ihr habt hier wirklich saubere Arbeit geleistet, und ich kann wirklich nicht behaupten, daß das nicht Mengele ist. Aber das Problem ist die Osteomyelitis. Ich kann dafür keinerlei Anzeichen finden.‹« Dachi und andere, die mit der Untersuchung befaßt waren, glauben, einige Politiker in Israel würden es vorziehen, die Angelegenheit in der Schwebe zu halten. Dachi erklärt: »Die Israelis liegen völlig falsch . . . Sie haben den ganzen Fall nie vom wissenschaftlichen Standpunkt betrachtet, sondern immer nur unter politischen oder emotionalen Gesichtspunkten.«

Wie der Diplomat hinzufügt, habe ihm ein israelischer Ermittler in São Paulo erklärt, es wäre durchaus möglich, daß Mengele in Brasilien einen anderen Mann gefunden hätte, der genauso aussah wie er – »bis auf die Knochen«, merkt Dachi hierzu ungläubig an. Diesem Mann, so der Israeli weiter, wäre Mengele bei dessen Gängen zu Tutiya und Gama gefolgt und hätte dann die Besuche in seinem Tagebuch vermerkt, als wäre er selbst der Patient gewesen. Anschließend hätte er den Mann getötet, seinen Leichnam in Embú begraben und dafür gesorgt, daß man das Tagebuch fand.

Abgesehen davon, daß diese Geschichte schon auf den ersten Blick an den Haaren herbeigezogen klingt, ergibt sie nach Dachis Auffassung überhaupt keinen Sinn. »Denn«, so sagte er den Israelis, »warum sollte sich Mengele all diese Mühe machen, wenn ihr (die israelischen Behörden) in 17 Jahren niemals an ihn herankommen konntet?«

Die amerikanische Regierung möchte den Fall mit einem offiziellen Bericht abschließen, nicht zuletzt, um zu beweisen, daß das Geld der Steuerzahler sinnvoll ausgegeben wurde. Die deutsche Staatsanwaltschaft wiederum möchte die Haftbefehle gegen Mengele endlich aufheben. Die Israelis dagegen, so die Quelle aus dem Justizministerium, »haben durch einen Abschluß der Untersuchung nichts zu gewinnen«. Also liegt irgendwo in einem Büro des OSI in dcr 14. Straßc in Washington cinc als gchcim eingestufte Akte mit dem offiziellen OSI-Bericht über die Mengele-Untersuchung. Alle müssen nun, so der Gewährsmann weiter, warten, da »die Zweifler sofort eine Vertuschung vermuten werden, wenn die Amerikaner und Deutschen einen Bericht ohne die Israelis veröffentlichen . . .«

In einem letzten verzweifelten Versuch, die Angelegenheit zum Abschluß zu bringen, wandte sich Hans Eberhard Klein, der auf deutscher Seite mit der Untersuchung betraute Staatsanwalt, im September 1989 an den britischen Wissenschaftler Alec Jeffreys. Klein hatte von einer außergewöhnlichen neuen Technik gehört, die in jüngster Zeit bei der Vater- oder Mutterschaftsbestimmung sowie bei polizeilichen Ermittlungen zur Anwendung kam: die DNS-Fingerabdrücke. Die Desoxyribonukleinsäure ist das chromosomale Material, das die Gene trägt: die Baupläne für jeden Organismus. Unter den drei Billionen chemischen Einheiten, aus denen der Chromosomensatz einer Person besteht, gibt es Merkmale, die jeweils nur bei dieser einen Person vorkommen. Gleichzeitig finden sich darunter jedoch auch Merkmale, die nur den Angehörigen einer Familie gemeinsam sind und von Generation zu Generation weitervererbt werden.

Bei forensischen Ermittlungen extrahiert man die DNS aus Flüssigkeiten oder Geweben, die man am Tatort gefunden hat – bei Vergewaltigungen beispielsweise aus Samenflüssigkeit, die sich am Körper oder der Kleidung des Opfers findet, bei anderen Gewaltverbrechen aus den am Tatort aufgefundenen Blutspuren. Die molekularen Merkmale, die sich von Mensch zu Mensch unterscheiden, werden lokalisiert und im Labor auf einem Autoradiogramm, einem Abdruck ähnlich einem Röntgenbild, reproduziert. Die veränderlichen »Polymorphismen« erscheinen dabei als eine Reihe von unregelmäßig auf einer vertikalen Linie verteilten Klecksen. Diese »Bänder« ähneln einem Code, wie er normalerweise in einem Supermarkt zum Auszeichnen der Ware verwendet wird. Wenn bei einem Verbrechen ein Verdächtiger festgenommen wird, kann von dessen DNS eine ähnliche Autoradiographie erstellt werden. Anschließend werden die beiden Ausdrucke verglichen, und wenn die Merkmale übereinstimmen, stammt die DNS, die am Tatort gefunden wurde, von dem Verdächtigen.

Obwohl diese Methode nicht unfehlbar ist, gilt sie doch als überaus zuverlässig. Ausschließlich auf Teile von Skeletten wurde sie bisher jedoch noch nicht überzeugend angewendet. Eine Firma in Maryland, die Cellmark Diagnostics, hat den Versuch unternommen, aus Gebeinen, die in Argentinien mehr als zehn Jahre lang in der Erde lagen, DNS zu extrahieren, konnte dabei jedoch nicht genügend intakte DNS für eine Autoradiographie von hoher Qualität gewinnen. Nach Aussage von Karen Karkowicz, einer Technikerin der Cellmark Diagnostics, könnte die DNS der Knochen durch bakterielle DNS verunreinigt oder durch die Einwirkung eines unbekannten Hemmstoffs in unbrauchbare Fragmente aufgespalten worden sein.

Erika Hagelberg, eine Wissenschaftlerin im englischen Oxford, hat eine etwas verfeinerte Technik, die als Polymerasen-Kettenreaktion bezeichnet wird, für ihre Untersuchungen benutzt. Sie extrahierte aus den Gebeinen einiger im 17. Jahrhundert begrabener Soldaten Oliver Cromwells die DNS und vermehrte sie anschließend. Die Qualität der Vergrößerung dieser DNS entspricht jedoch nicht den Maßstäben, die vor Gericht an forensische Beweise angelegt werden. Der bisher gründlichste Versuch, DNS-Bilder von begrabenen Knochen zu bekommen, wird derzeit im Labor von Henry Lee erprobt. Lee, der Leiter der forensischen Abteilung bei der Connecticut State Police, hat mehrere Knochen vergraben und entnimmt aus ihnen in regelmäßigen Abständen Proben, um zu sehen, ob die DNS immer noch intakt ist.

Lees Experiment war noch nicht abgeschlossen, als Klein mit der Bitte an Jeffreys von der University of Leicester herantrat, einige von Mengeles Gebeinen zu untersuchen, die Romeu Tuma aus Brasilien mitgebracht hatte. Daß die Wahl auf Jeffreys fiel, ist nur allzu verständlich: Er hatte diese Technik der Identifizierung mittels DNS schließlich erfunden. Zu dem Zeitpunkt, als er Klein seine Zusage gab, war er sich allerdings noch keineswegs sicher, ob sich aus Knochen ein guter DNS-Abdruck gewinnen lassen könnte. Außerdem würde ein solcher Abdruck für sich allein selbstverständlich noch gar nichts beweisen, sondern er müßte vielmehr noch mit dem DNS-Abdruck eines lebenden Verwandten von Mengele verglichen werden. Zwei von denen waren 1990 noch am Leben: Mengeles Sohn Rolf und sein Neffe Dieter Mengele. Deren Einwilligung zur Mitarbeit bei dem Experiment hatte Staatsanwalt Klein freilich noch nicht erhalten.

Noch weiß man nicht, ob die DNS-Fingerabdruckmethode bei Gebeinen funktioniert. Sollte sie sich jedoch als beweiskräftig herausstellen, wird sie die forensische Anthropologie ebenso revolutionieren, wie sie dies zuvor bereits mit der forensischen Pathologie getan hat. Doch DNS hin oder her, das letzte Wort über Mengele werden wahrscheinlich doch die Israelis sprechen, die Nachfahren seiner Opfer.

11

Die Mütter der Plaza de Mayo

Clyde Snow atmete tief durch, um seinen Vortrag zu Ende zu bringen. Über eine Stunde lang hatte er seine Zuhörer in seinen Bann geschlagen, indem er über die beiden kleinen Mädchen aus Oklahoma sprach, über die in der Schlacht am Little Bighorn gefallenen Soldaten, über Massenmörder und über die Opfer von Flugzeugkatastrophen. In jedem einzelnen Fall hatte Snow seine Geschichten mit Dias unterlegt, um die Techniken zu veranschaulichen, deren sich forensische Wissenschaftler bedienten, um die Gebeine »zum Sprechen zu bringen«.

Den Rahmen dieses Vortrags bildete die Jahresversammlung der American Association for the Advancement of Science (AAAS), die im Mai 1984 im Hilton Hotel in New York City stattfand. Snow sprach über die Rolle, die forensische Wissenschaftler bei der Untersuchung von Menschenrechtsverletzungen spielen können. Mehrere Monate zuvor hatte er einen Anruf von Cristián Orrego, dem Organisator des Symposions, erhalten und war von ihm zur Teilnahme auf dem Podium eingeladen worden. Orrego hatte sich als chilenischer Molekularbiologe, der in Boston arbeitete, und Mitglied des Ausschusses für Freiheit und Verantwortung der Wissenschaft bei der AAAS vorgestellt. Er fragte Snow bei dieser Gelegenheit, ob er etwas über das Verschwinden von Tausenden von Menschen in Argentinien gehört habe. Snow bejahte, er habe darüber gelesen. Orrego fuhr fort, daß mit an Sicherheit grenzender Wahrscheinlichkeit Militär- und Polizeieinheiten die meisten der Verschwundenen getötet und dann in nicht markierten Gräbern verscharrt hätten. Nun, da die bürgerliche Ordnung wiederhergestellt war, verlangten viele Familien von Vermißten, daß die Gräber geöffnet und die sterblichen Überreste ihrer Lieben identifiziert wurden. Sie hatten sich deshalb mit der Bitte um wissenschaftliche Unterstützung an die AAAS gewandt. Ob Snow bereit sei, fragte ihn Orrego, bei den Untersuchungen mitzuwirken?

Als die Leinwand nach dem letzten Dia in gleißendes Licht getaucht war, wandte sich Snow zu den am Rednertisch versammelten Wissenschaftlern um: »Wenn mir noch genügend Zeit bleibt, würde ich meinen Vortrag gerne damit beenden, daß ich Ihnen die erste Strophe eines Gedichts des Spaniers Federico García Lorca vortrage. Es heißt ›Romanze von der spanischen Guardia Civil‹[1] und beginnt mit der Beschreibung des Überfalls auf ein Zigeunerdorf.«

»Schwarze Pferde. Schwarze Eisen.
Auf den Capas glänzen Flecken,
die von Tinte sind und Wachs.
Ihre Schädel sind aus Blei.
Darum weinen sie auch nie.
Ihre Seelen sind aus Lack –
damit kommen auf der Straße
über Land sie hergeritten.
Bucklig sind sie, nächtge Mahre,
ordnen, wo sie auch erscheinen,
Schweigen an aus dunklem Gummi,
Ängste ganz aus feinem Sand.
Ziehn vorüber, wenn sie wollen,
und verbergen tief im Kopf
eine vage Sternenkunde
unersichtlicher Pistolen.«

Danach legte Snow das Gedicht beiseite und fuhr fort:

»García Lorca schrieb dieses Gedicht Ende der zwanziger Jahre, als er Student in Madrid war. Jahre später, beim Ausbruch des Spanischen Bürgerkrieges im Juli 1936, floh er aus der Stadt. Die Franco-Anhänger hatten ihn als unerwünschte Person gebrandmarkt. Wie die Zigeuner in seinem Gedicht hatte wahrscheinlich auch García Lorca für seine Gedanken zu viel Freiheit in Anspruch genommen. Aus Furcht um sein Leben floh er in die Berge Andalusiens, wo er geboren worden war. Dort fand er im Haus eines Freundes Unterschlupf. Am 19. August kam spätabends eine Gruppe von Franco-Anhängern zum Haus und schleppte García Lorca in einen Olivenhain, wo sie ihn erschossen und in einem eilig ausgehobenen Grab verscharrten. Das Grab wurde nie gefunden. Heute würde man García Lorca einen ›Desaparecido‹, einen Verschwundenen, nennen.[2]

In meinen Augen war García Lorcas Tod nichts anderes als ein vom Staat verübter Mord. Von allen Mordarten ist keine verwerflicher als der Mord, der von einem Staat an seinen eigenen Bürgern verübt wird. Und von allen Mordopfern sind diejenigen, die dem Staat zum Opfer fallen, die hilflosesten und verwundbarsten, da eben jenes Gebilde, dem sie ihr Leben und ihre Sicherheit anvertraut haben, zu ihrem Mörder wird. Wenn der Staat mordet, wird dieses Verbrechen von mächtigen Männern geplant. Diese bedienen sich dazu derselben kalten Rationalität und administrativen Effizienz, anhand derer sie etwa auch zu der Entscheidung gelangen könnten, eine Aktion zur Ausrottung eines besonders unangenehmen landwirtschaftlichen Schädlings zu starten.

Eines hat ein Staat, der zum Mörder wird, mit einem Einzelmörder gemeinsam: Wie alle Mörder stolpert er über seinen eigenen Egoismus und hinterläßt eine Spur von Hinweisen, die, wenn sie richtig gesammelt, aufbewahrt und analysiert werden, ebenso erdrückend sind wie ein unterschriebenes Geständnis, das der Täter im Grab seines Opfers zurückgelassen hat.

Die großen Massenmörder unserer Zeit haben es nie auf mehr als einige wenige hundert Opfer gebracht. Demgegenüber können Staaten, die beschlossen haben, ihre eigenen Bürger umzubringen, gewöhnlich ihre Opfer nach Lastwagenladungen zählen. Auch was das Mordmotiv angeht, hat der Staat nicht seinesgleichen, tötet er doch seine Opfer wegen eines achtlos dahingesprochenen Wortes, eines flüchtigen Gedankens oder sogar wegen eines Gedichts.«

Snows Stimme klang belegt, als er sowohl für sich selbst als auch für seine ihm lauschenden forensischen Kollegen eine schwerwiegende Forderung erhob.

»Vielleicht ist es an der Zeit, daß die forensischen Wissenschaftler überall auf der Welt dem alten Ruf unseres großen fiktiven Vorbildes Folge leisten: ›Schnell, Watson, da vorne läuft das Wild!‹ Sie sollten sich hinter dem größten Wild hermachen!«

Unter dem höflichen Applaus der Anwesenden begab sich Snow zu Orrego: »Nun denn«, sagte er zu dem Chilenen, »wann brechen wir nach Argentinien auf?«

Am Morgen des 24. März 1976 herrschte in Buenos Aires eine für die Jahreszeit ungewöhnliche Kühle. Im Stadtzentrum legte sich feiner Dunst auf die Bäume, von denen die Plaza de Mayo eingesäumt wird. Am Nordende des zwei Hektar großen Platzes, neben der Kathedrale, in deren Krypta die Gebeine des argentinischen Freiheitshelden General José de San Martín ruhen, drängte sich eine Gruppe von Soldaten um einen kleinen Holzkohleofen. Drei der Männer hockten da herum, den Rücken gegen einen Jeep gelehnt. Sie rauchten, rieben sich ab und zu ihre Hände über dem kleinen Ofen und sahen zu, wie ihr vorgesetzter Offizier einen kleinen schwarzen Wasserkessel vom Ofen nahm und einen Strahl heißen Wassers in einen birnenförmigen Kürbis goß. Nachdem das Behältnis bis zum Rand mit einer grünlichen, »Mate« genannten Flüssigkeit gefüllt war, reichte der Offizier es herum. Die Männer umklammerten den heißen braunen Kürbis mit ihren klammen Fingern und schlürften das bittere Getränk mit einem metallenen Trinkhalm.

Gemessen an lateinamerikanischen Maßstäben war der Militärputsch, durch den die Präsidentin María Estela »Isabel« Martínez de Perón in der Nacht zuvor gestürzt worden war, in Kavaliersmanier vonstatten gegangen. Um 12 Uhr 45 des vergangenen Tages hatte die fünfundvierzigjährige Präsidentin einen Hubschrauber bestiegen, um damit von der Casa Rosada, dem an der Plaza de Mayo gelegenen rosafarbenen Präsidentenpalast, zur Präsidentenresidenz am Rande der Stadt zu fliegen. In der Luft hatte der Pilot ihr mitgeteilt, daß eine der Turbinen nicht ordnungsgemäß arbeite und sie deshalb auf dem städtischen Flughafen landen müßten. Als der Helikopter auf der Rollbahn aufsetzte, wurde Frau Perón von drei Offizieren erwartet. »Señora, Sie stehen unter Arrest«, eröffnete ihr einer der Militärs.[3] Er forderte sie auf, ihm ihre Handtasche auszuhändigen, öffnete sie und nahm einen kleinen Revolver heraus. Dann gab er der Frau die Tasche zurück. Während Isabel Perón rauchend in einem bewachten Warteraum saß, fuhr ein Armeelastwagen zu ihrer Residenz und kehrte mit mehreren Koffern voller Kleider wieder zurück; die Koffer waren von den Bediensteten Frau Peróns gepackt worden. Die Offiziere setzten die gestürzte Präsidentin daraufhin in einen Luftwaffenjet und flogen sie über die Pampas zu einem turmbewehrten Landhaus zu Füßen der Anden.

Die Regierung von Isabel Perón war bereits die fünfte bürgerliche Regierung, die seit den dreißiger Jahren von den Streitkräften gestürzt wurde. Seit dem Zweiten Weltkrieg hatte keine freigewählte Administration eine volle Legislaturperiode überstanden;

die einzige Ausnahme war die Regierung von Isabels Ehemann, des Armeegenerals Juan Domingo Perón gewesen, der das Land von 1946 bis 1955 regiert hatte.

Um die Jahrhundertwende war Argentinien mit seinen fruchtbaren Pampas, seiner blühenden Rinderzuchtindustrie sowie seinen Eisenbahnlinien und Häfen ein ernst zu nehmender Konkurrent der Vereinigten Staaten gewesen, zumindest im Hinblick auf seine Attraktivität für europäische Einwanderer, die nach Freiheit und neuen Entfaltungsmöglichkeiten suchten. Der Zweite Weltkrieg bescherte dem Land einen Wohlstandsschub, da das vom Krieg zerrüttete Europa aus Argentinien Weizen und Rinder bezog. Das Land begann daraufhin, Waren, die es zuvor importiert hatte, selbst herzustellen, und entwickelte so schon bald eine industrielle Produktion, die Argentiniens landwirtschaftlichem Reichtum kaum nachstand. Goldreserven füllten die Safes der Zentralbank, und die Angehörigen der argentinischen Mittelklasse erfreuten sich eines hohen Lebensstandards.

1943 riß eine Obristenclique, der auch Juan Perón angehörte, die Macht an sich. In seinen Funktionen als Vizepräsident und Arbeitsminister brachte Perón die Arbeiter hinter sich, die scharenweise in die Städte gekommen waren, um dort in den neu errichteten Fabriken zu arbeiten. Allerdings erhielten sie einen schlechten Lohn und waren durch keinerlei Sozialleistungen geschützt. Wie Benito Mussolini konnte auch Perón durch sein Charisma seine Macht konsolidieren. Bald hatte er eine derart breite Gefolgschaft hinter sich geschart, daß er 1946 bei den freien Wahlen 56 Prozent der Stimmen gewann. Fünf Jahre später wurde er mit einer noch größeren Mehrheit wiedergewählt.

Perón regierte Argentinien neun Jahre lang. Er erhöhte die Löhne der Arbeiter, baute öffentliche Schulen für ihre Kinder und schürte ihren Nationalstolz, indem er die von den Briten gebauten Eisenbahnlinien und öffentlichen Versorgungseinrichtungen enteignete. Doch wie sehr Perón sich auch den Arbeitern als ihr Verteidiger anpries, war es doch seine zweite Frau, die legendenumwobene Evita, die von ihnen zur Heiligen erhoben wurde.

Evita, eine junge, schöne Journalistin, bezeichnete sich selbst als die »Brücke der Liebe« zwischen ihrem Mann und den Arbeitern – den »Descamisados« (»Hemdlosen«), wie sie sie nannte.[4] Da sie die Armut aus eigener Erfahrung kannte, gründete sie eine nach sich selbst benannte Stiftung, die sich um die Verbesserung der Lebensverhältnisse von Arbeitern, mittellosen Frauen und bedürftigen Kinder bemühte. Anders als frühere und spätere »First Ladies« Argentiniens leitete Evita Kundgebungen, besuchte sie Slums, Fabriken und Gewerkschaftshauptquartiere. Und sie wandte sich über den Rundfunk mit der dringenden Bitte an die Arbeiter, die Wirtschaftspolitik ihres Mannes zu unterstützen. Doch Evita starb bereits 1952, im Alter von 33 Jahren, an Krebs. Drei Jahre später wurde Juan Perón, der die Kontrolle über das Militär verloren hatte, durch einen Putsch entmachtet.

Die Regierung Perón hatte zwar den Arbeitern ihre Selbstachtung zurückgegeben, gleichzeitig jedoch das Land polarisiert und Argentiniens Demokratie in etwas verwandelt, das diesen Namen nicht mehr verdiente. In den letzten Jahren seiner Präsidentschaft verhängte Perón eine Zensur, ließ Oppositionelle einsperren oder des Landes verweisen, enthob Mitglieder des Obersten Gerichts ihres Amtes, mischte sich in die Universitäten ein und schuf eine gefürchtete Geheimpolizei.

Nach seinem Sturz verbrachte der ehemalige Offizier 18 Jahre im Exil, zunächst in Paraguay und dann in Panama. Dort traf er schließlich seine dritte Frau Isabel, die in einem Nachtclub in Panama City als Tänzerin arbeitete. Peróns Wanderschaft durch lateinamerikanische Länder ging noch etliche Jahre weiter, bis er sich schließlich 1960 in Spanien niederließ.

In der Zwischenzeit hatte sich die peronistische Bewegung in Argentinien, trotz Verbots durch mehrere aufeinanderfolgende Militärregierungen, zur wichtigsten Oppositionsgruppe im Kampf gegen die Streitkräfte aufgeschwungen. Anfang der siebziger Jahre war es den verschiedenen Flügeln der Peronisten – den linksextremen Montonero-Guerillas, den konservativen Politikern der alten Garde und den rechtsgerichteten Gewerkschaftsführern – endlich gelungen, ihre Streitigkeiten beizulegen. Gemeinsam setzten sie sich zum Ziel, ihren Führer wieder an die Macht zu bringen.

Als Perón am 20. Juni 1973 in Buenos Aires eintraf, drängten sich Hunderttausende auf dem Flughafen Ezeiza zu seiner Begrüßung. Trommeln, der Pulsschlag jeder peronistischen Kundgebung, erdröhnten entlang der zum Flughafen führenden Autobahn. Doch was als eine Freudenfeier gedacht war, verwandelte sich in ein Blutbad. Rechtsgerichtete Peronisten waren fest entschlossen, das Ereignis nach ihren Vorstellungen zu gestalten, und bewerkstelligten es, ihre Banner in der Nähe der Rednertribüne aufzustellen. Als sich auch Anhänger des linken Flügels zur Tribüne vordrängen wollten, fielen vereinzelte Schüsse, die rasch in das Geknatter automatischer Waffen übergingen. Die Schlacht dauerte bis zum Einbruch der Dunkelheit. Hunderte von Toten und Verwundeten blieben zurück.

Wie die blutigen Ereignisse am Flughafen bereits ahnen ließen, gelang es dem bereits auf die Achtzig zugehenden, zusehends schwächer werdenden Politiker nicht, jenes Argentinien, das er 30 Jahre zuvor geschaffen hatte, zu kontrollieren. Nichtsdestotrotz wurde der betagte Patriarch sechs Monate nach seiner Rückkehr zum dritten Mal zum Präsidenten von Argentinien gewählt; seine Frau wurde Vizepräsidentin. Kaum zwölf Monate später, am 1. Juli 1974, starb Perón, und Isabel übernahm die Präsidentschaft.

Die Montoneros, die kurz vor Peróns Tod aus der peronistischen Bewegung ausgeschlossen worden waren, gingen in den Untergrund und erklärten Isabels Regierung den Krieg. Von ihren geheimen Operationsbasen aus, in der Regel Häuser und Wohnungen in städtischen Gebieten, rekrutierten die Führer der Montoneros neue Anhänger an den Universitäten sowie in den peronistischen Organisationen und Gewerkschaften. Dabei gaben sie Mitglieder ihrer Bewegung, die sich gegen die Anwendung von Gewalt sträubten, bewußt dem Zugriff der rechtsgerichteten Todesschwadronen preis. Zur Finanzierung ihrer Revolution entführten die Guerillas wohlhabende Industrielle und ließen sie gegen Lösegeld wieder frei. In einem Fall konnten sie auf diese Weise 60 Millionen US-Dollar erpressen. Mit sorgfältig vorbereiteten Operationen legten sie in den Häusern von Polizisten Bomben und griffen deren Autos aus dem Hinterhalt an. Das Ergebnis waren Hunderte von Toten und Berge versengten Metalls in den Straßen.

Während der letzten sechs Monate ihrer Amtszeit ermöglichte Isabel Perón ein rücksichtsloses Vorgehen von Polizei und Militär gegen die Montoneros und eine weitere terroristische Organisation, die trotzkistische »Ejército Revolucionario del Pueblo« (ERP), die »Revolutionäre Volksarmee«. Obwohl die ERP-Guerillas bei weitem nicht so zahlreich waren wie die Montoneros, standen sie diesen in ihren terroristischen Aktionen gegen Militär- und Polizeieinrichtungen in nichts nach. In ihrem Bestreben, der Guerilla-Revolte das Rückgrat zu brechen, taten sich die Polizei und rechtsgerichtete Gruppen zu Privatarmeen zusammen. Hohe Militärs heuerten zu ihrem Schutz Leibwächter an und schickten diese mitunter auch los, um führende Linke und ihre Familien zu entführen und zu ermorden. Einer von Isabel Peróns eigenen Ministern, José López Rega, der wegen seiner Vorliebe für das

Okkulte auch »El Brujo« (der Zauberer) genannt wurde, dirigierte von seinem Büro im Sozialministerium an der Plaza de Mayo aus die berüchtigten Todesschwadronen der Antikommunistischen Allianz Argentiniens (»AAA«).

Durch die Straßen von Buenos Aires patrouillierten angeheuerte Schläger in Autos, deren Nummernschilder verdeckt oder abmontiert waren. In ihnen saßen Männer mit dunklen Sonnenbrillen und mit abgesägten Schrotflinten auf dem Schoß, die keinerlei Befürchtung hegen mußten, vom Staat für ihr Tun zur Verantwortung gezogen zu werden; denn in den allermeisten Fällen waren sie selbst der Staat. Sie riefen sich untereinander mit Spitznamen: Tiburón (Hai), Víbora (Viper), Panza (Schmerbauch) oder Oso (Bär). Für ihre künftigen Opfer stellten sie, wie sie es »scherzhaft« nannten, »Pasajes« (»Fahrscheine«) aus – einfache Fahrkarten in das Leichenschauhaus. Bis Ende 1975 war die Zahl der von ihnen eliminierten Personen bereits auf über 1500 angewachsen.

Isabel Peróns Regierung war außerstande, ihr gespaltenes Land, das in Gewalt versank, zu kontrollieren, geschweige denn zu retten. Laut einer Zeitungsmeldung ereigneten sich während des letzten Monats ihrer Amtszeit alle drei Stunden ein Bombenanschlag und alle fünf Stunden ein politischer Mord. Als sich das Militär schließlich zum Handeln entschloß, ging fast durch die gesamte Nation ein Seufzer der Erleichterung.

Einen Tag nach dem Putsch im März 1976 ernannte eine dreiköpfige Junta den Armeegeneral Jorge Rafael Videla zum Präsidenten. Außerdem wurde es unter Androhung einer bis zu zehnjährigen Gefängnisstrafe verboten, Nachrichten, Kommuniqués oder auch nur persönliche Ansichten kundzutun, die angetan waren, das Ansehen der Streitkräfte zu schädigen. Etwa einen Monat später wandte sich Videla über das Fernsehen an die Bevölkerung, um das Programm des Militärs für die dauerhafte Wiederherstellung der Ordnung vorzustellen: »El Proceso« – den »Prozeß der Nationalen Neuordnung«.

Videla legte Millionen von Fernsehzuschauern dar, daß die Junta angetreten sei, um die Nation vor »Sektierertum, Parteigeist und Personenkult« zu retten. Die Zeit der »Caudillos«, jenes alten argentinischen Übels der charismatischen Führer, sei vorüber. Es werde keinen Perón mehr geben, keinen einzelnen Demagogen, der die Leidenschaften aufwühle und die soziale Ordnung des Landes vergifte. Statt dessen werde die Junta sich ruhig und methodisch daran begeben, eine völlig neue Gesellschaft zu schaffen: christlich, moralisch, antisubversiv, sicher, mit einer neugeordneten Wirtschaft und einem Erziehungssystem, das »sich an den Bedürfnissen der Nation orientiert«. Dann, so Videla weiter, werde das Militär beiseite treten und seinen Platz der Demokratie überlassen.

Im Namen von El Proceso löste die Junta den Kongreß auf, verbot politische Parteien und Gewerkschaften, zwang Wirtschaftsorganisationen und berufsständische Vereinigungen zur Einstellung ihrer Aktivitäten und tauschte die Mitglieder des Obersten Gerichtshofes aus. Im Gegenzug wurden bereits pensionierte, aber auch noch aktive Offiziere zu Universitätsrektoren und Präsidenten ernannt. Da die Junta saubere Wände liebte, ließ sie die Slogans von den Betonwänden der Universitäten entfernen.

Die Militärs bezeichneten ihre Antisubversionskampagne als den »Guerra Sucia« (»Schmutziger Krieg«), was eine ernstgemeinte, wenn auch verzerrte Anspielung auf die Guerillataktik der nicht angekündigten Bombenanschläge und Entführungen war. Bald jedoch wurde offensichtlich, daß die Junta unter Umgehung aller legalen Kanäle alles daransetzte, einen Krieg zu »gewinnen«, den sie ihrem eigenen Volk erklärt hatte.

Gestützt auf ein ausgedehntes Geheimdienstnetz, begannen die Todesschwadronen des Militärs und der Polizei, die sogenannten »Grupos de Tareas« (Spezialeinheiten), aus einem Labyrinth von 360 geheimen Gefängnissen heraus zu operieren.[5] Diese Schwadronen sperrten Tausende von Menschen ein, die als Sympathisanten der Aufständischen verdächtigt wurden. Viele wurden nur deshalb eingesperrt, weil ihre Namen denen von ganz anderen Personen ähnelten oder weil sie zufälligerweise im Adreßbuch eines Verdächtigen standen. Andere wiederum verschwanden aus dem einfachen Grund, weil sie Journalisten, Psychiater oder Sozialarbeiter in einem Slum waren. Rechtsanwälte wurden entführt und ermordet, weil sie im Namen von Verhafteten oder Verschwundenen Haftprüfungseingaben gemacht hatten. Niemand faßte die Philosophie des Militärs knapper und gleichzeitig kälter zusammen als General Videla. Der erklärte im Dezember 1977 einem ausländischen Journalisten, daß »ein Terrorist nicht nur jemand ist, der ein Gewehr oder eine Bombe in Händen hält, sondern jeder, der Ideen verbreitet, die der westlichen und christlichen Zivilisation zuwiderlaufen«.[6]

Mehr als 10 000 Menschen verschwanden während der sieben Jahre der Militärdiktatur, die 1983 endete. Die Verhafteten wurden zumeist mit verbundenen Augen zu einem Geheimgefängnis gebracht, wo ihnen eine Wache eine Nummer gab und sie dann in eine Zelle führte. Die Spezialeinheiten nannten eine solche Operaton eine »Chupada«, was wörtlich übersetzt soviel heißt wie das »Aufsaugen« oder »Schlucken« von Leuten. Die meisten Gefangenen wurden gefoltert, sie erhielten, wie ihre Folterer es nannten, eine »Intensivtherapie«, das heißt sie wurden »weichgemacht«. Antonio Horacio Miño Retamozo, einer der wenigen, die ihr »Verschwinden« überlebten, beschrieb später die Foltern, denen er im August 1976 unterzogen wurde:

»Im Hauptquartier (der Sicherheitskräfte) wurde ich geradewegs zum ›Parrilla‹ (Grill) gebracht. Das heißt, ich wurde auf den Metallrahmen eines Betts gebunden, und an meinen Händen und Füßen wurden Elektroden befestigt. Dann malträtierten sie mich überall am Körper mit einem Elektrostab, mit besonderer Grausamkeit und Intensität an den Genitalien . . . Wenn man auf den ›Grill‹ gespannt ist, hüpft, windet und bewegt man sich hin und her, um den Kontakt mit den brennenden, schneidenden Eisenstäben zu vermeiden. Der Elektrostab wurde wie ein Skalpell gehandhabt, wobei der ›Spezialist‹ von einem Arzt angeleitet wurde, der ihm sagte, ob ich noch mehr Qualen ertragen könnte . . . Am schlimmsten war es, wenn sie einem Elektroden an die Zähne steckten – es fühlte sich an, als würde einem ein Blitz den Schädel zersprengen . . .«[7]

Elena Alfaro, die man im El-Vesubio-Gefängnis festhielt, wurde gezwungen, bei der Folterung ihres Ehemannes zuzusehen. Eine Mitgefangene, Irma Beatriz Márquez, mußte zusehen, wie man ihren zwölfjährigen Sohn Pablo folterte.[8] »Von allen dramatischen Situationen, deren Zeuge ich im Gefängnis wurde«, schrieb der Herausgeber und Autor Jacob Timerman über die Schrecken, die er während seiner Haft von 1977 bis 1979 erlitt und beobachtete, »ist keine mit jenen von Familien zu vergleichen, die oft zusammen, manchmal auch getrennt, aber in Blickweite voneinander gefoltert wurden . . . Die gesamte (Gefühlswelt), die im Laufe der Jahre unter größten Mühen aufgebaut wurde, bricht mit einem Tritt in die Genitalien des Vaters . . . oder der Vergewaltigung einer Tochter zusammen.«[9]

Viele Gefangene, besonders die älteren, starben unter der Folter. Einige wurden schließlich freigelassen oder in offiziell anerkannte Zuchthäuser und Gefängnisse überstellt. Die meisten jedoch wurden ohne Anklage oder Verhandlung im geheimen hingerichtet. Die Spezialeinheiten entledigten sich der Leichen auf eine Weise, die, wie sie hofften, ihre Verbrechen für immer vertuschen würde. So warfen sie beispielsweise etliche ihrer Opfer aus Militärflugzeugen über dem Atlantik oder über dem Mündungsgebiet des Río de la Plata ab. Überlebende aus der Marinetechniker-Schule in Buenos Aires, einem der berüchtigtsten Internierungszentren, erinnern sich, daß Gefangene oft unter Drogen gesetzt wurden, bevor man sie wegbrachte und ins Meer warf.[10] In diesem Zusammenhang kursierte der »Witz« unter den Militärs, sie würden »Fischfutter« versenken. Mitunter wurden die Leichen dann an der argentinischen und uruguayischen Küste angespült. Andere Opfer wurden in Krematorien oder offenen Gruben verbrannt.

Ein Polizeioffizier sagte später aus, daß die Polizei in einem geheimen Internierungslager mit dem Namen El Banco »sogenannte ›Fallen‹ baute, bei denen es sich um 50 bis 60 Zentimeter tiefe und zwei Meter lange Gruben handelte. Ich habe diese Gruben gesehen, sie waren so groß, daß ein Mensch genau hineinpaßte . . . In diese Gruben wurden menschliche Körper gelegt, mit Benzin überschüttet . . . und dann zu Asche verbrannt.«[11]

In den meisten Fällen wurde jedoch so verfahren, daß Militär- oder Polizeieinheiten die Leichen ihrer Opfer bei städtischen Leichenschauhäusern ablieferten, wo der Polizeiarzt sie einer oberflächlichen Untersuchung unterzog. Viele Angestellte in den Leichenschauhäusern wußten sehr gut über die Grausamkeiten Bescheid, die um sie herum geschahen. Armeelastwagen fuhren spätnachts vor die Leichenschauhäuser und lieferten Leichen an, die verstümmelt waren und Spuren von Folter aufwiesen. Die Offiziere befahlen den Männern in den Leichenhallen, keine Autopsien vorzunehmen und die Leichen als »Namenlose« zu registrieren. Die Beisetzung erfolgte zumeist in nicht gekennzeichneten Massengräbern.

Eine der anschaulichsten Schilderungen, wie sich Militär und Polizei ihrer Opfer entledigten, findet sich in einem Gesuch um die Verbesserung der Arbeitsbedingungen, das am 30. Juni 1980 von den Angestellten des Gerichtsleichenschauhauses der Stadt Córdoba an den Präsidenten, General Videla, geschickt wurde. Der siebenseitige, maschinengeschriebene Brief enthält folgende Passage:

»Herr Präsident, es ist unmöglich, ein getreues Bild von dem zu vermitteln, was wir sahen, als wir die Türen der Räume öffneten, in denen die Leichen gelagert wurden. Einige der Leichen lagen schon mehr als 30 Tage ohne die geringste Kühlung darin. Eine Wolke von Fliegen stieg von den Körpern auf, und der Boden war mit einer etwa zehneinhalb Zentimeter dicken Schicht aus Würmern und Larven bedeckt, die wir mit Hilfe von Kübeln und Schaufeln wegschafften. Die einzige Schutzkleidung, die wir hatten, bestand aus Hosen, Overalls, Stiefeln und Handschuhen; manche von uns mußten bei der Arbeit sogar ihre Alltagskleidung anbehalten . . . Die Angestellten der Leichenhalle und die Autopsiegehilfen setzten sich hinten zu den Leichen auf den Lastwagen, und dann fuhren wir, von zwei für die Aktion abgestellten Streifenwagen der Provinzpolizei eskortiert, zum Friedhof San Vincente. Auf dem Friedhof erwartete uns ein schrecklicher Anblick. Die Streifenwagen erhellten das Gemeinschaftsgrab, in das die Leichen geworfen wurden, wobei man sie anhand von Nummern identifizierte und die Säulen in einer nahegelegenen Mauer als Bezugspunkte benutzte. Hinter dieser Mauer und sogar auf den Dächern standen Anwohner, die den makabren Vorgang beobachteten.«[12]

Die Arbeiter des Leichenschauhauses von Córdoba kehrten noch oft zu diesem Massengrab zurück. Dabei sahen sie zu, wie ein Löffelbagger, der ständig auf dem Friedhof stationiert war, die Grube vergrößerte. »Nach den ersten Ladungen folgten noch weitere mit fünf, acht und sieben Leichen«, erinnerte sich Francisco Rubén Bossio, einer der Autopsietechniker, die das Gesuch unterschrieben hatten.[13] »Die Leichen hatten Schußwunden, an manchen waren viele Einschüsse zu sehen, mitunter bis zu 80 . . . Alle Leichen hatten geschwärzte Finger (offensichtlich, weil man ihnen die Fingerabdrücke abgenommen hatte) und wiesen deutliche Anzeichen von Folterungen auf. Sie hatten Striemen an ihren Händen, als ob sie mit Stricken gefesselt worden waren.«

Bossio und seine Kollegen entschuldigten sich in ihrem Brief an den Präsidenten, daß sie ihn mit ihrem Anliegen belästigten, rechtfertigten sich jedoch mit der Beteuerung, sie hätten bereits alle anderen Stellen in der Befehlshierarchie von dieser Situation in Kenntnis gesetzt, jedoch keinerlei Antwort erhalten. Angesichts der anhaltend drückenden Arbeitslast hätten sie all die Jahre nicht ein einziges freies Wochenende gehabt. Konnte der Präsident da nicht Abhilfe schaffen? Die Arbeiter brauchten Unterstützung, sie wollten mehr Freizeit und eine Lohnerhöhung.

Das Gesuch aus Córdoba trägt einen Stempel – »Presidencia de la Nación« – und darunter, in der Rubrik »Eingegangen«, die gekritzelte Eintragung des Datums vom Juli 1980. Hatte einer von Videlas Mitarbeitern versäumt, ihm den Brief zu übergeben? Oder hatte der Präsident ihn gelesen und dann einfach achtlos beiseite gelegt? Die Angestellten des Leichenschauhauses erhielten jedenfalls nie eine Antwort.

Mochte Präsident General Videla die Beschwerde aus Córdoba auch ignoriert haben, so konnte ihm das seltsame Ereignis, das sich drei Jahre zuvor, am Samstagnachmittag des 13. April 1977, gegenüber dem Präsidentenpalast zugetragen hatte, schwerlich entgangen sein.

Die Casa Rosada liegt an der Ostseite der Plaza de Mayo. Aus den von grauen Fensterläden flankierten Fenstern im zweiten Stock des Präsidentenpalastes kann man den Platz in voller Länge überblicken. Vom Haupteingang des Gebäudes führt ein mit Kopfsteinen gepflasterter, von Blumenbeeten und grünen Laternenpfählen gesäumter Gehweg zum Cabildo, dem am anderen Ende des Platzes gelegenen alten Rathaus. In der Mitte des Platzes steht als Sinnbild der Republik auf einem schmalen Obelisken die Statue einer schildtragenden Frau. Der runde Garten zu Füßen der Pyramide enthält Erde aus den 22 Provinzen des Landes.

An jenem Samstagnachmittag fanden sich um drei Uhr 14 Frauen mittleren und höheren Alters auf der Plaza de Mayo ein und setzten sich dort auf Holzbänke. Als die Turmuhr des Cabildo die halbe Stunde schlug, zogen diese Frauen, ausnahmslos Mütter von verschwundenen Kindern, weiße Kopftücher aus ihren Handtaschen und banden sie sich um. Dann standen sie von den Bänken auf, versammelten sich schweigend um die Statue und gingen langsam im Kreis um sie herum.

Mit dieser Mahnwache wurden die »Madres de la Plaza de Mayo« geboren, die »Mütter der Plaza de Mayo«. Viele von ihnen hatten sich im schwarz getäfelten Warteraum des Innenministeriums oder vor den Büros von Polizeistationen und Militärkasernen kennengelernt, wo sie Auskunft über den Verbleib ihrer vermißten Kinder hatten einholen wollen.

Im Laufe eines Jahres wuchs die Zahl der Frauen, die sich zu der allwöchentlichen Demonstration einfanden, auf mehrere Hundert an. Unter den Demonstrantinnen waren Dutzende, die nicht gegen das Verschwinden ihrer Söhne und Töchter protestierten, sondern gegen das ihrer Enkelkinder. Diese Frauen riefen schließlich ihre eigene Organisation ins Leben, die »Abuelas de la Plaza de Mayo«, die »Großmütter der Plaza de Mayo«. Alles in allem waren den argentinischen Kriegsherren mindestens 300 Kinder in die Hände gefallen. Sie nannten sie »Botín de Guerra«, »Kriegsbeute«. Viele dieser Kinder, wenn nicht gar die meisten von ihnen, waren von jungen Frauen während ihrer Haft in den geheimen Internierungslagern zur Welt gebracht worden. Andere hatte man zusammen mit einem oder beiden Eltern entführt, und die waren oft genug später ermordet worden. Die Entführer behandelten die Kinder wie Objekte – Armbanduhren, Radios, antike Vasen, Fernseher, Geld –, die sie bei ihren Überfällen erbeuteten. Einige wurden auf dem schwarzen Markt verkauft, andere kinderlosen Familien von Militärs und Polizisten übergeben oder von ihren Entführern einfach vor Krankenhäusern und Waisenhäusern ausgesetzt.

Obwohl das Militär die Madres zunächst als lästige, aber doch ungefährliche »Plage« ansah, scheute es schließlich doch nicht vor Repressalien zurück, als die Bewegung allzu sichtbar wurde. Ende 1977 kidnappte man Azucena Villaflor de Vicenti, die Vizepräsidentin der Madres, beim Verlassen ihres Hauses. Wenige Tage später wurden zwei französische Nonnen, Leonie Renée Duquet und Alice Domon, zusammen mit mehreren Madres und deren Sympathisanten bei der Kirche Santa Cruz in Buenos Aires entführt. Sie alle verschwanden für immer.

Wenn auch im eigenen Lande zumeist verachtet oder ignoriert, schafften es die Madres und Abuelas doch, die Aufmerksamkeit der Auslandspresse und von Amnesty International auf sich zu ziehen. Amnesty startete eine weltweite Kampagne, bei der es seine Mitglieder aufrief, durch »höflich formulierte Appelle« die argentinischen Behörden aufzufordern, Rechenschaft über die Verschwundenen abzulegen. Im Gegenzug überschwemmten aufgebrachte argentinische Anhänger der Militärregierung das Londoner Hauptquartier der Organisation mit Postkarten, die einem beliebten argentinischen Magazin beigelegt waren. In Verhöhnung des Begriffs »Derechos Humanos« (Menschenrechte) stand auf den Postkarten zu lesen: »Nosotros los Argentinos somos derechos y humanos« (»Wir Argentinier sind rechtschaffen und menschlich«). Von offizieller argentinischer Seite wurde nachdrücklich abgestritten, daß irgend jemand inoffiziell festgehalten würde. Gleichzeitig erhoben die offiziellen Stellen die Behauptung, es handele sich bei den sogenannten Verschwundenen samt und sonders um Guerillas oder deren Sympathisanten, die mit ihren Familien gebrochen hätten und in den Untergrund gegangen seien; oder sie seien nach Europa geflohen und ließen es sich nun in Paris oder Madrid wohlergehen.

Als sich jedoch die Hinweise darauf häuften, daß die Regierung Entführungen, Folter und illegale Exekutionen sanktioniert hatte, räumten die Minister Videlas allmählich »Fehler« und »Exzesse« ein. Am 12. September 1979 präsentierte die Regierung ihre Lösung: das Gesetz über die Todesvermutung bei Verschwinden. Dieses Dekret ermöglichte es dem Staat – und den Angehörigen der Vermißten –, jede Person, die zwischen dem 6. November 1974 und dem 12. September 1979 als vermißt gemeldet worden war, für tot zu erklären. Der Minister des Inneren, Armeegeneral Albano Jorge Harguindeguy, der für dieses Gesetz mitverantwortlich zeichnete, gab bekannt, es sei beabsichtigt, »die Rechte vermißter Personen zu regeln«, ebenso die ihrer Ehepartner und nächsten Angehörigen.[14] Witwen und Witwer, so eine Darstellung, erhielten so die Möglichkeit, den Nachlaß zu ordnen, möglicherweise von neuem zu heiraten und ein anderes Leben zu beginnen. Unter dem aufgetragenen Firnis der Menschenfreundlichkeit konnte dieses Gesetz seinen wahren Zweck dennoch nicht völlig verbergen: nämlich jede künftige Untersuchung des Schicksals der Verschwundenen von vorneherein zu unterbinden.

1981 hatte der »Prozeß der nationalen Neuordnung« seinen Schwung eingebüßt. Selbst bei denen, die seinerzeit die Machtübernahme durch das Militär unterstützt hatten, wuchs die Unzufriedenheit mit der Militärherrschaft. Der Regierung war es nicht gelungen, die wirtschaftliche Situation des Landes zu verbessern, und die Welt, so schien es, prangerte Argentinien als ein Monster an, das seine eigenen Kinder verschlang.

Im März vereidigte die Junta einen zweiten Präsidenten aus ihren Reihen, General Roberto Eduardo Viola, den ehemaligen Stabschef der Armee. Wenige Monate später wurde Viola in einer Palastrevolte durch Generalleutnant Leopoldo Galtieri ersetzt, einen Quartalssäufer, der gleichzeitig Armeekommandeur war. Galtieri verschrieb sich einer Wirtschaftsreform: Er versprach, Argentiniens gigantische Auslandsverschuldung abzubauen, die von 6,4 Milliarden US-Dollar im Jahr der Machtübernahme (1976) auf 30 Milliarden Dollar im Jahr 1981 angewachsen war. Doch die Sparmaßnahmen der Regierung schürten das Mißtrauen gegen die Militärs zusätzlich. Die Argentinier schüttelten ihre Lethargie und Furcht ab und verliehen durch eine Reihe von Streiks und Massen-protesten ihren Forderungen nach einer Verbesserung des Lebensstandards und einer Rückkehr zur Zivilherrschaft Ausdruck.

Am 2. April 1982 ließ Galtieri von tausend Soldaten die Falkland-Inseln – die Islas Malvinas, wie die Argentinier sie nennen – besetzen, eine Gruppe von windgepeitschten Inseln, die bereits seit 150 Jahren ein Streitobjekt zwischen Argentinien und Großbritannien waren. Völlig unerwartet für Galtieri entsandte die britische Premierministerin Margaret Thatcher Truppen, um die Inseln zurückzuerobern. Während auf den kahlen, 480 Kilometer vor der patagonischen Küste gelegenen Inseln die Schlacht tobte, fanden die Argentinier noch einmal in einem kurzen Aufflackern nationalistischer Euphorie zur Einigkeit zurück. Doch Galtieris Unvermögen, die Entschlossenheit der Briten und die Loyalität der Amerikaner, die sich auf die Seite der Briten stellten, führten letztlich zur schmählichen Niederlage Argentiniens.

Am 16. Juni, zwei Tage, nachdem sich die letzte argentinische Garnison ergeben hatte, setzte die Junta Galtieri ab und ernannte kurz darauf den pensionierten Generalmajor Reynaldo Bignone zum Präsidenten. Bignone hob angesichts gewalttätiger Demonstrationen gegen die Militärs das seit sechs Jahren bestehende Verbot aller politischen Aktivitäten auf und versprach für Ende 1983 freie Wahlen. Bevor der Übergangspräsident jedoch aus dem Amt schied, trug er noch dafür Sorge, daß all jene in den Genuß einer Amnestie kamen, die für Verbrechen im »Schmutzigen Krieg« möglicherweise hätten vor Gericht gestellt werden können.

Bignone hielt sein Versprechen, Argentinien zu bürgerlichen Verhältnissen zurückzuführen, und am 30. Oktober 1983 gingen die Argentinier zur Wahlurne. Zur allgemeinen Überraschung gingen Raúl Alfonsín, ein siebenundfünfzigjähriger Provinzanwalt, und seine Radikale Partei als eindeutige Sieger aus der Wahl hervor und verwiesen den peronistischen Kandidaten Italo Luder deutlich auf den zweiten Platz.

Alfonsín trat sein Amt im Dezember 1983 an. Bereits in den ersten Wochen seiner Amtszeit schickte der neue Präsident Dutzende von Generalen in den Ruhestand und ordnete die strafrechtliche Verfolgung der Junta-Führer an. Zuvor hatte er den Kongreß dazu gebracht, das Eigenamnestie-Gesetz der Militärs für null und nichtig zu erklären. Außerdem schuf Alfonsín einen aus prominenten Argentiniern bestehenden und von dem Schriftsteller Ernesto Sábato geleiteten Sonderausschuß, der das Schicksal der Verschwundenen untersuchen sollte.

In seiner Antrittsrede vor dem Kongreß am 10. Dezember 1983 – dem Internationalen Tag der Menschenrechte – predigte Alfonsín eine »altmodische« Ethik von Mäßigung, Anständigkeit und Rechtstaatlichkeit: »Mit dem heutigen Tag hat die öffentliche Unmoral ein Ende«, verkündete er, »wir werden eine anständige Regierung bilden.« Den lautesten Applaus erhielt er jedoch, als er zur »Auflösung der staatlichen Repressionsmaschinerie« aufrief.[15]

Im Anschluß an diese Rede fuhr er mit seiner Frau in einem Wagen, der schon dem Präsidenten Perón gute Dienste geleistet hatte, zur Plaza de Mayo und stieg die Stufen zur Casa Rosada hinauf. Im Inneren des Palastes wurde ihm von General Bignone die Präsidentenschärpe überreicht. Danach wandte sich Alfonsín von demselben Ort aus, von dem aus einst Perón die Massen in seinen Bann gezogen und später die Generale ihr Terrorregime geführt hatten, an die hunderttausendköpfige Menge, die sich unten auf der Plaza de Mayo versammelt hatte. »Es ist ein glücklicher Zufall«, begann er, »daß dieser Tag, an dem wir Argentinier ein Jahrhundert von Frieden, Freiheit und Demokratie beginnen, gleichzeitig der Tag der Menschenrechte ist.«

Am Morgen des 9. Juni 1984 schlenderte Morris Tidball Binz, ein junger Argentinier, durch die breiten kopfsteingepflasterten Straßen von La Plata zur Arbeit. Mit seinen Jeans, seinem weißen Wollpullover und seinem glatten blonden Ponyschnitt, der ihm fast über die blauen Augen fiel, hätte man ihn eher für einen Skilehrer aus Colorado gehalten als für einen in den Pampas aufgewachsenen Studenten der Medizin im dritten Semester. In der Nähe des Hauptplatzes der Stadt blieb Tidball stehen, um ein an eine Tür geklebtes Plakat zu lesen. Darauf stand in Blockbuchstaben:

SEMINAR ÜBER DIE FORENSISCHEN WISSENSCHAFTEN
UND DIE VERSCHWUNDENEN
GEFÖRDERT VON
DER NATIONALEN KOMMISSION FÜR VERSCHWUNDENE PERSONEN
UND
DER AMERICAN ASSOCIATION FOR THE ADVANCEMENT OF SCIENCE
JEDERMANN WILLKOMMEN

Neugierig geworden, öffnete Tidball die Tür und ging ins Auditorium, wo er sich setzte und sich einen schnellen Überblick über die Anwesenden verschaffte. Er erkannte Juan Ramos Padilla, einen bärtigen jungen Richter, der den Großmüttern beim Aufspüren ihrer verschwundenen Enkelkinder half. Auf der Bühne saßen fünf amerikanische Wissenschaftler. Eine junge Frau dolmetschte gerade für einen von ihnen, einen großen, aristokratisch aussehenden Mann, den das vor ihm stehende Namensschild als Luke Tedeschi auswies. Die Dolmetscherin sprach nicht sehr gut Englisch und hatte Mühe, mit dem Redner Schritt zu halten. Plötzlich brach die Frau in Tränen aus und sagte, sie könne nicht mehr. Tidball, der sein Schulenglisch durch einen einjährigen Aufenthalt in den USA aufgebessert hatte, bot seine Dienste an.

Tidballs Kenntnisse des Englischen und der medizinischen Fachsprache kamen ihm in dieser Situation sehr zustatten. Zunächst half er Tedeschi, seinen Vortrag über die physischen Folgen von Folter zu Ende zu bringen, und dann dolmetschte er für Leslie Lukash, einen forensischen Pathologen aus Nassau County, New York. Der Pathologe sprach über die Vorzüge des Systems unabhängiger Leichenbeschauer, das unter anderem auch Schutz vor Parteilichkeit und Druck von oben bieten würde.

Der nächste Redner, dessen Vortrag Tidball übersetzte, war Clyde Snow, ein Texaner, wie sein Akzent und seine Cowboystiefel unschwer erkennen ließen. Nachdem Snow geendet hatte, übersetzte Tidball Fragen aus dem Publikum. Gegen Ende der Veranstaltung erhob sich ein Mann und wollte von Snow wissen, ob Wissenschaftler in der Lage wären, festzustellen, ob in einem leeren Sarg jemals die sterblichen Überreste eines fünf Monate alten Babys gelegen hatten. Verwundert blickte Snow zu Tidball hinüber, der die Frage noch einmal wiederholte. Sicher, das wäre möglich, erwiderte Snow und wandte sich dann der nächsten Frage aus dem Publikum zu.

Später, als sich das Auditorium allmählich leerte, kam der Mann auf Snow zu und stellte sich als Juan Miranda vor.

»Doktor, ich weiß, daß meine Frage Sie verwirrt hat«, ließ er Tidball übersetzen. »Darf ich Ihnen das kurz erklären. Wissen Sie, es ist sehr wichtig für uns, für meine Frau und mich. Das Baby, von dem ich sprach, ist unsere Enkelin. Wenn Sie eine Minute Zeit hätten . . .«

Das Verschwinden von Juan Mirandas Enkelin ereignete sich in einer Septembernacht des Jahre 1976. Kurz vor Mitternacht fuhren

Soldaten in San Isidro, einem Vorort von Buenos Aires, vor dem Haus vor, in dem Mirandas Tochter und sein Schwiegersohn Roberto Lanuscou lebten, die beide als Mitglieder der Montoneros verdächtigt wurden. Die Soldaten eröffneten aus ihren Gewehren das Feuer und stürmten das Haus. Nachbarn hörten zunächst weitere Gewehrschüsse im Inneren und als die Soldaten wieder abzogen, das Geschrei eines Babys. Am nächsten Tag brachte eine Lokalzeitung Fotos des von Kugeln zersiebten Hauses sowie eine offizielle Erklärung, die Armee habe bei einer Schießerei fünf »Extremisten« getötet. Die Nachbarn waren darüber sehr erstaunt, da sie die Lanuscous als eine ruhige, wenn nicht gar zurückgezogen lebende Familie mit zwei Kindern im Alter von sechs und vier Jahren sowie einem fünf Monate alten Baby kannten. Über den Verbleib der fünf Menschen stand in dem Zeitungsbericht nichts.

Jahre nach diesem Vorfall suchten die Mirandas und die Eltern von Roberto Lanuscou das Büro der Abuelas in der Innenstadt von Buenos Aires auf. Sie hatten Kopien der fünf Totenscheine bei sich, die sie mit Unterstützung ihres Anwalts der Verwaltung des Boulogne-Friedhofs in San Isidro hatten abringen können. Die Totenscheine waren auf den 5. September 1976, zwei Tage nach dem Überfall, datiert und trugen die Unterschrift eines Arztes, der vermutlich im Auftrag des Friedhofs tätig gewesen war. Zwar war anstelle der Namen auf den Bescheinigungen jeweils nur »N.N.« vermerkt, aber die physischen Beschreibungen paßten auf die Familie Lanuscou. Während als Todesursache bei der Mutter und den drei Kindern »eine einzelne Schußwunde am Kopf« angegeben war, war der Vater »mehreren Wunden« erlegen. Den Friedhofsunterlagen war darüber hinaus noch zu entnehmen, daß Arbeiter die fünf Leichen in einzelnen Särgen in einem Gemeinschaftsgrab beigesetzt hatten.

Mit Unterstützung der Abuelas gelang es den Großeltern der Lanuscou-Kinder schießlich, einem Richter die Verfügung zur Öffnung des Grabes abzuringen. Am Nachmittag des 25. Januar 1984 hoben Totengräber die fünf Gräber aus, öffneten einen Sarg nach dem anderen und häuften die Gebeine auf einer Plastikplane an. Als sie beim kleinsten Grab angelangt waren, hoben sie einen winzigen Holzsarg aus der Erde. Beim Aufbrechen des Deckels fanden sie nur eine kleine grüne Decke, ein verblichenes rosafarbenes Babykleidchen, einen Schnuller und ein Paar Söckchen.

Miranda hielt an dieser Stelle seiner Erzählung inne und blickte zuerst Tidball und dann Snow an.

»Dr. Snow, ist es möglich, daß sich Matildas Knochen aufgelöst haben?« fragte er.

»Nun«, erwiderte der Texaner, »das ist eigentlich unmöglich, es sei denn, die Erde war überaus säurehaltig. Um Genaueres sagen zu können, müßte ich mir allerdings den Sarg und die Kleidung ansehen.«

Miranda lächelte und seine Augen glänzten, als Tidball ihm Snows Antwort übersetzte.

»Danke, Dr. Snow. Danke«, sagte er, wobei er von seinem Stuhl aufstand und die Hand des Anthropologen drückte. Nachdem er gegangen war, wandte sich Snow seinem jungen Dolmetscher zu.

»Dein Name ist Morris, nicht wahr?«

»Ja.«

»Nun Morris, hättest du Interesse an einem Job?«

»Einem Job?«

»Ja, als mein Assistent. Ich werde schließlich Hilfe brauchen, wenn ich da rausgehe und mir den Sarg dieses Babys ansehe.«

Tidball musterte den amerikanischen Anthropologen mißtrauisch und fragte sich, ob er überhaupt so tief in diese Angelegenheit verwickelt werden wollte.

»Denk darüber nach«, sagte Snow. Dann stand er auf und gesellte sich zu seinen Kollegen.

Die forensischen Wissenschaftler waren auf Bitten von Alfonsíns Menschenrechtskommission, der Nationalen Kommission für die Verschwundenen (CONADEP), nach Argentinien gekommen, um sich dort mit Richtern, Leichenhallenangestellten, Menschenrechtlern und Angehörigen von Verschwundenen zu treffen. Am Ende ihres Aufenthalts sollten sie der Kommission Empfehlungen hinsichtlich der probatesten Mittel für die Exhumierung und Identifizierung der sterblichen Überreste von Verschwundenen geben. Keine leichte Aufgabe angesichts der Tatsache, daß sie dafür nur zehn Tage Zeit hatten.

Von ihren Gastgebern erfuhren die Amerikaner, daß die Familien der Verschwundenen in den sieben Jahren der Militärdiktatur so gut wie keine Möglichkeit gehabt hatten, über das Schicksal ihrer Angehörigen Auskunft zu erhalten. In einigen wenigen Fällen wurden Familien von der Leichenhallenverwaltung über den Tod eines Festgenommenen sowie über die Nummer des Grabes, in dem man ihn beigesetzt hatte, informiert. Das änderte jedoch nichts daran, daß die Richter sich aus Furcht oder aus Gleichgültigkeit in der Regel weigerten, Exhumierungen zum Zweck einer forensischen Untersuchung anzuordnen. Dies änderte sich schon kurz nach Alfonsíns Amtsübernahme 1983 und der Gründung der CONADEP. Die Kommissionsmitglieder ordneten in Zusammenarbeit mit mehreren Richtern die Exhumierung Hunderter von Gräbern »Namenloser« an. Totengräber führten die Arbeiten mit schweren Erdbewegungsmaschinen aus.

Das Ergebnis war katastrophal. Die rücksichtslose und pietätlose Vorgehensweise, in der Bulldozer und Arbeiter mit Spaten und Schaufeln neben den geöffneten Gräbern wahre Knochenberge auftürmten, veranlaßte die Angehörigen der Verschwundenen zu aufgebrachten Protesten. Menschenrechtsanwälte erkannten sehr schnell, daß sich aus dieser grausigen Ernte nur wenig forensische Beweise würden gewinnen lassen. Anfang Februar 1984 trafen sich deshalb die Vertreter zweier Menschenrechtsgruppen – der Großmütter der Plaza de Mayo und Mitarbeiter des Zentrums für Soziale und Juristische Studien – mit dem CONADEP und drängten diese, die American Association for the Advancement of Science (AAAS) um Unterstützung anzugehen.

Nach ihrem ersten Seminar in La Plata reisten die amerikanischen Wissenschaftler weiter nach Buenos Aires und dann nach Córdoba, einer der größten und schönsten Städte Argentiniens. Östlich von Córdoba erstrecken sich die unendlichen Weiten der Pampas, und im Norden, Süden und Westen der Stadt blickt man über grüne Hügel in Richtung der Anden. Zwischen den Sierras verborgen liegen riesige Anwesen, deren sorgsam gepflegte Rasenflächen in kleine Seen auslaufen. In der Nähe eines dieser Seen, des Lago San Roque, lag La Perla, ein vom Dritten Armeecorps unterhaltenes Konzentrationslager, das manchmal als das Auschwitz Argentiniens bezeichnet wurde. Zwischen 1976 und 1979 schleuste man annähernd 3000 Menschen durch dieses Lager. Viele der Gefangenen wurden von den Lagerwachen ermordet, die einige der Leichen in einer Grube unweit des Lagers verscharrten. Die übrigen Leichen wurden mit Lastwagen zum San-Vincente-Friedhof am Stadtrand von Córdoba gebracht.

Am Spätvormittag des Tages ihrer Ankunft besuchten die Amerikaner den Friedhof. »Wir froren uns die Hintern ab, während wir mit den Totengräbern sprachen«, erinnert sich ein Mitglied der Wissenschaftlerdelegation, der Odontologe Lowell Levine. »Ich werde nie vergessen, wie sie den Direktor des Friedhofs herausbrachten. Trotz des kalten Windes war er nur leicht bekleidet, als glaubte er, daß sich die Angelegenheit schnell erledigen ließe. Wir brachten ihn schließlich zum Reden, und je kälter ihm wurde, um so mitteilsamer zeigte er sich.«[16]

Der Direktor führte die Amerikaner zwischen Grabsteinreihen hindurch zu einer offenen Fläche, die etwa 27 Meter lang und knapp fünfeinhalb Meter breit war. Hier waren nach Auskunft des Direktors in der zweiten Hälfte der siebziger Jahre Dutzende von »Desaparecidos« begraben worden. 1979, nach dem letzten Begräbnis, hatten Totengräber das Gelände eingeebnet und Grassamen ausgesät. Daraufhin geriet der Ort in Vergessenheit, bis Anfang 1984 eine Gruppe von Anwälten, die Familien der Verschwundenen vertraten, ein Gericht überredeten, das Gelände untersuchen zu lassen.

Für einen dieser Anwälte, einen kleinen, freundlichen Mann namens Ruben Arroyo, war das Massengrab von San Vincente fast eine persönliche Obsession. Er war überzeugt, daß einer der darin begrabenen Leichen die von Cristina Costanzo war, der Tochter eines alten Freundes, die Arroyo seit ihrer Kindheit kannte. Wenn seine Informationen stimmten, war die junge Frau zusammen mit sechs ihrer Freunde 1976 hier verscharrt worden.

Nachdem er im Januar 1984 zum Rechtsbeistand des Büros der CONADEP in Córdoba ernannt worden war, intensivierte Arroyo seine Nachforschungen. Seine neue Position ermöglichte ihm einen leichteren Zugang zu Friedhofs- und Leichenschauhausunterlagen, aber auch zu Polizeiakten. Stück um Stück lüftete er das Geheimnis um das Schicksal Cristinas und der anderen. Wie der Anwalt herausfand, hatte ihre tragische Geschichte am 14. Oktober 1976 begonnen.

Am frühen Morgen dieses Tages hatten Polizeiagenten in Rosario, ungefähr 480 Kilometer östlich von Córdoba, Cristina Costanzo und mehrere ihrer Freunde bei Razzien festgenommen. Die Gründe für diese Inhaftierungen waren unklar, allerdings waren einige der jungen Leute Mitglieder der verbotenen Peronistischen Jugendbewegung an der Universität gewesen. Nachdem man sie auf der Polizeistation eingesperrt hatte, wurden alle bis auf zwei getötet.

Einer der Überlebenden, Gustavo Piccolo, schilderte später einem Ermittler der CONADEP die Ereignisse, deren Zeuge er auf der Polizeistation wurde.[17] Schon kurz nach seiner Einlieferung, so seine Schilderung, wurde er mehrere Stunden lang mit der »Picana« – einem elektrischen Ochsenziemer – gefoltert und anschließend in eine Zelle geführt. Dort traf er Carlos Pérez Risso, einen Freund aus Kindheitstagen. Pérez erzählte Piccolo, daß er zusammen mit Cristina Costanzo aufgegriffen worden war, die in der Zelle nebenan saß. Piccolo fand schließlich heraus, daß sich, ihn selbst eingeschlossen, neun Häftlinge in dem Zellenblock befanden. Einem von ihnen, der von der Hüfte aufwärts nackt war, gab er seine Wolljacke.

Drei Tage später rannten frühmorgens Soldaten durch den Zellenblock, riefen Namen und rissen die Leute aus dem Schlaf. »Ich vermute, daß sie mich nicht mitnahmen, weil mein Vater Bundesrichter war«, erklärte Piccolo der Kommission. Auch Pérez wurde verschont, da ihn der Beruf seines Vaters, der Polizeikommissar war, ebenfalls schützte. Am Spätnachmittag hörte Piccolo, wie eine Gruppe von Männern in den Zellenblock kam. Einer von ihnen erzählte einer Wache, daß »die Operation in Los Surgentes ohne die geringsten Probleme ausgeführt worden war«.

Am folgenden Tag fand eine Polizeistreife sieben von Kugeln durchsiebte Leichen auf einem Feld in der Nähe von Los Surgentes, einer kleinen Stadt an der Grenze zwischen den Provinzen Córdoba und Santa Fé. Die Polizei nahm die Fingerabdrücke von den Leichen und schickte sie ins städtische Leichenschauhaus von Córdoba, wo sie als Namenlose registriert und zum Friedhof San Vincente überstellt wurden.

Am 3. März 1984, drei Monate vor dem Eintreffen der amerikanischen Wissenschaftler, tauchte ein Bundesrichter auf dem Friedhof auf und ordnete die Öffnung eines kleinen Teils des Massengrabes an. Bei ihm war ein ehemaliger Friedhofsvorarbeiter, der die Stelle bezeichnete, an der nach seiner Erinnerung die sieben Leichen begraben worden waren.[18] Ein Löffelbagger trug die steinige Erde ab, und Friedhofsarbeiter klaubten Dutzende von Schädeln und Knochen aus dem Schmutz.

Am Spätnachmittag war der Platz von Gebeinen übersät. Der Richter hieß die Arbeiter aus der Grube steigen und wies sie an, die sterblichen Überreste in große Polyurethansäcke zu legen; in denen wurden sie dann zum städtischen Leichenschauhaus gebracht.

Das Leichenschauhaus von Córdoba war nicht gerade das, was sich Leslie Lukash unter einer ordentlich geführten Einrichtung vorstellte. »Dieser übelriechende Ort«, erinnert er sich, »war ekelerregend.«[19] Während Lukash die Zähne zusammenbiß, fragten die übrigen Mitglieder der amerikanischen Delegation den leitenden Pathologen des Leichenschauhauses, Dr. Héctor Alfredo Camara, wie er und seine Angestellten während der Jahre der Militärdiktatur zurechtgekommen seien. Camara schlug daraufhin das Hauptbuch des Leichenschauhauses auf und zeigte den Amerikanern seitenweise Eintragungen über Bestattungen Unbekannter. Viele davon trugen seine Unterschrift. Ja, er habe die Verschwundenen ausgetragen, schließlich sei ihm ja keine andere Wahl geblieben.

»Ich versuchte die Sache möglichst vorurteilsfrei zu betrachten«, erinnert sich Levine. »Ich wußte nicht, ob Camara und seine Mitarbeiter mit den Mördern gemeinsame Sache gemacht oder ob man sie gezwungen hatte, die Urkunden zu unterschreiben. Zweifellos mußten sie aber wissen, was vorging. Niemand könnte so dumm sein . . . Also waren sie zweifellos an den Vorgängen, aus diesen Leuten Namenlose zu machen, beteiligt gewesen . . . Sie erzählten uns, wie eines Nachts 27 Leichen auf einem Lastwagen herangebracht wurden, von dessen Rampe Blut floß. Man befahl ihnen, die Leichen zu begraben, und der Leichenbeschauer wurde angewiesen, Totenscheine auszustellen. Nun, (die Angestellten des Leichenschauhauses) hatten Frauen und Kinder. Und bei 27 Leichen kommt es auf eine mehr oder weniger auch nicht mehr an . . . Also war die Angst durchaus echt . . . und, im Vertrauen, wenn jemand zu mir sagen würde, ›Hör zu, du hast zwei Söhne, von denen wir genau wissen, wo sie sind, und die kommen als nächste ins Loch‹, dann wüßte ich nicht, was ich täte. Ich wünschte, ich glaubte es zu wissen, aber verdammt, niemand kann das mit Sicherheit voraussagen.«[20]

Schließlich führte Camara seine Besucher in einen Untersuchungsraum, in dem sich seine Mitarbeiter versammelt hatten. Am Boden entlang der gefliesten Wände aufgereiht lagen 38 ausgebeulte Plastiksäcke. Hier und dort lagen herausgefallene Knochen, die bereits Staub ansetzten, auf dem schmierigen Boden herum.

Snow fragte Camara, ob irgendwelche Familien Unterlagen über die Vermißten geschickt hatten. Der Pathologe nickte Gaston Fontaine, dem beratenden Zahnarzt des Leichenschauhauses zu, und der junge Mann übergab Snow einen kleinen braunen Umschlag. Das sei alles, was sie erhalten hätten, erklärte der Zahnarzt. Snow öffnete das Paket und fischte eine Zahnkarteikarte und drei Zahnröntgenbilder heraus, auf denen jeweils der Name Cristina Noemí Costanzo und das Datum des September

1975 vermerkt waren; die Röntgenaufnahmen waren also ein Jahr vor ihrem Verschwinden gemacht worden. Auf die Karteikarte hatte der Zahnarzt des Mädchens ihr Geburtsdatum geschrieben: 12. August 1951. Cristina Costanzo war also wenige Wochen nach ihrem 25. Geburtstag gestorben.

Snow fragte Camara, ob er und Levine die Schädel untersuchen könnten. Als der Argentinier zustimmend nickte, wurden mehrere Säcke auf den Untersuchungstisch gehoben. Snow und Levine bewegten die Schädel über die Marmorplatte und gruppierten sie zunächst nach ihrem Geschlecht und dann, so gut es eben ging, nach ihrem etwaigen Alter. Viele trugen die Signatur des Henkers: einen einzelnen Einschuß im Hinterkopf.

Den beiden gelang es schließlich, einen Schädel und einen Unterkiefer herauszusuchen, der altersmäßig ungefähr zu Cristina Costanzo gehört haben könnte. Da bei der Exhumierung mehrere Zähne verlorengegangen waren, bestand keine Möglichkeit, die Zahnkarteikarte mit den Füllungen in den Zähnen des Schädels zu vergleichen. Glücklicherweise waren jedoch noch genügend der auf den Röntgenbildern sichtbaren Zähne intakt, um einen Vergleich mit Röntgenbildern des fraglichen Unterkiefers anzustellen.

»Das nächste Problem war, wo wir die Zähne röntgen konnten, da es schon mittlerweile spät geworden war«, berichtet Levine. »Nun, da tritt Fontaine, der Zahnarzt des Leichenschauhauses, der uns die ganze Zeit interessiert zugesehen hatte, vor und sagt, er habe zu Hause im Wohnzimmer einen Röntgenapparat stehen. Wie sich herausstellt, hatte er Geld gespart, um demnächst seine eigene Praxis zu eröffnen. Der Röntgenapparat war das erste Gerät, das er sich zugelegt hatte.«

Um elf Uhr nachts kam Levine zu Fontaines Appartement, und sie begannen, die Zähne zu röntgen. Der Argentinier war nervös. Er gestand Levine, er wolle von der forensischen Arbeit weg. Die Bezahlung sei miserabel, so seine Begründung, und manchmal sei diese Arbeit schlichtweg gefährlich. Zwar habe sich die Situation unter der neuen Regierung gebessert, aber allein schon, daß er mit den Verschwundenen in Verbindung gebracht wurde, wenn auch nur als Wissenschaftler, konnte ihn für imer brandmarken.

In den frühen Morgenstunden kehrte Levine in sein Hotel zurück und rief Snow an. »Sie war es«, teilte er dem Anthropologen mit. »Die Füllungen waren identisch, ebenso die Wurzelformen und das Bälkchenmuster des Knochens. Es gibt keinen Zweifel. Cristina Costanzo war in diesem Grab begraben.«

Am Nachmittag desselben Tages ging Levine zu dem alten Steingebäude, in dem sich das Büro der CONADEP in Córdoba befand. »Arroyo war schon da. Also schilderte ich ihm, wie wir Cristina identifiziert hatten. Dann redete er. Er muß wohl eine Stunde lang geredet haben, wobei Marita, die Dolmetscherin, flüsternd übersetzte. Er sagte, er habe Cristina seit ihrer Geburt gekannt. Ihr Vater sei ein alter Freund von ihm. Er erzählte, er habe an ihrer Firmung teilgenommen, und Cristinas Vater habe ihm nach ihrem Verschwinden aufgetragen, sie zu finden. Seit sieben Jahren suche er nun schon nach ihr. Seine letzten Worte waren: ›Nun denn, Doktor, damit schließt sich der Kreis.‹«

Als Levine die Tür öffnete, spürte er, daß seine Hände zitterten. Der Odontologe trat auf das Kopfsteinpflaster der Straße und blickte an den weißgetünchten Häuserreihen vorbei zu den Hügeln vor der Stadt. ›Gütiger Gott‹, dachte er, ›jedes dieser Kinder hätte einer meiner Jungen sein können.‹ Indem er mit der Hand seine Augen bedeckte, als wollte er sie vor der Sonne schützen, verbarg er seine Tränen.

Als die amerikanischen Wissenschaftler nach Buenos Aires zurückkehrten, wurden sie in ihrem Hotel von Morris Tidball erwartet. Ramos Padilla, der energische junge Richter, der mit dem Fall Lanuscou befaßt war, wollte, daß Snow die sterblichen Überreste der Familie untersuchte; er würde ihn gleich am nächsten Morgen mit dem Wagen abholen lassen. Tidball hatte bereits einen seiner Freunde angerufen, einen Arzt, der bereit war, Snow die Röntgeneinrichtungen des Krankenhauses von San Isidro zur Verfügung zu stellen.

Am Morgen darauf arbeitete sich Snow in einem kleinen, spärlich beleuchteten Raum im Leichenschauhaus des Friedhofes von San Isidro durch die sterblichen Überreste der Lanuscous. Indem er die Gebeine nach Größe sowie nach Anzeichen für Geschlecht und Alter zusammenlegte, rekonstruierte er nach und nach die Skelette von Roberto und Barbara Lanuscou sowie ihrer beiden älteren Kinder. Von dem fünf Monate alten Baby Matilda konnte er allerdings keine Spur finden, selbst nicht, nachdem die Babykleidung und die Sargverkleidung geröntgt worden waren.[21]

»Matilda war nie in diesem Sarg«, teilte Snow Ramos Padilla mit. »Es besteht nicht der geringste Zweifel.«

Was war mit ihr geschehen? Die Kommission, die sich mit dem Schicksal der Verschwundenen befaßte, konnte zumindest mit einer Teilantwort aufwarten, und die legte die Vermutung nahe, daß Matilda noch am Leben war. Die Quelle, auf die sich diese Vermutung stützte, war ein Autohändler namens Hog Ciarroca, der 1976, zur Zeit von Matildas Entführung, die Marine mit Autos für ihre dunklen Aktionen versorgt hatte.[22] Ciarroca berichtete der Kommission, er habe Ende 1976 – an das genaue Datum konnte er sich nicht mehr erinnern – an der Marinewerft in Buenos Aires einen Peugeot 504 abgeliefert. Das Auto sei einem Offizier und einer Krankenschwester übergeben worden, einer großen rothaarigen Frau mit Namen Gabriela. Von früheren Lieferungen wußte er, daß Gabriela sich um verschleppte Kinder kümmerte. Während Ciarroca mit einer Wache plauderte, luden Gabriela und der Offizier drei Babys auf den Rücksitz des Wagens und fuhren vom Gelände. Später erzählte die Wache dem Autohändler, daß die Babys zum Marinehospital gebracht würden, wo sie medizinische Betreuung erhielten. Danach würden sie von Soldatenfamilien adoptiert werden. Die Wache, so Ciarroca, habe auch erwähnt, daß eines der Babys »Lacanau oder Lanascau oder so ähnlich« heiße und von einer Razzia in San Isidro mitgebracht worden sei.

Die Großmütter der Plaza de Mayo zeigten sich über das Ergebnis von Snows Untersuchung der sterblichen Überreste erfreut. Aus einem Haufen von Gebeinen hatte der Anthropologe einen Hoffnungsschimmer gerettet: Es bestand die hauchdünne Möglichkeit, daß Matilda, mittlerweile ein siebenjähriges Mädchen, noch lebte.

Die Hoffnung hatte diese Frauen längst zu Detektivinnen werden lassen. Im Laufe der Jahre hatten sie Tausende Seiten staatlicher Dokumente durchforstet, auf eigene Faust Überwachungen durchgeführt und sich bei ihrer Suche nach Hinweisen sogar fast geheimdienstlicher Methoden bedient. Eine der Großmütter hatte sogar als Hausangestellte bei einem Soldatenehepaar gearbeitet, von dem sie vermutete, es hätte ihre Enkelin adoptiert. Bis zum Juni 1984 war es den Abuelas gelungen, 25 vermißte Kinder aufzuspüren.

Doch dies alles war noch ein Kinderspiel im Vergleich zu der Mühe, die es kostete, die Gerichte davon zu überzeugen, daß die Kinder mit den Großeltern, die Anspruch auf sie erhoben, biologisch verwandt waren. In diesem Zusammenhang erinnert sich Chicha Chorbik de Mariani, die Präsidentin der Abuelas:

»Das Dilemma, dem wir uns gegenübersahen, ergab sich aus der Unsicherheit darüber, die ersten beiden kleinen Mädchen zu identifizieren, die wir 1980 aufspürten. Wir hatten zwar Fotos und andere Beweise, aber das reichte nicht. Der Richter verlangte zuverlässigere Beweise. Seit der Entführung der Mädchen waren drei Jahre vergangen, sie waren also älter und natürlich auch größer geworden. Also fragten wir uns: ›Was sollen wir gar im Falle von Kindern tun, die im Gefängnis zur Welt gekommen sind?‹ Bei manchen wußten wir nicht einmal ihr Geschlecht oder zu wem sie gehörten. Nun, wir kamen auf allerlei Ideen. So hatte ich zum Beispiel meiner Enkelin ein paar Locken abgeschnitten, bevor sie entführt worden war. Die schickte ich an Amnesty International mit der Frage, ob sie für die Identifizierung nützlich sein könnten. Ich erhielt zur Antwort, daß dies schwierig sei, weil das Haar vor Jahren abgeschnitten worden war und keine Follikel enthielt. Andere Großmütter fragten: ›Ich habe einen Milchzahn meines Enkelkindes. Kann er bei der Identifizierung von Nutzen sein?‹

Dann las ich eines Tages einen Artikel in ›El Diario del Día‹, einer Zeitung, die in La Plata erscheint. Darin stand, daß Wissenschaftler einen Weg gefunden hätten, Personen durch die Analyse des Blutes zu identifizieren. Nun, ich verstand zwar nicht alle wissenschaftlichen Fachausdrücke, aber die Grundaussage war die, daß es ein Element im Blut gibt, das nur innerhalb ein und derselben Familie auftritt. Ich schnitt mir den Artikel aus und hatte ihn bei meinen Reisen immer bei mir. Ich fragte Wissenschaftler, Ärzte und wissenschaftliche Institute, ob diese neue Entdeckung uns bei der Identifizierung unserer vermißten Enkelkinder helfen könnte.«[23]

Im Oktober 1983, während eines Besuchs in Washington, trat Chicha de Mariani mit dieser Frage auch an die American Association for the Advancement of Science heran. Man verwies sie an Mary-Claire King, eine Genetikerin an der University of California in Berkeley. Wie die Großmütter gehofft hatten, antwortete die Wissenschaftlerin, daß sich dank zahlreicher und hochspezifischer »genetischer Kennzeichen« – wie etwa menschlicher Leukozytenantigene (HLA), Blutgruppen, Enzymen in den roten Blutkörperchen, Plasmaproteinen und Sequenzabweichungen in der DNS – Großelternschaft ebenso wie Elternschaft mit einem hohen Maß an Sicherheit bestimmen ließe.[24]

Biologisch gesehen basiert dieser Ansatz auf der Tatsache, daß sich zwar die Kleidung, der Name und die Haarfarbe eines Kindes ändern lassen, nicht aber seine Gene. Somit ist zwischen einem Kind und seiner Familie ein unauslöschliches Band geknüpft.

Das Verfahren für die Bestimmung dieser Verwandtschaft ist verhältnismäßig einfach. Den Personen, die möglicherweise miteinander verwandt sind, werden kleine Mengen Blut abgenommen, um die Blutkörperchen der Erwachsenen und des Kindes auf übereinstimmende genetische Kennzeichen zu untersuchen. Wenn bestimmte Kennzeichen übereinstimmen, können die Wissenschaftler eine Aussage über die Wahrscheinlichkeit einer Verwandtschaft zwischen den Erwachsenen und dem Kind treffen. Das verläßlichste System für diese Analyse stützt sich auf die in den weißen Blutkörperchen vorkommenden HLA-Proteine.

Mary-Claire King fuhr mit der AAAS-Delegation im Juni 1984 nach Argentinien und traf sich dort mit den Großmüttern der Plaza de Mayo. Diese stellten sie Ana María Di Lonardo vor, einer Immunologin am Durand Hospital in Buenos Aires. Zusammen entwickelten die beiden Wissenschaftlerinnen einen auf der Untersuchung von HLA-Proteinen basierenden Großelternschaftstest. In der Zwischenzeit fand sich auch ein Richter, der einverstanden war, die beiden Wissenschaftlerinnen den Test im Fall eines vermutlichen Entführungsopfers anwenden zu lassen.

Dieser Fall betraf ein acht Jahre altes Mädchen namens Paula Eva Logares, das bei dem ehemaligen Polizeichef Rubén Lavallén und seiner aus Uruguay stammenden Freundin lebte. Vor Gericht behaupteten die beiden, Paula sei ihre leibliche Tochter. Zum Beweis legten sie eine von einem Polizeiarzt unterzeichnete Geburtsurkunde vor. Ein Kollege des Mannes sagte aus, er sei der Besitzer des Hauses, in dem die Geburt stattgefunden habe.

Die Abuelas hielten dagegen, daß das Pärchen und ihre Komplizen lögen und die Geburtsurkunde eine Fälschung sei. Ihre Version der Geschichte sah ganz anders aus.

Die Geschichte, die die Abuelas vortrugen, begann am Nachmittag des 18. Mai 1978. An diesem Tag wurden die gerade 23 Monate alte Paula und ihre Eltern Claudo und Monica Logares von schwerbewaffneten Männern gekidnappt. Während die Eltern für immer verschwanden, tauchte von dem Kind im April 1980 ein erstes Lebenszeichen auf. Die Großmütter erhielten eines Tages ein anonymes Paket, in dem sich Fotos von einem kleinen Mädchen fanden, das eine auffallende Ähnlichkeit mit Paula hatte. Die den Fotos beiliegende Adresse wies darauf hin, daß das Mädchen im Haus von Rubén Lavallén lebte. Elsa Pavón, Paulas Großmutter mütterlicherseits, war sich sicher, daß das Mädchen auf den Fotos ihre Enkelin war.

Elsa Pavón postierte sich stundenlang vor dem Appartementhaus der Lavalléns in der Nähe des Botanischen Gartens von Buenos Aires. Eines Tages gelang es ihr, das Kind zu sehen, das gerade mit einer Frau Anfang Vierzig durch den Park ging. Sie folgte ihnen, bis sie die beiden aus den Augen verlor. Als sie einige Wochen später wiederkam, klebte ein Schild mit der Aufschrift »Zu vermieten« an der Wohnungstür.

Ende 1983 starteten die Abuelas, ermutigt durch die Niederlage der Militärs auf den Falklandinseln, eine Suchaktion nach Paula. Fotografien des kleinen Mädchens erschienen in Zeitungen und auf Flugblättern, die man an Telefonmasten heftete. Eines Tages erhielt Elsa Pavón einen anonymen Anruf von jemandem, der angeblich in demselben Gebäude lebte wie Paula. Der Anrufer gab der Großmutter die Adresse einer Erdgeschoßwohnung in der Nähe des Chacarita-Friedhofs.

Die Großmutter nahm ihre Überwachung wieder auf, befürchtete allerdings, die Lavelléns könnten das Land verlassen, wenn sie von den Nachforschungen erführen. Zwei Tage nach Alfonsíns Amtsübernahme wandte sich die Frau, die mittlerweile erfahren hatte, daß das Paar die Weihnachtsferien in Uruguay verbringen wollte, an das Gericht. Die Strafkammer des Bundesgerichts erließ daraufhin die Anordnung, daß Paula das Land nicht verlassen durfte.

Elsa Pavón eingeschlossen, lebten 1984 noch drei von Paulas mutmaßlichen Großeltern. Elsas Mann war zwar schon vor einigen Jahren gestorben, doch seine HLA-Proteine ließen sich anhand zweier ihrer Kinder rekonstruieren. Die Lavalléns verweigerten den Test, was ihnen nach argentinischem Recht zustand. Rubén Lavallén begründete seine Haltung später einem Reporter gegenüber so: »Ich war mit dieser Art von Analyse nicht vertraut, (und) als sich abzeichnete, daß es für uns und für unsere eigene Tochter eine Erniedrigung darstellen würde, beschloß ich, mich zu weigern. Ich werde es nicht zulassen, daß irgend jemand, wer auch immer es sei, meine Vaterschaft in Zweifel zieht. Noch dazu, wo ich selbst dabei war, als dieses Kind den Schoß meiner Frau verließ. Auf keinen Fall werde ich mich derartigen Tests unterziehen.«[25]

King und Di Lonardo stellten auf der Grundlage von HLA-Tests und Blutgruppenanalysen mit 99,9prozentiger Sicherheit fest, daß Paula eine Nachkommin der Großeltern war, die Anspruch auf sie erhoben. Sechs Monate später wurde das Kind auf richterliche

Verfügung hin den Lavalléns fortgenommen und zu Elsa Pavón gebracht.

W. H. Auden schrieb einmal: »Auf dem Weg über die Kunst ist es uns möglich, mit den Toten das Brot zu brechen, und ohne Gemeinschaft mit den Toten ist ein wahrhaft menschliches Leben unmöglich.« Wäre Auden ein forensischer Wissenschaftler gewesen und nicht ein Dichter, hätte er wahrscheinlich das Wort »Wissenschaft« statt »Kunst« gewählt. Wie dem auch sei, Audens Auffassung, daß die Lebenden die Pflicht haben, von den Toten zu lernen, wird sowohl von der Kunst als auch von der Wissenschaft geteilt. Und mögen die Toten ihre Stimme auch nicht laut erheben, so kann allein schon die Weigerung, zu hören und Beweise zu interpretieren, ihren letzten Willen beleidigen. Diese Botschaft wollten Snow und seine Kollegen ihren argentinischen Gastgebern hinterlassen.

Am 16. Juni, einen Tag vor ihrer Abreise, hielten die Amerikaner eine Pressekonferenz ab. Dabei riefen sie die argentinische Regierung auf, ein Moratorium für alle weiteren Exhumierungen auszusprechen und zunächst ein nationales forensisches Zentrum einzurichten, das sich speziell der wissenschaftlichen Untersuchung der Verschwundenen widmen sollte. Ein einziges unter Verwendung archäologischer Techniken ausgehobenes Grab, so ihre Argumentation, würde mehr Beweise hergeben als mehrere Hundert durch Bulldozer zerstörte.

Argentinien befand sich bei seiner Suche nach den Verschwundenen in einem Wettlauf mit der Zeit. Viele medizinische und zahnärztliche Unterlagen waren bereits unwiederbringbar verloren. Und was man in Händen hielt, war größtenteils unvollständig und wenig aussagekräftig: Mehr als die Hälfte der Verschwundenen war zwischen 20 und 30 Jahre alt gewesen, hatte also einer Altersgruppe angehört, die in der Regel noch wenig medizinische Behandlung erhalten hat und deshalb nur wenig Antemortem-Unterlagen hinterläßt. Außerdem waren die meisten der Verschwundenen bereits vor etwa acht Jahren begraben worden, was bedeutete, daß ihr Haar und ihre Kleidung sich in einem Zustand fortschreitender Zersetzung befanden, wodurch wertvolle Hinweise zerstört wurden. Eben solche Beweise brauchte man aber, wenn man diejenigen überführen wollte, die für ihren Tod verantwortlich waren.

Warum sollte man sie also überhaupt ausgraben? Vom humanitären Standpunkt ließ sich dies nach Ansicht der Wissenschaftler damit begründen, daß die Familien zumindest Gewißheit über das Schicksal ihrer Angehörigen erhalten würden und ihnen ein ordentliches Begräbnis bereiten könnten. Hinzu kam, daß künftig vielleicht andere Täter in Argentinien und anderswo in der Welt von derartigen Gewaltakten abgeschreckt werden könnten, indem man ihnen deutlich vor Augen führte, daß auch Regierungen auf der Grundlage forensischer Dokumentationen und daraus resultierender gerichtlicher Verfolgungen für ihre Handlungen zur Rechenschaft gezogen werden konnten.

Snow hegte jedoch Zweifel, daß argentinische forensische Wissenschaftler, bei denen es sich meist um Polizeiärzte handelte, wirklich in der Lage sein würden, mit der Exhumierung von Gräbern zu beginnen und wissenschaftlich gründliche Untersuchungen durchzuführen. Soweit er es beurteilen konnte, hatte sich das gerichtsmedizinische System des Landes seit dem 19. Jahrhundert kaum verändert und war so wenig funktionstüchtig wie ein altes Auto. Außerdem hatte die ungeschickte Handhabung der bisherigen Exhumierungen bereits ein schlechtes Licht auf die Verantwortlichen des Landes geworfen und bei den Familien der Verschwundenen Zweifel über ihre Motive aufkeimen lassen. Selbst Spezialtechniken wie die Gesichtsrekonstruktion oder die Videoüberblendung würden nur von geringem Nutzen sein. Gesichtsrekonstruktionen würden vermutlich alle sehr ähnlich ausfallen: zumeist männliche Kaukasoide Anfang der Zwanzig. Schon aufgrund der schier unvorstellbaren Zahl von Verschwundenen – möglicherweise waren es bis zu 15 000 – war abzusehen, daß eine einzige in einer Zeitung abgebildete Rekonstruktion Hunderte von Müttern zu der Behauptung veranlassen würde, es handele sich um das Gesicht ihres Sohnes oder ihrer Tochter.

All diese Vorbehalte konnten Snow jedoch nicht davon abhalten, vor seiner Heimreise noch einen letzten Auftrag anzunehmen. Einige Tage vor Abreise der Delegation kam Ramos Padilla, den Snows Arbeit im Lanuscou-Fall sehr beeindruckt hatte, erneut auf ihn zu. Während ihres Aufenthalts waren die Amerikaner ihren Gastgebern ständig mit Ermahnungen darüber in den Ohren gelegen, wie man Gräber auf keinen Fall exhumieren dürfe. Nun tat Ramos Padilla genau das, was jeder Texaner auch getan hätte: Er forderte diejenigen, die so genau wußten, wie man es nicht machte, auf, doch einmal zu zeigen, wie man es richtig machte.

Ramos Padilla schilderte Snow den Fall der dreiunddreißigjährigen Rosa Rufina Betti de Casagrande, die am 13. November 1976 entführt worden war. Wenn die Informationen des Richters stimmten, war sie Anfang 1977 als Namenlose auf dem Friedhof Boulogne begraben worden. Snow erklärte sich bereit, das Grab zu exhumieren. Für die Planung der Ausgrabung, beeilte er sich jedoch gleich hinzuzufügen, würden sie aber Archäologen benötigen. Er sei zuerst und vor allem ein Spezialist für Gebeine, ein Ausgräber dagegen nur, wenn es gar nicht anders gehe.

Mehrere Tage des Herumtelefonierens erbrachten nichts: Keiner der Archäologen von den Universitäten schien Zeit zu haben. Manche gaben offen zu, daß sie nicht in diese Sache hineingezogen werden wollten. Je mehr Zeit verstrich, um so mehr sah es danach aus, als würde sich die Möglichkeit, einen »Desaparecido« zu identifizieren, wie eine Fata Morgana auflösen.

Morris Tidball bot an, einige Anthropologiestudenten und vielleicht auch einen Archäologiestudenten von der Universität Buenos Aires anzuheuern. Snow war jedoch skeptisch: Zum einen sah er nicht viel Sinn darin, unerfahrene Studenten heranzuziehen, und zum anderen hatte sich sein umtriebiger Dolmetscher für Snows Geschmack etwa zu schnell in die Rolle seines Bevollmächtigten hineingelebt. Doch Tidball beruhigte ihn höflich, wenn auch mit Nachdruck.

Am Spätnachmittag des 22. Juni, vier Tage vor Snows Abreise, versammelten sich Zehntausende von Demonstranten auf der Nuevo de Julio, der Hauptstraße der Stadt. Die Menschen wollten gegen die in ihren Augen schikanöse Einmischung protestieren, die sich der Internationale Währungsfonds in Argentiniens Wirtschaft erlaubte. Während Männer und Frauen mit Megaphonen Slogans über die Köpfe der Demonstranten hinweg brüllten, schob sich ein kleiner Anthropologiestudent mit sandfarbenem Haarschopf durch die Menge und hielt fortwährend nach einer Gruppe von Freunden Ausschau.

Obwohl er Argentinier war, ließ sich Douglas Cairns' Stammbaum bis nach Schottland zurückverfolgen. Der junge Mann war stockbetrunken. Trotzdem hatte er einen Auftrag zu erfüllen, eine wichtige Mission für seinen Freund Morris Tidball.

Endlich fand er einen von denen, die er suchte. »Mimi«, schrie er, wobei er versuchte, den Lärm um sich herum zu übertönen. Eine schlanke, dunkelhaarige Frau drehte sich um. »Dougie Cairns, wie geht es dir?« Cairns küßte sie zur Begrüßung auf die

Wangen, übersprang dann jedoch die üblichen Höflichkeitsfloskeln. Ein Wissenschaftler, sagte er, ein Gringo, eine Art forensischer Experte, suche nach Anthropologen und Archäologen, die ihm helfen sollten, die Leichen von Verschwundenen zu exhumieren. Ob sie nicht mitmachen wolle?

Mercedes Doretti, eine fünfundzwanzigjährige Studentin an der Universität von Buenos Aires, kannte Cairns nicht sehr gut. Er war ganz offensichtlich »borracho« (betrunken) und hatte wahrscheinlich den ganzen Unsinn über das Ausgraben von Leichen nur erfunden. So erwiderte sie ihm, sie studiere Kulturanthropologie und verstehe nichts von Gebeinen. Aber Cairns ließ ihren Einwand nicht gelten und beharrte darauf, daß sie genau die Richtige für den Job sei. Dann drehte er sich nach einem kurzen Abschiedsgruß um und verschwand in der Menge.

Am selben Abend traf Mimi in einem Café in der Nähe der Universität eine Freundin, die Archäologie studierte. Patricia Bernardi war ein Jahr älter als Mimi und eine in sich ruhende, ausgeglichene Person. Mit ihren schweren Lidern und ihrer betulichen, wohldurchdachten Sprechweise strahlte sie große Ruhe aus. Heute jedoch saß Pato mit tiefen senkrechten Falten auf der Stirn da und rauchte nervös. Doug Cairns, sagte sie, habe sie gebeten, sich mit diesem amerikanischen Wissenschaftler zu treffen. Nun wisse sie nicht, was sie tun solle. Sie bat Mimi, sie zu begleiten. Mimi berichtete von ihrem eigenen Zusammentreffen mit Cairns, und die beiden Frauen einigten sich schließlich darauf, sich die Sache einfach einmal anzuhören. Luis Fondebrider, Patos Freund vom Fachbereich Anthropologie, sollte ebenfalls kommen.[26]

Um acht Uhr abends fand Cairns schließlich doch noch zum Continental Hotel. Drinnen ging Tidball bereits unruhig in der Eingangshalle auf und ab. Als Cairns, noch immer betrunken, in die Hotelhalle torkelte, sah Tidball bereits all seine Pläne wie Eis in der Sonne zerschmelzen. Aber er konnte jetzt keinen Rückzieher mehr machen und rief deshalb Snow in seinem Zimmer an. Cairns sei hier, teilte er ihm mit, um über seine Rekrutierungsbemühungen zu berichten. Tidball manövrierte seinen Freund auf die Straße hinaus, in der Hoffnung, sein angetrunkener Zustand würde an der frischen Luft nicht so stark auffallen. Cairns postierte sich unter einer Straßenlaterne, an die er sich Halt suchend anklammerte. Als Snow in seinen Cowboystiefeln und mit einer Zigarette zwischen den Fingern herauskam, wandte er sich unschlüssig lächelnd Cairns zu, der sich sogleich vorstellte.

»Hey, Gringo, willkommen in Argentinien«, rief er mit einem breiten Grinsen auf Englisch. Tidball spürte, wie sich ihm der Magen zusammenzog. »Also, was ist das eigentlich, diese forensische Anthropologie?« grölte Cairns. »Menschenrechte in Argentinien? Was ist das?«

Snow mußte über diesen Jungen lächeln. Stockbesoffen, vermutete er, aber immerhin noch in der Lage, einigermaßen klar zu sprechen. Er fragte ihn, wie es komme, daß sich eine Familie aus Schottland in Argentinien niedergelassen habe. Und wenig später waren die beiden schon in ein lebhaftes Gespräch über die Qualitäten des schottischen Whiskys vertieft.

Kurz darauf stießen auch Mimi, Pato, ihr Freund Luis und der Archäologiestudent Sergio Aleksandrovic, ein schwerfälliger, aber wacher junger Mann, zu ihnen. In der Hotelbar unterhielten sie sich dann über den Plan des Richters Ramos Padilla. Snow versuchte diesem ersten Zusammentreffen von Beginn an die Spannung und Nervosität zu nehmen. Also schlug er vor, in ein nahegelegenes Restaurant zu gehen, ins Maipú, ein typisches argentinisches Grillrestaurant mit Spiegeln an den dunklen, holzvertäfelten Wänden, mit gestärkten weißen Tischtüchern und einem Schwarm zuvorkommender Kellner in enganliegenden weißen Jacken.[27]

Was Snow sah, als er am Tisch in die Runde blickte, war eine Gruppe verängstigter Kinder. Mimi wandte ein, daß sie über keinerlei archäologische Kenntnisse verfüge. Snow beruhigte sie und versicherte ihr, daß die Arbeit recht unkompliziert sei. Sie könne Erde durchsieben oder Fotos machen. Würde an den Knochen noch Fleisch sein? Würde es deprimierend sein? Würde die Polizei dort sein? Ja, erwiderte Snow auf die letzte Frage, es handele sich um eine offizielle Exhumierung. Das schien die jungen Leute zu beunruhigen, und diese Sorge machte auf Snow Eindruck. Was mußte es heißen, dachte er bei sich, in einem Land zu leben, in dem man sich vor den Vertretern des Staates fürchten mußte?

Nach dem Essen ging Snow in sein Hotel zurück, während die Studenten sich in Patos Wohnung zusammensetzten. Der Amerikaner hatte den Eindruck vermittelt, als würde es sich um eine recht einfache Arbeit handeln. Seine Referenzen waren beeindruckend. Er war nicht so verknöchert und herablassend wie andere Wissenschaftler, die sie von der Universität her kannten. Und Snow hatte sogar angeboten, aus eigener Tasche etwas für die Anschaffung der benötigten Werkzeuge beizutragen: Holzpflöcke,

Eimer, Schnüre, Kellen, sofern sich welche auftreiben ließen, Löffel und Messer sowie Schaber. Eine Exhumierung würde makaber, vielleicht sogar gefährlich sein. Aber auf diesem Friedhof lag ein Teil der Geschichte ihres Landes begraben. Konnten sie sich davor einfach abwenden?[28]

Der 26. Juni, ein Dienstag, begann trostlos wie so viele argentinische Wintertage: Regengüsse gingen über Buenos Aires nieder, über die offenen, schutzlosen Weiten der Pampas von heftigen Winden herangeweht, die sich in Patagonien zusammengebraut und doch noch nichts von ihrer Schärfe eingebüßt hatten. Es regnete schon seit Tagen, und die Straßen der Stadt verwandelten sich bereits in kleine Flüsse; das veraltete Kanalisationssystem konnte die Wassermassen nicht mehr aufnehmen.

Auf getrennten Wegen liefen die Studenten – Mimi, Patricia, Morris, Doug und Sergio – durch den Wolkenbruch zum Continental Hotel, schüttelten dort ihre Regenmäntel und Parkas aus und gesellten sich zu Snow, der in der Hotelhalle wartete.

Gegen acht Uhr morgens verteilte sich die Gruppe auf zwei Autos und fuhr zu dem Boulogne-Friedhof, der eine Autostunde außerhalb von Buenos Aires im Vorort San Isidro liegt. Als sie dort eintrafen, hatte es zwar ein wenig aufgeklart, aber noch immer lag eine feuchte Kälte in der Luft. Obwohl Snow sie tags zuvor im Schnellverfahren mit einigen forensischen Exhumierungstechniken vertraut gemacht hatte, waren die Studenten doch noch immer nervös. Als sie auf dem Friedhof eintrafen, sah Snow, daß sie auch allen Grund dazu hatten. Rückblickend schildert er die Szene so:

»Da draußen erwartete uns ein örtlicher Richter, außerdem noch seine Sekretärinnen und ein paar Anwälte. Schließlich standen da noch die Angehörigen der Verstorbenen herum. Das schockierte mich. In den Staaten lassen wir Verwandte nicht näher als auf fünf Meilen an Exhumierungen heran. Schließlich waren da auch noch hochrangige Polizisten, drei Kerle in marineblauen Anzügen, wahrscheinlich so etwas wie Majore oder Oberste. Natürlich waren auch Zuschauer anwesend, und dann noch die Totengräber.

Nun kommen also diese fünf ängstlichen Kinder heranmarschiert. Wir überlegen uns zunächst, was wir tun sollen. Die Kinder haben höllische Angst wegen der Polizei. Ich habe höllische Angst, weil ich nicht weiß, was ich unternehmen soll.

Wir holen also zunächst unser Werkzeug aus den Autos. Aber keiner von den Studenten hatte zuvor je gegraben, mit Ausnahme vielleicht von Sergio. Da stehen wir nun mit unseren Kellen, Stangen und Schnüren und uns gegenüber der Richter, die Polizisten, die Sekretärinnen, die Zuschauer und die Angehörigen der Opfer. Und auch noch ein Polizeiarzt im Kamelhaarmantel. An diesen Kamelhaarmantel werde ich mich immer erinnern.

Schließlich ging ich mit Morris zu Ramos Padilla. Ich erklärte ihm, daß es sich hier um einen Tatort handele und deshalb das polizeiübliche Verfahren erforderlich sei. Es müsse einen ›Tatortaufseher‹ geben, und das sei in diesem Fall ich, und der werde eine Umgrenzung abstecken, die niemand ohne seine Erlaubnis betreten dürfe. Dann zog ich diese schreckliche Abzeichen der Illinois Coroners Association heraus. Darauf steht: ›Dr. Clyde Collins Snow, Forensischer Anthropologe, Illinois Coroners Association.‹ Ich dachte mir dabei, daß sich wohl auch in diesem Fall die alte Weisheit bewahrheiten würde, daß derjenige mit dem größten Abzeichen gewinnt.

Ich hatte recht, mein Vorgehen zeigte Wirkung. Also sagte ich dem Richter, er selbst könne kommen und gehen, wann immer er wolle, doch die Polizei, die Angehörigen und alle anderen müßten außerhalb der Umgrenzung bleiben. Die Polizisten regten sich zunächst über diese Anweisung auf, aber das Wort eines Richters ist in Argentinien Gesetz. Ich sagte, dies sei eine Sache des Anstands. Sollten sie die Umgrenzung überschreiten, würde ich mir das von ihnen schriftlich bestätigen lassen. Im Gegenzug gab ich ihnen das Versprechen, ihnen etwaige interessante Funde sofort zu zeigen.«[31]

Die Markierung an dem Grab trug die Aufschrift »N.N.«. Unter Anwendung einer archäologischen Standardtechnik zeigte Snow den Studenten, wie man anhand einer Probegrabung am Fuß des Grabes dessen Tiefe feststellt. Nachdem dies geschehen war, rief er die Totengräber herbei, die nun mit Hacken und Schaufeln die Erde bis zu einer Höhe von zehn Zentimetern über dem Skelett abtrugen. Die Hände in den Taschen vergraben, die Schultern gegen den stürmischen Südwind hochgezogen und dann und wann verstohlen zu den Polizisten außerhalb der Begrenzung hinüberblickend, hörten die Studenten Snow zu, der Anweisungen für die nächste Phase der Exhumierung gab.

Nachdem der Abraum – ein anderer Ausdruck für die oberen Erdschichten – abgetragen war, wies der Texaner die Studenten an, Holzplanken über das offene Loch zu legen. Über diese Planken gebeugt lehnten sie sich in das Grab hinab und kratzten die Erde mit Kellen und Löffeln weg. Nach einer Stunde stießen sie auf einen ersten Knochen.

Das sei falscher Alarm, beruhigte sie Snow, der Knochen stamme von einem Tier. Der Friedhof war früher einmal eine Müllkippe gewesen, weshalb überall unter den oberen Erdschichten die Knochen von Kühen und anderen Haustieren verstreut lagen.

Während das Team grub, kamen von Zeit zu Zeit zwei forensische Ärzte der örtlichen Polizei ins Innere des umgrenzten Bezirks, um sich über die Fortschritte der Ausgrabung auf dem laufenden zu halten. Da sich das Team über diese Einmischung zusehends ärgerte, beschloß man – ermutigt durch die Tatsache, daß Snow die Polizei in die Schranken verwiesen hatte –, den Ärzten einen Streich zu spielen. Morris, der sich ebensogut darauf verstand, Unterwürfigkeit wie moralische Entrüstung zu heucheln, hielt den beiden Ärzten ein paar Rinderknochen hin und fragte sie: »Welche Art von Knochen sind das?« Die beiden drucksten eine Weile herum, ehe sie steif entgegneten, das lasse sich nicht so leicht sagen, man müsse die Knochen erst gründlich untersuchen. Die Stimmung der jungen Mitarbeiter Snows hob sich zusehends.

Das änderte sich allerdings am späten Vormittag, als sie schließlich auf die Reste eines zerfallenden Sarges und beim Weitergraben auf einen menschlichen Schädel stießen. Snow ließ sie die Arbeit unterbrechen, lehnte sich über den Rand des Grabes und reinigte den Schädel vorsichtig vom Schmutz. Der grazile Brauenwulst und der kleine Warzenfortsatz deuteten auf eine Frau. »Genau über dem Auge war ein Einschußloch zu erkennen«, erinnert sich Snow. »Daneben hatte sich ein Regenwurm festgesetzt. Das war der erste ›Desaparecido‹, den die Kinder zu Gesicht bekamen. Ich wußte nicht, wie sie darauf reagieren würden.«

Die Studenten wurden still. Sie blickten Snow über die Schulter, als er den Schädel von der Erde säuberte. Dabei wurde immer deutlicher sichtbar, daß die Kiefer des Schädels weit auseinanderklafften, als würde er schreien. Die jungen Leute wußten nicht, daß infolge des Zerfalls der Muskeln und Bänder, die den Kiefer zusammenhalten, die Schwerkraft den Unterkiefer nach unten drückt, bis er auf den Schlüsselbeinen des oberen Brustkorbes zu liegen kommt und so dem Schädel sein absonderliches Aussehen verleiht.

Pato ließ ihre Kelle fallen, stand vom Grab auf und ging davon. Snow vermutete, daß sie damit wohl für das Team verloren war und auch die anderen über kurz oder lang abspringen würden. Doch Morris, der als Medizinstudent an den Anblick von Skeletten und Leichen gewöhnt war, fuhr unbeirrt fort, mit seinem Löffel die Erde um die Knochen herum wegzukratzen. Die anderen taten es ihm gleich, wenn auch sichtlich mit einigem Widerwillen.

Zehn Minuten verstrichen in Schweigen. Dann erschien Pato, zwar mit geröteten Augen, aber mit wiedergewonnener Fassung, wieder am Rand des Grabes und nahm ihre Kelle wieder zur Hand.

»Morris«, sagte Mimi, »gib mir deinen Löffel.«

Tidball blickte verdutzt auf. »Warum?« wollte er wissen.

»Weil es Zeit für eine Kaffeepause ist«, erhielt er zur Antwort.

Um sechs Uhr nachmittags hatten Snow und seine Assistenten das Skelett vollständig freigelegt. Sie fotografieren zunächst die Überreste an Ort und Stelle, ehe sie dann mit größter Vorsicht die Gebeine aus dem Grab herausnahmen und sie jeweils sofort katalogisierten. In der allmählich hereinbrechenden Dämmerung, die die Grabsteine immer länger werdende Schatten über den durchweichten Boden werfen ließ, legte die Grabungsmannschaft ihre Fundstücke vorsichtig in kleine Plastikbeutel.

Als das Team zum Leichenschauhaus hinauffuhr, war bereits eine sternlose Nacht hereingebrochen. Außer Snow war allein Morris Tidball schon einmal in einem solch schaurigen Gebäude gewesen. Die dunklen Gänge und die fremdartigen Gerüche ließen die jungen Leute erschaudern, während sie schweigend hinter Snow hergingen.

Nachdem er die Gebeine auf dem Autopsietisch im Untersuchungsraum ausgelegt hatte, nahm Snow einige Messungen vor, um sich anhand metrischer Geschlechtsbestimmung noch einmal zu vergewissern, daß sie wirklich von einer Frau stammten. Die Grundfragen – nach Geschlecht, ungefährem Alter, Statur – ließen sich ziemlich leicht beantworten. Schwieriger war da schon die Beantwortung der Frage nach der Todesart. Zwar bewies das Einschußloch im Schädel, daß man die junge Frau erschossen hatte – aber war dies wirklich jene Art von Wunde, die man bei einer Exekution erwarten würde? Die Polizeiärzte, die offensichtlich von forensischer Anthropologie keine Ahnung hatten, behaupteten beharrlich, die Form des Einschußlochs deute darauf hin, daß es durch eine aus einer gewissen Entfernung abgeschossene

Gewehrkugel verursacht worden sei. Dies hätte nur einmal mehr jene Standardgeschichte bestätigt, die man im Zusammenhang mit jedem »Desaparecido« aufzutischen versuchte: Das Opfer, ein Terrorist, war bei einem Feuergefecht mit den Sicherheitskräften getötet worden.

Snow war jedoch anderer Meinung. Menschen, die bei Schießereien ums Leben kommen, werden gewöhnlich an allen möglichen Stellen getroffen. In diesem Fall, führte er aus, gebe es jedoch an dem Skelett keinerlei weitere Anzeichen für ein Schußtrauma. »Nach meiner Erfahrung«, fuhr er fort, »sieht das wie eine Exekutionswunde aus.« Da die Wunde jedoch durch eine Kugel verursacht worden war, die stets ein gleich großes Loch zurückläßt, gleich, aus welcher Entfernung sie abgefeuert wird, konnte er nicht mit Bestimmtheit sagen, ob es sich um eine aus der Nähe oder um eine aus der Ferne zugefügte Wunde handelte. Die Polizeiärzte beharrten darauf, sie hätten noch ein weiteres Loch im Schädel gefunden, das mit Sicherheit von einer zweiten Schußwunde herrühren würde. Auch Snow hatte dieses Loch, etwa von der Größe eines Zehncentstücks, schon bemerkt und wußte, was es damit auf sich hatte. Hier bot sich die Gelegenheit zu einer eindrucksvollen Demonstration. Snow nahm einen kleinen rundlichen Knochensplitter vom Untersuchungstisch, den er zuvor beiseite gelegt hatte. Dann hielt er den Schädel hoch, damit ihn alle sehen konnten, und deutete auf das Loch, das den Ärzten aufgefallen war. Das sei kein Einschußloch, konstatierte er, sondern vielmehr dadurch entstanden, daß eine kleine Knocheninsel innerhalb der Schädelnaht, ein sogenanntes Ossiculum, einfach herausgefallen war – eine durchaus nicht ungewöhnliche Alterungserscheinung bei begrabenen Schädeln. Er zeigte ihnen den Knochensplitter und fügte ihn behutsam in das Loch ein. Er paßte genau.

Es war bereits nach Mitternacht. Ramos Padilla, der sich eine Zigarette nach der anderen anzündete und nervös zwischen dem Untersuchungsraum und dessen Vorraum hin und her lief, war von dem Fortgang der Untersuchung beeindruckt. Die schmerzlichste Aufgabe stand Snow jedoch noch bevor: Vor dem Untersuchungsraum warteten Rosa Bettis Eltern auf ein definitives Urteil darüber, ob die Überreste nun wirklich zu ihrer verschwundenen Tochter gehörten oder nicht. Snow hatte keinerlei Antemortem-Röntgenbilder oder zahnärztliche Unterlagen, die er mit dem Skelett hätte vergleichen können. Alles, was er tun konnte, war, Beschreibungen der jungen Frau mit den Gebeinen auf dem

Untersuchungstisch zu vergleichen. Aber er hatte bereits genug gesehen, um sich ein Urteil zu bilden.

Mit seinem Team im Gefolge ging Snow hinaus, um mit den Eltern zu sprechen. Diese hatten all die Stunden mit der ruhigen Geduld von Menschen gewartet, hinter denen bereits sechs endlose Jahre des Wartens auf Nachrichten von ihrer Tochter lagen. Nein, teilte Snow ihnen mit, die Überreste seien nicht die ihrer Tochter. Er erklärte ihnen, daß die Größe und das Alter des Skeletts nicht mit den Beschreibungen der jungen Frau übereinstimmten. Die Mutter begann zu weinen, ob aus Kummer oder aus wiedererwachter Hoffnung, daß ihre Tochter möglicherweise noch am Leben war, wußte Snow nicht zu sagen. Die Studenten standen betreten dabei. Einige weinten selbst, und alle verspürten ein Gefühl der Verlorenheit und Hilflosigkeit; trotzdem waren sie unfähig, sich von der Szene loszureißen. In diesem Augenblick begriffen sie einen wichtigen Aspekt jeder forensischen Arbeit: daß das Ausgraben wirklich deren leichtester Teil ist.

Es war bereits nach zwei Uhr morgens, als sie sich auf den Weg zurück nach Buenos Aires machten. Unter all ihrer Erschöpfung spürten die Studenten eine Art von Verbundenheit mit diesem eigenartigen amerikanischen Wissenschaftler. Sie brauchten keine Übersetzung, um die Gesten und den Tonfall seiner Stimme zu verstehen, die sie von den Straßen von Buenos Aires gelockt, ihre Ängste zerstreut und sie am Grab getröstet hatte. Dieser Mann hatte sie, wenn auch nur kurz, zu einer Art Familie zusammengeschweißt. Während sie so in dem verdunkelten Auto vor sich hin dösten, wurde ihnen allmählich klar, daß sie an einem einzigen Tag mehr für die Menschenrechte getan hatten, als sie es als gesichtslose Teilnehmer an zahllosen Demonstrationen je getan hatten. Und war es nicht sonderbar, daß ausgerechnet ein Amerikaner in ihr Land gekommen war, um nach den Verschwundenen zu suchen?

Gräber auszugraben – das war aufregend, in gewisser Weise sogar befriedigend, aber auch belastend. Auf jeden Fall war es eine Erfahrung, die man nur einmal im Leben macht.

So dachten sie wenigstens.

12

Lilianas Geschichte

Coche Pereyra richtete sich im Bett auf und lauschte. Da war ein nachdrückliches Hämmern an der Tür. Sie warf sich einen Morgenmantel über die nackten Schultern und ging schlaftrunken zum vorderen Teil der Wohnung. Als sie an der Tür war, hörte sie eine verhaltene Frauenstimme rufen.

»Coche, rasch. Das Telefon. Da ist ein Anruf für dich aus Mar del Plata.«

Die Pereyras hatten kein Telefon, und Coche erhielt manchmal Anrufe über ihre Nachbarn. Das war eine gutnachbarschaftliche Übereinkunft. Doch heute war es schon sehr spät, und sie haßte es, dieses Privileg zu mißbrauchen. Coche trottete den Korridor entlang zur Wohnung der Nachbarn, wobei sie sich für die Unannehmlichkeit entschuldigte.

»Sí«, sagte sie in den Hörer.

»Señora«, hörte sie eine Männerstimme flüstern. »Ihre Tochter Liliana . . . Ich bin der Besitzer der Pension, in der sie wohnt.«

Coche spürte, wie plötzlich Angst in ihr aufstieg und ihr die Kehle zuschnürte.

»Kann ich mit ihr sprechen? Ist alles mit ihr in Ordnung?«

»Es tut mir leid, Señora. Sie ist nicht da. Wir müssen miteinander reden. Bitte nicht jetzt . . . Haben Sie die Adresse?«

»Ja, aber . . .«

Ihr Gesprächspartner hatte eingehängt.

»Ist irgend etwas nicht in Ordnung?« erkundigte sich die Nachbarin.

»Ich weiß nicht. Er hat eingehängt. Irgend etwas ist mit Liliana passiert.«

Am nächsten Tag fuhren Coche und ihr Mann von La Plata nach

Mar del Plata, einem etwa 350 Kilometer von Buenos Aires entfernten Seebad, in dem ihre Tochter lebte. Coche hatte in der Nacht zuvor wenig geschlafen. Sie kümmerte sich zwar wenig um Politik, aber sie wußte nur zu gut, daß laufend junge Leute, die als politisch links stehend eingeordnet wurden, verschwanden und nie wieder auftauchten. Sie starrte aus dem Fenster auf die vorüberziehenden Weiten der östlichen Pampas und dachte dabei ununterbrochen an ihre Tochter.

Liliana, Coches erstes Kind, war am 1. September 1956 geboren. Sie war ein hübsches Mädchen aus einer Familie der Mittelklasse, das in der Schule gut mitkam und leicht Freunde fand. Sie ging ins Colegio Misericordia, eine reine Mädchenschule, nur wenige Gehminuten von der elterlichen Wohnung entfernt. Mit 18 Jahren schrieb sich Liliana 1974 als Jurastudentin an der Universität von La Plata ein. Dort trat sie der peronistischen Jugendbewegung bei – zu einer Zeit, als bereits viele ihrer Mitglieder von den Todesschwadronen der AAA, der Antikommunistischen Allianz Argentiniens, niedergeschossen worden waren.

1977 gab Liliana ihr Studium auf und zog zu ihrer Großmutter, die in Mar del Plata wohnte. Sie fand Arbeit in einer Fischfabrik, wo sie schließlich Eduardo Cagnola, wie sie ein Ex-Jurastudent, traf und sich in ihn verliebte. Liliana lebte nur zwei Monate im Haus ihrer Großmutter. Die beiden Frauen stritten sich ständig. Liliana forderte mehr Freiheit, während ihre Großmutter die Beziehung der Enkelin mit Eduardo mißbilligte. Eines Morgens packte Liliana ihre Sachen zusammen und ging. Sie traf sich mit Eduardo an einem vereinbarten Treffpunkt und mietete sich schon kurz darauf mit ihm zusammen ein Zimmer in einer Pension an der Catamarcastraße, schräg gegenüber einem von Bäumen eingesäumten Park.

In der Pension wurden Coche und ihr Mann von dem Besitzer Andre Barbe erwartet. Er entschuldigte sich zunächst dafür, daß er am Telefon so kurz angebunden gewesen war, und bat die Besucher herein. Dann hieß er sie im vorderen Salon Platz nehmen und rückte endlich mit der Sprache heraus. Ihre Tochter sei mitgenommen worden, eröffnete er ihnen. Vor ein paar Tagen, genauer am 5. Oktober, seien Liliana und Eduardo gerade nach Hause gekommen, als plötzlich Männer in Marinedrillich aus dem Park aufgetaucht seien und die beiden in wartende Autos gezerrt hätten. Er sei gerade in der Pension gewesen, als dies geschah.

Barbe führte Coche in das Zimmer ihrer Tochter. Als sie die nackten Wände und die zertrümmerten Möbel sah, mußte sie weinen. Eine Matratze lag am Boden, die Bettücher waren zerknüllt in eine Ecke geworfen worden. Neben der Matratze entdeckte Coche etwas Ungewöhnliches: Am Boden lagen ein Paar gestrickte Babyschuhe und ein winziger Pullover. Die Frau keuchte, als sie die Sachen aufhob. Sie wußte augenblicklich, was wohl nur eine Mutter erraten konnte: Liliana war schwanger, als man sie entführte.

Wieder in La Plata, versuchten die Pereyras verzweifelt, etwas über den Verbleib ihrer Tochter in Erfahrung zu bringen. Sie erhielten jedoch von der Polizei nur die gleiche abgedroschene Antwort, die schon so viele Eltern von Verschwundenen vor ihnen erhalten hatten. Coche schloß sich tagclang in der Wohnung ein und saß allein in Lilianas Zimmer; die Außenwelt nahm sie kaum mehr wahr.

Dann, im Juli 1978, neun Monate nach der Entführung, erhielt sie eine unerwartete Mitteilung von der Polizei in Mar del Plata. In brutaler Knappheit stand da: »Leichnam Nr. 50.524, N.N., Weiblich. Opfer einer Schießerei mit den vereinigten Ordnungskräften in Mar del Plata, 15. Juli 1978. Identifiziert als: PEREYRA, Liliana Carmen.«

Coche schrieb unverzüglich an die Behörden zurück: Wie konnte ihre Tochter im Juli 1978 bei einer Schießerei getötet worden sein, wenn sie im Oktober 1977 von Marineagenten entführt worden war? Und wo war ihre Leiche? Doch die Mutter bekam nie eine Antwort.

Im Jahr 1979 schloß sich Coche den Großmüttern der Plaza de Mayo an. Ganz gleich, ob Liliana nun noch am Leben war oder nicht, bestand doch für Coche die Möglichkeit, daß sie selbst inzwischen Großmutter war. Die Großmütter wußten damals aus Berichten der beiden ehemaligen Gefangenen Sara Solarz de Osatinsky und Ana María Martí, daß Ärzte im Marinehospital von Buenos Aires über eine geheime Liste verfügten. Auf ihr waren Ehepaare von Marinesoldaten verzeichnet, die selber keine Kinder bekommen konnten und bereit waren, ein Baby zu adoptieren, das von einer jener schwangeren Inhaftierten zur Welt gebracht worden war, die man in einem speziellen Trakt der Marinetechnikerschule untergebracht hatte.[1]

Während ihrer Haft in der Marinetechnikerschule waren Sara Solarz und Ana María zur Pflege der schwangeren Frauen eingeteilt gewesen. Die beiden Frauen erinnerten sich noch, daß Liliana Pereyra im November 1977 aus Mar del Plata in das Lager gebracht worden war.[2] Sie sei damals ungefähr im sechsten Monat schwanger gewesen. Sara Solarz de Osatinsky erzählte, Liliana habe ihr bei einem ihrer Besuche in ihrer Zelle anvertraut, daß man sie vor den Augen ihres Freundes gefoltert hatte. Dies sei das letzte Mal gewesen, daß sie ihn gesehen habe. Am Weihnachtsabend gaben Liliana und ihre Zellengenossinnen Frau Solarz de Osatinsky eine Karte, die sie aus einem Stück Pappe gebastelt hatten. Eine der Frauen hatte darauf einen Teddybären mit ausgebreiteten Armen gemalt. In einem Kreis von winzigen Blumen, der um den Kopf des Teddys gewunden war, hatten sie dann alle unterschrieben. Die Frau besaß die Karte immer noch.

Nach Aussage der beiden Zeuginnen brachte Liliana in der Klinik des Lagers Anfang Januar einen gesunden Jungen zur Welt. Sara Solarz de Osatinsky assistierte dem Marinearzt Jorge Magnasco bei der Entbindung. Danach wurde Liliana ohne ihr Baby nach Mar del Plata zurückgebracht. Kurz darauf holten zwei Angehörige des Marinegeheimdienstes, ein gewisser Hector Favre und ein Mann, der das Pseudonym »Pedro Bolita« benutzte, das Baby ab.

Dies waren die letzten Informationsbruchstücke, die Coche Pereyra bis zum Dezember 1983, dem Zeitpunkt der Machtübernahme durch die Zivilregierung, über Lilianas Schicksal hatte in Erfahrung bringen können. Unter Mithilfe eines Anwalts begann sie, die Begräbnislisten des am Rand von Mar del Plata gelegenen Cementerio Parque zu durchforsten. Sie fanden zwei N.N.-Eintragungen vom 13. Juli 1978, bei denen physische Beschreibungen standen, die auf Liliana zutreffen konnten.

Coche wußte, daß sie sich nie mit einer Eintragung in einem Friedhofsregister zufriedengeben würde. Anfang 1984 wandte sie sich deshalb an den Richter Pedro Hooft in Mar del Plata, der sich bereit erklärte, eine formelle Untersuchung einzuleiten. Diese sollte länger als ein Jahr dauern. Während dieser Zeit machte Coche jedoch die Bekanntschaft eines außergewöhnlichen Wissenschaftlerteams, mit dessen Hilfe sie schließlich Lilianas letzten Willen in die Geschichtsbücher ihres Landes einschrieb.

Mitte Februar 1985 kehrte Clyde Snow nach Argentinien zurück, um einen fünfwöchigen Ausbildungs-Workshop über die Identifizierung skelettaler Überreste abzuhalten. Unterstützen sollten ihn dabei der Odontologe Lowell Levine, der Radiologe John Fitzpatrick und der forensische Pathologe Robert Kirschner. Zusammen wollten die vier Wissenschaftler ein Team von Argentiniern ausbilden, damit diese mit dem Prozeß der Exhumierung und Identifizierung sterblicher Überreste von Verschwundenen beginnen konnten.

In Argentinien war viel geschehen, seit Snow sieben Monate zuvor den schlammigen, windgepeitschten Friedhof von San Isidro verlassen hatte. Am 20. September 1984 übergab die Nationale Kommission für die Verschwundenen (CONADEP) Präsident Alfonsín ihren Bericht über die in den Jahren der Militärdiktatur mit Billigung der Regierung verübten Greueltaten. In seinem Vorwort zu dem Bericht schrieb der CONADEP-Vorsitzende und Romancier Ernesto Sábato:

»In ihrer überwiegenden Mehrheit handelte es sich bei (den Verschwundenen) um Personen, die nicht das geringste mit irgendwelchen terroristischen Aktionen zu tun hatten, geschweige denn zu den kämpfenden Einheiten der Guerillaorganisationen gehörten: Angehörige solcher Einheiten ließen sich nämlich niemals kampflos gefangennehmen und starben deshalb entweder in einem Feuergefecht oder begingen Selbstmord, bevor man ihrer habhaft werden konnte. Nur sehr wenige von ihnen konnten von den repressiven Ordnungskräften lebend gefaßt werden.«

Alles in allem waren im Nebel des vom Militär selbst erklärten »Schmutzigen Krieges« mindestens 8960 Personen verschwunden. Sábato beeilte sich jedoch einzuschränken, daß die wirkliche Anzahl der Verschwundenen wahrscheinlich erheblich höher war, da viele Familien aus Angst vor Repressalien immer noch fürchteten, ein Verschwinden zu melden.

Am Tag, als Sábato den CONADEP-Bericht an Alfonsín überreichte, hatte sich eine riesige Menschenmenge auf der Plaza de Mayo versammelt. Hebe de Bonafini, eine der Anführerinnen des Marsches, stand unter einem weit ausladenden Spruchband, auf dem zu lesen stand: »Aparición con Vida!« – »Laßt sie lebend erscheinen!« Frau Bonafini, die selbst zwei Söhne und eine Schwiegertochter bei Polizeirazzien verloren hatte, stand an der Spitze einer Abordnung der Madres de Plaza de Mayo. Dieser stämmigen Frau mit eisengrauem Haar und unbeugsamem Willen war es zum Großteil zu verdanken, daß die Madres in Argentinien zu einem feststehenden Begriff und für viele ähnliche Gruppen in ganz Lateinamerika zum Vorbild geworden waren.

Hebe de Bonafini und ihre Gefolgsleute waren aufgebracht

darüber, daß Alfonsín immer noch Offiziere beförderte, für deren Mitwirkung bei früheren Greueltaten Beweise vorlagen. Außerdem zeigte er sich nicht bereit, Richter aus ihren Ämtern zu entfernen, die bei den Madres im Verdacht standen, das Militär von seiner Schuld am Verschwinden so vieler Menschen reinwaschen zu wollen. Auch sträubten sich die Madres gegen die Exhumierungen: »Wir, die Mütter der Verschwundenen, wollen uns nicht zu den Müttern von Toten machen lassen«, hatte Bonafini einmal erklärt – und dies ungeachtet der sich häufenden Hinweise, daß die Verschwundenen wirklich exekutiert worden waren.[3]

Snow wußte nur wenig über die taktischen Manöver im Zusammenhang mit den Verschwundenen, aber er spürte deutlich, daß etwas in der Luft lag, als er in einem komfortablen Büro in Buenos Aires saß und dem weltmännischen Eduardo Rabossi zuhörte. Einige Zeit zuvor hatte Präsident Alfonsín das CONADEP aufgelöst und es durch das »Subsecretaría de Derechos Humanos«, das Staatssekretariat für Menschenrechte, ersetzt. Rabossi, ein Universitätsprofessor für Philosophie, war zu dessen Leiter ernannt worden. Eine seiner Aufgaben bestand darin, ein landesweites System für die Exhumierung von Gräbern der »Desaparecidos« ins Leben zu rufen. In einem Brief hatte er die American Association for the Advancement of Science persönlich um Hilfe gebeten, und die hatte ihn an Snow weiterverwiesen.

Vor seiner Ankunft hatte Snow mehrere Briefe an Rabossi geschickt, in denen er ihm eindringlich klarmachte, daß ein Ausbildungs-Workshop nur dann sinnvoll wäre, wenn er von Studenten besucht würde, die zumindest über Grundkenntnisse in den forensischen Wissenschaften verfügten. Als Snow nun Rabossi in dessen Büro in der zweiten Etage des Teatro de San Martín in Buenos Aires gegenübersaß und zusah, wie dieser sich wieder und wieder seine Pfeife anzündete, stieg ein stetig zunehmendes Mißtrauen in ihm auf. Er glaubte, im Gehabe dieses geschniegelten, steifen kleinen Mannes so etwas wie Herablassung zu spüren. Wütend fragte ihn Snow deshalb nach einer Liste der Workshopteilnehmer, die zusammenzustellen Rabossis Aufgabe gewesen wäre.

Rabossi saugte durch seine bereits erloschene Pfeife Luft ein. »Nun«, erwiderte er, »Sie müssen sich darüber im klaren sein, daß Exhumierungen in den diversen Menschenrechtsorganisationen ein kontroverses Thema sind.« Bonafini, so fuhr er fort, und ihre Gruppe verlangte, daß man ihnen ihre Kinder lebend zurückgab. Das sei natürlich irrational, da die jungen Leute zweifellos tot seien. Dennoch müsse seine Regierung in diesem Punkt sehr behutsam vorgehen.

Snow erkannte rasch, daß der Workshop angesichts dieser heiklen Situation auf Rabossis Prioritätenliste ganz weit nach unten gerutscht war. »Doktor Rabossi«, knurrte er, »ich habe drei forensische Wissenschaftler dazu überreden können, hier herunter zu kommen. Keiner von uns bekommt dafür auch nur einen Pfennig. und Sie wollen mir jetzt allen Ernstes sagen, daß nicht das geringste getan worden ist, um diesen Workshop auf die Beine zu stellen?« Von der Entrüstung des Amerikaners völlig überrascht, versicherte Rabossi seinem Gegenüber, er werde die Sache schnellstens in Ordnung bringen.

Als der Texaner am nächsten Tag wieder ins Staatssekretariat kam, stellte er zu seiner Überraschung fest, daß Rabossi zwei seiner Mitarbeiterinnen, Marita Vera und María Julia Bihurriet, eigens dafür abgestellt hatte, den Workshop in letzter Minute doch noch zu retten. Die beiden Frauen erwiesen sich bald als weitaus fähiger, als Snow zunächst vermutet hatte. Marita Vera, eine hochaufgeschossene Frau Mitte Dreißig, war die Tochter eines wohlhabenden Weinhändlers aus Mendoza. Sie war auf die besten Schulen des Landes gegangen, sprach ein fließendes Englisch und hatte sich einen weltläufigen Charme angeeignet. Ihre Umgänglichkeit sollte sich als unschätzbar wertvoll erweisen, wenn es darum ging, auch noch den widerstrebendsten argentinischen Beamten Konzessionen abzuringen.

María Bihurriet war in vielerlei Hinsicht das genaue Gegenteil von Marita. Die bodenständige ehemalige Dorfschullehrerin von 24 Jahren mit den kurzgeschorenen dichten schwarzen Haaren und den zarten Gesichtszügen war wie Evita Perón in Los Toldos geboren, einer kleinen Bauerngemeinde im Westen des Landes; auch in ihrer Hartnäckigkeit erinnerte sie an die ehemalige First Lady Argentiniens.

Die beiden jungen Frauen besorgten sich zunächst die Adressen von Rektoren medizinischer Fakultäten, von Anthropologieprofessoren und Direktoren forensischer Laboratorien und forderten sie auf, ihre besten und intelligentesten Studenten zu dem Workshop zu schicken. Nach und nach gingen die Antworten ein. Snow war beeindruckt. In weniger als einer Woche hatten die beiden Frauen es geschafft, etwa 20 Studenten für den Workshop zu gewinnen. Außerdem hatten sie noch zwei Richter ausfindig gemacht, einen etwas außerhalb von Buenos Aires, den anderen in

Mar del Plata, die die Öffnung mehrerer Gräber von »Namenlosen« verfügen wollten. Nun gab es für den Workshop echte Gräber und Fälle, an denen man arbeiten konnte. Das bedeutete, daß Snow für die Durchführung der Grabungen noch ein paar erfahrene Helfer brauchte. Und er kannte einige Leute, die hierfür bestens geeignet waren.

Mimi und Pato waren von Snows Vorschlag zunächst gar nicht begeistert. Doch Morris und Sergio überredeten die beiden Frauen schließlich doch, gemeinsam mit ihnen Snow bei der Exhumierung einiger Gräber auf dem Isidro-Casanova-Friedhof in den westlichen Vororten von Buenos Aires zu helfen. Patos Freund Luis, der nicht nur seine starken Hände, sondern zur Erheiterung der Gruppe auch einen sarkastischen Humor beisteuern konnte, meldete sich ebenfalls freiwillig.

Ihr erster Besuch in Isidro Casanova erfolgte auf Veranlassung eines Richters, der den Fall von acht »Desaparecidos« untersuchte, die 1976 verschwunden waren; diese Untersuchung gestaltete sich jedoch alles andere als ermutigend. Auf dem verwilderten Friedhof, dessen Grabsteine von hüfthohem Unkraut fast überwuchert waren, erwartete sie ein noch furchteinflößenderes Aufgebot als das, mit dem sie es bei ihrer ersten Exhumierung zu tun gehabt hatten. 50 Polizisten mit automatischen Waffen und Schutzhelmen hatten den Friedhof umstellt, vorgeblich zu ihrem Schutz. Aber vor wem sollten sie geschützt werden? Snow beruhigte seine mißtrauischen Assistenten: »Denkt immer daran«, sagte er, »das ist unsere Grabung.«

Im Laufe der nächsten zwei Wochen öffnete das Team, einer brennenden Sonne ausgesetzt, wie sie Snow selbst in Arizona nicht erlebt hatte, acht Gräber. Die Hitze erwies sich als ihr Verbündeter gegenüber den Polizisten: Nach der ersten Woche waren nur noch vier übrig, und die zogen sich in den Schatten eines Platanenhains zurück, wo sie sich neben einem Haufen zerbrochener Grabsteine hinstreckten, Karten spielten und Matetee schlürften.

Neben menschlichen Gebeinen fanden sie in den Gräbern 32 Kugeln und Dutzende von Kugelfragmenten. Das Team packte seine Ausbeute zusammen und ließ sie von einem Streifenwagen zur medizinischen Fakultät in Buenos Aires bringen. Die Exhumierungen waren für Snows junge Mitarbeiter eine gute praktische Übung gewesen. Bald schon sollten sie einen neuen Auftrag erhalten, der sich als der Höhepunkt ihr noch recht jungen Karriere als forensische Wissenschaftler erweisen sollte.

Coche Pereyra hatte über die Abuelas von Snows Arbeit erfahren. Sie bat Richter Hooft, das Team zur Öffnung des Grabes auf dem Parque-Friedhof zu ermächtigen, in dem sie die sterblichen Überreste ihrer Tochter Liliana vermutete. Hooft rief daraufhin bei María Bihurriet im Staatssekretariat an und teilte ihr mit, er wünsche, daß der Amerikaner und sein Team drei Gräber exhumierten.

Die Unterlagen des Leichenschauhauses legten die Vermutung nahe, daß eines der Gräber die Überreste von Néstor Fonseca barg, der im Mai 1978 im Alter von 28 Jahren verschwunden war. Als man ihn dann tot an einem Straßenrand auffand, stufte die Polizei ihn kurzerhand als »Selbstmörder« ein und ordnete an, daß er als ein Namenloser begraben wurde. Der amerikanische Anthropologe, schickte der Richter María Bihurriet gegenüber voraus, werde sich auf zwei osteologische Hinweise stützen können: Fonseca war Linkshänder gewesen, und er hatte sich ein Jahr vor seinem Verschwinden auf der Jagd versehentlich in die rechte Hand geschossen.

Die beiden anderen Fälle, so Hooft weiter, lägen nicht so klar. Zwei junge Frauen mit annähernd identischen physischen Charakteristika seien in unmarkierten Gräbern beigesetzt worden. Beide seien Anfang Zwanzig gewesen, als sie verschwanden, und sie hätten einander auch hinsichtlich ihrer Statur, ihrem Gewicht und ihrer Augen- und Haarfarbe geähnelt. Eine der beiden Leichen war vermutlich die einer Frau namens Ana María Torti, die andere, davon war Hooft überzeugt, die von Liliana Pereyra.

»Da ist etwas, das Sie wissen sollten«, fügte Hooft hinzu, bevor er auflegte, »Tortis Mutter ist ein Mitglied der Madres de Plaza de Mayo, und sie will mit der Untersuchung nicht das geringste zu tun haben.«

An einem Samstagmorgen fuhr ein Kleinbus mit Snow und seinem Team durch die Eisentore des Parque-Friedhofs und schlängelte sich durch das Labyrinth der Kieswege. Es war ein öder Ort, eine Art graue und abweisende Sozialwohnungssiedlung für die Toten, die so gar nichts mit den grandiosen Nekropolen von Buenos Aires gemeinsam hatte. Den einzigen Trost bot die frische salzige Brise, die vom nahen Atlantik herüberwehte.

Sie teilten sich in zwei Gruppen auf. Morris, Pato und Luis arbeiteten an einem Grab, während sich Mimi und Sergio, unterstützt von María Bihurriet und Marita Vera, an einem anderen zu schaffen machten. Als sie so den Tag über vor sich hin gruben, versammelten sich nach und nach einige Zaungäste, manche sogar mit Decken und Picknickkörben, auf der anderen Seite des Seils, das die Polizei als Absperrung um die Gräber gespannt hatte. Sogar ein Fernsehteam tauchte auf, wurde jedoch von der Polizei vertrieben, so daß das Team ungestört arbeiten konnte.

Mimi war die erste, die eine junge blonde Frau in beiger Jacke und blauen Jeans am Rand der Absperrung bemerkte. Die Frau winkte zu Mimi herüber, die daraufhin ihren Eimer absetzte und zu ihr ging. Beide sprachen kurz miteinander. Dann kam Mimi zum Grab zurück und streckte sich neben Snow aus; der beugte sich gerade in die Grube hinab, um das Skelett zu säubern, das sich allmählich aus der Erde herausschälte.

»Ein Mann«, konstatierte Snow. »Sieht nach Linkshänder aus.« Er löste vorsichtig mehrere Fingerknochen heraus, um sie sich genauer anzusehen. »Er hatte mehrere alte, verheilte Frakturen an der rechten Hand. Wir werden sie röntgen müssen, um zu sehen, ob noch irgendwelche Metallfragmente darin sind. Aber ich würde sagen, daß das Néstor Fonseca ist.«

»Bist du sicher?« wollte Mimi wissen.

»Warum?« erwiderte Snow.

»Die Frau dort drüben ist Fonsecas Frau. Sie will die Überreste sehen.«

Unschlüssig, was sie als nächstes tun sollten, verfielen alle in Schweigen. Sergio war der erste, der sich faßte.

»Betrachten wir es doch einmal so. Wann ist Fonseca verschwunden? 1978, nicht wahr? Das heißt, daß man die Frau sieben Jahre lang im ungewissen gelassen hat. Das Militär, die Polizei, die Gerichte, sie alle haben ihr die Wahrheit verschwiegen. Jetzt hat sie das Recht, selbst zu entscheiden. Wir können ihr das nicht verweigern.«

Mimi erhob sich, ging zu der Frau hinüber und brachte sie zum Grab. Sie stellte sie als Fonsecas Frau vor. Als sie sich am Rand des Grabes niederkniete, bemerkte Mimi erleichtert, daß jemand so rücksichtsvoll gewesen war, den zuvor weit auseinanderklaffenden Unterkiefer des Schädels zu schließen.

»Wie können Sie feststellen, ob er es ist?« fragte die Frau.

Mimi deutete auf den linken Armknochen und erklärte ihr, wie man die Händigkeit bestimmen konnte. Dann hob sie mehrere Fingerknochen auf, legte sie in ihre Handfläche und zeigte ihr die winzigen Deformierungen. Die Wahrscheinlichkeit, daß noch einer der Verschwundenen genau dieselben Merkmale aufwies, erläuterte sie, sei verschwindend gering.

Fonsecas Frau richtete sich wieder auf, und Mimi legte ihr den Arm um die Schulter, als sie zur Absperrung zurückgingen. Die Frau blieb stehen und rang nach Worten. »Danke«, hauchte sie. »Was Sie hier tun, ist wundervoll.«

Am Ende des Tages waren die Skelette von zwei Personen aus der Erde geholt worden: das von Néstor Fonseca und das einer Frau, für deren Identifikation jedoch eine genauere Untersuchung im Leichenschauhaus von Buenos Aires nötig sein würde. Das dritte Grab war erst teilweise ausgegraben worden und würde bis zum nächsten Tag warten müssen.

Am Sonntagmorgen verließen María Julia Bihurriet und Marita Vera als erste ihr Hotel, um zum Friedhof zu fahren. Für ihren letzten Ausgrabungstag hatten sie sich einen friedlichen Beginn erhofft. Sie täuschten sich.

»Als wir den Friedhof betraten«, erinnert sich Frau Bihurriet, »sahen wir, daß sich eine große Menschentraube um das teilweise geöffnete Grab versammelt hatte. Es müssen etwa 15 Personen gewesen sein, größtenteils Frauen. Wir blieben zuerst an einem kleinen Schuppen stehen. Wir hörten Rufe, konnten sie aber nicht verstehen. Ich fragte, wo der Richter sei. Niemand wußte es. Vielleicht war er noch unterwegs. Ein Polizist kam zu uns herüber und sagte, die Frauen am Grab seien Mitglieder der Madres. Sie würden niemanden an die Gräber heranlassen, die wir aufgegraben hatten. Er sagte, die Frauen hätten sie mit Steinen beworfen, als sie nähergekommen waren, woraufhin sie es vorgezogen hätten, sich zurückzuziehen.

Nun, ich dachte mir, daß es möglich sein müßte, mit den Madres zu reden. Der Polizist riet mir, nicht zu gehen, aber ich ließ mich nicht abhalten. Als ich auf etwa 30 Meter herangekommen war, erkannte ich Hebe de Bonafini. Bevor ich jedoch irgend etwas sagen konnte, stießen die Frauen schon Beschimpfungen aus: ›Mörder, Milicos (Soldaten), Hurensöhne . . .‹ Dann zog mich der Polizist weg. Marita und ich beschlossen, daß es wohl besser war, nach dem Richter zu suchen. Gott sei Dank konnten wir das Team auf der Straße abfangen.«[4]

Auf dem Weg zum Büro des Richters beschrieb María Julia den anderen die Szene, die sich am Grab abgespielt hatte. Das Team war verblüfft. Da Hebe de Bonafini die treibende Kraft bei der Aktion war, würde sie mit Sicherheit ziemlich viel Staub aufwirbeln. »Mierda, que lío!« fluchte Morris.

Im Gerichtsgebäude erzählte María Julia Bihurriet auch dem Richter, was vorgefallen war. Zur allgemeinen Erleichterung setzte er die letzte Exhumierung aus. Man kam überein, daß María Julia und Marita die am Vortag exhumierten Gebeine nach Buenos Aires bringen sollten.

Mimi, Pato, Luis und Sergio verbrachten den Rest des Tages am Strand. »Wir fühlten uns komisch«, erinnert sich Mimi, »all diese Urlauber um uns herum und mittendrin wir, die wir so weiß waren, so vollkommen weiß. Wir saßen nur da und schauten in die Sonne und aufs Meer hinaus. Pato war wirklich bestürzt. Es war so schrecklich zu wissen, daß die Madres gegen unsere Arbeit waren.«[5]

Um fünf Uhr nachmittags verließen María Bihurriet und Marita Vera mit den sterblichen Überresten zweier Menschen Mar del Plata in einem Streifenwagen. »Um diese Zeit«, erzählt María Julia, »war ich sehr nervös und vor allem müde. Außerdem hatten mich die Geschehnisse dieses Tages verwirrt. Etwa 30 Autominuten außerhalb der Stadt wurden wir von einem anderen Polizeiauto eingeholt. Es gab mit der Lichthupe Zeichen, woraufhin wir stehenblieben. Wir wurden aufgefordert, in den anderen Wagen umzusteigen. Ich hatte keine Ahnung, was das sollte, und war so verängstigt und müde, daß ich fast in Panik ausgebrochen wäre. Es konnte ganz gut sein, daß man dabei war, uns zu entführen.

Wir setzten also unsere Fahrt in dem anderen Auto fort. Dann überholte uns ein weiterer Streifenwagen, und das seltsame Spiel begann von neuem. Wieder fragte ich mich, ob das eine Entführung sein konnte. Die Polizisten redeten kein Wort mit uns, und ich war so eingeschüchtert, daß ich mich nicht zu fragen getraute, was das alles bedeuten sollte. Schließlich fingen die Männer an, miteinander zu reden, und es stellte sich heraus, daß sie nicht wußten, wer wir waren und was wir transportierten. Da wurde mir allmählich klar, daß dieses Wechseln der Fahrzeuge eine Art Polizeimethode für das Transportieren geheimen Materials war.

Neben Marita und mir saßen immer drei Polizisten im Auto, zwei vorne, wobei der eine fuhr und der andere das Funkgerät bediente, und einer bei uns auf dem Rücksitz. Marita schlief, doch ich konnte nicht schlafen, weil ich zuviel Angst hatte. Wir fuhren so schnell, daß ich befürchtete, wir könnten jeden Augenblick einen Unfall bauen. Schließlich nahm ich meinen ganzen Mut zusammen und sagte zum Fahrer: ›Hören Sie, Sie wissen nicht, wer ich bin, woher ich komme oder wohin ich fahre. Aber ich weiß, wer Sie sind, und ich sage Ihnen das eine: Wenn ich noch einmal sehe, daß die Tachometernadel über 100 Stundenkilometer geht, schreie ich in das Funkgerät hinein.‹ Der Polizist antwortete: ›Entschuldigen Sie vielmals, Fräulein. Ich wußte nicht, daß es Sie stört.‹

Wir müssen in dieser Nacht wohl sieben Mal den Wagen gewechselt haben. Um etwa elf Uhr kamen wir endlich an der Puenta La Noria an; zumindest dachte ich das, denn es war dunkel, und ich bin mit der Geographie von Buenos Aires nicht so gut vertraut. Wie dem auch sei, die Brücke ist die Grenzlinie, an der die Zuständigkeit der Provinzpolizei endet und die der Bundespolizei von Buenos Aires beginnt. Wir hielten bei einem Polizeiposten an. Der Diensthabende, ein Bundespolizist, streckte seinen Kopf durch das Fenster und teilte uns mit, er habe Anweisung, uns und das, was wir bei uns hätten, zur medizinischen Fakultät zu bringen. Bevor er das tue, erklärte er uns, wolle er aber wissen, wer wir seien und was wir transportierten. Das stellte mich vor ein Problem: Der Richter hatte uns instruiert, niemandem zu erzählen, was wir bei uns hatten. Doch der Mann blieb hartnäckig. ›Okay‹, sagte ich, ›das sind menschliche Überreste.‹ Dann erklärte ich ihm noch, wer ich war und wo ich arbeitete. ›Aber wessen Überreste sind das?‹ wollte er wissen. ›Wie soll ich das wissen?‹ erwiderte ich, ›es sind Gebeine von Namenlosen.‹ Damit gab er sich zufrieden, setzte ein breites Lächeln auf und setzte uns in den Streifenwagen. Dann fuhren wir, eskortiert von mehreren Polizisten, in die Stadt.«[6]

Im Leichenschauhaus der Universität von Buenos Aires wurden die beiden Frauen und ihre mysteriöse Fracht von José Conesa erwartet, einem Anatomen, der das Verbindungsglied zwischen Fakultät und dem Staatssekretariat darstellte. Conesa war ein recht exzentrischer Wissenschaftler. Mit seinem dünnen Haar, dem blassen Gesicht und seinem schmutzigen, einige Nummern zu großen Labormantel, dessen Saum am Boden dahinschleifte, sah er nicht gerade vertrauenerweckend aus. Sein Labor, das in einem vergessenen Winkel der medizinischen Fakultät untergebracht war, quoll über von tropischen Pflanzen, Vogelkäfigen mit Vögeln und staubigen Gefäßen mit Präparaten aller menschlichen Organe, die man sich nur vorstellen kann. Ein stickiger Geruch hing in der Luft, eine Mischung aus Formaldehyd und nicht beseitigtem Katzendreck. Fünf Katzen verschiedener Größe und Rasse lümmelten sich auf den Regalen und dösten auf den Fensterbrettern. Conesas

Lieblingskatze, ein alter schielender Kater, trug ein postkartengroßes Täfelchen um den Hals, auf dem Conesa regelmäßig Nachrichten für seine Kollegen hinterließ.

Der Anatom stand, eine behaglich schnurrende Katze unter seinem Labormantel, an der Laderampe des Leichenschauhauses, als der Streifenwagen mit Blaulicht durch das Seitentor der Universität geschossen kam. Die Katze schrak auf und machte einen Satz zurück in das Gebäude, während Conesa mit weit aufgerissenen Augen wie erstarrt im Scheinwerferlicht des Wagens stehenblieb. Aus diesem sprangen Polizisten mit gezogener Waffe heraus. Als letzte stiegen María Julia Bihurriet und die völlig verschlafene Marita Vera aus. Mit müden Bewegungen hoben die beiden Frauen zwei Kisten mit Gebeinen aus dem Kofferraum des Wagens, stiegen die Stufen zur Rampe hinauf und verschwanden in dem Gebäude, wobei sie es Conesa überließen, sich um die mit ihren Waffen herumfuchtelnden Polizisten zu kümmern.

Am Frühnachmittag des 28. März, zwei Wochen nach dem abenteuerlichen Transport der Gebeine vom Parque-Friedhof zum Leichenschauhaus der Universität, färbte Sonnenlicht die stehende Luft in einem Vorlesungssaal im sechsten Stock der medizinischen Fakultät gelb; in den Strahlen drehten sich schwerfällige Staubspiralen. Pato stand mit Luis und Morris vor einem Tisch. Luis hatte einen Plastiksack voller Skeletteile im Arm, während Morris einen Schädel, den er in ein Baumwolltuch eingeschlagen hatte, gegen seine Brust gepreßt hielt. Auf einer Tafel hinter ihnen war die Zeichnung eines Fußes zu erkennen, dessen Plantararterien mit spinnwebartigen roten Kreidestrichen markiert waren.

»Du solltest besser die Tafel löschen, meinst du nicht auch?« sagte Pato. Sie zog ein frisches weißes Tischtuch aus einer Tasche und breitete es über den Tisch. Dann strich sie die hartnäckigen Falten des Tuches glatt und verließ den Raum.

Luis und Morris blickten sich verunsichert an. In ein paar Minuten würde die Mutter der Frau kommen, deren Gebeine sie in ihren Händen hielten. Morris legte den Schädel auf den Tisch. »Wie sollen wir es machen?« fragte er. Luis hob seine Augenbrauen und zuckte mit den Schultern.

Während der letzten beiden Wochen hatten die jungen Mitarbeiter Snows sich mit diesem Skelett beschäftigt, während die anderen Teilnehmer des Workshops die übrigen am Isidro Casanova exhumierten Überreste untersucht hatten. Durch Snows Unterweisung wußten sie, wie man bei einem Skelett das Geschlecht, die Rasse, die Statur und das Alter bei Eintritt des Todes bestimmt. Levine, der New Yorker Zahnarzt mit dem buschigen Schnurrbart und dem selbstsicheren Auftreten, hatte dem Team beigebracht, wie man Zahnkarteikarten las und Anomalien in den Zähnen aufspürte. Kirschner, der energische Chicagoer Pathologe und einer der weltweit führenden Experten für Schußwunden, hatte ihnen gezeigt, wie man feststellen konnte, ob das konische Loch, das sie am Schädel gefunden hatten, von einem Einschuß stammte. Am Ende war es jedoch Fitzpatrick, der Radiologe, gewesen, der die Identifizierung hieb- und stichfest gemacht hatte. Im Röntgenlabor der Fakultät hatte er Aufnahmen von dem rekonstruierten Thorax und Brustkorb gemacht und sie mit einem Bruströntgenbild verglichen, das ihnen die Familie des vermutlichen Opfers zur Verfügung gestellt hatte. Dann war er, seine Haare und seine Kleidung in der üblichen Unordnung, mit den Röntgenbildern wedelnd in das Leichenschauhaus gestürmt und hatte gerufen: »Sie stimmen überein! Sie stimmen überein! Es gibt keinen Zweifel!«

Wie man jedoch Lilianas Mutter die Gebeine ihrer Tochter vorlegen sollte, das wußten die Argentinier nicht.

»Wir könnten sie in ihrer anatomischen Anordnung auslegen«, schlug Luis vor, wobei er versuchte, überzeugend zu klingen. Die Präsentation des rekonstruierten Skeletts erschien ihnen dann aber doch zu wissenschaftlich und zu kalt, weil es dem Ganzen einen zu akademischen Beigeschmack verlieh. »Wir könnten sie aber auch in Gruppen anordnen. Ich meine, daß wir die Finger- und Zehenknochen auf die eine Seite legen, die langen Knochen auf die andere, dann die Rippen und so weiter.« Eine Gruppierung der Knochen, so seine Begründung, würde die ganze Angelegenheit weniger spektakulär und weniger schockierend wirken lassen, soweit das überhaupt möglich war. Also kamen sie überein, Lilianas sterbliche Überreste diesem Vorschlag gemäß anzuordnen.

Sie waren gerade damit fertig, als Snow an die Tür klopfte, den Kopf hereinstreckte und sagte: »Sie kommen.« Morris Tidball stopfte den Plastiksack und das Baumwolltuch in eine Schublade und ging dann zusammen mit Luis hinaus zu Snow. Kurz darauf erschienen die Besucher. Chicha Maríani, die Präsidentin der Abuelas, trat als erste ein. Hinter ihr kamen Coche Pereyra sowie deren Sohn und Tochter, beides Teenager.

»Als ich Coches Gesicht sah«, erinnert sich Luis, »ging mir schlagartig vieles auf. Es wurde mir klar, daß ich etwas Wichtiges tat. Ich wußte zwar, daß mein Beitrag letztlich nur so unbedeutend war wie ein Sandkorn in der Wüste, aber ganz gleich, wie gering er auch war, für die Familie war er bedeutsam, und mir war klar, daß ich weitermachen mußte.«[7]

Coche drückte ihre beiden Kinder an sich, als sie auf die Gebeine von Liliana herabblickte. Die Erinnerung rührt sie noch heute zu Tränen.

»Tief in meinem Inneren wollte ich nicht, daß dies Lilianas sterbliche Überreste waren, aber als dann Dr. Snow zu uns an den Tisch trat und uns erklärte, wie er und seine Kollegen sie identifiziert hatten, bestand für mich nicht mehr der geringste Zweifel. Ich erinnere mich noch, daß er sagte, er habe Stücke eines Taschentuchs im Grab gefunden. Er beschrieb die Farbe. Nun, das überraschte mich. Später erfuhr ich aber dann von Ana María Martí, dem Mädchen, das zusammen mit Liliana in der ESMA eingesperrt gewesen war, daß meine Tochter ein Taschentuch benutzt hatte, um ihre Haare hochzubinden. Als wir so neben Lilianas Gebeinen standen, gab es so viele Fragen, die ich Dr. Snow stellen wollte. Ich erinnere mich noch, daß da ein Mal auf dem Schädel war, und ich mich fragte, ›Was ist das?‹ Aber mein Schmerz war so groß, ich konnte einfach nicht sprechen. Ich fürchtete mich sosehr, die Wahrheit zu wissen.«[8]

Am 22. April 1985 wurde vor dem Bundesberufungsgericht in Buenos Aires der Prozeß gegen die neun Generale und Admirale der drei aufeinanderfolgenden Juntas eröffnet, die Argentinien nach dem Putsch von 1976 regiert hatten. Hebe de Bonafini behielt mit ihrem Mißtrauen gegenüber der Militärgerichtsbarkeit recht. Im September 1984 erklärte das vom Präsidenten mit der Aburteilung dieser neun Männer betraute Militärgericht, es habe sie keiner illegalen Tat schuldig befinden können. Im Gegenzug übernahm daraufhin das zur Überprüfung des Militärgerichtsurteils ermächtigte Zivilgericht den Fall. Vertreter der Anklage war Julio C. Strassera, der erfahrenste Staatsanwalt der Regierung.

Für die Argentinier, die während der siebenjährigen Militärherrschaft in einem Zustand der fast vollständigen Unwissenheit über die wahren Geschehnisse gehalten worden waren, wirkte dieses Gerichtsverfahren wie ein Schauspiel von höchster Dramatik. Unter den neuen Angeklagten befanden sich drei ehemalige Präsidenten: Rafael Videla, Roberto Eduardo Viola und Leopoldo Galtieri. Nie zuvor hatte in Lateinamerika eine Zivilregierung führende Militärs wegen Menschenrechtsverletzungen vor Gericht gestellt. In dem holzgetäfelten Gerichtssaal wurde eine Fernsehkamera aufgestellt, die jedes Argument, jeden Einspruch und jede Geste der Anwälte und Richter aufzeichnen sollte, die ein Urteil über ein Jahrzehnt von politischem Chaos beantragen und sprechen sollten. Für die Dauer des Verfahrens wurde sogar eine eigene Zeitung ins Leben gerufen: »El Diario del Juicio« lag an Zeitungsständen überall im Land aus und wurde während der fünfmonatigen Prozeßdauer zur meistgelesenen Publikation des Landes.

Die Angeklagten zogen es vor, an den meisten Verhandlungstagen nicht persönlich zu erscheinen, sondern sich von einem Schwarm von Anwälten vertreten zu lassen. Dennoch ließen sie keinerlei Zweifel an ihrer Uneinsichtigkeit: »Kriege haben keine Gesetze«, war die hartnäckig vorgetragene Argumentation der Verteidigung. Die verfassungsmäßige Regierung von Isabel Perón hätte 1974 den Belagerungszustand erklärt, und das Militär könne nicht dafür zur Rechenschaft gezogen werden, daß es seine Arbeit getan habe. Wochenlang versuchte die Verteidigung, diese Argumentation durch die Aufbietung eines ganzen Heeres von Zeugen, oft prominenten und einflußreichen Persönlichkeiten, zu untermauern. Sie versuchten, den sechs Richtern und den im überfüllten Gerichtssaal Anwesenden ins Gedächtnis zu rufen, daß das Land Mitte der siebziger Jahre unter der Geißel des Terrorismus gelitten hätte, den zu besiegen es nun einmal unkonventioneller Mittel bedürfte.

Strassera, der Anklagevertreter, war indes nicht zu beirren. Dieser hochaufgeschossene hagere Mann mit seinem dicken Schnurrbart über der hängenden Oberlippe, seinem in der Art eines Tangotänzers der dreißiger Jahre mit Pomade nach hinten gekämmten dunklen Haaren und den großen Tränensäcken unter den Augen wirkte auf den ersten Blick nachdenklich, ja, fast melancholisch. Doch an Eloquenz konnte ihm niemand im Gerichtssaal das Wasser reichen. Sobald die Verhandlung ins Stocken zu geraten drohte, wartete er mit kraftvollen Ausdrücken und Parallelen auf. »Es ist unvernünftig, das ganze Porzellan zu zertrümmern, nur um eine Fliege zu fangen«, schmähte er die Verteidigung eines Tages, indem er den chinesischen Philosophen Wan Lang aus dem 12. Jahrhundert zitierte. Bei einer anderen Gelegenheit fragte er aufgebracht: »Ist es ein Akt des Krieges, Häuser zu besetzen und die Angehörigen der Gesuchten als Geiseln zu nehmen? Und die Babys zu behalten? Sind das vielleicht militärische Ziele? Können Sie mir erklären, inwieweit das systematische Plündern von Häusern eine notwendige Maßnahme für die Beschlagnahmung von Waffen darstellt? ›Sie haben uns alles genommen, von der Unterwäsche meiner Frau bis zum Anzünder für den Küchenherd‹, hat der Zeuge Hugo Pascual ausgesagt. Wollen Sie uns glauben machen, daß das nur bedauerliche Begleiterscheinungen eines Krieges sind?«[9]

Am Tisch der Anklagevertretung versorgte Strasseras Assistent, Luis Moreno Ocampo, seinen Vorgesetzten mit einem ununterbrochenen Strom von Dokumenten und Zeugenaussagen. Mit seinen noch nicht ganz 30 Jahren, seinem angenehmen Wesen und seinem modischen Äußeren gehörte Moreno Ocampo zu Argentiniens neuer Generation. In den siebziger Jahren hatten sich aus seinen weiblichen und männlichen Altersgenossen die Montoneros und die mittleren Dienstgrade des Militärs rekrutiert. Nun war es an seiner Generation, ein neues, bürgerlich geprägtes Argentinien zu formen.

Die Anklagevertretung mußte beweisen, daß die neun Juntamitglieder für die illegale Verhaftung und das Verschwinden so vieler Menschen direkt verantwortlich waren. Was sie dazu benötigten, waren von den Angeklagten unterschriebene Befehle. Doch die waren, wie Strassera schon bald feststellen mußte, längst vernichtet worden – falls es sie überhaupt je gegeben hatte. Also beschloß er, den Nachweis zu erbringen, daß die Angeklagten genau über die von ihren Untergebenen verübten Verbrechen informiert gewesen waren. »Es ist völlig normal«, erklärte Strassera im Laufe der Verhandlung, »daß bei einer geheimen Organisation auch die Pläne geheim sind. Ein Mafiaboß hat keine unterschriebenen Anweisungen auf seinem Schreibtisch herumliegen. Das braucht er auch gar nicht. Nur weil es einen Plan gibt, muß das noch lange nicht bedeuten, daß dieser auch schriftlich vorliegt. Wir wissen jedoch, daß die argentinischen Streitkräfte auf der Grundlage einer vertikalen Struktur funktionieren. Und nur das Vorhandensein eines Planes an der Spitze kann erklären, daß die niederen Chargen in der bekannten Weise gehandelt haben.«[10]

Mehr als 800 Personen wurden im Laufe des Verfahrens vernommen. Viele von ihnen waren Überlebende der geheimen Inhaftierungszentren, andere wiederum Verwandte von Personen, die nie wieder aus diesen Lagern zurückgekehrt waren. Jeder von ihnen wurde vor die breite Bank gerufen, um mit Blick auf das teilnahmslose, aber aufmerksame Gesicht des Richters seine Aussage zu machen. Währenddessen bemühten sich die Zuhörer, die zusammengedrängt in den polierten Holzbänken saßen, die widerhallenden, mitunter schluchzenden Berichte dieser Zeugen zu verstehen. Einer der aufgerufenen Zeugen war Clyde Snow.

Kurz vor der Eröffnung des Verfahrens machte Strassera auf einer Cocktailparty die Bekanntschaft einer attrativen jungen Frau. Sie erzählte ihm über ihre Arbeit mit einem amerikanischen Wissenschaftler, der kurz zuvor die Überreste zweier auf dem Parque-Friedhof in Mar del Plata begrabener »Desaparecidos« identifiziert hatte. Strassera wußte bereits davon; die Protestaktion der Madres war in der Presse ausführlich dargestellt worden. Daraufhin hatten sich andere Menschenrechtsgruppen mit Stellungnahmen zugunsten der Exhumierung zu Wort gemeldet.

Mercedes Doretti (Mimi) beschrieb nun dem Staatsanwalt die Techniken, deren sich der amerikanische Wissenschaftler bei der Identifizierung der Skelette bedient hatte. Strassera war fasziniert. Und da er ein guter Anwalt war, bemerkte er sofort, daß ihm diese ungewöhnliche Methode der Identifizierung von Skeletten in seinem Fall helfen könnte.

Am 24. April, dem zweiten Verhandlungstag, begab sich Snow zum Café Colon, einem der vielen Cafés in dem Gewirr von kleinen Restaurants, Anwaltskanzleien und Büros von gewerblichen Kautionsvermittlern, die die Straßen hinter dem majestätischen, säulenbewehrten Gerichtsgebäude auf der anderen Seite der Plaza de Lavalle säumen. Dort traf er sich mit einer in eine rote Bluse gekleideten, ernst wirkenden Frau mit kastanienbraunen Haaren, die an diesem Abend als seine Dolmetscherin fungieren sollte. Snow war für 20 Uhr 30 geladen. Der Texaner gab sich an diesem Tag ungewöhnlich schweigsam. Trotz einem neuen Haarschnitt, einem frischen Hemd und dem mit seinen Initialen bestickten Jackett verriet das Gesicht des Wissenschaftlers deutlich seine Erschöpfung. Ohne dem Geschirrgeklapper und den Neckereien der Kellner um sich herum Beachtung zu schenken, trank er Kaffee und rauchte schwarze Parisienne-Zigaretten, die stärkste Sorte, die er hatte auftreiben können.

Um acht Uhr betrat Snow zusammen mit seiner Dolmetscherin das Gerichtsgebäude. Eine Wache prüfte ihre Vorladungen und geleitete sie zu einem Warteraum. Eine Stunde später erschien ein Gerichtsdiener und teilte ihm mit, daß er nun aussagen müsse. Snow hängte sich seinen Segeltuchsack aus Armeebeständen um die Schulter, in dem er seine Dias hatte, und folgte zusammen mit seiner Dolmetscherin dem Gerichtsdiener, der sie einen schmalen Korridor entlang führte. Durch eine getäfelte Tür traten sie schließlich in den Verhandlungsraum. Auf dem Podium zur Linken saßen in hochlehnigen, mit schwarzem Leder gepolsterten Sesseln die Richter. Sie waren jünger, als er erwartet hatte, und gaben mit ihren breiten Krawatten und maßgeschneiderten Anzügen elegante Erscheinungen ab. Hinter ihnen waren in ein Buntglasfenster das Tableau eines Kruzifixes und zweier Frauen in Roben mit den Schwertern der Gerechtigkeit eingraviert.

Die Fernsehscheinwerfer ließen das Podium deutlich hervortreten. Die Galerie veschwand dagegen im düsternen Zwielicht von zwei an getäfelten Säulen befestigten Reihen kleiner Lampen mit blumenförmigen Schirmen. Rechts unterhalb der Richter stand der Tisch des Anklagevertreters. Strassera blickte zu Snow auf und nickte ihm zu, als der Amerikaner zum Zeugentisch direkt vor der Richterbank geführt wurde. Hinter sich konnte er das Rascheln der ungeduldigen Zuschauer hören.

Nach seiner Vereidigung verlas Snow seine Referenzen und erklärte den Grund für seinen Aufenthalt in Argentinien. Er nannte die Namen von vier Personen, die er und sein Team exhumiert und identifiziert hatten. Den Richtern war ihre Müdigkeit deutlich anzusehen. Da er der zwölfte Zeuge war, der an diesem Tag vernommen werden sollte, erschien ihre nachlassende Konzentration nur allzu verständlich. Als Snow jedoch den beruhigenden Druck seines Segeltuchsacks und des darin befindlichen Diamagazins gegen seinen Ellbogen fühlte, wußte er, daß er etwas mit sich führte, das diesen Gerichtssaal aufwecken würde.

Schließlich bat ihn der Vorsitzende Richter zu erklären, in welcher Weise seine wissenschaftlichen Methoden dem Gericht von Nutzen sein könnten. Snow ging mit seinen Dias zu einem Projektor, den man vor der Richterbank aufgestellt hatte, und richtete ihn auf eine große Leinwand an der Wand zu ihrer Linken aus. Das erste Dia, das den Parque-Friedhof zeigte, erschien auf der Leinwand. Snow erklärte einleitend, wie man zunächst eine Probegrabung vornimmt und vorsichtig den Abraum entfernt. Es folgten Bilder, die María Julia Bihurriet und Sergio Aleksandrovic beim Durchsieben von Erde zeigten. Monate von Grabungsarbeiten flimmerten rasch über die Leinwand. Einer der Richter ließ sich von einem Gerichtsdiener eine Zigarette geben und mahnte Snow zur Kürze.

Snow räusperte sich und schob das nächste Dia ein. »Das ist das

Brustbein oder Sternum von einem der Skelette des Isidro-Casanova-Friedhofs. Die runde Perforation ist ein Einschußloch, das durch eine Kugel verursacht wude. Die Kugel drang auf der Rückseite des Sternums ein und von dort bis zur Vorderseite des Sternums vor. Obwohl der Knochen noch im Grab liegt, können wir feststellen, daß dieser Person in den Rücken geschossen wurde.«[11]

»Das ist der Schädel eines Verschwundenen, den wir als Néstor Fonseca identifiziert haben«, fuhr Snow fort. »Und hier«, fügte er hinzu und schob das Dia eines Röntgenbildes von Fonsecas Fingern ein, »können wir Anzeichen von Metallfragmenten erkennen, die im Knochen eingebettet sind. Dies stimmt mit der Geschichte einer alten Schußwunde Fonsecas überein.«

Er schob ein weiteres Dia in den Projektor. »Und hier«, erläuterte Snow, »haben wir ein Becken. Anhand der Form können wir erkennen, daß es das einer Frau ist, und anhand anderer Merkmale, daß sie zum Zeitpunkt ihres Todes Anfang Zwanzig gewesen sein muß.« Im Zuschauerraum wurde es immer stiller.

Die nächste Aufnahme zeigte ein Büschel Haare, das man neben dem Schädel der Frau gefunden hatte. Es stimme hinsichtlich Farbe und Form mit der Beschreibung überein, die man von der Mutter des vermutlichen Opfers erhalten habe, sagte Snow. Als nächstes kam eine Fotografie der Zähne. »Laut den Angaben der Mutter hatte sich ihre Tochter ein oder zwei Monate vor ihrer Inhaftierung einen linken oberen Eckzahn ziehen lassen. Wie Sie sehen, ist an der Stelle, an der der gezogene Zahn saß, eine Lücke.«

Der Zeuge unterbrach seine Vorführung kurz, um weitere Dias in das Magazin einzuschieben. Dann erschien mit einem weiteren Klicken eine Frontalaufnahme des Schädels auf der Leinwand. Mehrere Leute auf der Galerie schluckten hörbar. Snow wartete, bis wieder Ruhe eingekehrt war. Oben auf der Empore konnten Mimi, Morris und Luis sehen, daß Snow die Zuschauer in seinen Bann gezogen hatte.

Snow fuhr fort: »Als wir den Schädel fanden, war er in viele Stücke zerbrochen. Neben diesen Fragmenten fanden wir fünf – verzeihen Sie, sieben – stark deformierte Projektile eines Gewehres, deren Form mit der Grobschrotmunition übereinstimmt, die bei Gewehren wie dem Ithaka benutzt wird. Diese Waffe wird in Argentinien gemeinhin von den Sicherheitskräften der Polizei und der Armee verwendet. Um die Verletzungsmuster untersuchen zu können, mußten wir in zweitägiger Arbeit den Schädel rekonstruieren.«

Ein weiteres Dia: »Nun zur rechten Schädelhälfte . . .« Snow blickte zur Richterbank empor. Alle Augen waren starr auf die Leinwand gerichtet. »Wir sehen dort einen Defekt, der die Eintrittswunde an dem Punkt darstellt, an dem der, äh . . . Schuß in den Schädel eindrang. Die Größen- und Formcharakteristika dieses Defekts ließen uns zu dem Schluß gelangen, daß der Schuß aus etwa einem Meter Entfernung abgefeuert wurde, möglicherweise sogar aus etwas weniger als einem Meter Entfernung.«

Nun wandte sich Snow direkt an die Richter: »Ein noch weit signifikanterer Aspekt dieses Falls war für mich die Tatsache, daß wir im Beckenbereich des Skeletts dieser Frau keine kleinen Knochen eines menschlichen Föten fanden. Was wir allerdings an den Beckenknochen fanden, war eine Scharte im Präaurikulären Sulcus, einer kleinen, flachen Rinne unmittelbar vor dem Sakroilikalgelenk.« Snow griff zum Projektor und drückte auf den Knopf, um das letzte Dia auf die Leinwand zu bringen. »Und das deutet darauf hin, daß diese Person zum vorausberechneten Termin oder kurz davor ein Kind zur Welt gebracht hat.«

Die ganze Leinwand wurde nun von dem Bild einer hübschen jungen Frau eingenommen. Ihre großen dunklen Augen waren mit mädchenhaftem Make-up akzentuiert, das blasse Gesicht von langem braunem Haar eingerahmt und die Mundwinkel in Andeutung eines schwachen Lächelns hochgezogen. Im Zuschauerraum konnte Coche Pereyra ihre Gefühle nicht mehr länger unterdrükken und begann zu schluchzen.

»Es gelang uns«, fuhr Snow fort, wobei seine Stimme zum erstenmal ein wenig brach, »sie als Liliana Carmen Pereyra zu identifizieren. Sie verschwand am 5. Oktober 1977 in Mar del Plata auf dem Nachhauseweg von der Arbeit. Sie war zum damaligen Zeitpunkt im fünften Monat schwanger.«

Snow ließ Lilianas Foto stehen, als er sich zu den Richtern wandte. »Was ich damit zeigen will«, sagte er abschließend, »ist, daß in vielerlei Hinsicht das Skelett sein eigener bester Zeuge ist.«

13

Mitleid statt Gerechtigkeit

Nach seiner Aussage im Verfahren gegen die Anführer der Junta versuchte Snow, sich wieder in ein normales Leben zu Hause in Norman hineinzufinden. Es dauerte jedoch nicht länger als ein Jahr, bis er im Februar 1986, noch bevor der Schnee von den Maisfeldern am Ende seiner Vorstadtstraße weggeschmolzen war, seinen dritten Auftrag aus Argentinien erhielt. Diesmal sollte er dem argentinischen Staatssekretariat für Menschenrechte dabei helfen, ein eigenes forensisches Zentrum aufzubauen, dessen erklärtes Ziel es sein sollte, weitere Verschwundene zu exhumieren und zu identifizieren.

Kurz nach seiner Ankunft in Buenos Aires mietete sich Snow ein kleines Appartement in der Avenida Billinghurst, stellte dort seinen Computer auf und legte sich sein Spanisch-Wörterbuch griffbereit. Er war froh, wieder hier zu sein. Das Team war auf dem besten Weg, aus dem Stadium einer zusammengewürfelten Gruppe von Studenten herauszuwachsen, die mit unausgegorenen archäologischen Kenntnissen und den Namen einiger Skeletteile auf der Zunge auf Exkursion gingen. Tatsächlich hatte das Team seit Snows Aussage bei dem Verfahren gegen die Junta – an dessen Ende fünf der neuen Generäle für Verbrechen verurteilt wurden, die von Totschlag bis Raub reichten – bereits zwölf gerichtlich angeordnete Exhumierungen durchgeführt. Mehrere davon sollten als Beweismittel bei dem bevorstehenden Verfahren gegen General Ramón J. Camps, den ehemaligen Chef der Provinzpolizei von Buenos Aires, dienen. Camps wurde beschuldigt, am Verschwinden von circa 5000 Personen maßgeblich beteiligt gewesen zu sein.

Snow erkannte, daß die Exhumierungen für die jungen Wissenschaftler eine beachtliche Leistung waren. Außerdem meinte er zu spüren, daß sich in dem argentinischen Team allmählich so etwas wie eine philosophische Grundhaltung herausbildete. Diese Einstellung kannte er auch von sich selbst, sie gehörte zu ihm wie seine Neigung zum induktiven Schlußfolgern und die Liebe zum Bourbon. Er hatte sich diese Grundhaltung an der Militärschule in New Mexiko zugelegt, sie während der Jahre in der Air Force und später unter den Paragraphenhengsten der Federal Aviation Authority gepflegt und sie auch bei seinen zahllosen Auftritten als Gutachter vor Gericht beibehalten. Was das Team in seinen Augen allmählich zu lernen begann, war die Bereitschaft, Autoritäten in Frage zu stellen. Manchmal sogar seine eigene.

Snow und seine jungen Mitarbeiter begriffen überdies, daß sie es aufgeben mußten, in großen Dimensionen zu denken. Es gab einfach zu viele Gräber von »Desaparecidos«, wahrscheinlich an die acht- oder neuntausend. Selbst nur einige Tausend davon mit ihren beschränkten Mitteln exhumieren zu wollen, wäre ein Ansinnen gewesen, als versuchte man die ägyptischen Pyramiden mit sieben Paar Händen zu bauen. Außerdem legte der nachhaltige Eindruck, den Snows Aussage über Liliana Pereyra bei dem Verfahren gegen die führenden Militärs gemacht hate, sowie die physische Beweislast gegen Camps, die das Team buchstäblich von den Toten zurückgebracht hatte, den Schluß nahe, daß sie am meisten mit Hilfe einiger weniger, sorgfältig ausgewählter Fälle erreichen konnten. Einige wenige auf die richtige Weise durchgeführte Exhumierungen konnten dazu beitragen, einige Handlanger der Junta, ungefähr 300 Militärs niederer Dienstgrade, gegen die im Augenblick Verfahren liefen, hinter Gitter zu bringen.

Obwohl Gebeine sein eigentliches Metier waren, verfügte Snow noch über ein weiteres Hilfsmittel der forensischen Wissenschaftler: die Statistik. In all den Jahren seiner beruflichen Tätigkeit hatte er stets gerne mit Zahlen gespielt, nicht nur, um die im Feld und im Labor gewonnenen Beweise zu untermauern, sondern mitunter auch einfach nur so zum Spaß. Wenn diejenigen, die höhnisch behaupteten, die Verschwundenen ließen es sich in Wahrheit in Pariser Bistros bei Café au lait wohlergehen, den Geschichten, die Skelette erzählten, keinen Glauben schenken wollten, dann würde er sie mit Zahlen überzeugen.

Vor seiner Abreise aus Argentinien im Jahr 1985 hatte Snow María Julia Bihurriet, seine junge Kollegin im Staatssekretariat für Menschenrechte, gebeten, alle Friedhöfe in der Provinz Buenos

Aires, der mit etwa elf Millionen Einwohnern größten Provinz des Landes, zu überprüfen. Sein Hintergedanke war dabei gewesen, daß er zur Untermauerung der Anklage gegen das Militär mit harten Zahlen würde belegen müssen, daß die zwischen 1976 und 1983 als Namenlose beigesetzten Leichen tatsächlich die der Verschwundenen waren. Es galt der Ausrede entgegenzuwirken, die Skelette gehörten zu Randgestalten der Gesellschaft, zu Landstreichern, Trinkern und Heimatlosen, die unter Brücken, in Parkwegen und abbruchreifen Gebäuden unbemerkt vor sich hinvegetieren und nur allzuoft anonym sterben. Wenn sich die Anzahl der anonymen Beisetzungen und der Typus der Bestatteten in den Jahren der Militärdiktatur nachweislich geändert hatten, würde das Staatssekretariat über die Art von Beweisen verfügen, die zusammen mit einzelnen Berichten über Entführungen und Tötungen das Militär in die Defensive drängen könnten. Darüber hinaus konnte eine Studie über die Begräbnisse von Unbekannten dem Team dabei helfen, diejenigen Friedhöfe zu bestimmen, auf denen man die Verschwundenen begraben hatte.

Snow hatte nicht damit gerechnet, daß María Bihurriet die Untersuchung alleine würde durchführen können. Um so größer war seine Überraschung, als er bei seinem Eintreffen 1986 den Boden ihres kleinen Büros im Staatssekretariat mit Stapeln von Unterlagen übersät vorfand. Die junge Frau erklärte ihm, daß sie an die Direktoren der 125 Verwaltungsbezirke dieser Provinz Fragebögen verschickt hatte. Die Empfänger wurden gebeten, von allen »Namenlosen«, die zwischen 1970 und 1984 auf Friedhöfen in ihrem Zuständigkeitsbereich begraben worden waren, das Datum der Beisetzung sowie alle anderen aktenkundigen Informationen wie Geschlecht, Alter oder Todesursache anzugeben. Bis auf 20 hatten alle Angeschriebenen geantwortet. Das Ergebnis waren Massen von handgeschriebenen Akten, die gleich Hauptbüchern aus einem Dickensschen Kontor in wackeligen Stapeln María Bihurriets Schreibtisch einrahmten.

So viel zum Rohmaterial. Der nächste Schritt – die sorgfältige Aufbereitung der Daten zu einem statistischen Vergleich der anonymen Begräbnisse vor, während und nach El Proceso – würde eine Arbeit von mehreren Monaten sein. Aber Snow hatte Spaß an dieser Art von Schürfarbeit. Worin andere nur Friedhofsunterlagen sehen mochten, eine trockene Buchführung des Todes, das betrachtete er als eine papierene Spur in die Vergangenheit.

Snow verbrachte seine Tage damit zu, Zahlen in seinen Computer einzugeben. In den Nächten mischte er sich unter die Massen von »Porteños«, die die lärmerfüllten Straßen auf und ab promenierten, vorbei an den Straßencafés, Steakhäusern und Buchläden, die bis in die frühen Morgenstunden geöffnet hatten. Er lernte diese Kultur allmählich lieben. Buenos Aires war erfüllt von dem Enthusiasmus einer Bevölkerung, die gleichsam dabei war, aus einer Schmetterlingspuppe zu schlüpfen, um in der frischen Luft der Demokratie mit ihren Flügeln zu schlagen. Die spürbare Aura des Neuanfangs ließ in Snow ein Gefühl der Jugendlichkeit und Abenteuerlust aufsteigen. Er wurde nach und nach zu einer stadtbekannten Persönlichkeit. Im vornehmen Café la Biela in der Nähe des Recoleta-Friedhofs, wo er oft im Schatten des größten Ombubaumes der Stadt bei seinem Morgenkaffee und seiner Morgenzigarre saß, wurde er nicht selten von Gästen als der amerikanische »Professor« erkannt, der, wie die Zeitungen schrieben, nach den Gebeinen der »Desaparecidos« suchte.

Nach dem Mittagessen im Restaurant »Zum Edelweiß« oder »Hispanos« überquerte er oft die Avenida Nueve de Julio, um zum Grand Café Tortoni hinüberzugehen, dem eleganten, 130 Jahre alten Wahrzeichen der Avenida de Mayo. Hier versammelte sich einmal wöchentlich die Intelligenz der Stadt, um sich unter einer Decke aus Buntglas und kunstvoll gepreßtem Zinn bei Espresso und Brandy ihre neuesten Gedichte vorzulesen. Im Café hing Snow am liebsten seinen Gedanken nach. Er war stiller Beobachter und spielte hin und wieder eine Partie Schach oder las die englischsprachige Tageszeitung »Buenos Aires Herald«. »Ja, ich bin Amerikaner«, antwortete er mehr als einmal auf neugierige Fragen von Gästen, die an den weißen Marmortischen des Tortoni saßen. »Aber ich hasse die ›Yanquis‹ ebenfalls. Wissen Sie, ich bin aus Texas.«

In Buenos Aires war Snow wirklich in seinem Element. Hier lebte er nach seinen eigenen Regeln, teilte sich seine Zeit nach Belieben ein, setzte sich selbst die Ziele und Termine und heimste den Ruhm oder die Schmach allein für sich ein. In dieser Stadt ließ es sich angesichts der mageren Steaks und des Bries, des starken Rotweins und all der dahinflanierenden exotischen Schönheiten zeitweise überaus angenehm leben. Zu anderen Zeiten konnte das Leben hier aber auch zermürbend sein. Dann hieß es, sich stundenlang über ein offenes Grab zu beugen, mit den Schwierigkeiten einer fremden Sprache zu kämpfen und sich im politischen Gewirr eines Landes zurechtfinden zu müssen, das mit einemmal auf den Kopf gestellt worden war. Doch die meiste Zeit verlief Snows Leben in der argentinischen Hauptstadt in geordneten und streng zweckgerichteten Bahnen.

Snow vergrub sich in María Bihurriets Fragebögen. Zunächst galt es, die Häufigkeit und Art von anonymen Begräbnissen vor dem Putsch von 1976 zu bestimmen. Die Häufigkeit belief sich, wie Snow herausfand, auf jährlich vier oder fünf Fälle pro 100 000 Einwohner. In der Mehrzahl waren alte Männer betroffen, was durchaus normal schien.[1]

Als nächstes berechnete Snow, wie viele solcher Begräbnisse unter normalen Umständen Ende der siebziger Jahre hätten stattfinden müssen, und er verglich das Ergebnis anschließend mit der Anzahl der wirklich stattgefundenen Begräbnisse. Dabei fand er heraus, daß 24 Verwaltungsbezirke im Zeitraum zwischen 1976 und 1978, also den intensivsten Jahren des Schmutzigen Krieges, den das Militär gegen sein Volk geführt hatte, eine beträchtiche Zunahme an anonymen Begräbnissen aufwiesen. Diese Verwaltungsbezirke bezeichnete er daraufhin als die signifikanten Bezirke. Während die Anzahl der Begräbnisse von Namenlosen in anderen Bezirken während dieses dreijährigen Zeitraums konstant geblieben war, hatte sie sich in den signifikanten Bezirken verdoppelt oder sogar verdreifacht – bis hin zu einer statistischen Rate von etwa 14 Fällen je 100 000 Einwohner.

Die Differenz zwischen den zu erwartenden und den tatsächlichen Zahlen wurde in Snows Analyse zur Summe der »überzähligen Begräbnisse Namenloser«. Deren Gesamtzahl belief sich auf 940, von denen 84 Prozent zwischen 1976 und 1977 beigesetzt worden waren. Snow stellte überdies fest, daß die Berichte über politische Fälle eines Verschwindens im selben Zeitraum ebenfalls sprunghaft anstiegen.

Im nächsten Schritt versuchte Snow, die sogenannten »Prisoner Assessment Centers« (PACs) zu lokalisieren. Hierbei handelte es sich um einen von den Militärs benutzten Orwellschen Terminus für ihre Verwaltungshauptquartiere, in denen nicht nur Büros für die anfallenden Schreibarbeiten untergebracht waren, sondern auch Gefängniszellen, Vernehmungsräume und Folterkammern. Auf dem Höhepunkt der Repressionen existierten etwa 90 solcher PACs. Überlebende und einige ehemalige Leiter derartiger »Center« hatten ausgesagt, daß man Leute, die dort oder in nahegelegenen Internierungszentren getötet wurden, in der Regel in einem Umkreis von wenigen Dutzenden Kilometern begrub. Snow fand, wie erwartet, heraus, daß in neun von zehn Bezirken, die er als »signifikant« markiert hatte, entweder ein PAC angesiedelt gewesen war oder daß diese Bezirke zumindest an einen anderen mit einem PAC angrenzten. Von den Verwaltungsbezirken hingegen, bei denen keine ungewöhnliche Zunahme von anonymen Begräbnissen festzustellen war, hatten nur fünf Prozent ein PAC enthalten.

Bei seinen weiteren Recherchen fand der Texaner Daten, welche die weitestgehend auf Einzelbeobachtungen beruhenden Feststellungen bestätigten, die ursprünglich von Präsident Alfonsíns Kommission für die Verschwundenen (CONADEP) zusammengetragen worden waren. So belief sich beispielsweise der Anteil der Frauen an den namenlos Bestatteten vor der Machtübernahme durch die Militärs nur auf zwölf Prozent. Nach dem Putsch 1976 stieg ihr Anteil jedoch sprunghaft auf 20 Prozent an, worin sich zweifellos die von der Kommission festgestellte Tatsache niederschlug, daß viele der Verschwundenen Frauen gewesen waren.

Noch deutlicher sprang allerdings das Altersgefälle ins Auge. Bei allen in die Untersuchung miteinbezogenen Verwaltungsbezirken war die überwiegende Mehrheit der Namenlosen vor dem Putsch zum Zeitpunkt ihres Todes über 35 Jahre alt gewesen. Ab 1976 sank das Alter der in anonymen Gräbern Beigesetzten dann völlig unvermittelt. Während zuvor nur 15 Prozent von ihnen im Alter zwischen 21 und 25 Jahren (dem Durchschnittsalter der meisten »Desaparecidos«) gestorben waren, stieg der Anteil dieser Altersgruppen in den ersten beiden Jahren der Militärregierung auf 56 Prozent. In den weiter außerhalb gelegenen Bezirken, die der Zwangsverpflichtung als Leichenabladeplätze entgingen, blieb die Altersstruktur der unidentifizierten Toten dagegen gleich.

Zuletzt durchforstete Snow die Fragebögen nach dem erdrükkendsten Indiz: der Todesursache. Bedürftige sterben nur selten an Schußwunden im Kopf, zumindest nicht in Argentinien, wo Todesfälle durch Schußwaffeneinwirkung, verglichen mit nordamerikanischen Verhältnissen, traditionell extrem selten sind. Die Zahlen waren schockierend. In den nicht signifikanten Verwaltungsbezirken stieg die Häufigkeit der Todesfälle durch Schußwunden niemals über die Norm von etwa vier Prozent der Gesamtzahl. In den signifikanten Bezirken dagegen gab es eine regelrechte Epidemie derartiger Todesfälle – von fünfeinhalb Prozent der

Unbekannten vor dem Putsch auf über 50 Prozent während der ersten zwei Jahre von El Proceso.

In ihrer ganzen Kälte und Unpersönlichkeit legten diese Zahlen Zeugnis für die Tausende von Ermordeten ab, die in namenlosen Gräbern lagen. Wieder und wieder erzählten sie dieselbe Geschichte: daß Argentinien nicht vergessen dürfe!

Im April endet der argentinische Sommer. Er ist ein Monat des unbehaglichen Übergangs; die Tage werden merklich kürzer, und der blaßblaue Sommerhimmel weicht einem Baldachin aus trübgrauen Wolken. An einem solchen Tag des Jahres 1986 begannen Snow und sein Team mit der Arbeit, an der Aufklärung eines der infamsten Verbrechen des Schmutzigen Krieges mitzuwirken: dem Fátima-Massaker.

Presseberichten aus der damaligen Zeit zufolge wurde am 20. August 1976, kurz vor Sonnenaufgang, das 70 Kilometer nordöstlich von Buenos Aires gelegene Städtchen Fátima durch den Lärm von Gewehrschüssen aus dem Schlaf gerissen.[2] Etwa 20 Minuten später waren mehrere Explosionen zu hören. Am selben Morgen fand eine Gruppe von Arbeitern auf ihrem Weg zur Arbeit auf einem Feld verstreut 30 Leichen. Einer der Arbeiter erzählte später einem Reporter, daß die Leichen, von denen man einigen die Hände auf den Rücken gefesselt hatte, ausgesehen hätten, als seien sie mit Dynamit in die Luft gesprengt worden.

Vormittags transportierte man die Leichen zum nächstgelegenen Revier der Provinzpolizei, wo der Arzt Gregorio Joaquín Ferra sie untersuchte. 1985 sagte Ferra im Verfahren gegen die ehemaligen Kommandanten aus, ein Polizeibeamter habe ihn angewiesen, die Leichen weder zu fotografieren noch eine Autopsie an ihnen vorzunehmen.[3] Er machte sich jedoch von jedem der Opfer Notizen über die ungefähre Statur, das ungefähre Gewicht, über Augen- und Hautfarbe sowie über die Todesursache. In der Zwischenzeit nahm die Polizei – zumindest laut ihrer Unterlagen – Fingerabdrücke. Diese wurden allerdings nie gefunden.

Noch am Abend desselben Tages, gerade als die Leichen zum nahegelegenen Derqui-Friedhof gebracht wurden, um dort begraben zu werden, versprach die von General Jorge Videla geführte Junta, »mit allen zu Gebote stehenden Mitteln den Vorfall zu untersuchen und die Verantwortlichen zu bestrafen«.[4] Danach vergaß die Regierung jedoch diese mysteriöse Angelegenheit schlicht und einfach.

Im September 1983 ordnete ein Richter auf Drängen einer Menschenrechtsgruppe die Öffnung von sieben der Fátima-Gräber an.[5] Fünf Personen konnten, in erster Linie anhand von zahnärztlichen Unterlagen, identifiziert werden. Die beiden nicht identifizierten Körper wurden wieder in Derqui begraben, wo sie zusammen mit den 23 anderen blieben, bis im April 1986 Snow und sein Team auf dem Friedhof erschienen.

Dies war der größte Fall, an dem das Team je gearbeitet hatte, und so gruben sie in diesem Winter angestrengt wie nie zuvor. Wenn sie gerade nicht auf dem Friedhof arbeiteten, besuchten sie entweder Vorlesungen an der Universität oder gingen ihren Teilzeitjobs nach. An den Abenden traf man sich in Cafés oder in den eigenen Wohnungen, um Berichte zu schreiben und die Grabungen des nächsten Tages zu planen. An manchen Tagen mußten sie wegen des Regens ihre Arbeit unterbrechen, um am folgenden Tag festzustellen, daß das Wasser die als Abdeckung über die Gräber gebreiteten Planen durchdrungen und die ausgehobenen Gruben gefüllt hatte. An anderen Tagen war die Erde steinhart gefroren, so daß ein Weiterarbeiten unmöglich war.

Das Team brauchte bis zum November, um alle fünf Skelette zu bergen. Man reinigte sie und nahm die grundlegenden anthropologischen Messungen an ihnen vor. Dann begannen die forensischen Detektive mit der Befragung der Angehörigen von 83 »Desaparecidos«, die, wie man annahm, im Gefängnishof des Hauptquartiers der Bundespolizei in Buenos Aires gefangengehalten worden waren.[6] Nach Aussage einer Wache in der Polizeistation waren in der Nacht der Fátima-Exekutionen 30 Gefangene in einem Armeelastwagen aus dem Gefängnishof abtransportiert worden. Diese Leute, so die Aussage des Mannes, seien mit Sicherheit die Opfer von Fátima gewesen.

Die Untersuchung führte das Team schließlich auf die Spur einer im Jahre 1976 22 Jahre alten Frau namens Marta Alicia Spagnoli de Vera.[7]

Marta und ihr Ehemann Juan Carlos verschwanden am 3. August 1976, 17 Tage, bevor man die Leichen in Fátima entdeckte. Von zwei ehemaligen Inhaftierten des Polizeihauptquartiers erfuhr das Team, daß sie das Ehepaar vor, nicht jedoch nach den Fátima-Exekutionen gesehen hatten. Martas überlebende Familienangehörige beschrieben sie als 149 Zentimeter groß und als »Nullipara« – das heißt, sie hatte noch kein Kind geboren.

Dies waren keineswegs ungewöhnliche Merkmale, sie trafen

vielmehr für den Großteil der weiblichen »Desaparecidas« zu. Marta hatte sich nie einen Bruch oder irgendeine andere Verletzung zugezogen, die ihre Spuren an den Knochen hinterlassen haben konnten. Auch verfügte die Familie über keinerlei zahnärztliche oder andere Röntgenbilder von ihr, obwohl sie sich daran erinnerte, daß Marta besonders in den unteren Zahnreihen mehrere Füllungen in ihren Prämolaren (den vorderen Backenzähnen) und Molaren (Mahlzähnen) gehabt hatte. Schließlich fiel den Angehörigen doch noch etwas ein, das möglicherweise von Nutzen sein konnte: Martas zweiter Schneidezahl oben rechts war nach hinten geneigt, und ihre unteren Schneidezähne waren verschoben und unregelmäßig angeordnet gewesen.

Neun der in Derqui exhumierten Skelette gehörten zu Frauen. Durch Vergleich ihrer Statur und ihres Alters mit den Angaben über Marta konnte das Team gleich zu Beginn sieben Kandidatinnen ausschließen. An den Beckenknochen eines der verbliebenen Skelette fanden sie die verräterischen Grübchen und Schrammen, die nur vom Austragen eines Fötus herrühren konnten. Auch dieses Skelett konnte also nicht das von Marta sein.

Am Schädel der letzten zusammengehörigen Sammlung von Gebeinen machte sich schließlich das vom Team angewandte überlegte Ausschlußverfahren bezahlt: Zehn Zähne, fünf oben und fünf unten, wiesen insgesamt 13 Amalgam-Füllungen auf, allesamt in den hinteren Zahnreihen. Die Füllungen an den unteren Zähnen waren größer. Und der rechte maxilläre zweite Schneidezahn war nach innen geschoben. All das sprach stark dafür, daß es sich um das Skelett von Marta Spagnoli de Vera handelte. Aber das Team wollte noch härtere Beweise. Sie fragten Martas Familie ein letztes Mal, ob sie wüßte, wer Martas Zahnarzt gewesen war. Das war unbekannt, doch die Eltern fanden etwas, das fast ebenso gut war: einen verschwommenen Schnappschuß ihrer Tochter, der etwa sechs Monate vor ihrem Tod aufgenommen worden war. Darauf lächelte Marta in die Kamera. Auf dem Bild war deutlich zu erkennen, daß die unteren Zähne etwas unregelmäßig waren, genau wie am Schädel. Außerdem stach der gebogene obere Schneidezahn ins Auge. Die Überreste waren die von Marta. Drei Schüsse hatten, in einem gleichmäßigen Abstand voneinander, die Rückseite ihres Schädels durchlöchert.

Snow schloß seine statistischen Erhebungen etwa zur gleichen Zeit ab, als das Team mit der Arbeit auf dem Derqui-Friedhof fertig war. Vom wissenschaftlichen Standpunkt betrachtet, waren die letzten neun Monate ein Erfolg gewesen. Dennoch schienen das neugefundene Selbstbewußtsein des Teams und Snows statistische »Nekrographie« keine Zukunft zu haben.

In diesem Winter hatte das Team einige Rückschläge einstecken müssen. Wie immer, fehlte es an Geld. Obwohl die Ford Foundation ihnen für einen Teil des Jahres ein geringes monatliches Stipendium bewilligt hatte, war abzusehen, daß diese Quelle bald versiegen würde. Mittlerweile hatte sich die Beziehung zum Staatssekretariat und besonders zu dessen Leiter Eduardo Rabossi merklich verschlechtert. Rabossi ignorierte das Team die meiste Zeit: Schließlich besaßen die jungen Leute keinen Hochschulabschluß. Im Gegenzug waren Snow und die anderen darüber verärgert, daß der für Menschenrechte zuständige Regierungsbeamte sich nicht einmal einen Nachmittag Zeit nahm, um ihre Arbeit zu begutachten. Als Snow 1986 wieder nach Argentinien gekommen war, hatte das Team ihn davon zu überzeugen versucht, daß sich in Rabossis Staatssekretariat so wenig rührte wie im Inneren der Krypten auf dem Recoleta-Friedhof. Doch der Texaner hatte ihnen geraten, nicht völlig mit dem Staatssekretariat zu brechen, da es über Mittel und Einfluß verfügte, die sie nicht hatten. Das war der erste ernsthafte Streit zwischen ihnen gewesen.

Aber Snow mußte schließlich dem Team in diesem Punkt recht geben, und zwar, als er seine statistische Studie über die Gräber der Namenlosen an das Staatssekretariat übergab. Rabossi ließ die Studie einfach unter den Tisch fallen, indem er sie, wie Snow es später nannte, in seinem »schwarzen Loch von Argentinien« verschwinden ließ.[8] Aber Snow hatte dann doch das letzte Wort. Er ließ eine Kopie seines Berichts dem stellvertretenden Bundesstaatsanwalt Luis Moreno Ocampo zukommen. Moreno Ocampo gab die Studie seinerseits an die Presse weiter, die sich ausgiebig mit ihr beschäftigte. Rabossi war wütend auf Snow und seine »chicos«, woraufhin die Beziehung zwischen dem forensischen Team und dem Staatssekretariat endgültig und auf Dauer ihren Tiefpunkt erreichte. Die logische Folge davon war, daß das Team keinerlei Aussicht mehr hatte, in die neu gebildete technische Kommission aufgenommen zu werden.

Mochte die argentinische Regierung die »Equipo« auch ignoriert haben, so betrachteten andere hilfsbedürftige Regierungen ihre einzigartigen Fähigkeiten und Kenntnisse durchaus als hilfreich. Nach ihrer Wahl zur Präsidentin der Philippinen richtete Corazon

Aquino eine Menschenrechtskommission ein, die Menschenrechtsverletzungen ihres Vorgängers Ferdinand Marcos untersuchen sollte. Im November 1986 ließ die Kommission Morris Tidball, Mimi Doretti, María Julia Bihurriet und natürlich auch Snow auf die Philippinen einfliegen. In Manila wurden sie von zwei forensischen Pathologen, einem Amerikaner und einem Dänen, sowie von einem Beauftragten der AAAS erwartet. Zwei Wochen lang paukten sie 34 philippinische Ärzte und Wissenschaftler durch ein Intensivtrainingsprogramm über die Anwendung forensischer Wissenschaften bei der Untersuchung von Menschenrechtsverletzungen. Zu dieser Zeit suchten lokale Menschenrechtsgruppen gerade nach den Gräbern von über 655 Menschen, die zwischen 1970 und 1985 verschwunden waren. Obwohl sie aus den neun von ihnen geöffneten Gräbern nur ein einziges Skelett identifizieren konnten, wirkte sich dieser Ausflug überaus vorteilhaft auf das Prestige und auf die Stimmung der Gruppe aus.[9]

Auf dem Rückweg nach Argentinien legte Snow in Oklahoma einen Zwischenstopp ein, um die Weihnachtstage zu Hause zu verbringen. Einen Tag nach Weihnachten erhielt er einen Anruf von Morris, der zusammen mit Mimi und María Julia einige Tage zuvor in Argentinien eingetroffen war. Morris' Stimme, stets ein Barometer für seine Stimmung, verriet seine Enttäuschung. Er hatte schlechte Nachrichten. Am Morgen desselben Tages hatte der Kongreß das »Punto Final-«, das Schlußpunkt-Gesetz verabschiedet. Dies war wahrscheinlich das schönste Weihnachtsgeschenk, das die Henker der Junta jemals bekommen hatten.

Das Gesetz Nummer 23.492 setzte eine sechstägige Frist für die Einleitung formeller Verfahren gegen Angehörige der Streitkräfte, der Polizei und der Strafvollzugsbeamten, die zurücliegender Menschenrechtsverletzungen angeklagt waren.[10] Nach Ablauf dieser Frist konnten nur noch Verfahren wegen der Entführung Minderjähriger oder der Fälschung von Dokumenten eröffnet werden. Auch eine dritte Kategorie von Straftaten durfte noch verfolgt werden: Fälle, in denen es um den Verlust von Eigentum ging. Offensichtlich durfte man Menschen legal verschwinden lassen, nicht jedoch Eigentum.

Die Regierung Alfonsín, von der das Gesetz eingebracht worden war, hatte erwartet, daß am 22. Februar 1987, dem Tag, an dem die Frist ablief, nur noch Verfahren gegen etwa 30 oder 40 Angehörige der Streitkräfte und der Polizei, die großenteils bereits im Ruhestand waren, laufen würden. Wie sich jedoch herausstellte, hatten die Richter überall im Land die noch verbliebenen sechs Tage dazu genutzt, Vorladungen für mehr als 300 Personen auszusprechen, von denen viele noch im aktiven Dienst waren.

Obwohl es die Absicht der Regierung gewesen war, das Militär mit diesem Gesetz zu beschwichtigen, löste es bei den Streitkräften in Wirklichkeit noch größeren Unmut aus; denn dort hatte man auf eine umfassende Amnestie gehofft. Im April besetzte eine Gruppe von Offizieren mittlerer Dienstgrade die Armeebasis Campo de Mayo in der Nähe von Buenos Aires. Ihre Botschaft an Alfonsín und die Gerichte war unmißverständlich: Zieht das Gesetz zurück, oder . . .

Obwohl das Volk auf die Straße strömte, um gegen die Rebellion zu protestieren, weigerte sich Alfonsín, die Offiziere aus ihrer Bastion zu vertreiben. Statt dessen zog er es vor, mit den Rebellen zu verhandeln – seinen Beratern sträubten sich bei diesem Ausdruck freilich die Haare. Es gelang Alfonsín schließlich, die Soldaten zum Aufgeben zu bewegen.

Zu diesem Zeitpunkt waren Snow und das Team bereits wieder in Buenos Aires zusammen. Alle waren sich sicher, daß das Militär nun seinen letzten Kredit bei der Regierung Alfonsín verspielt hatte. Doch am 5. Juni machte die Regierung erneut einen Rückzieher. Sie verabschiedete das Gesetz über »Obediencia Debido«, das Gesetz über den »Gebührenden Gehorsam«.

Die Verlegenheit, in der sich die Alfonsín-Administration befand, war dieselbe, in der sich auch die Alliierten nach dem Zweiten Weltkrieg, die Franzosen nach dem Algerienkrieg und die Amerikaner nach dem Massaker von My Lai befunden hatten: Es galt zu entscheiden, inwieweit Soldaten für ihre Handlungen verantwortlich sind, wenn sie diese in Ausführung von Befehlen begehen.

Tribunale haben überall auf der Welt unterschiedliche Interpretationen dieses Problems gegeben. Der erste Nürnberger Prozeß gegen führende Nazi-Verbrecher endete mit nur 19 Schuldsprüchen, von denen wiederum zwölf die Todesstrafe nach sich zogen. In späteren Prozessen gegen führende Nazis und Japaner wurden zwar mehr Schuldsprüche gefällt, aber bei fast allen Urteilen stritt man über die entscheidende Frage, ob ein Untergebener wissentlich ein Verbrechen begangen hatte. Amerikanische Gerichte verfuhren dagegen wesentlich milder bei der Beurteilung von in Vietnam verübten Greueltaten. Im Fall des My-Lai-Massakers, bei dem amerikanische Soldaten 1968 mehr als 100 vietnamesische

Zivilisten umgebracht hatten, wurden 25 amerikanische Offiziere und Unteroffiziere mit ihren Mannschaften angeklagt, aber nur einer, Lieutenant William J. Calley, verurteilt. Und auch er wurde nach Verbüßung von drei Jahren Haft entlassen.

Was nun Argentinien anbetraf, so wies das neue Gesetz der Regierung Alfonsín die Gerichte an, die Strafverfolgung des gesamten Militär- und Polizeipersonals auszusetzen, mit Ausnahme der Chefs von Sicherheitsbereichen und Sicherheitskräften. Im Endeffekt konnten damit nur noch zwischen 30 und 50 höhere Offiziere strafrechtlich belangt werden. Von der neuen milden Regelung waren lediglich drei Vergehen ausgenommen: Vergewaltigung, Diebstahl und Personenstandsfälschung, jene Taktik, die dazu benutzt worden war, Kinder von Verschwundenen zunächst mit falschen Identitäten zu versehen und sie dann an andere Familien weiterzugeben. Folter, Mord, willkürliche Verhaftung und Falschaussagen vor Gericht konnten dagegen künftig übersehen werden, wenn dem angeblichen Täter der Nachweis gelang, daß er lediglich Befehle ausgeführt hatte.[11]

Alfonsíns Kompromiß wirkte wie ein Hammerschlag auf die Stimmung des Teams. Alejandro Inchaurregui, zum Zeitpunkt seines Beitritts zum Team im Jahre 1986 Medizinstudent und politischer Aktivist, erinnert sich an ihre Gefühle: »Wir waren wie vor den Kopf gestoßen. Wir trafen uns, diskutierten einige Tage lang die Auswirkungen des Gesetzes und bestimmten unsere Rolle von diesem Punkt an neu. Wir beschlossen, daß wir weitermachen mußten, da es niemandem hilft, sich ohnmächtig zu fühlen . . . Wenn wir aufgehört hätten, wäre das letztlich nur im Sinne der Mörder und Folterer gewesen.«[12]

Dennoch schien es nun weit jenseits ihrer Möglichkeiten zu liegen, Mörder und Folterer hinter Gitter zu bringen. Neben dem der Rückgabe der sterblichen Überreste an die Familien setzte sich das Team deshalb ein neues Ziel: Nachdem die CONADEP das Schicksal der Verschwundenen anhand mündlicher Aussagen nachgezeichnet hatte, wollten sie diese historischen Berichte nun durch physische Beweise ergänzen, das heißt durch jene Art von Beweisen, die nicht vom Gedächtnis einzelner oder von Augenzeugenberichten abhängen. Dazu nochmals Alejandro Inchaurregui:

»Die Rekonstruktion der Geschichte (der Verschwundenen) ist extrem wichtig . . . Ein Mittel zur Unterdrückung eines Volkes ist die Änderung oder Zerstörung seiner Identität. Und ein Mittel zur Zerstörung seiner Identität ist, seine Geschichte zu ändern – Menschen verschwinden zu lassen, sie in anonymen Gräbern zu verscharren, zu sagen, diese Person sei nie geboren worden; oder die Kinder zu entführen, ihre Eltern zu töten und dann die Geburtsurkunden der Kinder, ihre Namen und die ihrer Eltern zu ändern. Das ist unverzeihlich. Es ist ein Versuch, einen Teil unserer Geschichte, nämlich unsere Vergangenheit, auszulöschen. Ich bin davon überzeugt, daß das Bemühen des Teams, die jüngste Vergangenheit unseres Landes zu rekonstruieren, nicht nur für unsere Gesellschaft heilsam ist, sondern auch für die Generationen nach uns.«

Am Samstag, dem 20. Juni 1987, gab Snow in seinem Appartement in der Avenida Billinghurst eine Party – kein argentinisches »Asado« (eine Grillparty), sondern eher ein Abend im texanischen Stil. In vier Tagen würde er wieder in Oklahoma sein und den Blick über den endlos weiten Horizont der Prärie schweifen lassen können. Am Nachmittag fanden sich die ersten Gäste in Snows winzigem Appartement ein. Bis auf Mimi, die gerade in Frankreich war, kamen alle Mitglieder des Teams, ebenso wie María Julia Bihurriet und Horacio Verbitsky, einer der führenden Enthüllungsjournalisten Argentiniens.

Während Snow sein Chili zubereitete und Streifen von einer Schwarte Rindfleisch abschnitt, um sie in einen siedend heißen Topf mit Zwiebeln und Bohnen zu werfen, stand Verbitsky, ein Mittvierziger mit sich lichtendem Haupthaar, in der Küchentür. Das Rezept, erzählte Snow seinem Gesprächspartner, stamme von Mark Amspacher, einem Koch aus Norman, der bei Chili-Wettbewerben im Südwesten der Vereinigten Staaten bereits mehrere Preise gewonnen hatte. Armspacher habe ihm das Rezept gegeben, aber nur unter der Bedingung, daß er es nirgendwo anders als in Argentinien benutzte.

Verbitsky hörte geduldig zu und wartete nur auf den passenden Moment, um das Gespräch wieder auf die Verhältnisse in Argentinien zu bringen. »Was denken Sie über das Gesetz über den Gebührenden Gehorsam und über die Tatsache, daß das Staatssekretariat es anscheinend unterstützt hat?« fragte er schließlich.[13]

»Sehen Sie«, erwiderte Snow, »ich kann nur über das sprechen, was ich weiß . . . Ganz oben im Staatssekretariat herrscht Trägheit, da mangelt es an dem Willen, die Menschenrechte wirklich hochzuhalten. Wenn ich mich nur auf das Staatssekretariat hätte verlassen müssen, dann hätte ich ein Jahr meines Lebens vergeudet. Daß das nicht so war, verdanke ich dem Team. Beim Staatssekretariat habe ich das Engagement und die harte Arbeit vermißt, die ich früher bei der CONADEP gesehen habe. Vielleicht hängt das mit Philosophen wie Dr. Eduardo Rabossi zusammen, die gut im beschaulichen Betrachten, nicht aber im Durchziehen von Dingen sind. Ist es wirklich so gut, daß sie einen Philosophen ernannt haben und keinen Kriminalbeamten?

In den Akten des Staatssekretariats liegen Belege über mindestens 8961 Verschwundene. Mein Job ist der eines wissenschaftlichen Detektivs. Wenn wir es mit Tötungsdelikten zu tun haben, schließen wir die Fälle niemals ab, bevor wir sie gelöst haben; denn für Mord gibt es keine Verjährungsfrist.«

Snow unterbrach sein Umrühren und blickte Verbitsky geradewegs ins Gesicht. »Habe ich meine Einstellung zu der Angelegenheit klar genug ausgedrückt?«

Verbitsky nickte.

»Was ich allerdings nie verstehen werde«, fügte Snow hinzu, »ist, wie sie Mord rückwirkend legalisieren können.«

Snow betrachtete dies als seinen letzten Aufenthalt in Argentinien. Die Politik hatte mit ihren häßlichen Winkelzügen eine saubere wissenschaftliche Arbeit unmöglich gemacht, und das war dem Texaner zutiefst zuwider. »Drachenzähne ziehen«, sagte er oft in bezug auf die beiden Amnestiegesetze. Und obwohl sich das Team allmählich an Snows Pendeln zwischen Norden und Süden gewöhnt hatte, waren auch sie der Auffassung, daß die jüngste Wendung der Ereignisse in Buenos Aires das Ende seiner Besuche bedeutete.

Während das Chili den ganzen Nachmittag über so vor sich hin köchelte, sprachen alle reichlich dem Bier und dem Wein zu. In dem kleinen Appartement war die Luft vom Zigarettenqualm und dem Duft von Bohnen, Rindfleisch und Pfeffer schon bald zum Schneiden. Die Gäste machten es sich auf den wenigen Möbelstükken gemütlich oder streckten sich einfach auf dem Boden aus, während gleichzeitig mehrere Gespräche parallel liefen.

Dann stand Morris Tidball auf und bat um allgemeine Aufmerksamkeit. Er sagte Snow, daß das Team ihm ein Geschenk mitgebracht habe, nämlich einen typischen nordargentinischen Wollponcho. Snow steckte seinen Kopf hindurch und zog ihn sich über die Schultern. Alle applaudierten. Da Morris auf ein paar Schnappschüssen bestand, ließ Snow seinen Chili-Topf allein und posierte mit seinem Stroh-Cowboyhut und seinem neuen Poncho vor der Kamera.

Morris ergriff Snow am Arm und sagte ihm, daß da noch etwas sei. Alle Gespräche verstummten, und Morris sprach im Namen der Gruppe. Er erzählte Snow, daß knapp drei Stunden zuvor der Vater eines verschwundenen Mädchens in seinem Appartement gestanden und einen Schädel fotografiert hatte. Er wollte einem anderen Vater helfen, seine Tochter zu finden. Ereignisse wie diese, so fuhr er fort, seien bezeichnend für das, was Snow in ihrem Land geleistet habe. Dafür und für so viele andere Dinge, sagte Morris, wollten sie ihm danken. Dann zog er ein eingerahmtes Schriftstück hervor: Es war ein in kunstvoller Schrift handgeschriebenes Diplom, das Clyde Snow zum Ehrenmitglied der »Equipo Argentina de Antropología Forense« ernannte. Clyde nahm es lächelnd an, wobei sein rauhes Äußeres dahinschmolz und ihm Tränen die Wangen hinabkullerten.

»Dann öffneten wir eine Flasche bolivianischen Pisco«, erinnert sich Alejandro. »Er haute uns fast um. Aber das Chili war so scharf, daß dies die einzige Möglichkeit war, den Brand zu löschen. Wir saßen bis zwei Uhr früh zusammen. Richtig zum Abschluß kam unsere Party aber erst ein Jahr später, als die Besitzerin des Appartements uns eine Rechnung über 100 Dollar präsentierte. Sie hatte eine Liste all der Dinge beigefügt, die wir zerbrochen hatten. Es war erstaunlich! Zigarettenlöcher im Sofa, ein zerrissener Vorhang, ich weiß nicht wie viele zerbrochene Gläser . . .

Drei Tage nach dem Chiliessen trafen wir Clyde am Flughafen, um ihm Lebewohl zu sagen. Es war derselbe Tag, an dem wir auch über die Exhumierung eines Massengrabes auf dem Avellaneda-Friedhof sprachen. Also erzählten wir ihm davon. Zuerst sagte er gar nichts. Dann, kurz nachdem er durch die Absperrung gegangen war, drehte er sich um und rief uns zum Abschied zu: ›Wenn ihr euch den Avellaneda vornehmt, komme ich zurück!‹«[14]

14

Todavía Cantamos

Einmal bewegt, lehnt sich die Erde auf. Sie liegt nicht einfach in kompakten Schichten, wie die unbewegte Grasnarbe um sie herum. Statt dessen ist die Erde aufgelockert und hat eine dunklere Farbe. Wenn man den Boden sanft mit einer Kelle wegschabt, tritt ein wiederaufgefülltes Loch so deutlich zutage wie ein Astknoten in einer Planke Ahornholz.

Friedhöfe sind voll von solchen Narben. Für gewöhnlich sind sie die Zeichen dafür, daß man die Toten, einen nach dem anderen, ordentlich in der Erde begraben hat. Doch in Buenos Aires gibt es einen Friedhof, der in einer traditionsreichen Gegend jenseits der Schlachthäuser und Gerbereien dieser Stadt des Rindfleisches und des Leders liegt. Seine umgegrabene Erde birgt ein Geheimnis aus den Tagen des »Schmutzigen Krieges«. Der Name des Friedhofs ist Avellaneda, wobei die beiden »l« im lokalen Patois wie ein »j« ausgesprochen werden. Mindestens 200 Menschen liegen dort im größten Massengrab des Landes – die »Desaparecidos«, Feinde des Staates, obwohl die meisten von ihnen gar nicht wußten, was sie verbrochen haben sollten.

Die Entstehung des Friedhofs Avellaneda geht auf das Jahr 1870 zurück. Heute erstreckt sich diese Stadt der Toten über eine Fläche von über 240 Hektar und wird von Hunderten von Arbeitern gepflegt, von denen die meisten im näheren Umkreis dieser Nekropole leben. Wie eine mittelalterliche Stadt ist der Friedhof von hohen Mauern umgeben. Die des Avellaneda sind blaßrosa. Außerhalb der Mauern breiten Händler ihr Warenangebot aus. Läden bieten den Trauernden, bevor diese das hohe Tor an der Calle Agüero durchschreiten, Skulpturen, Bronzeplatten, Buketts von frischen Schnittblumen, Heiligenbilder und Talismane feil. Für das Heer von Totengräbern gibt es Essen, Bier und Eiscreme in den umliegenden Cafés.

Innerhalb der Mauern führt eine von Sumpfahorn gesäumte Allee die Besucher zu engen Pfaden zwischen den Gräbern, gleich einem Fluß, der Treibholz in ein breites Delta hinaustreibt. Die Gräber, zum Großteil bescheidene, in die Erde eingelassene Steinkrypten, sind mit Blumen geschmückt und tragen eingravierte Grabinschriften, manchmal auch sonnengebleichte Fotografien der vor langer Zeit Dahingegangenen. Mit gewundenen Marmorplastiken geschmückte Mausoleen demonstrieren eine Vorliebe für den gotischen Stil. Mit Ausnahme einiger weniger Inseln von Halbschatten, die von einzelnen verstreut stehenden Akazien geworfen werden, breitet sich dem Besucher ein Meer von unter der südlichen Sonne weiß schimmernden Steinen aus.

Für den oberflächlichen Betrachter sieht der Avellaneda wie einer von vielen Friedhöfen aus, die der Bevölkerung dienen. In einem Teil des Avellaneda liegt jedoch der Sektor 134, ein eingefriedetes, grasbewachsenes Rechteck von der Größe eines Tennisplatzes. Der Boden ist dort an manchen Stellen eingesunken wie ein zerknäultes Kissen. Sektor 134 trägt keine Markierung; der einzige Zugang zu ihm führt durch ein rostiges Eisentor, an dem ein Schild hängt, das den Zutritt verbietet. Durch die Westmauer wird dieser Sektor vom Hauptfriedhof, durch die Ostmauer von einer ruhigen Vorstadtstraße abgeschirmt.

Unmittelbar hinter dem Eingang, wenige Schritte zur Linken, steht eine unverschlossene Leichenhalle. Wasserflecken verunstalten die abbröckelnden äußeren Zementwände des Gebäudes, und auf seiner Schwelle liegen verstreute Glasscherben. Auf die ins Innere der Leichenhalle führende Metalltür hatte jemand in ungelenken roten Buchstaben geschrieben: »No cage adentro, estamos en democracia. Gracias.« (»Hier nicht hinscheißen, wir sind eine Demokratie. Danke.«)

Im Inneren der Leichenhalle sticht einem der Geruch menschlicher Exkremente in die Nase. Blasses Licht sickert durch ein Dutzend kleiner, zerbrochener Fenster ein, die zu weit oben liegen, als daß man durch sie hindurchschauen könnte. Die Wände sind vom Boden bis auf Augenhöhe weiß gefliest, wobei die verschmierten Fliesen mit Spinnweben übersät sind. Die einzige Möblierung ist ein die Mitte des Raumes einnehmender Untersuchungstisch aus Aluminium. Seine Oberfläche ist von einer Schicht aus Staub und Ruß bedeckt. Aus einer Öffnung seines Metallsokkels ragt ein menschlicher Oberschenkelknochen heraus. An einer Wand entstellt etwa 60 Zentimeter über dem Boden ein stumpfer burgunderroter Fleck von altem Blut die Kacheln. Blutspritzer breiten sich in hohem Bogen von ihm aus. Sie lassen in Form und Muster darauf schließen, daß eine plötzliche und explosionsartige Absonderung von Blut aus einem Körper stattgefunden haben muß. In einer dunklen Ecke liegt eine Holzkiste mit der Aufschrift »Erlesenes Argentinisches Obst«. Die Kiste enthält einen Schädel und ein Durcheinander von Knochen.

Wir schreiben den 1. März 1988. Draußen gehen zwei Frauen und vier Männer verschiedenen Arbeiten in dem Sektor nach, dessen Ausgrabung sie langsam, Zentimeter um Zentimeter, in Angriff nehmen. Mimi kniet, mit blaßblauen Shorts und einem T-Shirt mit der Aufschrift »University of Oklahoma« bekleidet, in einer flachen Senke und legt gerade einen in die Erde eingebetteten Knochen frei. Sie ist in ihre Arbeit vertieft, bei der sie abwechselnd die Spitze ihrer Kelle und einen kleinen Pinsel benutzt. Das rote Barett, das sie trägt, kann ihre Haare nicht zurückhalten, so daß diese zu beiden Seiten ihres Gesichts herabfallen und ihren sonnenverbrannten Nacken und die Schultern freilegen.

Pato sitzt mit gekreuzten Beinen am Rand der Mulde. In ihren langen, geäderten Fingern hält sie einen leuchtfarbenen Stift, mit dem sie auf Zeichenpapier eine Lageskizze des Lochs zeichnet. Es ist dies die erste Parzelle, die von der Gruppe aufgegraben wird. Pato bezeichnet sie als »Cuadrícula D9«.

Nicht weit von ihr treibt Luis, von der Hüfte aufwärts nackt, mit einem Holzschlegel einen Metallpfosten in den Boden. Er hat bereits mehrere solche Pfosten gesetzt, die in ordentlichen Reihen den Hof entlang stehen. Mit ihnen hat Luis Rechtecke markiert, die genau zweieinhalb mal zweieinhalb Meter groß sind. Bei der Arbeit begleitet er sich selbst mit Liedern von Carlos Gardel, die seinen Sangeskünsten nicht gerade zur Ehre gereichen.

Zwei weitere Männer – Carlos Somigliana, von allen nur Mako gerufen, und Alejandro – spannen eine weiße Nylonschnur vom einen Ende des Hofes zum anderen. Mako befestigt ein Ende der Schnur an einem in die Südmauer geschlagenen Ringbolzen. Währenddessen spannt Ale das andere Ende der Schnur so, daß sie genau über eine Pfostenreihe läuft. Sein Bart und seine getönten Brillengläser lassen ihn älter erscheinen, als er mit seinen dreißig Jahren wirklich ist.

Ale zieht die Schnur straff und bindet ihr Ende an einem Bolzen in der Nordmauer fest. Mit Hilfe einer kleinen Wasserwaage, die er über die Schnur hält, vergewissert er sich, daß sie parallel zum Boden verläuft. Dann schlendert er die Pfostenreihe entlang. Bei jedem einzelnen bleibt er stehen, um die Schnur daran festzumachen, indem er sie um einen Nagel schlingt, den man an der Oberseite in den Pfosten hineingeschlagen hat.

Jede auf diese Weise abgezirkelte Reihe von Quadraten (»cuadrículas«) ist durch einen Buchstaben, A bis E, die man an die Südmauer gemalt hat, sowie durch eine Zahl, von eins bis neun, die man an die West- und Ostmauer gemalt hat, kenntlich gemacht. Wenn das Team mit dem Abstecken der 45 Quadrate fertig ist, wird der Platz aussehen wie ein Kreuzworträtsel. Jedes Quadrat wird dann mit noch mehr Pfosten und Schnüren in weitere kleine Quadrate unterteilt. Diese haben eine Seitenlänge von zwei Metern. Die Grabung muß sich auf die kleineren Quadrate beschränken, damit zwischen den »cuadrículas« ein ein Meter breiter Weg, auch Rain genannt, erhalten bleibt.

Clyde Snow steht, seine Daumen in die Gürtellaschen seiner Chinos gehakt, in der gleißenden Sonne und sieht zu. Dort, wo sich sein kariertes Hemd über dem Bauch spannt, haben sich Schweißflecken gebildet, und sein gelichtetes silbergraues Haar ist feucht und verfilzt. Er trägt eine dunkle Sonnenbrille und Cowboystiefel, die früher einmal ochsenblutfarben gewesen sein mögen, nun jedoch so abgewetzt und schmutzig sind, daß sie eine undefinierbare Farbe angenommen haben. Vier Jahre in der südamerikanischen Sonne haben die Haut unter seinen Augen braungegerbt. In seinem Mundwinkel pendelt eine Zigarette, deren Asche bereits bedenklich herabhängt.

»Achtet darauf, daß die Erdwände zwischen den ›cuadrículas‹ vertikal sind«, sagt er, ohne damit jemand spezielles anzusprechen. »Von diesen Rainen kann man die Erdschichtung ablesen. Das ist simple alte Archäologie.«

Ohne ihre Arbeit zu unterbrechen, übersetzt Mimi den anderen Snows Anweisungen ins Spanische, während dieser bereits eine Reihe von Luis' Pfosten begutachtet. »Muy bueno«, sagte er, »wehe dem, der einen von ihnen umstößt.«

Irgendwo auf der Straße jenseits der Ostmauer, erwacht ein Lautsprecher zum Leben. »Drei Australs für eine Packung Kekse«, verkündet ein Händler auf Spanisch. »Süße, frische und knusprige Kekse. Die große Packung zu drei Keksen für drei

Australs. Und Eier, gute frische Eier. Ja, meine Damen, glauben Sie es ruhig, nur eineinhalb Australs.« Der Refrain wiederholt sich noch in verschiedenen Variationen, bis er langsam immer leiser wird und schließlich ganz verstummt, da der Keksmann inzwischen weitergefahren ist.

Nun ist auch Snow bereit, in die Arbeiten einzugreifen. Also zieht er sein Hemd aus, greift sich eine Bürste aus einem gelben Plastikeimer und kniet sich in einer der »Cuadrículas« nieder. Luis legt eine Kassette in einen Recorder ein, der auf der nahegelegenen Bank steht, die er aus zerbrochenen Grabsteinen und Schlakkensteinen gebaut hat. Die Stimme von Mercedes Sosa erfüllt den Hof. »Todavía cantamos«, schmachtet sie mit ihrem rauhen Alt. »Immer noch singen wir.« Luis greift sich einen fast zwei Meter langen Eisenstab, den er von einer nahegelegenen Baustelle hat mitgehen lassen, und stochert mit ihm langsam in der Erde rund um »cuadrícula E9«, um zu sehen, ob es irgendwo weiche Stellen gibt, die darauf hindeuten, daß die Erde ausgehoben und danach wieder aufgeschüttet worden ist.

Ohne großes Aufhebens hat damit die größte forensische Exhumierung begonnen, die jemals unternommen wurde.

Mimi Doretti sitzt mit untergeschlagenen Beinen auf einem Klappstuhl in dem Einzimmerbüro der »Equipo Argentino de Antropoligía Forense«. Der Raum sitzt wie ein Vogelhaus auf dem Dach eines Beaux-Arts-Reihenhauses, das die Büros der Menschenrechtsgruppe »Movimiento Ecuménico de Derechos Humanos« (MEDH) beherbergt, der »Ökumenischen Bewegung für Menschenrechte«. Das geschäftige Summen der City von Buenos Aires dringt durch die großen französischen Türen, die im übrigen das einzige schmückende Beiwerk in einem ansonsten spartanischen, weißgetünchten Raum sind. Eine auf Sägeböcke gelegte Sperrholzplatte bietet die einzige Arbeitsfläche, und das Telefon funktioniert nur, wenn man schier endlose Geduld aufbringt und die Arbeiter der Telefongesellschaft gerade einmal nicht streiken.

Es ist kurz nach Mittag an einem Tag Mitte Mai 1988, und Mimi liest gerade die Abschrift der Aussage eines ehemaligen Häftlings des Banfield-Polizeireviers. Mit schwarzem Filzstift ringelt sie die Namen von Leuten ein, die der Häftling dort gesehen hatte und die später möglicherweise getötet und im Hof des Avellaneda begraben wurden. Der Avellaneda ist für das Team längst zu einer Art Obsession geworden. Fast jeden Tag besteigen sie nun, in kleinen

Gruppen oder einzeln, Busse, ruckeln mit ihnen über die schlaglochübersäten Straßen von West-Buenos Aires, überqueren dabei die Brücke über den Riachuelo, der die Abwässer der Gerbereien und Fleischfabriken mit sich trägt, und passieren reihenweise Autowerkstätten und Wohnsilos, bis sie sich schließlich im Sektor 134 treffen.

Ähnlich Dantes Führung durch die Hölle, hat das Team mit seinen Untersuchungen – die schmerzlichen, stockenden Gespräche mit Überlebenden der Internierungslager, die langen Nächte, die sie damit zubrachten, seitenweise Namen und verschlüsselte Zahlen in Polizeiregistern durchzugehen – den Schleier zu lüften begonnen, hinter dem der Avellaneda während der Jahre der Militärdiktatur verborgen gewesen war.

Meist nahmen die Ereignisse im Westteil der Stadt ihren Anfang, im Banfield-Polizeirevier, einem massiven, von einem Glockenturm überragten, stuckverzierten gelben Gebäude. Nachts luden Beamte in Zivil in einem Hinterhof des Reviers Leichen auf einen Transporter oder in einen Ford Falcon. Mitunter zerrten sie auch noch lebende Gefangene, denen die Hände auf den Rücken gebunden und eine Kapuze über den Kopf gestreift war, zu den wartenden Fahrzeugen. Die Gefangenen wurden von der »Pozo«, der »Grube«, in Banfield »transferiert«, wie man dies im Jargon der Provinzpolizei von Buenos Aires nannte. In der Regel kam der Befehl hierzu von Colonel Ramon J. Camps, dem Chef der Provinzpolizei, oder von Amílcar Tarela, seinem Stellvertreter in Banfield, der gemeinhin eher unter dem Namen Trimarco bekannt war.

Der Konvoi holperte über das Kopfsteinpflaster und die Schlaglöcher der Calle Siciliano und passierte dann ein Schulgebäude und die Häuser der Wohlhabenden von Banfield, allesamt von Mauern geschützt, aus denen oben Glasscherben wie die Stachel giftiger Fische herausragten. Danach folgte er der Hauptstraße, der nach dem hochverehrten argentinischen Präsidenten aus den glücklicheren Tagen der zwanziger Jahre benannten Avenida Hipólito Yrigoyen. Wie immer bei solchen Transporten war es spät nachts, und man hatte es nicht eilig; sie waren die Polizei, und niemand würde sie nach ihrem Tun fragen.

Die Fahrzeuge durchquerten nun das Viertel von Remedios de Escalada, vorbei an Plätzen, die den Fahrern inzwischen schon vertraut waren: einem Schrottplatz zur Rechten, der lokalen Goodyear-Niederlassung, den »Gomerias«, deren Waren (gebrauchte Reifen) in zusammengeketteten Stapeln auf den Gehwegen lagen. Danach kam der Stadtteil Lanus, dessen hohe Appartementhäuser im Dunkeln lagen und in dem das einzige Anzeichen von Leben die verschlafenen Reisenden waren, die auf ihren Koffern auf dem Gehweg neben dem Busdepot saßen. Der Konvoi bog unmittelbar hinter der Glasfabrik rechts nach Hulgera ein, einer Gegend voller Viehhöfe, deren beißender Gestank den Fahrzeugen bis weit in die Slums hinein folgte, wo sich Zementbaracken zwischen den wenigen armseligen Bäumen und den rostenden Autowracks ducken, die überall um den Avellaneda herum verstreut liegen.

Schließlich bogen die Fahrzeuge in die Calle Agüero ein, die entlang der hohen rosafarbenen Mauern des Avellaneda-Friedhofs verläuft. Die Eingänge der zur Linken gelegenen Cafés und »Bronzeras«, in denen Grabplatten feilgeboten wurden, waren fest hinter Wellblechtüren verschlossen, die über die Eingänge gerollt waren wie Lider über Eidechsenaugen. Die Wagen nahmen die letzte Biegung in die Calle Oyüela und hielten schließlich vor einem Eisentor in einer Ziegelmauer an, hinter dem sich, neben einem hingeduckten Zementgebäude, ein Hof befand. Auf die Rufe der Fahrer ging das Tor nach außen auf. Die Fahrzeuge wendeten, um rückwärts hineinzufahren, wobei ihre Scheinwerfer die ockerfarbenen Wände und grünen Rolläden eines verdunkelten Appartementhauses auf der gegenüberliegenden Straßenseite beleuchteten.

In diesem Augenblick traten einige der Bewohner an die Fenster, um einen Blick auf das zu werfen, was sich dort drüben, jenseits der Straße, abspielte. Da sahen sie, wie Männer, angestrahlt vom Scheinwerferlicht wie Schauspieler auf der Bühne, menschliche Körper in das Leichenschauhaus schleppten. Manchmal ließen sie die Leichen einfach dort liegen, was zur Folge hatte, daß tagelang Leichengeruch in der Luft lag, bis sich die Totengräber endlich erbarmten und Gruben im Hof aushoben, in denen sie die Leichen begruben. Viele Bewohner der umliegenden Häuser waren schon weggezogen, und diejenigen, die geblieben waren, erzählten keinem Fremden, ja nicht einmal ihren Freunden, von dem, was sie gesehen hatten.

Rasch wurden die Leichen und die noch lebenden Gefangenen aus den Fahrzeugen ausgeladen. Oben gingen die stummen Zeugen wieder in ihre Betten, ohne jedoch gleich wieder Schlaf zu finden. Uhren tickten in der Stille, und die Luft hing schwer im Raum. Schließlich war vom Hof unten eine rasche Aufeinanderfolge von Schüssen zu hören. Wieder war es still, und erst jetzt konnten die Bewohner der Calle Oyüela sich wieder ihren unruhigen Träumen hingeben.

In ihrem vollgestopften Büro klappt Mimi das Register mit einem Seufzer zu. Die Geschichte von Banfield ist nur eine von vielen, die die Notizbücher des Teams füllen – und die sie bis in ihre Träume verfolgen.

Die ersten Grabungen auf dem Avellaneda führte das Team im Oktober 1986 durch. Das Bundesgericht der Stadt Buenos Aires war mitten im Verfahren gegen Ramón J. Camps. Unter Camps' Leitung hatte die Polizei eine Anzahl geheimer Internierungszentren betrieben, die hauptsächlich in und um La Plata sowie in den Vororten von Buenos Aires gelegen waren. Das Gericht benötigte zur Untermauerung der Anklage ein Corpus delicti und vermutete, den Beweis im Avellaneda, der in Camps' Zuständigkeitsbereich gefallen war, zu finden. Es sprach sehr für das Gericht, daß es sich darüber im klaren war, daß das Staatssekretariat die Exhumierung nicht durchführen konnte; also beauftragte es die »Equipo«. Was den vermutlichen »Desaparecido« betraf, nach dem das Team im Sektor 134 suchen sollte, so präsentierte das Gericht den Namen Rafael Perrota.

Das einzige, wessen sich Perrota offensichtlich schuldig gemacht hatte, war, daß er besonders gut bei Kasse und, in den Augen einiger Henker der Junta, ihrer Sache von Nutzen war. 1977 hatte Perrota seine Zeitung »El Cronisto Comercial« verkauft und bei dieser Transaktion einen hübschen Gewinn gemacht. Ebenso wie die linksgerichteten Montoneros sahen die Polizeikräfte in Entführungen und damit verbundenen Lösegeldforderungen eine bequeme Geldquelle, um sich weiterhin mit amerikanischen Wagen und Feuerwaffen versorgen zu können.

Perrota war am 13. Juni 1977 entführt worden. Noch am gleichen Tag forderten seine Entführer ein hohes Lösegeld. Obwohl die Familie das Geld übergab, sah sie Perrota nie wieder.[1]

Überlebende eines unter dem Namen COTI Martínez bekannten Internierungszentrums, unter anderem der bekannte argentinische Autor Jacobo Timerman, sagten aus, sie hätten Perrota dort lebend, jedoch unter den Nachwirkungen von Folter leidend, gesehen. Man nahm an, daß er durch »Pozo de Banfield« geschleust worden war, das vom 1. Armeecorps betrieben wurde und eine der letzten Stationen auf dem Weg zum Friedhof Avellaneda war. Soldaten, die das Zentrum geleitet hatten, hatten vor der CONADEP ausgesagt, daß Perrota dort gewesen war.

Also marschierte das Team zum Avellaneda. Ein Totengräber führte sie zu einer Stelle in dem ummauerten Sektor nahe der Ostmauer. Dort würden sie Gräber finden, sagte er ihnen. Das Team grub einen Tag lang und entdeckte dabei elf übereinander begrabene Skelette. Einige der Schädel trugen Einschußlöcher. Als das Team die Erde aus dem Grab durch ein Drahtsieb warf, fand es 13 Kugeln. Weder wurden irgendwelche Kleidungsstücke zwischen den Knochen noch Anzeichen dafür gefunden, daß an den Leichen eine Autopsie vorgenommen worden war, bevor man sie begraben hatte. Die Friedhofsaufzeichnungen aus der Zeit des »Schmutzigen Krieges« enthielten nur überaus dürftige Beschreibungen – die Leichen waren lediglich als männlich oder weiblich aufgeführt, nur in einzelnen Fällen war ein ungefähres Alter vermerkt. Identifikationen würden sich also einzig und allein auf die physischen Charakteristika der Knochen stützen können.

Das Team vermaß die Skelette und bestimmte ihr Geschlecht, aber keines paßte zu der Beschreibung von Perrota. Doch es eröffneten sich auch andere Aussichten. Einige Familien, deren Angehörige in Banfield und anderen nahegelegenen Internierungszentren verschwunden waren, hatten ihnen Antemortem-Unterlagen und physische Beschreibungen zugeschickt. Es dauerte nicht lange, und sie stellten bei einem der elf Skelette eine Übereinstimmung mit einem Satz von Antemortem-Daten fest. Die von ihnen somit identifizierten Überreste gehörten María Mercedes Hourquebie de Francese. Alter; Geschlecht und Statur stimmten mit der Beschreibung überein, die sie von der Frau hatten. Außerdem paßte eine zusammen mit dem Schädel gefundene Zahnprothese zu den Antemortem-Zahnunterlagen. Hourquebie de Francese war 1977 mit ihrer ganzen Familie verschwunden. Mit einem Alter von 77 Jahren war sie, soweit man wußte, die älteste »Desaparecida«.[2]

Das Team legte daraufhin dem Gericht seine Analyse der Überreste von Hourquebie de Francese vor. Da jedoch Angaben über die Todesursache fehlten, konnten die Informationen zum Verfahren nicht beitragen. Wie sich herausstellte, hätte sie das Gericht auch nicht benötigt; Camps wurde schuldig gesprochen und im Dezember 1986 zu 25 Jahren Haft verurteilt.

Dennoch hatten die von ihm eingesehenen Unterlagen und Aussagen das Team davon überzeugt, daß andere Opfer der Todesschwadronen, möglicherweise über 200, irgendwo anders im Sektor 134 begraben sein mußten. Sie verfaßten einen ausführlichen Bericht über diese Testgrabung im Sektor und fragten beim Gericht an, ob sie ihre Arbeit dort fortsetzen könnten. Gleichzeitig fügten sie hinzu, daß ein bis zwei Jahre archäologisch sauberer Ausgrabungen vonnöten sein würden, um den gesamten Hof zu untersuchen. Sie argumentierten, daß selbst die Identifizierung von nur einer einzigen Person in jeder Grube, deren Spuren man dann zu einem Internierungszentrum und zu einem bestimmten Datum zurückverfolgen könnte, ausreichende Anhaltspunkte liefern würde, um andere Leichen in derselben Grube zu identifizieren, die möglicherweise aus dem gleichen Internierungszentrum kamen.

Das Team hatte allerdings den Eindruck, daß niemand mehr so recht am Aufgraben dieses Teils der Vergangenheit interessiert war. Das Gericht schlug das Angebot des Teams aus.

Nach dem ersten Ausflug des Teams zum Avellaneda verstrich ein Sommer, in dem das Unkraut, der Cipo-Wein und die kleinen Pindo-Palmen das einsame kleine Loch im Hof rasch wieder überwucherten. Das Team konnte nicht mehr tun, als darauf warten, daß ein Richter die Spur eines der Verschwundenen zum Avellaneda verfolgte und eine weitere Exhumierung anordnete.

Ihre Stunde kam schließlich im Juni 1987. Ein Richter in La Plata, Nelky Martínez, erteilte ihnen die Erlaubnis, auf dem Avellaneda wieder mit den Grabungen zu beginnen.[3] Der Richter war davon überzeugt, daß irgendwo im Sektor 134 die Leiche von María Teresa Cervino lag. Den Polizeiakten zufolge war María, eine für eine Montonera gehaltene junge Frau, 1976 erschossen worden. Die Polizei von Buenos Aires hatte ihren Körper mit einer Kapuze über dem Kopf an einer Brücke hängend gefunden. Man hatte ihr ein Schild umgehängt, auf dem stand: »Soy una Montonera. Sigame.« (»Ich bin eine Montonera. Folge mir.«)

Zu dem Zeitpunkt, als sich das Team wieder zusammenfand, war es November und damit Frühlingsanfang in Argentinien. Kein Wunder also, daß der Sektor unter einem Dickicht von Unkraut begraben lag. Das Innere des Leichenschauhauses, in dem sie ihr eigenes Labor für die Untersuchung der Gebeine einzurichten gedachten, war zu einer Toilette für Obdachlose und Friedhofsarbeiter verkommen. Für den Augenblick blieb dem Team also nichts anderes übrig, als jegliche Ansprüche als forensische Experten fahrenzulassen und Glasscherben und menschliche Exkremente wegzuschaufeln. Als das erledigt war, konnten sie sich dem brusthohen Bewuchs des Sektors zuwenden und ihm wie Dschungelführer mit Macheten und Sensen zu Leibe rücken. Schließlich hatten sie den kleinen Wald annähernd auf die Höhe des Roughs auf einem Golfplatz zurechtgestutzt.[4]

Die Knochen, die sie in dem Wildwuchs fanden, gehörten nicht den »Desaparecidos«, sondern vielmehr jenen Unglücklichen, deren Familien nicht mehr in der Lage gewesen waren, die jährliche Grabgebühr zu bezahlen. Sobald jemand mit der Zahlung im Rückstand ist, verliert er den Anspruch auf das Grab, in dem seine Angehörigen liegen. Totengräber entfernen daraufhin die Knochen aus dem Grab und karren sie zu einem der »osarios» (Begräbnisstätten), in die Erde gegrabene Schächte, die mit gußeisernen Deckeln, ähnlich Kanaldeckeln, abgedeckt sind. Hier werden die Knochen völlig ehrfurchtslos hineingeworfen. Das Team vermutete, daß die an der Oberfläche des Sektors 134 verstreut liegenden Knochen auf dem Weg zu den »osarios« von Schubkarren gefallen waren, woraufhin Friedhofsarbeiter sie einfach über die Mauer in den Hof geworfen hatten. Dort würde sie nie jemand finden.

»Die Friedhofsarbeiter waren eigentlich angewiesen worden, uns zu helfen«, erinnert sich Mimi. »Nun, wir warteten, aber niemand kam. Ich redete mit einem der Totengräber, und er sagte mir, daß sie vor den Geistern an diesem Ort Angst hätten. Das hing mit den Dingen zusammen, die sich dort ereignet hatten. Sie waren diejenigen gewesen, die die Löcher gegraben hatten. Sie nannten sie ›Vaqueros‹, Kuhlöcher, wie die Amerikaner sagen würden, weil sie groß genug für Kühe waren. Die Arbeiter sahen, was vor sich ging. Sie trauten sich nicht hinein. Und die meisten trauen sich immer noch nicht.«

Ein Arbeiter wagte es dennoch. Als das Team sich einen ersten Überblick über den Sektor verschafft hatte, beschrieb er, wie das Militär den Friedhof als geheimen Abladeplatz benutzt hatte. Nachdem die Lastwagen die Leichen herangebracht hatten, gruben die Arbeiter die »Vaqueros«, jedes etwa zwei Meter lang und zwei Meter tief. In ihnen stapelten sie dann die Leichen, und zwar Fuß-zu-Kopf, um den Platz möglichst gut auszunutzen. »Wir warfen sie hinein wie Sardinen«, sagte der Totengräber, »einen über den anderen . . . Die Polizei pflegte uns am Morgen zu rufen, nachdem die Lastwagen die Leichen gebracht hatten. Ich kann mich an Zeiten erinnern, als das Leichenschauhaus von Leichen überquoll. Sie lagen sogar draußen auf dem Weg, unter offenem Himmel. Es war schrecklich! Überall waren Würmer. Die Soldaten befahlen uns, mit dem Graben von Löchern zu beginnen und dann warfen wir die Leichen hinein.«[5]

Ende Februar 1988 flog Snow, getreu seinem Versprechen, wiederzukommen, sobald der Avellaneda geöffnet würde, nach Buenos Aires. Der Avellaneda, so vermutete er bereits zu Anfang, würde höchstwahrscheinlich jeden forensischen Auftrag übertreffen, den er und jeder andere Anthropologe jemals übernommen hatten. Es würde etwa Großes werden, seiner Einschätzung nach die größte forensische Exhumierung, die jemals in Angriff genommen worden war. Und es würde ein harter Job werden.

Von den lokalen Behörden waren zwar einige vage Hilfsversprechungen gekommen, doch schon die erste Bitte des Teams, nämlich der Abtransport der von ihnen abgeschnittenen und am Hofeingang gestapelten Bäume und Sträucher, blieb unbeantwortet. Das einzige, was sie erhielten, war eine einsame Polizeieskorte. Dickbäuchig und schläfrig, hatte der Polizist bald schon eine schattige Ecke neben einem nahegelegenen Werkzeugschuppen gefunden, wo er es sich gemütlich machen konnte und wo er fortan wie ein runder Buddha vor sich hindöste. Nur ab und an hob er das Kinn von der Brust, um den Fortgang der Arbeiten zu beobachten.

Anfang Mai traf Materialnachschub aus den Staaten ein: Wasserwaagen für das Ausrichten der Schnüre und Marshal-Town-Kellen. Neben Mimis Kamera bestand das fortschrittlichste technische Hilfsmittel, das ihnen zur Verfügung stand, in Luis' altem Radio-Kassetten-Spieler, eine Dröhnkiste, die aus dem letzten Loch blies und deren Antenne aus einem Metallkleiderbügel bestand. Da Luis einen äußerst individuellen Musikgeschmack hatte, wurde in gewissen Abständen den musikalischen Präferenzen eines jeden Teammitglieds Rechnung getragen. Als Snow zum erstenmal am Ort der Grabung erschien, schob Luis eine Kassette mit Melodien von Bob Wills und den Texas Boys ein und spulte sie zu einem Song vor, der besonders gut zu Snows Eintreffen paßte: »Big Balls in Cowtown«.

Ende März fegten Regenschauer über den Friedhof hinweg, die so stark waren, daß ihnen die vom Team über die Löcher gebreiteten, hastig konstruierten Plastikabdeckungen nicht standhalten konnten und die Gruben sich in schlammige Pfuhle verwandelten. Die Arbeit kam ins Stocken. In der Zwischenzeit begannen sich rechtsgerichtete Terroristen, die das Militär so viele Jahre lang unterstützt hatten, kollektiv zu räuspern und brachten ihre Unzufriedenheit mit dem Kurs der Regierung Alfonsín dadurch zum Ausdruck, daß sie in Kinos Bomben legten. Während die Straßen von Buenos Aires sich in Flüsse verwandelten und die Schlaglöcher auf den Gehsteigen zu unsichtbaren Fallen für die Unvorsichtigen wurden, vertrieb man Liebespaare und Betrunkene mit Bombendrohungen aus den Nachtkinos. Es herrschte also weder im buchstäblichen noch im übertragenen Sinne ein angenehmes Klima für die »Equipo«.

An einem heißen Märznachmittag, der Regen gönnte den Menschen gerade eine kurze Atempause, war das Team gerade dabei, seinen Arbeitstag in Sektor 134 zu beenden. Vor dem Hof wuschen sich die Mitglieder in einem Wasserbecken, in dem die Friedhofsbesucher ihre Blumenvasen zu füllen pflegten, den Schweiß und den Lehm von der Haut. Eine rosafarbene, herzförmige Seifenschale wurde von Hand zu Hand gereicht. Ihr Haar klebte feucht und glänzend an ihren Köpfen.

Als auch der letzte sich gewaschen hatte, schlenderten sie durch den Friedhof und überquerten schließlich die Straße. Ihr Ziel war die Mathias-Bar, ein Café mit Zementboden, fliegengesprenkelten Wänden und dem langsamsten Deckenventilator in der südlichen Hemisphäre. Das Café hatte keine Tür, nur einen breiten Eingang, der nachts mit Brettern verbarrikadiert wurde. Der Besitzer stand hinter seinem Tresen und schnitt Scheiben von einem Fleischbrokken ab, der auf einen vertikalen Stab gespießt war. Im Café saßen vier Totengräber. Es waren ältere Männer, die nur noch stundenweise arbeiteten. Ihre Rücken waren gebogen, und die Haut hing ihnen lappig und verrunzelt an den Ellbogen herunter. Sie waren schweigend in ein Kartenspiel vertieft und blickten nur kurz auf, um den Gruß der jungen Frauen und Männer zu erwidern, die sich an den langen Tisch auf dem Gehsteig draußen vor dem Café setzten.

Mimi und Pato bestellten Fanta, Luis ein Bier. Dario Olmo, ein ernster Mann Anfang dreißig, der 1986 zum Team gestoßen war, bestellte sich ein Mineralwasser und saß schweigend da, während die anderen sich unterhielten.

Patos herabhängende Augenlider und die glasigen Augen ließen sie schläfrig erscheinen. Ihre Haut und ihr Haar hatten die gleiche hellbraune Farbe, und ihre gerade Nase lief in Form einer Träne zu. Sie rauchte, während sie mit einem amerikanischen Journalisten sprach, der sie gefragt hatte, was ihre Familie und ihre Freunde über ihre Arbeit auf dem Friedhof dächten.

»Es war ein wenig schwierig, wegen meines Jobs. Am Anfang mußte ich lügen. Damals, 1985, arbeitete ich in der Firma meines Onkels, der mit Menschenrechten nicht das geringste im Sinn hatte. Ich konnte ihm also nicht sagen, daß ich freinahm, um Gräber zu exhumieren.« Sie mußte lachen und bedeckte ihren Mund mit den Händen, während sie mit ihren Augen lächelte. »Außerdem hat er viele Freunde beim Militär. Ich habe in diesem Jahr unzählige Prüfungen erfunden.«

Luis saß neben Pato und hatte die eine Hand um die lauwarme Flasche Quilmes-Bier, die andere über die Lehne von Patos Stuhl gelegt, so daß seine Finger ihre Haare berührten. Er beobachtete sie beim Sprechen und lächelte ihr zu, wobei die Grübchen unter seinem obligaten Drei-Tage-Bart nur schwach zu erkennen waren. Als Pato innehielt, fügte er hinzu:

»Bei mir sah es etwas anders aus. Ich habe vier Brüder, die unterschiedliche politische Ansichten haben. Die einen sind ein wenig militanter als die anderen . . . Mit meinen Eltern und meinem älteren Bruder gibt es ab und zu Spannungen, aber das ist nicht so schlimm. Bei meinen Freunden liegen die Dinge anders. Ich habe mehrere Arten von Freunden – Freunde von der Universität, aus der Nachbarschaft, Freunde, mit denen ich Fußball spiele und die sich überhaupt nicht um Menschenrechte kümmern. Mit ihnen rede ich nicht über meine Arbeit. Manchmal fragen sie mich, was ich mache. Früher habe ich darauf immer geantwortet, daß ich mich mit prähistorischer Archäologie beschäftige. Heute ist manchmal mein Bild in der Zeitung. Wenn sie jetzt fragen, rede ich einfach möglichst wenig darüber. Wir alle führen neben unserer Arbeit noch ein normales Leben. Das müssen wir auch, weil es nie so weit kommen darf, daß die Arbeit unser Leben auffrißt . . .

Als ich 1985 mit dieser Arbeit anfing, hatte ich eine Menge über Politik und über die Geschehnisse in Argentinien gelesen, hatte mich aber nie politisch betätigt, etwa als Aktivist oder so. Also dann gleich mit Exhumierungen zu beginnen, tja . . .«

Seine Stimme schweifte einen Moment lang ab; er strich sich mit der Handfläche durch seinen Lockenschopf. »Wie dem auch sei, es war das Richtige, nach der Wahrheit zu suchen . . . Und mit das Wichtigste jetzt ist, daß wir alle hier zusammenarbeiten, das ist etwas, worauf ich wirklich stolz bin.«

Pato erinnerte sich, daß sie und Ale einmal am Gericht bei der Durchsicht von Friedhofsunterlagen auf den Namen einer mit Ale befreundeten jungen Frau stießen. »Ich weiß nicht«, sagte Pato mit einem Seufzer, »wenn ich so etwas entdecken würde, würde mich das wahrscheinlich fertigmachen.« Sie zupfte geistesabwesend an ihrer Nagelhaut, während sie nach Worten suchte. »Ich habe keinen Verschwundenen in meiner Familie und habe nie etwas mit einer politischen Partei zu tun gehabt. Aber ich habe mir immer gedacht, daß ich nicht wüßte, was ich täte, wenn ich einen Verschwundenen kennen würde, daß es dann wohl schwierig sein würde. Aber Ale macht einfach weiter.«

»Ich erinnere mich an einen Ausspruch von Ale«, sagte Luis. »Wir wurden damals interviewt, und man fragte uns, wie wir Gräber mit Körpern exhumieren konnten, die möglicherweise acht Jahre lang dort drin gelegen hatten, oder so etwas in der Art. Darauf hat Alejandro geantwortet: ›Wir sind dem Tod sehr nahe, aber wir machen aus dem Leben eine große Nummer.‹«

Mimi stieß wieder zur Gruppe. Sie war drinnen gewesen und hatte mit einem der Totengräber geredet, dessen Vertrauen sie im Laufe der vergangenen anderthalb Jahre gewonnen hatte. Manchmal gab er ihnen Tips, an welcher Stelle es sich lohnte, den Spaten anzusetzen. Er zog es allerdings vor, solche Gespräche an Orten zu führen, wo er nicht so leicht gesehen werden konnte.

Mimi studierte Kulturanthropologie, als sie mit dem Exhumieren von »Desaparecidos« begann. Sie arbeitete an einer Studentenzeitung mit und hatte bereits einige Regierungsgegner interviewt. Einmal hatte sie sogar Parolen an eine Mauer geschmiert. Menschliche Knochen hatte sie zuvor jedoch noch nie berührt. Zu Anfang sträubte sie sich dagegen, in diese forensischen Dinge hineingezogen zu werden.

»Ich wußte, daß das etwas Besonderes war und daß ich nach der ersten Exhumierung gezeichnet sein würde«, erzählte sie dem Journalisten. »Es war 1984, die Demokratie stand gerade am Anfang; überall redete man von einem neuen Militärputsch. Ich hatte Angst, ich könnte . . . nun, auf der nächsten Liste stehen«, fuhr sie mit einem gequälten Lächeln fort.

»Ich hatte auch Angst davor, auf einen Friedhof zu gehen und in ein Grab hinabzusteigen, in dem jemand lag, der auf gewaltsame Weise gestorben war. Und ich hatte Angst vor Dingen, die man nicht weiß. Wir wußten nicht, was uns passieren konnte, wenn wir einmal dort waren.«

Im Laufe der vier Jahre, die das Team jetzt zusammenarbeitete, waren Mimis Ängste zwar in den Hintergrund getreten, jedoch nie völlig verschwunden. Oft erzählte sie Pato von ihren Träumen. Manchmal erwachten die Skelette, die sie am Tag freilegten, in der Nacht zum Leben.

Während Pato sich zur Regisseurin draußen im Feld bei den Exhumierungen entwickelt hatte, teilten sich Ale und Morris die Aufgaben im Bereich der Öffentlichkeitsarbeit und der Kontaktpflege. Mimi hatte schließlich die Aufgabe übernommen, die Angehörigen mutmaßlicher »Desaparecidos« zu befragen sowie nach medizinischen Unterlagen und Anamnesen zu forschen, die bei der Identifizierung von Skeletten von Nutzen sein konnten. Für gewöhnlich fiel ihr auch die schwierigste Pflicht zu: Sie mußte die Familien darüber informieren, daß identifizierte Gebeine ihrem vermißten Angehörigen gehörten, meist einem Sohn oder einer Tochter. Mimi erinnerte sich an einen besonders schwierigen Fall.

»Es war 1986, als wir am Fátima-Fall arbeiteten. 30 Körper waren 1976 außerhalb von Buenos Aires auf einem Feld abgeladen und später als Namenlose begraben worden. Wir exhumierten 25 der Leichen.« Sie brach kurz ab, um bei einem Kellner einen Kaffee zu bestellen, und fuhr dann fort: »Wir vereinbarten mit den Anwälten und den vermutlichen Familien der Opfer ein wöchentliches Treffen. Und da kam auch eine Frau zu den Treffen; sie kam wohl insgesamt dreimal in jenem Jahr. Sie suchte nach ihrer Tochter . . . Nachdem wir alle Leichen exhumiert hatten, identifizierten wir die Tochter dieser Frau. Also vereinbarten wir ein Treffen mit ihr, um es ihr mitzuteilen. Sie hatte gedacht, daß man ihre Tochter niemals mehr finden würde. Es war eine reine Formalität, daß sie uns Antemortem-Informationen gab, aber an einen Erfolg glaubte sie nicht wirklich.

Bei dem Treffen forderte der Anwalt mich auf: ›Mimi wird uns nun beschreiben, wie es vorangeht.‹ Das war das erstemal, daß ich sie traf . . . Nun, es gab keine Möglichkeit, der Frau die Sache auf indirektem Wege beizubringen. Nachdem ich also fünf Minuten lang dummes Zeug geredet hatte, sagte ich: ›Nun, wir haben Ihre Tochter gefunden.‹ Plötzlich fing die Frau zu weinen an. Sie sagte, es sei grausam, ihr so etwas zu sagen, sie würde es vorziehen, weiterhin zu glauben, daß ihre Tochter verschwunden sei und daß sie eines Tages zurückkehren würde, und so solle es bleiben.«

Mimi drehte ihre Handflächen himmelwärts und zuckte mehr traurig als ärgerlich mit den Schultern.

Das Gespräch entfernte sich allmählich von der Arbeit. Luis und Pato beabsichtigten, bei den Cataracas de Iguazú Urlaub zu machen, den Wasserfällen an der argentinisch-brasilianischen Grenze. Mimi ließ sich dazu überreden, Abzüge von einigen Fotos zu zeigen, die sie gemacht hatte und die in der darauffolgenden Woche in einer Galerie im vornehmen Stadtteil Florida ausgestellt werden sollten. Es waren abstrakte Bilder, bei denen Form und Struktur im Vordergrund standen und auf denen nur wenige menschliche Subjekte zu sehen waren.

Auf der anderen Straßenseite erschien, durch das Haupttor des Friedhofs kommend, Ale. Klein und stämmig, wie er war, waren seine Bewegungen trotz eines leichten Bauchansatzes beherrscht und abrupt wie die eines Turners. Er wartete, bis ein Leichenzug vorüber war – ein Katafalk, drei altertümliche Fords, ein Peugeot und zuletzt ein kleiner Lieferwagen, dessen Ladefläche von extravagant arrangierten Blumen nur so überquoll. Als der Zug vorbei war, ging Ale über die Straße zum Café, zog sich einen Stuhl heran und sprach leise auf das Team ein, wobei er seinen gestutzten schwarzen Bart aufgeregt zwirbelte. Er kam gerade vom Büro des Friedhofsdirektors. Ein anonymer Anrufer hatte in der Nacht zuvor angerufen und gedroht, jeden zu töten, der im Sektor 134 arbeitete.

Am Tag nach der Morddrohung saß das Team um einen ovalen Tisch in einem fensterlosen Raum im zweiten Stock des MEDH-Hauptquartiers. Auf einem Tisch in der Ecke summte der Texas-Instruments-Computer des Teams, dessen Wohlergehen die Rechtfertigung dafür war, daß die einzige Klimaanlage des Gebäudes eingeschaltet war. Clyde Snow saß an der Tastatur und bastelte an einem Programm herum, das er zur Erfassung der Avellaneda-Überreste geschrieben hatte.

Alejandro beugte sich, die Ellbogen auf den Tisch gestützt, vor und wiederholte in Spanisch, was der Direktor des Avellaneda-Friedhofs ihm tags zuvor gesagt hatte. »Die Nachtwache am Friedhofstor erhielt mehrere Telefonanrufe, die ihn und die Polizeiwachen am Leichenschauhaus des Avellaneda bedrohten. Außerdem sagte der Anrufer, daß Mitglieder des Teams getötet würden.«

Der auf den Hinterbeinen seines Stuhls hin und her wippende Morris erinnerte das Team daran, daß zum Aussprechen von Morddrohungen nichts weiter gehörte, als den Telefonhörer abzuheben. Die Drohung dann wahrzunehmen, sei etwas völlig anderes. »Es sollte uns eher überraschen, wenn wir keine Drohungen bekämen«, scherzte er.

»Das Avellaneda-Barrio ist voll von organisiertem Verbrechen«, fügte Ale hinzu. »Dort werden dauernd irgendwelche Drohungen ausgesprochen. Man nimmt das nicht so ernst. Ich lasse mir deshalb keine grauen Haare wachsen. Ich glaube vielmehr, daß Leute, die es wirklich auf uns abgesehen hätten, es nicht vorher ankündigen würden. Dann hätten sie einfach zugeschlagen.«

Snow, der einiges von der in Spanisch geführten Unterhaltung aufgeschnappt hatte, drehte sich zur Gruppe um und sagte: »Yeah, Morddrohungen sind hier derart üblich, daß man eigentlich bestimmte Zeiten festsetzen müßte, zu denen sie entgegengenommen werden. Wißt ihr, der Friedhofsdirektor bekommt einen solchen Anruf und sagt dann: ›Es tut mir leid, wir nehmen Morddrohungen nur zwischen zehn und vierzehn Uhr entgegen. Bitte rufen Sie später wieder an.‹«

Mimi übersetzte, und das Team lachte, wenn auch etwas nervös. Alle hatten sie sich schon ihre Gedanken darüber gemacht, wer sie wohl beobachten könnte. Trotz der Anwesenheit des »Cana«, des zu ihrem Schutz abgestellten Polizeibeamten, konnte man der Polizei kaum trauen. 1985 hatte Mimi während der Exhumierung eines Grabes auf dem Boulogne-Friedhof zufällig mitgehört, wie ein Polizist zu einem anderen sagte: »Wenn wir den Job damals gleich richtig gemacht hätten, gäbe es jetzt nichts, was diese Leute da ausgraben könnten.«

Sie mußten auch den Richter Martínez in Betracht ziehen, der die Grabung nicht an die große Glocke hängen wollte. Trotzdem hatte es sich, noch dazu auf eine peinliche und bizarre Weise, herumgesprochen, was das Team auf dem Friedhof machte. Ein Privatunternehmen, das von der Stadtverwaltung damit beauftragt worden war, den bei der Grabung anfallenden Abraum abzutransportieren, hatte diesen einfach in einer mit Unkraut überwucherten Ecke einer nahegelegenen »Villa miseria«, einem Slum, abgeladen. Als die dortigen Bewohner Menschenknochen in den Abfällen fanden, waren sie verständlicherweise darüber aufgebracht, daß man vor ihrer Haustür Tote ablud, und beschwerten sich bei der Stadtverwaltung.

Das Team ließ einen mit Mate gefüllten braunen Trinkkürbis herumgehen, während es über die echte oder auch nur eingebildete Gefahr diskutierte, die von der Morddrohung ausging. »Nun, das ist nicht die erste Drohung, die wir erhalten haben«, sagte Morris.

»Und es wird auch nicht die letzte gewesen sein.« Das Team hatte Dutzende von Leichen ausgegraben und sich dadurch die Feindschaft vieler Amtspersonen und auch normaler Bürger zugezogen, die die Vergangenheit ruhen lassen wollten. Doch sie mußten auch ein waches Auge auf die allgemein herrschende Stimmung haben. Da gab es Leute, die sich provoziert fühlen konnten – jene, die ruhig rauchend in den Cafés saßen, andere, die in ihren Kasernen und festungsartigen »Estancias« auf dem Lande die verstreichenden Tage zählten, und schließlich jene, die den »schmutzigen Krieg« unterstützt und geführt hatten und denen nun daran gelegen war, daß die Opfer auf immer verschwunden blieben.

Nachdem sie eine Stunde lang das Pro und Contra für die Fortsetzung der Grabung diskutiert hatten, beschloß das Team, die Arbeit für eine Woche auszusetzen. Es gab genug andere Dinge zu tun, wie etwa Dokumente und Zeugenaussagen aufzuspüren.

Mimi und Snow strebten der engen Treppe zu, die zum Dachbüro des Teams führte. Mimi ließ Snow den Vortritt, wußte sie doch, daß das einzige bekannte Zugeständnis, das der Anthropologe, neben der Arbeit im Feld, an die körperliche Fitneß machte, darin bestand, Treppen hinaufzurennen, allerdings nur, solange es nicht zu viele waren. Seine schweren Cowboystiefel ließen die Eisenstufen der Treppe erzittern und hallten durch das ganze Gebäude. Mimi folgte ihm. Der Rest des Teams ging ebenfalls, um zumindest für einige wenige Tage so etwas wie ein normales Leben zu führen.

Es war an einem »Bürotag«, als das Team einen Anruf von Juan Méndez erhielt. Méndez war ein argentinischer Anwalt, der in Washington für die Menschenrechtsorganisation »Americas Watch« arbeitete. Er nutzte sein juristisches Geschick und seine Kenntnisse der lateinamerikanischen Politik dazu, Menschenrechtsverletzungen in der gesamten Region zu untersuchen. Méndez kannte Snow und das Team; er hatte ihre Prozesse und ihre Erfolge seit Jahren verfolgt. Als er an diesem Tag anrief, war die Erregung in seiner Stimme nicht zu überhören. Er fragte sofort nach Snow.

»Clyde«, sagte er, »hast du vom Fall Suárez Mason in San Francisco gehört?«

»Das ist doch diese Auslieferungsanhörung, nicht wahr?« erwiderte Snow. Mimi und Morris blickten von ihrer Arbeit auf, um zuzuhören.

»Stimmt«, sagte Méndez. »Siehst du, der Staatsanwalt hat sich an mich gewandt. Er möchte dem Richter so viele Beweise wie nur irgend möglich für die Art von Dingen liefern, die Suárez Mason getan hat. Wir brauchen die stichhaltigsten Beweise, die wir kriegen können. Also ist mir diese statistische Untersuchung wieder eingefallen, die du über die Begräbnisse ›Namenloser‹ ausgearbeitet hast. Hast du die immer noch?«

Snow lächelte. »Sicher habe ich sie.«

»Kannst du davon eine geraffte Version anfertigen, etwas, was auch ein Nichtwissenschaftler oder Richter versteht?«

»Ich glaube, das ginge. Wann brauchst du sie?« fragte Snow. »In etwa einer Woche? Okay, ich stell' dir das zusammen und schicke es dann hoch, so Gott und die argentinische Post es wollen.«

Snow hängte ein und wandte sich seinen Kollegen zu. »All right, jetzt haben wir einen richtigen Fall.«

Der Gegenstand von Snows Begeisterung war eine besonders unangenehme Angelegenheit namens Carlos Guillermo Suárez Mason. General Suárez Mason hatte während der ersten drei Jahre der Militärdiktatur das 1. Armeecorps kommandiert. Die Provinzen Buenos Aires und La Pampa waren seiner Kontrolle unterstellt gewesen. In Militärkreisen war er unter dem Spitznamen »Pajarito«, »Vögelchen«, bekannt, den er seiner markanten Nase verdankte und ebenso seiner Neigung, aus dem Land zu fliehen, wie er es etwa Anfang der fünfziger Jahre nach einem fehlgeschlagenen Putsch gegen die Regierung von Juan Perón getan hatte. Die Gefangenen in den geheimen Internierungszentren nannten ihn hingegen den »Herrn über Leben und Tod«.

Als das Militär nach der schmachvollen Niederlage auf den Falklands und den Schmähungen auf den Straßen von Buenos Aires das Handtuch geworfen hatte, war Suárez Mason in die Vereinigten Staaten geflohen. Beamte der Einwanderungsbehörde spürten ihn schließlich im Januar 1987 in Foster City in Kalifornien auf. Er behauptete, er habe niemals den Befehl zu irgendwelchen Folterungen gegeben, und diejenigen, die möglicherweise auf seinen Befehl hin getötet wurden, seien ohnehin Terroristen gewesen. Ehemalige Gefangene, wie etwa Jacobo Timerman, der Suárez Mason in seinem Buch »Prisoner Without a Name, Cell Withot a Number« als das Symbol von Folter und Tod beschrieben hatte, behaupteten das genaue Gegenteil. Ebenso die argentinische Regierung, die gegen den General Haftbefehl wegen Mordes in 43 Fällen und wegen Entführung in 23 Fällen erließ. Während

Mason in San Francisco im Gefängnis auf seine Auslieferungsanhörung wartete, beteuerte er kühl seine Unschuld. Nur in einem einzigen bekannten Fall legte er sein selbstsicheres Auftreten kurz ab: als ein Reporter ihm das Foto einer hübschen jungen Frau zeigte, die etwa im gleichen Alter war wie Masons Tochter und die zum Zeitpunkt ihrer Entführung in La Plata im fünften Monat schwanger gewesen war. Es war ein Bild von Liliana Pereyra. »Mag sein«, sagte er zu dem Reporter, »vielleicht passieren diese Dinge. Natürlich habe ich gewußt, daß Leute verschwanden. Alles ist schließlich möglich. Aber wer war es? Wissen Sie, ich bin kein Mörder . . . glauben Sie mir.«[6]

Snow stand im Büro der »Equipo« in Buenos Aires und jubelte. Vielleicht wäre seiner statistischen Erhebung über anonyme Todesfälle, in die er so viele Monate an Arbeit gesteckt hatte, jetzt ein nützlicheres Schicksal beschieden, als lediglich in irgendeiner Schublade in Rabossis bürokratischer Sackgasse im Staatssekretariat zu verstauben. Er hätte gern das Gesicht des Philosophen gesehen, wenn dieser erführe, daß die argentinische und amerikanische Staatsanwaltschaft ihn und die »Equipo« darum gebeten hatten, mit eben jenen wissenschaftlichen Beweisen, die Rabossi so geflissentlich ignoriet hatte, beim Auslieferungsverfahren gegen Suárez Mason behilflich zu sein.

Snow blieben nur noch einige wenige Tage in Buenos Aires. Er erstellte für Méndez eine Zusammenfassung der statistischen Erhebung, machte noch ein paar Ausflüge nach Avellaneda und überließ dann die Arbeit seinen jüngeren Kollegen. Das Team hatte zwar noch einiges über Archäologie zu lernen, aber sie würden aus Erfahrung lernen, und sie sprühten jetzt, angesichts der Widerstände, denen sie sich gegenübersahen, so sehr von Selbstvertrauen wie nie zuvor. ›Wer weiß‹, fragte er sich, ›vielleicht liegt das nächste Kapitel in der Geschichte der forensischen Anthropologie und die Richtung, in die sie sich entwickeln wird, nun in den Händen von sieben jungen Argentiniern an einem Ort mit Namen Avellaneda?‹

Am 24. Januar 1989, einem schwülen Tag, standen an vielen Straßenecken in der City von Buenos Aires schwerbewaffnete Trupps von Soldaten. Der Linksextremismus war wie ein Gespenst aus den siebziger Jahren zurückgekehrt: Tags zuvor hatte eine kleine Gruppe bewaffneter Zivilisten einen Selbstmordangriff auf die Infanteriekaserne La Tablada unternommen. Die meisten von ihnen waren getötet worden, und die Fotos des Blutbades auf den Titelseiten der Morgenzeitungen hatten über den Tag hinaus eine nervöse Atmosphäre ausgebreitet.

Clyde Snow war nach neunmonatiger Abwesenheit gerade wieder in Argentinien eingetroffen. Er winkte sich mit seinem Cowboyhut ein Taxi herbei und wies dessen Fahrer an, ihn zum Avellaneda zu fahren. Das Durcheinander des morgendlichen Stadtverkehrs wurde durch die zahlreichen Truppentransporter noch verschlimmert. Am Friedhof angekommen, passierte das Taxi durch den Haupteingang und fuhr dann so nahe wie möglich an den Sektor 134 heran. Wie gewöhnlich war hier nichts von dem zu spüren, was außerhalb der Mauern vor sich ging. Die letzten hundert Meter zum Hof ging Snow durch die Gräberreihen zu Fuß. Hinter dem Eisentor begrüßte Luis Snow mit einem Lächeln und winkte ihn herein. »Long time no see«, sagte Luis und konnte bei dieser Gelegenheit einen neu gelernten englischen Ausdruck praktisch anwenden.

Die Szene, der sich Snow gegenübersah, war so makaber, als wäre sie von einem Filmausstatter in Hollywood entworfen worden, um das Publikum zu schockieren. Ein 1,20 Meter tiefer und etwa elf Meter breiter Graben verlief entlang der Westseite gegen die Ziegelmauer. Friedhofsarbeiter hatten ein Holzdach über dem Graben gebaut, so daß er teilweise in Schatten und teilweise in gleißendes Sonnenlicht getaucht war. Im Graben selbst erhoben sich acht Erdhügel. Dutzende von Skeletten, die einen völlig freigelegt, die anderen nur in Form eines aus der trockenen braunen Erde ragenden Arm- oder Beinknochens sichtbar, lagen auf kleinen, tafelbergähnlichen Erhebungen, die man aus der Erde herausgekratzt hatte. An manchen Stellen lagen die Gebeine auf Haufen durcheinander wie Mikadostäbchen. An einigen der Knochen hingen noch Reste von Kleidungsstücken, Schuhen, Sandalen, ein Regenmantel, Gürtelschnallen, Nylonstrümpfe und ein Schal. Viele Schädel wiesen einzelne Einschußlöcher auf. Im Schatten des Grabens kroch eine Armee von roten Ameisen von Knochen zu Knochen.

»Wir haben ein Skelett gefunden, bei dem Hände und Füße abgeschnitten waren«, erklärte Luis, als er mit Snow am Grabenrand entlangging. Angesichts dessen, was er sah, pfiff Snow durch die Zähne. Es war genauso, wie die Totengräber gesagt hatten: Man hatte die Toten Fuß-zu-Kopf hineingeworfen.

»Wir haben die ersten Knochen im ›Cuadrícula C9‹ gefunden«,

sagte Pato, als sie sich den beiden Männern anschloß. »Das war im letzten April. Seitdem haben wir etwa 70 weitere gefunden.«[7] Das Team hatte alle Skelette genauso belassen, wie sie sie gefunden hatten, um dann ihre Position aufzuzeichnen und die umliegende Erde nach Artefakten zu durchkämmen, die Aufschluß über die Todesursache geben konnten. Sie hatten viele Kugeln eingesammelt, die sie in Filmröhrchen aus Plastik verwahrten.

Am Rand eines der Hügel hatte man mehrere Schädel übereinandergeschichtet. Das Team hatte dem Hügel den Namen »La cascada«, der »Wasserfall«, gegeben. »Dieser Hügel sieht aus wie das Picasso-Gemälde«, sagte Mimi und deutete auf den nächsten Hügel. »Wie Guernica.« Sie wandte sich einem anderen Hügel zu und zeigte auf einen Schädel, der zerbrochen war. »Der stammt von unserem ›Terror-Team‹«, sagte sie, womit sie Luis und Ale meinte, die für ihre unsanfte Grabungsweise inzwischen berüchtigt waren. »Und das hier sind verbrannte Reifen. Man hat anscheinend versucht, einige der Leichen zu verbrennen, um den Gestank zu überdecken.«

Wasser war der ärgste Feind des Teams gewesen. Manchmal waren nach heftigen Regenfällen die sorgfältig gepflegten Rainwände und Hügel abgebröckelt, wodurch die Skelette aus ihrer ursprünglichen Stellung rutschten. Es kostete das Team dann immer Tage, den ursprünglichen Zustand wiederherzustellen. Die Ameisen, deren Bisse schmerzhafte Schwellungen hinterließen, hatten ihnen das Leben noch zusätzlich erschwert. Das Team hatte Ameisengift im Graben ausgestreut und einige der freiliegenden Knochen zum Schutz mit Firnis überzogen, wie dies in der Archäologie gemeinhin ebenfalls gemacht wird.

Endlich hatten die Provinzbehörden auch etwas Geld herausgerückt. Installateure bauten Wasserleitungen in das inzwischen vom Team frisch gestrichene Leichenschauhaus ein. Im Gegensatz zur Gemeinde machte das Staatssekretariat nicht die geringsten Anstalten, dem Team zu helfen. Im Juli hatte die Zeitung »Página 12« einen Brief von Eduardo Rabossi abgedruckt, in dem er das Team kritisierte. »Es ist überaus bedauerlich«, schrieb er, »daß diese schmerzliche Angelegenheit erneut von der EAAF dazu benutzt wird, ihren persönlichen und kollektiven Ehrgeiz zu befriedigen.«[8] Diese Unterstellung konnte Snow nicht auf dem Team sitzen lassen, noch dazu, weil Rabossi nie bei einer Ausgrabung des Teams dabeigewesen war. Einen Monat nach Rabossis Brief sagte Snow einem Reporter von »Página 12«, daß das Staatssekretariat nicht den Mut habe, echte Menschenrechtsfälle zu verfolgen und daß es statt dessen »Menschen in Papier verwandelt«.[9]

Morris schloß sich mit nacktem Oberkörper, seinen üblichen Enthusiasmus versprühend, der Gruppe an. »Das hier ist ganz außergewöhnlich«, sagte er Snow, als sie stehenblieben, um ein Skelett mit über der Brust gekreuzten Armen zu betrachten. »Unsere Hypothese ist, daß wir es hier mit dem Teil eines alten Friedhofs zu tun haben. Das Skelett stammt von einer älteren Person, die Arme sind über der Brust gekreuzt, und wir haben Teile eines Sarges gefunden. Die Knochen sind sehr zerbrechlich, so als ob sie schon sehr, sehr lange hier lägen.« Es schien so, als sei der Sektor einst Teil des Hauptfriedhofs gewesen und habe vor allem für die Begräbnisse von Armen gedient. Mimi fügte hinzu, daß in den Friedhofsunterlagen die Namen und Adressen von etwa 60 Personen aufgelistet seien, die hier ordnungsgemäß begraben worden waren. Dieser Umstand würde es noch schwerer machen, die Verschwundenen unter den früher Bestatteten auszumachen. Außerdem hatten sie in einer Ecke des Sektors die Skelette mehrerer zusammen begrabener Kinder gefunden. Sie waren ohne Särge beigesetzt worden, und wer sie waren und woher sie kamen, war ein Rätsel.

Snow betrachtete die Szene und schüttelte den Kopf. Es war fast mehr, als er auf einmal aufnehmen konnte. War die Grabung an sich schon schwierig gewesen, so stellte sie die Identifizierung der Toten vor noch viel größere Probleme. Zunächst, so Snows Vorschlag, mußten sie Knochen der »ordnungsgemäß« Beerdigten von denen der »Desaparecdidos« trennen. Am besten hielten sie sich dabei an das Alter bei Eintritt des Todes und an das Vorhandensein von Schußwunden. Er hatte bereits mehrere Schußwunden und mindestens ein Skelett mit Anzeichen für Osteomyelitis gesehen. Außerdem würden Arme, die in Krankenhäusern starben, in der Regel nicht mit Schuhen beerdigt, was als weiteres Unterscheidungsmerkmal dienen konnte. Darüber hinaus hatte das Team herausgefunden, wann 19 der »Kuhlöcher« gegraben worden waren, nämlich zwischen 1976 und 1978. Welches Loch allerdings an genau welchem Datum gegraben worden war, darüber schwiegen sich die Unterlagen aus.

Als sie den Hof verließen, drehte sich Snow um, um einen letzten Blick auf die Szene zu werfen. In einjähriger Arbeit war eine nach allen Regeln der Kunst organisierte Grabungsstätte entstanden. Das Team war bei der Stange geblieben, trotz aller ihm in den Weg gestellten Hindernisse und trotz aller ihm entgegengebrachten Gleichgültigkeit, die eine weniger engagierte Gruppe sehr leicht hätte entmutigen können. Für das, was noch vor ihnen lag, würden sie noch mehr von diesem Eifer brauchen. Aber sie hatten auch schon Früchte ihrer Arbeit geerntet. Die Nationale Akademie der Wissenschaften von Argentinien hatte sie im Jahr zuvor zu Ad-honorem-Ermittlern ernannt. Den schönsten Sieg hatte das Team allerdings im Mai 1988 errungen, als Suárez Mason aufgrund ihres Berichts über María Mercedes Hourquebie de Francese, deren Skelett das erste auf dem Avellaneda ausgegrabene gewesen war, und aufgrund Snows statistischer Erhebung über die Gräber Namenloser von San Francisco nach Buenos Aires ausgeliefert wurde, um dort wegen Mord, Folter und Entführung vor Gericht gestellt zu werden. Außerdem begann der Ruf des Teams allmählich über die Landesgrenzen hinauszudringen, und auch in anderen Ländern begannen sich Familien, die versuchten, die Überreste ihrer verschwundenen Angehörigen aufzuspüren, für ihre einzigartigen Fertigkeiten und Kenntnisse zu interessieren. In einer Woche wollte das Team nach Chile gehen, um dortigen Menschenrechtsgruppen dabei zu helfen, jene Aberhunderte von Fällen des Verschwindens zu untersuchen, die sich dort kurz nach der Machtübernahme durch das Militär 1973 ereignet hatten. Außerdem hatte die bolivianische Regierung bei dem Team angefragt, ob es bei der Untersuchung angeblicher Exekutionen in Gefangenenlagern helfen könne.

Sie verließen den Friedhof und gingen wie jeden Nachmittag zum Mathias-Café hinüber. Morris blieb stehen, um sich Lehm von seinen Schuhsohlen zu kratzen. »Dieser Friedhofsdreck klebt wirklich an einem fest«, sagte er. »Yep«, erwiderte Snow, »früher oder später tut er das.«

Mimi, Pato und Luis sitzen auf einer Grasbank, von der aus sie einen Fluß in dem saftigen El-Tigre-Delta überblicken können, in dem sich der Paraná und der Rio de la Plata treffen, um dann gemeinsam an Buenos Aires vorbei zum Atlantik zu fließen. Auf der Uferböschung sitzt, mit ins Wasser baumelnden Füßen, Snow und ist völlig in einen Kriminalroman über einen Mann vertieft, der im Nikolauskostüm eine Bank in Texas ausraubt.

Nachdem es drei Tage hintereinander geregnet hat, hat die Gruppe ihre Arbeit auf dem Avellaneda unterbrochen und gönnt sich nun ein paar freie Tage in einer kleinen Hütte, die Morris'

Vater gehört. Eine niedrighängende Wolkendecke taucht den windstillen Sommertag in ein milchiges Licht. Während Snow liest, beobachtet die Gruppe, wie sich in einem kleinen Strudel zu seinen Füßen Blätter und kleine Zweige sammeln. Neben ihnen stehen drei leere Flaschen von Valentín-Bianchi-Wein.

Die Argentinier erzählen sich ihre Träume, etwas was sie immer dann tun, wenn sie eine gewisse melancholische Stimmung befällt. Luis, der dauernd von ihrer Arbeit träumt, erzählt seinen letzten Traum. Er sitzt in einem Café im Stadtteil Florida und hat eine wunderschöne Frau neben sich. Er beugt sich vor, um sie zu küssen. Aber kurz bevor sich ihre Lippen treffen, verwandelt sich die Frau in ein Skelett. Pato zieht ihre Augenbraue hoch und blickt zu Luis hinüber. Aber immerhin ist sie sich mit den anderen darüber einig, daß dieser Traum besser ist als sein letzter, in dem er alle Knochen verkauft hat.

Mimi erzählt als nächste. Sie hatte in jüngster Zeit zwei Träume, von denen einer immer wiederkehrt. Die Zivilregierung ist durch einen neuen Militärputsch gestürzt worden, und die Polizei hat die anderen Mitglieder des Teams festgenommen und hält sie nun als Geiseln fest. Nur Mimi, die die Schergen nicht finden konnten, ist in der Lage, ihre Kollegen zu retten. Gegen ihren inneren Antrieb, sich selbst zu retten, ankämpfend, durchstreift sie die Straßen von Buenos Aires und sucht verzweifelt nach ihren Freunden.

Dann erzählt sie ihren jüngsten Traum. Er spielt im Haus ihrer Schwester. Sie schläft gerade und wird durch ein Geräusch geweckt, das aus dem Schrank kommt. Die Schranktür öffnet sich, und es kommt ein mit Frauenkleidern angetanes Skelett heraus und beginnt, um ihr Bett zu tanzen. Mimi setzt sich auf, zieht ihre Knie an die Brust und sieht zu.

Pato zieht mit ihren spinnenartigen Fingern eine Zigarette aus einer altmodischen Metalldose mit der Aufschrift »Sonny Boy«. Sie zündet sich die Zigarette an, nimmt einen tiefen Zug und erzählt dann ihren Traum. Eine Freundin von ihr muß abtreiben lassen, und sie gibt ihr Geld. Das Mädchen ruft Pato zu sich ins Krankenhaus. Als sie dort ankommt, eröffnet ihr der Arzt, daß ihre Freundin Blut brauche und daß sie die einzige sei, die es ihr geben könne. Dann bindet der Arzt ein Gummiband um Patos Arm, um die Venen hervortreten zu lassen, und dreht sich dann um, um eine Nadel zu holen. Pato blickt nach unten und sieht, daß die Knochen eines Babys aus ihrem Arm hervortreten.

Die drei Argentinier verfallen in Schweigen und sehen dabei zu, wie die Strudel die Oberfläche des schlammigen Flusses durchbrechen, dessen Wasserstand durch die Flut immer weiter steigt.

»Clyde, träumst du auch?« fragt Pato.

»Klar«, erwidert Snow. »Gerade letzte Nacht habe ich geträumt, ich wäre in die Hölle gekommen, aber sie hätten mich dort gleich wieder rausgeschmissen.«

Mimi lächelt und übersetzt für die anderen. »Warum durftest du nicht dortbleiben?« fragt sie Snow.

»Ganz einfach, weil meine Visa-Karte abgelaufen war.«

Als ob sie durch das allgemeine Lachen aufgeweckt worden wäre, bricht die Sonne durch den wolkigen Himmel über El Tigre. Fröstelnd zieht sich Pato ihr Kopftuch über die Schultern.

»Wie kann es dir kalt sein, wenn die Sonne scheint?« fragt Luis und legt seinen Arm um sie.

»Weil es bedeutet, daß wir mit dem Graben weitermachen.«

Snow blickt von seinem Buch auf. Er beugt sich über das wirbelnde Treibgutknäuel zu seinen Füßen und befreit es mit einem Weidenast. Sie sehen zu, wie es langsam flußabwärts treibt und dann aus ihrem Blickfeld verschwindet, um sich irgendwann mit dem Meer zu vereinen.

Anmerkungen

1. Frühe Bekanntschaft mit dem Tod

1. Texas Department of Highways and Public Transportation: Texas Travel Handbook, S. 63.
2. Clyde C. Snow/Herbert M. Reynolds/Mackie A. Allgood: Anthropometry of Airline Stewardesses, in: Office of Aviation Medicine. Federal Aviation Administration, AM 75–2, März 1975.
3. Clyde C. Snow/John Carroll/Mackie Allgood: Survival in Emergency Escape from Passenger Aircraft, in: Office of Aviation Medicine. Federal Aviation Administration, AM 70–16, Oktober 1970.
4. Clyde C. Snow: Forensic Anthropology, in: Annual Review of Anthropology, 11/1982, S. 97–131.
5. Clyde C. Snow/James L. Luke: The Oklahoma City Child Disappearances of 1967: Forensic Anthropology in the Identification of Skeletal Remains, in: Journal of Forensic Sciences, 15(2)/1970, S. 125–153.
6. John W. Forney in einem Interview mit den Autoren, März 1989

2. Corpus delicti

1. Jürgen Thorwald: Das Jahrhundert der Detektive. Weg und Abenteuer der Kriminalistik. Zürich 1964, S. 248.
2. Orville T. Bailey: Brahma, Parkman and Webster: Murder in Medical Boston, in: Journal of the American Medical Association, 220(1)/1972, S. 70–74.
3. Hon. Robert Sullivan: The Murder Trial of Dr. Webster, Boston, 1850, in: Massachusetts Law Quarterly, 51(4)/1966, S. 367–396 und 52(1)1967, S. 67–96.

4. Clyde C. Snow: Forensic Anthropology, in: Annual Review of Anthropology, 11/1982, S. 97–131.
5. Ebda., S. 104.
6. T. W. Todd/D. W. Lyon: Cranial Suture Closure: Its Progress and Age Relationship, Teil IV, in: American Journal of Physical Anthropology, 8(2)/1925, S. 149–168. Zit. in: Wilton M. Krogman: The Human Skeleton in Forensic Medicine. Springfield, Ill., 1962, S. 76.
7. Robert Jay Lifton: The Nazi Doctors: Medical Killing and the Psychology of Genocide. New York 1986, S. 17. Dt. Ausgabe: Ärzte im Dritten Reich. Stuttgart 1988, S. 23.
8. Krogman, The Human Skeleton in Forensic Medicine, a. a. O., S. 89.
9. Stephen Jay Gould: The Mismeasure of Man. New York 1981, S. 122–143. Dt. Ausgabe: Der falsch vermessene Mensch. Frankfurt/M. 1988, S. 129–156.
10. I. Taylor/P. Walton/J. Young: The New Criminology: For a Social Theory of Deviance. London 1973, S. 41. Zit. in: Gould, Der falsch vermessene Mensch, a. a. O., S. 131.
11. Cesare Lombroso: Die Ursachen und Bekämpfung des Verbrechens. Berlin 1902, S. 389f. – Zit. in: Gould, Der falsch vermessene Mensch, a. a. O., S. 146.
12. Henry T. F. Rhodes: Alphonse Bertillon. New York 1956, S. 76.
13. Thorwald, Das Jahrhundert der Detektive, a. a. O., S. 35.
14. Rhodes, Alphonse Bertillon, a. a. O., S. 146.

3. Der Anthropologe als Detektiv

1. T. Dale Stewart: Forensic Anthropology, in: The Uses of Anthropology. Hrsg. v. Walter Goldschmidt. Washington, D.C., Publications of the American Anthropological Association, 10/1979, S. 169–183.
2. J. H. Wigmore: The Luetgert Case, in: American Law Review, 32/1898, S. 187–207.
3. T. Dale Stewart: George A. Dorsey's Role in the Luetgert Case: A Significant Episode in the History of Forensic Anthropology, in: Journal of Forensic Sciences, 23/1978, S. 786–791.
4. Clyde C. Snow: Forensic Anthropology, in: Annual Review of Anthropology, 11/1982, S. 100.
5. Stewart, George A. Dorsey's Role in the Luetgert Case, a. a. O., S. 787.
6. Victor Cohn: News and Numbers. Ames, Iowa, 1989, S. 141.
7. T. Dale Stewart (Hrsg.): Personal Identification in Mass Disasters. Washington, D.C.: Smithsonian Institution/Museum of Natural History, 1970, S. 100 (Seminarbericht).

8. Wilton M. Krogman: The Human Skeleton in Forensic Medicine. Springfield, Ill., 1962, S. 162.
9. Ebda., S. 93.
10. Krogman, The Human Skeleton in Forensic Medicine. Zit. in: Curtis W. Wienker: Sex Determination from Human Skeletal Remains: A Case of Mistaken Assumption, in: Human Identification-Case Studies in Forensic Anthropology. Hrsg. v. Ted A. Rathbun und Jane E. Buikstra. Springfield, Ill., 1984, S. 229–243.
11. Eugene Giles: Discriminant Function Sexing of the Human Skeleton, in: Stewart (Hrsg.), Personal Identifcation in Mass Disasters, a. a. O., S. 100.
12. Stephen Jay Gould: Der falsch vermessene Mensch. Frankfurt/M. 1988, S. 59.
13. Krogman, The Human Skeleton in Forensic Medicine, a. a. O., S. 206.
14. David D. Thompson: Forensic Anthropology, in: A History of American Physical Anthropology. 1930–1980. Hrsg. v. Frank Spenser. New York 1982, S. 358–359.
15. Stewart, Forensic Anthropology, a. a. O., S. 175.
16. Mildred Trotter/Goldine Gleser: A Reevaluation of Estimation of Stature Based on Measurements of Stature Taken During Life and of Long Bones after Death, in: American Journal of Physical Anthropology, 16(1)/1958, S. 79–123.
17. Mildred Trotter: Estimation of Stature from Intact Long Limb Bones, in: Stewart (Hrsg.), Personal Identification in Mass Disasters, a. a. O., S. 71–84.
18. Trotter/Gleser, Reevaluation of Estimation of Stature, a. a. O., S. 79–123.
19. Thomas W. McKern: Estimation of Skeletal Age from Combined Maturational Activity, in: American Journal of Physical Anthropology, 13/1957, S. 399–408.
20. Douglas Ubelaker: Human Skeletal Remains: Excavation, Analysis, Interpretation. Chicago 1978, S. 53.
21. T. Dale Stewart: Medico-legal Aspects of the Skeleton, in: American Journal of Physical Anthropology, 6(3)/1948, S. 315–322.

4. Der Himmel über uns

1. Fred Jordan in einem Interview mit den Autoren, August 1988.
2. »American Airlines DC-10 Crashes After Takeoff at O'Hare« and related stories, in: Chicago Tribune, 26. 5. 1979, section N1, S. 1–5.
3. Aircraft Accident Report, American Airlines: DC-10, N110AA. National Transportation Safety Board (NTSB-AAR-79-17), 25. 5. 1979.

4. Lowell J. Levine: Forensic Odontology Today – A »New« Forensic Science, in: FBI Law Enforcement Bulletin, August 1972, S. 7.
5. Elaine Markoutsas: Grim Pursuit of Identities on Flight 191, in: Chicago Tribune, 18. 6. 1979, section 2, S. 1.
6. John J. Fitzpatrick: Role of Radiology in Human Rights Abuse, in: American Journal of Forensic Medicine and Pathology, 5(4)/1984, S. 321–325.
7. Douglas H. Ubelaker: Positive Identification from the Radio-graphic Comparison of Frontal Sinus Patterns, in: Human Identification – Case Studies in Forensic Anthropology. Hrsg. v. Ted A. Rathbun and Jane E. Buikstra. Springfield, Ill., 1984, S. 399–411.
8. John J. Fitzpatrick in einem Interview mit den Autoren, Januar 1989.
9. Rober Kirschner in einem Interview mit den Autoren, Januar 1989.

5. Der Schlamm unter uns

1. »Contractor Is Charged with Murder«, and related stories, in: Chicago Tribune, 23. 12. 1978, section N1, S. 1.
2. Few Parents of Missing Youth Contact Police in Mass Murder Case, in: Chicago Tribune, 30. 12. 1978, section N1, S. 5.
3. Cook County Examiner Uses Facial Experts to Identify Murder Victims, in: Chicago Tribune, 26. 1. 1979, section N1, S. 1.
4. Clyde C. Snow: »Human Skeleton from Cook Country, Illionois, 79–23, C.C.M.E. Case # 1378 of December 1978, Body # 17.« Untersuchungsbericht für den Cook County Medical Examiner vom 2. Januar 1980.
5. John J. Fitzpatrick in einem Interview mit den Autoren, Januar 1989.
6. T. Dale Stewart: Indications of Handedness, in: Ders.: Essentials of Forensic Anthropology. Springfield, Ill., 1979, S. 239–244.
7. Stewart, Essentials of Forensic Anthropology, ebda., S. 258–271.
8. Betty Pat Gatliff in einem Interview mit den Autoren, August 1988.
9. J. S. Rhine an H. R. Campbell: Thickness of Facial Tissues in American Blacks, in: Journal of Forensic Sciences, 25(4)/1980, S. 847–858.
10. M. F. A. Montagu, A Study of Man Embracing Error, in: Technical Review, 49(6)/1947, S. 345–347.
11. Wilton M. Krogman: A Problem in Human Skeletal Remains, in: FBI Law Enforcement Bulletin, Juni 1948, S. 7–12.
12. Clyde C. Snow/Betty P. Gatliff/Kenneth R. McWilliams: Reconstruction of Facial Features from the Skull: An Evaluation of its Usefulness in Forensic Anthropology, in: American Journal of Physical Anthropology, 33(2)/1970, S. 221–227.

13. Clyde C. Snow/Betty P. Gatliff/Frank Young: Case History: Victim Identification through Facial Restoration. Civil Aeromedical Institute (FAA), Januar 1977 (Arbeitspapier für ein Treffen der American Academy of Forensic Science in San Diego, California, vom 15.–19. Februar 1977), S. 1–21.
14. E. N. Earley: Murder Victim's Face No Longer Mystery, in: Tulsa Tribune, 16. 9. 1976, S. 1.
15. Betty Pat Gatliff in einem Interview mit den Autoren, August 1988.

6. Der Outlaw in Arsen

1. Clyde C. Snow: The Life and Afterlife of Elmer J. McCurdy – A Melodrama in Two Acts, in: Special Supplement of the Paleopathology Association. Detroit, Michigan, September 1977.
2. Joseph H. Choi: Forensic Laboratory Analyses Report C.C. No. 76-14812, in: John Doe #255, FLC No. 76-178, 9. Dezember 1976.
3. Richard Champbell: Sixty-five-Year Run About to End in Rest, in: Los Angeles Herald Examiner, 19. 12. 1976, S. 17.
4. Snow, The Life and Afterlife of elmer J. McCurdy, a. a. O., S. 56.
5. Amusement Park Dummy Found to Be Oklahoma Gunman Elmer McCurdy, in: Los Angeles Times, 14. 4. 1977, section 2, S. 1.
6. Judy Suchey in einem Interview mit den Autoren, September 1988.
7. Thomas D. Burrows/Donald N. Wood: Television Production: Disciplines and Techniques. Dubuque, Iowa, 1978, S. 149–170.
8. Arthur H. Lamb: Tragedies of the Osage Hills, Pawhuska, Okla., S. 193 ff.
9. Tells of Taking Bandit McCurdy, in: Tulsa Daily World, 15. 10. 1911, S. 10.
10. Lamb, Tragedies of the Osage Hills, a. a. O., S. 194.
11. Desperado Body Finally Laid to Rest, in: Lubbock (Tex.) Avalanche Journal, 23. 4. 1977.

7. Custers letzter Posten und erste Auferstehung

1. Robert M. Utley: Custer Battlefield. Washington, D.C. Division of Publications. National Park Service. U.S. Department of the Interior, Handbook 132, 1988.
2. Douglas Scott/Melissa Connor/Clyde C. Snow: Nameless Faces of Custer Battlefield, in: Greasy Grass, Annual for the Battlefield Dispatch. Hardin, Mont.: Custer Battlefield Historical & Museum Association, Mai 1988, S. 1–4.

3. Douglas Scott in einem Interview mit den Autoren, Juni 1989.
4. Clyde C. Snow/John J. Fitzpatrick: Human Osteological Remains from the Battle of the Little Bighorn, in: Archaeological Perspectives on the Battle of the Little Bighorn. Hrsg. v. Douglas D. Scott, Richard A. Fox, Jr., Melissa A. Connor und Dick Harmon, Okla., 1989, S. 243–281.
5. Betty Pat Gatliff in einem Interview mit den Autoren, September 1988.
6. Snow und Fitzpatrick, Human Osteological Remains form the Battle of the Little Bighorn, a. a. O., S. 247.

8. Der gefallene Todesengel

1. Alan Riding: Key Man in Mengele Case: Romeu Tuma, in: New York Times, 16. 6. 1985, S. 3.
2. Ralph Blumenthal in einem Interview mit den Autoren, August 1988.
3. Mark Berkowitz, Präsident von CANDLES (Children of Auschwitz Nazi Deadly Lab Experiment Survivors), in seiner Aussage vor dem Unterausschuß für Jugendrecht des US-Senats, 19. Februar 1985.
4. Robert Jay Lifton: What Made This Man? Mengele, in: New York Times Magazine, 21. 7. 1985, S. 21.
5. Robert Jay Lifton: The Nazi Doctors: Medical Killing and the Psychology of Genocide. New York 1986, S. 22. Dt. Ausg.: Ärzte im Dritten Reich. Stuttgart 1988, S. 28.
6. Am 19. Januar 1981 von der Strafkammer des Landgerichts 22, Frankfurt am Main, erlassener Haftbefehl und Eröffnungsbeschluß, Aktenzeichen (22)50/L Js340/68.
7. Gerald L. Posner/Johne Ware: Mengele: The Complete Story. New York 1986, S. 62.
8. Richard Allan White in einem Interview mit den Autoren, Dezember 1988.
9. Peggy C. Caldwell, Bericht über Fotovergleiche an mehreren als Mengele verdächtigten Personen, 3. Februar 1985. Im Besitz der Autoren.
10. Ellis R. Kerley, Bericht über Fotovergleiche an mehreren als Mengele verdächtigten Personen, 3. Februar 1985. Im Besitz der Autoren.
11. Richard Allan White in einem Gespräch mit den Autoren, Dezember 1988.
12. Neil Sher gegenüber Associated Press, 22. 4. 1985.
13. Hans Eberhard Klein gegenüber Posner/Ware, Mengel: The Complete Story, a. a. O., S. 334.
14. Posner/Ware, Mengele: The Complete Story, a. a. O., S. 336.
15. Morgan Hardiman in einem Interview mit den Autoren, November 1988.

16. Stephen S. Trott, Stellvertretender Justizminister, Criminal Division, US-Justizministerium in seiner Aussage vor dem Unterausschuß für Jugendrecht des US-Senats, 19. März 1985.
17. Leslie Lukash in einem Interview mit den Autoren, August 1988.
18. Clyde C. Snow in einem Interview mit Charles Gibson für ABC-TV's Nightline, 7. 6. 1985.
19. Menachem Russek gegenüber Posner/Ware, Mengele: The Complet Story, a. a. O., S. 340.
20. Mitarbeiter des US-Justizministeriums, Office of Special Investigations, in einem Interview mit den Autoren, November 1988.
21. Lowell J. Levine in einem Interview mit den Autoren, August 1988.
22. Blumenthal in einem Interview mit den Autoren, August 1988.
23. David A. Crown: Practical Aspects of the Mengele Handwriting Examination, in: Journal of Forensic Science Society, 27/1987, S. 5–11.
24. David A. Crown: The Identification of the Handwriting of Josef Mengele, in: Journal of Forensic Sciences, 32/1987, S. 113–117.
25. Richard House, U.S. Experts Identify Handwriting as Mengele's, in: Washington Post, 15. 6. 1985, S. A15.
26. Einer der Autoren, Eric Stover, war sowohl bei dem Treffen im Gerichtsmedizinischen Institut in Sao Paulo vom 15. Juni 1985, als auch während der gesamten Dauer der wissenschaftlichen Untersuchung der angeblichen Überreste von Josef Mengele, die am 21. Juni 1985 abgeschlossen wurde, anwesend.
27. Various Documents Concerning Josef Mengele's Genealogy and Racial Fitness (Verschiedene Dokumente hinsichtlich der Genealogie und Rassentauglichkeit des Josef Mengele). 1938. Berlin Documentation Center archives, Berlin, im Besitz der Autoren.
28. Posner/Ware, Mengele: The Complete Story, a. a. O., S. 16.
29. David G. Marwell, Stellungnahme zum Fall Mengele, 10. Juni 1985, Aktenzeichen 146-2-47-145, Archiv des Office of Special Investigations, Washington, D.C., im Besitz der Autoren.
30. Donald J. Ortner/Walter G. J. Putschar: Identification of Pathological Conditions in Human Skeletal Remains. Washington, D.C., 1981, S. 105–129.
31. Ellis R. Kerley, Osteomyelitis, unveröffentlichter Bericht, der als »Exhibit K« einem Bericht mit dem Titel: »Examination of the Human Skeletal Remains Exhumed at Nossa Senhora do Rosario Cemetery, Embú, Brasilien, 6. Juni 1985,« beigefügt wurde, der am 6. November 1986 von den forensischen Gutachtern des United States Marshals Service and Office of Special Investigations des US-Justizministeriums und des Simon Wiesenthal Centers für den Justizminister der Vereinigten Staaten verfaßt wurde, im Besitz der Autoren.

9. Ein Skelett erzählt eine Geschichte

1. Thomas Dwight: The Size of the Articular Surface of the Long Bones As Characteristics of Sex: An Anthropological Study, in: American Journal of Anthropology, 4/1905, S. 19–32.
2. Verfügung der Verfahrenseinstellung durch die SS und das Polizeigericht XV in Breslau (St.L.I7/43), vom 28. September 1943, im Besitz der Autoren.
3. Lowell J. Levine in einem Interview mit den Autoren, August 1988.
4. Ellis R. Kerley: The Microscopic Determination of Age in Human Bone, in: American Journal of Physical Anthropology, 23/1965, S. 149–163; Ellis R. Kerley/Douglas H. Ubelaker: Revisions in the Microscopic Method of Estimating Age at Death in Human Cortical Bone, in: American Journal of Physical Anthropology, 49/1978, S. 545–546.
5. Interview mit Wolfram und Liselotte Bossert sowie Gitta Stammer im Gerichtsmedizinischen Institut von Sao Paulo am 18. Juni 1985, geführt von einem der Autoren, Eric Stover, und den im Auftrag des Simon Wiesenthal Centers, der Brasilianischen Regierung, der Vereinigten Staaten und Deutschland tätigen forensischen Experten.
6. Richard Helmer: »Schädelidentifizierung durch elektronische Bildmischung: zugleich ein Beitrag zur Konstitutionsbiometrie und Dickenmessung der Gesichtsweichteile. Heidelberg 1984.
7. Einer der Autoren, Eric Stover, war bei dem Treffen der amerikanischen Wissenschaftler im US-Konsulat am 20. Juni 1980 in Sao Paulo, Brasilien, anwesend.
8. Leslie Lukash in einem Interview mit den Autoren, August 1988.
9. Telex von Rabbi Marvin Hier an das im Auftrag des Simon Wiesenthal Centers tätige forensische Expertenteam, datiert vom 20. Juni 1985, im Besitz der Autoren.
10. Bundeskriminalamt der Bundesrepublik Deutschland, »Fotoanalyse eines nicht identifizierten Mannes«, Fall M-74 186 f. A., 7310.2-70/85, 1985, Frankfurt, im Besitz der Autoren.
11. »Untersuchung der am 6. Juni 1985 auf dem Friedhof Nossa Senhora de Rosario in Embú, Brasilien, exhumierten menschlichen Skelettreste: Ein vorläufiger Bericht an Dr. Romeu Tuma, Direktor der Bundespolizei in Sao Paulo, Brasilien«, vorgelegt am 21. Juni 1985 durch die im Auftrag des Simon Wisenthal Centers, des United State Marshal Service und des US-Justizministeriums tätigen forensischen Gutachter, über ihre vom 15.–21. Juni 1985 durchgeführten Untersuchungen. Im Besitz der Autoren.

10. Jenseits eines begründeten Zweifels

1. Lowell J. Levine in einem Interview mit den Autoren, August 1988.
2. Israel Says it Reserves Judgment on Mengele, in: New York Times, 24. 6. 1985, section 1, S. 4.
3. Meese Says U.S. Concurs on Mengele, in: New York Times, 22. 6. 1985, section 1, S. 8.
4. Center »99 Percent« Sure, in: New York Times, 22. 6. 1985, section 1, S. 8.
5. David Marwell: Evidence of Osteomyelitis. Stellungnahme zum Fall Mengele. Justizministerium, 14. August 1985, im Besitz der Autoren.
6. Donald J. Ortner: Observations on the Purported Skeleton of Josef Mengele. 14./15. Januar 1986. (Unveröffentlichtes Manuskript, im Besitz der Autoren.)
7. Donald J. Ortner in einem Interview mit den Autoren, Oktober 1988.
8. David Marwell: Medical Information from Mengele's Diaries and Correspondence. Stellungnahme zum Fall Mengele. Justizministerium, 14. August 1985, im Besitz der Autoren.
9. Idelle Davidson: Shadowing the Angel of Death, in: Pursuits, Winter 1989, S. 21–25.
10. Stephen Dachi in einem Interview mit den Autoren, Juli 1989.

11. Die Mütter der Plaza de Mayo

1. Federico Garcia Lorca: Romanze von der spanischen Guardia Civil, in: Gedichte. Übers.: Enrique Beck, © Insel Verlag, Frankfurt am Main, 1969.
2. Clyde C. Snow: Forensic Anthropology in the Documentation of Human Rights Abuses. Arbeitspapier für das jährliche Treffen der American Association for the Advancement of Science. New York, 27. Mai 1984.
3. Mrs. Perón Took Overthrow Calmly, in: Buenos Aires Herald, 26. 3. 1974, S. 1.
4. Marysa Navarro: Evita and Peronism, in: Juan Perón and the Reshaping of Argentina. Hrsg. v. Fredrick C. Turner und José Enrique Miquens. Pittsburgh 1983, S. 15–32.
5. The National Commission on the Disappeared: Nunca Más. London 1986, S. 51–208.
6. Marketa Freund: The Law and Human Rights in Argentina, in: Worldview, Mai 1979, S. 37–41.

7. The National Commission on the Disappeared, Nunca Más, a. a. O., S. 29–31.
8. Ebda., S. 159.
9. Jacobo Timerman: Prisoner Without a Name. Cell Without a Number. New York 1981, S. 148.
10. The National Commission on the Disappeared, Nunca Más, a. a. O., S. 121–131.
11. Ebda., S. 223.
12. Brief von Angestellten des Leichenschauhauses Córdoba an Präsident Jorge Rafael Videla, vom 30. Juni 1980, Aktenzeichen 0126, Nationale Kommission für die Verschwundenen, Córdoba.
13. Francisco Rubén Bossio, eidliche Aussage vor der Nationalen Kommisson für die Verschwundenen, 19. Januar 1984, Córdoba, im Besitz der Autoren.
14. Albano Jorge Harguindeguy, befragt in: »Disappearances«: A Workbook. New York 1981, S. 11–12.
15. Huge Crowds Celebrate Return to Democracy, in: Buenos Aires Herald, 11. 12. 1983, S. 1.
16. Lowell J. Levine in einem Interview mit den Autoren, August 1988.
17. Gustavo Angel R. Piccolo, eidliche Aussage vor der Nationalen Kommission für die Verschwundenen, 24. April 1984, Villa Devoto, Aktenzeichen 3189.
18. Martin Andersen, Letter from Argentina, in: Boston Phoenix, 10. 4. 1984, S. 6–7.
19. Leslie Lukash in einem Interview mit den Autoren, August 1988.
20. Levine in einem Interview mit den Autoren, August 1988.
21. Eric Stover, The Disappeared of Argentina: Not Without Trace, in: New Scientist, 15. 11. 1984, S. 14 f.
22. Hugo Rodolfo Ciarroca, eidliche Aussage vor der Nationalen Kommission für die Verschwundenen, 16. Juli 1984, Rosario, Aktenzeichen 006527.
23. María Isabel »Chicha« Chorbik de Mariani in einem Interview mit den Autoren, April 1988.
24. Ana María Di Lonardo/Pierre Darlu/Max Baur/u. a.: Human Genetics and Human Rights: Identifying the Families of Kidnapped Children, in: American Journal of Forensic Medicine and Pathology, 5/1984, S. 339–347.
25. Rubén Lavallén, in einem Interview für »All Things Considered«, National Public Radio, Oktober 1985.
26. Patricia Bernardi in einem Interview mit den Autoren, März 1988.
27. Morris Tidball Binz in einem Interview mit den Autoren, März 1988.
28. Mercedes Doretti in einem Interview mit den Autoren, März 1988.

12. Lilianas Geschichte

1. The National Commission on the Disappeared: Nunca Más. London 1986, S. 289.
2. Aussagen von Ana María Martí und Sara Solarz de Osatinsky gegenüber den Abuelas die Plaza de Mayo, 1979, im Besitz der Autoren.
3. Hebe di Bonafini: No Vamos a Claudicar, in: Madres de Plaza de Mayo, Dezember 1984.
4. María Julia Bihurriet in einem Interview mit den Autoren, März 1988.
5. Mercedes Doretti in einem Interview mit den Autoren, März 1988.
6. María Julia Bihurriet in einem Interview mit den Autoren, März 1988.
7. Luis Fondebrider in einem Interview mit den Autoren, März 1988.
8. Coche Pereyra in einem Interview mit den Autoren, März 1988.
9. Vgl. Néstor J. Montenegro: Sera Justicia. Buenos Aires 1986, S. 87–185.
10. Julio C. Strassera gegenüber Néstor J. Montenegro, in: Sera Justicia, a. a. O., S. 19.
11. Die Videoaufzeichnung von Clyde C. Snows Aussage bei dem Verfahren gegen die Militärjunta, am 24. April 1985, ist im Besitz der Autoren.

13. Mitleid statt Gerechtigkeit

1. Clyde Snow/María Julia Bihurriet: An Epidemiography of Homicide: Ningun Nombre Burials in the Province of Buenos Aires from 1970 to 1984. (Unveröffentlichtes Manuskript, 1987)
2. Fueron hallodos 30 cadaveres en Pilar, in: La Opinión, 8. 8. 1976.
3. La versión del comisario difiere de la del medico, in: La Razón, 16. 5. 1985, S. 13.
4. Fueron hallados 30 cadaveres en Pilar, in: La Opinión, a. a. O.
5. Fueron identificados 3 cadaveres sepultados com N.N. en Derqui, in: La Prensa, 28. 9. 1983, S. 8.
6. Equipo Argentino de Antropología Forense: The Fátima Case: A Brief Report. (Unveröffentlichtes Manuskript, 1987; im Besitz der Autoren.)
7. Equipo Argentino de Antropología Forense: A Forensic Anthropology Approach to Past Human Rights Violations in Argentina: The Spagnoli de Vera Case. (Unveröffentlichter Text vom 22. 6. 1987; im Besitz der Autoren.)
8. Clyde C. Snow in einem Interview mit dem argentinischen Schriftsteller Mauricio Cohen vom 1. Februar 1989; Übersetzung ins Amerikanische im Besitz der Autoren.

9. Richard P. Claude/Eric Stover/June P. Lopez: Health Professionals and Human Rights in the Philippines. Washington, D.C., 1987, S. 49–52.
10. Vgl. »Truth and Partial Justice in Argentina«, ein Bericht von America's Watch, New York, August 1987, S. 64–68.
11. Ebda., S. 68–72.
12. Alejandro Inchaurregui in einem Interview mit den Autoren, April 1988.
13. Horacio Vebitsky: Falta compromiso con los derechos humanos, in: El Periodista de Buenos Aires, 24.–30. 7. 1987, S 10.
14. Alejandro Inchaurregui in einem Interview mit den Autoren, April 1988.

14. Todavía Cantamos

1. Eidliche Aussage von Rafael M. Perrota Bengolea, Sohn von Rafael Perrota, vor der Nationalen Kommission für die Verschwundenen (CONADEP), am 24. Januar 1984, im Besitz der Autoren.
2. Mercedes Doretti in einem Interview mit den Autoren, März 1988.
3. Equipo Argentino de Antropología Forense: Primera Etapa de la Planificación General Peritaje Antropológico Forense en el Cementerio de Avellaneda, Provincia de Buenos Aires. (Unveröffentlichter Text, 1988; im Besitz der Autoren.)
4. Mercedes Doretti in einem Interview mit den Autoren, März 1988.
5. Ein Friedhofsarbeiter aus Avellaneda in einem Interview mit den Autoren, April 1988.
6. Camille Peri: »Getting to Know the Lord of Life and Death,« in: Mother Jones, September 1988, S. 35–42.
7. Patricia Bernardi in einem Interview mit den Autoren, Januar 1989.
8. Eduardo Rabossi: Leserbrief, in: Página 12, 22. Juli 1988, S. 24.
9. Clyde C. Snow gegenüber Mauricio Cohen »La guerra sucia no debe ser tapada«, in: Página 12, 5. August 1988, S. 12.

Anhang 1
Der menschliche Schädel

1. Stirnbein
2. Großer Keilbeinflügel
3. Tränenbein
4. Nasenbein
5. Jochbein
6. Oberkiefer
7. Processus alveolaris
8. Schneidezahn
9. Eckzahn
10. Prämolar (Vorbackenzahn)
11. Backenzahn/Mahlzahn
12. Foramen mentale (Austrittsloch für Unterkieferhautnerv)
13. Unterkiefer
14. Processus coronoideus (Knochenfortsatz)
15. Processus condylaris (Knochenfortsatz)
16. Processus styloideus (Knochenfortsatz)
17. Äußerer Gehörgang
18. Warzenfortsatz
19. Protuberantia occipitalis externa (Knochenvorsprung)
20. Hinterhauptsbein
21. Schläfenbein
22. Scheitelbein
23. Augenbrauenwulst
24. Oberer Augenhöhlenrand
25. Kanal des Sehnerven (Canalis opticus)
26. Unterer Augenhöhlenrand
27. Foramen infraorbitale (für Nerv der Haut unterhalb des Auges)
28. Nasenscheidewand
29. Kinnvorsprung
30. Fissura orbitalis superior (Durchtrittsspalte für Augennerven)
31. Fissura orbitalis inferior (Durchtrittsspalte für Augennerven)
32. Foramen supraorbitale

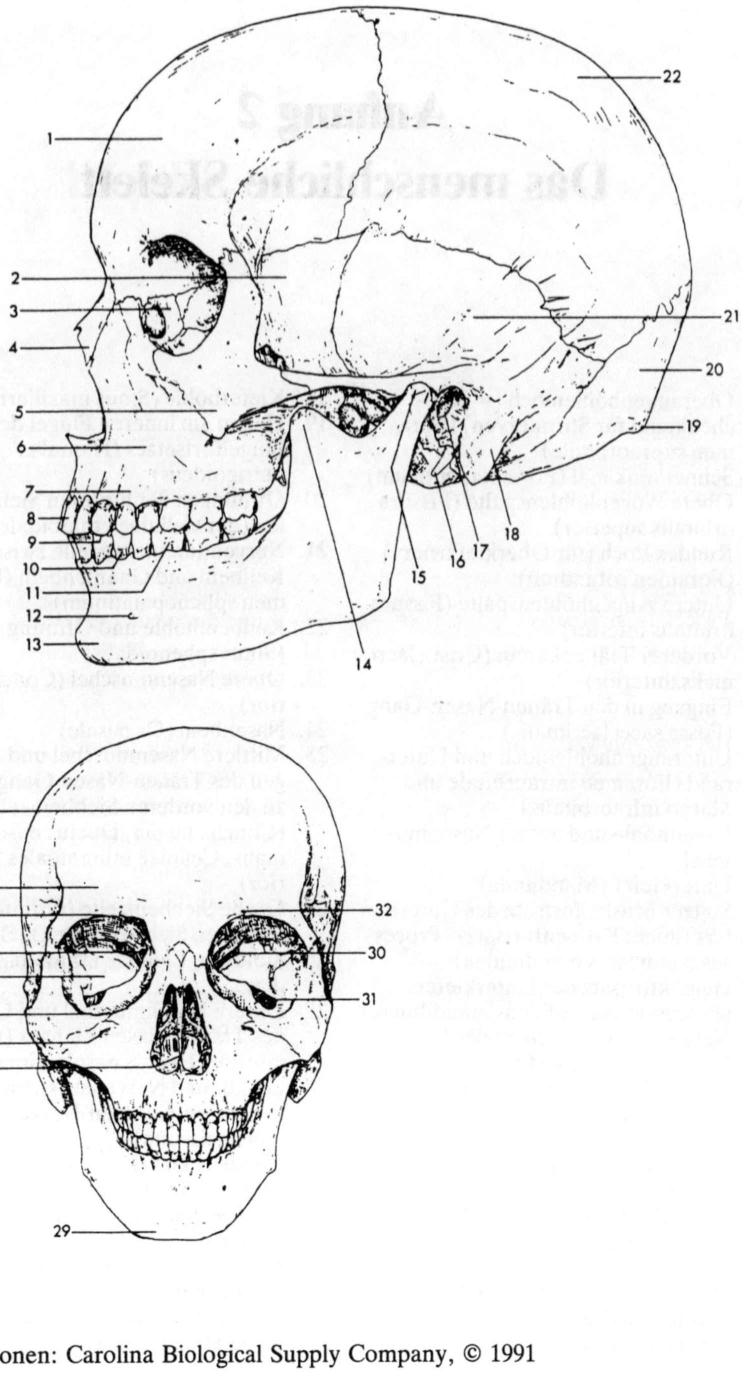

Illustrationen: Carolina Biological Supply Company, © 1991

Anhang 2
Das menschliche Skelett

1. Oberaugenhöhlenloch (= Knochenkanal für Stirnnerven) (Foramen supraorbitale)
2. Sehnervenkanal (Foramen opticum)
3. Obere Augenhöhlenspalte (Fissura orbitalis superior)
4. Rundes Loch (für Oberkiefernerv) (Foramen rotundum)
5. Untere Augenhöhlenspalte (Fissura orbitalis inferior)
6. Vorderer Tränenkamm (Crista lacrimalis anterior)
7. Eingang in den Tränen-Nasen-Gang (Fossa sacci lacrimalis)
8. Unteraugenhöhlenloch und Unterrand (Foramen infraorbitale und Margo infraorbitalis)
9. Nasenhöhle und untere Nasenmuschel
10. Unterkiefer (Mandibula)
11. Spitzer Muskelfortsatz des Unterkiefers (auch: Kronenfortsatz) (Processus condylarys mandibulae)
12. Gelenkfortsatz des Unterkiefers (Processus coronoideus mandibulae)
13. Nervenausstrittsloch an der Innenfläche des Unterkiefers (Foramen mandibulae) und Knochenschuppe an der Innenfläche des Unterkiefers (Lingula mandibulae)
14. Kinnloch (Nervenaustrittsloch) (Foramen mentale)
15. Ansatzleiste des Unterkiefer-Zungenbein-Muskels (Linea mylohyoidea)
16. Stirnhöhle (Sinus frontalis)
17. Öffnungen der Kieferhöhle (des Sinus maxillaris)
18. Kieferhöhle (Sinus maxillaris)
19. Haken am inneren Flügel des Flügelfortsatzes (Hamulus pterigoideus)
20. Öffnungen der hinteren Siebbeinzellen (der Cellulae ethmoidales post.)
21. Nervendurchtrittsstelle zwischen Keilbein und Gaumenbein (Foramen sphenopalatinum)
22. Keilbeinhöhle und Öffnung zur Nase (Sinus sphenoidalis)
23. Obere Nasenmuschel (Concha superior)
24. Nasenbein (Os nasale)
25. Mittlere Nasenmuschel und Öffnungen des Tränen-Nasen-Ganges sowie zu den vorderen Siebbeinzellen (Concha media, Ductus nasolacrimalis, Cellulae ethmoidales anterior)
26. Große Siebbeinzelle (Öffnungen der mittleren Siebbeinzellen) (Bulla ethmoidalis, Cellulae ethmoidales mediae)
27. Untere Nasenmuschel und Öffnung des Tränen-Nasen-Ganges (Concha inferior, Ductus nasolacrimalis)
28. Gefäß- und Nervenausstrittsstelle des Nasen-Gaumen-Nerves (Foramen incisivum)
29. Blindes Loch (Foramen caecum)
30. „Hahnenkamm“ und Austrittslöcher der Riechnerven (Crista galli, Nervi olfactorii)
31. Großes und kleine Gaumenknochenlöcher (Nervenaustrittsstellen) (Foramen palatinum majus, Foramina palatina minora)

Vorderansicht

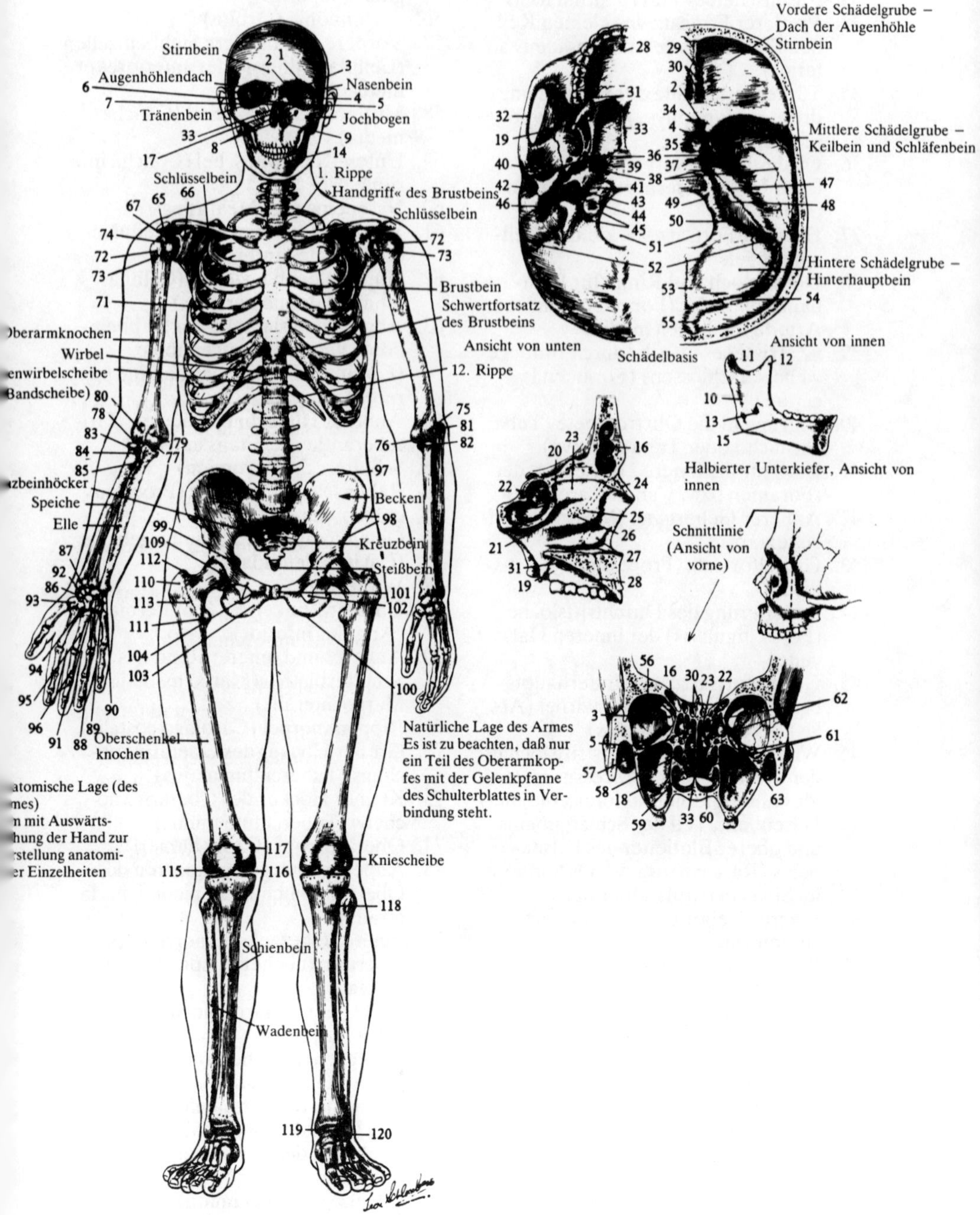

Schlossberg, Leon/Zuidema, George D.: The Johns Hopkins Atlas of Human Functional Anatomy, 3rd ed. – Baltimore/London 1986

32. Jochbogen (Arcus zygomaticus)
33. Nasenscheidewand (Septum nasi)
34. Vorderer Fortsatz des kleinen Keilbeinflügels (Processus clinoideus anterior)
35. Türkensattel (Sitz der Hirnanhangdrüse = Hypophyse) (Fossa hypophysialis)
36. Ovales Loch (Nervendurchtrittsstelle für Unterkiefernerv) (Foramen ovale)
37. Hinterer Fortsatz des kleinen Keilbeinflügels
38. Dornenloch und Rinne für Hirnhautschlagader (Foramen spinosum, Arteria meningea media)
39. »Zerrissenes« Loch (durch Bindegewebe verschlossen) (Foramen lacerum)
40. Eingang in die Ohrtrompete (Tuba Eustachii oder Tuba auditiva)
41. Loch für die innere Halsschlagader (Foramen bzw. Canalis caroticus)
42. Äußerer Gehörgang (Meatus acusticus externus)
43. Griffelfortsatz (Processus styloideus)
44. Erweiterung des Durchtrittsloches (Fossa jugularis) der inneren Halsvene
45. Gelenkfortsätze am Hinterhauptsbein für den ersten Halswirbel (Atlas) (Condyli occipitales)
46. Warzenfortsatz und Austrittsloch für den Gesichtsnerv (Processus mastoidus und Foramen stylomastoideum)
47. Felsenbein, Teil des Schläfenbeins und oberer Blutleiter des Felsenbeins (Rara petrosa des Os temporale, Sinus petrosus superior)
48. Innerer Gehörgang (Meatus acusticus internus)
49. Kanal des Zwölften Hirnnerven (Canalis hypoglossalis)
50. Loch für innere Halsvene und Nerven (Foramen jugulare)
51. Großes Hinterhauptloch (Foramen magnum)
52. Warzenfortsatzloch (für Vene) (Foramen mastoideum)
53. Rinne (im Schädel) für Hinterhauptblutleiter
54. Rinne (im Schädel) für den queren Blutleiter (Sinus transversus)
55. Rinne (im Schädel) für den oberen Blutleiter der Hirnsichel (Sinus saggitales superior)
56. Augenhöhle (Orbita)
57. Vordere und mittlere Siebbeinzellen (Cellulae ethmoidales anteriores et mediae)
58. Mittlere Nasenmuschel (Concha media)
59. Untere Nasenmuschel (Concha inferior)
60. Naseneingang (Meatus nasi)
61. Vordere Siebbeinzellen (Cellulae ethmoidales anteriores)
62. Hintere Siebbeinzellen (Cellulae ethmoidales posteriores)
63. Abgrenzungslamelle der Siebbeinhöhle gegen die Augenhöhle (Lamina orbitalis oder Lamina papyracea)
64. Äußerer Hinterhauptshöcker (Protuberantia occipitalis externa)
65. Schultereck (Acromion)
66. Rabenschnabelfortsatz (Processus coracoideus)
67. Gelenkpfanne des Schultergelenks (Cavitas glenoidalis)
68. Wirbelsäule
69. Unterer Winkel des Schulterblattes (Angulus inferior)
70. Äußerer und innerer Rand des Schulterblattes (Margo medialis, Margo lateralis)
71. Rippenknorpel (Cartilago costalis)
72. Großer Höcker des Oberarmknochens (Tuberculum majus)
73. Kleiner Höcker des Oberarmknochens (Tuberculum minus)
74. Oberarmkopf (Caput humeri)
75. Äußerer Obergelenkknorren des Oberarmknochens (Epicondylus lateralis)
76. Innerer Obergelenkknorren des Oberarmknochens (Epicondylus medialis)
77. Rolle des Oberarmknochens (Trochlea humeri)
78. Köpfchen des Oberarmknochens (Capitulum humeri)
79. Grube für den Kronenfortsatz der Elle (Fossa coronoidea)
80. Grube für den Speichenkopf (Fossa radialis)
81. Ellenbogen (Olecranon)
82. Kronenfortsatz der Elle (Processus coronoideus (ulnae)

Rück- und Seitenansicht

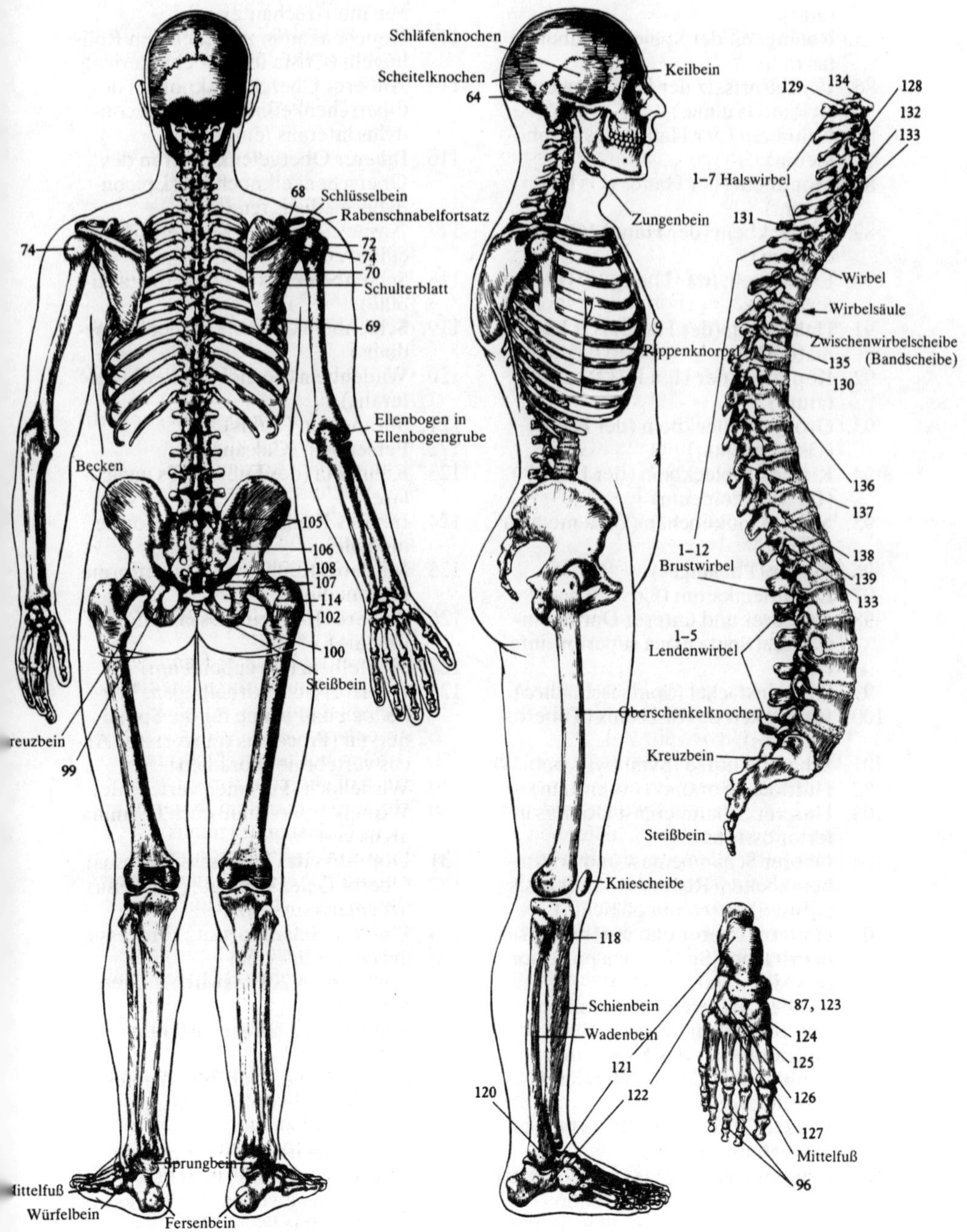

Schlossberg, Leon/Zuidema, George D.: The Johns Hopkins Atlas of Human Functional Anatomy, 3rd ed. – Baltimore/London 1986

83. Kopf der Speiche (Caput radii)
84. Hals des Speichenkopfes (Collum radii)
85. Rauhigkeit der Speiche (Tuberositas radii)
86. Griffelfortsatz der Elle (Processus styloideus ulnae)
87. Kahnbein (der Hand) (Os scaphoideum)
88. Mondbein (der Hand) (Os lunatum)
89. Dreieckbein (der Hand) (Os triquetum)
90. Erbsenbein (der Hand) (Os pisiforme)
91. Hakenbein (der Hand) (Os hamatum)
92. Kopfbein (der Hand) (Os capitatum)
93. Großes Vieleckbein (der Hand) (Os trapezium)
94. Kleines Vieleckbein (der Hand) (Os trapezoideum)
95. Mittelhandknochen (Ossa metacarpalia)
96. Finger (Phalanges)
97. Darmbeinkamm (Crista iliaca)
98. Vorderer und unterer Darmbeinstachel (Spina iliaca superior, inferior)
99. Sitzbeinstachel (Spina ischiadica)
100. Rauhigkeit des Sitzbeins (Tuberositas ischii)
101. Schambeinfuge (Symphysis pubica)
102. Hüftloch (Foramen obturatum)
103. Unterer Schambeinast (Ramus inferior ossis pubis)
104. Oberer Schambeinast und Schambeinhöcker (Ramus superior ossis pubis, Tuberculum pubicum)
105. Hinterer oberer und unterer Darmbeinstachel (Spina iliaca posterior superior, inferior)
106. Großes Sitzbeinloch (Foramen ischiadicum majus)
107. Gelenkhöcker des Kreuz- und Steißbeines (Cornua sacralia, Cornua coccygea)
108. Untere Öffnung des Kreuzbeinkanals (Hiatus sacralis)
109. Oberschenkelkopf (Caput femoris)
110. Großer Rollhügel (Trochanter major)
111. Kleiner Rollhügel (Trochanter minor)
112. Schenkelhals (Collum femoris)
113. Linie zwischen den Rollhügeln (Linea intertrochanterica)
114. Knochenkamm zwischen den Rollhügeln (Crista intertrochanterica)
115. Äußerer Obergelenkknorren des Oberschenkelknochens (Epicondylus lateralis femoris)
116. Innerer Obergelenkknorren des Oberschenkelknochens (Epicondylus medialis femoris)
117. Ansatzstelle eines Muskels (Tuberculum adductorium)
118. Schienbeinhöcker (Tuberositas tibiae)
119. Schienbeinknöchel (Malleolus medialis)
120. Wadenbeinknöchel (Malleolus lateralis)
121. Sprungbein (Talus)
122. Fersenbein (Calcaneus)
123. Kahnbein (des Fußes) (Os naviculare)
124. Inneres Keilbein (Os cuneiforme mediale)
125. Mittleres Keilbein (Os cuneiforme intermedium)
126. Äußeres Keilbein (Os cuneiforme laterale)
127. Würfelbein (Os cuboideum)
128. Querfortsatz, Wirbelbogen, Wirbelloch und Rinne für die Spinalnerven (Processus transversus, Arcus vertebrale, Foramen)
129. Wirbelloch (Foramen vertebrale)
130. Wirbelkörperschlußstück (Lamina arcus vertebrale)
131. Dornfortsatz (Processus spinosus)
132. Oberer Gelenkfortsatz (Processus articularis superior)
133. Unterer Gelenkfortsatz (Processus articularis inferior)
134. Fortsatz des 2. Halswirbels (Dens axis)
135. Querfortsatz (Processus transversus)
136. Gelenkfläche des Rippenkopfes
137. Gelenkfläche zwischen Rippe und Querfortsatz
138. Zwischenwirbelloch für Spinalnerven (Foramen intervertebrale)
139. Wirbelbogenwurzel (Pediculus arcus vertebrae)

Register

Owen Beattie/John Geiger

Der eisige Schlaf

Das Schicksal der Franklin-Expedition

138 Jahre lang blieb es ein Geheimnis, warum die Sir John Franklin-Expedition von 1845-48 auf so rätselhafte Weise scheiterte. Bis auf Sichtweite waren die letzten Überlebenden an die Nordwestpassage, die ihr Ziel war, herangekommen, um dann elendig und unter mysteriösen Umständen zugrunde zu gehen.

Was geschah wirklich auf dieser unseligen Polarexpedition?

Die Entdeckung und die Exhumierung dreier Seeleute der viktorianischen Zeit durch den Anthropologen Dr. Owen Beattie führte 138 Jahre später zur Aufklärung des Schicksals der berühmten Expedition.

vgs verlagsgesellschaft

Anne Ross/Don Robins

Der Tod des Druidenfürsten

Die Geschichte einer archäologischen Sensation

Am Freitag, den 1. August 1984, findet ein englischer Torfstecher in Lindow-Moor bei Manchester ein gut erhaltenes menschliches Bein. Das Bein könnte ein Beweisstück eines vor kurzem begangenen Mordes sein – 18 Monate zuvor wurde schon ein Schädel in der Nähe gefunden. Mit der Hoffnung, daß weitere Körperteile entdeckt werden können, wird die Suche fortgesetzt und tatsächlich wird ein größerer Teil eines Körpers in einer Torfwand entdeckt: Es ist ein männlicher Torso, der in der Taille abgetrennt worden ist.

Ein Fall für die Polizei?

Die Autopsie liefert jedoch eine unerwartete und zugleich sensationelle Antwort: Der Lindow-Mann ist über 2000 Jahre alt!

vgs verlagsgesellschaft

For the Birds

To Elsie
from Mom
Good birding!
Randy
03-08-04

Photographs of others are credited accordingly.

Printed on acid-free recycled paper with soy-based ink in the United States of America by PDQ Press Inc.

ISBN: 0-9746396-0-5

Limited hard cover edition copy 028 *of 200.*

Yellow-bellied Sapsucker by L. A. Fuertes courtesy Lab of Ornithology

For the Birds

The Laboratory of Ornithology
and
Sapsucker Woods
at
Cornell University

Randolph S. Little

Cornell Laboratory of Ornithology

Our Mission:

To interpret and conserve the earth's biological diversity through research, education, and citizen science focused on birds.

Preface

In a recent meeting of the Laboratory of Ornithology's Administrative Board, progress on current projects was being reviewed. During discussion of Dr. Chris Clark's marine mammal work involving peacetime use of Department of Defense sonar, I mentioned that the Lab had a long history of cooperative support by the Defense Department, stemming from World War II days when Dr. Arthur A. Allen and Dr. Peter Paul Kellogg were sent by the US Army to Panama to capture and catalog the sounds of nature, so our troops could distinguish friend from foe should it become necessary to defend the Panama Canal. That bit of history came as enlightening news to the rest of the board and staff. Board Chairman Ned Morgens asked if there were a comprehensive history of the Lab that contained such information. Lacking one, he asked if I would try to collect and assemble as many such recollections as possible while many of the early participants are still around.

What a wonderful excuse to explore a subject dear to my heart! And how naïve of me to think it would be a simple matter of interviewing a few people and presenting their anecdotes in a modest pamphlet or a short article for *The Living Bird* magazine. Visits to the wonderful archives of

Cornell's Kroch Library produced pages of notes gleaned from the early papers of Dr. Allen and others. A letter of intent, sent to several dozen current and former associates of the Lab seeking their inputs, produced not only a number of original anecdotes but also several key invitations to discuss recollections further in person. Those initial discussions opened a virtual Pandora's box. Each interview was deeply interesting and relevant, and in nearly every case opened one or two more avenues of inquiry. You get the picture. The modest project was growing exponentially, and it began to seem that the collection phase would never yield to the assembly phase. It was a tough but necessary decision to move ahead with assembly, leaving more interviews for another time. And again my naivety woefully underestimated the task remaining, to assemble so many facts and anecdotes into a comprehensive and comprehensible whole.

With the Lab's physical structure approaching 50 years old and being woefully inadequate to house the current staff, a major capital campaign to replace the Stuart Observatory with a larger and technologically modern structure was successfully conducted. I am pleased to be able to offer this history as the Lab settles into its wonderful new facilities.

Basking Ridge, NJ R.S.L.
October, 2003

Acknowledgements

A great many people deserve credit for information contained in this historical report of the Laboratory of Ornithology. For sending me notes of their recollections I would like to thank Walter J. Bock, Thomas J. Cade, Millicent S. Ficken, Paul A. Johnsgard, Charles F. Leck, Ralph S. Palmer, George B. Reynard, Lucia Liu Severinghaus and Sheldon R. Severinghaus. For meeting with me and discussing their recollections and perspectives I am indebted to A. Dean Amadon, James L. Gulledge, Robert T. Horn, James W. Spencer and Charles Walcott. For consenting to be interviewed on tape I am particularly thankful to David G. Allen, George W. Archibald, Richard E. Bonney, Jr., David L. Call, William C. Dilger, M. Peter Keane, W. Keith Kennedy, Edwin H. Morgens, Robin Palmer, Elmer S. Phillips, Frank H. T. Rhodes, Charles R. Smith, Sally Hoyt Spofford, James Tate, Jr. and Charles E. Treman, Jr. For guidance and access to papers in the Cornell Division of Rare and Manuscript Collections archives I am grateful to Elaine D. Engst and Laura M. Linke. For kind attention to my numerous requests for help of one form or another at the Laboratory I wish to acknowledge Gregory F. Budney, Phyllis R. Dague, Scott A. Sutcliffe, Diane L. Tessaglia-Hymes and Allison Childs Wells. For permission to use some of their photographs to illustrate the text I greatly appreciate David G. Allen and Richard B. Fischer, as well as the Lab of Ornithology for access to its extensive collection of images. For reviewing outlines and drafts and providing very helpful suggestions I specifically thank David O. Carpenter and Carol U. Sisler. And for constant encouragement and unstinting support throughout this epic adventure, my deepest gratitude goes to my wife JoAnn.

Contents

Introduction

From a humble beginning by one remarkable professor with a couple of graduate students and a small workspace in the upper recesses of a venerable academic building at Cornell University, the Laboratory of Ornithology has grown to become an organization of nearly thirty thousand members and five endowed professorships supported by a staff of over 120 professionals housed in a world class 87,000 square-foot facility located on a 170 acre sanctuary above the Cornell campus. This phenomenal development owes to the vision and dedication of that most remarkable professor, Dr. Arthur Augustus Allen, "Doc" to all who came to know him. The journey was neither direct nor easy. It had its ups and downs, twists and turns, and at times what seemed to be impassible obstacles. But Doc Allen's vision proved both durable and infectious, and the rest as they say is history.

This is the story of the Laboratory of Ornithology, a chronicle of its genesis and development, as reported by one observer and witnessed by many others who have magnanimously shared their recollections. This is a story of people, of times, and of the struggles of those people with those times. It is not often easy to be ahead of the times, and Doc Allen's vision was no exception. This is also a story of ideas, of programs and of expeditions, each of which is an integral part of the fabric that is the Laboratory of Ornithology.

With so many threads to weave, the reader may be served by an overview of this story. First, to establish a contextual timeline within which later topics may be better understood, the entire chronology is represented by a series of milestones. Following this, we return to the beginning and examine the genesis in greater detail. A major milestone, establishment of the Albert R. Brand Bird Song Foundation, marks the transition to a second phase of development which is described next and which proceeds at a faster pace leading to a third phase. It is in this third phase that Doc's vision first achieves substantial public validation, but also encounters significant obstacles not unlike a fledgling's first venture beyond the nest. Administrative refreshment at Cornell brought successful emergence from that difficult period, bringing us to the current phase wherein the Laboratory of Ornithology has proven that it really can soar.

Let the journey begin!

Milestones

Imagine for a moment that you are planning a vacation trip by automobile across territory unfamiliar to you. Your first step is to pull out an atlas, locate your starting point and destination, and then identify a series of interest points along the way. It is only later, as your journey progresses, that you will need and want the details of the roads and intersections all along the way.

So it will be as we trace the journey that brought the Laboratory of Ornithology from its humble beginning to the magnificent organization that it is today. That series of interest points, or milestones, starts modestly enough when the U. S. Treasury minted the first Lincoln pennies. What is the connection? Merely the year, so far as we know; but read on and note these milestones for your journey.

1. **1909 – Sapsucker Woods**
   Louis Agassiz Fuertes, Arthur Augustus Allen and two other Cornell birders find a Yellow-bellied Sapsucker nest, and name the location "Sapsucker Woods."

2. <u>1915</u> – **Laboratory of Ornithology**
Dr. Allen is appointed Assistant Professor in the Department of Entomology, and "Laboratory of Ornithology" is suggested as the name for his space in McGraw Hall.

3. <u>1922</u> – **Faculty Doubled**
Louis Agassiz Fuertes is appointed Lecturer in Ornithology.

4. <u>1931</u> – **Records Published**
Albert R. Brand, a special student, publishes recordings of bird songs that he made during his studies.

5. <u>1935</u> – **New Quarters at Fernow Hall**
The Laboratory of Ornithology moves from McGraw Hall of the College of Arts and Sciences to Fernow Hall of the New York State College of Agriculture.

6. <u>1940</u> – **Albert R. Brand Bird Song Foundation**
The Laboratory's first endowment is established by the widow of Albert R. Brand.

7. 1948 – **Department of Conservation**
The Laboratory of Ornithology is transferred from the Department of Entomology to the newly formed Department of Conservation.

8. 1953 – **Dr. Arthur A. Allen Retirement**
Dr. Allen becomes Professor Emeritus, but continues to guide the Laboratory.

9. 1955 – **A Separate Department**
The Laboratory of Ornithology becomes a separate department of Cornell University.

10. 1957 – **New Quarters at Sapsucker Woods**
The Laboratory's first singular home is completed and dedicated at Sapsucker Woods.

11. 1970 – **Peregrine Fund**
Dr. Thomas J. Cade establishes the Peregrine Fund to accept and manage funds donated to the Laboratory in support of his epic work.

12. 1977 – **Administrative Refreshment**
Dr. Frank H. T. Rhodes arrives as Cornell's ninth president and Edwin H. Morgens joins the Administrative Board of the Laboratory.

13. **1981 – Professor Executive Director**
Dr. Charles Walcott becomes Executive Director of the Laboratory and a tenured professor in the College of Agriculture and Life Sciences.

14. **1995 – Fifth Faculty Endowment**
The target number of tenured faculty lines of the Laboratory is raised to five through cooperative efforts of the Laboratory and the College of Agriculture and Life Sciences.

15. **2000 – New Building Campaign**
Cornell announces a major capital campaign for a new building to accommodate the growing staff and mission of the Laboratory of Ornithology.

16. **2003 – New Imogene Powers Johnson Center**
The magnificent new structure is completed and dedicated as the Imogene Powers Johnson Center for Birds and Biodiversity.

With these milestones in mind, we will now turn the calendar back to 1909 and begin our journey with a closer look at bird study of the times.

Genesis

Although the Laboratory of Ornithology at Cornell University was still six years from its inception, our story will begin in 1909 with a discovery that would profoundly influence the Lab's evolution a half-century later.

Imagine for a moment that you are a student at Cornell deeply interested in birds. The Cornell campus is situated on the shoulder of a high plateau some 500 feet above the head of Cayuga Lake, one of the Finger Lakes of upstate New York formed by glaciation in the Pleistocene. Nearly all of the land on this plateau has been cleared for farming; the remaining native mixed hardwood forest being confined primarily to ravines and steep escarpments. It is along two deep gorges straddling the campus, or in Stewart Park down at the head of the lake, that you do your most frequent and most productive birding. Transportation to more remote sites offering different habitats is not in a college student's budget.

However, by luck of topography, there was such a site only a few miles hike northeast of the campus (See Figure 1). This site features the largest extant block of level forest in the area, owing its survival to a slight depression, heavy clay soil and shallow shale bedrock which formed a swamp woodland of minimal agricultural promise. Much of the vegetation in this relict block is more typical of the Canadian zone than the surrounding Appalachian biota. This is a site liable to harbor species not found commonly nearer the campus. This, therefore, is a site worth the extra time and effort to scour for unique birds.

Milestone #1 – Sapsucker Woods

And so it was that on the 18th of June, 1909, Arthur Allen, along with fellow birders Louis Fuertes, James Gutsell and Francis Harper, returned to this woodlot and found therein the first Yellow-bellied Sapsucker nest discovered in the Cayuga Lake basin (See Figure 2). It was Fuertes, the famous bird artist, who then and there named the site Sapsucker Woods.

That must have been one exciting day for Arthur Allen. He went on to complete his dissertation on "The Red-winged Blackbird: A Study of the Ecology of a Cattail Marsh," and in 1911 was awarded the PhD degree and "was admitted to the faculty of the Graduate School so that he could direct the advanced work of several students, including Ludlow Griscom, who were knocking at Cornell's door with ornithology in mind."[1]

---

[1] Allen, A. A., 1962a, p. 7.

In 1913 Fuertes, Allen and other Ithaca area birders formed the Cayuga Bird Club, a rather informal organization one of whose significant contributions was offering public bird walks each Saturday morning in May. Fuertes was its first president; Allen its first secretary. Fifty years later Doc Allen described those bird walks as follows: "From 50 to 100 adults and children assemble at 6:00AM at the Cayuga Street Bridge over Fall Creek. They are divided into groups of 10 or 15 and each is assigned a competent leader. The groups then separate to follow trails through the Fuertes Bird Sanctuary at the head of Cayuga Lake and meet at 8:00 at the duck pond. There they make up a combined list of all birds seen."[2] As an aside, this historian well remembers as a youngster vying to be in the group led by Doc Allen (See Figure 3), until, after several years of tutelage, being drafted to lead a group on his own. Doc was that sort of remarkable person – a great teacher and skilled coach of his disciples.

Milestone #2 – Laboratory of Ornithology

After teaching ornithology for four years in the Department of Zoology, Allen "was appointed Assistant Professor of Ornithology in the Department of Entomology [in the College of Agriculture]. The Entomology Chairman at that time, Dr. James G. Needham, suggested the name 'Laboratory of Ornithology' to justify space for an

---

[2] Allen, A. A., 1962a, p.35.

ornithologist in a department devoted to the study of insects. The name was accepted and retained, although the Laboratory as such was without official status in the administrative complex of the University."[3] Thus, the Laboratory of Ornithology was born in 1915 at Cornell University in McGraw Hall, where it continued to reside for the next two decades (See Figure 4).

Conservation has long played a significant role in the Laboratory of Ornithology. Dr. Allen described the genesis of this role by writing:

> "In 1917 the American Game Protective Association was instrumental in setting up at the College of Agriculture a program of wildlife conservation and game breeding. A Committee on Conservation, consisting of Professor Needham, Professor James A. Rice, and the author, represented the faculty in this program and the Laboratory of Ornithology was placed in charge of the program, which included both teaching and research. When, after several years, appropriations for its financial support failed to materialize, the Laboratory of Ornithology took over the general course in Conservation of Wildlife and the advanced course in Game Management. The only research to be continued was the author's problem on grouse cycles. This included breeding Ruffed

---

[3] Allen, A. A., 1962a, p.7.

> Grouse in captivity – the first time that it had ever been accomplished. Financial support for his work came from the Heckscher Fund of Cornell University and later a grant from the New York State Conservation Department."[4]

The year 1917 was instrumental in the growth of the Laboratory of Ornithology in another way as well. Though the rest of the story will unfold later, Lyman K. Stuart entered Cornell that fall and became a member of the Class of 1921. Events such as this are all very much part of the marvelous journey that defines the Lab.

Milestone #3 – Faculty Doubled

The year after Lyman Stuart graduated, Louis Agassiz Fuertes, officially joined the Lab upon being appointed Lecturer in Ornithology, effectively doubling the faculty (See Figure 5).

When those four birders found the sapsucker nest in 1909, Fuertes was already a highly acclaimed illustrator and bird artist. In the subsequent years he painted many series for *The National Geographic Magazine*, *Birds of California*, *Birds of New York*, and many other periodicals and books. His daughter Mary Fuertes Boynton later wrote in his biography:

---

[4] Allen, A. A., 1962a, p.8.

"Livingston Farrand had come to Cornell University in 1921 to be its fourth president. After he had held the position long enough to get his bearings he called Louis to his office one day and expressed to him his surprise at learning that Louis had no official connection with the university. When he had been offered the presidency, Dr. Farrand said, he had known only two things about Ithaca: that it was the home of Cornell and that it was the home of Louis Fuertes. He naturally supposed the two were associated in some way; he thought it a shame they were not. In short, wouldn't Louis accept a professorship? Louis thanked him and asked for time to think it over. At length he declined the offer, possibly for reasons similar to those he had expressed in a letter of February, 1922, to Joseph Grinnell of California. He had said:

> *While my own job is always uncertain, I generally find that it is remuneratively above the average of full professorships here, and at least I don't have the depressing pastime of blaming trustees, etc., which so often crystallized my poor father's* [Dr. Estevan Fuertes, Professor of Civil Engineering and Dean of Engineering at Cornell] *unhappiness at his limitations. Still there are worse heritages for our children, as I now see, than a good education and the*

> *spectacle of respectable (in its real meaning) economy in the material things and fine opportunity in the things of the mind.*

"Dr. Farrand extended a counter-offer: wouldn't Louis give an annual series of lectures, any number, on any subject he chose at any time of year convenient for him, and accept the title of Resident Lecturer? Again Louis asked for time, and consulted [Dr. Frank M.] Chapman who replied (December 2, 1922) as follows:

> *If you do not get change, rest, stimulation, incentive, etc., from your rushing-about talks here and yon, cut them out altogether, and take the lectureship. Take it anyway – and if need be cut the others out. You should have a connection with the university, nearly everyone thinks you have and you ought to live up to your reputation. Once you have your course prepared it will roll along by itself. It's a good thing too for everyone to have some more or less fixed dates in his calendar. A good thing for your children to have this honor come to their parent. Beyond all this there are the students – you can do a good bit for them. So I'm all for it, particularly if you can cut out the peripatetic stuff. Lectures designed*

> *primarily for instruction not entertainment are far more interesting to give than popular ones, and a course develops this interest. When are you coming down* [to the American Museum of Natural History in New York City]*?*

"Louis accepted the appointment; notes of congratulations from widely different kinds of people were unanimous in their expressed opinion that the university was the chief gainer.

"Louis gave a series of seven lectures in the spring of 1923; the next year he expanded it to ten, with the following titles as announced in *The Ithaca Journal* of March 12, 1924:

> *(1) Flight and Migration of Birds; (2) Songs and Calls of Familiar Birds; (3) Zoological Art and Artists; (4) Coloration of Animals; (5) Coloration of Animals, continued: (6) Coloration of Nocturnal Animals; (7) Coloration of Animals Applied to Camouflage; (8) Nature Writing, Good and Bad; (9) The Naturalistic Viewpoint; and (10) Species Recently Extinct or Verging upon Extinction."*[5]

---

[5] Boynton, M. F., 1956, pp.251-3.

This choice of lecture topics was both predictable for Fuertes and emblematic for the Laboratory of Ornithology. Coloration of birds had been Fuertes' professed interest as an undergraduate at Cornell in the 1890s. His artist-naturalist mentor Abbott Thayer, himself a theorist in protective coloration, had further piqued this interest and coached him in the fundamentals of its artistic presentation. Fuertes not only picked up and ran with this ball, but quickly mastered the techniques of capturing the effects of counter-shading and other principles of natural protective coloration in his artwork, arguably better than any other illustrator. So devoting four lectures to this subject was entirely in keeping with his unique expertise, and willingly sharing it with an audience of both students and the general public was a characteristic in common with the Laboratory of Ornithology. Using birds as a focus, sharing insight on their remarkable characteristics, interpreting the biosphere that we all share, and delivering important lessons at many levels such that both academia and the general public are engaged beneficiaries – these are as much characteristic of Louis Fuertes and Doc Allen as they are emblematic of the Laboratory.

Fuertes' final lecture topic may have been correlated with a trip to Florida that same spring by Doc Allen, wherein Doc and his wife, Elsa, were shown the nest of a pair of Ivory-billed Woodpeckers, a species then verging on extinction. As recently reported by Christopher Cokinos:

> "A guide named Morgan Tindale transformed their lives and the course of American conservation when he pointed out one particular nest to the Allens. *A nest of Ivory-billed Woodpeckers.* The astonishment of this rediscovery – almost like a resurrection – soon turned to bitter disappointment after the Allens briefly left the nest. Two taxidermists, apparently with permission from the State of Florida, shot the nesting Ivory-bills. In his articles on the Ivory-bill in *The Auk* and in *National Geographic*, Allen does not discuss his personal reactions to this tragedy. Though slow to anger and almost always optimistic, Allen still must have felt the loss sharply. Even with Elsa to comfort him, he wondered if they had seen the last two Ivory-bills in the world, now irrevocably gone."[6]

This bittersweet experience would, a decade later, lead to an extensive expedition across the United States and into Mexico to more completely document a number of vanishing species. In the meantime the fledgling Lab would pass through quite a series of ups and downs.

The following year, 1925, must have been an "up" year, as three of Doc's advisees earned their PhD degrees. The dissertation of T. Smyth was "*Studies in the Life History of the Ruffed Grouse,*" which must have been particularly rewarding for Doc given his own research interest in that

---

[6] Cokinos, C. 2000, p.65.

species. And Peter Paul Kellogg, a young physicist with an aspiring interest in bird sound, came to Cornell as a special student studying under Doc Allen.

Then, in 1927 tragedy struck, quite literally. On August 22nd, returning from a weekend visit with Dr. Chapman in the Catskills, Fuertes' car was struck by a train at a grade crossing near Unadilla, NY; Fuertes was killed instantly.

Quoting further from his biography:

> "Soon plans for permanent memorials began to take shape. The first of these was the Fuertes Room containing birds mounted by Louis Fuertes and a good collection of his drawings and paintings. A reading room originally set aside for students in the Laboratory of Ornithology, it was opened as a memorial May 31, 1928, in McGraw Hall, but it was later moved to Fernow Hall to be used by the entire Department of Conservation. The Fuertes Room was made possible with the assistance of Louis' fraternity brothers in Alpha Delta Phi; members of Psi Upsilon purchased and gave to the University two large watercolor drawings."[7]

Subsequently, in 1967, after the Lab had moved into the new building at Sapsucker Woods, a new and larger Fuertes Room was constructed as an addition to that facility. The interior of this room was designed to incorporate the

---

[7] Boynton, M.F., 1956, p.308.

original paneling and oil murals (painted by Fuertes) from the private Frederick F. Brewster library in New Haven, Connecticut. Now, in 2003, the Fuertes Room is reborn yet again in the new Imogene Powers Johnson Center for Biodiversity and Study of Birds.

Quoting the biography further:

> "The Louis Agassiz Fuertes Wildlife Sanctuary at Stewart Park, just south of Cayuga Lake, was a project of the Cayuga Bird Club and the Ithaca Rotary Club, made ready for the birds and the public in June, 1933. His name was attached for good and all (and for the confusion of future spellers) to the local council of Boy Scouts, to scholarships for students of ornithology, and to several new birds."[8]

Fuertes touched many lives and is fondly remembered. Charles E. Treman, life member of the administrative board of the Lab, when asked how he became interested in birds, said:

> "Well, I was born in Ithaca and a lifetime resident, and I grew up at a time when boy scouting was in vogue, and we had in Ithaca some world-renowned ornithologists in Louis Fuertes and Arthur Allen, and both of them were wonderful men, gentle, interested in young children. I first became interested in birds through the Boy Scout

[8] Boynton, M.F., 1956, p.308.

> movement, and took my bird study merit badge from Louis Fuertes; and Fuertes' son Sumner, or Shub as we called him, was one of my closest friends growing up. So I spent quite a lot of time with the Fuertes in one way or another. And I remember being in his studio many times, which was located behind his residence on Wyckoff Road, and sitting there and watching him sitting on a high stool with a canvas and easel and painting birds. He would turn around when he saw the color he wanted and mix it up and he'd explain to me and to a couple of other youngsters what he was doing and why and so forth."[9]

One additional reference to the legacy of Fuertes is particularly relevant to events of the next few years following his death:

> "The history of sound studies at Cornell is a story of teamwork, cooperation, and much hard work. But above all it is a story of teamwork, in which faculty, undergraduate and graduate students, engineers, physicists, industrialists, and serious amateurs have been drawn together in a common effort.
>
> "In looking back at the emphasis placed on field studies at Cornell by such men as Burt G. Wilder, Simon Henry Gage, David Starr Jordan, John Henry and Anna Botsford Comstock, Albert Hazen

[9] Treman, C. E., Jr. 2000.

> Wright. E. Laurence Palmer, and Arthur A. Allen, it is easy to understand why biological acoustics, once developed, should have been quickly recognized here as applicable to the study of living birds and other animals.
>
> "Louis Agassiz Fuertes' keen interest in bird sounds is a legend at Cornell and this interest, coupled with his uncanny ability to imitate them, won him wide renown. His "Impressions of the Voices of Tropical Birds," published serially in *Bird-Lore*, beginning with the November-December number in 1913, is a classic of its kind. Fuertes' popularity enabled him to interest many people in the calls and songs of birds and it was natural that identification of birds by their sounds was emphasized in ornithology classes at Cornell."[10]

An event in the spring of 1929 may have served as an important catalyst for significantly accelerating the pace of bird sound studies at Cornell. Quoting Peter Paul Kellogg further:

> "In May of 1929 the Fox-Case Movietone Corporation appealed to Dr. Allen for help in recording a singing wild bird. Birds, they said, would not stay still. On Saturday, 18 May 1929, the Movietone truck with two men appeared, by prior arrangement with Dr. Allen, at Ithaca's Stewart

---

[10] Kellogg, P.P. 1962a, p.37.

Park at 5:00AM – an almost unheard of hour to the operators. Dr. Allen had invited me to be with him. In the next hour the songs of three birds, Song Sparrow, Rose-breasted Grosbeak, and House Wren, had been recorded on film synchronized with motion pictures. Later that morning I developed test strips of the recordings and pictures in the darkroom at McGraw Hall. We were convinced that we had achieved at least some success, but for final proof we had to wait three weeks until the film could be presented as a "short," entitled "Sounds of Spring," at the Strand Theater in Ithaca. This was our first cooperation with industry and, while it was thrilling and opened up new vistas, it was not entirely satisfying, partly because of poor quality but more importantly because of the enormous cost of the equipment required – about $30,000! Recording bird-sounds ourselves was far beyond our wildest dreams."[11]

Kellogg provided some additional clues regarding this historic event in a report that he presented at the Fall, 1937, meeting of the Society for Motion Picture Engineers, wherein he noted that all prior recordings of birds had been of caged birds rather than free-flying birds in their natural environment. He wrote, in part:

---

[11] Kellogg, P.P. 1962a, p.37.

> "In May, 1929, the Fox-Case Company sent out two men with equipment to Auburn, N. Y., to record sound pictures of some wild birds for a springtime release. After spending considerable time about Auburn, with no success, they came to Cornell to enlist the help of Professor A. A. Allen , to make the birds hold still. From his long experience with bird photography Dr. Allen was able to help them out, and that morning songs of three common birds were recorded synchronously with motion pictures."[12]

To complete what I know about this historic experience, I repeat something that Dr. Kellogg told me personally but for which I have found no prior documentation. That is simply that, when Doc instructed the Fox-Case men to set up their camera at an empty post along the edge of Stewart Park to record the first bird, they demurred, saying, "No; it's over there; we'll go there and get it." Of course Doc not only knew their action would scare the bird to some other location, but by prior observation of that bird he also knew that it would soon come to the suggested post and proclaim its territorial right. But it would only come if they would discreetly set up their equipment and then quietly await the bird's acceptance of those new inanimate objects. Doc let them scare the bird, then patiently repeated his initial request so cleverly that they eagerly accepted the opportunity to show that his approach wouldn't work

---

[12] Kellogg, P.P. 1938, p.203.

either. No sooner had they made the final settings on their equipment and settled back in the shadows to wait than the bird flew onto the post, loudly advertised its domain, and the rest, as they say, is history.

This must have been a satisfying enough accomplishment for Doc Allen, but surely he was very proud that in this same year his wife, Elsa Guerdrum Allen, received her own PhD degree from Cornell for her studies of the Eastern Chipmunk.

In the summer of 1929 George Miksch Sutton left his position at the Pennsylvania Game Commission to register at Cornell as a PhD student under Doc Allen. Enrolling as undergraduates at Cornell in the fall of 1929 were M. Peter Keane and Elmer S. Phillips. Also enrolling as a special student in 1929 was Albert R. Brand. And, after four years as a special student himself, Peter Paul Kellogg was appointed Instructor in Ornithology.

Sutton, as an Oklahoma teenager with a growing interest in bird artistry, had sought the critical advice of Fuertes, who had obliged and perhaps recognized an innate talent worth cultivating. Fuertes had subsequently invited Sutton to visit him in Ithaca and spend the summer of 1916 practicing at the Fuertes cottage on the west shore of Cayuga Lake at Sheldrake. That positive experience certainly produced a next-generation Fuertes of the bird art world, but also undoubtedly influenced Sutton to return to Cornell and the Lab thirteen years later for further graduate studies. We will return to Sutton's role in the Lab's history later, but now some further insight on the arrival of Brand. Quoting again from Peter Paul Kellogg:

> "Albert R. Brand entered our picture through the good offices of Dr. Frank M. Chapman at the American Museum of Natural History in New York City. Brand had retired from the New York Stock Exchange, where he was a successful broker, in early 1928 at the age of thirty-nine. He tried studying economics at Columbia University but disliked it. Having an amateur interest in birds, he offered his services to the American Museum. Dr. Chapman, though happy to have him as a volunteer worker, suggested that he would be much more useful to the Museum if he would first attend Cornell and take some course work in ornithology under Dr. Allen. Brand thereupon registered as a special student in the fall semester of 1929. All of us, staff and students, liked Brand instantly, and we were soon sharing many of our thoughts and plans with him. During his first year we talked at length about the wonderful possibilities for recording and studying bird songs. Brand showed keen interest and continued to listen. In an unpublished report on his work in ornithology, he gives June 1930 as the time when he began to consider seriously his own participation in recording sound.[13]

---

[13] Kellogg, P.P. 1962a, p.38.

Peter Keane offers an interesting anecdote that may help explain what led Brand to record bird songs:

> "[When Brand arrived at Cornell he] went to Doc Allen and said 'I'm anxious to learn all about birds as quick as I can.' He was told that bird sound was one of the ways, and Albert cheerfully said 'Well, I'll go out and buy a record.' Of course none such existed. So Albert said he would take care of that. He went down to visit a friend of his and said, 'David, I want you should build me some equipment so I can record the birds singing in the woods.' And David Sarnoff, his friend, said 'You bring your birds in my studio.' And that ended that. Albert somehow or other got some young man to build an amplifier. Now all of this was in the time period when the sound recording was under license argument with all of the movie studios and the electronic companies vying for patents. So he got an amplifier built, [consisting] of a series of tubes, one after another, so that any little distortion was amplified, and the distortion would occur in the higher frequencies. First thing we did was record, or he recorded, a loon, and it was surprisingly OK because of its lower frequency. We tried to record the meadowlark and got a 'brrrrp-brrrp-brrrrp' rather than any whistling sound. That killed us!"[14]

---

[14] Keane, M.P. 2002.

As Brand's studies progressed into 1930, another prospective graduate student visited the Ithaca campus. Between April 25 and 28, Olin Sewall Pettingill came from Bowdoin College in Maine to meet Dr. Allen and discuss his interest in pursuing a PhD under Doc. The meeting was mutually satisfying and Pettingill decided to return in September for formal registration. He reported one memorable observation of the Lab as follows:

> "Already a traditional program of the Laboratory of Ornithology was a seminar every Monday evening which we as graduate students were expected to attend, while anyone else interested in birds, whether on campus (student or teacher) or in town, was welcome. Whatever the program – usually announced in advance – it began with a reading of the local bird list on which were checked off the species seen in the past week by persons present in the room. If anyone reported a species out of season or range, he or she was immediately given the third degree and forced to defend the identification by describing the bird in minute detail. Failure meant no entry of the species on the week's list."[15]

In September, Pettingill arrived for registration, met Doc's assistant, Peter Paul Kellogg, in McGraw Hall, and was assigned a desk in the "Grad Lab" in the attic of McGraw

---

[15] Pettingill, O.S. 1992, p.134.

Hall. On October 2nd Sutton also arrived to begin his work. We will hear more about these students as the history unfolds, but in the meantime Brand and Kellogg were discovering the hard way that starting out to record bird songs was easier said than done. Finally in November they actually placed their order for equipment, which didn't arrive until February of 1931, and then failed to function properly. After much troubleshooting and repair, Brand was finally able to begin recording that spring; however, operating the finicky equipment and getting the microphone close enough to a singing bird was really more than one person could accomplish, so he was thankful for the great interest and assistance volunteered by Peter Keane.

Milestone #4 – Records Published

Continuing Kellogg's recap:

> "In June a new recorder was purchased and by the end of 1931, Brand notes, 41 species of birds had been recorded. Many of the recordings were barely recognizable above the extraneous noise but, even so, it was already the largest collection of bird songs in the world. That year in Detroit, at the meeting of the American Ornithologists' Union in October, a paper on the work was presented and the Secretary's report later said: 'The outstanding contribution was doubtless Brand's "Preliminary

> Report of a New Method for Recording Bird Songs" illustrated by reproductions of the songs of some thirty species….'
>
> "Thus, by the end of the first 18 months, we had had some success and were encouraged to go on. We now understood the principal problems in recording and the shortcomings of the equipment. We understood, too, that if we were to achieve any kind of perfection, we would have to develop our own specialized equipment and techniques for field work."[16]

To better appreciate that previous sentence, it will be helpful to introduce at this point some recollections by those two members of the Cornell Class of 1932, M. Peter Keane and Elmer S. Phillips. Let's start with "Flip" Phillips, who was from the Rochester area, which had also been home to Peter Paul Kellogg. When asked when and how he became interested in birds, he replied:

> "Long before I came to Cornell. I was very active in scouting; and, to me therefore, people who were connected with ornithology were some I had to talk to. And so, long before I came to Cornell, I made several trips here to talk to Doc Allen. And along the way I knew Paul Kellogg; he was from Rochester also. He was from the west side, and there were times when he even asked me to bring

---

[16] Kellogg, P.P. 1962a, p.38.

him things from Rochester before I had come to Cornell permanently. So it was familiar ground, and I must say very pleasant ground, because they were always so generous with their time. As a matter of fact, I was associated also with another group in Rochester that had, during the warbler migration, always had a survey of the birds to see how many they could get – the same as was done here. One year the two got together; and I was flattered when I was asked by Doc Allen to take this Rochester group around the territory that I knew so well from here. Paul laughed about that; he said, "Imagine you, a freshman, taking people around." So the history goes way back. It was through scouting, and I don't know how many trips I made here long before I came."[17]

Phillips was an accomplished photographer, and offered the following insight to the technical curiosity and inventive proclivities exhibited by Peter Paul Kellogg working in McGraw Hall:

"When I first knew it, Paul was doing a lot of research at that time trying to come up with some answers to things that he needed in the future. I can remember trying to find a point source of light – how far away did you have to be? I don't remember the source; I would guess probably it was

---

[17] Phillips, E.S. 2001.

a little six-volt headlight lamp, that's my guess. And how far away did that have to be to have almost parallel light, so that you could make what was an expensive piece of equipment then; a unit where you could – well, let me tell you what Paul did. He found that if he made it about three feet long, that source about three inches wide would be practically parallel light. In addition to that, he made a series of exposed film so that he could get, say, 1 unit, 2 units, 4 units, 8 units, and so on, a progression that he could measure; and that was the basis of his sensimetric work, to find out exactly what film could do. Well, I helped him with that, because we kept fiddling with that light to see how far it had to be before we felt it was parallel. Anyway, he finally got it, and he had what was called a drop-plate sensitometer. It was a piece of plate glass, probably about 5 or 6 inches wide, maybe 2 feet high, and then he would block off – first he had to figure what the rate of fall was at each inch in the whole thing – then block it out so that he had a progressive of 1 unit, 2 units, 4 units, 8 units and so on. He did a beautiful job on that. I think I had the patience of Job; that's all there was to it, to do that. But anyway, we got it so it worked, then that would drop, and one room he made a darkroom, so he could put film in there, or at least a holder and then pull a tab. In the other room was a light, and he dropped that and it would expose the

> film that he had, as I suggested, in a logical progression. At first when he told me about that I said, "Paul, that's a lot of malarkey; I can do better without even having to study this." A year later, I was teaching it, because I found he was right! So basically, when I was teaching photography in Roberts Hall, I had the kids learn a little bit, at least some, of sensitometry so they would know the basis of what both exposure and color meant to film."[18]

This do-it-yourself design and construction of the drop-plate sensitometer (recall that audio recordings at that time were done on the optical sound track of motion picture film) was quite indicative of the way much of the Lab's sound recording advances would occur. Commercially available equipment, which was typically developed to suit the needs of the news and entertainment industry, frequently fell short of the mark when asked to capture the high frequencies and rapid trills of many bird sounds, and when exposed to the rigors of operation during a field expedition far from the comfortable studio. It seems that, with each new generation of recording equipment, the Lab's sound crew had to discover the shortcomings of the new equipment, pinpoint the causes, and conjure up solutions that would render the equipment suitable for their unique applications. Fortunately, Peter Paul Kellogg was himself a resourceful engineer, and the Cornell community provided an eclectic forum in which to air his technical

---

[18] Phillips, E.S. 2001.

challenges and obtain enthusiastic collaborative support for constructing prototypes and trying new ideas.

So it was that, from the great disappointment by the "brrrrp-brrrp-brrrrp" of the Eastern Meadowlark recording, there arose a great challenge to improve the electronics so that the loud, clear whistles of the meadowlark could be recorded without serious distortion. Peter Keane went on to recall, "Albert Brand got True McLean and the lab of engineering and a young man who had a store in Ithaca to build a then proper amplifier."[19] Kellogg reported this as follows:

> "Through the winter months of 1931-1932 Professor True McLean of our Electrical Engineering School and Mr. Arthur Stallman, a local consultant in electrical engineering [who had the radio electronics store], designed and constructed new electronic equipment and Mr. Arthur Jenkins [a Cornell toolmaker] rebuilt and modified the mechanical details of the recorder."[20]

You will recall that in assisting Brand with making the field recordings of wild birds, one of Keane's challenges was getting the microphone close to the bird. Doc Allen, by example in his 1929 guidance of the Fox Movietone film crew, had taught the recordists that many territorial birds can be accurately predicted to return to a favorite song

---

[19] Keane, M.P. 2002.

[20] Kellogg, P.P. 1962a, p.39.

perch after recording equipment has been secreted nearby. Brand and Keane practiced this technique diligently, but soon discovered that many of the enticing sounds that they heard in nature were given under less predictable circumstances, and pre-positioning the microphone close to the source of the sound was not always possible. They also learned that, while good planning, utmost patience and careful stealth were all important skills of the art, they still needed other ways for getting the microphone closer to the birds. It is one thing to make a recording of a soundscape in which it is possible for the listener to detect a given sound, and quite another to record that same sound so that the listener will not be distracted by other sounds or "noise" in the background. Something akin to a telephoto lens, but for sound rather than light, was needed. But the news and entertainment industry could get the performer to come to the microphone, so there had been no real economic driving force to develop such a microphone. Peter Keane credits Professor McLean with much helpful discussion in the developments that followed. You may find Keane's recollection of this development particularly interesting:

> "During this time we talked about other ways of getting a microphone closer to the birds. I was told by engineering people [Professor McLean] that some graduate students [were] working in New York City on a new movie-house theater for the placement of microphones. On a vacation trip I went into Radio City Music Hall, still under

construction, and met the grad student, who said, 'Yes, we have, in one or two situations, a parabola that we would need to record opera singers,' or something of that sort. He then told me that Professor Howe in [the] Physics Department had a parabola. When I got back to Ithaca, I met with Professor Howe, whose basic course I took, and he told me, 'Yes, I have up in the attic a parabola I used when as a student during World War I we built this as a device to perhaps anticipate airplanes arriving.' He allowed me [to borrow it], and Paul Kellogg and I hauled this huge heavyweight thing from the attic of Rockefeller Hall to the basement of McGraw [Hall], where I made a cast of it. We mounted the cast, which is convex, in a position so that I could make a concave parabola. Paul Kellogg went to the Engineering Department and had a tube of steel made for the perimeter, around 33 inches in diameter, and at three equidistant places drilled holes for rods, stiff rods, to be put in to hold the microphone. And we knew the focus of the concave parabola, so we knew where the microphone would be mounted.

"At that point, I have to go back. Before doing any of this work, while I was in New York, having had through Uncle Benny lots of contact with the Museum of Natural History, having made that 6-inch mirror for a telescope by grinding it in the museum, I knew my way around and they knew me. I was also for a short period of time an employee in a Department of Education. I was allowed to do things in the museum. So I went and asked around to the construction people who constructed the buffalos, whales, and so on, and said, 'Now, how do you do that; how do you mount the skins that you eventually….' They gave me the formula that they made over a wire mesh of the so-called skeleton form; gave me the formula which consisted of shredded building paper, plaster of Paris, and some milk solids.

"With the money that we got from somewhere (Paul Kellogg arranged for me to get this) we mixed this stuff up in a great big bin. We also got some chicken wire to put over the concave form and the steel tube, wrapping the wire around the tube on the edges, and then driving this mishmash of stuff into the wire and pressing it in to a thickness of maybe an inch at the edges and very thin toward the center. We had no directive other than just getting the stuff down in there and smoothing it out, letting it sit. And after it hardened several days I did some fine sanding, very fine sanding, and then lacquering - I don't know how many coats, maybe 6 or 8 coats, of black lacquer. When that was all done, we then [drilled two more holes in] the steel tube, which was now meshed in with the plaster of Paris so that it

> was all totally solid, at 180 degrees for a support. And we ended up with a concave mirror which we could lift up and mount onto a U-frame, which in turn was mounted on the base of a tripod."[21] (See Figure 6.)

Additional perspective on this important development is found in the following account by Kellogg:

> "When Peter Keane returned from Christmas recess, he brought with him a copy of *Radio News* for January 1932. On the cover was a parabolic reflector being used in a box of a theater to catch the voice of an actor on stage. Both of us saw the direct application to bird-sound recordings but the engineers discouraged us because of its poor low-frequency response. Professor Hugh Reed of the Zoology Department encouraged us to try it anyhow. Professor Harley Howe of the Physics Department located old World War I molds of reflectors and we worked for weeks in the basement of McGraw Hall, mixing, casting, and finally correcting and finishing our parabola. The experiment was an immediate success. The fact that few birds produce low frequencies prevented the expected faults from affecting the sound. This development of the parabola for picking up and concentrating bird sounds on the microphone was

---

[21] Keane, M.P. 2002.

> probably our greatest piece of good fortune. Recording would have been possible without a reflector but the results with it were so superior as to make the instrument a universal tool in this field."[22]

Bird sound recording was by no means the sole activity of the Lab at that time. Doc Allen was also very busy providing instruction in ornithology and advising graduate students. Pettingill wrote this of Doc:

> "My first year at Cornell had been a gratifying experience, not only academically but personally. In particular did I come to admire the qualities of Dr. Allen. In his calm, unassuming yet persuasive way, he generated enthusiasm and encouragement. He was an unswerving optimist. His personal warmth made him easily approachable. He was never too busy or too tired to give me his undivided attention."[23]

In mid-May of 1931 Allen, Pettingill and Sutton traveled with J. B. Stemple of the Carnegie Museum to Churchill, Manitoba, Canada, on an expedition funded by the Carnegie Museum in an effort to find the nest and eggs of the Harris' Sparrow. Pettingill served as the expedition photographer and Sutton, who was working on birds of

[22] Kellogg, P.P. 1962a, p.39.
[23] Pettingill, O.S. 1992, p. 140.

Hudson Bay and had proposed such an expedition, dutifully discovered the first known nest of the Harris' Sparrow.

John T. Emlen, Jr., arrived as a graduate student in ornithology in 1931 and was assigned space in McGraw Hall.[24] McGraw Hall must have been a hopping place, as further described by Pettingill:

> "The Grad Lab had come to life. Among the new arrivals was John T. Emlen whom we liked at once. He looked hardly old enough to be out of high school. And back from his observations on the birds of Madagascar was Austin Rand, who would be writing his thesis on the birdlife of that remote island."[25]

In 1932 Sutton completed his dissertation on "The Birds of Southampton Island, Hudson Bay" and earned his PhD degree. He was appointed Curator of Birds at the Lab, serving as assistant to Doc Allen, who later had this to say:

> "Between expeditions to Mexico, Hudson Bay, and Labrador he reorganized and built up the Fuertes Ornithological Collection, which had been presented to the University by Alpha Delta Phi Fraternity shortly after Fuertes' death. A monument to both Fuertes and Sutton, the collection has been

---

[24] Emlen, J.T., Jr. 1996, p.77.
[25] Pettingill, O.S. 1992, p. 162.

augmented by succeeding graduate students and assistants."[26]

At the 1932 meeting of the American Ornithologists' Union in October in Quebec, two papers were presented which featured work performed at the Lab. Brand's "Sounds as an Aid to Bird Study" was judged the outstanding contribution of the meeting, and "The Drumming of the Ruffed Grouse" settled an age-old question by using motion pictures and synchronized sound to demonstrate convincingly that the drumming sound is produced by the wings against the air alone, without contact to the log or the bird's body. Those motion pictures were produced by Doc Allen and the recordings by Keane and Kellogg, working together in Sapsucker Woods.

In 1933 Pettingill completed his 557-page dissertation on "The American Woodcock *Philohela minor* Gmelin" and likewise earned his PhD degree, with which he was fortunate to win appointment as Teaching Fellow in Biology at Bowdoin College in Brunswick, Maine, at the height of the great depression.

Emlen was then deep into his research on sleeping postures and habits of birds. This included waterbirds such as coots, grebes and ducks, and provides another glimpse into the many ways in which Doc Allen encouraged and facilitated learning by his students. Emlen later wrote:

---

[26] Allen, A.A. 1962a, p.27.

> "Unfortunately for Doc, the best, and perhaps the only place available for the observation and photographing of such captive birds was the bathtub in Doc's home. I made numerous visits to his bathroom over the years, the inconvenience it must have cost his family notwithstanding. I would simply report that I had a bird for study. Within a few days permission to take over the bathroom was granted, and personal help was provided in setting up cameras and floodlights and taking care of birds."[27]

Emlen completed his dissertation on "The Roosts and Night-roosting of Birds" and received his PhD degree in 1934. At the 1934 meeting of the American Ornithologists' Union, Doc Allen heard a talk by George Lowery describing his recent sighting of Ivory-billed Woodpeckers in Louisiana. A decade had passed since Doc had witnessed what might have been the last living pair of Ivory-bills in Florida, so this talk undoubtedly sparked great interest. Consider the following report, which is somewhat lengthy and speculative but nonetheless provides considerable historical insight:

> "The momentous rediscovery [of the Ivory-billed Woodpecker] helped launch a 15,000-mile scientific expedition, the likes of which had never been seen before. At Cornell University, the hardworking

[27] Emlen, J.T., Jr. 1996, p.83.

Arthur Allen considered the news of the Ivory-bills in Louisiana's Singer Tract. By 1934, he also began to wonder about his forthcoming sabbatical. What should he do with a spring semester off from teaching? The decision was more than personal because Cornell, in those days, was it — the one university with a PhD in ornithology as a specific discipline. What "Doc" Allen decided to do would affect not only his career but the university's program as a whole. He could focus on purely scientific research or else conceive of a project that simultaneously would advance the cause of science, help his students and widen public knowledge.

"Only a few years before, a film studio had sought the help of Cornell faculty in recording birds; the studio wished to demonstrate the excellence of its equipment for commercial purposes by capturing hard-to-record bird songs. For Allen and others at Cornell, however, the studio's idea prompted an abiding interest in an innovative form of fieldwork: filming the moving images and recording the sounds of birds in their natural settings.

"Refining the studio's techniques and technology, and dipping into his own pocket for the funds to buy expensive equipment, one of Allen's research associates, a stockbroker named Albert Brand, had just published a highly successful book called *Songs of Wild Birds*, which came complete with a phonograph disk of those songs [See Figure 7]. (Eventually Cornell's Allen would release similar popular recordings.) One night, the investor-ornithologist and the professor talked over Allen's sabbatical options for the coming year. The two men may have met at the beloved home of the Cornell Laboratory of Ornithology, McGraw Hall, an odoriferous, fire-prone and disheveled rabbit warren of a building. Allen and Brand may have conversed about the professor's spring 1935 sabbatical above the sounds of frogs croaking in metal buckets and the voices of graduate students discussing research problems or impending double dates. So thin were the walls that virtually anything said could be overheard. Once, women hired to clean museum specimens were for days overheard discussing a variety of intimate sexual matters; the entranced graduate students could not bring themselves to ask the ladies to quiet down. It's possible that Allen and Brand were heard by a promising student named James Tanner, who, in years to come, would write the definitive natural history of the Ivory-billed Woodpecker.

"Old McGraw was the kind of place where graduate students temporarily between lodgings slept on lab tables and hosted dinner parties among cabinets of chemicals. In Old McGraw, escaped snakes terrorized unsuspecting secretaries. It was the kind of place where great ideas took hold, where, perhaps, Brand proposed that Allen record the sounds and film the behaviors of America's rare birds, such as the Ivory-bill. And the goal widened: The ornithologist should record as many birds as possible in a year's time across the entire country. Allen found the idea compelling. Not only could common birds be recorded — some for the first time, including species of the American West — but the threatened birds might have their moving images and their voices preserved for generations to follow. No species then living in America should go unrecorded.

"In the 1930s this daring approach to ornithology was essentially untested. True, Brand had captured the sounds of relatively accessible birds for his book — including the Wood Thrush, the Northern Cardinal, even the Bald Eagle — and he had given talks on the subject. But now Allen began to plan an unprecedented venture that would plunge him and his assistants into wilderness they could barely imagine still existed in the United States. The bold project would take bird-recording from the relative comfort of nearby woods and fields and sent the ornithologists into places they had never been.

"The professor presented the goal of the project in words that marked a clear break with the old, shotgun school of ornithology, which, while on the

> decline, had not entirely disappeared. His concise summary stated, in fact, a kind of challenge. The Cornell team 'would leave guns at home and would "shoot" the birds with cameras, microphones, and binoculars; [the] object: specimens of bird voices preserved on film, with such photographs, motion pictures, and field observations as would elucidate the habits and appearance of the living birds and determine better methods for their conservation.' In this passage, Allen deemed shooting an inferior form of "collecting"; the whole point of the fieldwork lay ultimately in preserving the birds in their habitats. Such a conservation ethic — still developing among scientists and the public alike in the first half of the twentieth century — offered at least the possibility that we could extend the lives of threatened species. Ornithology no longer would be only descriptive; it would be prescriptive, pointing out the needs of birds and how we could help meet them through enlightened wildlife management."[28]

So it was that the Cornell University-American Museum of Natural History Ornithological Expedition was conceived, and set out from McGraw Hall on a typical cold February day in 1935 bound initially for Winter Park, Florida, to visit their ill benefactor Albert Brand and perhaps begin their documentary quest in his southern home territory (See Figure 8). Kellogg described the expedition thusly:

---

[28] Cokinos, C. 2000, pp.67-69.

> "In 1935 Brand had arranged with Cornell and the American Museum to sponsor a six-month field trip to record the voices of vanishing species of birds. Dr. Allen, James T. Tanner and I were the full-time members of the expedition; Brand and Dr. George Miksch Sutton joined us at times. Our most notable success was with the Ivory-billed Woodpecker in central Louisiana, but we were successful with many other species too, such as the Lesser Prairie Chicken and Trumpeter Swan."[29]

Sutton joined the expedition near the end of March in Tallahassee as they began heading westward. It was on April 6, 1935, that Sutton and game warden J. J. Kuhn discovered an active Ivory-billed Woodpecker nest in John's Bayou of the massive Singer Tract in Louisiana. Being something like seven miles from the nearest road that could bear the expedition's truck which carried their field recording studio, Kellogg reassembled the essential components in the back of a mule-drawn wagon (See Figure 9) and off they plodded through the swamp forest to "Camp Ephilus," as Doc coined it after the Latin name *Campephilus principalis* of the Ivory-billed Woodpecker, which they established as their base of operations for the next week of intense observation, within 100 yards of the nest cavity (See Figures 10 and 11). Fortunately, motion pictures of the procession, as well as ample still photographs and sound recordings of the birds, have

[29] Kellogg, P.P. 1962a, p. 41.

survived to document this historic quest much better than is possible by written words alone.

Milestone #5 – New Quarters at Fernow Hall

While most of the principals of the Laboratory of Ornithology were away on their successful expedition to film and record vanishing species, Cornell was busy realigning departments and space. Although the Lab had been realigned from the Department of Entomology to the Department of Zoology, it had remained physically in McGraw Hall. However, in 1935 it was moved to Fernow Hall, a relatively new building in the College of Agriculture on the newer upper campus, to share that building with the Department of Forestry.

In 1936 Tanner issued his thesis "Sound Recordings for a Natural History Museum" based in large part on that historic 1935 expedition, and earned his MS degree. He continued his graduate studies toward a doctorate, concentrating on the Ivory-billed Woodpecker.

In the summer of 1937, it was the Bay of Fundy rather than the Louisiana swamp that stood between a sought-after bird sound and the truck-bound recording equipment. Kellogg solved that problem in an entirely different way. A study of oceanic birds had led them to the breeding grounds of the Leach's Storm-Petrel, which comes ashore only to nest in burrows on such remote protected places as Kent Island in the Bay of Fundy. As he reported in his typical understated way:

> "Being unable to get the truck conveniently to Kent's [*sic*] Island, where the birds were calling best, use was made of a small portable field amplifier and the short-wave radio station of the Bowdoin (College) Kent's [*sic*] Island Expedition to transfer the sounds of the petrels across the six miles of the Bay of Fundy to the Island of Grand Manan, where the recording took place."[30]

Kellogg, too, put on a push to complete his dissertation on "A Study of Bird Sound Recording" and earned his PhD degree in 1938. That elevated the academic standing of the Lab to three PhDs: Doc Allen as the charismatic leader and chief photographer, Dr. Sutton as the Curator and chief collection manager, and Dr. Kellogg as the bioacoustician and chief recordist. Quite a number of new graduate students (See Figure 12) were attracted, and again the "Grad Lab," but now in the top floor of Fernow Hall, was becoming a vibrant seat of academic endeavor. This cadre included E. P. Edwards, L. I. Grinnell, Oliver H. Hewitt, J. Southgate Y. Hoyt and R. S. Palmer, as well as James T. Tanner.

In 1939, Albert Brand sponsored another filming and recording expedition, armed with new equipment, this time across the continent to the west coast. This new equipment

---

[30] Kellogg, P.P. 1938, p.204.

for recording sounds was a 16 mm film recorder weighing about 100 pounds, making it somewhat more portable than the previous vintage. A major continuing shortcoming was that until the exposed film had been developed (in New York City originally, and at Cornell by 1939), one had no certainty that the hoped-for recording was actually being captured. On this expedition, Brand's son Charles served as sound technician and Allen's son David helped with both photography and finding bird nests to facilitate photography. I recently asked David how he became so proficient at finding birds' nests; his reply also sheds further light on this expedition:

> "Well, thanks to [Doc]; he taught me all I knew. Many of our trips were combined with a lecture tour, and on the side would be an official expedition for the *National Geographic*, or of course Cornell University and the Lab. I didn't quite make the 1935 expedition because he didn't think I was quite old enough. That was the Ivory-billed Woodpecker [expedition.] But the next one, I guess, was the trip to Florida in 1938; and then we took another one in 1939 to go to California, via a circuitous route covering most of the United States, where he taught that summer at Berkeley. And I still was at my job finding birds' nests of western birds up in Strawberry Canyon in back of the university. So he

> was teaching and I was finding nests, and he would come back on the weekends and photograph."[31]

The highlight of this expedition was undoubtedly the discovery and photography of the first Coppery-tailed Trogon nest in the United States and successful recording of its calls. This tropical species had recently been sighted in Madera Canyon of southeastern Arizona. Doc thought from the reports that recording its voice might be possible. He wrote:

> "But as for finding its nest – this was beyond our fondest hope; and when our good friend Dr. Charles T. Vorhies, of the University of Arizona, directed us to the spot where the birds had been heard calling and promised to treat us to a good dinner if we found the nest, we jokingly acquiesced.
>
> "Improbable as it all seemed, in less than twelve hours we had succeeded in recording the trogon's curious song, a song which has a strange resemblance to that of a hen turkey with a jew's-harp, and here was I on the verge of finding its nest.
>
> "Ten feet above was an old woodpecker's hole, a little irregular in outline from exposure to wind and weather and claws of departed *carpinteros*. In such places other species of Mexican and South American trogons had been known to nest.

[31] Allen, D.G. 2000.

"I had climbed to several other promising holes that morning without even so much as a squirrel scolding me. Moreover, since even in South America I had been unable to stalk trogons closer than 30 yards without their taking wing, I felt sure that the close scrutiny I was now receiving [from the bird, which had just landed less than ten feet from his face and uttered a low, growling call] portended that I was either in the nest tree or very close to it.

"Not wishing to disturb the bird further, I descended the tree and set up an observation blind on the ground. Within an hour the male trogon returned and flew directly to the hole toward which I had been climbing. For five minutes he clung to the edge of it, like a woodpecker, cocking his head very deliberately and looking down inside with seeming admiration.

"I thought the female was probably within, but ten minutes later she appeared from somewhere in the forest and, after pausing at the entrance for an interminable moment, she slipped in and remained for twenty minutes. Perhaps she was laying an egg; or was she feeding her young by that curious and lengthy process known as regurgitation?

"The next day, with the aid of a mirror and flashlight, we settled the great question, for there, 14 inches down from the opening and with no sign

> of nesting material, were two shiny-white eggs. The first authentic nest of the Coppery-tailed Trogon in the United States had been discovered."[32]

This excerpt demonstrates not only Doc's comfortable and informative style of writing, but also his awareness of bird behavior and practice of conservation etiquette. David's father was an excellent teacher.

An earlier stop on that expedition had been to Eagle Lake in southern Texas for Attwater's Prairie Chicken. The local game warden, Thomas Waddell, directed them to several "booming grounds" but advised that booming activity was unlikely unless it rained. After at least one frustratingly unsuccessful over-night attempt to be properly positioned to capture their pre-dawn courtship ritual without spooking the birds, the expeditioners hit paydirt at another spot:

> "With all things set, Charles Brand, son of the sponsor of our expedition, who served as our sound technician, decided to sleep in the truck so that he would merely have to turn a switch from his bunk if, following their usual habit, the chickens should start calling during the night.
>
> "My son David and I slept on top [of the truck, which had a flat platform above its roof on which they erected a blind that was handy for such purposes as well as serving primarily as an elevated

[32] Allen, A.A. 1944, p.689.

> position for photography], under the stars. But it so happened that the stars lasted only until 3 A.M., when, with little warning, it rained!
>
> "But it's an ill wind that blows no good, for, true to Waddell's prophecy, the rain touched off the chickens and, inside of an hour, the 'um-boom-boom' of a male bird in action was sounding across the dark prairie.
>
> "Soon a half-dozen ardent suitors were puffing out their air sacs and calling with almost the fervor of early spring.
>
> "None of the chickens approached the blind very closely, and their activities ceased by 7:30, so that, although we got a good record of their voices, successful color photography was out of the question."[33]

We have said much about the role of Albert R. Brand in the genesis of the Laboratory of Ornithology, particularly in regard to his support and pioneering of bird sound recording. We merely noted that he was ill at the outset of the historic 1935 expedition. Kellogg provides a more complete accounting of his strategic contributions:

> "Albert Brand died in 1940 after an illness of nearly seven years. From the time he had decided to record bird songs in 1930, he had taken an active

[33] Allen, A.A. 1944, p.693.

part in all of our work. It would be equally correct to say that we had taken part in his, since he had paid all the bills and all publications had come out under his name. It was teamwork in every sense. Decisions were usually made in conference and everyone did what he was best qualified to do. As Brand's illness became more confining, he turned to analytical studies of the recorded bird songs and everyone helped him. A small, new aviary was built on the roof of Fernow Hall where we measured the ability of birds to hear. New techniques were developed for microscopically examining and evaluating the recorded wave forms. Besides publishing many technical papers, we produced films with sound, selling some of them as professional motion pictures."[34]

[34] Kellogg, P.P. 1962a, p.40.

Foundation

After returning from Berkeley in the summer of 1939, Doc Allen and the rest of the Lab settled in for a tight period when many regular activities were curtailed due to war rationing and several new activities were begun in support of the war effort. As just noted, Albert R. Brand died the following year, and this was felt as a great personal loss to everyone at the Lab. Brand had been a great inspiration and a most generous benefactor. He would be sorely missed. Kellogg wrote:

> "After Brand's death, and before the war stopped all work, an album of six 10-inch, 78RPM discs, titled 'American Bird Songs,' was produced in the Laboratory with the assistance of Professors True McLean and Elmer Phillips and Charles Brand. It was published and distributed by the Comstock Publishing Company (later to become the Cornell University Press) and was an immediate, though small, success. Royalties received were the primary

> financial support for the Laboratory of Ornithology's recording projects for many years."[35]

The impetus to publish these discs was in part as a tribute and memorial to Brand. High accolades had been received from around the world regarding the value of Brand's original discs. One, from E. Laurence Palmer, editor of the *Rural School Leaflet* published by the College of Agriculture and a world authority on natural history education, albeit not exactly an unbiased source, stated:

"I doubt if any mechanical teaching device so far developed can compete at all successfully with the Brand records for interesting people in bird songs or improving understanding of bird songs by those already interested.... The records lend themselves splendidly to classroom use in nature study at the pre-college levels and should be part of the equipment of all schools doing any bird study in regions where they are appropriate."

Milestone #6 – Albert R. Brand Bird Song Foundation

So it is not surprising that many people immediately began to organize some lasting tribute to honor Albert R. Brand. In a letter dated May 20, 1940, Doc Allen wrote to Cornell's President Dr. Edmund Ezra Day stating that, with encouragement from his widow Ernestine and supported by a committee of more than forty eminent sponsors, they

---

[35] Kellogg, P.P. 1962a, pp.41-42.

would like the University's permission to establish the Albert R. Brand Bird-Song Foundation, and to seek further contributions to its endowment, to honor Brand and to foster continuation at the Cornell Laboratory of Ornithology of the work which he had so successfully pioneered. Permission was granted, the Foundation was formally established, and President Day himself joined the committee of sponsors, which was ably chaired by Dr. John L. Elliott, an 1892 graduate of Cornell.

Some insight on the stated intentions of the endowment will help the reader understand the range of work going on in the Lab at that time, and may also serve as a lesson in the time value of money. The financial goal for the endowment was $100,000, whose income would meet the $5,705 annual expenses of the Bird Sound Laboratory. Those projected expenses were further detailed as: 1) $2,405 for the Recording Project, 2) $800 for the Research Project in Avian Hearing, 3) $500 for the Photographic Project to accompany the sounds, and 4) $2,000 for expeditions for the study of other than local birds.

On June 15, 1940, on stationery featuring "The Albert R. Brand Bird-Song Foundation" above a singing male Black-throated Green Warbler drawn by Dr. George Miksch Sutton as a letterhead and a list of the 43-member Committee of Sponsors down the left margin, Dr. Elliott issued the following appeal:

> "There is a certain magic in bird-music. In far-off Labrador we hear a robin singing in the spruces.

The song carries us southward to sunny lawns dotted with dandelions and to lilac-scented gardens. Who can hear a hermit thrush without wondering whence such a lay has come? Be such music mere defense of nesting territory, a challenge to rivals, or advertisement for a mate, there is still something about it that digs deep into human sympathies, something that is compellingly beautiful, enriching, important.

"In capturing that most elusive attribute of a bird, the song it sings, Albert Brand, in his short life, surpassed all the collectors of specimens that ever lived. They preserve only the tangible; he caught on film and placed on disks the intangible. He made it possible to bring the essence of birds into our homes, into the schoolroom, within our actual grasp. For this he should be long remembered.

"His pioneer work should be continued, so that the greatest enjoyment of bird-song, which comes through familiarity with the birds themselves, may be available to the youth of the nation, to those who can no longer go afield, and even to those who cannot see. We, his friends, therefore, have taken it upon ourselves to sponsor the idea which he so masterfully envisaged, that it may be brought to fruition.

"For nine years Albert Brand labored to perfect apparatus for recording bird-songs. For nine years he and his associates have traveled the country over capturing on film those evanescent notes that give birds their greatest charm. A few of these songs have been transferred to phonograph records for the use of the schools and for Talking Books for the Blind. A real start has been made, but the good work should go on as he planned had his untimely passing not prevented. We are glad to commend to you a project which will establish, at Cornell University, the Albert R. Brand Bird-Song Recording Laboratory for the continuance of the work in which he pioneered.

"Specifically, it is proposed to carry on in this project the four phases of work in which Mr. Brand was actively engaged, namely:

"First, to obtain better recordings of bird-voices with the new and improved equipment already on hand, and to secure the songs of heretofore unrecorded birds, particularly the rare and vanishing species.

"Second, to continue the research in avian hearing, which has been so highly commended by ornithologists.

"Third, to add to the series of Talking Book records for the blind, which has received such hearty endorsement from those who are without sight.

> "Fourth, to prepare an Albert R. Brand Library of Bird-Song on phonograph records for nature education in schools, something which, from the very beginning of this work, has been requested repeatedly by science teachers and educational leaders.
>
> "It is our sincere hope that through this Bird-Song Foundation, established at Cornell University, an endowment of $100,000 will be raised, the income of which will be used to carry out these proposals.
>
> "Won't you join with the friends of Albert Brand in helping to assure the continuance of his significant work and, at the same time, pay tribute to one of those rare characters whose life personified cheer and service?
>
> "Your gift, large or small, will help achieve these worthy objectives."[36]

Several aspects of this foundation deserve further elucidation because of their characterization of the Lab. An organization such as the Laboratory of Ornithology is a living, growing, evolving entity whose initial characteristics are acquired primarily from its founding principals. Over time it becomes more difficult to be so sure of cause and effect; *i.e.*, whether characteristics of the organization are driven spontaneously (innate) by its

[36] Elliott, J.L. 1940.

members or are deliberately maintained (learned). Those characteristics that are most congruent with the mission of the organization certainly have the greatest chance of survival, and even become required attributes for recruiting new leadership members.

Consider for a moment the attributes of conservation, research and education. Each of these attributes continues to characterize the Lab, and each owes its importance to the foresight and actions of the Lab's very earliest principals. Allen and Fuertes had each recognized that birds could and should be studied without the need to do it over the barrel of a gun, and they both recognized that an inherent interest in birds lies dormant within most people, just waiting for a charismatic interpreter to awaken their senses and begin their enjoyment. Conservation and education, not just in the university but specifically engaging the general public, are characteristics of the Lab that can easily be traced to Allen and Fuertes. They could have focused their energies purely at students within Cornell, but they did not, and they thereby established two enduring characteristics of the Lab, characteristics which successors have usually tried very hard to maintain. Certainly research was another important part of Doc Allen's legacy, but it remained for Kellogg and Brand to really bring *applied* research to the forefront to become a hallmark of the Lab. If the tools needed to explore the science do not exist or are inadequate for the task, think beyond those limits, marshal diverse resources, and invent the necessary apparatus. But don't just publish your results in a peer-reviewed technical journal and rest on your inventive laurels, plow ahead to use those newfound tools in ways that evoke greater interest in the study and conservation of biodiversity. And when, in the process of perfecting those tools according to human perception, you question what constitutes perfection to the ears of the birds, apply your same inventive curiosity to pioneer research on avian hearing. Thus, multifaceted applied research joins conservation and education, all practiced and delivered in form and substance that proves irresistibly engaging to the general public while at the same time making a substantial contribution to the frontiers of scientific knowledge, as three primary characteristics of the Laboratory of Ornithology. In many ways it was Albert Brand who completed that triangle and significantly strengthened the Lab's future.

Completing his PhD dissertation in 1940 was James T. Tanner, whose "The Life History and Ecology of the Ivory-billed Woodpecker" was inspired by his participation in that historic 1935 expedition to the Singer Tract. The significance of this work in and on the Laboratory of Ornithology has multiple dimensions. Obviously, the thorough ecological investigation of a vanishing bird species is in the mainstream of Lab interests from all research, education and conservation points of view, so this was a subject of utmost relevance to the Lab's mission. As we shall see, it will become a recurring subject. Furthermore, Tanner's study received support in a precedent-setting way. In the preface to Tanner's subsequent book "The Ivory-billed Woodpecker," Doc Allen wrote:

> "When the National Audubon Society decided that such a study should be made, Mr. [John H.] Baker [, Executive Director of the National Audubon Society,] invited me to lend such aid as I could toward setting up in the Graduate School of Cornell University an Audubon Fellowship and selecting the student who should perform the arduous labors involved. The Graduate School was receptive to the proposal because, in previous years, many of the graduate students in the Laboratory of Ornithology had produced life-history reports of considerable value and it so happened that we had just the right man available for the task."[37]

This formal cooperation between the Lab and the National Audubon Society proved to be particularly effective and mutually rewarding, so it should not be surprising to find subsequent examples of extramural collaborative work by the Laboratory of Ornithology.

At about this same time a future member of the faculty of the Lab, William C. Dilger, was coming to Cornell from the family farm in Hilton, New York, as an undergraduate student in the College of Agriculture. When asked what led up to his enrollment, Dilger replied:

---

[37] Allen, A.A. 1942, p.iii.

“The first time I saw Cornell was in 1936 or ’37, during Farm and Home Week. My high school science teacher, who was a product of Cornell also, and was in the teaching business, and he brought me down. He introduced me to Doctor Allen; he introduced me to Doctor Sutton. Both subsequently became good friends. I had made up my mind I was going to go to Cornell; no question about it. And I thought I’d work for two years, get enough money to come to Cornell, and then I’d, you know, then I’d just do it. Apply and everything.

“So I got a job working in a color sensitometry lab at Kodak – it was a good job, a wonderful place to work. Learned a lot there about photography and so on. Then, of course at that time, the war was beginning to loom larger and larger on our horizon, and finally, you know, on December 7th, 1941, it really hit the fan. Then I could see that I wasn’t going to be able to work two years there; I had to get there sooner, get my foot in the door anyway. So this was August, 1942, the summer after Pearl Harbor, I got an application – this should have been done in the spring, you know – in August, can you imagine? I was right off the turnip truck! I sent it down and they promptly sent it back – no chance!

“Well, that wasn’t an option as far as I was concerned, so I hitch-hiked down here and went up to the admissions in Roberts Hall and saw somebody, I think his name was [Dr. John] Hertel as I remember. That was kind of nice. Anyway, he said, 'Well, no; it's too late. Besides, your Latin grade is a little bit low.' It was respectable but not high. I said, 'No hope; no hope at all? This is unacceptable; there has got to be a way.' So while I was here I went to see Doc Allen – by this time I knew him. He said, 'Well, you should have applied in the spring.' I said I didn't realize in the spring that events were coming so fast, that I needed to come this fall. He understood that; he said, 'Well, I'll see what I can do.' He was on the committee for admissions in the Ag College. He said, 'Just go home.'

"So I went home, and a few days later I was admitted. I had seventy-five dollars; I thought that was all of the money in the world – of course by today's standards that is not much money at all, but in 1942 that was quite a bit of money, probably like almost a thousand dollars. In those days, New York State residents entering into one of the state schools didn't have to pay tuition. If they had space, you know. I sort of forgot about things like lab fees, and books, and eating, and details like that. I looked in the catalog and I picked all of the stuff I wanted to take. I thought I'd better get down here before classes start, so I came down the day before, and went up to Fernow Hall. The secretary said

[Doc Allen] was in the lab registering students. I thought, oh, registering students, so I went in there. He said, 'Where have you been?' He handed me this thing that already told me what I've got to take, which is not at all what I had in mind. Man, I was so naïve!

"Then he asked me if I had a place to stay, and I said, 'No.' He said, 'Well, you should have found a place to stay last spring, but tell you what – you go down to Willard Straight Hall; they have a list of the rooms available. You get that, and you know your way around, you take that and you start walking around Collegetown and when you come to a street you look on that list and see if there's anything on that street.' Filled up, filled up, filled up; finally I did get a room on a third floor in a house on Eddy Street. I was all set there. Four dollars a week, which seems ludicrous today, doesn't it?

"Plus, I had to eat. So then I came back up – dividing 4 into 75, it doesn't go very far – so I went up to see Doc Allen again and told him I had a room. He said, 'Do you have enough money to pay for it?' I said, 'Well, for a while.' He said, 'Tell you what: Eleanor Roosevelt started this program called the National Youth Administration. There is an office on campus in Sage Hall. You go down there, and they have lists of people who need people

> to work for them on the campus, and jobs that are available – waiting tables, firing furnaces.' He asked me if I had any photographic experience. I said, 'Yeah; I've done a lot of darkroom work and taken lots of photographs, sure!' He says, 'Well, go down there and see what you can get.'
>
> "So I went, and there was a long line, you know. And they paid a quarter an hour, or something. So, I went down there and my turn came and he said, 'What would you like to do?' I said, 'I'd like to do photographic darkroom work.' He looks all through this file, you know, 'I'm sorry; but we don't have any who wants anybody like that.' And the phone rang. 'Oh, we just have the man here who wants to do something like that.' It was Allen on the phone. So, I got a job mostly enlarging and printing black-and-white photographs for one or more of his books. That was fun! For that I got $4 a week. So now I have to eat. I would hitch-hike home and I might bring back stuff from home with me – we had food at home."[38]

This vignette of one young student's enrollment tribulations shows something of Doc Allen's concern for all students who came to know him. (It also points out the attraction that Farm and Home Week was, an open house by the Colleges of Agriculture and Home Economics that

---

[38] Dilger, W.C. 2000.

annually drew thousands of citizens from New York State and surrounding areas. As a youngster living very close to campus, I remember vividly a slide and sound lecture that Dr. Kellogg "always" gave during Farm and Home Week.) That fall, Dilger helped Dr. Sutton retrieve and catalog a collection of several thousand bird specimens that had been donated to Cornell by the widow of a collector in Seneca Falls, as he recalled. During this work Dilger received some helpful pointers regarding artistic technique from Sutton, who by then was being recognized as arguably the best bird artist living at the time. He considered that training to have been much more compelling than the orientation class that he was supposed to be attending during those same hours. He went on to explain that, like many other young men then attending college, he was registered in the reserve and was subject to call to active duty if war developments required. The following spring, that moment arrived.

> "In March that list came out and all these guys were called up, and campus almost emptied overnight. So I got my gear together, packed my suitcase, and so thought I'd come up on campus to say goodbye to Doc Allen. As I was coming up through the campus, the chimes were playing *You're in the Army Now*. That was kind of unkind! Got to Doc Allen's office, and the secretary said, well, he was in. So I went in his office, and he was looking out the window. I said, 'I just came to say goodbye,

> Doctor Allen.' And he turned around, and he looked just awful, he had tears on his face. He said, 'You, too?'"[39]

World War II had a strong impact on nearly every facet of life at the University, the Lab included. Dr. Kellogg was invited to organize and direct a "radar school" where engineers could quickly become familiar with the latest electronic technology that would play such a large role in the war. It was during this assignment at the Western Electric Company that he established many friendships with people at Bell Laboratories who would later cooperate in the development of new tools such as the audiospectrograph for portraying sounds on paper. Allen and Sutton meanwhile labored under trying times to maintain a modicum of continuity in the formal work of the Lab. Graduate students of that era included Lawrence I. Grinnell, Oliver H. Hewitt and Allan R. Phillips.

The project which stimulated this historical review of the Lab occurred during this period. Dr. Kellogg reported it succinctly as follows:

> "In 1943, when the armed forces became concerned about military operations in the tropics, Rutgers University accepted a contract with the United States Army to investigate the acoustical problems of jungles. Dr. Allen, David Allen, and I joined this project under the direction of Dr. Carl Eyring and in

[39] Dilger, W.C. 2000.

> 1944-1945 worked in Panama. Because of film censorship and also because of the deterioration of film under tropical conditions and the excessive time lag between recording and possible playback, we decided to change to instantaneous disc recording, using professional equipment which by that time had developed to a point where it compared favorably with the best film-recording methods. In Panama we took full advantage of our wonderful opportunity to study birds and record their sounds. When we prepared our report, which the Office of Scientific Research and Development published confidentially, we included an album of two, 12-inch, 78RPM discs of bird, amphibian, mammal and other sounds of the tropical environment."[40]

There are several things in the above statement that warrant further remark. First, the phrase "to investigate the acoustical problems of jungles" covers a lot of ground, but boils down to learning to distinguish friend from foe among the unfamiliar sounds of the jungle for defense of that strategically important waterway known as the Panama Canal, should the war ever spread that far. Second, as we shall see shortly, Panama was only the starting point in a much larger plan. And third, the migration from film to disc had already been under way at the Lab, and this contract provided a timely way to accelerate that

[40] Kellogg, P.P. 1962a., p.42.

development. And fourth, while it identifies some major disadvantages of using film as the recording medium, it does not mention an additional disadvantage which lies at the center of another interesting piece of the Lab's history. I shall momentarily step out of strict time sequence to reveal that story.

Much of the film that was used in those days, including a considerable amount of that used by the Lab for recording the sounds of nature before acetate film became standard, was composed of nitrocellulose and often referred to as nitrate film. One of the properties of this material, one that did not particularly please the University to have archived in McGraw Hall, was its extreme combustibility. We have already noted that Brand, as early as 1934, transferred his recordings from film to disc in the studio for publication. Kellogg, perpetually seeking to ensure the best possible performance of his equipment, had immediately immersed himself in mastering the technical details of cutting the highest fidelity discs and in improving the state of the art through original design when necessary to achieve such fidelity. This was the case with sound on film, this was the case with sound on discs, and this would later also be the case with sound on magnetic tape. At any rate, Kellogg sought to transfer all of the original film recordings to high fidelity disc for safe keeping and easier access, and carefully stored the flammable nitrate films in a large safe of the type normally used to safeguard large amounts of cash. Rumors abounded that one day it was decided to eliminate that hazard and the entire cache of nitrate film was intentionally burned. Details of the time, place and exact manner of ignition varied, as is often the case with legends which are passed through many verbal generations. This legend intrigued me and prompted a concerted effort to trace it back to its origin if that were possible. I asked many people what they knew about it, and finally obtained a first-hand account. What follows is a partial transcript from my interview with Professor Phillips[41]:

> **RSL:** Nitrate film, yes; and the way I heard it was that, after the recordings were safely transferred onto a safer medium, then, at the insistence of the University that the hazard be eliminated, that nitrate film was 'torched' basically....
>
> **ESP:** It was like a bomb, at old McGraw Hall.
>
> **RSL:** Aha! So there is some truth to it, huh?
>
> **ESP:** Yes, there is truth. As a matter of fact, I have a dim memory and I can't be sure this is correct, it may be scuttlebutt; it seemed to me that Paul had decided he wanted to get rid of that stuff, he and Doc both, they had had the important things transferred to acetate film, which was all right, and he started to run it through a saw and it melted, and so he quit right there – he got scared. Actually what happened was, we took it out in back of McGraw

[41] Phillips, E.S. 2001.

Hall, and it would be a pile that would probably go from here over to that wall, maybe about two-and-a-half, three feet high.

RSL: So maybe a 15' by 3' pile?

ESP: Well, ten-by-ten anyway. And they said, "Well you smoke, throw a cigarette in there and get it started." So I threw a cigarette, and it didn't work. So I pulled out a section of it and lit one end, and all the nitrate like a long fuse just went right back in and 'Whoosh' three stories high! Right in back of McGraw Hall! I have never forgotten that.

Returning to the wartime project on jungle acoustics, I asked David Allen to recall his experience on that project and he was able to place the Panama activities into the larger perspective as the following excerpt illustrates:

"In 1943-1944 Paul Kellogg, my dad, myself joined the staff at Rutgers University in the Office of Scientific Research and Development, where we started planning for our trip to New Guinea. That's where we were meant to be going to photograph and record and identify sounds of the jungle because there was so much Japanese signaling by use of certain sounds that sounded like bugs or birds but were people, soldiers. Our first stop was in Panama, to practice up for our next jump to New Guinea. We spent a couple of months there - very fascinating place. Most of our time was on Barro

> Colorado [Island in Gatun Lake], but then again we traveled around to southern Panama, a few trips down there. [This was really preparatory to a Southern Pacific inventory,] we were getting ready for that; but [the war] came to a halt, so we turned around and came home and brought back these aluminum-based records, which I think are at the Laboratory.[42]

By "aluminum-based records" David Allen is referring to the disc medium (See Figure 13) on which they were making the recordings in Panama. The medium consisted of a flat circular strengthening disc of aluminum, coated with a layer of vinyl into the surface of which the audio signal was cut in the form of a spiral groove, with microscopic wiggles encoding the audio signal. The apparatus for cutting these discs was called a lathe, owing to obvious functional similarity to the conventional machine shop tool of that name. The cutting tool, a diamond point, was driven radially away from the center of the disc as the disc was simultaneously being rotated at a precise 78RPM rate, so that a very fine spiral groove was cut into the vinyl surface of the disc. What made this apparatus distinctly different from an ordinary lathe was that the cutting tool, rather than being rigidly held, was designed to move according to the electrical signal being received from the microphone, much as would a loudspeaker cone receiving the same signal. This minute movement of the

[42] Allen, D.G. 2000.

cutting tip produced wiggles in the course of the spiral groove that could later be followed by the stylus of a record player to recreate the audio signal. While instantaneous playback was still not feasible, Kellogg could judge, by microscopic optical examination of the groove as it was being cut, whether a successful recording was being made. If the wiggles were too small, he could increase the pre-amplification of the signal to overcome inherent “noise” of the disc; if the wiggles were too large, he could reduce the drive so that a playback stylus might be better able to accurately track the groove and so that the wiggles would not impinge upon the adjacent turns of the spiral to disturb those portions of the recording. In later years Kellogg would collaborate with engineers of the phonograph record publishing industry to extend to mass production some of the techniques he had developed for faithfully recording and reproducing the most demanding sounds of nature.

Although he was 32 years old and operating his own photography business in New York, Peter Keane felt compelled in January of 1942 to volunteer for military duty. The US Army Signal Corps at Fort Monmouth, New Jersey, at first refused him as too old, but he persisted and, having had two years of ROTC at Cornell, was eventually put in charge of a unit filming action in the Pacific theater. That duty took him to Okinawa and led to an interesting connection with the Lab.

> “While on Okinawa I get a letter from the Lab of Ornithology saying one of our students is in unit so-

> and-so on Okinawa. So I go to my phone – I was a Captain, and I had a phone – I called up unit so-and-so and a kid answers the phone who is assigned to that job. It turns out to be a kid named Allan Phillips. Not my classmate [Elmer 'Flip' Phillips]. Not 'Flip,' but I had that letter. So what I did was I called up his commander and said who I was and I wanted to do an ornithology trip with this guy because he's a professional ornithologist. And I got together a lunch and binoculars and so on, and got over to his camp and we spent the day together. We drove around. We found, in the town of Naha, a building still standing and there were a whole bunch of stuffed birds, all in terrible shape, all maggots and so on. And I have a picture of me holding a gull. And I have pictures of him. And that ends my ornithology on Okinawa.[43]

Allan R. Phillips returned to the Lab after the war, and in 1946 earned his PhD degree with a dissertation "The Birds of Arizona" which led ultimately to his famous book of the same title. Other graduate students completing their studies after the war included Harold H. Axtell, N. Gardiner Bump, J. Southgate Y. Hoyt, Sally F. Hoyt and Kenneth C. Parkes.

The Lab also managed to conduct a photographic and recording expedition to Florida and then across the southern states and even into Mexico during 1946. This

---

[43] Keane, M.P. 2002.

sixteen-week expedition, with funding by the National Geographic Society, took Doc, Elsa and David Allen on an extended search to document more vanishing species, to augment the work on neotropical sounds begun in Panama, and generally to fill gaps in the Lab's growing collection of recordings and photographs of North American birds.[44] An amusing anecdote from that trip bears transcription from the recording that was made in Tampa on March 10. Normally the Lab would seek free-ranging birds, but the opportunity to record a captive Bald Eagle was not refused. While David operated the recording apparatus and monitored the groove being cut, it was Doc's task to position the microphone and observe the behavior of the bird. When all was ready, the drill consisted of David starting the "cut" in the sound truck, Doc announcing the beginning of the recording at the microphone, then patiently and silently pointing the microphone at the bird while it sang its appointed song. Frequent starting and stopping of the recording apparatus was neither practicable nor desirable. Let us "listen" to that recording:[45]

AAA: We have given him a small piece of fish to satisfy his hunger; he hasn't been fed since Wednesday, but he doesn't seem to be willing to talk anyway.

Eagle: [long silence]

---

[44] Allen, A.A. 1951, pp.307-316.

[45] Allen and Allen. 1946.

AAA: Well, I say it is still Sunday morning, getting later all the while, the wind is coming up, there's more traffic on the road, getting noisier in every respect, except that the eagle is becoming quieter and quieter.

Eagle: [more silence]

AAA: I think perhaps I'll change the microphone in a minute and move it to the top of the cage instead of having it stuck through the wire here on the side.

[Stop recording, rearrange microphone, re-start recording.]

AAA: Introducing Mr. Bald Eagle at Tampa, Florida, who is about to speak into the microphone. Come on now, you son of a beehive. Talk!

Eagle: [long silence]

AAA: As I said, Mr. Eagle, a little more conversation is wanted here.

Eagle: [more silence]

AAA: If I could tell you what I think of you right now, it would fill a book, it would fill a record. So jump up on this perch and say something. [Some clattering.] That's right, up on the perch you came; now say a few words; come on, say a few words Mr. Eagle. It's time to talk, time to talk.

Eagle: [continued silence]

AAA: It is still March 10th, 1946; the eagle is back up on its perch now, but he doesn't want to talk.

Among the free-ranging birds that were successfully documented during this 1946 expedition were Whistling Swans at Mattamuskeet Lake, North Carolina, Wild Turkeys at Bull Island, South Carolina, Sandhill Cranes on the Kissimmee Prairie and Limpkin at Wakulla Springs, both in Florida. In southern Texas and Mexico they were helped to find propitious birding sites by L. Irby and Anna May Davis, who knew Mexican birds probably better than anyone else at the time and who thereafter themselves sought to continue recording the sounds of Mexican birds for the Lab. One Mexican species they particularly hoped to film and record was the Imperial Woodpecker, a tropical congener of the *Campephilus* Ivory-billed Woodpecker that Doc had last documented in the Singer Tract of Louisiana in 1935. Though they did not succeed in either photographing or recording their target, they did hear and see one individual, and David provided this recollection of the quest:

"We loaded the sound truck on a railroad car and crossed Mexico to the Sierra Madre to meet with a gentleman [by the name of Mr. John Zalaha, who

> had recently seen] the Imperial Ivory-bill on his property. He was a large woodland owner in western Mexico. He had a cabin up in the mountains where we stayed, and I was fortunate enough to see one, flying Imperial Ivory-bill – the last one that has been seen, I believe."[46]

In the process, however, they were rewarded with close studies of numerous other endemic species of parrots, toucans, tinamous, anis and pepper-shrikes, before turning northward and completing their circuit through Bear River Refuge on Great Salt Lake where they had great success with Snowy Plovers, White Pelicans, White-faced Ibises and other alkali basin birds.

Back at Cornell, Gardiner Bump was studying the long-term effects of habitat changes on wildlife, doing most of his fieldwork in the Connecticut Hill Game Management Area not far from the Cornell campus. His special interest in Ruffed Grouse management was well aligned with work initiated by Doc Allen, and was supported in part by the New York State Conservation Department – another example of extramural cooperation in activities of the Lab. Bump later pooled his findings with that of others and wrote by way of introduction for their report:

> "One of the faults of many studies is that others working in the same field are not kept abreast of results. It is small wonder, therefore, that

[46] Allen, D.G. 2000.

[following two closed seasons] a group of worried sportsmen … met in Albany … to 'do something' about the disappearing grouse. Called in to advise, Dr. Allen outlined the results of his studies and pointed out that progress must, of necessity, be slow. Discussion disclosed the need for inclusive research on most of the factors on which the abundance of grouse depends, and on a scale larger and better integrated than ever before.

"It was then recommended that a research program be inaugurated on Connecticut Hill, a tract of submarginal hilltop land recently acquired by the State for a grouse refuge, and that Gardiner Bump, who, as one of Dr. Allen's graduate students, had recently mapped the game habitats, studied the requirements of the bird and set up a suggested management plan for the area, be charged with organizing and directing an intensive and inclusive investigation. At the request of the organized sportsmen and backed by Alexander MacDonald, then Conservation Commissioner of New York State, the 1929 Legislature appropriated $10,000 to initiate this work."[47]

Milestone #7 – Department of Conservation

---

[47] Bump, *et al.*, 1947, p.34.

Complementing Tanner's earlier work on the Ivory-billed Woodpecker, Southgate Hoyt intensively studied its more common smaller cousin the Pileated Woodpecker. Concurrently his wife, Sally, was compiling a treatise on methods for ornithological research. Both received their PhD degrees in 1948. That was a momentous year in the Lab's development for a couple of other reasons as well – within Cornell the Lab was transferred to the newly created Department of Conservation in the College of Agriculture, and with sponsorship by the National Geographic Society, the Lab conducted an historic expedition to Alaska.[48]
It was organized to attempt to locate the breeding grounds of the rare Bristle-thighed Curlew, which wintered on the South Pacific island of Tahiti, where it had first been collected in 1769, and was known to summer somewhere in the interior of western Alaska, but just where was still a mystery. The town of Mountain Village on the banks of the lower Yukon River was selected as the staging point where Doc and David Allen would join two local schoolteachers who had recently seen such curlews in the area and were eager to lend their help in the quest. David recently provided the following recollection of the happy discovery during that expedition:

> "We flew by bush pilot; did a lot of motion picture photography down on Igiak Bay. Then we split up, because the plane couldn't carry us all and all our gear, so he would fly us into one place and then go

[48] Allen, A.A. 1951, pp.216-236.

back to base camp, pick up the other folks, and fly them in. We were flown into a small lake north of Mountain Village, where we camped, and where I had walked about a week before within a couple of miles of it and couldn't get across the river – there was no boat, there was nothing; so I came back, walked back, and slept overnight on the tundra, and back into Mountain Village the next morning. Then, went down to Igiak Bay and spent a week down there, and leapfrogged back up over Mountain Village to drop on this lake we finally called Curlew Lake. This curlew was located up on a plateau above the lake, with the mountain about 800-to-900 feet high, and on the back side of that was a plateau that leveled off where the curlews nested. And when I was flying over that area, I had told the pilot, Nat Browne, to circle the area so I could see what it looked like; and I said to my partner [Henry Kyllingstad, the young Mountain Village teacher], 'That's where it's going to be,' because I'd been in Hudson Bay and seen the Hudsonian Curlew, which couldn't be too far apart in behavior and nesting sites and what not. And it had these black lichen clumps. I said to my partner, 'That's where it is going to be.' He said, 'Well, maybe.' He didn't like to hear that because it was only a couple of miles from his house, and he had been looking for it for quite a long time. And sure

> enough, that's where it was and where we found it, and I think we found three nests.[49]

The younger Allen's account certainly belies the ornithological enormity of his find (See Figure 14). Perhaps to better appreciate that we should review his father's report. They had begun their Alaskan work by camping and studying the birds around Igiak Bay, an area just west of Mountain Village where Doc could quickly get good photographs of many shorebirds and other waterfowl, but their real destination lay north and east across the Yukon River and they would need the bush pilot Nat Browne to fly them there in his pontoon-equipped airplane. Let's pick up Doc's report at this point:

> "Nat arrived at 4PM on Friday, June 11, as arranged. We were scarcely expecting him, because clouds hung low on the mountains.
>
> "In the first planeload went Henry and David, with half the equipment, bound for Mountain Village to pick up supplies and then to fly to a lake 20 miles to the north. Camping there for two days, David and Henry could explore for curlews until Warren [M. Petersen, the other Alaska Native Service schoolteacher] and I arrived Monday on Nat's second trip.

[49] Allen, D.G. 2000.

"When the pilot returned for us, he lifted his plane over the Askinuks, followed the shore of Scammon Bay, with its high cliffs, then flew over the pond-filled tundra, across the coffee-colored Yukon, and finally to what we christened Curlew Lake at the base of a low range of mountains.

"As we glided down, we spotted the white tent and the two boys on the shore.

"Behind the tent the mountain rose at a 60-degree angle, but from a height of 2,000 feet we had seen a whole series of barren, desolate ridges beyond. The lower face of the mountain was a tangle of alders, but toward the top it was typical tundra with patches of snow still defying the sun.

"'What news?' I called as the red Bellanca taxied up to the shore. We were planning merely to take on supplies and head for the next lake.

"'Seen any curlews?' I queried, half facetiously, as neither Dave nor Henry replied.

"I saw them exchange peculiar glances, and I expected one of Henry's Swedish stories or some joke from David. They apparently had a story, and perhaps they had rehearsed it. Something misfired, however, as it often does in times of excitement, and out it came – '*We have found the curlew's nest!*'

Who said it? I looked from one to the other with amazement. There was such a degree of sincerity and pent-up feeling in the simple little statement that I didn't for a moment doubt its truth. There was no question; the 163-year-old mystery had been solved. They had found the summer home of the Bristle-thighed Curlew; they had seen the actual nest!"[50]

The 1948 Alaskan expedition was limited to photography, as it was totally impractical to bring recording equipment into the small remote lakes such as Curlew Lake. However, Kellogg had been hard at work experimenting with a new recording medium – magnetic tape – and in just a few more years the Lab would be able to carry recording equipment into such remote venues. Kellogg reported this significant transition as follows:

"One of the results of my sabbatic leave during 1949-1950 was the design concept of a truly portable tape recorder. I presented it to Mr. N. M. Haynes of the Amplifier Corporation of America, who readily took it, combined it with ideas of his own, and, in 1951, commercially produced the first Magnemite Tape Recorder, a unit weighing under 20 pounds. This recorder became the workhorse of our projects and was generally adopted by almost everyone interested in natural-history recording.

[50] Allen, A.A. 1951, p.225.

> For the first time many new habitats, which could not be reached except on foot, by horseback, or by boat [or by bush plane] were accessible to sound recording, making possible such sound studies as those in Florida Bay (1952), coastal Labrador (1953), and Hudson Bay (1954)."[51]

The Magnemite tape recorder was a marvelous instrument (See Figure 15). It was housed in a leatherette-covered rectangular wooden case, about 13"x9"x5" in size, with a carrying handle so that it looked like a large lunch box. Upon releasing the latch, opening the box and folding back or detaching the lid, one found a 13"x9" tape transport deck, with two spindles upon which to mount the 5" supply and take-up reels, then thread the tape from the supply reel, around a guide, past the heads and drive capstan, and around another guide to the take-up reel. Inside the lid were stowed two important components of the transport: a heavy cast metal 4" flywheel and a crank. After the tape had been threaded, the flywheel had to be placed atop the capstan and secured with a thumb-screw. Then the crank had to be inserted through a hole in the right side of the transport case, engaged with the internal mechanism, and then wound up like an old Victrola record player. Batteries only supplied power for the electronics; the transport was entirely mechanical.

---

[51] Kellogg, P.P. 1962a, p.42.

In operation, one flipped "On" a power switch, allowed the thermionic vacuum tubes a moment for their filaments to reach operating temperature, then engaged a pinch roller against the tape where it passed the capstan, and launched the recording with a starting spin of the flywheel. Once the cut had begun, the recordist monitored the recorded signal, through headphones, to ensure that a quality signal was being captured. (Although the recording process no longer involved cutting a physical groove in a disc, the term "cut" was retained, and is used to this day, to describe a single continuous recording.) Many bird sounds, such as trills of juncos, contain more high-frequency energy and very rapid modulations of amplitude than are ever encountered in the human speech or music signals for which audio signal-level meters had been standardized, so in spite of the "VU meter" indication of adequate signal level it was very important to apply critical listening to immediate playback of the recorded signal, and to reduce the gain upon hearing any unnatural buzziness or distortion. This "on the fly" monitoring of the recorded signal, analogous to Kellogg's microscopic visual inspection of the groove being cut on a vinyl disc, greatly increased the efficiency and quality of the Lab's recording results by eliminating the need for re-takes or bracketed exposures. Most early tape recorders, and most similar consumer products to this day, do not possess separate "record" and "playback" heads. It is a tribute to Kellogg's influence on the design of the Magnemite recorder that real-time monitoring was provided, and has become a distinguishing mark of professional recording equipment ever since.

Another responsibility of the Magnemite recordist was to keep the transport mechanism properly energized. One could use the Victrola technique – crank it up and let it play until it started to slow down, then crank it up again – but letting it fall off-speed would ruin a cut, so continuous cranking was to be preferred. Learning to crank consistently so that mainspring delivered steady tension, and learning to crank quietly so as not to interfere with either the recording or the bird, both required diligent effort. In subsequent years the Magnemite design evolved to include a nice aluminum case and to replace the vacuum tubes with transistors, thereby eliminating the need for one high-voltage battery. But the transport always remained mechanical and Magnemite operation was a challenging art!

My own personal experience with the Lab took a decisive fork at this point. Both Doc Allen and Dr. Kellogg were extremely instructive to inquisitive kids and would let them feel useful by allowing them to assist them in many ways like carrying equipment and finding nests. Like his son David, I was good at finding bird nests for Doc's photography, and David was now away working for the New York State Conservation Department, so this help was greatly appreciated. But once a nest was found and a blind was erected nearby for concealment from which to photograph the birds, my role became that of "go-awayster" as Doc called it. Birds remained very suspicious when someone entered a blind, until that person left. And birds, he said, could not count. He needed someone to accompany him to the blind and then obviously depart from the vicinity – a go-awayster – so the birds would quickly resume their family duties and Doc could get his pictures.

Recording, on the other hand, was very much a two-person team activity. The recordist operated the Magnemite while a helper aimed the parabolic reflector, containing the microphone, at the bird. The helper either had to develop an incredibly good sense of aim, based on some initial coaching by the recordist, or soon find another job. I quickly mastered that challenge, and soon found myself faced with a new one. The best time for recording bird sounds is at dawn, when the birds are most vocally active and before unwanted background noises of civilization become too distracting. The best time for photographing birds is later in the day, when lighting conditions are better. And until summer at least, there was school to pre-occupy mid-day hours except on weekends and holidays. The net of this was, I soon realized, that I could probably be of greater help any day to Dr. Kellogg than weekends only to Doc Allen. And though for many years I tried to maintain both pursuits, it was recording that eventually won out over photography for me.

In 1950 the International Ornithological Congress would be meeting in Uppsala. Doc Allen dearly wanted to attend, but felt that he just couldn't afford the expense of travel to

Sweden at that time. It is not clear how retirement, which was still a good three years away for Doc, fit into this, but an anecdote related by Sally Hoyt Spofford starts with the premise that there would soon be a very formal retirement party for Doc. She states:

> "And everybody, I mean all of the grad students and close faculty friends knew about this formal thing that was coming up, and it just didn't seem like Doc. So I think it was Ollie Hewitt that got, and Ollie was on the faculty by then, he got the idea that they would have a surprise party for Doc ahead of his actual retirement. And invitations – Ollie had a little committee helping him at Fernow Hall – invitations were sent out to all graduate students, past and present, and other close friends and of course all Doc's relatives. And I remember one thing in connection with that, of course the invitation stated that this was a secret, and the replies were to come to Ollie Hewitt.
>
> "One day Ollie got a frantic letter or telegram or phone call from someone who said that his secretary had mailed his acceptance directly to Doc Allen. And Ollie was horrified, of course, he felt we had managed to keep it secret up until then; and so Ollie stood out in front of, or behind, Fernow Hall waiting for the mail carrier for an hour or so, and snagged the letter out of the mail and so Doc was prevented from seeing it. Now I think that Elsa

Allen, Mrs. Allen, was let in on the secret, because they had to be sure that Doc got there to the dinner at the Lehigh Valley House. Whether she kept it from Doc, I don't know. He certainly seemed completely and totally surprised when he walked into the room. A couple of the grads had invited him just to go down to the Lehigh Valley House that night, that Saturday night, and have diner, and that was the excuse under which they got him to go there. I think he was surprised, but I can't be sure.

"The idea was that, and Ken Parkes was really the leader of all of this, the idea was to indicate that there were strong suspicions that Doc was a Communist. And they gave all sorts of reasons, which I cannot at the moment recall, except that he was known to have kept cardinals in captivity, and there were various other things of that sort. And so he had to go to be tried, and there was a jury that was made up of Ken Parkes, he was the foreman of the jury, Max Hensley, Oz Hawksley, Ed Reilly and Bill Dilger, and they all had false noses on and great big horn-rimmed spectacles.

"And so they had this trial for Doc; they had various people testify pro and against the idea that he was a Communist, and finally Ken polled the jury and pronounced that Doc was guilty, and that his punishment was that he had to go to the International Ornithological Congress in Sweden in

> June. Doc had decided he could not go, that he could not afford to go, and so with the invitations that had gone out had gone the request for funds by which he could be sent. And then they said that of course he would have to be under guard, and therefore Mrs. Allen would have to accompany him to see that he didn't stray in any way at all. So that was the penalty that he had to pay – to go to the Congress. Ollie had in the meantime even sent the title of the paper that Doc was to give in Sweden, because there had been a deadline and the title had to be in before the deadline. Anyway, they did go."[52]

That was certainly a wonderful expression of regard and appreciation, delivered in a tongue-in-cheek fashion that Doc himself could appreciate (See Figure 16). He indeed was a delegate to the 1950 meeting of the IOC in Uppsala and presented both a paper entitled "Progress in Bird Photography and Sound Recording" and a film entitled "The Curlew's Secret."

Returning to the main thread, the discoveries of these expeditions, and the wide popular exposure that ensued from Doc Allen's resulting photo-essays in *National Geographic Magazine*, served well to inform the nation of the good and interesting work being done at the Laboratory

---

[52] Spofford, S.F.H. 2001.

of Ornithology. Yet one more such article[53], entitled "Duck Hunting with a Color Camera," which appeared in the October 1951 issue of that magazine, may have played the greatest role in assuring that Doc's work would be recognized and carried on after his forthcoming retirement. Most of the material for that article was generated during a 1949 expedition by Allen and Kellogg to the pothole prairies of western Minnesota and the Dakotas. Lower Souris National Wildlife Refuge, which had largely been established by funds from duck hunting licenses and for the primary purpose of protecting and managing important waterfowl breeding grounds, was an especially productive stop on that expedition. The idea of shooting ducks through the lens of a camera instead of over the sights of a shotgun barrel immediately gained the admiration of many readers, including Lyman K. Stuart, whom we previously introduced as an undergraduate student in the Cornell Class of 1921.

David Allen described Stuart's next role in the Lab as follows:

> "In the early '50's a chap by the name of Lyman K. Stuart became very interested in photography, and he was an avid duck hunter, but he had read Doc's story on hunting ducks with a color camera, and he wanted to give up his shotgun and come down here and talk to Doc about learning something about it.

---

[53] Allen, A.A. 1951, pp.149-179.

> Well, Lyman Stuart was a rather wealthy man, and they took off on their own little expedition one year, and he taught him photography out in Arizona. Well, *Life* magazine was having a contest, photographic contest, national contest, and I think it was for businessmen. So Lyman Stuart put together a folder of his pictures and submitted them to *Life* magazine. Won first prize. Well, he didn't need the money of first prize, I think it was five or ten thousand dollars, so he gave it to the Lab and said, 'Do what you want with it.' So I guess they financed a fence around the [Sapsucker Woods] property, though we were still acquiring property then. Lyman Stuart was a tremendous factor in the development of the Lab."[54]

Again, let's get Doc's report of this fortuitous string of events:

> "One cannot overestimate the far-reaching results of an article in the *National Geographic*. Certainly I could never have guessed that my account of 'Duck Hunting with a Color Camera,' in the October, 1951, issue, would lead to the creation of a new bird sanctuary – and thereby change my whole manner of living. Still less likely would have seemed the establishment of the first research laboratory in the Nation for the study of bird behavior. But ways of

---

[54] Allen, D.G. 2000.

fortune are roundabout. Six months after publication of my duck story, I received a letter from a total stranger. The article, he said, had appealed to him so strongly that he went hunting with a color camera himself. He had tried his luck with a woodpecker. It took him two weeks to get the photograph, and when it came back from processing, he couldn't find the woodpecker in the picture.

"This led to a pleasant correspondence and an invitation to the Allens to spend an Easter vacation in Arizona with the Lyman K. Stuarts and show them how to take bird photographs. Mr. Stuart, an industrialist of Newark, New York, was such an apt pupil that when he entered a photo-essay contest two years later, in competition with 1,232 contestants from 50 countries, he won first prize.

"One thing leads to another. Lyman Stuart, a member of the Cornell University class of 1921, asked me whether I had some favorite project at the university in which he could help. I told him about a cool woodland some three miles from the Cornell campus. In 1909 the great bird artist Louis Agassiz Fuertes and I had named this unspoiled wilderness Sapsucker Woods, after the Yellow-bellied Sapsucker nesting there. We had dreamed of preserving it as a bird sanctuary, but by now many of the great oaks and hemlocks had been felled for timber. Highway and housing developments were coming closer.

"'Cornell shall have it,' Lyman said, and with his aunt, Mrs. Edith Stuart, he bought 110 acres. Generous neighbors contributed 29 more. Around the tract, Lyman built a three-mile chain-link fence. Then, with help from the State Conservation Department, we constructed a 1,500-foot dike to flood a field and five acres of woodland. The result was a ten-acre pond, ideal for Wood Ducks, herons, and Brown Creepers.

"'What's the next project?' Lyman asked.

"'I dream of a low ranch-type building with broad windows overlooking the pond,' I replied, 'with laboratories, a sound-recording room, a photographic workroom, and an aviary, for research in bird behavior.'

"Now we have exactly that. The Arcadia Foundation, a philanthropic organization founded by Lyman and his four associates, donated the money for our Laboratory of Ornithology, the finest in the country."[55]

I can just imagine Doc's initial correspondence with Mr. Stuart. Doc's office was in Fernow Hall at the time. Southgate Hoyt, who you will recall had just completed his

[55] Allen, A.A. 1962b, pp.531-533.

PhD dissertation on the Pileated Woodpecker and whose wife, Sally, likewise had just completed her own PhD dissertation, died of cancer in 1951[56]. I asked Sally how she first became associated with the Lab, and here is some of what she had to say:

> "Well, to state how I first became involved with the Laboratory, I had gotten my PhD under Arthur Allen in 1948, and then after my first husband, Southgate Hoyt, died in 1951, Doc took pity on me I think, but anyway he asked me if I would work for him part time with his slide collection and orders he had for slides, and just handle some of his correspondence that came to him, you know, the dickey-bird type of thing, from people, and he thought that I probably was qualified to answer some of that mail. So I began working for him a couple days a week in Fernow Hall. That was in '51.
>
> "He told me several interesting things – one thing I don't think has ever been recorded is that one day sometime in the early '50's a man turned up with a folder of beautiful photographs, close-up photographs - I remember House Wren in particular, but some other birds – and he wanted Doc's opinion on them as a photographer. And Doc said they were wonderful. He said the man

---

[56] Berger, C. 1992, p.33.

introduced himself as Crawford Greenewalt, and the name meant absolutely nothing to Doc. And it was some time later that he found out that Crawford Greenewalt was at that time I guess it was Chairman of the Board of duPont. So that started a very nice relationship. Crawford was interested from then on in anything that Doc or the Lab had to do.

"Then a somewhat similar experience was the way he met Lyman Stuart. Lyman asked for advice on photographing birds, and Doc helped him and advised him, and eventually Lyman said to him, 'Well I'd like to do something for you now; isn't there something you really want?' And Doc thought a minute, and he said, 'Well, I would very much like to acquire this woodlot known as Sapsucker Woods.' He said, 'It's a fantastic piece of land, and it's going to be cut and developed, and I'd like to have the Laboratory acquire that.' The Laboratory at that time was really in name only; there was no real organization. Doc had been Professor of Ornithology and he and Paul Kellogg had been doing all the sound recording, but the Lab was not really a physical thing. But anyway, Lyman told Doc to go ahead and find out what he could about the ownership, and that Lyman would see whether his foundation, which was known as the Arcadia Foundation [would underwrite the project]. And so Doc did that, and Lyman and the Arcadia Foundation purchased Sapsucker Woods and donated it to Cornell University to be a sanctuary forever. So then Lyman said, 'Well now what else do you want?' And I am quoting Doc, because I have heard him tell the story time and again, he said, 'What else do you want?' And Doc said, 'Well, I visualize a lovely building, and that there should be a big pond out on the edge of the woods with this building on the edge of the pond, with great big windows where people could sit and watch waterfowl and look over into the woods, and where I could have an office when I retire.' Lyman said, 'Very well; you pick out the spot and we'll see what we can do.' So that was how the funding for the building at Sapsucker Woods came to be. The university was giving no help at all. That is not a criticism; I don't mean it as a criticism of Cornell University, but ornithology didn't have the reputation in those days that it has now. That was 50 years ago. There weren't as many bird watchers. There weren't many universities that had degrees in ornithology. And Cornell just didn't really see the point in having a building devoted to birds."[57]

And finally, a third perspective on Doc's correspondence is recalled by another graduate student, who had just finished his Master's thesis on the ornithology of India and was then

[57] Spofford, S.F.H. 2001.

studying *Hylocichla* and *Catharus* thrushes for his PhD under Doc. Here is what William C. Dilger recalls about Doc's office and his correspondence when I recently asked him about Sally Hoyt's role at that time:

> "Oh, yeah; she was devoted to Doc Allen. She used to straighten up his office when he was on expeditions. I marveled at Doc Allen. His desk was a pile of papers about so high that just tapered off and onto the floor. She couldn't stand that; she had this neatness fetish, and every time he went away she got them all filed and straightened out, and it just drove him crazy – he never could find anything. I remember when I was a student I went into his office in Fernow Hall, and I needed something – some form that he had to sign for me. And I looked at his desk and thought, my goodness, you'll never find that. And he just plunged his hand up to the elbow in it and fished around and pulled it right out – he knew where everything was! That was his system, and he always hated it when she straightened it out, quote, straightened it out."[58]

The spring of 1953 was memorable to me for quite another reason. The public birdwalks at Stewart Park every Saturday morning each May, led by Allen, Kellogg and other expert birders, had been a primary opportunity for me, and many other young Ithacans, to pick up many of the

---

[58] Dilger, W.C. 2000.

finer points of bird identification from the pros. Also a tradition at the height of migration each May was an intense scouring of the Cayuga Lake watershed, known as the Cayuga Basin, to detect as many species as possible in one May Big Day. However, unlike the Stewart Park birdwalks, this was a rigorous event by and for the serious field ornithologists of the area, which typically amounted to three or four cars-full of observers, mostly faculty and graduate students. And instead of starting at 6AM and being over before Kellogg's 9:15AM "Know Your Birds" radio program, it started with "owling" at 3AM and, except for a late morning breakfast break at the Allens' home, ran through to the following evening before returning from the Montezuma Marsh at the far end of Cayuga Lake[59]. I was flattered and honored that Doc Allen would invite me, a mere twelve-year-old kid, to go with him on that big day. Never before had I seen so many species in a year, let alone a single day!

The year 1953 was also outstanding in the life of Richard B. Fischer, who had the privilege and distinction of earning the last PhD degree awarded under the advisement of Doc Allen. With a new degree and a new bride both in the same year, Dr. Fischer joined the faculty in Education at Cornell, where he taught in the manner of his mentor for his entire career. Fischer's dissertation "Studies in the Breeding Biology of the Chimney Swift *Chaetura pelagica* (Linnaeus)" inspired me to search for Chimney Swift nests,

---

[59] Butcher, G.S. and K. McGowan, 1995, p. 236.

one of which I located in a large ventilation pipe on the roof of the Plant Science building on the Cornell campus.

Milestone #8 – Dr. Arthur A. Allen Retirement

1953 was the year that Doc Allen finally retired from teaching. By this time over 100 graduate students had earned advanced degrees in ornithology with Doc Allen as their major advisor. Now, as Professor Emeritus of Ornithology, he could focus on planning for the Lab's future, and could go on a few more expeditions to round out his collection of bird photographs.

Dr. Kellogg was anxious to test the new portable Magnemite recorder under the most rigorous field conditions, so a combined photographic and recording expedition to coastal Labrador was the immediate objective. Apparently it was a great success, because in the following year they conducted an expedition to Hudson Bay. Doc Allen had visited each of these venues many years earlier when photography was the only feasible means of recording the birds. If Doc needed any excuse for a second chance to photograph the birds of those northern habitats, the opportunity to add recordings of their vocalizations was certainly it. These two expeditions not only captured, most for the first time, the marvelous vocalizations which tundra-nesting shorebirds warble during their impulsive courtship flights over their breeding grounds, but perhaps more significantly demonstrated to the ornithological community how similarly equipped observers could rapidly expand the avian knowledge base in a manner that could readily be shared with scientists and the interested public as well. This compelling demonstration tickled the fancy of many observers and recruited a cadre of Research Associates eager to help the Lab advance its mission. 1955 brought changes at the University that gave the Lab some important flexibility and independence with which to pursue such cooperative opportunities.

Department

When Doc Allen retired from teaching in 1953, Dr. Charles G. Sibley took his place on the faculty in the Department of Conservation. Dr. Kellogg was the Laboratory's sole remaining active faculty member. That was because Dr. Sibley's research interests lay primarily in avian taxonomy with emphasis on chemical protein analysis as a new research tool, and he felt it was better to carve his own mark in the Department of Conservation than to feel the responsibility of filling Doc Allen's shoes. Thus, the stage was set for re-examining the organization to determine how form could better be aligned with function. Finally on May 9, 1955, the Cornell Board of Trustees approved, and on June 12, 1955, Cornell President Deane W. Malott enacted an agreement wherein the Laboratory of Ornithology became an independent Department of the University.

Milestone #9 – A Separate Department

Section 1 of the agreement defined the new Laboratory's function and organizational relationship to the University as follows:

> "The Laboratory shall be an independent Department of the University. It shall function as a service unit providing facilities for the several departments, schools and colleges of the University, and at the same time serve as a scientific, educational and cultural center for the study of living birds. It should supplement, but not supplant the work in ornithology carried on by the various departments."[60]

The same document established the Cornell Trust for Ornithology as a separate and distinct revolving fund to encourage and facilitate donations in support of the Laboratory's work. It set forth the following twelve objectives of this trust:

a) To maintain the Laboratory of Ornithology at Cornell University and to encourage support for its work from Cornell Alumni and others interested in the study of birds and biological acoustics.

b) To encourage the study of ornithology at Cornell in any of its aspects but with special emphasis on scientific and cultural studies of living birds irrespective of any economic implications.

c) To provide for the establishment of Fellowships or Scholarships in Cornell University to

[60] Cornell Board of Trustees. 1955, p.1.

provide research and to help deserving students in Ornithology.

d) To maintain the Cornell Library of Natural Sounds in a suitable repository and to support its objectives.

e) To encourage studies based on the recordings or involving the use of recordings, and studies involving the hearing mechanism and voice production of animals, especially birds.

f) To encourage studies in the life histories and behavior of birds, bird photography and other methods of bird portrayal.

g) To maintain good public relations among the alumni and others interested in birds through public lectures, radio, television, field trips, demonstrations and workshops, and by the provision of a bird observatory and meeting room in the Laboratory at Sapsucker Woods.

h) To encourage continued publications from the Laboratory of Ornithology by subsidizing such publications when necessary.

i) To provide for the purchases of necessary equipment including the development of new or improved means of recording or photographing.

j) To finance expeditions, the primary objective of which is the study of birds through recording and photography.

Department 106

k) To encourage bird and other natural sound recordings and studies by others than the staff of the Laboratory through grants in aid or loan of equipment.

l) To carry out such other projects in connection with the Laboratory of Ornithology and Sapsucker Woods which from time to time may be deemed desirable by the Advisory Council so as to promote a better understanding of nature in its broadest sense including all natural phenomena.

The agreement further stipulated that the University would "allocate to the Laboratory, the lands on the Town Line Road, known as "Sapsucker Woods" (presented to the University by the Lyman K. Stuart family and by Walter Heasley) and held by the University as a bird sanctuary, and any other lands which may subsequently be acquired or designated for this purpose."[61]

The acquisition of Sapsucker Woods was a bit more complicated than perhaps would be inferred from the facts so far presented. The initial Stuart acquisition and gift of 53 acres occurred on September 26, 1952, and was from Arthur Danks, Arthur Lane, John Needham and Audrey O'Connor for $3,500. The following year J. F. Sorace sold another contiguous 26.96 acres. On May 15, 1955, George Bardo sold 0.73 acres. Rocco Lucente, a developer who held adjacent land to the west, traded dry for wet acres, and on June 20, 1955, another 10 acres were acquired from

[61] Cornell Board of Trustees. 1955, pp.3-4.

Victor Lange. Then, on December 20, 1955, Walter Heasley sold 21 important acres for $1, as another wonderful gift. Likewise, on May 15, 1957, Arthur Lane sold his remaining 5 acres for $1. Also in 1957 the Chisolms provided a piece that completed the sanctuary.[62] (See Figures 1 and 17.)

An additional stipulation of the 1955 trust agreement was that "When sufficient funds are available in the Trust, or when gifts or other funds for the purpose are available for the purpose, the University shall erect a building to house the Laboratory on a site adjacent to the pond at the north end of the Sapsucker Woods Sanctuary."[63] The support of the Arcadia Foundation allowed planning for that new facility to begin almost immediately, and ground was broken for its construction in May of the following year.

The initial assets of the Cornell Trust for Ornithology were provided by Arthur A. Allen and Peter Paul Kellogg by way of transferring "all their right, title and interest in and to royalties, copyrights and other interests and rights in the Kellogg-Allen bird song recordings now producing approximately $10,000 annually."[64]

The Laboratory was to be self-supporting, which meant an immediate and lasting need to cultivate additional sources of income. While income from the Albert R. Brand

---

[62] Beim, C. 1975.
[63] Cornell Board of Trustees. 1955, p.4.
[64] Cornell Board of Trustees. 1955, p.3.

Endowment had been a substantial factor in the previous decade, its remaining principal of $3,557 was no longer sufficient to support the Laboratory by any stretch of the imagination. With the Laboratory's newfound freedom came an enormous challenge to raise support, a challenge whose gravity at the time was certainly muted by the recent generosity of Lyman K. Stuart and the Arcadia Foundation. Although initially there was no provision for a dues-paying membership program, there was explicit recognition that the Laboratory should have membership. Section 9 of the agreement addressed membership in the Laboratory of Ornithology as follows:

> "The President of the University shall, at his discretion, appoint, on the recommendation of the Council, such individuals from those who have contributed to the welfare of the Trust or the Laboratory, through funds, research, publications or public relations, as 'Members of the Laboratory of Ornithology' for a term of one year or longer.
>
> "This appointment as a 'Member' is purely honorary, in recognition of service and will involve no other obligation on the part of the University."[65]

As the youngest such member, I treasure to this day my original membership card, the hand signatures of Arthur A. Allen and Peter Paul Kellogg somewhat smudged from immersion in my hip pocket in 1956 (See Figure 18).

[65] Cornell Board of Trustees. 1955, p.4.

Another memorable detail of 1955-1956 was a unique production that Dr. Kellogg and Jim Facett, who hosted a regular CBS radio symphony orchestra program, made that was called "Symphony of the Birds." It was an 11-minute tape featuring melodic strains of thrushes and other avian performers, slowed to half or quarter speed for human listening appreciation, and punctuated at proper concluding bars by audience-like appreciation uttered by the Willow Ptarmigan. It was a rather clever, amusing and enjoyable orchestral listening experience.

Dr. Gustav A. Swanson, then Chairman of the Department of Conservation and member of the Advisory Council of the Laboratory, addressed the working arrangement between the two departments:

> "When the Laboratory of Ornithology was formally organized in 1955 as a separate department, it was not in one of the teaching colleges of the University, but placed directly under the President and a specially appointed Council, for the purpose of supplementing the ornithological work of the University in research and general public education. All of the formal teaching of courses and the direction of graduate study in the ornithological fields, as well as a considerable amount of research, is still conducted in the College of Agriculture, in the Department of Conservation, as it has been for many years. When Laboratory staff members teach or direct graduate students in the University, it is by

> virtue of their faculty appointments also in the Department of Conservation."[66]

The Laboratory Council's first chair was Arthur. H. Peterson, then University Controller and later Treasurer. His widow, Helen, recalled that "under the direction of Elsa Allen, staff wives and I prepared and served lunch to board members at their meetings."[67] Drs. Allen and Kellogg served as Co-Directors of the new Laboratory of Ornithology, with Dr. Sally Hoyt as Executive Secretary of the organization. Completing his PhD in 1955 and joining the staff of the Laboratory as Assistant Director was none other than William C. Dilger. Dr. Dilger held a faculty appointment in the Department of Conservation where he taught Comparative Vertebrate Ethology. A few years later, the famous behaviorist Dr. Niko Tinbergen wrote this of Dilger's research at the Laboratory:

> "The behavioral research program at the Laboratory of Ornithology at Cornell has, under the energetic and inspiring leadership of Dr. William C. Dilger, attracted a large number of enthusiastic research students who have been working on a great variety of problems. Typical of the way this center works is the fact that, in the list of research workers (which includes eighteen names), we find three new members whose research projects are described as

---

[66] Swanson, G.A. 1962, p.49.
[67] Peterson, H. S. 2000.

> 'No question yet.' These people do not as a rule come with a set problem and aim in mind, but just with a general interest in animal behavior. They are given the time to look around, to see what others are doing, to hear discussions in which unsolved problems are considered, and to make up their minds about the kind of problem they would like to study, and which they could profitably tackle. Some of them receive their inspiration from watching birds outdoors (for which Sapsucker Woods provides the opportunity); others seize the opportunity offered by Dilger's colony of *Agapornis*."[68]

Why *Agapornis*? Therein lies an interesting anecdote. Dilger told me that as soon as possible, meaning before interior walls had been painted, he moved into the south end of the new building. He made a desk by laying a door between a pair of two-drawer file cabinets. He had three graduate students at the time: Bob Goodwin and Bob and Penny Ficken. One day they were holding a discussion such as mentioned by Tinbergen. Dilger recalled:

> "We looked around for an animal – Bob Ficken and I discussed what would be a good animal to work on in the Laboratory that would have interest in evolution and animal behavior. You know, Tinbergen had his sticklebacks in Lyden at the time,

---

[68] Tinbergen, N. 1962, p.81.

> and others at labs had various animals. So I remember seeing in the *Life* magazine before the war a picture in the back of the magazine of a female *Agapornis roseicollis,* Peach-faced Lovebird, poking strips of what looked like brown paper in the feathers of her rump. The caption was something like 'This bird is trying to provide another tail' or some other sort of thing. Well, why did they do that, you know? So we had to get some of those. That seems interesting. They will breed in captivity and behave quite normally, I found."[69]

That choice of animal was particularly astute. Not only did *Agapornis* prove to be a very effective genus on which to focus ethological research, it also helped the "cultural" mission of the Laboratory by evoking much public interest and curiosity. And of course it was well aligned with certain interests of the R. T. French Company, which had sponsored Dilger's position. He recalls further:

> "It was what is known as 'soft' money. I don't remember what they paid me now, but it was a living. Every year they would guarantee me two more years; so that at any given time I had two years to look for a job if they decided not to do this any more."[70]

---

[69] Dilger, W.C. 2000.
[70] Dilger, W.C. 2000.

Milestone #10 – New Quarters at Sapsucker Woods

In barely two years of rapid progress, Doc Allen's dream of a sanctuary at Sapsucker Woods had been transformed into reality (See Figures 19 through 21.) Formal dedication of the new facility was held on May 18, 1957. Virginia Scheetz, a member of the Laboratory's council, described that day in glowing detail:

> "May 18, 1957 is a day long to be remembered by Cornell ornithologists: V-Day for the Directors of the new Laboratory, old home week for former students, and a gala occasion for over three hundred guests who came for the dedication ceremony. It was a rare combination of aesthetics and science that seldom occurs, yet one which drew people of varied interests into a big, friendly family. People of all ages and all walks of life began arriving in the morning and long before the appointed hour of three, cars lined Sapsucker Woods Road for over a mile. Some enjoyed the trails before the ceremony; the majority followed the conducted tour immediately after, but all came [away] with the feeling they must return at a later date to continue their explorations."[71]

Mrs. Scheetz went on to describe the plethora of marvelous photographs, paintings and displays that lined the main

[71] Scheetz, V. 1957, p.1.

corridor and adorned nearly every wall in the new building. Doc Allen described the new Laboratory building itself as follows:

> "Of ranch-type construction the Laboratory building is fire proof with cement-block walls, cement floor, slab roof, and sound-proof ceilings, all attractively painted. It is 120 feet long and 50 feet wide with a large observatory whose plate-glass picture windows on the west overlook the pond. At the south end of the building is an aviary and office space, while at the north end are four rooms for graduate students and research associates. Special rooms include one for indoor photography containing a built-in tank with heavy plate-glass front for studying and filming underwater activities of birds [See Figure 22]; an air-conditioned room for processing, editing, and storing film; a sound room built on specifications from the Bell Laboratories for giving the best acoustical performance with no echoes or standing waves. The sound room is intended for indoor recording and housing the Library of Natural Sounds. (At the present time Dr. Kellogg's acoustical laboratory and the Library of Natural Sounds are temporarily in Fernow Hall on the main campus.) The staff offices overlook the pond – that of the author is especially designed for photographing activities of the birds

that appear outside the large window [See Figure 23].

"The wide, main hallway serves as an art gallery. Its southern portion is given over to original paintings by Louis Agassiz Fuertes, the northern to original paintings by Roy A. Mason, Richard E. Bishop, George Miksch Sutton, Robert Verity Clem, W. C. Dilger, and other bird artists who are members of the Laboratory. Photographs taken in Sapsucker Woods or on various Laboratory expeditions are displayed on walls in the foyer and the observatory."[72]

Several aspects of Doc's description of the new building bear further comment. For instance, the attribute of fire-proof construction was deemed important because, at the time, no municipal water supply had yet been extended to the north end of Sapsucker Woods. This not only meant no hydrants for fire protection, but no municipal drinking water either. The local well which was drilled for the latter purpose delivered a liquid containing enough iron and sulfur to impart a distinctly rural quality to beverage delivered by the drinking fountain, and to make frequent cleaning of its stainless steel basin quite necessary to remove unsightly mineral stains. On at least one occasion that provided comic relief, which Sally Hoyt Spofford recalled:

---

[72] Allen, A.A. 1962a, p.11.

"Not long after [the new facility] had been dedicated the Cornell trustees were invited to come out and have a tour of the building and Doc would then give them a talk. And Elsa Allen was very fussy about everything being just absolutely clean and perfect and so forth. We had a drinking fountain in the hall and she looked at it and, you know it was stainless steel and you get drops of water and it makes a mark, so she got a bottle of Joy detergent and put it liberally all around on the drinking fountain. And just then the trustees walked in, so she quickly hid the bottle and went out to greet them. Well, after a while I was standing behind the front desk; one of the trustees came up to me and he said, 'Is that thing rabid?' And I looked over and he had gone to get a drink and the water had come up and there was foam going all over the edges of the drinking fountain. We never let Elsa forget about that!"[73]

Speaking of potables, the dedication ceremonies concluded with a very well attended and quite convivial reception in the new building. A special punch marking the occasion was recently recalled by Dr. Millicent "Penny" Ficken. She also offered a perspective on the faculty and faculty changes that had been affecting the Laboratory at that time:

---

[73] Spofford, S.H. 2001.

> "I came to Cornell as a freshman in 1951, and of course have fond memories of taking ornithology with Dr. Allen. Bill Dilger was my TA, and was very influential in stimulating my ornithological interests. By the time I graduated ('55), Dr. Allen had retired and Charles Sibley had arrived (dramatic change!). I suppose that this event had a lot to do with the founding of the Lab, because Charles was certainly not a field person and had no birding interests.
>
> "I certainly remember the opening of the Lab - one of the biggest parties I ever attended. The drink of the evening was Pond Water Punch, evidently a concoction of Dr. Allen's. Green Kool Aid with much ethanol!"[74]

Doc also noted the built-in tank for observation and photography of waterbirds in action. Recalling John Emlen's appropriation of the Allen household bathtub for such purposes, it is quite understandable that Doc would prefer to have a tank designed for the purpose in the new building.

And Doc's parenthetic remark concerning delayed movement of the Library of Natural Sounds from its old location on the main campus in Fernow Hall to its specially designed space at Sapsucker Woods merits further elaboration. I previously mentioned that, although Doc

---

[74] Ficken, M.S. 2002.

Allen retired from teaching in 1953, Dr. Kellogg continued on the teaching faculty. Maintaining his office in Fernow Hall may have been done partially in deference to those teaching responsibilities; however, another reason for postponing the relocation off campus of the Library of Natural Sounds was to facilitate its maintenance by undergraduate student assistants such as myself initially, and subsequently Charles A. Sutherland, Warren Y. Brockelman and James W. Kimball, whose class schedules and lack of transportation virtually precluded frequent trips to Sapsucker Woods. That arrangement continued through the summer of 1963, when I completed my undergraduate program in the School of Electrical Engineering and accepted an offer from Bell Laboratories to enter their Graduate Study Program at the Ohio State University in Columbus, Ohio. In fact, it continued until the fall of 1966, after Dr. Kellogg's retirement from teaching.

One of Dr. Kellogg's doctoral advisees, Robert C. Stein, who was studying isolating mechanisms between the two song-types of Traill's Flycatchers, was also very helpful to the Library of Natural Sounds for several years after the rest of the Laboratory had moved to Sapsucker Woods. Stein received his PhD in 1957 with a dissertation titled "The Behavioral, Ecological and Morphological Characteristics of Two Populations of the Alder Flycatcher *Empidonax traillii* (Audubon)." He continued doing further research on that problem as a Research Associate of the Laboratory for at least two more years under a National

Science Foundation grant. This included summer-long expeditions in 1958 and 1959 studying the two populations in their zone of sympatry stretching from coast to coast. During his field work and especially during those two expeditions, assisted in 1958 by Martin C. Michener and in 1959 by me (See Figure 24), he gathered numerous recordings for the Library of Natural Sounds. It particularly pleases me to note that in 1959 at Lac la Hache, British Columbia, Canada, we found and recorded males of each song type amicably sharing a common territorial song perch. Stein's extended research was published in 1963[75] and the Committee on Classification and Nomenclature of the American Ornithologists' Union approved a "split" into two distinct species, Alder Flycatcher *E. alnorum* (Brewster) and Willow Flycatcher *E. traillii* (Audubon), based on this work.

The facility at Sapsucker Woods included a two-car garage at its north end. Of the garage, Sally Hoyt Spofford said, "We had a 2-car garage and Doc said he didn't think we'd ever need more than a 2-car garage for the staff."[76] It served well as a combination workshop and birdfeed storage location. An adjacent parking lot accommodated both visitors and staff. With concern for safety and security of the premises during hours when staff were not present, a portion of the garage was soon converted into living quarters for a Student Resident.

---

[75] Stein, R.C. 1963.
[76] Spofford, S.H. 2001.

The first was Martin C. Michener. When recently asked to describe the duties of that role, he said:

> "I was Student Resident, September of 1957 through June of 1961. Like you, I was awarded a Membership sometime in there - at that time it was quite an honor. If anyone followed me, I am not aware who it was. My duties were set up Monday night seminars, and be at the Laboratory four out of five weekday nights, checking in prior with Dave Allen, who would cover for me in my evening absence. Roger Payne [See Figure 25] was the main person at the Lab when I was, *i.e.*, evenings, doing Barn Owl research. I lived in the NE corner, then the garage, where grain was stored. A 10 x 12 room Roger had built, that barely fit a bed, wall space electric heater, and an open closet. I cooked in the kitchen, thus generating smells which were abhorred by Doc Allen as 'offensive to visitors' - what, Doc, eggs?"[77]

Roger S. Payne's research on prey location by Barn Owls also occasioned construction of the "Owl Barn" across the road from the new building. Using an infrared viewing device, Payne could observe his owls as they hunted for mice that he would release into the otherwise dark interior of the Owl Barn. He was able to show that the asymmetrical ears of the Barn Owl were utilized to locate

---

[77] Michener, M.C. 2002.

the prey, by sound, and to guide the owl in flight to the moment of capture. Payne received his PhD in 1962 for this work. On certain occasions when Roger had to be away for several days, he would enlist my aid to bicycle out to Sapsucker Woods and serve dinner, consisting of frozen laboratory rats, to his collection of owls. One does not quickly forget the powerful grip of the Great Horned Owls, even when felt through the protection of heavy welder's gloves!

Other graduate students associated with the Laboratory during that same period around 1960 included Heman P. Adams, Robert B. Angstadt, Esther V. Bennett, David W. Dunham, James M. Harthsorne and Richard W. Simmers who each contributed recordings to the Library of Natural Sounds, and Barbara Fink Brockway, Francine G. and Paul A. Buckley, Millicent S. and Robert W. Ficken, Bob Goodwin, Paul Mundinger and Samuel E. Weeks who all worked on ethological problems of the living bird under Dr. Dilger at the new facility.

Operating a dedicated facility, open to the public and located at a distance from the infrastructure of the main Cornell campus, was perhaps not as easy as expected. In the summer of 1958 Virginia Sheetz reported:

> "A year's experience in the operation of the Laboratory made it apparent that a realignment of staff responsibilities was desirable to the end that Doctors Allen and Kellogg be able to concentrate on their specialties and be relieved of some of the

burden of administration. Therefore at the May meeting of the Council, Gus Swanson was asked to act as Executive Director. The Laboratory is most fortunate that such an able administrator as Gus was ready and willing to come to the helm. Doc Allen, as Honorary Director, will supervise the building and refuge and photography; as Assistant Directors, Paul Kellogg and Bill Dilger will have charge of research in sound and bird behavior respectively, and everyone will pitch in when Sally Hoyt, our Executive Secretary, needs help in entertaining groups of visitors and answering the hundreds of ornithological questions put to her in person or by mail. Dave Allen is our Refuge Manager and staff photographer and provides us with a photographic record of the interesting events, avian and otherwise, about the Laboratory. Elsa [Allen] and Byrl [Kellogg] will continue their respective duties on the books and sound library, and Art Lane continues as the Sanctuary caretaker."[78]

Dr. Kellogg realized that the rapid expansion of interest and activity in biological acoustics, involving the use of complex electro-mechanical devices and the application of the principles of physics to biological problems, placed biologists at a great disadvantage because the literature of the physicist, acoustician, and recording engineer was not well suited for biologists. So he enlisted an editorial board

[78] Scheetz, V. 1958, p.3.

of Dr. William W. H. Gunn and Dr. Peter Marler and, with Dr. William R. Fish as Editor, launched the *Bio-Acoustics Bulletin* by publishing Volume 1 Number 1 in March of 1961. This modest quarterly was sent to about 300 recipients worldwide, and in the next few years served both to close the gap in relevant literature, to bring the young bioacoustics community together, and to establish standards for bioacoustical science.

Dr. Kellogg's wife, Byrl Jorgensen Kellogg, who was a professional librarian, had voluntarily assumed responsibility for cataloging the entire Library of Natural Sounds, a monumental task of great importance to the future utility of the collection. After editing a new recording from the field, during which the sound has been analyzed, timed, evaluated and noted on editing sheets, these sheets were turned over to Mrs. Kellogg for classifying and cataloging. Catalog cards were made for each new recording cut and filed, using scientific name, under the given species. By 1960 the Library of Natural Sounds held about 12,000 cuts, representing more than 1,000 species of birds and numerous other vocal biota, and the card catalog had grown to 20 file drawers. Because the card catalog was a stationary reference tool, and because the Laboratory had work areas in both Fernow Hall and at Sapsucker Woods, loose-leaf work books were typed in triplicate using carbon paper, containing 8½"x11" typewritten sheets listing each cut in the collection, arranged in taxonomic sequence, and providing such metadata as date, time, location, recordist, sound type, quality and length of cut. The workbooks were intended to serve for staff reference until the catalog could be published. Although it was microfilmed in 1964, by which time the collection had grown to 18,000 cuts, I do not believe it was ever published as such. Betty Darrah and later my mother, Barbara Little, did the actual typing of the workbooks.

The magnetic tape portion of the collection itself was also arranged in taxonomic sequence, with all cuts of a given species spliced sequentially onto a species reel or reels, each cut being introduced by a short voice announcement of the species and cut number. Each species reel was placed in a reel box containing a card on which were listed the cuts and their metadata. On the spline of the reel box was written the taxonomic family, genus and species plus the range of cut numbers contained on the reel in that box. These boxes were arranged on shelves just as would be books in the stacks of a conventional library. This made it easy for the archivist to find any particular cut in the tape collection, but it was the catalog and its workbooks that made it possible for others to learn what was available in the Library of Natural Sounds. That was the way it was before computerization eliminated the need for such labor-intensive paperwork.

The year 1962 included two events that produced particular visibility for the Laboratory. The first annual issue of *The Living Bird* was published, and the XIIIth International

Ornithological Congress was held at Cornell. Of *The Living Bird*, Dr. Pettingill's pride and joy, he wrote:

> "This, our first major effort in the publication field, speaks eloquently of the Laboratory's 50-year history and of its accomplishments. But more importantly it also presents varied articles, each lucid in style and highly informative, each significant and stimulating. The journal neither writes down to the amateur ornithologist, bird watcher, or bird hobbyist, nor writes up to the professional ornithologist or biologist. Our strong intention is that this publication, appearing annually, shall write to all educated persons in understandable and readable language while sacrificing nothing whatsoever in substance."[79]

2,500 copies of that first annual were printed and one copy went to each paid registrant in attendance at the International Congress, which comprised approximately 800 ornithologists, with fully a third being from overseas. Headquarters for the congress was at Statler Hall on the Cornell campus, with early morning field trips at Sapsucker Woods, and special demonstrations throughout the week at both the Sapsucker Woods and Fernow Hall facilities. At 5:30 on three mornings, delegates interested in bioacoustics assembled to go into the field to record and study bird songs and to exchange experiences in recording techniques.

---

[79] Pettingill, O.S., Jr. 1962, p.6.

Each group of five to ten individuals was taken to a different area so that too many people would not upset the birds and so that various habitats could be explored. I thoroughly enjoyed being one of the group leaders and interacting with other bioacoustics experts from all over the world. The National Geographic Society provided a spectacular exhibit of greatly enlarged color photographs by members of the Laboratory, and supplied reprints of Doc Allen's article "Sapsucker Woods" from the April, 1962, issue of *National Geographic* for all registered congress attendees.

At the conclusion of the XIIIth International Ornithological Congress, Dr. Sally F. Hoyt jotted down a running account of the event and some of her impressions of it. Here is part of what she wrote:

> "In the opening session, Dr. Malott spoke first, welcoming the Congress. Sibley responded, and then Ernst Mayr gave his presidential address, which listed some of the reasons why Cornell was the ideal place for this first North American meeting of the Congress. He paid high tribute to Arthur Allen, and stated that his students had gone out to be the top ornithologists of the country, including Herbert Friedman, John Emlen, Austin Rand and Sewall Pettingill. He said Cornell was even greater now, for it has two centers of ornithology.
>
> "[At Sapsucker Woods] Dr. Runnerstron, from Sweden, [said] he would remain all day, 'I can learn

much more out here than in at the sessions.' [That was] typical of the many, many compliments we received all week. Peter Scott apparently was delighted with Sapsucker Woods.

"The Malotts apparently were much interested in the Congress all week. They came out to the Lab several times, and Mrs. M. said she had taken in various papers and was just sorry she couldn't do more."[80]

On December 20, 1962, Dr. Kellogg traveled to Philadelphia to address the renowned Delaware Valley Ornithological Club. His talk, on "Controversial Rail Calls and Other Natural Sounds," was recorded by Laboratory Research Associate and DVOC member Dr. George B. Reynard, who kindly sent me a copy of that tape. This was not Dr. Kellogg's first invited address to the DVOC, nor was it his first delivery of this particular talk, as he had published it in *The Auk*[81] and recorded it for presentation at the annual meeting of the American Ornithologists' Union. Obviously it was a timely and popular topic. At the root of the controversy was the true identity of producer of the "tic-tic-tic-McGreer" call that had been recorded 25 years earlier in Spencer Marsh, about 17 miles south of Ithaca, identified then as a Yellow Rail, and published as such in 1959 on the Peterson series *Field Guide to Bird Songs*.

---

[80] Hoyt, S.F. 1962.
[81] Kellogg, P.P. 1962b.

That publication prompted debate among respected ornithologists as to whether the call belonged indeed to a Yellow Rail, or perhaps to a Black Rail. Being small, reclusive, uncommon marsh birds, not much was really known about the vocalizations of either species. Very few recordings existed, and probably none with conclusive sight identification of the calling bird.

When Joseph Hagar, former state ornithologist of Massachusetts who had taken a real interest in trying to resolve the matter, called on May 13, 1960, to report that Black Rails were then calling in the Delaware Bay salt marshes near Dividing Creek, New Jersey, Dr. Kellogg and Arthur Jenkins promptly headed for the site, where they met Mr. Hagar and got about five minutes of good "kic-kic-kerr" calls – but failed to actually see the calling bird and did not hear any of the enigmatic "tic-tic-tic-McGreer" vocalizations. Perhaps it was still too early in the nesting cycle to encounter that particular call, so plans were made to return a month later and try again.

On June 8 Dr. Kellogg, Charles Sutherland, Warren Brockelman and I again met Mr. Hagar at Dividing Creek. Again we recorded "kic-kic-kerr" calls and found Black Rails but did not hear other rail vocalizations. We then drove to Elliott Island, Maryland, on the eastern side of Chesapeake Bay, where rails had also been reported, and on June 10 recorded "kic-kic-kic-kerr" calls containing an extra syllable. This time, however, we succeeded not only in seeing the bird as it called but also in capturing the bird and absolutely identifying it as a male Black Rail. So, while we added something to the knowledge about Black Rail vocalizations, the true identity of the maker of the "tic-tic-tic-McGreer" call remained in doubt and Dr. Kellogg sought help from any ornithologists who might be able to settle the issue.

The mystery was solved a few years later by Dr. Reynard and Dr. J. W. Hardy of the University of Florida, who determined the "tic-tic-tic-McGreer" to be a call of the Virginia Rail. They published their identification of the mystery song in *Cassinia* 50:3-8.[82] Subsequent editions of *Field Guide to Bird Songs* replaced the "tic-tic-tic-McGreer" with newer and properly identified "tic-tic-tic-tic" calls of the Yellow Rail.

While this was a period of intense intellectual discovery, it was not entirely a bed of roses administratively for the Laboratory. Writing in the Annual Report nearly twenty years later, Michael Harwood put it this way:

> "Allen reached his 65th birthday in 1953 and retired as a professor. He was appointed professor emeritus and for a few years remained co-director of the Lab with Paul Kellogg. Then in 1960 he became honorary director, and the next year he retired altogether. During this period two difficult relationships came into play. The first had to do with the Lab's status in the North American

---

[82] Reynard, G.B. 2000.

ornithological community; the second, with its status in the university. In some ways these two relationships were closely linked.

“By mid-century the field of ornithology had become increasingly specialized, professionalized, and disconnected from the bird-protection movement. Amateurs and volunteer conscrvationists were no longer part of the ornithological mainstream. In fact, more and more professionals viewed the amateur bird watcher as frivolous and inconsequential, if not downright detrimental to science. Thus an ornithologist who played to the crowd the way Allen did was considered old-fashioned and unscientific, and to some extent Allen’s fall from grace gave the Lab itself a black eye.

“Between the mid-1950s and 1964 – the year Allen died – the Cornell administration struggled with the problem of the university’s relationship to this famous institution and its controversial reputation in the ornithological establishment. The solution finally chosen was to make the Lab a separate department within the university, but not an academic department with its own professors and course offerings. Professors in other university departments might join the Lab’s staff and bring their students with them, but the Lab would have no more students of its own."[83]

Thus, the academic work under Professors Dilger and Kellogg was formally done not through the Laboratory but under the imprimatur of the College of Agriculture. Since Kellogg was due to retire in 1966, one might have expected that a plan for succession of his duties would include both his administrative and academic roles in the Laboratory; however, the latter role was not maintained.

To further exacerbate matters, reorganization within the College of Agriculture formed a new Biology Division that, naturally enough, included Dilger's faculty appointment; but the attitude in that division seemed to be, as he said, "I didn't have any business being in the Lab of Ornithology."[84]

If the Laboratory was losing its place in the mainstream of professional ornithology, what about its place in popular ornithology? On January 30, 1961, Dr. Olin Sewall Pettingill, Jr., had arrived as Development Director of the Laboratory. Pettingill, you will recall, was an Allen graduate student and protégé who was, like Doc, a popular presenter in the Audubon Screen Tour series, an accomplished photographer, a college professor and the author of a college textbook in ornithology. Pettingill seemed the perfect successor for Doc Allen. So perfect that

[83] Harwood, M. 1987, p.9.
[84] Dilger, W.C. 2000.

Dr. Gustav Swanson, head of the Conservation Department and Executive Director of the Laboratory, had promised tenure in offering the position, without first clearing it with his departmental faculty. Perhaps in an attempt to soften the effects of that gaffe, effective September 1st, Dr. Swanson retired as Executive Director and Dr. Pettingill was elected Director of the Laboratory (See Figure 26).

Pettingill went right to work in a two-pronged effort to breathe new life into the Laboratory. He launched *The Living Bird* as a new flagship annual scientific publication of the Laboratory, and he built upon his Audubon Screen Tour success to carry the Laboratory's message to the public. Both were strategically important efforts to sustain the Laboratory, but neither, ultimately, quite hit the necessary mark. *The Living Bird* may was, arguably, too scientific for the public audience and not scientific enough for the professional audience. As a hybrid trying to please both sectors it was, unfortunately, nearly impossible to be viewed as top-rate by either, and consequently failed to become the rallying point that Pettingill had hoped it to be. And, while his "screen tour" approach to public outreach may have been enjoyed by his audiences, it was not up to the task of raising significant net income to sustain the Laboratory.

Dr. W. Keith Kennedy, Chairman of the Administrative Board of the Laboratory from 1968 to 1971, recently offered his insight to the fiscal climate of those times.

> "This was when the University was having severe budgetary problems, and the Laboratory was expected to operate, or generate enough money to maintain itself, and this proved to be really impossible. Sewall Pettingill was a wonderful ornithologist, and he was excellent at giving lectures and extolling the virtues of the Laboratory, but he was very poor at raising money. I don't think he liked to ask for money. He would take pride in the fact that, if the refrigerator broke down, he could call up one of his board members or colleagues and they would put up some money for a refrigerator. That was his fund raising effort.
>
> "That certainly was not the magnitude that was needed. But the University also had gone through a prolonged period of deficits; in fact we didn't start turning it around until the early 1980's. So the University wasn't very anxious to take on any obligation."[85]

The university had enjoyed a large and steady stream of grant support from governmental agencies, corporations and foundations, a stream that diminished significantly following the campus unrest of the mid-1960's. Unfounded optimism led many departments, particularly in the endowed colleges of the university, to postpone prudent belt-tightening and to accrue substantial deficits. The

---

[85] Kennedy, W.K. 2000.

university was struggling to maintain a positive climate and restore a healthy balance sheet. Though a separate department, the Laboratory was not immune from the same problems that faced the main campus. The Laboratory's board found itself in a very uncomfortable position. Chairmanship of the Laboratory's board was, in those early years, a duty assigned by the President of the University to a senior member of the administration. When I asked Dr. Kennedy how he first became involved with the Laboratory, he replied:

> "Dale Corson, who was President at the time, said, 'There are some things around here that we have to share, and one of them is Chairman of the Administrative Board of the Laboratory of Ornithology.' He said, 'I did it for three years, I passed it on to Frank Long, and he's refused to continue, and so you are it.' So that's when I started my three years."[86]

In those three years Dr. Kennedy not only developed a real interest in the programs at the Laboratory but also an enduring interest in the administrative and fiscal health of the organization. His counsel proved to be quite helpful in getting the board to recognize, accept and address the Laboratory's need to achieve new solvency if it were to continue as an entity.

---

[86] Kennedy, W.K. 2000.

A primary source of revenue for the Laboratory was royalties from the sale of phonograph records based upon recordings from the Library of Natural Sounds. When the 12-inch disc *American Bird Songs, Volume One* was released in its second issue in 1955 by Cornell University Records, a division of Cornell University Press, its dust jacket stated:

> "Most of the bird songs in this second issue of *American Bird Songs, Volume One*, are from recordings that have been made since the first issue was released in 1942. Improvements in recording techniques since that time and the much larger selection of recordings now available have made it possible to make this second issue – now on 33⅓RPM – even finer than the popular 78RPM album that preceded it."[87]

That disc contained the songs of sixty species of birds from across the continent and from Mexico to Manitoba. Reflecting the much larger selection of available recordings, a new disc containing another 51 bird vocalizations had actually been issued first, as *American Bird Songs, Volume Two*, in 1954. These two LP records seem to have stimulated the public appetite for additional records of two genre: identification guides and theme records (See Figure 27).

---

[87] Kellogg, P.P and A. A. Allen, 1955.

The most popular bird identification book of the period was Roger Tory Peterson's *Field Guide to the Birds*, so it may have been inevitable that the Library of Natural Sounds should produce companion records to be issued through the same publisher, Houghton Mifflin Company. The two-disc companion set called *A Field Guide to Bird Songs* was released on September 29, 1959, and contained the songs and calls of 305 species of land and water birds found in North America east of the 100th meridian. Two "theme" records, *An Evening in Sapsucker Woods* and *Bird Songs in Your Garden*, were issued in the following two years.

There was considerable pressure to develop a companion set for Peterson's *Field Guide to the Western Birds*, covering North American species found west of the 100th meridian. Initially the limited selection of good western cuts was insufficient to support such a project so a concerted effort was made to augment the collection's representation of western species. That began with the 1958 expedition to British Columbia by Stein and Michener and concluded with the 1961 three-pronged finale by Stein and Angstadt to the Southwest, Sutherland to California and Little and Brockelman to the Rocky Mountains. Each team headed for specific localities with an itinerary prepared especially for recording a list of desiderata to fill gaps in the collection. The veritable treasure trove of new cuts allowed Kellogg, with the help of Dr. William W. H. Gunn, himself a world class bird sound recordist, to edit and assemble over 500 species onto three 12-inch discs for publication in 1962.

An additional “theme” record, *Dawn in a Duck Blind*, was released the following year and was the last production that I, as Dr. Kellogg’s student assistant, had the pleasure of working on before graduating and fledging from Cornell.

The financial health of the Laboratory was a matter of grave concern to Dr. Kellogg. He had assigned all rights of his sound recordings to the Trust for Ornithology, and felt that Doc Allen should do the same with his photographs. Doc had, in 1957, given the Laboratory 230 of his original Kodachrome slides matching the birds on the phonograph discs that had been published up to that time, but maintained personal control of the vast majority of his photographic work. When Doc died on January 17, 1964, it must have been quite painful to see those photographs and all income generated from them go to family rather than the Laboratory, particularly when the Laboratory was not otherwise able to meet its expenses.

Pain struck repeatedly when Lyman K. Stuart died on June 27th and Charles S. Brand died on September 3rd. One can hardly imagine a more distressful year, yet somehow Dr. Kellogg managed to stay the course, focused on a busy schedule of lectures and a steady stream of students, research associates and other visitors.

On June 1, 1964, Dr. Douglas A. Lancaster (See Figure 28) joined the staff as Assistant Director, just in time to serve as Acting Director while Dr. Pettingill went on summer leave to teach ornithology at the University of Michigan Biological Station on Douglas Lake near Cheboygan, Michigan, as he had been doing every summer for the past 25 years.

On May 8, 1965, the Laboratory's facility at Sapsucker Woods was rededicated as the Lyman K. Stuart Observatory (See Figure 29), just as plans for its first expansion were being prepared. A bequest from the estates of Frederick and Margaret Brewster of 24 original Louis Agassiz Fuertes oil paintings and $80,000 for modification of the building in a manner suitable for their permanent display set the wheels in motion for design of the Brewster Wing to contain the Fuertes Room. Construction finally began in the spring of 1967, with first beneficial occupancy on November 22nd and formal dedication on May 11, 1968. The history of the Brewster paintings was reviewed in the Winter, 1967-68 *Newsletter to Members* of the Laboratory as follows:

> "In 1909, Frederick Brewster presented as a wedding gift to his wife, Margaret Fitch, a new 66-room, Tudor style manor house in New Haven, Connecticut. It was the central building on 25 acres of property called Edgerton. Mr. Brewster willed the property to the city of New Haven as a park but directed that after his death and his wife's death the manor house should be razed and the site graded

and seeded. Mr. Brewster died in 1958 and Mrs. Brewster in 1963.

"Mr. Brewster's favorite room in the manor was his study handsomely paneled with Java teak in which were set 24 Fuertes paintings. How Mr. Brewster acquired the paintings is warmly told by his wife, writing in 1958:

> 'At the time of building our home my husband, in conversation with his life long friend, Dr. Leonard C. Sanford, a prominent surgeon, and also an ornithologist, was discussing the study. Dr. Sanford, who was a great admirer and also a friend of Fuertes, said: "Why don't you have Fuertes do something for you?" The commission appealed to Fuertes and he made watercolor sketches of the birds to be put on canvas that would fit the upper paneling of the room. This was the beginning of a wonderful friendship between my husband and Fuertes. Mr. Brewster has always thought he had no peer in depicting wild birds.
>
> 'The study, where the paintings are, is vibrant with my husband's personality and everything in it bespeaks him. He spent more time there than in any other room in our home, surrounded by things he liked, each expressing some detail of his very wide

> interests. For him, the room was a sanctum of sanctums where he welcomed his closest friends.'

"In his later years Mr. Brewster became much interested in the Laboratory of Ornithology through Samuel D. Bogan, Cornell '26, a friend and great admirer of Fuertes, and in due course Mr. Brewster bequeathed the paintings along with the interior of his study to the Laboratory together with a sum of money sufficient to reconstruct the study at the Laboratory in a manner suitable as a place for exhibition of the paintings. Thus, in a sense, the paintings would come home to Ithaca where Louis Fuertes resided all his life and to Cornell University with which he was intimately associated.

"Ranging in size from 19 by 28 to 37 by 100 inches, the oil paintings depict waterfowl, game birds, shorebirds, and birds of prey. Frank M. Chapman, in his memorial biography to Fuertes (see *The Auk*, 1928, 45: 1-32), commented that the series 'is the most noteworthy' of Fuertes' unpublished paintings and 'represents the best work Fuertes ever did of this kind.'"[88]

Once again the panels from the Brewster study have been carefully removed, placed in storage during construction of

---

[88] Pettingill, O.S., Jr. and D. A. Lancaster. 1968, p.1.

their newest home, and expertly installed the third Cornell incarnation of the Fuertes Room.

In spite of academic schisms and internal politics, the Laboratory was a magnet facility that attracted a diverse set of people and made a very favorable and lasting impression on many visitors. One such visitor was a Cornell undergraduate by the name of Edwin H. "Ned" Morgens. Ned was a student in the College of Arts and Sciences and had a passing interest in birds. During a return visit to Sapsucker Woods in 2000 he described his experience as follows:

> "One of the wonderful things about this university is that, regardless of what college you are in, you are allowed, and encouraged in fact, to explore other disciplines in other colleges; and there was a course in ornithology offered by Charles Sibley, as I recall, and it was an introductory course. There was a prerequisite in zoology, and I had to go talk to Dr. Sibley to convince him that I didn't need the prerequisite. He let me in the course, and it was fascinating! Through that I discovered the Lab of Ornithology out here at Sapsucker Woods. I used to come out here to study, because the library here at the Lab, which has now been cannibalized for office space, because we've gone from seventeen souls to a hundred souls, the stacks of the library had the sounds of the pond piped in to the stacks. So you could sit there and study and still hear the frogs in

> the night, and the sort of evening chorus – I don't ever remember hearing the dawn chorus here! But it was a lovely place to study, and anybody who has not been here and comes for the first time is struck by how beautiful it is. So that sort of got me back into birding, and I remember, for example, coming out here – I was a bartender as my sort of pin money job as an undergraduate at a bar just off the campus, so I knew something about that, and I remember Crawford Greenewalt [Chairman of duPont and member of the Lab's Council then] was coming out here to deliver a lecture on his very fast stop-action photography of hummingbirds, and the only way I knew to get to that lecture was to volunteer to be bartender, which I did do, and I got to hear his talk and serve him a drink, as a matter of fact."[89]

The Laboratory also successfully initiated a number of "citizen science" projects wherein lay observers could report observations which, taken in aggregate, could analyzed by experts to yield substantial scientific findings – observations which the more limited number of experts could not possibly have made by themselves. One such project was the Nest-Record Card Program. Through the cooperation of Dr. David B. Peakall and the Onondaga Audubon Society, the Laboratory began on a local basis in 1963 to operate a program to collect specific data on bird

[89] Morgens, E.H. 2000.

reproduction in a form convenient for statistical analysis. Marlin Smith was able to use the American Robin cards in connection with his master's thesis. The results of that local trial were so gratifying that, starting in January of 1965, the Laboratory began to operate the North American Nest-Record Card Program on a continent-wide basis. 45,000 cards were mailed out in 1965 and better than 50% were returned for that year, providing good statistical depth for Eastern Phoebe, Tree Swallow, Barn Swallow, House Wren, Gray Catbird, Eastern Bluebird, Red-winged Blackbird and Common Grackle.

The 1986/87 *Annual Report* of the Laboratory had this to say about the North American Nest-Record Card Program:

> "Since then, nest record cards representing 300,000 individual nests and 555 bird species have been returned to Cornell by thousands of amateur birders, and the information on half of the cards has been computerized. The cards provide volumes of information on the breeding biology of birds, including nesting season, clutch size, incubation period, nestling period, and nesting success. Lab biologists recently completed a study of the Eastern Bluebird using the 27,000 cards sent in for that one species."[90]

Practical analysis of any database of this size was beyond manual means, so the Laboratory entered the computer age.

---

[90] Harwood, M. 1987, p.13.

Lest we forget what that really meant in the mid-sixties, let me quote from the *Newsletter to Members*:

> "We are using the 2,300 Red-winged Blackbird cards in a trial project on an IBM computer. These cards have been edited and their data put onto punched cards. Before a real run can be made, however, we must await the completion of the written program for the computer."[91]

Do you remember the Cobol programming language, Hollerith-code punched cards, JCL and batch processing jobs that would be run overnight? No fancy workstations or PCs in those days!

I mentioned that the North American Nest-Record Card Program was initiated cooperatively with the Onondaga Audubon Society. The Laboratory has a history of numerous cooperative programs, particularly in areas of citizen science and particularly with the National Audubon Society or its local chapters. Another example of a cooperative citizen science project is the Christmas Bird Counts. In this case, two separate projects eventually came together. I have also mentioned that, at the Monday Night Seminars and at the conclusion of each Saturday morning birdwalk in May, Doc Allen would read through the checklist and make note of all species seen. The first time a given species was reported in the Cayuga Lake Basin each year, Doc logged the date and location of the sighting.

---

[91] Pettingill, O.S., Jr. and D. A. Lancaster. 1966, p.3.

Each year the list was begun anew with a basin-wide New Year's Day count by many volunteers of the Cayuga Bird Club. Over the years this provided a very good basis for predicting the arrival dates of most species.

Independently the National Audubon Society held its Christmas Bird Counts, each within a prescribed circle of 15-mile diameter, during a 3-week period that always included New Year's Day. These counts were initiated by Frank M. Chapman way back in 1900. In 1962 the idea of establishing an Ithaca circle for the Christmas Bird Count, and performing the count on New Year's Day as a subset of the historic Cayuga Basin count, was discussed by the regular participants, who agreed to give it a try. The results of the January 1, 1963 count were summarized in the *Newsletter to Members* as follows:

> "On January 1, as we have for over 50 years, we called for a New Year's bird count, and about half of the thirty who took part gathered in the observatory for coffee and doughnuts at 4:00PM. The bird count covers the entire Cayuga Lake Basin, and the more distant observers phoned in their observations. A howling blizzard with near-zero temperature was not conducive to using telescopes, so the count was not as large as usual, but feeding-station observers all over the area brought up the number seen to 68 species which is only 10 under last year's count of 78, made under more favorable conditions. For the first time we

kept a separate count of the birds within a circle of 15 miles diameter around Ithaca, as organized by the National Audubon Society, and Randy Little, who took charge of this, reports 62 species and 8,022 individual birds seen within this area. The only real rarity observed was a Dickcissel at Mrs. Leeta Houghton's feeding station about four miles north of Ithaca."[92]

This "Ithaca Christmas Count" has been conducted every year since 1963, such that its data can be analyzed to answer certain questions about winter bird population levels and trends. That in itself is not the significant point; what is, is that the Laboratory in cooperation with the National Audubon Society has computerized the data from all Christmas Bird Counts, and can truly support a wide range of statistical inquiries on a continent-wide scale. This is a citizen science project of mammoth proportion and significance.

On the academic front at the Laboratory, further change was about to occur. Dr. Kellogg retired from the faculty on June 30, 1966. He gave his papers to the Cornell University Archives, where they joined those of Louis Agassiz Fuertes, Arthur A. Allen and Albert R. Brand, and where they would prove very useful in preserving the history of ornithology at Cornell. Dr. Kellogg continued as Assistant Director of the Laboratory and supervised

[92] Pettingill, O.S., Jr. 1963, pp1-2.

transfer of the Library of Natural Sounds from Fernow Hall to the Stuart Observatory. He maintained steady correspondence with nearly a dozen Research Associates or Field Associates of the Laboratory who had been helping to gather new bird sound recordings from throughout the world, and he even did some field work himself from aboard the *Ecphora*, a modest double-end cabin cruiser which he outfitted for a sailing expedition into the heart of the Dismal Swamp of Virginia.

In the fall of 1966 Dr. Swanson left Cornell, thereby leaving administration of the Laboratory entirely in the hands of Dr. Pettingill, without ever obtaining the faculty appointment that he had originally promised for Dr. Pettingill. That certainly presented an awkward situation academically for the Laboratory. Drs. Dilger and Lancaster were the only remaining staff members holding faculty appointments. Drs. Stephen Emlen, Richard B. Fischer, Oliver H. Hewitt, Jack W. Hudson, William T. Keeton and Richard R. Root were "Lab friendly" professors on the main campus for graduate students wishing to study ornithology, but the Laboratory's direct visibility in academic circles was seriously eroding.

On February 1, 1967, Dr. Tom J. Cade (See Figure 30) came to Cornell as Professor of Zoology in the Division of Biological Sciences and Director of Research at the Laboratory. He wrote to me of his Laboratory service as follows:

"My main charge was to bridge the gap between the non-academic functions of the Lab of Ornithology and academic science on the main campus. At the time Bill Dilger was active in research, and between the two of us we had about 21 graduate students working out of the Lab. Things were a bit crowded, to say the least.

"In 1970 the Division of Biological Sciences constructed what was officially known as the 'Behavioral Ecology Building' across the street from the Lab – otherwise known simply as the 'hawk barn' or the 'peregrine palace.' [See Figures 31 & 32.] There, for the next 18 years, my graduate students, associates, and I carried out a captive breeding program for the Peregrine Falcon, eventually producing and releasing to the wild more than 1200 young falcons.

"In 1974, my title at the Lab was changed to Director of Raptor Research, and I no longer had administrative responsibility for the entire research effort. I took early retirement from Cornell in 1988 and moved to Boise, Idaho."[93]

Dr. Cade brought renewed, undiluted vigor to academic ornithology at the Laboratory, with research interests focused on ecological and physiological aspects of birds and particularly on birds of prey. You may recall that in

---

[93] Cade, T.J. 2000.

1962 Rachel Carson published *Silent Spring*, and in 1966 the "Endangered Species Preservation Act" was established as the first such legislation in the US. DDT had just been uncloaked as the silent killer of many species of animals. The widespread insecticide was ingested by insectivorous species and became concentrated in their livers and fatty tissues. The nefarious effects of this concentrated poison were amplified as it was passed upward through the food chain. Birds of prey, being near the apex of the food chain, received a nasty dose. Among the subtle effects of DDT on birds was thinning of their egg shells, which inevitably led to increased breakage and consequently reduced reproductive success. By the time this was recognized, the east coast population of Peregrine Falcons had been extirpated, and the Osprey and Bald Eagle were precariously close to the same fate.

During the summer of 1967, Dr. Cade led an expedition to northern Alaska for ecological studies of birds and mammals. Working with him were Dr. Walter R. Spofford, a Research Collaborator of the Laboratory with similar interest in birds of prey, and John Haugh, one of Dr. Cade's graduate students whose doctoral topic was the effects of weather on hawk migration. A special objective of the expedition was to study the Peregrine Falcon and Gyrfalcon populations in the Colville River watershed, which drains much of the North Slope from the Brooks Range north to the Arctic Ocean.

Also that same summer Dr. Lancaster, whose own research on the comparative behavior of tinamous had previously taken him to Argentina, Bolivia and Chile to study those elusive birds, completed construction of a 100-foot long heated tinamou aviary and outdoor flight cage that would allow those studies to be continued right there at Sapsucker Woods. Graduate students Cameron Kepler and Samuel Weeks assisted in that project, and Weeks proceeded to make good use of the "tinamarium" for his doctoral study of the Red-winged Tinamou.

Another graduate student of that period was Charles F. Leck, who completed his doctoral dissertation on "The Seasonal Ecology of Fruit and Nectar Eating Birds in Lower Middle America" under Dr. Stephen Emlen. Dr. Leck wrote that he "really loved the Lab," and indicated that "what was very special was the weekly [Monday night] ornithology seminars with the reading of the week's checklist of bird sightings within the Cayuga Lake Basin by Sally Spofford."[94] Upon graduation Dr. Leck joined the faculty of Rutgers University, where he authored *Birds of New Jersey* and served as New Jersey State Ornithologist from 1970 to his retirement in 2000.

In addition to reminding me that Dr. Sally Hoyt Spofford continued the traditional reading of the checklist after Doc Allen's death, Dr. Leck also sent me a familiar, yet strange, picture postcard of the Stuart Observatory as viewed

---

[94] Leck, C. F. 2000.

looking east across the pond (See Figure 33). At first I attributed the strangeness to the presence of high-voltage power lines spanning the pond. Those lines had been relocated to the north of the pond during the winter of 1974. However, a glance at the postcard in a mirror quickly answered the question – the picture had been printed in reverse!

As Dr. Cade was bringing new life to ecological research at the Laboratory, Dr. Pettingill was struggling to identify and recruit someone to continue bioacoustical research and leadership of the Library of Natural Sounds. He tried to convince me to return and take the position, at the same time pursuing a PhD in related biological science. Although the proposition could have been a dream come true, my young family and engineering career at Bell Labs put it beyond practical consideration.

It was Lucy V. Engelhard, holding a Master's degree in zoology from the University of Michigan, who joined the staff of the Laboratory in September, 1967, to assist with the Library of Natural Sounds. For the next six years she assisted Dr. Kellogg in maintaining equipment, archiving new cuts, editing publications and providing user support services. A major accomplishment early on was completion of a "safety copy" of all 278 miles of tapes then in the Library of Natural Sounds, to be kept in a fireproof vault far below the main library on the Cornell campus, in case some unforeseen disaster should strike the working collection. Subsequently, as a standard part of the process for archiving a cut, a safety copy would also be made and sequestered. However, she did not earn a PhD degree and was not permitted to direct academic research at Cornell, thereby bringing academic bioacoustics to a virtual halt at the Laboratory. Dr. Kellogg continued to teach ornithology in the Cornell Summer Program (See Figure 34), but unfortunately there were no longer any graduate students working on bioacoustics problems at the Laboratory.

The name of the body charged with oversight of the Laboratory's well-being had been changed from Council to Administrative Board, to reflect a closer hand in the actual operations of the Laboratory. One of the Administrative Board's early actions was to establish the Arthur A. Allen Award, in the form of a medal, to be considered annually for award to an individual ornithologist, not necessarily a professional ornithologist, who has exemplified Doc Allen's effective "emphasis on interpreting ornithology to the public through such media as magazine articles, books, lectures, still photographs and motion-picture films, drawings and paintings, and sound recordings."[95] The first award was announced in the fall of 1967:

> "At a colorful dinner in the Statler Inn on September 15, the Laboratory through its Administrative Board awarded the first Arthur A. Allen Medal to Roger Tory Peterson, whose books, drawings and paintings have contributed

[95] Pettingill, O.S. and D. A. Lancaster. 1967a, p.3.

> enormously to widening popular interest in ornithology the world over."[96]

Roger Tory Peterson served on the Administrative Board of the Laboratory from 1961 to 1967 and again from 1968 to 1974, but his selection as the very first recipient of the Arthur A. Allen Medal was by no means an inside job; it was arguably the one clear choice for that award. He revolutionized popular bird identification, and awakened the skeptical publishing industry at the same time, by writing and illustrating his *Field Guide to the Birds* in 1934. The system of "field marks" which became one of the most useful features of his guides was, in fact, the brainchild of Ludlow Griscom, Doc Allen's first graduate student, another interesting Laboratory connection. A complete list of Arthur A. Allen Medal recipients is included in the Appendix.

Graduate students of this period included, in addition to those already mentioned, James W. Grier, Richard W. Simmers, Jr., and Stanley A. Temple all studying under Dr. Cade, plus Richard J. Clark, Johnathan C. Glase and Kay B. Kepler as students of Dr. Lancaster, and George W. Archibald, F. S. Orcutt, Jr., and A. R. Weisbrod with Dr. Dilger's advisement. During the 1968-69 year Dr. Lancaster also served as a visiting professor in the department of biology at the Universidad del Valle, Cali, Colombia, where he could once again observe tinamous in

---

[96] Pettingill, O.S. and D. A. Lancaster. 1967b, p.1.

their native habitat. The Pettingills also spent the first six weeks of 1969 in South America, while Dr. Pettingill investigated the behavior and ecology of Bobolinks wintering in the northeastern provinces of Argentina.

The winter in Ithaca was unfortunately harsh. In noting the death of Mrs. Arthur A. Allen on 29 January 1969, the *Newsletter to Members* said:

> "Former students, looking back, recall both the charming, gracious hostess at Glenside and the competent assistant in the summer courses in ornithology at Cornell. Friends everywhere and members of the Laboratory remember the quiet ease of her welcome and her genuine desire to have the stranger feel at home in Ithaca. Ornithologists think of the tireless scholar and her careful research in the history of early American ornithology. All who knew her continue to wonder how she managed to raise her large family and still find time to help her husband and continue her own studies.
>
> "Elsa Allen never lost her interest in, and concern for, the Laboratory and ornithology at Cornell. Even after Dr. Allen died in 1964, she continued to attend the Monday evening seminars, the board meeting luncheons, and all the special events. In between times she often dropped in – sometimes just to say hello, sometimes to read or work on her research and the biography of her husband that occupied her last years.

> "When she entered the Lab, her soft greeting almost made us feel that Doc was still there, that we might turn and see him rise from the chair by his big office window to meet her. Elsa Allen's passing closes a door. We shall miss her."[97]

Earlier that winter a 14-inch snowfall followed by strong winds had snapped off the huge old dead elm tree that stood outside Dr. Cade's office, leaving it leaning precariously against the building. Nerves were jangled, but no lasting damage was done. How could that be? Therein lies a story recently told to me by Robin Palmer, son of Dr. E. Laurance Palmer who was a Life Member of the Laboratory's Administrative Board from its inception in 1955 to his death in 1970. That large elm tree is a fixture in all early photographs of the Stuart Observatory (See Figures 20 & 33), and is immortalized in the sketch that graced the masthead of the *Newsletter to Members* and the Laboratory's letterhead for many years. Though it was carefully guarded during construction of the building, Dutch Elm Disease soon took its toll. As Robin tells it:

> "There was a big elm tree right by the original Ornithology Lab, right by the biggest bay window. If you look in the early records of the Ornithology Lab, and its logos, it will show that elm tree. I was a professional tree surgeon in those days, and so Dave [Allen] got me to go out there and with him

---

[97] Pettingill, O.S. and D. A. Lancaster. 1969a, p.2.

> we topped out this big elm tree, because they were worried about it falling on the Laboratory. They didn't want to take it all the way down because they thought it looked good [from inside the observatory], you know, and it did provide an attraction for some of the birds, especially the woodpeckers and nuthatches."[98]

Thus, the most hazardous part of the tree had long ago been safely removed, above the sight line from within the observatory, leaving an attractive yet relatively benign trunk for several generations of woodpeckers and nuthatches (and a generation of birders) to enjoy.

Another event of that fall involved one of Dr. Dilger's new graduate students whom I briefly mentioned above. As reported in the *Newsletter to Members*:

> "The manager of the Montezuma National Wildlife Refuge phoned: The Sandhill Crane that had been hanging around the refuge for several weeks had been shot in the wing by a hunter. Could he bring it down? Although we are not a bird hospital, we agreed to accept the crane, which was the second record of the species in the Cayuga Basin. We arranged for the bird to be admitted to the hospital in the Veterinary College, where for one hour an anaesthesiologist and two surgeons, aided by a dozen interns and would-be veterinarians, worked it

[98] Palmer, R. 2000.

over [See Figure 35]. This was a new experience, particularly the putting of an ether mask on a bird! They pinned the damaged wing bone, took 15 sutures, gave the creature a sedative, and released it in the care of George Archibald, a graduate student from Nova Scotia who is working on cranes. The story about the hapless bird made the press."[99]

I recently spoke with Dr. Archibald about his first interest in birds and how he came to study cranes at the Laboratory. As he told me on 25 November 2001:

> "I have been interested in birds since I was a child; it was just something that I had, an innate interest. And I had very understanding and encouraging parents. So I kept a lot of birds in captivity when I was a student. And then when I went to university, I had to give away my birds, and I planned to have a profession as a doctor. And in the summer I worked at the Alberta Game Farm near Edmonton, and was introduced for the first time to cranes; and I thought they were just superlative birds. Had an opportunity to go out into the field and experience Sandhill Cranes in their native habitat in the muskegs of northern Alberta. And by chance went to Montreal in 1957 with a friend to see the World's Fair. There was a transit strike, and I decided to hitchhike to Ithaca to see the Laboratory of

[99] Pettingill, O.S. and D. A. Lancaster. 1969a, p.1.

Ornithology. I had read about it in *National Geographic* magazine. And it was a cold November day, something like today, and I took the bus out from the campus and walked around, looking at the paintings and the books – there were very few people there, but at the end of this long corridor I could hear parrots, and there was light coming out of the door into the dark corridor, and I followed the sound and the lights that led to Dr. Dilger, William Dilger's office. And he invited me in, and we had this amazing conversation about my work with the cranes up in Canada. He invited me to apply to graduate school, which I did; and the next autumn began my PhD at the Laboratory of Ornithology. I wanted to study the comparative ethology of cranes, using captive birds. So I was able to get the old mink farm, between the Laboratory and Highway 13, on the left side of the road, as a facility for three years. Dr. William Keeton, who was then the chairman of the department, said I could have it until December of 1971, but then it would be bulldozed down because the place was a liability and an eyesore. And I took out the mink cages, brought in a bobcat and made ponds, built new fences, and was able to establish a population of 56 cranes of 8 species. And I lived there in the old building with my Labrador retriever,

> and I used the shower over at the Lab, and studied the cranes."[100]

We shall hear more about the work of George Archibald a bit later, but first a word about activities of another sort. Our last mention of phonograph records was of the series of identification and theme discs that was published in the previous decade. That series, it was widely thought at the time, had effectively saturated the market for such products, so thoughts of publishing any additional discs waned for a while. In the meantime, blessed by the availability of new portable recording equipment, Research Collaborators and Field Associates of the Laboratory were gathering new material the world over. Interest in records for other regions, and in records of completely new sorts, was growing. So it was that in 1967 a novel record entitled *Bird Songs in Literature* was produced by Joseph Wood Krutch and the Cornell Laboratory of Ornithology. This 33⅓RPM disc of bird songs and the poems they have inspired, from Chaucer to Eliot, was narrated by Dr. Frederick G. Marcham, professor of English history at Cornell and author of *Louis Agassiz Fuertes and the Singular Beauty of Birds.* And in 1968 the record *Caribbean Bird Songs* containing vocalizations of 54 species from Puerto Rico and the Virgin Islands recorded by Dr. George B. Reynard was produced. In announcing the latter record the *Newsletter to Members* said:

---

[100] Archibald, G.W. 2001.

"A professional geneticist with the Campbell's Soup Company, Dr. Reynard is a Research Collaborator of the Laboratory of Ornithology. Readers of the first (1962) issue of *The Living Bird* will recall the exciting story of his rediscovery by sound recording of the Puerto Rican Whip-poor-will, long thought to be extinct.

"The record plays the vocalizations of the Puerto Rican Whip-poor-will together with the calls and/or songs of 53 other species – a rich variety, ranging from the Puerto Rican Parrot and Tody, shorebirds, cuckoos, and doves to as many as 28 passerines.

"The record is produced and published by Peter Paul Kellogg. It thus has the advantage of his guidance as have the many records coming from the Laboratory over the years."[101]

I now interpret that next to last sentence with new regard, as Dr. Reynard wrote, of *Caribbean Bird Songs*, "THIS WAS ENTIRELY FINANCED BY PPK" (upper case Dr. Reynard's).[102] This is but one illustration of the devotion with which Dr. Kellogg approached his work, the Laboratory, and his associates.

Dr. Kellogg's devotion to the Laboratory, deep and valuable as it was, surprisingly was not unique. In the

---

[101] Pettingill, O.S. and D. A. Lancaster. 1969a, p.5.
[102] Reynard, G.B. 2000.

spring of 1969 Sally Hoyt Spofford (See Figure 36) retired. It is worth repeating here exactly what was written in the *Newsletter to Members*, as that account is itself a good reminder of much of the Laboratory's history as a department, and reading between the lines gives some hints of the personalities of the people involved.

> "'Can the Laboratory run without Sally?'
>
> "This question occurred to us five years ago when Sally F. Hoyt married Dr. Walter R. Spofford. Almost certainly, it seemed, she would be joining her husband in pursuit of his great specialty, the birds of prey. But this did not happen – she continued faithfully in her position as Administrative Assistant with duties multiplied daily as our staff, facilities and activities increased.
>
> "Now, alas, it has happened. Mrs. Spofford has retired and at this writing she is with her husband in Africa chasing vultures, hawks, eagles and falcons. We take consolation in the prospect that when the Spoffords return in September, she will take up her work with our slide collection. However, it will be on a voluntary basis. The stark truth that she has retired prompts us to give this brief review of her career and particularly her contributions to the Laboratory of Ornithology.
>
> "Mrs. Spofford was born in Williamsport, Pennsylvania. She attended public school there and

went on to Wilson College where she majored in biology and graduated in 1935. The following year she received a Master's degree in education from the University of Pennsylvania and in 1939 came to Cornell to work for a PhD with a major in entomology. The combination of field courses under Dr. Arthur A. Allen and her engagement to a graduate student in ornithology soon caused her to change her major to ornithology.

"She and Southgate Y. Hoyt were married in 1942. After spending the war years in the service, he as Army medical technician and she as civilian medical technician, they returned to Cornell and both received their PhDs in 1948. Shortly after her husband died in 1951, Mrs. Spofford began working a few days each week for Dr. Allen, attending to his correspondence when he was away, and assisting with his field work.

"When the Laboratory of Ornithology was first formalized in 1954, she helped Drs. Allen and Peter Paul Kellogg select the first members of our Administrative Board and, with the exception of the very first organized meeting, has attended and taken the minutes of every board meeting since. She helped lay out the trails in Sapsucker Woods, plan the new building (now the Lyman K. Stuart Observatory), and choose the colors, draperies and furniture for its interior.

"It has always irked her just a little to admit that Dr. William C. Dilger, who arrived at Cornell in 1956, preceded her to the new building by a few months. Dr. Dilger moved into the Laboratory with his birds in the fall of 1957 – before the building was finished. Mrs. Spofford and Dr. Allen transferred his office from Fernow Hall to the Laboratory just before Christmas.

"She recalls the first Monday night seminars, given by graduate students before the fireplace and followed by a coffee hour. She remembers the move to the observatory as the audience grew. She recalls the meager library, in the charge of Mrs. Arthur A. Allen, and how it grew to fill long shelves in the observatory and finally moved to a room of its own.

"In the beginning Mrs. Spofford was often in the Laboratory seven days a week, as was Dr. Allen. She managed everything – kept the books, answered the telephone and acted as hostess. She was in truth a one-woman information service: she knew where everyone was, what he was doing and when he would be back; she also knew what birds should appear when, and if Dr. Allen was out she could almost always identify the strange and often exotic birds described to her over the telephone.

"As more and more people discovered the Laboratory and her duties increased, Mrs. Spofford still guided its affairs – welcoming groups, organizing the slides, taking charge of the sale of books, records and prints. Her duties increased as did the facilities of the Laboratory, yet she continued to be in the Laboratory almost every weekend that she was in town.

On the side, she has been Regional Editor of *The Kingbird* for over fifteen years and a member of its editorial board most of the time. She frequently substituted for Dr. Kellogg on the Saturday morning radio program, lectured to garden clubs and other organizations on birds and conservation, and 'sold' the Laboratory in every way she possibly could. She was co-author of *Enjoying Birds in Upstate New York* and *Enjoying Birds around New York City* and contributed short papers and notes to various ornithological journals. She assisted with the production of the records of bird songs and helped Dr. Allen revise *The Book of Bird Life* and *Stalking Birds with Color Camera.*

"And never, with all the bookkeeping, hostessing, writing and informing, has she forgotten her first love – birds. She kept a close tally of the birds of Sapsucker Woods and the Cayuga Lake Basin through checks at the weekly seminars and censuses at specific times – in May, during the nesting season, and at Christmas.

> "When Dr. O. S. Pettingill, Jr., the new director, arrived, Mrs. Spofford told him very frankly that she always resisted change, that she expected to veto everything that was new. However, if he would be patient, she added, she would in time accept the changes and innovations that the growing department required. In the opinion of Dr. Pettingill, she vastly underrated her ability to adjust. As soon as she was convinced that the 'new' was good, she approached it with enthusiasm and supported him wholeheartedly.
>
> "Thanks in a large measure to Mrs. Spofford, the Laboratory is a going concern. It can run without her now, but not without our missing her ever so greatly."[103]

In June of 1969, James Tate, Jr., joined the Laboratory staff as Assistant Director, with principal responsibilities in the area of public relations – answering inquiries, supervising publications, scheduling seminars, arranging exhibits and handling the weekly radio program. Recently I asked Dr. Tate how he happened to come to the Laboratory. I think you will find his answer quite interesting.

> "The story actually starts a few years earlier with *The Living Bird* actually and with Sewall Pettingill's tenure as the professor in residence at the University of Michigan's Biological Station. I

---

[103] Pettingill, O.S. and D. A. Lancaster. 1969b, p.2.

came to the University of Michigan Biological Station the summer of my freshman year from Northern Illinois University, and Sewall Pettingill was teaching "Baby Birds" which is what we called the beginning ornithology course and "Big Birds" which mostly was research and went into a lot more detail. During those years and especially later after I came back as graduate assistant to Pettingill there at the Biological Station, he began bringing in *The Living Bird* manuscript, because he would be doing it every summer. He was always very careful to be sure to show us *The Living Bird* cover, because we developed a tradition there over the years of producing *The Dead Bird*, which was the same cover as *The Living Bird* except the bird was somehow or another either in a pool of polluted water or, in the case of one kingfisher that was on the cover, it had speared its bill into a fishing plug so that it was no longer a living bird. And the book that we produced, *The Dead Bird*, was full of stories about the various ornithology students at the University of Michigan Biological Station and about various things going on at the Laboratory of Ornithology at Cornell - very similar to the *Auklet*, a humorous publication that the AOU puts out every year.

"The reason for all that background is that, one summer, when I was working as Sewall's graduate assistant in the courses, he asked me if when I was going to finish up my degree, which was going to be that August I believe, that must have been '68, would I mind taking a job at the Laboratory of Ornithology as director? Well, I was talking to my major professor [Dr. Paul Johnsgard at the University of Nebraska, himself a Cornell ornithologist] a little later in the year and I told him my two choices were to either go to Western Carolina University or to Cornell as my first job. And of course Johnsgard was a student of Sibley, and was just overjoyed – he literally went skipping down the hall when he heard one of his students was going to go to Cornell and work on the faculty there. So that's how that came about that I came to Cornell. I came there very much naïve about so many things including the past history of the Lab, which I very quickly learned, and a number of other things."[104]

Also in 1969, through the generosity of Mrs. Bradley Fisk, a new member of the Laboratory's Administrative Board, the Nest-Record Card Program entered a new phase. Two students, directed by Dr. Peakall, are seriously moving ahead to edit and analyze the data being collected and to process the backlog of 75,000 cards. And after being moved about from one place to another, at year's end the program at last moved into a newly constructed room of its

---

[104] Tate, J., Jr. 2000.

own, the Fisk Room, added to the southwestern corner of the Laboratory.

Milestone #11 – Peregrine Fund

Dr. Cade spent a disturbing summer revisiting the Colville River basin in northern Alaska, where he saw what oil development was doing to the tundra environment, while he studied the cliff-nesting falcons along that river. Upon return to the Laboratory he hurried with final preparations for chairing a major "Research and Planning Conference on the Peregrine and Other Birds of Prey," hosted by the Laboratory of Ornithology and the Section of Ecology and Systematics in the Division of Biological Sciences at Cornell. The picture for the Peregrine Falcon, Bald Eagle, Osprey, Prairie Falcon and Merlin was perhaps even more disturbing than the ravaged tundra landscape. Dr. Cade drew up plans for a new "hawk barn" for captive breeding of these endangered diurnal raptors, particularly the Peregrine Falcon. Ground was broken in October, 1970, for this special facility as a first step in a project for restoring the Peregrine Falcon to its former range in the northeast. Dr. Cade established the Peregrine Fund to support this effort. The first *Peregrine Fund Newsletter* contained the an appealing anecdote about this new fund:

> "The first two dollars came from two young supporters who took up a collection among their friends and sent us the following message:

Berkeley, California

October 5, 1970

Dear Sirs:

Me and my friend have been studying birds, especially the Peregrine Falcon. One day he came over and showed me a newspaper article about you trying to help save the Peregrine, so we have been going around collecting money to help your project. I hope everything works out alright.

Sincerely yours,

Orin Starn and Jay Hart

"Shortly afterward, the Massachusetts Audubon Society made a substantial contribution, and our fund started to grow. The people of Massachusetts have continued to be strong and regular supporters, and we hope one day to be able to repay them with Peregrines that have been re-established at the fourteen vacant aeries in their Commonwealth."[105]

To obtain a quick overview of this project, we quote the following note that appeared twenty years later:

"The Peregrine Fund marked its 20th anniversary of raptor research and conservation in September with a celebration at headquarters in Boise, Idaho. Over

[105] Cade, T.J. and P. Dague. 1973, p.1.

1,800 people attended, enjoying tours, lectures and cake.

"When the Fund was established, the Peregrine Falcon no longer nested east of the Mississippi and was seriously threatened throughout North America. Since then almost 3,000 peregrines have been hatched in captivity and released, and populations have rebounded.

"Director Tom Cade established The Peregrine Fund in 1970 at the Lab of Ornithology after concerned members of the public began sending unsolicited donations to the Lab 'to help save the Peregrine Falcon.' Working out of a custom-designed 'hawk barn' in the Lab's Sapsucker Woods Sanctuary, Cade forged a unique alliance of ornithologists and falconers as he developed techniques for reintroducing captive-reared birds to the wild.

"The highly successful project has grown over the years, and in 1984 The Peregrine Fund began construction on the World Center for Birds of Prey in Boise, Idaho. The Center became fully operational in 1986 and the Sapsucker Woods projects were moved there in 1988. Today the Peregrine Fund's mission has grown to include other threatened raptor species worldwide,

> including the Mauritius Kestrel and Harpy Eagle."[106]

The 'hawk barn' (See Figures 31 & 32) was about 50 feet wide and about six times as long, of polebarn construction with aluminum roofing and wire-mesh sides. It was divided into 40 cage units. A double-deck, heated corridor running down the center had doors, observation posts with one-way glass, and utility closets for each cage. It was built in the research area across the road from and slightly north of the Stuart Observatory, where the birds would not be disturbed by unauthorized visitors. It was ready for its first residents in February, 1971, and that began a program which Dr. Cade believed would take ten years to develop successful captive breeding and rearing techniques before attempting the reintroduction phase of the project.

While Dr. Cade was launching The Peregrine Fund, another historic move was occurring – Cornell's collection of bird skins, of non-living birds, was moved from Fernow Hall to the Research Park, just north across the new Route 13 from Sapsucker Woods. This is a good point at which to paint the history of that collection, which actually goes back nearly to the beginning of the Laboratory. It was summarized in the *Newsletter to Members* at the time of that move:

> "Our collection of bird skins for scientific study now contains about 35,000 specimens. Over the

[106] Gallagher, T. 1991, p.5.

years it has become a fruitful source for research and an invaluable aid to teaching. We believe you would like to know about this rather hidden asset.

"Louis Agassiz Fuertes laid the foundation by giving his own personal collection. Arthur A. Allen and his students began building up the collection in the 1920's, mostly with birds taken in the area, and often in connection with some study that Dr. Allen or one of his students was undertaking at the time. In the 1930's, Frank S. Wright, a friend of Dr. Allen's in Auburn, New York, donated the largest single component. His addition amounted to thousands of birds, mostly collected in the area, but also containing many specimens from other parts of the world that he obtained through exchanging local birds.

"In 1932, Cornell employed George Miksch Sutton to reorganize and re-catalogue the collection. Except for an interruption during World War II, he continued this task, with help from graduate students, until 1945. During this period the major accessions included specimens taken by Dr. Sutton on expeditions to the Arctic and Mexico. Students also contributed large series of individual species, on which they were working.

"When Dr. Sutton left in 1945, the curating of the collection became the responsibility of graduate students working under Dr. Allen. Dwain W.

Warner, Kenneth C. Parkes, and William C. Dilger were the first three student curators. During World War II, students in the service, based in various parts of the world (Robert M. Mengel in Arabia, Dr. Dilger in India, etc), sent back specimens for the collection. With these and the birds in the Wright collection taken from other continents, a good representation of world families of birds began to emerge. Dr. Parkes, during his four to five years as curator, attempted to increase this representation, aiming for all the families of birds in the world listed in the Wetmore classification.

"Students working on their own projects continued to add specimens to the collection. About 1950, Dwight Stone from Owego gave a large private collection of North American birds. When Dr. Parkes left in 1952, the size of the Cornell collection had risen to 23,000 specimens.

"Charles G. Sibley, replacing Dr. Allen on his retirement in 1953, took an interest in the collection and acquired large series of birds, mostly from the Great Plains and Mexico, where he and his students undertook field studies on hybridization. After Dr. Sibley departed in 1965, the care of the collection came under the direction of student curators in the Division of Biological Sciences. Small collections continued to augment the holdings, notably from Mr. and Mrs. Donald S. McChesney and Mrs.

William J. Morden, who worked in Africa, and from Robert W. Dickerman, who does extensive field work in Mexico.

"Last fall, the Division of Biological Sciences hired a young man, Rollin G. Bauer, specifically to curate the collection. Mr. Bauer has in his charge a wider representation of birds of the world than probably is present in any other university collection. Ornithology instructors at Cornell still make good use of it in introducing their students to the diversity of birds the world over."[107]

In addition to the research being done under the direction of Drs. Cade, Dilger and Lancaster directly at the Laboratory, some very important ornithological research was being supervised by Drs. Emlen and Keeton as Faculty Affiliates of the Laboratory. Both were basically interested in how birds navigate, and were studying related questions. Dr. Emlen experimented with Indigo Buntings in a planetarium, and found for example that stars and star patterns alone are of little value to migrating Indigo Buntings unless the birds could use the rotating motion of the night sky to determine a north-south reference axis. By raising young bunting nestlings in a visually controlled artificial environment, he demonstrated that early visual experience plays an important role in the development of celestial orientation in Indigo Buntings, and that there is

---

[107] Pettingill, O.S. and D. A. Lancaster. 1971, p.4.

interaction between both instinctive and learned components in the development of their behavior patterns. Dr. Keeton experimented with homing pigeons in the presence of altered magnetic fields, and reported the first conclusive evidence that birds may use magnetic cues in their navigation system.

The spring of 1971 brought great news for two young programs at the Laboratory. Both involved captive breeding successes; one in the raptor program and the other in the crane program. Graduate student Stanley Temple had helped a non-productive pair of captive Red-tailed Hawks produce a viable embryo through artificial insemination. When the egg was laid, Temple transferred it to an incubator and, after 32 days, became midwife and surrogate parents for "Egor," who was the first successful hatchling from the artificial insemination of a bird of prey. This was a huge success for the future of the Peregrine Falcon restoration project. And graduate student George Archibald not only induced a captive pair of White-naped Cranes to breed in captivity, something that had not been done in many years, but successfully raised five young cranes from one "clutch," when the normal clutch is only two and frequently only the first-hatched chick survives. Archibald thereby demonstrated not only how to induce captive breeding in cranes, but also how to increase the yield many times above the natural norm. These lessons would prove to be extremely valuable for saving the

Whooping Crane and other endangered species of cranes worldwide.

During his final semester at Cornell, George Archibald established a friendship that led to, well, let him tell it:

> "During my last semester at Cornell in the autumn of 1971, Ron Sauey from Baraboo, Wisconsin, began his graduate program. I shared a great interest with Ron in Aldo Leopold, and that was the start of our friendship; and we decided to try to do something worldwide to help the cranes, because there was an obvious niche there that was not filled – many of the species are endangered and requiring an African-Asian counterpart effort to what had been done in North America to help the Whooping Crane. So, we applied our talents to that dream, and his parents, Norman and Claire Sauey in Baraboo, Wisconsin, leased us their 65-acre farm for a dollar a year. We had a tax exempt status in 1973, started to bring in cranes, and in '79 were able to buy our own property, a beautiful 220-acre spread on which is now established the headquarters of the International Crane Foundation, which includes a $7 million campus and a staff of 40 fulltime employees, and a collection of all 15 species of cranes with large numbers of the very rare cranes – the Whooping Cranes, Siberian Cranes and so on. I could go on and on about the Crane Foundation, but that's not the point today. The chronology at

> Cornell was I started in '68, finished writing my thesis first draft in '71, and passed all of my exams, studied the cranes in the field in '72, started the Crane Foundation in '73, and incorporated information from the field on the wild cranes into my thesis and completed in '77. Ron Sauey completed his thesis in 1985; he studied Siberian Cranes in India."[108]

Productions from the Library of Natural Sounds reached a new dimension in 1971 with publication of *Voices of Nature – North American Thrushes*, the first of a planned series of tape cassettes. This new medium was sweeping the recorded music industry as a new-technology successor to vinyl discs, and was enthusiastically received by birders because, for the first time, it was a medium that was highly portable. Not only was the cassette easy to carry in one's pocket, more importantly it could be played back on inexpensive battery-powered portable players. In other words, a "field guide" record could finally be a true in-the-field guide to bird sound identification. This was a breakthrough of mammoth proportions in terms of opening markets for bird sound recordings, though in hindsight it is easy to say that the Laboratory did not move swiftly enough to take full advantage of the business opportunities it presented. There were at least three reasons for this. First, from a purely technical point of view, the Laboratory was reluctant to risk sullying its reputation with a product

---

[108] Archibald, G.W. 2001.

whose sound fidelity was arguably inferior. In time the quality of cassette equipment would improve, but the leading edge was quite ragged in that dimension. Second, the Laboratory was not terribly astute at consumer marketing. Conservative would be a kind adjective for the Laboratory's approach to business. And third, the Laboratory just did not have the resources and the priority to apply its resources to such endeavors. Collecting and archiving material for scientific purposes was using all available time, equipment and personnel.

The artificial pond in front of the Stuart Observatory was a wonderful feature of the sanctuary, attracting Hooded Mergansers, Wood Ducks and Mallards to nest and many other waterfowl to congregate for safe relaxation and a free meal. The hydraulic engineering of the pond, however, left a few things to be desired. Neither depth nor flow nor volume were entirely satisfactory. Jim Tate recently discussed this with me:

> "**JT:** Sapsucker Woods is really just a wet, swampy, perched water table that kind of drained off [to the north and west].
>
> "**RSL:** I used to walk where the pond now is.
>
> "**JT:** Exactly. And the way Doc Allen arranged it was to simply throw the dike up and contain some of that, and sort of drowned out some of the trees in the near part, but ended up with a very nice pond in the process. But the problem was the water coming

in would tend to come in, if you are standing at the window, from the far side and trickle on down out the outflow. And the area right in front of the window tended to have too much corn for the ducks and what-have-you, and would turn very, very green in the summer, and I just knew that botulism was on its way some day in the future. And, once again, this is a sign of my naiveté at the time, but pretty much without anybody's permission or OK (the board didn't know about it until I had already done it).... I had some friends, the Sensibaugh brothers. Harold Sensibaugh was a bird breeder, a captive waterfowl specialist, and his brother Jack was in charge of a construction company. I was talking to Harold about the ducks one time and I said, 'You know what? What I'd really like to do is I'd like to deepen this pond, make an artificial dike part way around so that the water has to come past the windows before it goes out.' He said, 'Well, you know, Jack has got a bunch of equipment hired right now, but the contract is on hold. If you can come up with enough money to pay for the operator's cost, I can give you the equipment for free.' And so within about two weeks I had the pond drained, dried out enough so that the equipment could go in, and just simply built the dike and built up the island where the swans nested, and deepen the area out in front of the [windows]. And by the time Sewall came back from his summer at the biological station or wherever he was, the job was done and the pond was starting to fill up again.

"**RSL:** And there'd be water flow in front of the windows then.

"**JT:** And water flowing in front of the windows. But needless to say, I got in a lot of trouble for not having checked with anybody first, you know, just going ahead and doing this thing, but in the end I think the product was worth the balling out I got."[109]

Indeed, Tate's unilateral action effected some much-needed improvement in the pond (See Figure 37) before botulism brought disaster, and indeed caused some worry, as reported in the *Newsletter to Members*:

"Our fears were many when the big machines pulled away from the job of deepening the pond. There were two areas where the gravelly clay inadvertently had been entirely scraped away, exposing a gravel aquifer. One of these was directly in front of the big windows where water flowed into the pond from the exposed gravel. Would the pressure from seven feet of water reverse the water flow and drain the pond as rapidly as it filled? For that matter, would the pond area which

[109] Tate, J., Jr. 2000.

now was capable of holding 4½ million gallons of water (compared to ½ million gallons prior to the deepening) fill before the spring of 1972? The watch began.

"For some time water came into the pond from the exposed aquifer, and then, in the late fall when evaporation was high and precipitation was low, the water level stabilized several feet below the full-level mark. Then the rains came and, practically overnight, the woods and swamps became saturated once more.

"The newly constructed diversion dike now moves the flow from the swamp past the windows and keeps clear what had often been an area of concentrated organic matter. Much to our relief the aerator system has kept the feeding area of the pond from freezing [during the cold of winter] and because of the deeper water, we are able to maintain a larger open area for the waterfowl."[110]

That winter's New Year's Day bird census produced a new record high of 80 species, including a record number of Canada Geese. The latter may have been due to the relatively mild beginning of winter or may have marked the beginning of non-migratory behavior in a portion of the Canada Goose population. The former was almost certainly due to the mild weather up to that point, and may

[110] Pettingill, O.S. and D. A. Lancaster. 1972, p.5.

have received help from Saba. Who was Saba, you ask? Again we refer to Jim Tate for the answer:

> "If I can share with you an amusing incident, what I like to do about dogs is I like to keep my dogs with me at all times when they are growing up, because they end up being better dogs I think, they're more human-oriented, more agreeable. At that time I had a German short-haired pointer named Saba von Sturtzbach. She became somewhat notorious or famous because she kept showing up on Christmas bird counts. She would have her $5 fee paid every time and she was a contributor to our bird counts. Saba would, for example, go out and catch a rail in the middle of the wintertime, a Sora or something, and bring it to me and add to our bird count that way, or maybe bring a snipe in that she would find huddled cold and frozen in the ice, so to speak.
>
> "I was in [my office in the Lab, with Saba] one day and a lot of our function there was dealing with the public and trying to popularize ornithology. One of the local kids down the street had come in. He asked the lady out front – I think it was a Saturday – asked if someone could help him by clipping the feathers on the wing of his parrot, so that he could finger train it and do other things. So she sent him in to me and I said, 'Sure, no problem. Come back with the parrot in a cage, and your mother or dad.' Sure enough, that's exactly what happened. He

came back about a half an hour later with his mother and his little sister and a Green Conure, as I remember, in a cage. So I closed the door to my office and walked over to what was the mailing part where there were some scissors, and proceeded to clip the feathers on one wing in such a way that the bird would not be able to fly effectively. I said, 'Now let's see how that works,' and I let the bird go, and it fluttered down straight into the waiting mouth of my German short-haired pointer. Saba was laying there on the floor, sound asleep. She sort of opened one eye and saw this bird coming toward her, so she opened her mouth and took the bird in. And I said, 'Saba, fetch,' so she handed it to me, to the chorus of screams from the mother and the little girl. I put the bird back in the cage and said, 'Well, that ought to do now,' and everybody was happy; nothing was hurt."[111]

February brought sadness to Sapsucker Woods with the passing of Arthur C. Lane (See Figure 38), one of the oldest and most loyal supporters of the Laboratory. He had built his house in 1914 in what is now the southeast corner of Sapsucker Woods, and always welcomed Dr. Allen to bring students and friends to enjoy nature in his special woods. When Lyman Stuart was assembling the acreage for the Sapsucker Woods Sanctuary, he acquired part of it from the Lanes, who ultimately donated their home and

---

[111] Tate, J., Jr. 2000.

remaining five acres, with lifetime occupancy. His wife, Edna, lived to see the new Laboratory built, but died in 1957. Art then dedicated himself to caring for the creatures of Sapsucker Woods, and fed the ducks at four o'clock every afternoon in all weather, better even than the proverbial postman.

By the spring of 1972 the "hawk barn" was home to more than 70 birds of prey, including two pairs of arctic Peregrine Falcons. A clutch of three fertile eggs marked the first time that high arctic, migrant Peregrine Falcons had laid in captivity. Even though the chicks did not survive, methods being developed by Dr. Cade's team were showing steady and encouraging progress.

Also in 1972 Dr. Pettingill released the Home Study Course, and enrolled 500 students in the first nine months. The course, called "Seminars in Ornithology," is practically equivalent to an undergraduate introductory course in ornithology. Its nine chapters, or seminars, allow the student to read and study the material in each seminar at their own pace, and then submit answers to each seminar's questions for grading by the Laboratory staff. By the time the 500th student enrolled, over 60 had already completed all nine seminars, submitted correct or acceptable answers and received certificates of completion. This correspondence course became highly popular in ensuing years.

Dr. Pettingill retired at the end of June, 1973, after twelve years as Director of the Laboratory of Ornithology. Dr.

Lancaster, Assistant Director since 1964, was appointed Director effective July 1 (see Figure 39). Dr. Samuel E. Weeks was named Assistant Director, and Lawrence J. Jackmin was hired as Business Manager. For Dr. Weeks, this was a return to the Laboratory, having completed his PhD at Cornell in 1970 and then joining the staff of the Smithsonian Institution as curator of birds at the US National Zoological Park.

The raptor research continued to make impressive gains. The 1973 breeding performance by falcons at Cornell produced 20 Peregrine Falcons, 7 Prairie Falcons and 6 Lanner Falcons. And the program went worldwide for the first time, as reported in the first *Peregrine Fund Newsletter*:

> "Dr. Stanley A. Temple left Cornell in January 1973 to assess the 'survival potential of [the Mauritius Kestrel, *Falco punctatus*] in the last remnants of its natural habitat on the precipitous slopes and deep gorges near Curepipe on the island of Mauritius, lying some 500 miles east of Madagascar in the Indian Ocean."[112]

Also in 1973 the Laboratory, indirectly, contributed two new species of birds to the world. Some work done previously at the Laboratory by Research Associate Dr. Robert C. Stein (see p. XX above), received recognition by the American Ornithologists' Union. The AOU Checklist

---

[112] Cade, T.J. and P. Dague. 1973, p.4.

Supplement published in *The Auk*, Vol. 90, No. 2, pp.411-419, officially separated the Traill's Flycatcher into two species. But splitting is not the only avenue for "creating" new species; there is still opportunity to discover previously undetected species in some remote and under-studied habitats. That is what Laboratory graduate couple Drs. Cameron and Angela Kepler did. In the elfin forest on the ridge tops of the Loquillo Forest in Puerto Rico, they discovered and described the Elfin Woods Warbler (*Dendroica angelae*), which was totally new to science.[113]

In 1974 the Laboratory received an endowment from Drs. Olin Sewall Pettingill, Jr., and George Miksch Sutton, commemorating the life and contributions of Louis Agassiz Fuertes, for bringing outstanding lecturers in ornithology to the Laboratory. This endowment established the Fuertes Lectureships. The first Fuertes Lecture was delivered by Donald A. Jenni in 1975. A complete list of the Fuertes Lectureships is included in the Appendix.

In mid-1974 two new people were added to the staff of the Laboratory; Dr. James L. Gulledge as Sound Program Supervisor (See Figure 40) and Michael Hopiak as Staff Photographer. Both appointments were greeted with great expectations. Finally somebody with a PhD in ornithology and considerable experience in the application of bioacoustical apparatus might bring new life to bioacoustical work at the Laboratory, albeit without a

---

[113] Lancaster, D.A. and J. R. Johnson. 1974, p.7.

formal line on the faculty through which to teach and oversee graduate students. And finally somebody with the knack of nature photography might devote full time to those aspects of the Laboratory's needs.

Graduate student Stephen W. Kress (See Figure 41) began his long quest to reintroduce Atlantic Puffins to their former breeding colonies on coastal islands of Maine in the summer of 1974, sponsored by a grant from the National Audubon Society. Kress transplanted 68 two-week-old puffins from their nest burrows in Newfoundland to burrows that he had constructed on Eastern Egg Rock, Maine, where he fed them for the next four weeks and then encouraged them to fledge. Fifty-four of the young puffins successfully left the shores of Eastern Egg Rock to mature at sea and, hopefully, return to Eastern Egg Rock as adults to breed.

The National Audubon Society also awarded a grant to The Peregrine Fund to build a similar "hawk barn" in Colorado, home of the endangered Prairie Falcon, as a means of increasing the yield of Dr. Cade's raptor reintroduction program while also protecting the program against disease or catastrophe at a single site.

On January 31, 1975, Dr. Peter Paul Kellogg lost his three-year battle with cancer of the esophagus. The *Newsletter to Members* reported as follows:

> "We are saddened by the death of Peter Paul Kellogg, co-founder of the Laboratory of

Ornithology. As many members know, Paul had been stricken with cancer, which was detected a few years ago. Several times each year he traveled to Houston, Texas, for treatment at Rosewood General Hospital; he died there on January 31, 1975.

"It was Paul's unique combination of experience with electronics and knowledge of birds that led to the pioneering work in recording bird song here at Cornell University. The subsequent expeditions by Paul and others interested in this field led to the establishment of the Library of Natural Sounds, one of the world's largest collections of taped sounds of birds.

"Peter Paul Kellogg retired from his academic appointment at Cornell in 1967, but remained active until a few months ago. Away from Ithaca a good deal of the time, he kept a cruiser in Chesapeake Bay and usually spent several months a year traveling up and down the coast, exploring and recording in the Caribbean, Mexico, and the southeastern states. Constantly busy during his stays in Ithaca, he produced four records, one in collaboration with George Reynard. He has taught two one-week seminars in field ornithology at the Laboratory each summer for the past three years.

"Even while receiving treatment in Houston, Paul was an active participant in what went on around him. He served on graduate committees for

Department 189

> students at Baylor University, worked on the development of color x-rays, and made significant investigations in the field of ultrasound as applied to medical science.
>
> "Paul lived a full life. As a lasting memorial to his innovative work in the field of bird song recording, we are establishing a Peter Paul Kellogg endowment fund at the Laboratory. Those wishing to help can do so by sending contributions."[114]

Dr. Robert T. Horn, Chairman of the Administrative Board of the Laboratory from 1973 to 1978, spoke with me about those difficult times for the Laboratory. Dr. Tom Cade and his assistant Phyllis Dague, he said, brought a lot of good attention to the Laboratory. Though Larry Jackmin tried mightily to bring order and clarity to the Laboratory's operations as a business, there was just no escaping the hard facts that the Laboratory's sources of income were not capable of sustaining its level of operations and its leaders were not adequately obtaining new sources. Though the board felt that changes in leadership were required, making those changes would be both difficult and painful.

And speaking of Dr. Cade, his peregrine reintroduction program continued to show steady progress in 1975. The *Peregrine Fund Newsletter* report stated:

---

[114] Lancaster, D.A. and J. R. Johnson. 1975, p.1.

"With this year's production of [25] young [Peregrine F]alcons, we have begun the next important step toward our goal of re-establishing nesting Peregrines in the eastern United States. This summer we attempted our first major restocking experiments with captive-produced falcons, and the results have been most satisfactory."[115]

Five different localities, chosen from among 250 known former Peregrine Falcon breeding sites in the northeast, were selected for release of sixteen young falcons. The chosen site closest to Ithaca was at Taughannock Falls, where Doc Allen had snapped his classic photo[116] of an adult falcon hunched on a limb overhanging the deep gorge with the 215-foot falls as a perfect backdrop. There, unfortunately, Great Horned Owls eventually made prey of the young falcons, but at other hacking sites a total of twelve of the captive-hatched nestlings successfully fledged, raising real hope that they would return as adults and take up residence in the region where they fledged.

While this work with Peregrine Falcons was going on at the Laboratory and in The Peregrine Fund's second site in Colorado, graduate student Joseph B. Platt was studying Gyrfalcons on the Alaskan North Slope. And Paul R. Spitzer, of whom we will write further in a moment, was

[115] Cade, T.J. and P. Dague. 1975, p.1.
[116] Allen, A.A. 1951, p.191.

beginning to narrow his choice of dissertation problems to a study of Osprey breeding dynamics.

Under the supervision of Dr. Gulledge the sound program was also moving forward. His first action was to completely empty and reorganize the rooms housing the Library of Natural Sounds, thereby achieving a significant increase in effective working area with functional work spaces and a much more efficient work flow. Both the eastern and western "Field Guide to Bird Songs" records were updated to conform to the latest AOU taxonomic nomenclature and re-issued as cassette tapes. Contributing recordists such as Dr. Walter Thurber working in El Salvador, Robert and Patricia Grant in Mexico, Dr. Hans Winkler in the United States, the Keplers in Puerto Rico, Mr. Edward J. Cronin in Nepal and graduate student Paul Spitzer in India, provided many new recordings to collection. Mr. Cronin, coauthor of "The Birds of Thailand," led an expedition to Nepal sponsored by Educational Expeditions International (later known as Earthwatch), with recording equipment loaned by the Laboratory.

The Colonial Bird Survey was launched in the summer of 1975 as a joint effort with the National Audubon Society, seeded by a $97,000 grant from that organization. This program will serve as a data collecting and disbursing center for the location, size and constituency of colonies of aquatic birds such as alcids, cormorants, gulls, herons, ibises, pelicans and terns in North and Central America and the Caribbean. Dr. Donald A. McCrimmon, Jr., joined the Laboratory staff as Director of Data Record Programs to supervise the new survey as well as the ongoing North American Nest Record Card Program. Dr. Peakall, who had directed the latter program, left Cornell to become Chief of the Toxic Chemicals Division of the Canadian Wildlife Service.

If you sense that the number and scope of programs and activities at the Laboratory had been growing, you are absolutely correct. Another indication of this growth is found in the *Newsletter to Members*, which reported in the beginning of 1976:

> "The founders of the Laboratory could not have anticipated how the programs and staff would expand over a period of two decades. Today, the space needs are critical and can be alleviated only by constructing a new wing or building.
>
> "Thanks to a grant of $32,000 from the Arcadia Foundation, some of the pressure on our limited space will be lifted this summer, when we construct a storage building across the street from the observatory. The building will be used to store Laboratory produced publications, book store sales inventory, collections, equipment and files."[117]

---

[117] Lancaster, D.A. and J. R. Johnson. 1976a, p.7.

That would not be the last time the Laboratory would outgrow its quarters, nor the last re-use of land "across the street" where Roger Payne had earlier constructed his "owl house." Another item in that same newsletter which deserves mention is a section entitled "Volunteers Hard at Work" which honored a cadre of people who served as "regular" volunteers at a variety of clerical and similar tasks within the Laboratory. Volunteers have always been an important force in behind-the-scenes support of the Laboratory, its sanctuary and its activities. This remains true today, and is only likely to become greater in the future.

Even the generous contribution of services by volunteers, however, could not hide the fact that growth of staff and programs was increasing expenses at a rate faster than it was generating revenue. This plight was unveiled in the Spring 1976 *Newsletter to Members* in the following excerpt, whose length is warranted by the amount of background and helpful insight that it provides:

> "The signing of the formal agreement between Drs. Allen and Kellogg and Cornell University in May, 1955, established the Laboratory of Ornithology as a separate, financially independent department of the University. The long dream of a sanctuary at last came true through the generosity of the Stuart, Heasley and Lane families who purchased or contributed 155 acres of land, and the university's contribution of an additional 25 acres. With the

dedication in 1957 of the Stuart Observatory building, a gift of the Stuart family, the work of the Laboratory began in earnest.

"Over the years the Laboratory has continued to develop and expand its scientific and educational programs. With growth came necessary increases in staff and increased expenses in operating these new programs. By comparing the financial budget for the first year of operation with the budget for the current fiscal year, we can see not only the long term growth in terms of financial needs, but also the relative changes in costs in operating the Laboratory.

"In its first year of operation, Dr. Allen estimated that it would cost $19,450 to operate the Laboratory and Sanctuary. Of this total, only $4,750 was for salaries, since neither Drs. Allen or Kellogg received any salary from the Laboratory. These expenses were to be met from the only major income source at the time, the royalties from the Laboratory-produced records which the founders had given to the Laboratory in perpetuity. This amounted to $10,450. The balance of the annual expense was to come from unrestricted gifts.

"Our estimated budget for this year, excluding the cost of funding the Laboratory's research activities, the Nest Record Card and Peregrine Falcon Programs, is $238,000, of which $164,990 are salaries and fringe benefits. This increase in salary expense from 24% to 69% of the total budget reflects (1) the increase in staff necessary to support the Laboratory's expanded activities and (2) the annual salary increases necessary, not only to stay competitive with local salary structures in order to attract and hold qualified staff, but also to compensate for the ongoing inflationary increase in the cost of living. Although in the same time span, operating and maintenance costs of both the Laboratory and the Sanctuary have decreased from 76% to 31% of the budget, the *total* cost for supplies and maintenance has increased 495% in the last twenty years.

"Royalties from the sales of records are still a substantial part of the Laboratory's income, amounting to $25,750 last year. This increase over the years represents the royalties from additional records produced by Drs. Allen and Kellogg after the Laboratory's founding, as well as the assignment of all marketing rights, in 1961, to Houghton-Mifflin publishing company, whose marketing and promotional efforts increased sales considerably. Other major sources of income are annual membership, bookstore sales, the Home Study Course in bird biology, and an annual grant from Cornell University in recognition of the Laboratory's contributions to the Cornell community. Unrestricted gifts are still a vital source of income, and the continuing generosity over the years of the Arcadia Foundation, established by the Stuart family, has helped to underwrite the costs of maintaining the sanctuary proper, as well as providing the funding for some of the Laboratory's special equipment needs.

"As our operating expenses continue to escalate, we are actively attempting to generate new income. We are collaborating with the National Audubon Society for a new record album to be produced this year called *The World's Best Songsters*. For the longer range, we are developing advanced home study courses in specialized topics of bird biology, and are producing specialized cassettes, such as the calls of owls and the songs of warblers.

"We recognize, however, that we are approaching a practical limit on the income we can generate with our existing and planned programs without incurring a quantum increase in expense. Unlike most institutions and museums that are able to underwrite a major portion of their annual operating expense from interest on endowment funds, the Laboratory is extremely weak in this respect. The total unrestricted interest from our endowment funds will be only 2.5% of our total estimated operating expense this year. The key to our long term financial integrity is additional unrestricted

> endowment funding, for which the Laboratory's Administrative Board and Cornell University are searching jointly.
>
> "The last two years have been rocky ones for the Laboratory. Even though we were able to increase our income through increased memberships and other income producing activities, we have operated at a deficit. We are extremely fortunate in having on our Administrative Board an active and interested group of professional financial men, who have freely given of their time and considerable expertise in guiding us through these difficult years. The need for funding, both short term and long term, will be a major concern of both the executive staff and our Administrative Board for the foreseeable future."[118]

Indeed, without endowed positions, each and every salaried staff person needed to bring enough revenue to the organization to cover not only his or her salary and expenses but also all indirect costs and a share of the operating costs of the organization – and needed to do this each and every year in order for the organization to survive in the long run. The lure of "soft money" in the form of grants for specific work, particularly work that the organization wanted to do anyway, was irresistible. It brought significant income and produced notable results

---

[118] Lancaster, D.A. and J. R. Johnson. 1976b, pp.3-4.

that reflected positively on the organization. Frequently the grants allowed additional skilled staff to be retained, which again reflected positively on the organization because it was turning out more and more good work. However, it led to a pattern of grant chasing that inevitably resulted in adding even more programs and staff without effectively terminating programs that had exhausted their grants. Furthermore, such grants seldom totally covered all costs incurred in providing and maintaining the infrastructure investment underlying the operations. The growth aspect of this process was optimistically viewed as a good sign of vitality and progress, diverting attention from the fact that no plan was in place for stabilizing the inflationary spiral.

The new album that was mentioned did eventually get published in 1977 as *Beautiful Birdsongs of the World*, and though I can take pride in having recorded the Hermit Thrush that was selected to represent North America's best songsters, the album's royalties were hardly of the magnitude needed to stem the Laboratory's deficits. Plans for advanced home study courses seem to have been dropped in the shuffle, or perhaps re-directed to the Summer Seminars program that had been begun by Dr. Kellogg in 1972 and was being jointly sponsored by the Laboratory and the Public Affairs Education Programs of the University. Three Ornithology Field Seminars were offered in 1976 as a featured part of Cornell Alumni University, and led by Cornell Laboratory alumnus Dr. Ernest P. Edwards, ecology doctoral candidate Charles R.

Smith and environmental education graduate student Elaine C. Kibbe. Two more special Ornithology Field Seminars were offered in January 1977, at the Asa Wright Nature Center in Trinidad, led by Dr. Lancaster and G. Michael McHugh. Again, the net income from these seminars could not begin to reverse the deficit. Nevertheless, such annual excursions in one form or another became a fixture of the Laboratory.

The Laboratory's collection of neotropical bird sounds had been considerably strengthened at the very end of 1976 when Dr. Gulledge and Andrea Priori, technician in the Library of Natural Sounds, spent the first half of December in Venezuela making copies of tapes recorded by Research Associate Paul Schwartz during the previous fifteen years. The *Newsletter to Members* outlined this work as follows:

> "For a number of years, whenever anyone has needed information about the natural history and breeding biology of the birds of northern South America, especially Venezuela, the name of one ornithologist has come to mind: Paul Schwartz.
>
> "Paul Schwartz and the Library of Natural Sounds have had a close relationship since he and Peter Paul Kellogg first became acquainted. In 1961, they joined forces to record birds in the [Venezuelan] state of Bolivar. They were especially interested in obtaining recordings of the Musician Wren, one of the world's finest songsters [(Schwartz's Musician Wren recording represents

South America on *Beautiful Bird Songs of the World*)], and of the White Bellbird. They obtained extensive material on both these and other species. Over the years, Paul has supplied the Library of Natural Sounds with many recordings of neotropical birds, but it was only a small fraction of the mass of material he was accumulating.

"In recent years, Paul's interests have shifted from general collecting to more specific projects involving the distribution and biology of particular species. He, and those in charge of the Library of Natural Sounds, have had a strong desire to place a copy of his collection at Cornell, where it would serve not only as a safety copy of the original tapes, but would also make access to the collection easier for biologists outside Venezuela.

"In 1975, the Administrative Board of the Laboratory of Ornithology voted to proceed with plans to acquire a copy of the Schwartz collection for the Library of Natural Sounds. Through the generosity of John Dunning and Walter Thurber, who realized the scientific importance of the Paul Schwartz collection, the Laboratory accumulated sufficient funds to initiate the project."[119]

Dr. Gulledge tried another way to support the Laboratory's mission, by cooperating with the Education Expeditions

---

[119] Lancaster, D.A. and J. R. Johnson. 1977, p.1.

International mentioned previously, but this time as the Principal Investigator himself for a recording expedition to make bird sound recordings in the Chiricahua Mountains of southeastern Arizona. In May of 1977, with the financial and labor support of eleven eager Earthwatch volunteers (including me), Dr. Gulledge, Michael Braun and I spent two weeks coaching teams of two or three amateur recordists, scouring the canyons and mountainsides for recordable sounds. Drs. Sally Hoyt Spofford and Walter Spofford, who had recently retired to the Chiricahuas, provided excellent advice on finding many of the local specialty species such as the Elegant Trogon, thereby helping the group record 426 cuts of 101 species, including many that were new to the collection.

The Chiricahua expedition was declared a complete success and something that ought to be done again. I suspect that the post-expedition task of editing and archiving 426 cuts of assorted sounds was more than Dr. Gulledge had bargained for, and with such a backlog of work he simply could not take time to organize another such expedition immediately and probably compound the problem. Nevertheless, in 1979 he did cooperate with Dr. Robert I. Bowman, his master's thesis advisor at San Francisco State University, to lead a group of Earthwatch supporter-volunteers to the Galapagos Islands to collect recordings of birds and to conduct a number of field behavioral studies. The concept of recruiting avid amateurs, training them in the principles and practices of high quality bird sound recording, and thereby cultivating a cohort of good contributing recordists was an excellent concept which would subsequently be revisited in a slightly modified form.

The Colonial Bird Register, meanwhile, was enjoying good success in its second year of operation. Hundreds of professional and non-professional ornithologists throughout the United States, Canada and Mexico had been surveying and censusing wading bird and waterbird colonies. The computer world had already advanced a step from the first days of the Nest Record Card Program. Now, using a Wang 2200S "mini-computer" at the Laboratory, data could be checked and encoded as it was being entered, and the validated data then transferred directly on-line to storage in the main Cornell IBM 370/168 computer system. No more punched cards; no more batch jobs; queries could be remotely submitted through the mini-computer terminal and results could be received back, all in "real time." *Mirabile dictu*!

The Laboratory's re-introduction programs did very well in 1977. June 12 was a red-letter day as the first of the transplanted Atlantic Puffins returned to Eastern Egg Rock, after spending their first two years at sea. In anticipation of this return, 50 wooden puffin decoys had been secured in conspicuous places on the small island early in the season. Puffins usually do not breed until their fifth year, so it will take a few more years before the success of this program is known, but this return is a very promising step in that direction.

The Peregrine Fund has also stepped closer to the ultimate success of seeing re-introduced birds reproduce in the wild. The Fall 1977 issue of the *Peregrine Fund Newsletter* provided the following helpful summary of progress to date:

> "The Peregrine Fund finished its seventh year of operations in October.
>
> "We produced our first 20 Peregrines in 1973, and since then we have raised a total of 229 young from pairs in our facilities. In 1974, we placed our first captive produced young in the eyrie of a wild pair of Peregrines in Colorado, and we hacked our first young from a building in New York State. We have now introduced 133 young Peregrines into the wild by hacking, fostering to wild Peregrine parents, and by cross-fostering to Prairie Falcons in twelve states: California, Idaho, Colorado, New Mexico, Wisconsin, New Hampshire, Vermont, Massachusetts, New York, Pennsylvania, New Jersey and Maryland.
>
> "Starting with a budget of less than $20,000, our program has grown to an annual operating level of $175,000, with six full-time workers at two separate facilities, one at Cornell and the other at Fort Collins, Colorado, and with two other private

> cooperating facilities in Pennsylvania and New Mexico."[120]

In September 1977, Dr. Charles R. Smith joined the administrative staff of the Laboratory as Director of Public Education. This position was responsible for coordinating the weekly radio program, arranging the Monday night seminars, supervising the Home Study Course, coordinating exhibits, maintaining the volunteer program and sundry related tasks. When I spoke with him recently, I asked how he first came to know the Laboratory.

> "Actually, the first contact I had that is substantive with the Lab was through Paul Kellogg in the early '70's. I was a graduate student looking for summer support and we had a program at Cornell that was called Cornell Alumni University in those days, and it is Cornell Adult University now, and Paul was starting to teach a course for adults in the Alumni University in the early '70's; he needed a graduate TA. A friend of mine put me in touch with Paul. Paul asked me if I knew anything about birds, and of course I knew how to identify them anyway. And so I taught with Paul Kellogg as a graduate assistant in summers until he stopped teaching, just before he died. And so that was a contact with the Lab and a lot of its older history that I really value

[120] Cade, T.J. and P. Dague. 1977, p.3.

as well. Paul was truly an extraordinary teacher and person."[121]

And regarding the weekly radio program, he offered this additional insight:

> "Paul did it as a live broadcast on Saturday mornings, and by the time I came along we were actually taping it in advance of the Saturday morning timeslot that it ran in. It had gone from a 15-minute program down to eventually a 5-minute program, which was a little easier to manage and more in keeping with the modern format for radio information. And a good friend of mine, a member of my graduate committee, Jim Tate, had been an assistant director at the Laboratory doing *Know Your Birds* when I was a graduate student, so I managed to help Jim occasionally with that on Saturday mornings myself. This was typically done after there had been a Saturday morning field trip in Stewart Park, and so when Allen and Kellogg did it they would report the findings of the Saturday morning spring field trips actually on the radio as well. We did some of that, and that was when I was a grad student, before I went to the Lab."[122]

---

[121] Smith, C. R. 2000.
[122] Smith, C. R. 2000.

Citizen science in ornithology finally started getting serious attention outside of the Laboratory. As reported in the Winter 1978 *Newsletter to Members*:

> "The American Ornithologists' Union, with the support of the National Science Foundation, recently undertook an overall assessment of ornithology in North America. As part of this study, a report was prepared on 'The Role of the Amateur and the Society in Ornithology.' The report concludes that there is rising interest among amateur ornithologists in taking part in surveys and other long-term projects."[123]

I'm not surprised that you are not surprised at the report's conclusion. The Laboratory's North American Nest Record Card Program (NRCP) had been engaging amateur ornithologists continually since 1963. From the 1977 season alone it had received an additional 7,500 nest record cards from some 696 cooperators, and filled requests for data for scientific studies on 24 different species. Serendipitously enough, a request for Common Loon data was made by Mr. Scott A. Sutcliffe, director of the Loon Preservation Committee; Scott would subsequently join the staff of the Laboratory. In February, 1978, the Laboratory and the National Audubon Society co-sponsored a 3-day conference on amateurs and North American ornithology. As reported in the NRCP's newsletter:

---

[123] Lancaster, D.A. *et al.* 1978, p.3.

"Can the binocular-carrying little old lady in tennis shoes and the professional ornithologist find happiness together in the esoteric realm of scientific data collection?

"'Yes,' concluded representatives of the major professional and amateur ornithological organizations in North America.

"The expertise of amateurs including college students, doctors, lawyers and the many others who watch birds primarily for the fun of it, is already being tapped in a few nationwide data collection efforts such as the annual Audubon Christmas Bird Counts and in dozens of smaller efforts that range from banding migrating birds at established stations to monitoring the reproductive success of birds that nest in specific areas.

"And the full potential of the amateur in long-term studies of breeding bird populations, changes in the range of particular species, winter distributions and other topics has yet to be tapped, the participants agreed. In fact, for many kinds of studies the job of data collection is so big that only by depending on amateur help can the information be obtained, they said.

"'Many of us here sense that the time is right for a major new effort to involve the amateur in ornithological research,' explained Kenneth C.

Parkes, chief curator of life sciences and curator of birds at the Carnegie Museum of Natural History and a co-author of [the AOU] report on the role of the ornithological societies and the amateur. 'This is the first time we've ever sat down as a group to talk about it.'"[124]

[124] McCrimmon, D.A. 1978, p.2.

Rejuvenation

While citizen science was ready for cultivation as a new and growing proposition, the Lab itself was not well prepared for the task. It was suffering from a surplus of enticing ambitions and a shortage of wherewithal and administrative business proclivity. Fortunately for Cornell and the Lab, relief was on its way.

Milestone #12 – Administrative Refreshment

A new member elected to the Administrative Board at its spring meeting in 1978 was Edwin H. "Ned" Morgens (See Figure 42). Ned, you might recall, had served quite literally at the Laboratory as an undergraduate at a reception for Crawford Greenewalt. When asked what brought him back to the Laboratory fifteen years after his graduation, Ned replied:

> "[After graduation] I went from Cornell off to New York. I came back to the Ithaca campus as a member of the Cornell Council early in the '70's, and then went on the Advisory Board of the Business School, and that brought me back on one occasion to the Laboratory, which was a place I

always liked to come and visit. My brother's mother-in-law, Timmy Fry, lived here in Ithaca, and she gave me a lovely coffee table book of Louis Agassiz Fuertes paintings, edited by Fred Marcham, called *[Louis Agassiz Fuertes and t]he Singular Beauty of Birds*. I liked it so much that I wanted to buy a few more copies to give to my friends and relatives for Christmas. So I came out here, but couldn't find it in the Lab's book store; so I talked to the director and he said, 'Well, we don't carry that book; you might be able to find it Marlboro Books on remainder,' or something like that. I thought to myself, 'That's a nutty situation. We have a Cornell artist and a Cornell editor and we don't carry the book!'

That must have been 1977 or so, and it was later that fall that I went to the inaugural party for [Cornell's ninth President] Frank Rhodes in New York City, and I saw Bob Horn there. Now Bob Horn was part of the administration, I think he was the Treasurer of the University or some such title, and Bob was also, had been assigned the duty, to be the Chairman of the Lab's Administrative Board. At that point in time, the University, quite wisely I think, insisted that the chairman be part of the administration, because the Lab was always leaking financial oil, and they wanted to at least be able to control the rate at which that happened. And I

> complained to him, when I went to this party for Frank Rhodes, about not being able to buy this book – I thought it was outrageous. And he looked at me and he said, "You ought to get involved.' So it was shortly after that that I was invited to join the board of the Lab of Ornithology."[125]

Though the Laboratory may not have always stocked every item in its book store, which is quite understandable given the small space allotted to that enterprise, throughout the 1970's it offered on display an ever changing medley of bird art by world-renowned artists, many of whom were themselves members of the Laboratory. In the fall of 1978, for the first time in the history of gallery showings at the Laboratory, the work of local artists was exhibited, including paintings, drawings, carvings and castings by both professional and non-professional artists from the Ithaca area. Many of the items were for sale, with proceeds shared by the Laboratory and the Cayuga Bird Club as co-sponsors of the exhibit.

The inaugural party, mentioned by Ned Morgens as playing a role in getting him involved in the Laboratory, was for a gentleman who brought more positive change to Cornell University than any other person during the entire twentieth century, and who himself took an early and direct interest in the welfare of the Laboratory of Ornithology. Dr. Frank H. T. Rhodes, academically a geologist, brought to the

---

[125] Morgens, E.H. 2000.

presidency of the University not only an unparalleled grasp of administrative excellence, but also an almost contagious air of dignity and respect that instantly commanded attention, quickly gained consensus and soon earned enthusiastic support. When asked to describe his first impression of the Laboratory, it went back much further than I had imagined:

> "I grew up in wartime England, and every Sunday on BBC radio there used to be a program about birds. And the program was just a 15-minute program as I recall it, maybe 20 minutes. Virtually every program would include a recording of bird song made at the Cornell Lab of Ornithology, and that was literally the first time I had ever heard of Cornell. I think I was probably about 12 years old at the time; didn't even know that Cornell was a university. I just regarded it as a free-standing Lab of Ornithology. I didn't even know which country it was in. But I knew a good deal about the recordings of that Lab, just from that particular BBC program. And as I later, many years later, came to know Cornell as an institution, that for me was one of the pleasures of getting to know both the University and the Lab at first hand; but it was an unusual way to come across it."[126]

---

[126] Rhodes, F.H.T. 2001.

I do know that Dr. Kellogg enjoyed a good relationship with the BBC over the years, and that he had high regard for Jeffrey Boswall who was his primary contact there regarding bird sounds and biological acoustics. But I had no idea that collaboration might have such far-reaching effects! When asked about his impression of the Laboratory as the new president of Cornell, and the most important challenge of the Laboratory at that time, Dr. Rhodes recalled:

> "It was not nearly as strong a unit on the campus then as it is now. It had leadership which left something to be desired, and very soon after I came the Director decided to leave, that was Doug Lancaster, and to go elsewhere. And so one of the first challenges was to find new leadership for the Lab, and to find a way of building it into the Cornell structure in such a way that its function could be supported and utilized by the rest of the campus. And we were very fortunate on the one hand to secure a wonderful new Director, and on the other hand to have somebody who was ready to volunteer to take the helm and be the contact point for the Lab of Ornithology. I brought in Keith Kennedy as Provost, and it was through Keith's help that we got Jim Spencer to begin a very long and a very fruitful association with the Lab, not only bringing it onto a foundation of solid, continuing financial support in a way that it was sustainable in the long term, but

> also I think helping it to clarify its mission and to work particularly closely with people in the College of Agriculture and Life Sciences where its natural contacts were. So that was the beginning of what was really since then, since the late '70's, been something of a continuing revival in the fortunes and the work of the Lab."[127]

Very good news at the end of 1978 was a three-year, $168,000 award by the National Science Foundation for curatorial support of the Library of Natural Sounds. Dr. Gulledge has written an excellent review of the Library of Natural Sounds up to this time.[128] You will recall that a complete safety copy of the collection had been completed in 1968. That was good news. That was about 20,000 cuts. In the decade that followed, new material was being received at an average rate of about 1,200 cuts per year; however, much of it was not even edited, let alone safety copied. That was not so good news. It was, frankly, a great embarrassment to the Laboratory, to have to admit that contributed material hadn't yet been properly archived. The staff had been busy gathering new material for specific projects or productions, filling user requests for copies of archived material, and just trying to keep their equipment working for another year. Success, in a sense, had become the sound library's own worst enemy. The Administrative Board had recognized the untenable nature of this situation,

---

[127] Rhodes, F.H.T. 2001.
[128] Gulledge, J.L. 1979.

and had provided an additional $15,000 for new studio recorders and associated equipment to facilitate work under the NSF-funded project. This project actually consisted of three major tasks:

1. Editing and incorporating into the collection an extensive backlog of new material,

2. Constructing a computer-based catalog to the collection compatible with Cornell's ISIS information retrieval system, and

3. Safety-copying all recordings in the collection that had not already been copied.

On July 1, 1979, Mr. Robert W. Dorn joined the Laboratory staff as Assistant to the Executive Director to serve as "liaison with the Office of University Development in formulating and implementing a comprehensive plan to maximize support for the Laboratory's scientific and educational endeavors."[129] Concurrently, Dr. James W. Spencer was appointed Chairman of the Administrative Board and Mr. Robert G. Engel was elected to the board. Both gentlemen brought new vigor and resolve to the board at a time when push was coming to shove for stemming the Laboratory's deficit operation.

Indeed, as you gathered from President Rhodes' remarks above, the Fall 1979 *Newsletter to Members* contained the following notice:

---

[129] Lancaster, D.A. *et al.* 1979a, p.3.

> "The Laboratory's Executive Director, Douglas A. Lancaster, recently announced his resignation from the Laboratory, effective 31 December 1979. He came to the Laboratory as Assistant Director in 1964 and served in that capacity until 1973, when he assumed his present position. Dr. Lancaster noted as reasons for his resignation the lack of professional involvement in his duties as administrator and a widening gap with the Administrative Board in the philosophy of running the Laboratory's programs. The Executive Committee of the Administrative Board will name an acting director and appoint a search committee to seek a new director."[130]

The board had perhaps four or five items of major concern at the time, depending upon how one wished to count the inter-related concerns. In very general terms those concerns were control, leadership, budget, academics and mission. It may well be that fuzziness of mission led to lightness in leadership, or vice versa, but it was clear that better control was imperative to determine the causes of inefficiencies and to stem the flow of red ink while new leadership was being sought. Matters such as Cornell's provision of utilities for the Laboratory, the amount of overhead that Cornell drew from grants received by Laboratory staff, and repayment of the Laboratory's deficit to Cornell were each reviewed, discussed and reduced to

[130] Lancaster, D.A. *et al.* 1979b, p.7.

formal agreement for future operations. Strict controls on hiring of new staff, and plans for conversion of several existing positions to half time, were also discussed and implemented. The need to rebuild the Laboratory's stature as a place of academic excellence and profound scientific research was addressed, and that led to two fundamental realizations: (1) that the Laboratory's director must be a respected ornithologist who has scientific research interests and could be expected to win faculty tenure support, and (2) that the position must essentially be endowed in order to attract appropriate candidates.

According to Dr. Spencer, the summer and fall of 1979 was a period of intense activity by the Executive Committee of the Laboratory's Administrative Board. They dug into every aspect of the budget and discovered additional discrepancies that only exacerbated the deficit. They considered selecting a new director from within the University, and ultimately concluded for a number of reasons that external candidates should be sought. After some difficulty in getting appropriate people to step up to the plate, a search committee was established. Board member Dr. Joseph J. Hickey finally agreed to chair the search committee on Pearl Harbor Day. Since Dr. Lancaster would be leaving at the end of the year, Dr. Charles Smith, Director of Public Education, was asked to fill in as Acting Director until the search was successfully completed. Dr. Smith deserves high accolades for his service in this additional capacity during particularly turbulent times. Perhaps you will gain a better appreciation of that from the following excerpt of a recent conversation with Dr. Smith, in which I had asked him to recall some of the events of that period:

> "During that period [I was] also Acting Director for about 18 months, which seemed like 18 years while it was going on, because not only had we lost our Director, Doug Lancaster, but within a matter of weeks after I was assigned the job of Acting Director our Business Manager, Larry Jackmin, passed away, and so we found ourselves in a situation where we had to reconstruct the books and budget of the Laboratory with guidance from a really important mentor for me during that period, Jim Spencer, who was I believe the Vice-Provost of the University at that time and Chairman of our board at Sapsucker Woods. So we managed to review all of our personnel and job descriptions, and reconstruct our accounting and budget systems. Larry Jackmin was an extraordinary person, truly a fine person, but he carried most of the numbers in his head, and we had to rebuild an accounting system almost from scratch, and in the process of doing that discovered that no one at Sapsucker Woods had any job descriptions as Cornell would like us to have them, and so we had to create job

> descriptions for everybody. I put that all in place. That kept me very busy for about 18 months."[131]

Quite an understatement! In-the-head budget management and the lack of formal job descriptions are two examples of the "control" concern expressed above. Charlie Smith can be thanked for correcting both of those weaknesses.

While Dr. Spencer was enlisting a search committee he was also wrestling with the matter of ensuring appropriate compensation for the new director. Bob Dorn was formulating the Laboratory's first ever Development Campaign. It would be a two-phase, nine-month effort chaired by former board member Joseph W. Taylor and directed at increasing membership and soliciting major gifts. The goal of $125,000 was thought at the time to be an enormous amount to raise for such an organization. But it was Ned Morgens as chairman of the Development Committee of the board who squarely addressed the issue of being financially able to attract and retain a new director. Something like twice the Development Campaign's goal would be needed to cover the first three critical years. Through an extended series of discussions and bargaining sessions, the "Morgens Match" was instituted to raise the funds. Having heard the term, but not really knowing what it was, I asked Ned to explain:

> "What the University said was, if the board will raise the money to pay for the director for three

---

[131] Smith, C.R. 2000.

years until he, or she, can get on his financial feet and maybe have an administrative aide to help him run the place, you can make this change. To which I said, 'Wait a minute; this is a University property; it is your Laboratory of Ornithology; how about we split that? If I raise half the money and present it to you, you put up the other half.' So the university agreed to that, and as I recall the numbers I had to raise $40,000 a year for three years, and the university would match it, which became known as the Morgens Match. I believe that Jim Spencer was the one who coined the term Morgens Match."[132]

Ned credits board member Bob Engel, also a Cornell Trustee, with helping negotiate that important deal with the University.

Administratively, 1980 was a very difficult year at the Laboratory. Charlie Smith edited and issued the Winter 1979 *Newsletter to Members*, which was the 95th newsletter in the series. That newsletter quietly introduced the new, stylistic flying bird logo of the Laboratory on its masthead in lieu of the aerial view of the Stuart Observatory that had been used since the Winter 1970 issue (which had succeeded the view from across the pond that was used as the masthead beginning with the December, 1956, newsletter). There was not another newsletter until a full year later when, at the beginning of 1981, the consecutive

[132] Morgens, E.H. 2000.

numbering system was supplanted by a volume/number system. The year 1981 was Volume 26, because the very first newsletter had been issued in 1956, and the three newsletters of that first year could be considered to be Volume 1. *The Living Bird*, which had begun as an annual publication in 1962, also encountered tough sledding, which actually began in 1979 with Doug Lancaster's final issue, the 18th "annual," covering both 1979 and 1980. The help of Mary Heimerdinger Clench was secured near the end of 1980, to serve a one-year appointment to edit *The Living Bird.*

In the meantime, other programs of the Laboratory were moving right along. In October of 1980, Gregory F. Budney, recently graduated from SUNY Geneseo with a B.S. in biology, joined the Library of Natural Sounds as a curatorial technician, and was soon promoted to assistant curator of the library (See Figure 43). Also, the Colonial Bird Register and The Peregrine Fund were enjoying great success and popularity. The National Audubon Society provided considerable funding for information storage and processing associated with the Colonial Bird Register. For example an intensive study of Great Blue Heron populations throughout New York State was initiated to assess the impacts of habitat loss and organochloride pesticide residues on this large fish-eating species. The first wild breeding of Peregrine Falcons in the eastern United States in more than 20 years occurred in 1979 and, though none of those first eggs survived, "Scarlett, the

Baltimore, Maryland, female, successfully fledged two males and two females that were substituted as downy young from the bumper crop of 110 captive-produced young at Cornell when it became apparent that her eggs had not been fertilized."[133] This promising step in the right direction for re-establishing the Peregrine Falcon to its former breeding range in the eastern United States was followed in 1980 by even greater success:

> "Of three pairs of released Peregrines that established territories at our hack towers in New Jersey coastal marshes, two of the pairs successfully fledged four young of their own plus another nestling added to each brood from captive-produced stock. These two successful nestings mark the first time since the 1950's that wild Peregrines have fledged their own young east of the Mississippi River. At last we know that Peregrine Falcons can reproduce again in the northeastern environment. DDT residues and other chemical contaminants have reached a low enough level in prey to allow falcons to lay eggs with shells thick enough to survive incubation without breaking."[134]

Could the same techniques that were showing such phenomenal success with Peregrine Falcons be applied as effectively to other species of diurnal raptors? Dr. Cade

---

[133] Cade, T.J. and P. Dague. 1979, p.1.
[134] Cade, T.J. and P. Dague. 1980, p.2.

believed so, and had won the cooperation of New York State to attempt Bald Eagle restoration. The report of that sub-project stated:

> "This summer, a pair of Bald Eagles has nested and successfully reared their own fledgling in New York for the first time in many years. One of only two known pairs in the state, these successful parents are birds that we hacked at the Montezuma National Wildlife Refuge at the north end of Cayuga Lake four years ago.
>
> "In 1976, through the interest of former Assistant Secretary of the Interior, Nathaniel Reed, and New York's Commissioner of Environmental Conservation, Ogden Reid, we had the opportunity to help New York State launch its endangered species program by developing a hacking project for young Bald Eagles. Many thought the project was nothing more than a publicity stunt for the Nation's Bicentennial Year.
>
> "After receiving two eaglets from nests containing three young in Wisconsin, Tina Milburn, a Cornell graduate student, took over the field work for the first two years in the Montezuma refuge. We marked both of the 1976 eaglets with yellow wing tags for easy field identification. After their initial dispersal in the fall, the male returned annually to Montezuma, appearing for a few weeks in late August and September, but no one reported seeing

the female again until the fall of 1979, when state biologists found both eagles together at a small lake near Watertown, New York, 80 miles north of Montezuma!

"Finding both eagles together after more than three years and nearly in full adult plumage was remarkable enough, but later events proved to be even more fantastic. It soon became obvious to state biologists that the eagles were paired and on territory in an area where eagles had never been known to nest before. In spring the birds built a stick nest in a large red maple, and observations from an airplane soon revealed the female incubating on the nest. It could not be determined whether eggs were present or not, and when the eagle continued to sit very tightly on the nest for 70 days – well beyond normal hatching time – the observers assumed that the female was probably engaged in 'false brooding,' a not infrequent behavior of young eaglets just reaching sexual maturity.

"When he climbed up into an adjacent tree to take a close look, Peter Nye of the state's endangered species unit was distinctly surprised to encounter two eight-week-old eaglets peering at him from the rim of the nest! At just under four years of age, our hacked eagles had indeed mated and produced two well-feathered and vigorous nestlings of their own.

> "These two hacked eagles demonstrate, again, that the methods we have been working out for Peregrines have broad application for the restoration of other rare or endangered species of birds, such as the California Condor and the Mauritius Kestrel, two raptors in dire need of innovative help to prevent their extinction."[135]

The successes of these programs brought a certain amount of good attention to the Laboratory, but neither program was the right rallying post around which to rebuild the overall health of the Laboratory. The Peregrine Fund had been conceived as a special mission that would be spun off when the initial research was completed, and would then continue on its own to apply the new methods to other threatened diurnal raptors. The Colonial Bird Register and the complementary Nest Record Card Program are databases whose primary value lies in research questions that the data may answer; the databases themselves have much higher scientific than commercial value and are fairly expensive to maintain.

For many years the Administrative Board had been supportive of a mission whose focus was on public outreach, on popularization of ornithology. Indeed, that had always been and continues to be a significant part of the Laboratory's mission. However, outreach cannot be sustained in the long run without strong scholarship as its

---

[135] Cade, T.J. and P. Dague. 1980, p.5.

base, and that aspect of the Laboratory's mission had been slowly but surely slipping away until the Laboratory had become almost isolated from the academic community. One board member, Dr. William Keeton, who served two consecutive three-year terms from 1971 through 1976, must have been terribly dismayed by that slippage and even more so by the board's lack of apparent concern. It was he who had granted George Archibald use of the "mink farm" at the north edge of the Sapsucker Woods sanctuary for George's study of cranes in 1968, and it was Dr. Archibald who, during the late 1970s, became so concerned at the erosion of academic vitality that he "went down and met with Sam Johnson, who was on the Board of Trustees at Cornell, and he thought everything was hunky-dory at the Laboratory; it wasn't. And right after that he had his wife, Gene, put on the board, and Charlie Walcott, I believe, was hired, and things started to get better."[136] Indeed, President Rhodes appointed Imogene Powers Johnson to the board in 1980, and indeed the search committee selected Dr. Charles Walcott to become the new Executive Director in 1981, and indeed things started to get better. Without meaning to detract in the least from the importance of Gene Johnson and Charlie Walcott in the Laboratory's recovery, in fact to reinforce it, I will point out that the process was not quite as simple and straightforward as George Archibald may have made it sound.

---

[136] Archibald, G.W. 2001.

In August of 1980 the world lost an outstanding academic biologist with the death of Dr. William Keeton. The *Newsletter to Members* carried the following tribute:

> "William T. Keeton, the Liberty Hyde Bailey Professor of Biology at Cornell University, died on Sunday, 17 August 1980.
>
> "Professor Keeton was internationally known for his research on the behavior of homing pigeons. He was the author of *Biological Sciences*, a widely used college textbook, and of a number of scientific papers and monographs and several other biology textbooks and laboratory guides.
>
> "Early last year, Professor Keeton was awarded the honorary Doctor of Science degree from Coe College for his international reputation for excellence in conducting research, writing and teaching. In May 1980 he was elected to a five-year term as a Cornell faculty trustee, effective July 1.
>
> "Professor Keeton came to Cornell in 1958. In 1966 he was given the Professor of Merit Award by Cornell's graduating seniors. He became chairman of the Section of Neurobiology and Behavior in July 1970, a position he held until 1976. In 1971 he accepted a position on the Laboratory of Ornithology's Administrative Board. He held two consecutive three-year terms. His expertise and

> guidance contributed much to the policies and programs of the Laboratory."[137]

Within every dark cloud there is a silver lining, as the saying goes. The figurative silver lining in this case is that an emerging candidate to become the new executive director of the Laboratory was also a prime candidate to fill the academic void created by the loss of Professor Keeton. Prior to visiting Ithaca in early March 1981 for discussions regarding the Section of Neurobiology and Behavior, Dr. Walcott had been asked by Dr. Thomas Eisner to think about being director of the Laboratory of Ornithology. Dr. Robert Barker, director of the Division of Biology, met Walcott at his arrival at the Ithaca airport, and asked for his opinion of the Laboratory of Ornithology. "You probably don't want to hear my unwarranted opinion," suggested Walcott. "Oh, yes, I do," countered Barker[138]. And thus began a series of discussions that produced very positive results. After talking with people at the Laboratory for a day, and spending some time on the campus, he was asked to write a "white paper" on what he saw as the Laboratory's problems and opportunities.

Within a week after his visit, Walcott had written and submitted his "Proposed Development of the Cornell Laboratory of Ornithology" white paper. He examined the background and purposes of the Laboratory. He addressed

---

[137] Crossman, D.J.P. and C. R. Smith, 1981a, p.2.
[138] Walcott, C. 2000.

the areas of cooperative research projects, staff and student research, central facilities and data banks, and education and public service. He outlined a set of priorities for revitalizing the Laboratory. And he concluded with the following summary:

> "This, as I see it, is the challenge: to build on the existing foundation an exciting University based Laboratory with a world-wide network of enthusiastic members, cooperating in the study of living birds. I believe that it can be done."[139]

Walcott was invited to present his proposal to the executive committee of the Laboratory's board the following month in New York City. The very positive outcome of that presentation, and University endorsement of the Morgens Match, brought the Laboratory's long search for a new executive director to a very happy conclusion.

Milestone #13 – Professor Executive Director

The second *Newsletter to Members* of 1981 carried the proud announcement, which is repeated below because it contains much pertinent information:

> "The Laboratory staff, the Administrative Board, and the Cornell community are pleased to welcome Charles Walcott as executive director of the

[139] Walcott, C. 1981, p.9.

Laboratory of Ornithology [See Figure 44]. Walcott will assume the position on 1 June, allowing Charles Smith, acting executive director, to return to his post of director of public education.

"Walcott attended Harvard University, where he received his A.B. degree in biology, and Cornell University, where he received his PhD degree in zoology in 1959. Walcott first worked for Cornell as a graduate teaching assistant. He left Cornell to become a research fellow, and later an assistant professor, at Harvard and subsequently taught biology at Tufts University. During the late 1960s he joined the staff of the State University of New York at Stony Brook, where he was associate professor of biology, assistant to the academic vice president, chairman of the Department of Cellular and Comparative Biology, and professor of neurobiology and behavior.

"In addition to educating at the college level, he has had extensive experience educating youngsters. He was assistant producer and photographer of the natural history series 'Discovery,' for National Educational Television. Both the series and Walcott won a Sylvania Award. Walcott produced, and was project director for, a series of thirty basic biology segments, 'Exploring Nature,' designed for elementary school children. That series has been distributed nationally. Other television work includes preparation of the BBC program 'Bird Brain,' for the Nova series and coproduction of the program 'Why Do Birds Sing?' Recently he was in charge of the scientific content of the Children's Television Workshop program '3-2-1 Contact.' He has been consultant and adviser to the Nova television series, *National Geographic Magazine*, and numerous educational agencies and is past vice president of the Childrens' Museum in Boston.

"Walcott has published widely in his area of interest, the physiological basis of behavior. He began his behavioral studies by researching vibration receptors of spiders and the role their physiological properties played in behavior. His interest in spiders began when he noticed how they reacted to the sound of the Uris Library chimes at Cornell. His graduate students have studied the behavior of wolves, dolphins, and right whales. More recently he has concerned himself with the sensory basis of homing in pigeons. With support from the National Institutes of Health and the National Science Foundation, he has been attempting to determine how, or in fact if, birds orient themselves in relation to the earth's magnetic field. Walcott plans to continue the studies of the late William Keeton, who pioneered pigeon orientation research at Cornell University.

> "Walcott is particularly interested in expanding the Laboratory's research efforts and involving the public directly in those efforts. He plans to extend the outreach of the Laboratory's programs, which are aimed at a national and international audience of amateur ornithologists. Specifically he wants to improve and update the sound-recording equipment in the Library of Natural Sounds and make its vast collection of animal sounds readily available to ornithologists. Walcott is looking forward to enhancing the Laboratory publications *The Living Bird* and the *Newsletter to Members*. He also is planning to strengthen research and academic ties with other departments at Cornell University."[140]

The Laboratory finally, after a lapse of two whole decades, had an executive director who was a tenured member of the Cornell faculty. Cornell University is an almost unique institution in the breadth and depth of opportunities it offers for interdisciplinary collaboration and synergy. To not build bridges with the University and share in such opportunities is, arguably, to forsake excellence. Twenty years of at times almost adversarial relationship with the main academic community had taken its toll on the Laboratory. Now those bridges could be repaired and strengthened, and in time the Laboratory might once again become the acclaimed leader in ornithology.

---

[140] Crossman, D.J.P. and C. R. Smith, 1981b, p.2.

When asked about his earlier days at Cornell as a graduate student, he offered high praise for Dr. Kellogg's help with his study of hearing by spiders. Walcott wanted to measure the loudness of sounds that affected spiders, and asked if Kellogg would lend him a meter with which to make such measurements. Dr. Kellogg replied, "Sure; meet me first thing in Engineering." Engineering meant Phillips Hall on the campus, which was no problem, but first thing meant 5AM, which was a bit of a surprise. There, in the hush of early morning, they set up a chamber and succeeded in measuring the requisite sound levels without any disturbance from the normal daytime hustle and bustle of the campus. Walcott used that experience as one example of how great a place Cornell was and is for graduate students – they could readily get help from somebody in any discipline. Dr. Walcott also affirmed a humorous story that I had heard about Dr. Kellogg's interest in celestial navigation. He recalled that Drs. Kellogg and McLean were using a sextant to determine the position of Phillips Hall, and plotting the result on a map of New York State. Over a series of such measurements, Phillips Hall moved all around.

Dr. Walcott told me that he saw the Library of Natural Sounds as the "main jewel" of the Laboratory, in a rich data setting that also included the Nest Record Card Program and the Colonial Bird Register, and envisioned bioacoustics research as a proper academic companion for the library. However, the idea of establishing a bioacoustics research program was not supported immediately by the board and it was not until several years later when Dr. Peter Marler joined the board that the idea finally took hold. He also believed that building a large membership base would be better than relying on grants for support of the Laboratory, and that a campaign for faculty endowments would be the key to re-establishment of the Laboratory as the ornithological leader that it had been and should be. He felt that *The Living Bird* was not meeting the needs of potential supporters, and that it should be melded with the *Newsletter to Members* and become a quarterly publication. His delight would be building a team – the whole staff, not just the executive team – with common vision and willingness to engage, participate and work very hard. History shows that he brought both excellent vision and effective leadership.

Since the Morgens Match had been instrumental in raising the initial funding for the executive director's appointment, I asked Ned to recall how that three-year effort was accomplished. My actual question was not very clear, but I found his answer quite amusing, and I think you will too:

> "And those were important years. We made great strides during those years. I felt that my job was first to be the chairman of the so-called development committee. Obviously I had to make the Morgens Match, and every year we had. I think Jim Spencer had commissioned somebody to make this little cardboard box that had three holes in it,

> and every year that I'd make the match they'd put a wine bottle in one of the holes; and so at the end of the third year I had a wine bottle in each hole. And we were letting it age."[141]

Anecdotes aside, also joining the staff on 1 June 1981 was Linda G. Hooper as director of administrative operations. In 1971 she had served the Laboratory as first administrator of the Home Study Course in Bird Biology, moving subsequently to the main campus as administrative supervisor in the Department of Architecture and administrative manager in the Department of Physics, before returning to the Laboratory in this position. Linda would also serve as art director for the new *Living Bird Quarterly*, when it was launched the following summer with Jill Crane as editor. Administratively this brought the Laboratory back to full strength and allowed those who were temporarily acting in those capacities to resume full attention on their primary functions. For example, Charles Smith not only taught the summer course in Introductory Field Ornithology, but also released the Laboratory's new Home Study Course in Bird Photography whose development had necessarily been taxed during Smith's service as acting director of the Laboratory.

In the beginning of 1982 the following column appeared in the *Newsletter to Members* under the heading "New Bird Incubating:"

---

[141] Morgens, E.H. 2000.

> "This is the last issue of the *Newsletter to Members*. In July you will receive issue number one of the *Living Bird Quarterly*, our brand-new magazine.
>
> "Each quarter it will bring to you exciting discoveries and feature stories about the world of birds. Virtually every subject as it relates to birds – physiology, behavior, habitat, art, scientific research, travelogues, conservation issues, anecdotes, reviews – will be included.
>
> "The magazine will be lavishly illustrated with color and black and white photographs and original drawings and paintings.
>
> "We very much hope you will enjoy it."[142]

The first issue of the *Living Bird Quarterly*, the summer 1982 issue, contained a complementary welcome message from Dr. Walcott:

> "I'm delighted to introduce the first issue of the *Living Bird Quarterly*. I truly hope you enjoy this magazine from the Laboratory of Ornithology. It will be coming to you four times each year as a benefit of your membership in the Laboratory.
>
> "Our new quarterly follows a long line of *Living Birds* going back to 1962. At that time Dr. Sewall Pettingill, then director of the Laboratory, produced

[142] Crossman, D.J.P. and C. R. Smith, 1982, p.4.

the first *Living Bird* as an annual publication for members. Sewall Pettingill had a special mission in mind for *TLB* which he described in the Laboratory's *Newsletter* that year: '*The Living Bird* will present varied articles, each significant and stimulating. The journal writes neither down to the amateur ornithologist, bird watcher or bird hobbyist, nor writes up to the professional ornithologist or biologist.' We intend for our new quarterly to continue in the tradition established by Dr. Pettingill 20 years ago.

"The concept of promoting and encouraging the study of living birds is rooted deeply in the mission of the Laboratory. It is embodied in the very name of our publication. Now more than ever we must press forward with our studies of living birds, especially in the face of the increasing demands human populations are imposing upon our environment.

"To inform, excite, and challenge you, we are planning articles on virtually every aspect of bird study: behavior, habitat studies, conservation, art, and the latest updates on ornithological research here and around the world.

"As members of the Laboratory, this is *your* magazine. We welcome comments, suggestions, and ideas for articles. We know that we can make

> this a publication for all who are interested in the study of living birds."[143]

I noticed that in 1981 Cornell awarded a Master's degree to R. E. Bonney, Jr., who submitted a thesis entitled "Wildlife and People: Building Bridges; the Role of Environmental Education in Wildlife Management," and that on the masthead of that first issue of the *Living Bird Quarterly*, as contributing editor, was Richard E. Bonney, Jr. The following year he joined the staff as assistant editor, and today is a senior member of the Laboratory's staff as director of the Education Program. In a recent interview at his office in the Stuart Observatory I asked Rick how he first became acquainted with the Laboratory. Growing up in northern New Jersey, he said, there were always bird feeders in his back yard and his parents often took him on birding trips to the nearby Great Swamp or to Hawk Mountain in Pennsylvania. But he made his pin money working in a local nursery and thought he wanted to become a nurseryman. Rick went on to explain and, though his explanation is lengthy, it contains so many additional relevant details that a full quote is a must:

> "I asked the people for whom I worked where I should go to school. And they said, 'You should go to Cornell; Cornell University has the best horticulture department in the world probably.' I knew about the Cornell Lab of Ornithology through

[143] Walcott, C. 1982.

the bird song records. We had some of the tapes or records around our house, and I knew they were recorded at Cornell, so I was excited about coming for the connection between the plants and the birds, although I really didn't know much more about the Cornell Lab of Ornithology beyond just those recordings. After I was accepted in 1971 by early admission, my father and I came up here to Ithaca to look over the town, and the very, very first place we went was the Lab of Ornithology, not to the greenhouses. We came into the lobby and went straight into the Fuertes Room, which at that time would have only been about two years old. I walked in and looked up at the paintings on the wall, in particular I remember looking at some of the scoters, and I remember thinking to myself, 'I don't ever want to leave this place.'

"I lasted in the Horticulture Department for about six weeks, until I discovered I really did not want to learn how to grow greenhouses full of poinsettias, and switched very quickly to the Natural Resources Department in Fernow Hall. I guess I had a pretty much normal experience as a freshman taking biology and such, but then in my sophomore year there was this guy walking around with me from class to class all in the same courses. His name was Ken Rosenberg, and we became friends, very good friends right then and there. He, of course for anybody that knows Ken, has been a fanatic birder since he came out of the cradle, and it was he that took the interest in birds that came from my parents and really ignited it. It was Ken that taught me my first bird song, really; it was a Yellow Warbler singing in a tree right outside of the Engineering Quad, Phillips Hall. Before that I knew crows and robins, but I hadn't really carefully listened to the sparrows or the warblers.

"So it was in the spring of 1974 that we started listing together and traveling to places like Florida over spring break. It was also during that year that he and I both became very interested in the Wildlife Society. We got elected president and vice-president of the student chapter of the Wildlife Society and succeeded in changing it – remember this was the mid-1970s when everybody wanted to be a forest ranger – into a bird watching organization. We took trips, birding trips, all over – to Hawk Mountain and through Cascadilla Gorge and out to the Arnot Forest.

"And at that time there was a graduate student around named Charlie Smith who befriended us and taught us even more about the local birds and the New York birds. He had an encyclopedic knowledge of first [arrivals] and last departures and what birds were seen on campus and such, and he invited us to become more involved with the workings of the Lab of Ornithology. We came out and met the assistant director at the time whose name was Sam Weeks. And Sam said, 'You know, I could really use some help out here. We get lots and lots of questions from the public, and there are people always wanting to go on tours, especially classes. Would you guys like to help start a volunteer program?' So Ken and I started a volunteer program. It was probably 1975 when that actually happened, probably in the spring of 1975 when we were juniors. We would come out here, often hitch-hiking because there really wasn't any good way to get out here. Sometime in the spring we would just walk; keep a list along the way. And we gave slide shows about the Lab to groups that wanted to come in – it could be garden clubs, it could be school groups, whatever. We got, I think, a credit of independent study for doing that through Sam Weeks, and we became pretty familiar with the programs of the Lab.

"During the mid-1970s there wasn't that much to be familiar with, really. The Peregrine program was here at the time, and although that was not really an official Lab of Ornithology program, it was identified very closely with the Lab. Tom Cade's office was here. Phyllis Dague's office was here. The Hawk Barn was across the street. We got personal tours of the Hawk Barn. We were even allowed to take special VIP's into the Hawk Barn from time to time, as long as we cleared it with Phyllis first. And here I am still clearing things with Phyllis 25 years later! I remember the slide show that we gave focused very heavily on the Peregrine restoration project, and DDT was always a good story to tell the children, and what was being done about that. [We also talked about] the Nest Record Program, even showing slides of the forms up on the screen. And the idea that the Lab was a place for amateurs or volunteers to become involved was very much definitely there, even in the mid-1970s, although probably the only real program that was available would have been the Nest Record Program. Oh, Don McCrimmon was here, and so the Colonial Bird Register would have been operational at that time, too.

"Then, we graduated in 1976; I came back in the fall of 1979 to go to graduate school, again in Natural Resources. By that time Doug Lancaster had left as director and Charlie Smith had taken over as acting director. First after Charlie got his PhD he became director [of Public Education], then he became acting director. Right before I started graduate school I was waiting for a grant to come in for my stipend and I was short on cash, and Charlie hired me for two months as Jim Curran's assistant. [Jim still maintains the Sapsucker Woods

Sanctuary, having the longest continuous service of any Laboratory employee. Phyllis Dague, who started in 1969 with the Nest Record Card Program, served on the main campus in the College of Human Ecology from 1989, when the last of the Peregrine Fund work moved west, to 1995 when she returned to the Laboratory.] So I got to be on the custodial and grounds crew here at the Lab for a couple of years, putting wood chips out on the trails, chipping up Christmas trees, painting the building, painting the walkway, and generally learning the physical plant including intimate familiarity with both the men's and women's rooms. So I can really say I've come from the bottom up in this organization.

"During my two years of grad school here, I wasn't that connected to the Lab, and the sense that I had at the time was there wasn't really very much going on. I came out to a couple of Monday night seminars, but the attendance was way off at that time. There was just a sense of lacklusterness. The Home Study Course was going and had quite a large number of students enrolled. Monday Night Seminars happened every week, every Monday night during the academic year. *The Living Bird* annual was always a year behind. Of course, who am I to talk about missed deadlines? *The Living Bird* annual was still being published then. The

Peregrine restoration project was already being very successful and starting to wind down, although I can't remember exactly what year it left – it might have been around that time. So it didn't seem like there was really very much to do out here. Of course I knew that LNS was still collecting recordings, and Jim Gulledge was at that time healthy and pretty well actively involved with that.

"I did spend a lot of time with Mike Hopiak, who was the Director of Visual Services then, because my master's thesis was a documentation of the Bald Eagle restoration project up at Montezuma. I needed a lot of slides to put together a training slide show for Fish and Wildlife Service personnel, and I got permission to use a lot of the slides that were here in the Lab's collection and from Mike Hopiak. In fact, that program is still being used 20 years later by the Fish and Wildlife Service as a training program, so the Lab slides are still being used for that.

"After I got my master's degree my wife and I went to Mass Audubon for a couple of years. My wife was not all that happy with her job at Mass Audubon, and in the spring of 1983, two years after we finished our degrees, Charlie Smith called and said to me that he needed someone to fill in for the librarian at the Lab for the summer; would I like to come back fulltime and do that? We jumped at the chance to come back to Ithaca because we both loved Ithaca and we weren't that happy in Pittsfield, Massachusetts. So I came back in May of 1983 to take a summer job for three months running a library, answering questions from the public, and to help out with the *Living Bird Quarterly*. One thing I forgot to mention was that the *Living Bird Quarterly* was started by Charlie Walcott in 1982, and I was hired as a contributing editor on the very first issue of *Living Bird Quarterly* to write articles about science – to go through the literature and find interesting scientific findings that would interest the general public, and translate that into easy-to-read prose.

"And also, I met Charlie Walcott for the first time at the time I was hired to be the contributing editor for *Living Bird Quarterly.* Charlie Smith introduced me to him and Charlie Walcott wanted to talk to me, knowing something of my interest in public education and my writing skills, about revising the home study course in bird biology, which he considered long out of date. Now remember, that was 1982; it was eight or ten years old. That's the same revision that we're still finishing now, 20 years later, which is either funny or embarrassing, depending on how you want to look at it.

"So, I came in 1983, I spent that summer answering questions and running the library, and also doing

> *Know Your Birds* which was a Saturday morning once-a-week radio show for the local radio station WHCU downtown. Again, at that time the Lab still didn't feel vibrant, it still didn't seem as though there was really a whole lot going on. At the end of that summer, though, I had established myself as very useful on the editorial board of the *Living Bird Quarterly*, and so when the librarian [Helen S. Lapham] came back Charlie Smith told Charlie Walcott, 'We need to keep him on board to help with the magazine'. Charlie Walcott told Ned Morgens at the fall board meeting that year, and Ned Morgens said, 'Well, where's the money going to come from?' And Charlie Walcott said, 'We'll have to find it.' And Ned said, 'OK.' So Ned has been a good friend ever since; I appreciated him going to bat for me at that board meeting, and I've been here full-time ever since."[144]

In addition to Rick's "Research & Review" section which interpreted recent ornithological research reported in such esoteric journals as *Oecologia*, the *Wilson Bulletin* and *Ecology*, that first issue of the quarterly featured an excellent article on the International Crane Foundation which had been founded by Laboratory alumni Drs. George Archibald and Ron Sauey, and a report on his successful Atlantic Puffin breeding colony re-establishment on

---

[144] Bonney, R.E.,Jr. 2000.

Eastern Egg Rock, Maine, by Laboratory Associate Stephen W. Kress.

Outreach efforts were not limited to saving or re-establishing former breeding ranges of cranes, puffins and diurnal raptors. A Cornell Wild Bird Research and Rehabilitation Fund was established as a joint project of the Laboratory and the College of Veterinary Medicine, and a project to find simple and inexpensive techniques for improving suburban refuges was initiated at the Seatuck National Wildlife Refuge on Long Island. The Seatuck project was made possible through the cooperation of the US Fish and Wildlife Service with funding from a private foundation, and was directed by Thomas S. Litwin, who had recently surveyed the Sapsucker Woods Sanctuary with a similar objective.

The Library of Natural Sounds, under the leadership of Dr. Gulledge, had just completed a much-needed upgrade of its studio equipment and was putting it to immediate good use, mastering new releases of the bird song records to match the latest revisions of Roger Tory Peterson's eastern and western field guides. A new record, *Bird Songs of the Dominican Republic*, with recordings by Laboratory Research Associate Dr. George B. Reynard, was also released.

The 14th Allen Award was presented at a dinner on 2 October 1982 by the first recipient, Roger Tory Peterson, to Dr. William W. H. Gunn, the leading Canadian recordist of bird sounds. Dr. Gunn's recordings of the Western

Meadowlark and the Northern Cardinal represented the Americas on *Beautiful Bird Songs of the World*, produced by the Laboratory in 1977. He had published several recordings of bird songs, often for the Federation of Ontario Naturalists and sometimes jointly with Dr. Donald J. Borror of The Ohio State University. His favorite among those was the *Sounds of Nature* series, produced in association with the Laboratory, wherein each record in the series was devoted to at most a few families of birds and contained a much more complete selection of songs and calls from the repertoire and geographic range of each species than possible on broad "field guide" records. His *Thrushes, Wrens and Mockingbirds of Eastern North America*, number 8 in that series, is offered as a case in point; covering just 17 species, it nonetheless contained recordings from over 100 individual birds. It was his life ambition to produce a record devoted entirely to shorebirds, most of which have surprisingly musical songs given in flight only over their arctic breeding grounds, in striking contrast to the "peeps" that are all that most of us hear from them during their migration passage across the contiguous United States. He contributed many recordings to the Laboratory's Library of Natural Sounds, and frequently helped the Canadian Broadcasting Corporation produce television and radio programs featuring his recordings.

The position of development officer or director of public affairs was apparently a fairly uncomfortable position when the Laboratory was trying to establish stable sources of funding and erase its deficit. Robert Dorn left and Dr. Samuel A. Eliot assumed that position during the summer of 1982. Dr. Eliot had founded the College of the Atlantic in Bar Harbor, Maine, and served as its vice president prior to joining the Laboratory.

The Winter 1983 issue of the *Living Bird Quarterly* marked the start of its second year and was devoted entirely to birds of prey, featuring articles by Drs. Tom J. Cade, Stanley A. Temple, Walter R. Spofford and George Miksch Sutton. Regrettably, that was Sutton's last work. In announcing his death, the following vignette appeared:

> "We are sorry to report the death of George Miksch Sutton (1898-1982). Born in Nebraska, he grew up in Minnesota, Oregon, Illinois, Texas, and West Virginia. He graduated from Bethany College in West Virginia. After college, he served on the staff of the Carnegie Museum in Pittsburgh and as state ornithologist for the Pennsylvania Game Commission. In 1929 he undertook a year's solo expedition to the far north. The following year he came to Cornell, first to take his doctorate and later to serve as curator of birds. From 1945 to 1952 he was on the staff of the University of Michigan's Museum of Zoology. His last post was George Lynn Cross research professor of Zoology Emeritus and Curator of Birds at the Stovall Museum of Science and History at the University of Oklahoma.

> "His direct-from-life stories and sketches have appeared in many books and periodicals including *The Living Bird* and the *Living Bird Quarterly*. Throughout the years, the Laboratory has benefited immeasurably from Doc Sutton's advice and support. He will be missed."[145]

A more complete tribute, written by Dr. Robert M. Mengel who had studied under Doc Sutton as an undergraduate at Cornell, appeared in the following issue of the quarterly. One of the anecdotes related by Mengel attests to Sutton's mastery of specimen preparation. Students and professionals alike would always seek to watch the master prepare a skin, marveling at his efficiency and dreaming to emulate his technique. Mengel wrote:

> "It is well known that his many thousands of magnificent, beautifully labeled bird skins were the envy of colleagues everywhere. Few know that while Doc was in Michigan his friend Max Minor Peet would often visit to watch him skin, hoping thereby to improve his own work. Many did that, but Max Peet was one of the world's leading brain surgeons. He said that Doc's scalpel technique was the finest he had ever seen."[146]

That same issue of the quarterly contained an article by Dr. Gulledge on "Sounds We Call Songs" which included a

[145] Crane, J. 1983a, p.28.
[146] Mengel, R. M. 1983.

soundsheet, a thin and flexible vinyl insert that could be detached from the magazine and played like a regular record on a phonograph. I would like to call your attention to two of the selections on that soundsheet, two demonstrations which are the sonic equivalent of pictures worth a thousand words. First, birds have been proven to have much greater temporal acuity in their hearing than humans, and many bird sounds contain complexities that we cannot perceive due to their rapidity and usually exacerbated by their high pitch. To better illustrate this, Gulledge offered the song of a Hermit Thrush at normal speed, followed by the same song repeated at one-quarter speed. The quarter-speed rendition's musical complexity is amazing in its own right, but much more discernable by human hearing than the full-speed song. Second, birds produce vocal sounds with an organ called the larynx, which actually consists of a left and a right sound-producing organ in the two bronchi of their airway. Do you suppose some birds could control the left and right sides independently and thereby whistle two tunes at once? Former Laboratory board member Crawford Greenewalt recorded a Wood Thrush and used audiospectrographic analysis to show that, in fact, two different fundamental frequencies were being produced concurrently. By applying the technique of the previous example, but reproducing the Wood Thrush song at one-eighth speed, and then filtering to emphasize alternately the higher and lower "voices," the human listener could readily hear that one bird was singing two tunes simultaneously.

Rejuvenation 252

The *Annual Report* for 1 July 1982 to 30 June 1983 was the first such public report in the quarter century of the Laboratory's existence as a distinct self-supporting department of the University. The good news was that the programs of cooperative research, public education and development were all showing impressive results and on a positive trend. The bad news was that the $1.3 million budget still carried a 6% deficit, although it could be entirely rationalized as pre-paid expenses that would be recouped in subsequent years. Total staff comprised 37 people. One additional service performed for a number of years by the Laboratory is described in that report as follows:

> "The Ornithological Societies of North America (OSNA) is the membership and billing office for three ornithological societies: the American Ornithologists' Union, the Wilson Ornithological Society, and the Cooper Ornithological Society. The Cornell Laboratory of Ornithology houses OSNA in the belief that this service will be another means of keeping the Laboratory's name and good reputation before ornithologists, both amateur and professional.
>
> "The OSNA office receives and records dues payments for more than 7,000 individual and institutional members. We also handle changes of address, arrange for replacement of lost journals, and answer inquiries. Our office disburses the dues

> to the individual societies and maintains financial records of the income and disbursements – over $166,000 during the past year."[147]

The Peregrine Fund received some timely support in 1983 from a most unexpected source:

> "Fortuitous circumstances can lead to unforeseen benefits. The Anheuser-Busch Companies, Inc. have been looking for a location to construct a new brewery and have selected Ft. Collins, Colorado, where the giant corporation holds options to buy lands near our Rocky Mountain Peregrine recovery facility. This project will require a new access ramp to Interstate Highway 25, but the ramp will intrude so close to our location on Frontage Road that it will result in unacceptable levels of traffic and produce other disturbances to our breeding falcons, as well as encourage secondary construction of businesses and houses. As soon as Anheuser-Busch learned about our predicament, representatives of the company showed an immediate concern for our program.
>
> "We have been discussing this problem with the Busch people for the better part of a year and recently reached an amicable agreement to move the entire falcon facility from its present location on the research station of the Colorado Division of

[147] Walcott, C. 1983, p.13.

Wildlife to another place, in order to clear the way for approval of the needed highway construction. Anheuser-Busch has generously agreed to help with the relocation by providing $450,000 to be used to dismantle the existing facilities and to construct new ones at the location of our choice, Boise, Idaho. We are quite pleased with the arrangement, and we believe that the signed contract represents an equitable and felicitous solution for both parties.

"Abandoning our Fort Collins facilities and making a major move was not an easy decision to reach. We have had very good working relations over the years with the Colorado Division of Wildlife for the use of its research station, and other things remaining unchanged in the neighborhood, we would no doubt have kept the Rocky Mountain Peregrine Recovery Program headquartered at that location until its termination some years hence. We are agreeable to the arrangement with Busch, however, because it will allow us at the same time we relocate the Rocky Mountain Peregrine Program to get started on our new program, the World Center for Birds of Prey. We hope to use Busch's contribution to attract additional money for the World Center and will locate both programs at the same place."[148]

[148] Cade, T.J. and P. Dague. 1983, p.2.

Indeed, on 12 May 1984 the Peregrine Fund dedicated the location for, and soon began construction of, the World Center for Birds of Prey just south of Boise, Idaho. Although the new center would not become fully operational until 1986, amazingly it was ready for initial use just four months later.

> "Very early on September 13, at our Fort Collins facility, 119 falcons were each rudely awakened by being placed in a specially designed box, then transported to two waiting United States Forest Service DC-3 aircraft. After loading and a four-hour flight, the falcons and 6,000 pounds of frozen food arrived safely in Boise, Idaho, where a Boise Cascade Corporation truck and a one-of-a-kind trailer and team of volunteers waited. The trailer is designed to haul both lumber and wood chips, but also functions well for transport of falcons. After a short drive the falcons were placed in their new homes at the World Center for Birds of Prey."[149]

A budgetary analysis of the Peregrine Fund disclosed that, as soon as its new center could accommodate the entire operation, approximately $125,000 could be saved annually by closing the Peregrine Fund operations at the Laboratory and consolidating all production in the new World Center for Birds of Prey. Thus, from 1984 onward, further improvements in the "hawk barn" were suspended and full

---

[149] Cade, T.J. and P. Dague. 1984, p.12.

concentration was applied to completion of the eastern regional restoration of wild breeding Peregrine Falcons.

During 1983 the Laboratory lost two long-time Research Associates. Col. Donald S. McChesney and his wife Marion died within months of each other. They had frequently visited the Lab when they were at their Syracuse, New York, home, and often hosted ornithologists at their South Carolina plantation. Readers of the *Living Bird Quarterly* were informed of these losses in the following accounts:

> "We regret to report the passing of Donald S. McChesney (1895-1983). Mr. McChesney's association with the Laboratory of Ornithology predates his appointment in 1958 as a charter member of its administrative board. In 1976 he was appointed an honorary member.
>
> "Assisted by his wife Marion he devoted much time to sound recording and filming of birds in North and Central America, Africa, and England on behalf of the Laboratory. In 1956, 1957, and 1967, he helped to sponsor expeditions to East Africa out of which "More Voices of African Birds" was produced. Beginning in 1958, he recorded and photographed waterfowl in Slimbridge, England; District of Keewatin in Canada, and in Louisiana. In addition he worked in Central America with Wesley Lanyon of the American Museum of Natural History on the sound recording and filming

of flycatchers and, in 1965, ho co-authored an article in *The Living Bird*, 'Sound Production in Two Species of Geese.'

"We will miss his unstinting and enthusiastic support."[150]

"Marion McChesney, wife of Donald McChesney, died on June 24, 1983, just a few months after Mr. McChesney's death.

"Mrs. McChesney assisted her husband on all his expeditions, including those devoted to the sound recording and filming of birds of North and Central America, Africa, and England on behalf of the Laboratory of Ornithology. In 1956 she was appointed a research collaborator of the Laboratory.

"The McChesneys were retired and resided in Beaufort, South Carolina. They were both active supporters of the Laboratory since its inception and surely will be missed."[151]

That Autumn 1983 issue of the *Living Bird Quarterly* also contained an article "Mecca on the Migration Mainline" about the phenomenal passages of birds at Cape May, New Jersey, by Pete Dunne, director of the Cape May Bird Observatory. Pete had grown up in the same Parsippany neighborhood as Associate Editor Rick Bonney. It is easy

[150] Crane, J. 1983b, p.25.
[151] Crane, J. 1983c, p.26.

to imagine that they conversed during preparation of that article. It is easy to imagine that Pete invited Rick to come back to New Jersey the following spring for some extreme birding. When I asked Rick to comment on such imagination, he said the invitation had actually been during a telephone conversation that went something like this:

> **PD:** "Look, we're going to do this World Series of Birding down here in New Jersey, and we have got about ten teams competing and I've got to have an out of state team; I don't want it to be all New Jersey teams. Can you bring a team down from Cornell?"
>
> **REB:** "Well, geeze, it sounds like an awful lot of fun; let me see what I can do."[152]

As you may know, the World Series of Birding quickly grew to deserve its name and to be a major fund-raiser for conservation groups such as the Laboratory, whose team The Sapsuckers finally won the undisputed world championship in 2002. What you probably do not know is how close The Sapsuckers came to never being hatched, so to speak. Further explanation from Rick Bonney will clarify that:

> "So I went and I tried to get support from the Lab; but staff at that point were pretty thin here that were actually bird watchers, and Charlie Walcott at the

[152] Bonney, R.E., Jr. 2000.

time told me that he didn't think it was particularly a useful thing to be doing – it wasn't really in my job description. So I said, 'Well, OK; I'll take a vacation day and pay for it myself just for fun; what the heck, it'll be a lot of fun.' And I finally recruited people to go with me. One was Andy Dasinger, who was a senior in Natural Resources in Fernow Hall who was a work-study student at the Lab – one of the best we had ever had; a brilliant birder – and Charlie Smith's wife, Cricket Melin, because Charlie Smith couldn't go from some prior commitment. But Cricket was a great birder and she agreed to go with me, and then I got another friend named Ed Neumuth, whom I knew from Mass Audubon days – he was on the board of directors of the Berkshire Sanctuaries where my wife and I worked – and he agreed to meet us in New Jersey to participate in that first World Series.

"So we paid for it all out of our own pockets, took vacation time, rented a car from Rent-A-Lemon which broke down an hour out of Ithaca, we had to come back for another Rent-A-Lemon. We pulled into the Great Swamp to Len Soucy's house at 11 o'clock that night, they fed us something, and we lay in their gravel driveway and tried to sleep for an hour and were woken up by some of his owls in their cages hooting at around 1AM and started birding. We went out that day and I think we got

163 species. Did not come in last. Had absolutely no scouting. Stopped for breakfast, and lunch, and dinner. Quit by 9PM. Had a really, really wonderful time.

"When I came back I wrote up the story for the *Living Bird Quarterly* and Jill Crane, the editor at the time, very graciously paid for the rental car out of the manuscript budget, so I got my money back; it was $177.50 if I remember correctly.

"And then the next year Pete said, 'We're going to do this again; you guys ought to try to make some money off of it.' I went to Charlie Walcott and Scott Sutcliffe and they both said, 'No; you'll never make any money off of this at all.' So I made up my own brochure and I did talk Scott into using Membership to send it out. I can't remember how many dollars we got; a few thousand dollars in pledges.

"About 3 or 4 months after we came back from that, Charlie Walcott came into my office and said, 'So, Rick, are you going to do that again next year?' And I ended up being the captain of the team for the first eight years. But after eight years of losing and writing very humorous stories, that only goes so far and I had to turn over the team to some of the much more accomplished birders like Ken, who had by that time joined the staff, and were bloodthirsty actually. So I haven't been back on the team ever

> since, although every once in a while they say they may invite me back as an observer."[153]

Rick Bonney served as captain of the Sapsuckers through 1991. Ken Rosenberg, to whom Rick referred above, joined the team in 1986 and became captain himself in 1993.

Two of the articles in the Winter 1984 issue of the *Living Bird Quarterly*, caught my attention for further historic mention. In "Tale of Two Woodpeckers," author John V. Dennis noted that Pileated Woodpeckers, which once were rare and reclusive, were seemingly adapting to civilization and making a comeback. He compared that to the situation of the Ivory-billed Woodpecker, which you will recall was photographed and recorded during a Laboratory expedition in 1937. Dennis wrote that he had heard the tin-trumpet calls of the Ivory-billed Woodpecker in Florida in 1950 and had actually seen one in the Big Thicket of eastern Texas in 1966 after years of intensive searching.[154] He concluded that the species was still extant in perilously low numbers, and allowed readers to dream that it might also stage a comeback like its smaller cousin the Pileated Woodpecker. Could Dennis have known that the Laboratory would mount another search for that fabled ghost of the southern swamps, using new acoustic monitoring techniques, in 2002? More about that later.

---

[153] Bonney, R.E., Jr. 2000.
[154] Dennis, J.V. 1984.

The other article, "A Question of Identity," was a short report by graduate student Stephen Nowicki of his work on communication among members of winter flocks of Black-capped Chickadees. Nowicki described his research, which demonstrated that members of such flocks have individually recognizable call notes which help maintain flock cohesiveness during critical winter foraging by welcoming members and repelling strangers. This is a promising example of bioacoustics research of the sort that Dr. Walcott hoped could be re-established at the Laboratory. Nowicki received his PhD degree in 1985, the same year that Ron Sauey received his for work on Siberian Crane ecology.

Speaking of graduate students, there are several other graduate students of the late 1970s and early 1980s whom I would like to mention for their further roles in the Laboratory. Sandra L. Vehrencamp earned her PhD degree in 1976 with a dissertation "The Evolution of Communal Nesting in Groove-billed Anis." Dr. Vehrencamp would return to the Laboratory in 1999 as a professor in the Bioacoustics Research Program. Sheldon R. Severinghaus earned his PhD degree in 1977 with a dissertation "A Study of the Swinhoe's and Mikado Pheasants in Taiwan with Recommendations for Their Conservation," and his wife Lucia L. Severinghaus earned her PhD degree in 1983 with a dissertation "The breeding Ecology and Management of Common Terns (*Sterna hirundo*) at Oneida Lake." They have contributed many recordings of Asian bird sounds to the Library of Natural Sounds. Shel e-mailed me from Ulaanbaatar, Mongolia, about his reminiscences of the Laboratory, which I think you will find most informative and interesting:

> "I first went to the Lab in the spring of 1958, just before I entered Cornell as a freshman that fall. What I remember in particular from that first visit to the Lab was meeting Bill Dilger and seeing and learning about his lovebird research.
>
> "As soon as I got to Cornell as a freshman in the fall of 1958, I hooked up with the Lab and have been associated with it in various ways ever since. What I remember from the Lab's early days are three great people: Arthur Allen, Peter Paul Kellogg and Sally Hoyt (Spofford). What I admired about them was that they were accessible, friendly and always willing to talk with people and encourage them in their interests in birds. I remember Doc Allen coming out of his office right behind where the souvenir/book shop is now to talk to a young kid about a sparrow. The point is that they were accessible and friendly and positive and willing to talk with anyone who had an interest in birds. Just imagine someone like Doc Allen, who was already a legend in his field when I met him, talking to a kid about a sparrow! That was inspiring to me.
>
> "While I was at Cornell, I attended their Monday night seminars regularly and, over the course of

time, gave several myself. The Lab had (and still has, I think) an annual list of birds sighted in the Cayuga Lake basin which is posted on the wall in the observatory. It lists what species was seen first by whom. That was always an incentive for me to go birding, and I did pretty well in getting "firsts" for the year.

“Now, getting to Paul Kellogg, from 1962-64, I studied for and received an MA in French Literature at Cornell. Yet I kept up my ties with the Lab in all the various ways. Our team got 144 species one day on the spring count I remember. In 1964, I got a job teaching in Taiwan. And with my degree in French literature in hand, I went to see Paul Kellogg on the third floor of Fernow Hall to tell him I was going to Taiwan to teach French to the Chinese, and ask him if I could try to record some bird songs for the Lab while I was in Taiwan.

“To my astonishment then (but not now), he said ‘yes’, we'll try to fix you up with a parabola, a Nagra [tape recorder] and get it out to you in Taiwan – at the Lab's expense. The point again here is that one could be some crazy nut with a degree in French literature (like me), but if you had an interest in birds, the Lab would encourage you. And Paul Kellogg followed that great tradition along with Doc Allen and Sally Hoyt. Of course, the world was smaller then, but they were/are giants at what they were pioneering. I wouldn't be where I am today without having known them.

"Eventually, with Paul Kellogg's support and Doug Lancaster's administrative help, I did get the recording equipment to Taiwan and made a reasonable collection of recordings of Taiwan birds for the Lab's Library of Natural Sounds, one of which was featured on one of the Lab's records [*Beautiful Birdsongs of the World*]. This was between 1964-69.

"The Lab also provided equipment to me for recording bird and other vocalizations when I was working in northern Pakistan on endangered pheasants in 1978. Those recordings are now also in the Library of Natural Sounds and, I think, make quite a distinctive collection. But again, it was the underlying philosophy that the Lab had to encourage people who had an interest in birds. And, of course, it contributed to the development of the Lab itself.

"I have to tell you here one of my great recording experiences for the Lab. I was standing in an arid, scrub forest of acacias in the foothills of Islamabad, Pakistan. It was dusk, and the temperature was a blistering 120F (literally). I had just recorded the mournful call of a Coel as it was getting dark. Then it was silent. And I thought I was standing alone in this scrub forest with the oppressive heat. Then, instantly and simultaneously, dozens of invisible jackals began howling all around me in an absolutely incredible chorus. It seemed to be orchestrated. At first, I was so stunned that I couldn't do anything. Then, I turned on the recorder and managed to tape some of the chorus. I think that recording is in the Lab now, too.

“My parents were supporters of the lab for many, many years. And my father [Leslie R. Severinghaus, Cornell ‘21] was a member of the Lab's Board for quite a number of years. When my father passed away in 1995, I gave some money to the Lab to name one of the trails in Sapsucker Woods after my Mom and Dad to help maintain the trail system. It's now the Leslie R. and EmmaVail Severinghaus trail. We scattered some of my Dad's ashes in Sapsucker Woods at the time. Then, I scattered the rest of them in other places he loved: the Everglades, on top of a mountain in Taiwan, in Beijing.

“Tom Cade of Peregrine fame was my wife's PhD committee chairman at Cornell when she got her degree in wildlife management in 1983. She is now on the Board of the Peregrine Fund in Boise, Idaho. There's another link with the Lab and Cornell.”[155]

---

[155] Severinghaus, S.R. 2000a.

In thanking Shel for his informative recollections, I mentioned how my board meeting remark about the Lab's World War II military work had instigated this history project. It triggered some more thoughts, because he quickly replied:

> "Some related military facts. Interesting how the US military gets involved in such things. I wrote that PPK and the Lab of O sent recording equipment to me in Taiwan in the mid-60s to record bird and other sounds. The equipment was sent to Taiwan by the US Navy Medical Research Unit (NAMRU-2) which had a major research program there at the time.
>
> "Most of the recordings I made for Cornell in Taiwan (once the equipment got there) were on an international bird banding project supported by the US Army Research and Development Group (Far East). That group was interested in how zoonoses [diseases that can be transmitted from other animals to man] might be transmitted by migratory animals (birds, bats). It was called the Migratory Animal Pathological Survey (MAPS). I was the project director in Taiwan, and made the Lab's Taiwan recordings on that project.

"So there are two more military connections for the Lab's annals. Birds and the military!"[156]

In 1984 Gregory S. Butcher joined the staff of the Cooperative Research Program to assist Dr. McCrimmon, and specifically to investigate ways of using Christmas Bird Count data from the National Audubon Society to study the movement, distribution and population trends of wintering birds. Data supplied by the Cooperative Research Program to such organizations as the Wisconsin Department of Natural Resources, the Nature Conservancy and the US Fish and Wildlife Service are being used to assess environmental impacts and to develop guidelines for land conservation and wise use in a variety of situations. Winter data will add an important dimension that is frequently overlooked in land use considerations. When McCrimmon left to become executive director of the Point Reyes Bird Observatory in California in October, Butcher was named acting director and then director of the Cooperative Research Program.

Closing of the books at the end of the 1983/1984 fiscal year must have, at long last, been a joyous occasion. Membership had tripled in a span of just two years and, with the associated increase in both membership income and unrestricted gifts, the Laboratory finally stanched the flow of red ink. The Laboratory was able to demonstrate to the University that it was rebuilding its stature and being

---

[156] Severinghaus, S.R. 2000b.

managed within its means. This feat could not have been accomplished at a better time, because a detailed review of the Laboratory's bird sound programs by a panel of distinguished ornithologists and behavioral biologists had just recommended development of a bioacoustical research program to complement the Library of Natural Sounds and reinforce its position as the world's preeminent archive of animal sounds.

Speaking of the Library of Natural Sounds, work was nearly complete on a new edition of the two-record classic *Warblers of Eastern North America* by Drs. Borror and Gunn. Every species of warbler found north of the Mexican border would be represented on the new edition. I will say more about that in a moment. Dr. Gunn, you will recall, wanted to produce a similar record representing all North American shorebirds. However, quality recordings had not existed for all species, so he had issued a list of desiderata to North American recordists and had almost closed the gap. The vocalizations of one species, the Common Ringed Plover, which indeed is common in Europe, had never been recorded in North America. Not too surprising, given that its known North American breeding range is just the northernmost part of Baffin Island, which it reaches from Europe via northern Greenland. Dr. Gunn had asked me if I would join him on a recording expedition to fill that final void. Therein lies a tale that I can report firsthand, and although it may be disproportionately long it will give a sense of what recording expeditions are all about.

I made arrangements with my family and employer to take vacation, and Bill Gunn made arrangements for us to meet and fly from Montreal to Nanisivik, a taconite mine near the Inuit village of Arctic Bay at the north end of Baffin Island. Arctic Bay was about 10KM from a spot where Common Ringed Plovers had been reported during the breeding season, and would serve as our base for a week in late June when they should be arriving and establishing territories.

At 0630 on 20 June 1984 I left my home in basking Ridge, New Jersey, and drove north, arriving at the Montreal airport ten hours later to meet Bill and his wife Lucy at the airport hotel as planned. Then came the first surprise. Bill had thought that, in spite of being on radiation treatment for cancer, he could make the trip with my assistance, and that was our plan. However, on the eve of departure his doctor advised him against going. Would I go alone and try to get the recordings? For Bill, whose dream this was and who had made all the arrangements, absolutely! So after a crash course on details of the itinerary, a check of all the equipment (and repair of an intermittent connection on Bill's shotgun microphone that I would be using), and a hearty dinner with the Gunns, I tried to get some sleep before boarding the ski-equipped Nordair jet bound for unfamiliar territory early the next morning.

The flight was primarily cargo bound for the taconite mine, but also carried a few passengers – two Canadian engineers planning to rendezvous with an icebreaker that would be opening a channel for an ore carrier to reach the mine in early July, a couple of mineworkers who had been south for their monthly family visit, and me with my 71 pounds of recording and survival gear. The tundra of northern Quebec was a carpet of white cotton-grass with only scattered traces of winter snowpack remaining. North of that, Ungava Bay and Hudson Straits were still mostly covered by pack ice. And, according to my notes, southern Baffin Island was still 70% covered by snow on the heights of the Meta Incognita Peninsula, decreasing to 20% coverage at sea level. After a long headwind flight, we put down for re-fueling on the long paved runway at Frobisher Bay, a DEWline site now known as Iqaluit, near the southeastern end of Baffin Island. We were allowed to deplane for 20 minutes before continuing to Nanisivik, where the weather was reported to be fair and an outright balmy 6ºC. Then came the second surprise. Fog had suddenly closed in at Nanisivik. So much for balmy weather! With no improvement in sight, the flight was declared canceled and we could either return to Montreal or be put up in Frobisher Bay crew quarters in case an "extra section" could be put in for Nanisivik the next day. I opted to stay, and record birds of the area. The engineers opted to stay and do some local exploration. The mineworkers were glad for the excuse to go back to Montreal.

Not one but four days later, after I had rather thoroughly recorded the Semipalmated Plovers, Lapland Longspurs and Snow Buntings of the area (the semi-pal is North America's counterpart of Europe's Common Ringed Plover, hence an excellent surrogate to practice on while I was weather-bound), Nordair notified me they were ready to try again for Nanisivik. At 2300 on 25 June, on our third pass in almost zero visibility due to a snow cloud that exactly obscured the snow and gravel runway at Nanisivik, we cheered mightily – almost as much as the ground crew who hadn't seen a landing in over a week and were very anxious for fresh provisions and mail.

While the warmth and delicious dinner at Arctic Bay's one and only lodging place, the Inuksuk Hotel, were very inviting, the constant racket of the town's electric power generator was a recordist's worst nightmare. Besides, four important days had already passed without being anywhere near a Common Ringed Plover, and time was becoming my enemy. So after a hearty breakfast prepared by Mina, the Inuit cook, at 0900 I headed out into a snowstorm, trudging nearly 7KM toward Marcil Lake, where Common Ringed Plovers had been sighted a few years ago. Practically nothing was calling along the way, save an occasional Lapland Longspur, so I reached the lake's outlet by 1130. The wind and snow were still terrible, so I explored the outlet floodplain and the near end of a large igneous intrusion that formed the southwest edge of the lake. During the next four hours I got decent recordings of Long-tailed Jaeger, Glaucous Gull and Lapland Longspur, and not-so-good recordings of Oldsquaw (now Long-tailed Duck), Ivory Gull, Thayer's Gull, Common Raven, Horned Lark, Snow Bunting, Baird's Sandpiper, Golden Plover (now American Golden-Plover) and, yes, Common Ringed Plover. My notes say: "The plovers were heard in flight only three times in the four hours I was on the Marcil Lake outlet plain. Twice I managed to record them, but at ranges approaching 1KM, so the quality is lousy." I was expected back at the hotel for dinner, so reluctantly began a forced march that got me there at 1720, before anyone could become too worried that a Polar Bear had gotten me. I resolved to return earlier the next day, to make the best of the last chance before Nordair was scheduled to retrieve me.

On 27 June the weather improved; the overcast lifted enough to disclose the tops of the mountains surrounding Marcil Lake, the sun broke through in a couple of spots, and even the wind seemed to relax a bit. I got much better recordings of Baird's Sandpiper, including a weak twitter uttered softly as it ran mouse-like with wings quivering loosely at its sides in a distraction display, trying to lure me away from its nest. The nest, containing four eggs, was on a small dome of reindeer moss on the south-facing tundra.

The wind may have relaxed a bit, but it was still troublesome, so I selected a propitious site on the exposed rocky floodplain and began collecting and stacking boulders to create a mini-fortress which could serve as both a windbreak and a concealment, should any plovers pass by again. A White-rumped Sandpiper flew by, silently, but gave an opportunity to practice panning a flying bird and confirm the effectiveness of my concealing windbreak. After what seemed like a full day of practicing and waiting, "at 1630 I heard a [Common] Ringed Plover, and immediately began recording. It finally came into view over Marcil Lake, calling during its entire nighthawk-like flight, sweeping in large circles over the lake and surrounding terrain. When it landed, along with a second plover, it landed within 100 feet of my windbreak!" I worked the plovers, which both matched the breeding male illustration on page 105 of the National Geographic Society *Field Guide to the Birds of North America*, until they left the area at 1700. "In particular, the black chest ring was as wide as the white throat band, the corners of the chest ring extended downward at the shoulders, and the black on the forehead was particularly dark," according to my field notes. Having recorded all of the Common Ringed Plover sounds that were to be had all day, I consider myself lucky.

Nordair got me back to Montreal on schedule and I returned Bill's microphone to him with the coveted recordings and a complete report of the expedition. Sadly, cancer claimed the life of Dr. Gunn before his dream of the shorebirds record could be realized, but his extensive collection of recordings has been safely archived in the Library of Natural Sounds at the Laboratory of Ornithology.

If capturing high quality recordings of bird sounds is very difficult, producing records that will faithfully reproduce those sounds on a consumer's home entertainment set is nearly impossible. Following the tradition of engineering excellence and innovation established by Dr. Kellogg, engineers and technicians in the Library of Natural Sounds have been almost perpetually pushing the envelope to ensure highest fidelity. Dr. Walcott wrote in 1985:

> "Warblers are challenging. They are hard to see, difficult to identify and, it turns out, a sound engineer's nightmare. Four years ago we began a project with William Gunn, Donald Borror, and the Federation of Ontario Naturalists to produce a new, comprehensive recording of the songs and calls of all North American warblers. Now, after much agony, we finally can enjoy superb recordings available on both records and cassettes. What took four years?
>
> "Of all birds, warblers are the hardest to record. Their songs are full of high frequencies and the notes have incredibly abrupt beginnings. Recording equipment is designed for human speech and music – even the most sophisticated systems cannot cope with a virtuoso performance by a half-ounce Blackpoll Warbler. The results can be horribly distorted sound reproduction.
>
> "Fortunately, the original recordings made by Gunn and Borror in the field were skillfully made with

excellent equipment. But copies made of the tapes were distorted, and the problem was amplified on a test record. The first edition of the warbler album, produced in 1959, sounded splendid by comparison.

"This was taken as a direct challenge by our sound engineer David Wickstrom, and by Robert Grotke at The Groove Shop. Grotke's record-cutting studio is in an old firehouse in Clarence, New York, where we had worked with him on previous record projects. Together, he and David rebuilt and replaced the equipment.

"Finally, success. The modifications eventually produced a recording that sounds like warblers, an extraordinary accomplishment. All of us who want to know more about warblers owe a great debt to the late Bill Gunn and to Don Borror who made the recordings, to Andrea Priori who edited the tapes, to Jim Gulledge who edited the booklet and to Steve Cobb who designed it, and especially to the extraordinary talents and persistence of Bob Grotke and Dave Wickstrom. The skillful blending of expert field recording with state-of-the-art engineering has produced a product of unprecedented quality and lasting value."[157]

In May of 1985 Rick Bonney re-enlisted Cricket Melin and Andy Dasinger, and recruited Greg Butcher and Charlie

---

[157] Walcott, C. 1985.

Smith, collectively dubbed the Sapsuckers, for competition in the second annual World Series of Birding held in New Jersey. They obviously learned well during their first year, because this time they tied the National Geographic Society team for top honors among out-of-state teams. They spotted a whopping 163 species during the 24-hour event, and proved their point that with official sponsorship this could become a fund-raising opportunity for the Laboratory.

Joining the staff as Development Director in 1985 was Scott A. Sutcliffe, who had previously been director of the Nature Conservancy's Long Island Chapter, after directing the North American Loon Fund and New Hampshire's Loon Preservation Committee. Scott had received his BS degree from Cornell in 1975 before going for his MS degree at the University of New Hampshire. Scott would attempt to continue the Laboratory's membership expansion and seek other sources of major support for its programs and operations.

In 1985 Dr. David L. Call, Dean of the College of Agriculture and Life Sciences, succeeded Dr. Spencer as Chairman of the Administrative Board. The Laboratory staged a dramatic turn-around under the chairmanship of Spencer. Now Call's leadership would continue to renew and strengthen the Laboratory's relationship with the main campus, and specifically to establish critically important new faculty lines to cement this relationship. When asked how he first became interested in the Laboratory, Dr. Call said:

> "My interest goes back before I was a dean. As a graduate student and young faculty member my wife [Mary Gentry Call] worked out here as a volunteer in the library, and we used to come out, and of course we brought our children out here. Being interested in the out-of-doors, I have always been interested in birds – not in a scientific sense, but – so when I became a college administrator, right away the Laboratory of Ornithology came up on my radarscope, and we suddenly got very much more involved.
>
> "It was a strange situation, because sitting as dean of the College there were people in the College and in the Division of Biological Sciences who had relationships with the Laboratory of Ornithology, but there was no direct responsibility between the Lab and the College, or any other college. When they created the Laboratory of Ornithology, it was done sort of behind the scenes, and it suddenly emerged with Dr. Allen and others as an independent lab as part of Cornell with an independent board of directors; and I think the only agreement was that a senior University official had to chair the board. And so this provided a little bit of a linkage, but the early directors of the Lab

> worked very hard to make sure that they were separate from Cornell.
>
> "When I came on board as dean in 1978, I can remember Keith Kennedy and myself - Keith as Provost, myself as Dean – spending time talking about the Lab. At that point one of the real questions, and Charlie [Walcott] brought this up, was where is the funding for the director's position? Since they were already running a big deficit and owed the University several hundred thousand dollars, and I was feeling particularly beneficial I guess, I created a State line using State funding for the director's position. This helped us in several ways because the State then paid the fringe benefits, which immediately was 38% of whatever the salary was. But the agreement was that Charlie would have a relationship to the College, and so we began to establish some sort of a hierarchical relationship."[158]

So it is not surprising that this relationship received Call's attention and further nurture. Help came from board members Drs. Peter R. Marler and Eugene S. Morton, both of whom believed that a program of academic instruction and scientific research in bioacoustics should be established at the Laboratory to capitalize on and complement the renowned Library of Natural Sounds. And, you will recall,

---

[158] Call, D.L. 2001.

Dr. Walcott had recommended formation of precisely such a program when he was being considered to become the Laboratory's new executive director in 1981. The Library of Natural Sounds itself added significant new material in 1985. Assistant Curator Greg Budney accompanied tropical bird expert Theodore A. Parker, of Louisiana State University, on a three-week recording expedition to the eastern Peruvian rain forest. Returning with 83 reels of recordings for the collection was significant enough, but was merely the beginning of an association with a remarkable field ornithologist who single-handedly established the value of bioacoustic survey methods for tropical ecosystem assessment. And from halfway around the world, Laboratory Associate Arnoud B. van den Berg contributed 833 recordings to solidify the collection of Southeast Asian bird sounds.

A major administrative accomplishment in the spring of 1986 was collaborative generation of a five-year plan to guide the Laboratory in all aspects of its mission. Dr. Walcott, in his "Dear Member" column, reported on that 16-page plan by offering a few highlights:

> "First, we plan to make our Cooperative Research Program the world's largest databank for information about North American birds. Over 35,000 volunteers already share their observations with us as part of ongoing bird surveys. This information is edited and compiled by Laboratory staff. Then, using the Cornell mainframe computer,

we can look for changes in bird populations. So far we've found that populations of Black Ducks have declined over the past 30 years, while those of many birds of prey – including the Bald Eagle – have recently increased. These trends may be used as indicators of environmental change.

"As part of our Library of Natural Sounds we are planning a Bio-Acoustics Research Program which will analyze bird songs by dissecting them into their elements (frequency, volume, pitch). By doing so we hope to learn about the fundamentals of bird song and bird behavior. The program will also contribute to our understanding of other animal sounds. For example, Laboratory Affiliate Katy Payne has recently found that elephants make sounds too low in pitch for us to hear. These probably aid in long-distance communication.

"On the education front we will soon be teaching a new course at Cornell, bird biology and ecology. This is a great opportunity for us to extend our facilities and expertise to Cornell students. In addition to classroom teaching, we plan to expand our local radio program, 'Know Your Birds' by national syndication."[159]

The US Fish and Wildlife Service had sponsored the analyses that yielded the population trend findings

[159] Walcott, C. 1986.

mentioned above. Much of the data was from the National Audubon Society's Christmas Bird Counts, which the Laboratory has imported into its databank. Extension of the Laboratory's bioacoustics research beyond birds to such animals as elephants and cetaceans was at first quite controversial, but when viewed in the context of a five-year or longer plan it came to be recognized as not only consistent with the mission of the Laboratory but also likely to prove more synergistic with bird sound study than anyone had previously considered. And in the interest of historical perspective I might point out that Katy Payne is the granddaughter of Louis Agassiz Fuertes and quite a pioneer in her own right.

And speaking of recurrent themes, the spring of 1986 sparked new hope for the Ivory-billed Woodpecker. Laboratory Associate Dr. George B. Reynard and Dr. Lester L. Short, Jr., of the American Museum of Natural History, who had earned his PhD degree at Cornell in 1959 for his work on "Hybridization in the Flickers (*Colaptes*) of North America," sighted at least two of the Cuban subspecies of Ivory-billed Woodpecker in remote forests of southeastern Cuba. The Cuban government quickly demonstrated its conservation ethic by banning all logging in the area and permitting only scientists to enter.

The Bioacoustics Research Program had been conceived as an interdepartmental program at Cornell that would be headed by the Laboratory in cooperation with Cornell's departments of Anthropology, Engineering, Linguistics,

Music, Psychology and Neurobiology and Behavior. A faculty committee from those departments was formed to guide the program until they could select a director. Late in 1986 the committee chose Dr. Christopher W. Clark, an assistant professor at Rockefeller University with research interests in bird song development and in whale sounds, to become director of the new program (See Figure 45).

I will share a personal anecdote that may or may not have played a role in Dr. Clark's acceptance. Dr. Gulledge and Dr. Walcott had invited me to be a non-board member of the board's committee to oversee the Library of Natural Sounds and the new Bioacoustics Research Program. I was then on assignment from Bell Labs to AT&T Headquarters in New Jersey, and held responsibility for university relations. Upon learning of Dr. Clark's consideration, I invited him to visit Bell Labs' headquarters in Murray Hill, New Jersey, to present a seminar on his work and then to meet individually with several members of the Acoustics Research Department of Bell Labs. Early on the appointed day we each drove to Murray Hill, arriving just as the snow began to fall. The seminar went beautifully and stimulated enthusiastic discussion that carried through the morning. Only when we passed a window on our way to the cafeteria for lunch did we notice that the snowfall was accumulating at a remarkable rate. During lunch a public address broadcast advised employees that due to the unusually heavy snow they could go home as soon as they wished. With an afternoon of discussions yet to go, our group rationalized that by staying we would not contribute to the congestion on local roadways and that would help the crews clear the roads by the normal end of the afternoon. Discussions of acoustical analysis techniques, speech compression, speech synthesis and related subjects were in full swing when a new announcement came over the public address system: all persons were advised to leave as soon as possible because conditions were now expected to deteriorate further and highway closings were anticipated. Living much closer to Murray Hill, having a four-wheel drive vehicle and knowing the local roads, I suggested to Chris that he not even think of trying to drive home to Poughkeepsie until the next day, and that he accompany me in the meantime. So we telephoned our respective wives with the revised plan, casually completed the discussions, and at the end of a very productive afternoon trudged through some two feet of snow in the nearly empty parking lot to the igloo-like mound that covered my vehicle. The 15-mile drive home took a bit longer than normal, but was an excellent opportunity to talk specifically about the Laboratory of Ornithology and the new Bioacoustics Research Program. Overnight the storm had abated, the roads had been cleared and by the time we got back to his car at Murray Hill, I think that Chris was really looking forward to directing the new program.

At about the same time the Laboratory's Cooperative Research Program was renamed to become Bird Population Studies, and Dr. R. Todd Engstrom joined the staff as biologist for that program. The annual newsletter of that program was also renamed as "Birdscope," and with publication of Vol. 1 No. 1 in the summer of 1987, its frequency of issue was moved up to three numbers per year and its coverage was broadened to include news from all Laboratory programs.

Sometime in the previous year the Laboratory's membership climbed past the 10,000 mark, an achievement that was as gratifying as it was insufficient. Membership development, impressive as it was, was not keeping pace with program and staff development. Staff headcount had climbed past 50, physical space was entirely exhausted, and deficits had again become a fact of life. The wonderful growth of programs, the remarkable success at winning grants for innovative work, and the steady increase in the amount of grant income, all tended to soften concern for the deficit by allowing one to believe that next year's growth and grants would take care of everything. To the discerning senior staff, though, it must have also brought images of a treadmill – good exercise, but would it ever offer a break?

Another non-board member of the board's committee for the Library of Natural Sounds and Bioacoustics Research Program was Ted Parker, mentioned earlier for his recordings of tropical bird sounds. It was Ted who suggested to Dr. Gulledge the idea of the Laboratory offering a workshop to teach people how to make the best possible recordings of bird sounds. Ted was remarkable for his keen sense of hearing and his uncanny ability to pick out the call note of some sought-after species from among the din of other birds, insects, rustling leaves and running water. Ted knew from experience that hearing a call note and actually getting a recognizable recording of it were two very different things and that good recordings required uncommon knowledge and technique. Now he was suggesting that the Laboratory teach interested volunteers to become a cadre of trained natural sound recordists with the prospect that many of them might go on to make significant contributions of their own, one way or another. Dr. Gulledge asked me if I would help develop and teach such a course, and we held the first of what became an annual series of workshops in 1987. Several of the participants in that first class alone, Dr. Lewis Kibler, William Evans and David Ross, for example, have proven the wisdom of Ted Parker's suggestion. Dr. Kibler went to Peru right after the workshop and returned with the first recordings of a new species of parrot. Bill Evans pioneered the study of night migration through the use of acoustic monitoring techniques. Dave Ross did considerable work in Latin America, and himself has trained many Costa Ricans to carry on the tradition.

The *Living Bird Quarterly* was proving to be a publishing success. Editor Jill Crane had established the magazine as a contender for national recognition. Its photography was beautiful, its articles appealing, and its cadre of contributors growing by leaps and bounds. One such earlier contributor,

Pete Dunne, rejoined the publication in the summer of 1987 as a Contributing Editor, starting an often tongue-in-cheek back-page relief column called "The Catbird Seat" which has been a regular feature ever since.

Dr. Gulledge, who had directed the Library of Natural Sounds since 1974, retired in the fall of 1987. The winter issue of the *Living Bird Quarterly* contained the following notice:

> "During his 13 years at the Lab, Jim transformed a small, disorganized accumulation of recordings into the largest and most diverse collection of natural sounds in the world. He produced seven different commercial records or tapes, from 'Warblers of North America' to 'Voices of the Peruvian Rainforest.' And he helped the Library become an important source of information on recording equipment and techniques."[160]

After Dr. Gulledge's retirement, leadership of the Library of Natural Sounds was in the hands of assistant curator Greg Budney, who was promoted to curator in 1989. David Wickstrom, library sound technician who had played a key role in restoring technical standards of the library to the defining-the-state-of-the-art level that had prevailed in the Kellogg era, departed and in August 1988 Robert Grotke arrived to assume that position. From prior mention of Grotke's role in producing the warbler records, it should

---

[160] Crane, J. 1988.

not be surprising to learn that Bob picked up where Dave left off and has continued to keep the library's equipment at the leading edge of the art.

1988 was the year in which the Sapsucker Woods projects of The Peregrine Fund completed the move to their World Center for Birds of Prey in Idaho. This being a momentous occasion, Dr. Tom Cade wrote a summary report in the *Peregrine Fund Newsletter* which I repeat below for its overall perspective on that successful program:

> "In June we shipped off the last of our falcons in 'The Hawk Barn' on Sapsucker Woods Road, across from the Laboratory of Ornithology in Ithaca, New York, sold our laboratory and living trailers, dismantled and packed our big, walk-in freezer, in which hundreds of thousands of frozen quail and chickens had been kept to feed falcons over the years, cleared out the office, and packed up our records, reports, books, mementos, and other odds and ends to send out to the World Center for Birds of Prey.
>
> "It was the end of an era that began in 1970 with the construction of a 227-foot-long pole barn, officially called the 'Behavioral Ecology Building' by the Cornell University administration. Better known as the 'Peregrine Palace' or simply as 'The Hawk Barn,' it housed many dozen pairs of Peregrine Falcons and other birds of prey during the past 18 years. Within its walls more than a thousand young

Peregrines, Gyrfalcons, Prairie Falcons, Lanners, and other raptors were hatched and reared by a dedicated group of students and associates, whose devotion never wavered in the face of many difficulties along the way to the goal of re-establishing a breeding population of Peregrine Falcons in the outdoors by the release of captive-produced birds. The 67 pairs of Peregrines established on territories from North Carolina to Maine in 1988 are a living and growing testament to their hard work and to their belief that the enterprise would succeed.

"The original building consisted of 40 breeding chambers each about 10 by 20 feet in floor space, but over the years several ancillary buildings and structures were added to the complex, so that by 1980 there were accommodations for more than 50 pairs of birds, as well as separate incubation and rearing labs for eggs, and smaller rooms for falcons sexually imprinted on humans. Although we did not know exactly what features would be needed for successful breeding of Peregrines when the barn was designed and constructed, the building withstood the test of time and practice and provided suitable space for many breeding pairs of falcons and for the production, in some years, of more than 100 young. With hindsight, we would have designed the building somewhat differently, but it was truly 'The Hawk Barn,' and served as the prototype for improved versions at Fort Collins, Colorado, and at Boise, Idaho, where the survivors of our eastern breeding stock now reside and continue to produce offspring.

"At first I tried to operate the breeding program at Cornell entirely with the help of interested graduate students. Jim Grier put in yeoman service the first year as the man in charge of the Hawk Barn, but John Snelling, Stan Temple, Jeff Lincer, Ludlow Clark and other students pitched in to keep things going. Dr. David Peakall, a research associate working on pesticides, also carried out some activities at the barn. Later Peter Wrege, Steve Sherrod, Joe Platt, and Jack Barclay helped with care and study of falcons.

"It soon became obvious that a full-time manager with no academic responsibilities and lots of practical know-how was needed to run the program. In 1972 I was able to obtain some initial funding for such a position from the National Science Foundation, which continued to support the work for six years; and I was extremely fortunate to hire Jim Weaver, who was manager of the Cornell program to its end, although he originally came 'to help out for a year.'

"I had known Jim Weaver casually as a falconer and as a voyager on arctic rivers in Alaska and

Canada, and I particularly liked his self-sufficient manner and the easy way he had of handling his birds. When he came for a visit to Cornell to see what was going on, he looked around and decided it would be a good idea for him to stay and get things organized. He took charge in a most natural and effective way. Coming from an Illinois farm background, Jim proved to be one of those people who can do almost anything. He had an almost instinctive rapport with the falcons, but in addition he was an excellent carpenter, mechanic, and electrician; he could pour concrete, operate a bulldozer, build a barn, fly an airplane, organize an expedition, and in general see that things got done quickly and right.

"Moreover, he had an unusual ability to pick good people to work with him, and they in turn gave full measure because of the respect they quickly developed for him. In short Jim was a manager, and much of the success of the Peregrine breeding program at Cornell stems directly from his efforts. In fact, it is doubtful whether the program would have been so successful if he had not come along at just the right time.

"Shortly before Jim arrived, Phyllis Dague joined the program as my administrative associate, at first on a part-time basis. She soon became my 'right hand lady' and proved to be another really indispensible person. She typed and did the correspondence, answered a million questions on the telephone, kept the books and financial records, made out the purchase orders, ran errands, lectured for fundraising and public relations, guided tours of the Hawk Barn, edited the newsletters and other publications, fed and handled birds when needed, and served as courier to deliver falcons for release in the field. In short, she did whatever the rest of us did not have the time or inclination to do!

"As the program grew, other good people joined the barn staff on either permanent or short-term appointment – Mark MacLeod, Willard Heck, Tom Maechtle, Peter Harrity, and Victor Hardaswick. Willard and Peter continue their good work at the World Center. But it was the duo combination of Weaver and Dague that provided the leadership and comradeship – the cement – that held the program together and produced the results. The Peregrine Fund salutes them both and wishes them much happiness in whatever they do and wherever they go."[161]

July marked the beginning of the 1988-89 Cornell year. Dr. David Call had decided that it was time for him to step down as chairman of the board, having served since 1985 in that capacity as the presidential appointee. However,

[161] Cade, T. 1988, pp.1-2.

unlike his predecessors, he would still retain certain responsibility for the Laboratory because it was now formally aligned with the College of Agriculture and Life Sciences, of which he was still dean. Following that logic, he obtained relaxation of the rule that the presidential appointee would always be the chairman, and "got permission for a lay person to take over as chairman of the board."[162] Ned Morgens was elected Chairman of the Administrative Board, and began his long and devoted service in that capacity.

In 1989 Research Associate Katharine Payne received the prestigious Guggenheim Fellowship award to further her work in the Bioacoustics Research Program on elephant communication. She and collaborators William Langbauer and Joyce Poole showed how elephants use infrasonic calls to coordinate their movements while widely dispersed across vast stretches of the African veldt. Katy's work on this puzzle began when she thought she noticed some such communication among visually isolated elephants in a US zoo several years earlier. Through the Laboratory she obtained technical advice and assistance for exploring her hypothesis that infrasound, too low in frequency for human hearing, was being used by the elephants. Not content to simply verify this hunch, she set out to discover how elephants in the wild use infrasound to communicate, to decipher their language, to understand its ecological significance and to develop better conservation practices

[162] Call, D.L. 2001.

based on her findings. Her work on these open land elephants would prove to be so successful that she would later be asked to extend her work to include forest dwelling species.

The 1988-89 fiscal year was something to crow about at the Laboratory, as it reversed several years of deficit and actually showed a modest amount of black ink; modest being 0.1% of the $2 million budget. Part of this success can be attributed to the work of board member Robert Nagler, which was described in the annual report as follows:

> "Board member Robert Nagler introduced himself to the Lab about two years ago when he appeared in our observatory with a brown paper bag under one arm. People on lunch break don't normally wander into our building, so we suspected that Bob must have something special in the bag. He did. It was a fine carving of an American Goldeneye which he had just acquired from a local woodcarver and wanted to show us. We immediately struck up a conversation about Bob's interest in birds.
>
> "Bob turned out to be a Cornell graduate who had studied with Arthur A. Allen, co-founder of the Lab. Bob's interest in birds had been shelved during a productive career in business, but since retiring, he had started to renew his birding connection. Within a year we had signed him onto our administrative board, where he is now very

> active. During the past year he spearheaded the formation of our Chairman's Council, a special group of Lab members who lend guidance and substantial financial support. In its first year the Council attracted 23 members thanks to Bob's leadership, hard work, and contagious enthusiasm."[163]

Indeed Bob's enthusiasm was contagious, as he easily convinced me to join the Chairman's Council the following year. And can you guess the name of Bob's boat and of his lovely Long Island waterfront home? Of course, you guessed correctly if you thought "Goldeneye."

Jill Crane, who had been editor of the *Living Bird Quarterly* since its inception in 1982, left the Laboratory at the end of the decade. The publication was a clear success and Jill's departure created an immediate need to find the right successor. Rick Bonney, who had been writing for the publication throughout its existence and had risen to become its senior editor, was in a logical position to receive first consideration. Rick recently recalled how that transpired:

> "Ned Morgens gave me a choice at the time. Even though Charlie Walcott was the director, it was really Ned that sat down with me and said, 'Look, this is what you can do; you can either become the director of education and take over', because [when

---

[163] Walcott, C. 1990.

Charlie Smith had become director of special projects in 1987] education at that point had been chopped up into pieces. There was a librarian still named Steve Sibley who was answering the questions from the public and doing the Monday Night Seminars and running the Home Study Course, and Steve was the one who started the nationally syndicated bird program *Bird Watch*. The *Living Bird* [*Quarterly* had been] taken out of education and given to the publications unit, which I was then in charge of as Senior Editor for Publications, and Ned said, 'OK, you can take on Charlie Smith's [previous] role and pull education together, or you can be editor of [*The*] *Living Bird*; take your choice.' And I decided that the education was more of a challenge, I saw the opportunity for really trying to come up with programs to really get citizen involvement more widespread throughout the continent. Greg Butcher wanted to help me with that, and I'd been doing [*The*] *Living Bird* work for six or seven years; I was ready to move on. So I was successful right about that time of recruiting Tim Gallagher to come in and to take over as editor of [*The*] *Living Bird*, which was a decision that we have never regretted; one of my more proud achievements, getting Tim here."[164]

---

[164] Bonney, R.E., Jr. 2000.

So Tim Gallagher joined the staff as editor of the *Living Bird Quarterly* starting in September 1990, and Rick Bonney became Director of Education and Information Services. Tim joined the Sapsuckers birdathon team in 1991 and served as its captain in 1992. The radio program *Know Your Birds* that had started as a local 15-minute weekly broadcast nearly fifty years earlier had been slowly evolving into a shorter program with wider distribution. This evolution underwent metamorphosis in February of 1990 to emerge as *BirdWatch*, which Rick had mentioned above, a nationally syndicated program sponsored by State Farm Insurance and aired daily on over 60 stations heard by an estimated two million listeners. Each 90-second spot allowed the Laboratory to focus on one particular item of news or interest to the birding community, and quickly captured the latent interest of a much broader constituency.

Project Feeder Watch had been started in 1987 by Greg Butcher, with the help of Erica Dunn and Rick Bonney. Volunteers signed up to make regular reports of birds observed at their feeding stations during the winter months. One enticing aspect of this project for volunteers was the prospect of seeing their own observations in the context of regional and continental patterns disclosed by the ensemble of all reports. Standard reporting forms, sophisticated data analysis and rapid publication of results in a newsletter back to volunteers made Project Feeder Watch quite a success, and set the stage for other projects of comparable design. Rick described further how that occurred:

> “The success of Feeder Watch, both as a way of gathering data and getting publications quickly out in the literature, formed the basis for the first NSF proposal, which was called ‘Public Participation in Ornithology – The National Science Experiments.’ That was in 1991, co-written by Charlie Walcott and Greg Butcher and me. Without Feeder Watch we wouldn’t have gotten that grant. Feeder Watch was the test that proved the concept would work. That first grant gave rise to the Seed Preference Test as the first national science experiment. Project Tanager and Project Pigeon Watch began out of that same grant. So that was a very key grant to launch us off into our modern day citizen science program.[165]

The National Science Foundation had also awarded a substantial three-year grant to the Laboratory for improving facilities of the Library of Natural Sounds and the Bioacoustics Research Program. This marked entry of the former into the digital age, as the first digital audio recorders were acquired. Henceforth, as part of the standard process for archiving new material into the collection, a high-quality digital copy would be made. These professional studio digital tape machines could provide the requisite high quality, and digital copies were expected to be important for several reasons. For example, digitized signals could be copied exactly, without the

---

[165] Bonney, R.E., Jr. 2000.

generational degradation inherent in analog copies. Furthermore, the clear trend toward digital technology as seen in the computer industry was expected to sweep across the audio industry as well. The Bioacoustics Research Program would be developing many computer-based tools for audio analysis, so the time was right to begin digitizing the collection. Both the Library of Natural Sounds and the Bioacoustics Research Program had moved into specially renovated and expanded quarters at the south end of the Stuart Observatory in 1990, so the NSF grant was particularly helpful in jump-starting best use of their new quarters. One early external indication of digitization is publication of the third edition of *A Field Guide to Bird Songs of Eastern North America* on CDs in 1990.

Concurrent with the southern expansion of the Stuart Observatory, the grounds outside the building were given an attractive and functional transformation. The area between the building and the pond was landscaped as a bird-feeding garden and planted with native vegetation such as serviceberry, cinnamon fern, white cedar and southern arrowwood, selected for its food, shelter or other value to birds. A large boulder, whose top surface had been chiseled out and fitted with a concealed pipe, provided an attractive water source for drinking and bathing by avian visitors. A section of rustic rail fence served to discourage large waterfowl from waddling too far from the pond into the heart of the garden. A trellis supported climbing plants and afforded places to hang various suet baskets and sunflower seed feeders. The new garden was as appreciated by and for the birds that it attracted as for the inspirations to bird watchers for replication themselves. The project was generously funded by Charles and Margaret Treman, with additional support contributed by the Agway Foundation.

In May of 1991, the Laboratory announced a $9 million capital campaign, intended to raise endowment for three key faculty-level positions and to further upgrade facilities which currently consisted of temporary house trailers being used as office space. This campaign was one element of the $1.25 billion university-wide capital campaign that had just been launched by Cornell, and the general feeling among the non-believers on campus was that the Laboratory had set a goal much higher than could be achieved. Scott Sutcliffe described that historic announcement in the 1991-1992 *Annual Report* as follows:

> "Ned Morgens, our board chairman, peered into our version of a crystal ball – an oracular 'nest egg' – to probe the Lab's future.
>
> "What did Ned see inside the egg? He winced when he saw declining North American songbird populations and other serious bird-related issues of global significance. He brightened when he saw bird conservation partnerships emerging between federal, corporate, and private organizations. He beamed when he witnessed the loyal commitment from Lab members who support our conservation,

> education, and research programs. He saw the Lab soaring into the future."[166]

With the Autumn 1991 issue, the Laboratory's premier quarterly publication shortened its name to *The Living Bird*, once again adopting the name that was first applied in 1962. Several new personnel also joined the Laboratory in 1991. Administrative Manager Diane Johnson left for graduate school and Carol Pyhtila came on to assume that position. Russell Charif, who had earned his Master's degree at Cornell in 1987 with a thesis on Northern Mockingbird vocal behavior, joined the elephant project of the Bioacoutsics Research Program to help analyze data collected during the project's 1990 Zimbabwe field expedition.

On 16 October 1991, the Laboratory held an event "An Evening with Roger Tory Peterson" at the Cornell Club in New York City. As the title suggests, it was a special opportunity for friends of the Laboratory to meet the preeminent bird artist, view a selection of his art alongside some paintings by his predecessors John James Audubon and Louis Agassiz Fuertes, hear the artist's commentary on the comparative works, and perhaps even have him sign their copies of his famous field guides. Roger Tory Peterson had served on the Laboratory's Administrative Board for two consecutive 3-year terms at its inception in 1961, and for two more terms following that, and was quite

[166] Sutcliffe, S.A. 1992, p.1.

pleased to be able to help the Laboratory again. In a subsequent letter to Dr. Walcott he said: "I thoroughly enjoyed the evening at the Cornell Club and it was flattering to be associated with John James Audubon and Louis Fuertes. If Sutton had been alive he would have been the proper one to fill the third space because of his Cornell connection and because he was the bridge between Fuertes and most of the present lot of bird painters."[167] This statement shows both the deference with which Peterson held his own place in history and the significance of George Miksch Sutton therein. Peterson included further insight to other aspects of the Laboratory's history in that letter when he wrote: "I did cherish my association with Arthur Allen in many of his endeavors and was delighted to paint the first cover for the magazine, the sapsucker, which now graces the neckties. Incidentally did you know that I was the one who suggested the name for the magazine, *The Living Bird*?"

At the beginning of the spring semester in 1992, Dr. Charles R. Smith transferred to Cornell's Department of Natural Resources as adjunct associate professor, where he would be teaching undergraduates throughout the year many of the things he had been teaching previously during summer sessions. In his fifteen years of service to the Laboratory, Charlie had been a steadfast champion of natural history education, and this move allowed him to

---

[167] Peterson, R.T. 1991.

pursue those same interests at Cornell as a full-time responsibility.

By 1992 Greg Budney had managed to bring the Library of Natural Sounds up to a very high level of productivity. Some of the results were a tape on neotropical parrots with Ted Parker, one on Hawaiian bird sounds by Laboratory Associate Doug Pratt, *Bird Songs of Belize, Guatemala and Mexico* by Laboratory Associate Dale Delaney, *Voices of the Cloudforest* by Laboratory Associate Dave Ross, *Birds of Ecuador* by Peter English and new Laboratory board member Ted Parker, and *Ocean Voices of the Alaskan Arctic* by Bioacoustics Research Program Director Dr. Chris Clark and his associates.

Perhaps the biggest news in 1992, however, was announcement that the first of three endowments in the Laboratory's five-year capital campaign goal, for the Bird Population Studies Program, had already been achieved. The endowment for the Edwin H. Morgens Professor of Ornithology was most generously given by Laboratory members Howard and Anne Morgens in honor of their son, and certainly gave the campaign a wonderfully quick start. The other two professorships in the goal were to be for a director of the Library of Natural Sounds and for the executive director of the Laboratory. This rapid achievement certainly moved the Laboratory up several notches on the scale of respect in the university. Furthermore, before the year was done, the second goal had been achieved and the Louis Agassiz Fuertes Directorship endowed the position held by the executive director, Dr. Walcott. This good fortune, well ahead of progress on the university's overall campaign, caused even the Laboratory's board and staff to take umbrage. I will say more about this capital campaign as it develops.

The Laboratory, with its long history of producing records, photographs and educational modules, plowed new ground with the release of Canary, a software package for studying animal communication. The significance of Canary, aside from being a very useful and unique product, is that it is a tool; it is a tool anxiously awaited by bioacousticians to help them perform their research more effectively. One of the objectives of the Bioacoustics Research Program is to develop new tools for the study of animal sounds, and the international use of Canary is a clear example of early success.

The Laboratory's Education and Information Services Program conducted a pilot study for Project Tanager to refine the protocols for that new National Science Experiment. The project seeks to understand breeding habitat requirements for tanagers as part of the Partners in Flight Neotropical Migratory Bird Conservation Program. It is funded by the National Science Foundation and the National Fish and Wildlife Foundation, with matching grants from a number of corporate and foundation sponsors. Concurrently, another National Science Experiment, Project Pigeonwatch, is engaging inner city school children to observe closely the population and behavior of the various color morphs of urban Rock Doves. This project is multi-purpose in that while it collects useful research data and provides direct lessons in natural science, the protocol integrates many other curriculum subjects around that central theme. Another grade-school program is Project Aves, a collaboration between the Laboratory and the Roger Tory Peterson Institute funded by the New York State Department of Education. Project Aves also provides multidisciplinary curriculum exposure, using bird seed preference tests and cavity-nesting bird behavior, for example, as central themes.

Project FeederWatch coordinator, Erica Dunn, decided in 1993 to return to Canada for a position with the Canadian Wildlife Service. Fortunately, Margaret Barker who had recently joined the Laboratory as its education outreach coordinator was ready to take up the reins, and that highly successful program continued without a hitch. Similarly in the Bioacoustics Research Program post-doctoral researcher Dave Mellinger arrived as elephant researcher Bill Langbauer left to become research director of the Pittsburgh Zoo. On the Bird Population Studies side, program director Greg Butcher left in June to become executive director of the American Birding Association. Alumni of the Laboratory staff were fledging to occupy a number of significant positions across the continent.

The Laboratory was recognized early in 1993 by the US Forest Service as a "special Forest Service partner" after several years of collaboration on various wildlife conservation projects. Not an end of such collaboration by any means, because the two organizations had just signed a Memorandum of Understanding to guide further joint efforts to stabilize populations of neotropical migratory birds. The Laboratory's national governmental stature was further enhanced when the Office of Naval Research named Dr. Chris Clark chief scientist for the Navy's marine mammal monitoring program. One significant benefit of Glasnost was to raise US Department of Defense interest in finding good peacetime use for many of its facilities, which opened multiple opportunities involving expertise in the Bioacoustics Research Program. Several of those opportunities were quite consistent with the Laboratory's mission and have been pursued to mutual benefit.

Speaking of Glasnost, the Library of Natural Sounds also signed a memorandum of understanding, late in 1962, with the Phonotheka of Animal Voices, Russian counterpart of the library. The Phonotheka collection of some 8,500 recordings represents nearly 600 or 80% of the bird species of the former Soviet Union. Most of those recordings were made by Boris Veprintsev, a distinguished biophysicist who died in 1990. His widow, Olga, was struggling to maintain the collection but the political and economic turmoil in Russia were making that exceedingly difficult and unlikely to succeed without international help. In exchange for repairing, restoring and copying the original tapes the Library of Natural Sounds would hold a copy of the Phonotheka collection for research use in the Western

Hemisphere. The Library of Natural Sounds collection already included 90,000 recordings representing 5,000 bird species, yet the Phonotheka collection would be a very significant addition both numerically and scientifically.

The Autumn 1993 issue of *The Living Bird* contained the following sad note:

> "The conservation community suffered an irreplaceable loss this past August with the death of Theodore A. Parker III. Parker, Ted to his friends, was the world's leading authority on tropical bird biology. He had spent most of his adult life in the tropics, studying birds and recording their sounds. In addition to being a member of the Lab's Administrative Board, Ted was the single largest contributor to the Library of Natural Sounds, donating more than 10,000 recordings since 1978. His abilities as an ear birder were legendary – he could identify nearly 4,000 species by sound alone.
>
> "Ted Parker was one of the greatest field biologists of this century – a courageous scientist who devoted his life to the study and conservation of tropical ecosystems. As director of Conservation International's Rapid Assessment Program, he led teams of biologists into threatened habitats in Central and South America, attempting to catalog the biodiversity of an area quickly. During an aerial survey of a cloudforest in Ecuador, the airplane the team was using crashed, killing Ted, botanist

> Alwyn Gentry, and three others. Ted Parker's loss cannot be adequately expressed. Though he was only 40 years old, his accomplishments were remarkable. It is impossible to estimate how much more he might have achieved had he lived longer. He will be greatly missed."[168]

A more complete tribute to Ted appeared in the following issue of *The Living Bird*.[169] As if that were not enough, former board member Crawford H. Greenewalt, active board member Robert G. Engel and former long-time Laboratory craftsman Lewis Pearsall all died during 1993. Yet at the same time the Laboratory was fortunate to have Dr. Kenneth V. Rosenberg join the staff as senior scientist in Bird Population Studies, eager to dive into the Laboratory's vast databank and discover trends or relationships that deserved greater attention, and to have Bob Engel's wife, Jane, succeed him on the board.

In the summer of 1994 the Laboratory welcomed Dr. André A. Dhondt, the first Edwin H. Morgens Professor of Ornithology and new Director of Bird Population Studies. Dr. Dhondt had been dean of the Faculty of Sciences at Antwerp University in Belgium, where he earned international recognition for teaching and research in the fields of population, behavioral and evolutionary ecology. Dr. Dhondt's faculty appointment at Cornell is in the

---

[168] Gallagher, T. 1993, p.5.
[169] Stap, D. 1994.

Department of Ecology and Evolutionary Biology. My wife and I had the pleasure of welcoming the Dhondt family when they arrived in New York, and introducing them to the historic attractions of the metropolitan area. I knew immediately that the Bird Population Studies Program would soon be making fantastic progress. What I didn't know was just how soon and how fantastic.

At that same time House Finches, which had only recently spread throughout the eastern half of the continent, began showing signs of an eye infection in a small part of this eastern population. Dr. Dhondt sensed that this outbreak of conjunctivitis might spread among the population, and devised a citizen-science experiment for tracking its development. His sense was entirely accurate, his early timing was fortuitous, and the rapid observable spread allowed him to perform an epidemiological study of profound scientific value.[170] The National Institutes of Health and the National Science Foundation each took note of this phenomenal experiment as arguably the first validation of citizen-science, paving the way for their subsequent support of citizen-science proposals.

The Laboratory of Ornithology had come a long, long way since Dr. Walcott signed on as executive director in 1981. Membership had grown from barely 2,000 to better than 22,000 members. The annual budget had grown from $420,000 to $4,900,000 and color of ink on the bottom line

---

[170] Dhondt, A.A. *et al*. 2001.

of the ledger had turned from red to black. Citizen science had been embraced and validated. The Laboratory's primary publication had been reformed into a consistent award winner. Bioacoustics research had been introduced and become renowned. Three faculty lines had been formed and two were endowed. Dr. Walcott's time for teaching and research had been heavily taxed during this period of intensive turn-around, recovery and growth. He appealed to Chairman Morgens and Dean Call to appoint a new executive director to lead the Laboratory into its next phase so he could return to teaching and research at Cornell.

Soaring

By 1994 the Laboratory had three endowed faculty lines: the Louis Agassiz Fuertes Executive Director's position, the Edwin H. Morgens Professor of Ornithology directing the Bird Population Studies Program, and the Imogene P. Johnson Director of the Bioacoustics Research Program. Cornell's five-year capital campaign was still in progress, and included the goal of another endowed faculty line for the Laboratory. The search for a new executive director was being conducted in that context. That search ultimately led to Dr. John W. Fitzpatrick, executive director and senior research biologist at the Archbold Biological Station in Florida.

Milestone #14 – Fifth Faculty Endowment

An important interview of any candidate for the executive director position was with Dr. David Call, Dean of the College of Agriculture and Life Sciences under whose campus jurisdiction the Laboratory fell. Dean Call remembers that interview vividly:

> "When John Fitzpatrick showed up on the radar screen as a potential director, he and I had some interesting discussions. He had a vision for the Lab

that went beyond what anybody had thought of before. And it was very exciting, Randy, it was just very exciting. I'll never forget interviewing Fitz. It was one of the most exciting job interviews I had ever sat through. I think I was being interviewed, rather than the other way around. His vision of raising endowment for faculty members to be located in the Lab - the timing was good because we had the major campaign going on, we had the matching funds for professorships, and it appeared that here was a guy who really could, you know, bring in. After some serious negotiations between Ned Morgens and myself and John, we hired John – Fitz – and I made some promises on behalf of the College. I said that if he could raise funding for four endowed chairs, that the College would provide a fifth. He visualized five core positions, the Director plus four. And as you know, he did it! By the time they finished that I was no longer dean, but the current dean then did honor the commitment."[171]

And, although it was not yet *fait accompli*, that is how the fifth faculty endowment was conceived.

Dr. Fitzpatrick officially reported for work as the new Louis Agassiz Fuertes Executive Director of the Laboratory of Ornithology in August 1995 (See Figure 46). Fitz was

[171] Call, D.L. 2001.

introduced to members by Don Stap's article "He's also a Bird Watcher" in the Autumn 1995 issue of *The Living Bird.* The title for that article hints at the latitude of Fitz's interests and expertise. Schooled at Harvard and Berkeley and Princeton, his intellectual curiosity was piqued by interactions with many distinguished biologists, and his research produced remarkable insight on such birds as neotropical flycatchers and Florida Scrub Jays. His life work on the latter species stems from a 1972 summer internship as a Harvard undergraduate at the Archbold Research Station helping Dr. Glen Woolfenden (a Cornell alumnus) study dominance behavior in scrub jay families.[172]

Two other people had recently come to the Laboratory: Bill Evans as a Research Associate and Dr. Kurt Fristrup as Assistant Director of the Bioacoustics Research Program. Bill, you will recall, was a participant in the 1987 Natural Sound Recording Workshop, and had developed a keen interest in identifying nocturnal migrants by sound. Kurt, with previous underwater sound experience at Woods Hole, was immediately helpful in relieving Chris Clark of some of the overload of burgeoning acoustic work on marine mammals. That work involved, among other things, developing hardware and software for automatic monitoring of the acoustic environment. Bill, using the sound track of a video cassette recorder and an upward-pointed microphone to record the entire night, had faced the

---

[172] Stap, D. 1995, p.12.

daunting task of listening to hours and hours of recorded cassettes just to locate a few seconds of bird calls. To do that with just a few recorders was tedious enough, but to do that for a large string of recorders operating, for example, across the entire southern tier of New York State would quickly become impractical. The Bioacoustics Research Program team, meanwhile, had been perfecting tools for detecting and extracting likely animal sounds from long recordings, so that human listeners could bypass hours of unproductive listening and concentrate immediately on events of interest. And they had been working on ways to shorten the loop even further and to extend the maximum recording time of the monitoring devices by incorporating the relevant sound detector right in the recorder. If it could be done for whale sounds, why not for nocturnal bird sounds? Bill and Kurt joined forces to try exactly that in the spring of 1996 at two monitoring stations on the east coast of Florida. Just imagine the scientific impact of a computerized continent-wide nocturnal bird migration monitoring system! That is what Bill Evans had in mind.

The internet, it seems, was the theme of the time. Rob Scott, Associate Director of Public Affairs at the Laboratory, had a few years earlier established Cayugabirds-L as an electronic mailing list for sharing messages of interest among subscribers to the list. Electronic mail proved to be a popular way to share reports of sightings, seek discussion of one's hypothesis or question regarding birds, and generally keep the flock together. Living in New Jersey, I can also attest that Cayugabirds-L has allowed me to be a vicarious Cayuga Basin birder. At about the same time, the Laboratory established itself on the internet with its own website (www.ornith.cornell.edu), and Dave Mellinger established Bioacoustics-L as an electronic mail list to serve the bioacoustics community of interest. This all began to bring the Laboratory to the attention of a new and wider audience, and to give the Laboratory a new medium for both delivering and receiving information.

The Autumn 1996 edition of *The Living Bird* focused on the Laboratory itself. It provided a sampling of citizen science programs by devoting an article apiece to Project FeederWatch, Project Tanager, Project Pigeonwatch and the Cornell Nest Box Network. It reported on the Library of Natural Sounds and the Bioacoustics Research Program. It told the stories of Sapsucker Woods and Louis Agassiz Fuertes. It described the Laboratory's relationship as part of Cornell University. And it provided the first platform for Fitz to deliver a "state and direction of the enterprise" message to his constituents. Two things stood out, in my view, as really being noteworthy, in the sense that signaled changes in course being set by the pilothouse. Not shocking changes, and not "well, it is about time!" changes, but changes nevertheless. Both are evident in the masthead. One is that the Louis Agassiz Fuertes Director of the Laboratory is also Director of Conservation Science. The other is the position of Curatorial Associate,

Systematics and Collections, occupied by Dr. Kevin J. McGowan.

Conservation, Fitz says, is not a science in itself, but a multidisciplinary effort that must be based on science. The Laboratory's mission has subsequently been succinctly codified to be: "To interpret and conserve the earth's biological diversity through research, education, and citizen science focused on birds." The new executive director may have been thinking that form should befit function, but whatever the stimulus, elevation of conservation science to program level and stepping up to the task himself is certainly a forward thinking action.

Similarly, though the bird collection has always been a valuable resource for the teaching of ornithology at Cornell, it was considered more appropriate in 1955 to retain the collection with the main campus where it would regularly be used than to build additional space to house it at Sapsucker Woods. This decision seemed fine for many years, until space pressure on the main campus dictated that the invertebrate collections be removed to Langmuir Laboratory, an off-campus overflow site in what was to become a research park adjacent to the Tompkins County airport. This migration of the collection to a marginally suitable site was not greeted with any wild enthusiasm, but it did bring the bird collection much closer to the Laboratory of Ornithology, which may have helped begin regeneration of collection-oriented synapses that had been severed in 1955. Fitz's belief that systematics should be an integral part of the Laboratory's programs, in fact a core program in due time, was manifest in Dr. McGowan's appointment. Kevin's service to the Laboratory actually began many years earlier, as he has been a member of the elite Sapsuckers birding team since 1990. Fitz himself joined that team in 1996, replacing Ned Brinkley who had been a member for four years as a student.

Also joining the staff in 1996 to help manage citizen science and education projects was Ron Rohrbaugh, with a M.S. degree in Wildlife Biology and research experience with nesting ecology of both grassland and forest species.

An article in the Winter 1997 issue of *The Living Bird* allows me to introduce both its subject and its author. The subject, Dorothy McIlroy (See Figure 47), grew up in Rochester, New York, where she was a high school classmate of Peter Paul Kellogg. While she was studying math and physics at the University of Rochester, she also came to Ithaca several summers for Doc Allen's summer-school course in ornithology. So when her husband accepted an engineering professorship at Cornell in 1952, she quickly re-established contact with Drs. Allen and Kellogg and soon became deeply involved in the Monday night seminars, the Cayuga Bird Club, and the Campus Bird Study Group. This latter group was composed primarily of spouses of male Cornell faculty and staff. She was a consummate journalist, serving as regional editor for *Tke Kingbird*, which is the journal of the Federation of New York State Bird Clubs, compiling *Birding in the*

Cayuga Lake Basin, and coordinating the New York State Breeding Bird Atlas. She was often a leader for local bird walks and a very helpful source of information for visitors to the area. She died in December 1999 at the age of 91. Dorothy certainly earned the title "Ithaca's First Lady of Birding," which was also the title of Allison Wells' article.[173]

Allison Childs Wells earned her M.F.A. in writing from Cornell in 1991 and joined the staff of the Laboratory in 1997, soon after writing the above-mentioned article. She made such a positive difference in media coverage of the Laboratory that she was appointed Director of Communications, Outreach and Marketing. Her husband, Jeff, who is National Conservation Director for the National Audubon Society, earned his M.S. at Cornell in 1992 with a thesis "Feasibility and Usefulness of Reanalysis of an Historic Ruffed Grouse (*Bonasa umbellus*) Data Base," and has been a member of the elite Sapsuckers birding team since 1994.

Use of the internet for online data submission for Project FeederWatch took a big step forward in 1997 in the form of BirdSource, a collaborative project with the National Audubon Society. In addition to archiving data for the Laboratory's citizen science projects and for the Audubon Christmas Bird Counts, BirdSource will support query-based retrieval of information. This ambitious

[173] Wells, A.C. 1997.

development will be at the leading edge of web-based applications and will benefit greatly from programming expertise available in the Cornell Theory Center, which houses and operates the "mainframe" computer center on the Cornell campus where these data will reside. The interactive nature of BirdSource is expected to appeal to users by allowing them to not only enter and retrieve data but to formulate and test hypotheses on their own.

The Laboratory lost three treasured board members in 1997: T. Spencer Knight, Robert Nagler and John Sherwood. Knight, an honorary life member of the board, had been a champion of the Laboratory from the moment the Sapsucker Woods facility had been dedicated. He had been a prime mover behind early capital campaign efforts and a valued counselor to the board for nearly forty years. Bob and John were relative newcomers compared to Spense, but just as avid in their service to the Laboratory. Both first came to the Laboratory in June of 1986. Bob, as noted earlier, was instrumental in forming the Chairman's Council. John, who lived in California, served admirably as the Laboratory's west coast ambassador. Each is sorely missed.

A helpful summary of program activities appeared in the "Letter from the Director" in the annual report for 1996-1997:

> "Students, staff, faculty, and hundreds of volunteers are in the field, working on Birds in Forested Landscapes, Cornell Nest Box Network, and the

Cerulean Warbler Atlas Project. At scientific meetings, Lab scientists and educators present and discuss findings from these studies. Workshops abound: the Library of Natural Sounds (LNS), for example, conducted sound recording workshops in California and Costa Rica. During a break from deploying undersea microphones in the Pacific, the Bioacoustics Research Program ('the whale crew') helped conduct an oceanography workshop in Santa Cruz, California. At the same time, back at the Lab, painstaking work progresses in the LNS studios toward the completion of six new CD/cassette productions. Funded by two major grants from private foundations, an exceptional team of bird-watching computer experts began to work with educators and scientists to produce 'BirdSource' – the ambitious new citizen-science web site we are creating along with the National Audubon Society. Project FeederWatch officially spawned a successful school-based program called Classroom FeederWatch, and we are busy completing materials for the upcoming school year. Our close involvement with Partners in Flight continues, as Regional Coordinator Ken Rosenberg races to complete a bird conservation plan for the northeastern United States and Rick Bonney puts the finishing touches on a major synthesis of bird conservation initiatives stemming from the 1995 Cape May conference. These are just a few of the activities underway at a Lab of Ornithology that has never been busier."[174]

In the same annual report, Fitz announced endowment of the Robert G. Engel Professor of Ornithology and Director of the Library of Natural Sounds, the fourth endowed faculty position at the Laboratory. This, you will recall, was a significant achievement because it would trigger the agreement with the College of Agriculture and Life Sciences to provide a fifth faculty line for the Laboratory. The fifth line would eventually be for a professor of evolutionary biology and systematics.

I will conclude my recap of the Laboratory's 1997 year with another personal anecdote, a story which had roots in 1993 when Canadian ornithologist Henri Ouellet published a paper showing that Bicknell's Thrush should be considered a distinct species rather than a subspecies of the Gray-cheeked Thrush.[175] In 1997 the AOU accepted Ouellet's case and elevated Bicknell's Thrush (*Catharus bicknelli*) to full species status, its breeding range confined to high-elevation forests in the northeastern United States and southeastern Canada. The type specimen had been collected near the summit of Slide Mountain, Ulster County, New York, and described in 1882 by Ridgway.[176] Naturalist and writer John Burroughs[177] may have been in

[174] Fitzpatrick, J.W. 1997.
[175] Ouellet, H. 1993.
[176] AOU 1998, p.505.
[177] Kanze, E. 1998.

the party that collected the type specimen, so I pored through *Wake Robin* and the other fourteen volumes of Burroughs' works for every mention of Slide Mountain. Very interesting reading, but not particularly helpful for guiding a recordist to find Bicknell's Thrush on Slide. The type locality is in the Catskill Mountains, at the southern limit of its breeding range. A project headed by Chris Rimmer of the Vermont Institute of Natural Science was performing a thorough investigation of the species' current population status, including work on Plateau and Hunter Mountains in the Catskill range.[178]

The Library of Natural Sounds wanted recordings of Bicknell's Thrush, so I made the Catskill Mountain population my target. I contacted Chris Rimmer for suggestions, but his team would not be in the Catskills until early June. He recommended Hunter and Plateau.

Former board member Dr. Morton S. "Sam" Adams who lived near the area and was familiar with its hiking trails, advised me that the summit of Plateau Mountain could be reached by a short but steep trail, and offered to guide the way. So late on the afternoon of 24 May 1997, we met at the trailhead and began the climb, reaching the summit quite exhausted just as night was setting in. The only recording I could get was a few call notes of a male Blackpoll Warbler in an annoying wind at 2010. After a brief flashlight reconnaissance of the area, we turned in for

---

[178] Faccio, S. 1995.

the night. Morning came soon, clear and a brisk 40ºF. At 0510 I recorded the song and calls of a Brown Creeper and several more Blackpoll Warblers, but could find no Bicknell's Thrush. There was still snow among the stunted spruces, so maybe it was still too early in the season. Finally, at 0830 I found a single thrush and recorded its lonely call note; it seemed not yet ready to proclaim its territory. Discretion suggested heading back down the mountain and returning a week or two later.

The following weeks, however, I was in California teaching the annual Natural Sound Recording Workshop, so it was not until 21 June that I could try again. Another overnight in the krumholtz of Plateau Mountain produced the desired recordings, both dusk and dawn, both songs and calls, but with a muted quality suggestive of more vigorous days passed. Nesting was well under way and most territorial proclamations were rather subdued. I should have been there two weeks earlier! At least the black flies, which had not emerged yet at the time of my May attempt, were plentiful and well fed.

The following May I climbed Slide Mountain, a considerably longer hike, for the prospect of recordings at the type location. Fortunately, perhaps due to a warmer spring but probably by being just a few days later in the month, the early birds were starting to sing on Slide Mountain, and another set of recordings was successfully collected. As I looked northeastward along the Burroughs Range toward Plateau Mountain from the summit of Slide, and compared the terrain with my map, I was intrigued to notice Cornell Mountain in the foreground, and to wonder how it was named.

The weekend of 19-21 February 1998 marked the first Great Backyard Bird Count, a new citizen science project to collect data on winter populations of feeder-frequenting species across North America. Volunteer observers report their findings online to BirdSource. It is expected that both regional and year-to-year population assessments will become feasible through this new project. Joining the staff of the Laboratory in 1998 to manage BirdSource was Steve Kelling, a sharp birder with a Cornell M.S. who had headed the undergraduate teaching labs for Applied and Engineering Physics at Cornell, and a member of the Sapsuckers birding team since 1995. Under Steve's guidance the Laboratory's computer-based operations and facilities would make great strides, and Steve would be named Director of Information Technologies.

Also joining the staff as Assistant Director of Bird Population Studies was Dr. Wesley M. Hochachka. His research interest in the effects of disease and climatic variation on bird populations is well aligned with the House Finch studies, and will make good use of the vast citizen-science database for studies of phenomena such as winter finch irruptions.

A serious study of any species of North American bird in the past half-century has always placed A. C. Bent's *Life Histories of North American Birds* at the head of the literature search. Bent served as a convenient collection point for just about all that was known at the time it was written, but therein lies the catch – Bent is sorely dated. A new series, *The Birds of North America*, was launched by the AOU in 1990 to solve this problem.[179] At a planned rate of about 70 species accounts per year, this could be accomplished in ten years. The first set of fascicles was published in 1992 and by 1998 the project had reached the halfway point. It had also reached a point of needing more help. The Laboratory became a partner to help in managing and financing the venture. Many alumni of the Laboratory stand among the experts who have volunteered to author one or more of the 720 species accounts.

The 1998 annual report included the following news:

> "The biggest splash this year came when our efforts to fill an important new position at the Lab resulted in a twofold success. After conducting a national search involving many of the top researchers in animal communication, we were extremely fortunate to attract Jack Bradbury to become the new Robert G. Engel Professor of Ornithology and director of the Library of Natural Sounds. The fact that Bradbury is married to another world-renowned scientist, Sandra Vehrencamp, made our search even more exciting, because Sandy is an expert on avian social behavior. (Among their many

[179] Fitzpatrick, J.W. 1998.

accomplishments, Jack and Sandy recently coauthored a remarkable textbook, *Principles of Animal Communication.*) Sandy will join the Bioacoustics Research Program at the Lab when she and Jack arrive in the spring of 1999."[180]

Arriving in January of 1999 to lead Project PigeonWatch was Dr. Melinds S. "Mindy" LaBranche. Mindy had done her doctoral dissertation on the endangered Red-cockaded Woodpecker and was an assistant professor in biology at Fredonia, New York. Her enthusiasm and scientific initiative would develop Project PigeonWatch into an eminently successful urban grade-school program, and then design several more bilingual urban bird studies citizen-science projects for people of all ages.

Citizen-science had finally earned the respect it deserved from scientists, academicians and governmental officials. Project proposals and grants began arriving at a rate almost too fast for handling. A sample of going projects includes Classroom BirdWatch, the Cerulean Warbler Atlas Project, Project Tanager, Birds in Forested Landscapes, Cornell Nest Box Network, the House Finch Disease Program and Project FeederWatch, in addition to Project PigeonWatch. Management of all these programs was taxing the Citizen-science Program staff and was inundating the Bird Population Studies Program staff with a haystack of new data to be searched for the figurative needles that represent

[180] Fitzpatrick, J.W. 1999a, p.37.

significant population trends. Work in the cramped quarters of the double-wide trailers was exciting and productive if not always comfortable.

Remember the shoe-string start of the Sapsuckers in that first 1984 World Series of Birding? From that modest beginning, which you will recall found 167 species of birds in the day-long quest, the Sapsuckers had been constantly refining their "secrets" for finding more and more of the 300 or more species that are potentially lurking somewhere in New Jersey during that annual event. The 1999 Sapsuckers team found an astounding 220 species during their midnight-to-midnight marathon, raising a record $120,000 in pledges to help fund citizen-science projects, and for the second year in a row winning the Edwin I. Stearns Trophy for the best out-of-state total. In fact, the Sapsuckers came in second overall, only three species short of the winning New Jersey team's total for the day. Serving on the board of the New Jersey Audubon Society which sponsors the World Series of Birding, I can personally attest that the Sapsuckers had earned not only the highest respect but sincere wishes that some year soon they would become outright winners of the event.

On 10-14 August 1999 the Laboratory and Cornell University hosted the 117th annual meeting of the American Ornithologists' Union. The annual report of the Laboratory for 1999 stated:

> "Some 860 of the world's leading ornithologists and their students made this year's event one of the

largest in AOU history and certainly among the most exciting. New findings were presented in workshops, scientific sessions, and special symposia. Lab researchers and students were prominent among the presenters, lecturing on topics ranging from birdsong and nocturnal flight-call monitoring to host-disease dynamics and citizen sciencc in the 21st Century.

"A Friday evening barbecue on the grounds of the Lab featured tours of the Library of Natural Sounds and demonstrations from many of our projects and programs. Many guests expressed our own sentiments – to gather in mid-August at Sapsucker Woods was a wonderful and fitting way to celebrate the end of a brilliant century of ornithology."[181]

The Library of Natural Sounds produced a special CD *The Diversity of Animal Sounds* that was provided to every registered attendee at that meeting. It contained 60 examples of display signals, territorial signals, defense signals and other such communication signals illustrating the title theme of the CD. It was an immediate hit and due to popular demand was subsequently released as a commercial production.

At the beginning of 2000 the Cornell Nest Box Network was renamed the Birdhouse Network, reflecting the discovery that many people do not know what a nest box is

---

[181] Fitzpatrick, J.W. 1999b, p.4.

but are familiar with the alternative term as used in the new name. A popular and fascinating adjunct of this project that was first tested in 1998 is the online camera feature, which allows people to view over the internet the natural activities within a nest box or birdhouse. Some viewers expressed dismay at the harsh realities of nature that were sometimes observed, and even suggested censoring the scenes to remove "objectionable" material. This potentially delicate matter was, I believe, handled very sensitively and sensibly by the staff.[182] The Laboratory is fortunate to have staff who are both scientifically objective and politically astute.

On 13 May 2000 the intrepid Sapsuckers again earned the Edwin I. Stearns Trophy for highest out-of-state team in the World Series of Birding. They "only" found 217 species this year, just two species short of the 1 winners and third overall. Most importantly they raised a record $140,000 in pledges to support the Golden-winged Warbler Atlas Project, which is a sequel to the highly praised Cerulean Warbler Atlas Project. Both projects seek to portray current breeding distributions of these declining species, to discover keys for recovery and to identify critical habitat for that conservation effort.

The Library of Natural Sounds had entered the digital age in 1990 when it obtained studio equipment for making digital tape copies of new cuts being archived. Those

---

[182] Fitzpatrick, J.W. 2000a.

copies were the best available insurance against degradation of the primary analog tape recordings. If physical degeneration were detected, a new copy would be made on fresh tape before the deterioration became too severe. Whereas the analog process would necessarily introduce more noise and distortion with each successive generation, the digital process could replicate the original signal perfectly so long as the digital could still be detected. Now, a decade later, digital audio recording technology offers an improved alternative – compact disks. Not ordinary audio CDs but DVDs, digital versatile disks that can store much more information and in a much higher fidelity form. Dr. Bradbury estimates that the entire library could be put on 2,500 DVDs, and more than twice that number of DVDs could be held in a giant jukebox that would allow instantaneous remote access by multiple concurrent users. The National Science Foundation has approved a major grant for the proposed sound storage and retrieval system and the board has endorsed the plan to proceed.

Milestone #15 – New Building Campaign

The Summer 2000 issue of *The Living Bird* contained a momentous announcement: the Laboratory would launch a major capital campaign to build and equip a new facility. The announcement is so significant and contains so much relevant information that I quote it extensively:

“These are historic times for the Cornell Lab of Ornithology. With a clear mission and almost 100 people working to achieve it, we are interacting more broadly with scientists, students, conservationists, and the public than ever before. Record numbers of members, citizen-science participants, research projects, and partnerships are yielding data on bird populations and conservation questions across the hemisphere. The Library of Natural Sounds is overflowing with new recordings, which we’re busy converting into a digital format for efficient storage and rapid transmittal via the web. Our new Home Study Course in Bird Biology has been released. Finally, our Information Technology group has developed a remarkable system for delivering information and citizen-science interactively over the web.

“Ten years ago, the Lab was already crowded, but our staff and Administrative Board had a great vision. They said, ‘Let’s keep building a world-class program, because talented and motivated people are more important than bricks and mortar. We’ll worry about building a new facility only when we *know* we’re ready for it.’ So, we steadily increased our endowment and now have six faculty leaders. We crammed to make room for staff scientists and now have more than 30. We added trailers to provide space for citizen science, and we now help shape this burgeoning discipline across the continent. We forged relationships with campus faculty in six Cornell departments and now lead cross-disciplinary programs in bioacoustics, animal behavior, conservation science, disease research, systematics, and science education. We sought expertise from Cornell colleagues as the Internet exploded onto the scene, and we now have one of the leading web-programming teams at a university already known for its computer science.

"Throughout the 1990s, exemplary vision, effort, achievement, and fiscal responsibility took place inside a badly outdated building and a few trailers at Sapsucker Woods. We were rewarded with steadily increasing support from Lab members, granting agencies, private foundations, and patrons. Between 1990 and 2000, the Lab's membership grew from 13,000 to 26,000, its budget from $2 million to $6.5 million, and its staff from 40 to 96.

"Growth, however, is not an end in itself. It was valuable only because it led to more accomplishments in the pursuit of a vital mission. During the 1990s, out technical publication rate grew from a few articles per year to more than 20, and the journals accepting our work today are among the most influential in the world. Our citizen-science projects have proliferated, from the fledgling Project FeederWatch in 1990 to more than a dozen ambitious ventures today. The Lab's involvement in conservation grew from a few monitoring efforts to a host of projects that span the globe. In every way we can measure their impact, our accomplishments are far greater and more lasting now than they were only a decade ago.

"Now, finally, we're 'ready to molt.' Our programs can no longer excel if they must remain inside our cramped old shell. We need space for students and visitors to sit down and work. We need a real library. We need lab and computer facilities for geographic analyses of bird population data. We need new sound and video studios equipped to handle digital media. We need production and engineering facilities to create great CDs, fashion experimental recording devices, and repair equipment. We need modern museum facilities to provide access to priceless scientific specimens. We need DNA sequencing facilities to keep unlocking mysteries of avian evolution. We need teaching labs and preparation labs, conference rooms and breakout space, public meeting areas and quiet research carrels. We need layout space for award-winning publications and computer facilities for award-winning web sites. We need adequate public space to serve thousands of visitors and to honor some of the world's greatest bird art. We need a listening room so visitors can be transported anywhere via the world's greatest natural sound collection.

"I am thrilled to announce that the board and staff of the Cornell Lab of Ornithology have launched the most ambitious capital drive in our history, and we are already well on our way to reaching our $28 million goal. The result will be a spectacular new science center at Sapsucker Woods – a true 'global clubhouse' to house the world's leading programs for the study and conservation of birds."[183]

Not to be lost behind announcement of the capital campaign for a new home, several other events of 2000 should be noted. For example, Katy Payne's highly successful elephant work moved from the open arid veldt environment of southern Africa to the closed humid forest habitat of the Central African Republic, where conservation effort focused on acoustic monitoring of elusive woodland elephants. This team deployed remote autonomous monitoring devices, designed and built by the Bioacoustics Research Program staff, to test the feasibility of using this method to monitor elephant numbers and movements. Density of the tropical forest and elusiveness of the elephants precluded any visual census, so local game protectors had been using dung piles as the surrogate means for monitoring the population. Acoustic monitoring proved

---

[183] Fitzpatrick, J.W. 2000b.

to be far superior method, so conservationists are eager to continue and expand the new technique.

Board member Linda Macaulay and husband Bill have for many years been traveling throughout the world and recording bird sounds, many for the very first time. Together they have contributed over 4,500 recordings of 2,030 species of birds from 41 countries to the Lab's sound archive. Moreover, in 2000 they pledged to fund construction of the natural sound and video library in the new Laboratory facility. Henceforth, in tribute, the library will be called the Linda and William Macaulay Library of Natural Sounds and Animal Behavior. And to hold the massive base of working data associated with digitized sound and images, as well as that for other programs of the Laboratory, the EMC Corporation agreed to establish a partnership that would provide a state-of-the-art mass storage system to be installed in the Cornell Theory Center.

On 12 May 2001 the fired-up Sapsuckers earned the Edwin I. Stearns Trophy, their third straight year, for the highest out-of-state team in the World Series of Birding. But wait, that is not all. They also tied for the coveted Urner Stone Cup, which is awarded to the overall winner! As impressive as this is, the Sapsuckers believe they can not only win first-place honors but win them outright, so they vow to return next year with even greater preparation and determination.

It was becoming a rapid roller-coaster year. On 5 June 2001, Dr. James L. Gulledge died after a lengthy illness.

To perhaps best capture the essence of what Jim had brought to the Laboratory, I will quote from Greg Budney, who worked directly with Jim as curator of the Library of Natural Sounds (LNS):

> "Jim joined the Lab staff in 1974, straight out of graduate school at the City University of New York. As head of LNS, he had a broad vision and aimed to transform the collection rapidly into a modern sound archive – a systematically based research resource that would set the standard for wildlife sound collections.
>
> "Under his leadership, LNS entered a period of dramatic growth. He established contact with wildlife sound recordists working in remote corners of the world and helped support their efforts. These amazingly prolific recordists included William W. H. Gunn, Peter Kaestner, Ben King, Ted Parker, Arnoud B. van den Berg, Paul Schwartz, and others. In 1974, Jim and his assistant, Andrea Priori, traveled to Venezuela and, in only two weeks, copied more than 5,000 of Paul Schwartz's sound recordings. Thus Schwartz's life's work was protected from the ravages of a tropical climate and today this is the best-preserved version of this enormous body of Neotropical sound recordings.
>
> "In 1978, Jim wrote the first in a series of successful proposals to the National Science Foundation that provided personnel and modern

> studio equipment, dramatically enhancing the ability of LNS to handle a growing influx of recordings. In 1979, he met a young field biologist who'd begun recording in the tropics. Jim recognized his potential and offered him the full support of LNS. That young man was Ted Parker. Like so many of the decisions Jim made during the 14 years he charted the Library's course, it was the right one. Today's Library – now called the Macaulay Library of Natural Sounds – is the largest archive of its kind in the world, due in large part to the groundwork laid by Jim Gulledge. Although many people may admire his professional accomplishments, those who can best appreciate the full measure of this man are the ones who were fortunate enough to call him a friend."[184]

The capital campaign for the new facility had been progressing very well and had reached its original $28 million goal. Architectural drawings had been prepared and thoroughly reviewed. Inevitably, between the review and the detailed estimation of costs, the goal was revised upward to $32 million. The good news is that this stretch goal was also achieved, and on 31 July 2001, in a celebration called "The First Dig," ground was ceremoniously broken. I returned to the site in mid-September and was thoroughly impressed with the imaginative sculpting of old-field ground into a delightful

---

[184] Budney, G.F. 2001.

series of embryonic new wetland habitats, created as mitigation for a small section of existing wetland that would be affected by the new building. The Hawk Barn was gone, the double-wide house trailers were gone, and the old parking lot was becoming the staging area for construction supplies. Surveyor's stakes outlined the footprint of the new building. It was an exciting visit!

In August 2001, R. Stefan Hames, a graduate student worker in the Birds in Forested Landscapes project and advisee of Dr. Dhondt, was awarded his PhD degree for research reported in his thesis "Habitat Fragmentation in Forest Birds: Effects at Multiple Scales." Dr. Hames' work is testament to the joint power of an inquiring scientific mind, the Laboratory's growing citizen-science database, and modern statistical analysis techniques. He conclusively linked the declining Wood Thrush population in the northeast to effects of acid rainfall, connected by the surprising discovery that acid rainfall interferes with calcium uptake needed by land snails to form their shells, which the thrushes depend upon significantly in their food diet for egg shell formation. Without a normal supply of land snails, the thrushes cannot produce enough viable eggs to sustain their own population.[185] Indirect effects such as this abound within the complex food chain of nature but are exceedingly difficult to identify and quantify in such a convincing manner.

---

[185] Hames, R.S. *et al*. 2002.

The fall of 2001 was capped by the arrival of Dr. Irby Lovette as Director of the Lab's Evolutionary Biology Program and Assistant Professor in Cornell's Department of Ecology and Evolutionary Biology. This appointment filled the "fifth faculty line" agreement that had been made on behalf of the College of Agriculture and Life Sciences over seven years earlier by Dean Call, and completed Fitz's original vision for the Laboratory's faculty structure. Dr. Lovette's research and teaching, which uses DNA sequencing technology to study avian evolution, will make full use of the vertebrate collection and wet laboratories which will be housed in the new facility. Irby gave the board a very instructive and interesting glimpse at some of his work on wood-warblers with a two-part exercise. In one part he presented a tray containing a dozen specimens of the Northern Parula Warbler and asked us to list all observable physical features of intra-specific variation. In the other part he presented a tray containing a dozen specimens of different wood-warbler species and asked us to arrange them in evolutionary order. Then he shared the results of his DNA work[186] on wood-warblers. Several lessons were clearly driven home by this simple participative exercise. Morphological similarities and differences can be as helpful in identifying birds as they can be misleading in showing genetic kinship. Evolution is both divergent and convergent, and new tools such as DNA analysis can shed important new light on evolutionary

[186] Lovette, I.J. and Bermingham, 2002.

history. I was also delighted during that exercise to note on the specimen tags that we were handling – very carefully with oil-free gloves, to be sure – birds that had been collected and prepared as specimens by Arthur Augustus Allen, Louis Agassiz Fuertes and George Miksch Sutton, virtual gods of the profession.

The roller coaster ride of 2001 ended with the death on 11 December of Dr. Olin Sewall Pettingill, Jr., at the age of 94. He was an Honorary Life Member of the Administrative Board of the Laboratory of Ornithology. A tribute to his contributions to bird study appeared in *The Living Bird*,[187] and much of his service as executive director of the Laboratory from 1960 to 1973 has been covered in that period of this historical report, so I offer here a different perspective as appeared in the obituary column of his local newspaper:

> "Olin Sewall Pettingill Jr. died Tuesday, Dec. 11, 2001, in Bedford, TX. Dr. Pettingill was born in Belgrade, Maine, on Oct. 30, 1907. He graduated from Bowdoin College in 1930 and received a PhD from Cornell University in 1933. Honorary doctor of science degrees were awarded by Bowdoin College in 1956, Colby College in 1979 and the University of Maine in 1982.
>
> "Dr. Pettingill taught ornithology at Carleton College for 17 years and at the University of

[187] Temple, S.A. 2002.

Michigan Biological Station for 35 summers. He was director of the famed Laboratory of Ornithology at Cornell University for 12 years. Dr. Pettingill lectured regularly for the National Audubon Society until 1978. A distinguished wildlife photographer, his camera work took him to Hudson Bay, Mexico, Iceland, the mid-Pacific, New Zealand, Argentina, the Falkland Islands and Antarctica. More than a million people in the United States, Canada, several Caribbean countries and Great Britain have viewed his motion pictures. His contributions to the Walt Disney nature series and Coronet teaching films have educated and entertained millions more. He was the author of 'Ornithology in Laboratory and Field,' a text used in many colleges and universities, as well as editor of 'The Bird Watcher's America.'

"Dr. Pettingill's two-volume work, 'A Guide to Bird Finding East of the Mississippi' and 'A Guide to Bird Finding West of the Mississippi,' was the first of its kind to give specific information on when and where to find different species of birds in each of the 48 contiguous states."[188]

The Laboratory's programs and staff had grown considerably over the years, yet organizationally it remained a very "flat" enterprise. The board expressed

---

[188] Fort Worth *Star-Telegram*. 2001.

concern to Fitz that success was stretching reasonable span-of-control limits, and that before it became unmanageable he should consider restructuring the organization accordingly. He must have had similar thoughts, because a plan to introduce a second associate director was soon developed, approved and implemented. At the beginning of 2002, Ann Redelfs joined the staff as Associate Director of Public Programs. Ann brought a life-long passion for bird watching and a Masters degree in Zoology from Oklahoma State University, augmented by sixteen years of experience managing high performance computing facilities such as the Cornell Theory Center and, most recently, the San Diego Supercomputer Center. Ann quickly developed rapport and earned the respect of the staff, and was a great help in carrying the Laboratory through this difficult period of program growth, capital campaign and new facility construction. She concentrated on integrating the Lab's vision and efforts on the growing programs in citizen science, research, conservation, information technologies, education, and communications and outreach.

Collections of many sorts figure prominently in the resources of the Laboratory. It has had a modest conventional library of ornithological books and periodicals, originally maintained by Elsa Allen, which was recently removed to off-site storage for safety during construction of the new facility. In addition, the portion of its old floorspace in the north end of the Stuart Observatory that was not affected by the new construction was space critically needed to house temporarily staff being displaced by removal of the house trailers. So, for many reasons, proper space in the new facility for the conventional library is greatly appreciated. The good news in this regard was reported as follows:

> "A prominent feature of the new Lab will be a first-rate library. It will be a haven for students, friends, and faculty, with easy access to the entire collection, study areas, private carrels, and work tables. Thanks to four recent gifts and commitments, the library is sure to be one of the finest ornithological collections in the world.
>
> "First, Ellen Adelson of Tulsa, Oklahoma, made a generous commitment to fund the design and construction of the new library. Accordingly, it will be called the Adelson Library, a tribute to the Adelson family and to Ellen's dedication to birds and the Lab of Ornithology.
>
> "Second, William E. (Ted) Davis of Foxboro, Massachusetts, donated an expansive collection of books and journals to the Lab this past April. Ted and his father amassed a remarkable personal ornithological library. The Davis Collection, about 8,000 publications, will be combined with existing library holdings to make a world-class collection.

"Third, Lab board member and friend, Mary P. Hines of Winnetka, Illinois, arranged a gift to subsidize the enormous cost of sorting, cataloging, and amalgamating all Lab library holdings. Mary's gift will ready the collections so that on opening day in 2003, all of the books and journals will be ready to use.

"And finally, a bequest from Bertha and Gladys Andrew of Trumansburg, New York, recently established the Andrew Library Endowment. These sisters, both Cornell graduates, were lifelong bird watchers and friends of the Lab. Their endowment will provide annual revenues for book and journal acquisition.

"Such remarkable generosity has been characteristic of this project – friends working together to build a new library, a new Lab, and a new tomorrow, all for the birds."[189]

Another notable aspect of the new facility is expected to be its interactive Visitors' Center. The National Science Foundation awarded the Laboratory a $1.7 million grant to develop a multimedia experience center where visitors of all ages can interactively learn better to understand birds. Allison Wells described the plans:

---

[189] Gallagher, T. 2002.

“The centerpiece, The Listening Center, will provide a spectacular audiovisual ‘virtual’ experience with birds. Surround-sound, video screens, and other tools will enhance interactive learning. Users can learn how to count flocks of birds or conduct a bird census. They will be able to take a virtual bird walk, with or without a ‘guide,’ and to appreciate the importance of the dawn chorus in vastly different places around the world.

“The exhibits will include ‘The Bird Family Tree,’ which will encourage users to think like a scientist about the ways different bird species are related and engage them in the techniques scientists use to find out if they are correct. Additional exhibits will teach visitors bird identification skills vital for understanding and appreciating birds and biological diversity. Visitors will also be able to learn about field techniques and basic scientific methodology.

“All of the exhibits will draw upon the Lab’s extensive resources, including the world’s largest library of natural sound recordings, a growing array of video footage of bird behavior, an extensive collection of original artwork, and several thousand photographic images of birds. The exhibits are already well underway, with help from experts at the Science Museum of Minnesota, the Lab’s subcontractor for exhibit development.

> "In addition to the thousands of people who visit the Lab each year, the exhibits will entertain and educate people across the country who are unable to travel to the Lab's home base in Sapsucker Woods. The exhibits will be designed for easy export to nature centers and educational institutions throughout the United States, furthering the Lab's mission to help promote the public's understanding of birds."[190]

Remember the Ivory-billed Woodpecker? A 1999 report of sighting a pair of these birds in southeastern Louisiana had sufficient credibility that Louisiana State University, the Louisiana Department of Wildlife and the US Fish and Wildlife Service decided to mount an all out effort to find the birds if indeed they still existed. Help was sought from the Lab's Bioacoustics Research Program for providing, deploying and analyzing the results of autonomous recording units during the early spring of 2002. Twelve such listening units were backpacked into remote sites in Louisiana's Pearl River and Boque Chitto swamp preserves, to monitor and record eight hours of sound each day for up to 49 days. Concurrently, three teams of two expert field observers hiked and paddled throughout the area for a month in search of any woodpecker signs. That effort was supported by Zeiss Sports Optics, replete with daily reports on a website. The press, both printed and broadcast media, had an absolute field day following this

---

[190] Wells, A.C. 2002a, p.16.

suspenseful search. Those searchers did not see any ivory-bills, but did report hearing a very distinctive double-rap sequence that was suggestive of the woodpecker. Alas, in the end after analyzing 290 gigabytes of digitized sounds, no evidence of Ivory-billed Woodpeckers could be found, but the autonomous recording units had captured the distinctive sequence more clearly and it could then be recognized for what it was – distant shotgun blasts.

Nationwide testing began in April 2002 of eBird, an online checklist in which bird watchers can keep track of their own observations while also contributing to an aggregated database with universal access. This tool, developed by the Laboratory and the National Audubon Society, was funded by a grant from the National Science Foundation. It should appeal to those bird watchers who are compulsive record keepers and are becoming internet users, which accounts for a high percentage of all bird watchers. The unique aspect of eBird that should stimulate the imagination of all users is its extensive query and report generation capabilities. Want a checklist that is tailored for a place that you plan to visit? Just ask eBird. Want a distribution map of Red-breasted Nuthatches in October? Just ask eBird. Want to compare your own sightings with others from your same area, or find out what else is being reported from your area? Want a graph of the Blue Jay population in your neighborhood over the year? Queries like those are simple and productive in eBird. This anytime, anywhere reporting system will fill in many of the gaps left by other single-date or single-purpose counts, and will eventually contain enough data to be highly significant for conservation scientists.

And on the conservation front, the Macaulay Library of Natural Sounds released a three-CD audio guide, *Voices of New World Parrots*, featuring characteristic sounds of 140 species of these colorful and threatened tropical birds. Funding from the W. Alton Jones Foundation made this publication possible. Another three-CD set, *Songs of the Antbirds*, was also released. This large group of birds is endemic to the Neotropical region between Mexico and Argentina, preferring dense forest habitats where they are more likely to be found by sound than by sight. These CDs will help conservationists, researchers and other observers to become more aware of the presence and diversity of parrots and antbirds throughout their range, which will aid in managing the protection of these birds and the critical habitats in which they live.

As if searching for Ivory-billed Woodpeckers and issuing definitive CDs of parrot and antbird vocalizations weren't enough to keep the staff busy, another very conservation-oriented effort was taking place, in the form of a mini-expedition to Hawaii to make audio and video recordings of the nearly-extinct Alala, or Hawaiian Crow. Greg Budney and Laboratory Associate Tim Barksdale received permission to enter the private land and spend just one day observing and recording the last wild pair of Alalas. By setting up their blinds during the night at two likely spots, and remaining concealed and imprisoned in those blinds until the following night, both Greg and Tim were able to observe the birds and obtain historic recordings. By "nearly extinct," you may read "there are 35 birds in captivity but only two birds remaining in the wild." The situation is akin in many ways to that of the California Condor, but probably less well understood. Greg and Tim also gained appreciation of the tenuous situation facing several other Hawaiian endemics, particularly the honeycreepers, which are declining rapidly in the face of habitat destruction and imported menaces such as feral cats and avian malaria.

After years of dedicated effort and incremental refinements in their plan, 2002 was the Sapsuckers' year. Allison Wells reported their achievement:

> "What a difference two birds can make. Moments after midnight, May 12, the totals were in, and the Cornell Lab of Ornithology's World Series of Birding Big Day team [Ken Rosenberg and John Fitzpatrick (cocaptains), Steve Kelling, Kevin McGowan and Jeff Wells] learned that they had beaten some 70 teams to bring back the prestigious Urner Stone Cup for the highest total.
>
> "The Sapsuckers tallied 224 species in the midnight-to-midnight birding extravaganza across the state of New Jersey, coming in two species higher than the second-place team.

> "'For the Lab, the Big Day is not just about winning, it's about raising awareness and financial support for birds and their habitats,' says Lab director and team cocaptain John Fitzpatrick. Lab members and friends pledged more than $700 per species, for a record-breaking fund-raising effort of almost $160,000. Thanks to sponsorship by Swarovski Optik, which covers Big Day expenses, all of the pledge funds will be spent to protect birds and their habitats. This year's funds will provide vital support for the Lab's efforts to protect declining birds in Mexico, including Painted Buntings and other migrants that winter in Mexico.
>
> "How will the team be able to surpass its astounding success next year? 'There's a record out there, for the all-time highest number of birds identified during the World Series of Birding,' says Fitzpatrick. 'It's high time we broke it.'"[191]

Effort and planning, I can assure you, are both critical ingredients to success in the World Series of Birding. And the Sapsuckers excel at both. They and a platoon of Sapsuckers-in-training scour the state of New Jersey during the weeks leading up to the Big Day, scouting for raptor nests, late-lingering winter visitors, extralimital rarities, and most efficient roadways for quickly accessing those propitious spots. They consult tide charts, weather

[191] Wells, A.C. 2002b.

forecasts and the moon cycle to help prioritize their targets. Each Sapsucker is in charge of a specific segment of their 24-hour route, and spends the last few days dry-running that segment, testing alternative routes and verifying that the segment's target species can still be found. Late Friday afternoon (Big Day is always Saturday) the Sapsuckers and their last-minute scouts converge for their all-important final strategy session. Inevitably several "sure things" have vanished on the last day, so Plan B or C is substituted as deemed better. Their route is planned right down to the minute, with an alternate opportunity for each target species just in case. Then it is time for their "last supper" and to bank a few hours of much-needed sleep. Reveille sounds at 2300. Freshen with a quick shower, pack the van with all of the Big Day's clothing, food and equipment needs, check the latest weather information, and head for the starting spot, ready to begin at the stroke of midnight. Good birding!

New Jersey is a larger state than many people realize. The finish line for the World Series of Birding is always at Cape May Point, the southernmost tip of the state. Many "northern" species can only be found near High Point, 200 miles as the crow flies to the north of Cape May. All sensible routes plan to spend dawn in the north, and have various strategies for making best use of the pre-dawn hours. The Sapsuckers have for several years elected to start in the Great Swamp National Wildlife Refuge, a good place for freshwater marsh birds and swamp-dwelling owls that call in the night. A good place, too, to listen for flight calls of nocturnal migrants. And virtually in our Basking Ridge back yard, which contributes to my delight and pride in the Sapsuckers' great achievements.

While neither a team from the Laboratory nor its new parrot CDs was directly involved, a significant ornithological discovery did have deep roots traceable to the earliest days of the Laboratory. On 28 July 2002 Columbian ornithologists Jorge Velasquez and Alonso Quevedo, working an a parrot conservation project in the Andean rainforests of Columbia, rediscovered the Fuertes's Parrot (*Hapalopsittaca fuertes*), a species which had not been seen since the days of its first discovery over 90 years earlier. The initial discovery had been by Arthur A. Allen and Leo E. Miller, who collected the type specimen and six others during a 1911 American Museum of Natural History expedition. Museum director Frank M. Chapman subsequently described the new species and named it in honor of Louis Agassiz Fuertes. Quite an amazing combination of events!

Birds are central to the Laboratory's mission without doubt, but other taxa can play important roles as well. A prime example is the role that the study of marine animal sounds has had on the Bioacoustics Research Program. The autonomous recording units, which proved invaluable in the quest for the Ivory-billed Woodpecker and are now being used on several other avian survey projects, were initially developed for monitoring marine sounds. Now these acoustic monitors are even going airborne. Two endangered bird species, the Black-capped Vireo and Golden-cheeked Warbler, inhabit military areas in the southwestern United States that cannot be safely monitored by terrestrial means because the ground is littered with unexploded ordnance. Undaunted by this new challenge, the Laboratory's team developed a remote-controlled weather balloon system for transporting the acoustic monitors above the habitat to be surveyed. Kurt Fristrup, who leads this project, said, "This project demonstrates our capacity to extend the spatial scale of acoustic monitoring to tens of square miles, and points toward improved systems that could cover hundreds of square miles."[192] Just imagine how valuable a system of this type could be for surveys of other difficult habitats such as dense jungles, impenetrable swamps and sensitive wetlands.

Recordings gathered during studies of marine animal sounds as mentioned need to be archived, just as all the bird sound recordings have been archived, so that they can be safely preserved and readily available for additional use. Because of the Laboratory's reputation as the master archive for avian sounds, and because of the Laboratory's leading position in making such information available over the internet, the US Department of Defense and the US Office of Naval Research have awarded a five-year, $2.6 million grant to the Laboratory to create a master digital archive of marine animal sounds. The nucleus of this

---

[192] Fristrup, K. 2002.

archive will be more than 8,000 hours of sound and 800 hours of video recordings collected by more than 50 researchers and institutions, including the US Navy.

The epic *Birds of North America* project has nearly reached its goal of covering all North American species. Seventeen of the planned eighteen volumes have been published and completion of the final volume is in progress. But the hard-copy first edition is not the end of the planned road: the Laboratory and the American Ornithologists' Union, as co-owners of the intellectual property, propose to follow the hard copy with one or more online products and possible hard-copy "spin-off" products. The Laboratory will be the managing entity for this next phase of the project.

With the advent of the new building and its incorporation of Cornell's Museum of Vertebrates (which includes birds, mammals, fish, reptiles and amphibians), Dr. Kim Bostwick joined the Cornell staff in the fall of 2002 as Collection Manager for Birds and Mammals. The ornithology collection contains over 46,000 bird skins and skeletons, 3,200 egg sets and 570 nests, collected on all continents and over 130 different countries, representing approximately half of the world's species of birds and all but one family. According to the collection's web site (http://www.cumv.cornell.edu/ornithology), many of the specimens were collected by Laboratory of Ornithology faculty such as Arthur A. Allen, Tom Cade, William C. Dilger, Louis Agassiz Fuertes and George Miksch Sutton, and by Cornell ornithology students such as A. Dean

Amadon, Walter J. Bock, F. Graham Cooch, John T. Emlen, Jr., Herbert Friedmann, Ludlow Griscom, Robert Mengel, Eugene S. Morton, Ralph S. Palmer, Kenneth C. Parkes, Olin S. Pettingill, Jr., Alan R. Phillips, Austin L. Rand, James Rising, Lester L. Short, Jr., Robert C. Stein, Stanley A. Temple, Harrison Tordoff and David Wingate. Arrival at this particular time gives Dr. Bostwick an excellent opportunity to fine-tune completion of the new facilities and to oversee movement of the collections into that specially designed space. Funding for the new compact storage system has been provided by the National Science Foundation. Once again having the collection collocated at the Laboratory will be a great benefit to many Laboratory programs such as Education and Evolutionary Biology.

Milestone #16 – New Quarters at Imogene Powers Johnson Center

The summer of 2002 was an exciting period for the Laboratory staff. As they labored under hardship of unduly cramped conditions and limited access to temporarily-stored resources, they also watched with great anticipation and amazement as their future quarters took shape. From the first pouring of the foundation through the erection of steelwork to sheeting of the roof and application of exterior surfaces, the day-by-day progress could also be seen and enjoyed via the internet, thanks to a "construction cam" mounted above the Stuart Observatory which could be aimed and zoomed by any remote viewer. By mid-October, and not a bit too soon to escape the impending arrival of Ithaca winter, most exterior work had been completed and further progress became less evident to the casual outside observer. However, again thanks to technology, Scott Sutcliffe's digital camera images of internal work from installation of all plumbing and wiring through pouring of floors and hanging of sheetrock walls to finishing of ceilings, walls and floors were periodically posted on the Laboratory's website for all to enjoy.

The relatively dry spring and the mild autumn allowed construction to advance rapidly (See Figures 48 through 51), past the point where weather could be a factor. That is quite uncharacteristic in the Ithaca area, so the Laboratory is fortunate in actually being able to begin occupancy on schedule in February 2003 (See Figures 52 through 55), and to hold the official dedication of the wonderful new Imogene Powers Johnson Center for Birds and Biodiversity (See Figure 56) on 13 June 2003.

The Laboratory of Ornithology's historic journey from the attic of McGraw Hall to the splendid purpose-built Johnson Center has been long, eventful, challenging and productive. It has at times been perilous, contentious, and full of doubt. Yet it has been steadfast in its quest for a better understanding of birds and their lives in this world that they share with us.

When I asked Ned Morgens to reflect on this journey and what it portends, he provided a helpful précis of its most recent chapter and explained why he is so enthusiastic about its future:

> "I think we have a tremendous base under us now. At the end of Charlie Walcott's term of service as the director, we were able to endow his position, we were able to recruit and endow a professorship which my parents were kind enough to insist bear my name, we have now five endowed faculty positions at the Laboratory, up from zero not too long ago - I think in 1990 we had none. I also have to give great credit to Cornell University in the form of the president [Hunter Rawlings], past-president Frank Rhodes who [has served] on the board, the past provost [Jim Spencer] in particular, and the development office in the form of Inge Reichenbach, [who] have been incredibly supportive. They saw the jewel that was out here in Sapsucker Woods, and they saw the potential of it, and they saw that we were on track to polish that jewel, which was at that point in time a little obscured, and they have been very supportive of that. Most recently the University, under Dave Call when he was the dean of the College of Ag and Life Sciences, said to us and made a bargain with John Fitzpatrick, 'If you can endow four chairs, we will allow you to add a fifth position, faculty position,

paid for by the University.' And that has just happened. Irby Lovette will be our evolutionary biologist, and that means we have a real powerhouse out here of science as well as education.

"The other thing that has happened quite recently that I think tees us up quite nicely for the future is that the board assigned a strategic planning committee, headed up by Francis Pandolfi who has a lot of experience in planning, certainly cut his teeth on the US Forest Service as the chief of staff there. Francis agreed to chair that committee. He came to the campus on several occasions; he assembled the entire staff of the Laboratory, and as a facilitator was able to get them to focus their attention on what was the mission of the Laboratory as it is now constituted and what is our goal structure. Our mission statement, which is a nice, concise, two-sentence mission statement, I think encapsulates that. We are here to conserve biological diversity around the globe, and to do it through science, through outreach education programs we call citizen science, and we focus on birds. But that certainly does not mean that birds are the only thing we are allowed to study. Birds are wonderful litmus paper, if you will, for what's going on in the environment, certainly ecologically speaking, and they also have a great deal of appeal to laymen. If you want to draw people through a portal into the natural world, birds provide that portal more than a lot of other living things. Other than gardening, I think birds are the easiest thing to get people interested in, as opposed to insects or mammals, which tend to be mostly nocturnal. Kids are interested in birds. Once they get interested in birds, they get interested in what birds eat, where birds go to sleep, where they go in the winter, where they make their nests, why do the birds go away, and the next thing you know you have a budding biologist on your hands. So I think the future here is reasonably clearly laid out in terms of our aspirations. We want to get more people on the planet interested in their natural surroundings; and, the more they understand them, the more they will treasure them; and, the more they treasure them, the more they will elect people who are prepared to protect them. And I think we've gone in the space of one century from a time when nature was considered the enemy to be beaten back because it was constantly encroaching on your life, your ability to survive, to a time when we are the custodians of the planet, and we have to very carefully nurture the world around us or we will eventually perish."[193]

---

[193] Morgens, E.H. 2000.

President Emeritus Rhodes expressed his wishes for the Laboratory by saying that he would like the Laboratory to become better known by all students and alumni so that they might learn the enjoyment of birds and birding. He added:

> "I hope that there will at least be two distinctive things about it: one is I hope it will continue to reach out to groups beyond the academic circle, the kind of outreach it is now doing in the schools, the kind of work that's going on with bird census activities, the kind of enthusiasm it gets not just locally or regionally, but nationally through the publication of *The Living Bird.* I think that's one thing that is an enormous asset for the University, and there are many people the world over who know the Lab and know virtually nothing else about Cornell except the quality of the Lab.
>
> "The other thing is that it will, I hope, continue to reinforce its links with the other programs of the university, and that's everything from research and teaching in the biological sciences, to work in environmental studies where birds are such sensitive indicators, to the general encouragement that the campus and the greater Ithaca community in simply taking delight in birds and seeing them as just a wonderfully endlessly attractive part of the world of living things. I think the Lab has this wonderful blend of mystery in the face of the

> beauty of birds and the almost infinite variety of birds on the one hand, and the hard-headed scientific study of every aspect of avian life; and there isn't too much going on in science where you can keep a judicious balance between wonder and mystery on the one hand and hard-headed abstraction and rational analysis on the other. The Lab of O does that, I think, in a very special way; and I hope that can continue to be a model for the best of science on the campus."[194]

So I close this historical journey by referring back to an opening phrase, but with a broader view. This place is for the birds, and their world that we share.

---

194 Rhodes, F.H.T. 2001.

Afterword

On the 18th of June, 1909, Arthur Allen and his co-birders discovered the nest of a Yellow-bellied Sapsucker in the swamp woods now protected and memorialized as the Sapsucker Woods Sanctuary. Ninety-four years later, nearly to the day, a curious thing happened.

The new Imogene Powers Johnson Center for Birds and Biodiversity at Sapsucker Woods had just been dedicated and in my search for photographs to illustrate this history I had visited Doc Allen's son, David, whose home is at the southern edge of Sapsucker Woods. We were enjoying a beautiful June day in the shade of his portico when the flight of a departing bird caught my eye.

I instantly broke the thread of our discussion and spurted, "Dave, wasn't that a sapsucker?"

David replied, quite nonchalantly, "Oh, sure; they're nesting right here by the house."

I was flabbergasted, to say the least. To the best of my knowledge, no sapsuckers had nested in the area for many decades – at least not during the middle of the 20th century when Sapsucker Woods was dedicated as a sanctuary.

The same phenomenon of reforestation that has returned Dark-eyed Juncos to the Cayuga basin as nesters, by re-establishing forested corridors of connectivity with the Appalachian biota, has apparently put the "sapsucker" back in Sapsucker Woods. I can think of no more fitting closure for this history of the Lab of Ornithology!

Figures

Courtesy Lab of Ornithology

Figure 1. Aerial view of Sapsucker Woods, roughly outlined by the dashed line, looking north along Sapsucker Woods Road, then called Town Line Road.

Courtesy Lab of Ornithology

Figure 2. A. A. Allen inspecting the sapsucker nest while L. A. Fuertes and J. Gutsell look on.

Courtesy David G. Allen

Figure 3. "Doc" Allen leads a birdwalk of the Cayuga Bird Club. Note the large American Elm trees along North Cayuga Street adjacent to Stewart Park.

Courtesy Lab of Ornithology

Figure 4. Prof. Allen (second row, with moustache) with his 1921 undergraduate ornithology class on the steps of McGraw Hall.

Courtesy Lab of Ornithology

Figure 5. Louis Agassiz Fuertes at work in his Ithaca home studio.

Courtesy Lab of Ornithology

Figure 6. Peter Paul Kellogg (seated) and Albert R. Brand checking the parabolic microphone system.

Courtesy Lab of Ornithology

Figure 7. Albert R. Brand's first published record.

Courtesy Lab of Ornithology

Figure 8. Peter Paul Kellogg, Arthur A. Allen and James T. Tanner (left to right) prepared for the 1935 Cornell University-American Museum of Natural History Ornithological Expedition.

Courtesy Lab of Ornithology

Figure 9. Kellogg recording the Ivory-billed Woodpeckers from an improvised recording studio in the Louisiana swamp.

Courtesy Lab of Ornithology

Figure 10. Allen at Camp Ephilus, observing Ivory-billed Woodpeckers at their nest in Louisiana's Singer Tract.

Courtesy David G. Allen

Figure 11. James Tanner aims the parabolic microphone system at the Ivory-billed Woodpecker.

Courtesy David G. Allen

Figure 12. Ornithology graduate students c.1940. Front, left to right: Bob Lea, Steve Eaton, Oliver H. Hewitt, Allan R. Phillips. Standing, left to right: unidentified, George Miksch Sutton, J. Wanamaker, Dwain Warner, Bill Montagna, Henry Stevenson, E. P. Edwards.

Courtesy Lab of Ornithology

Figure 13. Kellogg recording a phonograph disc on a lathe in the lab. The microscope is for optical inspection of the spiral groove as it is being cut on the surface of the disc.

Courtesy David G. Allen

Figure 14. David Allen discovered the first Bristle-thighed Curlew nest, seen here.

Courtesy Lab of Ornithology

Figure 15. Kellogg recording with the Magnemite portable tape recorder.

Courtesy Richard B. Fischer

Figure 16. Elsa and Doc Allen at his surprise party in the Lehigh Valley House. Doc's initials, AAA, are represented mathematically.

Courtesy Lab of Ornithology

Figure 17. Cornell President Deane W. Malott, Lyman K. Stuart, Mrs. Charles H. Stuart, Arthur A. Allen and Peter Paul Kellogg (left to right) at the memorial boulder dedicating the Sapsucker Woods Sanctuary.

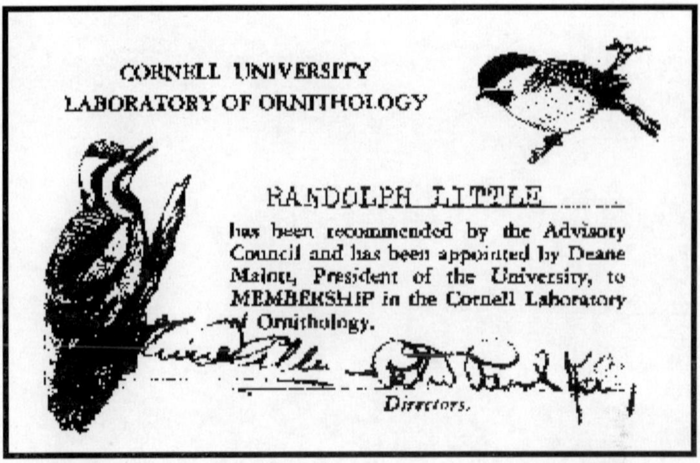

CORNELL UNIVERSITY
LABORATORY OF ORNITHOLOGY

RANDOLPH LITTLE

has been recommended by the Advisory Council and has been appointed by Deane Malott, President of the University, to MEMBERSHIP in the Cornell Laboratory of Ornithology.

Directors.

Figure 18. Author's original Lab of Ornithology membership card issued in 1956.

Courtesy Lab of Ornithology

Figure 19. Construction of the new Laboratory of Ornithology facility at Sapsucker Woods in 1956.

Courtesy Lab of Ornithology

Figure 20. The new observatory as seen from the pond. Notice the dead elm tree which Robin Palmer topped for safety, with Dilger's aviary at the far right end of the facility.

Courtesy Richard B. Fischer

Figure 21. Doc and David Allen building a boardwalk for trails through the Sapsucker Woods sanctuary.

Courtesy Lab of Ornithology

Figure 22. David Allen and Sally Hoyt at underwater photography tank.

Courtesy Lab of Ornithology

Figure 23. Arthur A. Allen filming through his special office window.

Figure 24. The author and Robert C. Stein (right) studying Traill's Flycatchers. Note the hand-cranked transport mechanism of the Magnemite tape recorder, this one mounted in an aluminum case.

Courtesy Lab of Ornithology

Figure 25. Roger Payne (right) confers with Dr. William C. Dilger.

Courtesy Lab of Ornithology

Figure 26. Olin Sewall Pettingill, Jr., reviews correspondence at his desk.

Courtesy Lab of Ornithology

Figure 27. LPs with vocalizations of 111 species helped to popularize bird study.

Courtesy Lab of Ornithology

Figure 28. Doug Lancaster reviews a document with secretary Jean Johnson.

Courtesy Lab of Ornithology

Figure 29. Spencer Knight dedicates the Lyman K. Stuart Observatory.

Courtesy Lab of Ornithology

Figure 30. Tom J. Cade directed Raptor Research at the Lab of Ornithology.

Courtesy Lab of Ornithology

Figure 31. Peregrine Falcons in front of the "Hawk Barn."

Courtesy Lab of Ornithology

Figure 32. Aerial view looking northeast over Sapsucker Woods and the pond to the Stuart Observatory and the new Behavioral Ecology Building, or "Hawk Barn," which is in the top center of the picture.

Courtesy Charles F. Leck

Figure 33. Mirror image postcard of the Stuart Observatory.

Courtesy Lab of Ornithology

Figure 34. Dr. Kellogg explains the parabolic microphone system at the summer ornithology seminar.

Courtesy Lab of Ornithology

Figure 35. Sandhill Crane receiving expert attention from George Ross and George Archibald (rear) to repair its broken wing.

Courtesy Lab of Ornithology

Figure 36. Sally Hoyt Spofford looks out over the pond at Sapsucker Woods.

Courtesy Lab of Ornithology

Figure 37. Stuart Observatory and pond at Sapsucker Woods. Water enters from the swamp on the left and exits through a drain at the right. The central dike ensures cleansing flow immediately in front of the building. Notice the Brewster Wing, containing the Fuertes Room, which had been added on the front left side of the building.

Courtesy Lab of Ornithology

Figure 38. Art Lane feeding “his” ducks.

Courtesy Lab of Ornithology

Figure 39. Pettingill and Lancaster (right) conferring in the Fuertes Room.

Courtesy Lab of Ornithology

Figure 40. Jim Gulledge armed with a Nagra tape recorder and Dan Gibson parabolic microphone system.

Courtesy Lab of Ornithology

Figure 41. Steve Kress attends a young Atlantic Puffin.

Courtesy Lab of Ornithology

Figure 42. 1978 Administrative Board. Seated, left to right, are Edwin H. Morgens, Josephine W. KixMiller, Douglas A. Lancaster, Olin Sewall Pettingill, Jr., Don R. Eckelberry, Richard J. Kent and John Frederick Barry. Standing, left to right, are R. Eliot Stauffer, T. Spencer Knight, Lester L. Short, Jr., Phillips B. Street, Robert T. Horn, Sr. (Chairman), Ann F. Gaylord, William G. Conway and Alexander Sprunt IV.

Courtesy Lab of Ornithology

Figure 43. Greg Budney observing while Jim Gulledge records.

Courtesy Lab of Ornithology

Figure 44. Charles Walcott with a favorite research subject.

Courtesy Lab of Ornithology

Figure 45. Chris Clark directs bio-acoustic research.

Courtesy Lab of Ornithology

Figure 46. Fitz records material for the Education Department.

Courtesy Lab of Ornithology

Figure 47. Dorothy McIlroy, Ithaca's "First Lady of Birding," works on the Home Study Course.

Courtesy Lab of Ornithology

Figure 48. Rig set to drill footers for the new structure.

Courtesy Lab of Ornithology

Figure 49. Steelwork rising on the new foundation.

Courtesy Lab of Ornithology

Figure 50. Finishing the roof over the new building.

Courtesy Lab of Ornithology

Figure 51. Observatory and library in the making.

Courtesy Lab of Ornithology

Figure 52. New Morgens Observatory ready for opening.

Courtesy Lab of Ornithology

Figure 53. Carol Pyhtila (left) and Linda Minde relax in front of the Morgens Observatory fireplace with the Williams Gallery in the background.

Courtesy Lab of Ornithology

Figure 54. Looking through the Williams Gallery (with art yet to be displayed on its walls), past the store toward the Morgens Observatory (below) and Adelson Library (above).

Courtesy Lab of Ornithology

Figure 55. Wild Birds Unlimited store ready to serve, adjacent to the Williams Gallery.

Courtesy Lab of Ornithology

Figure 56. Gene and Sam Johnson in the "treehouse" overlook of the new Imogene Powers Johnson Center for Birds and Biodiversity.

References

Allen, Arthur Augustus. 1942. Preface *in* The Ivory-billed Woodpecker *by* James T. Tanner, Dover Publications, New York.

_____. 1944. Touring for Birds with Microphone and Color Cameras. *Natl. Geogr.* 44:689-696 plus plates I-XVI.

_____. 1951. Stalking Birds with Color Camera. Natl. Geogr. Soc.,Washington, D.C.

_____. 1962a. Cornell's Laboratory of Ornithology. *The Living Bird* 1:7-36.

_____. 1962b. Sapsucker Woods: Cornell's Exciting New Bird Sanctuary. *Natl. Geogr.* 96:530-551.

Allen, A.A. and D. G. Allen. 1946. Macaulay Library of Natural Sounds, Acetate Disc Cut 46-5-A.

Allen, David G. 2000. *Pers. Com.* Macaulay Library of Natural Sounds, Cut RSL2000-059.

American Ornithologists' Union. 1998. Checklist of North American Birds, 7th ed. American Ornithologists' Union, Washington, D.C.

Archibald, George W. 2001. *Pers. Com.* Macaulay Library of Natural Sounds, Cut RSL2001-073.

Beim, Carol. 1975. A More Total Look at Sapsucker Woods. #700-73. Dept. of Manuscripts & Univ. Archives, Cornell Univ. Libraries.

Berger, Cynthia. 1992. "Birders Welcome." *Living Bird* 11(2):33-34.

Bonney, Richard E., Jr. 2000. *Pers. Com.* Macaulay Library of Natural Sounds, Cut RSL2000-064.

Boynton, Mary Fuertes. 1956. Louis Agassiz Fuertes. Oxford Univ. Press, New York.

Budney, Gregory F. 2001. The Lab Loses a Friend. *Living Bird* 20(4):5.

Bump, Gardiner, R. W. Darrow, F. C. Edminster and W. F. Crissey. 1947. The Ruffed Grouse. New York State, New York.

Butcher, Gregory S. and K. McGowan. 1995. History of Ornithology at Cornell University, *pp.223-260 in* Contributions to the History of North American Ornithology, Davis, William E., Jr., and Jerome A. Jackson (eds.), Memoirs of the Nuttall Ornithological Club, No. 12, Cambridge, MA.

Cade, Tom J. 2000. *Pers. Com.* Electronic mail to RSL, 24 July 2000.

_____. 1988. Peregrine Fund Newsletter 16. The Peregrine Fund.

Cade, Tom J. and Phyllis Dague, eds. 1973. Peregrine Fund Newsletter 1. Lab. of Ornithology.

_____. 1975. Peregrine Fund Newsletter 3. Lab. of Ornithology.

_____. 1977. Peregrine Fund Newsletter 5. Lab. of Ornithology.

_____. 1979. Peregrine Fund Newsletter 7. Lab. of Ornithology.

_____. 1980. Peregrine Fund Newsletter 8. Lab. of Ornithology.

_____. 1983. Peregrine Fund Newsletter 11. Lab. of Ornithology.

_____. 1984. Peregrine Fund Newsletter 12. Lab. of Ornithology.

Call, David L. 2001. *Pers. Com.* Macaualy Library of Natural Sounds, Cut RSL2001-071.

Cokinos, Christopher. 2000. Hope Is the Thing with Feathers. Tarcher/Putnam, New York.

Cornell Board of Trustees. 1955. Trustee Minutes – May 9, 1955 – Establishing Cornell Laboratory of Ornithology Deed of Trust.

Crane, Jill, ed. 1983a. The Living Bird Quarterly 2(1). Lab. of Ornithology.

_____. 1983b. The Living Bird Quarterly 2(3). Lab. of Ornithology.

_____. 1983c. The Living Bird Quarterly 2(4). Lab. of Ornithology.

_____. 1988. The Living Bird Quarterly 7(1). Lab. of Ornithology.

Crossman, Donna J. P. and C. R. Smith, eds. 1981a. Newsletter to Members 26(1). Lab. of Ornithology.

_____. 1981b. Newsletter to Members 26(2). Lab. of Ornithology.

_____. 1982. Newsletter to Members 27(1). Lab. of Ornithology.

Dennis, John V. 1984. Tale of Two Woodpeckers *in* Living Bird Quarterly 3(1):18-21. Lab. of Ornithology.

Dhondt, André A. *et al.* 2001. The House Finch Hot Zone. *Living Bird* 20(4):24-30.

Dilger, William C. 2000. *Pers. Com.* Macaulay Library of Natural Sounds, Cut RSL2000-057.

Elliott, John L. 1940. *Pers. Com.* Rare and Manuscript Collections, Carl A. Kroch Library, Cornell University, Ithaca, NY.

Emlen, John T., Jr. 1996. Adventure Is Where You Find It. Private publication, Madison, WI.

Faccio, Steve. 1995. Cutting through the Fog. *Living Bird* 14(1):20-25.

Ficken, Millicent S. 2000. *Pers. Com.* Letter to RSL, 13 July 2000.

Fitzpatrick, John W. 1997. Letter from the Director *in* Cornell Laboratory of Ornithology Annual Report 1996-1997, p.1.

_____. 1998. Bird Biographies for the 21st Century. *Living Bird* 17(2):36-40.

_____. 1999a. Annual Report 1998. *Living Bird* 18(1):34-41.

_____. 1999b. 1999 in Review: A Year of Milestones at the Lab of Ornithology. Insert in *Living Bird* 18(4).

_____. 2000a. The View from Sapsucker Woods. *BirdScope* 14(3):2.

_____. 2000b. A New Home for the Lab. *Living Bird* 19(3):5.

Fort Worth *Star-Telegram*. 13 December 2001.

Fristrup, Kurt. 2002. Up, Up, and Underway. *BirdScope* 16(3):5.

Gallagher, Tim, ed. 1991. Falcon Fund Festivities. *Living Bird Quarterly* 10(1):5.

_____. 1993. In Memoriam. *Living Bird* 12(4):5.

_____. 2002. A New Library at the Lab of Ornithology. *Living Bird* 21(1):5.

Gulledge, James L. 1979. The Library of Natural Sounds at the Laboratory of Ornithology, Cornell University. *Recorded Sound* 74-75:38-41.

Hames, R. S. *et al*. 2002. Adverse Effects of Acid Rain on the Distribution of Wood Thrush *Hylocichla mustelina* in North America. *Proc. Nat. Acad. Sci.* 99:11235-11240.

Harwood, Michael. 1987. The Lab: From Hatching to Fledging *in* Cornell University Laboratory of Ornithology Annual Report 1986/87, pp.4-13.

Hoyt, Sally F. 1962. *Pers. Com.* Typed notes, 25 June 1962.

Kanze, Edward. 1998. John o' Birds. *Living Bird* 17(2):8-15.

Keane, M. Peter. 2002. *Pers. Com.* Macaulay Library of Natural Sounds, Cut RSL2002-01.

Kellogg, Peter Paul. 1938. Hunting Bird Songs with Microphone. *J. Soc. Motion Picture Engineers* XXX(2):201-207.

_____. 1962a. Bird-sound Studies at Cornell. *The Living Bird* 1:37-48.

_____. 1962b. Vocalizations of the Black Rail (*Laterallus jamaicensis*) and the Yellow Rail (*Coturnicops noveboracensis*). *The Auk*, 79:698-701.

Kellogg, P. P. and A. A. Allen. 1955. American Bird Songs, Volume One. Cornell Univ. Press, Ithaca, NY.

Kennedy, W. Keith. 2000. *Pers. Com.* Macaulay Library of Natural Sounds, Cut RSL2000-058.

Lancaster, Douglas A. and Jean R. Johnson, eds. 1974. Newsletter to Members 71. Lab. of Ornithology.

_____. 1975. Newsletter to Members 75. Lab. of Ornithology.

_____. 1976a. Newsletter to Members 79. Lab. of Ornithology.

_____. 1976b. Newsletter to Members 80. Lab. of Ornithology.

_____. 1977. Newsletter to Members 83. Lab. of Ornithology.

Lancaster, Douglas A. *et al*, eds. 1978. Newsletter to Members 87. Lab. of Ornithology.

_____. 1979a. Newsletter to Members 93. Lab. of Ornithology.

_____. 1979b. Newsletter to Members 94. Lab. of Ornithology.

Leck, Charles F. 2000. *Pers. Com.* Letter to RSL, 21 June 2000.

Lovette, I. J. and E. Bermingham. 2002. What is a Wood-Warbler? Molecular Characterization of a Monophyletic Parulidae. *The Auk* 119(3):695-714.

McCrimmon, Donald A., ed. 1978. North American Nest Record Card Program Newsletter 23. Lab. of Ornithology.

Mengel, Robert M. 1983. George Miksch Sutton: A Bird Artist's Bird Artist. *The Living Bird Quarterly* 2(2):30.

Michener, Martin C. 2002. *Pers. Com.* Electronic mail to RSL, 12 November 2002.

Morgens, Edwin H. 2000. *Pers. Com.* Macaulay Library of Natural Sounds, Cut RSL2000-062.

Ouellet, H. 1993. Bicknell's Thrush: Taxonomic Status and Distribution. *Wilson Bulletin* 95:184-198.

Palmer, Robin. 2000. *Pers. Com.* Macaulay Library of Natural Sounds, Cut RSL2000-061.

Peterson, Helen S. 2000. *Pers. Com.* Letter to Scott Sutcliffe, 12 May 2000.

Peterson, Roger Tory. 1991. *Pers. Com.* Letter to Charles Walcott, 12 November 1991.

Pettingill, O. S., Jr., ed. 1962. Newsletter to Members 25. Lab. of Ornithology.

_____. 1963. Newsletter to Members 27. Lab. of Ornithology.

_____. 1992. My Way to Ornithology. Univ. Oklahoma Press, Norman, OK.

Pettingill, O. S., Jr. and D. A. Lancaster, eds. 1966. Newsletter to Members 40. Lab. of Ornithology.

_____. 1967a. Newsletter to Members 43. Lab. of Ornithology.

_____. 1967b. Newsletter to Members 46. Lab. of Ornithology.

_____. 1968. Newsletter to Members 47. Lab. of Ornithology.

_____. 1969a. Newsletter to Members 51. Lab. of Ornithology.

_____. 1969b. Newsletter to Members 52. Lab. of Ornithology.

_____. 1971. Newsletter to Members 59. Lab. of Ornithology.

_____. 1972. Newsletter to Members 63. Lab. of Ornithology.

Phillips, Elmer S. 2001. *Pers. Com.* Macaulay Library of Natural Sounds, Cut RSL2001-074.

Reynard, George B. 2000. *Pers. Com.* Letter to RSL, 22 June 2000.

Rhodes, Frank H. T. 2001. *Pers. Com.* Macaulay Library of Natural Sounds, Cut RSL2001-072.

Scheetz, Virginia, ed. 1957. Newsletter to Members 5. Lab. of Ornithology.

_____. 1958. Newsletter to Members 9. Lab. of Ornithology.

Severinghaus, Sheldon R. 2000a. *Pers. Com.* Electronic mail to RSL, 24 June 2000.

_____. 2000b. *Pers. Com.* Electronic mail to RSL, 27 June 2000.

Smith, Charles R. 2000. *Pers. Com.* Macaulay Library of Natural Sounds, Cut RSL2000-063.

Spofford, Sally F. Hoyt. 2001. *Pers. Com.* Macaulay Library of Natural Sounds, Cut RSL2001-003 & 004.

Stap, Don. 1994. Remembering Ted Parker. *Living Bird* 13(1):24-25.

_____. 1995. He's also a Bird Watcher. *Living Bird* 14(4):10-13.

Stein, Robert Carrington. 1963. Isolating Mechanisms between Populations of Traill's Flycatchers. *Proc. Am. Philosophical Soc.* 107(1):21-50, Philadelphia.

Sutcliffe, Scott A. 1992. Annual Report 1991-1992. Lab. of Ornithology.

Swanson, Gustav A. 1962. Ornithology at Cornell Today. *The Living Bird* 1:49-50.

Tate, James, Jr. 2000. *Pers. Com.* Macaulay Library of Natural Sounds, Cut RSL2000-051.

Temple, Stanley A. 2002. An Ornithologist's Life. *Living Bird* 21(2):8-10.

Tinbergen, Niko. 1962 Behavioral Research at the Laboratory of Ornithology. *The Living Bird* 1:79-82.

Treman, Charles E., Jr. 2000. *Pers. Com.* Macaulay Library of Natural Sounds, Cut RSL2000-060.

Walcott, Charles. 1981. Proposed Development of the Cornell Laboratory of Ornithology. Unpublished paper, 11 March 1981.

_____. 1982. Welcome. *The Living Bird Quarterly* 1(1):3.

_____. 1983. Annual Report 1982-83. Lab. of Ornithology.

_____. 1985. Dear Member. *The Living Bird Quarterly* 4(2):25.

_____. 1986. Dear Member. *The Living Bird Quarterly* 5(3):20.

_____. 1990. Annual Report 1988-89. *The Living Bird Quarterly* 9(1):insert f.p.18.

_____. 2000. *Pers. Com.* RSL notes of interview 31 July 2000.

Wells, Allison Childs. 1997. Ithaca's First Lady of Birding. *Living Bird* 16(1):8-11.

_____. 2002a. New State-of-the-Art Visitors' Center. *BirdScope* 16(1):1,16.

_____. 2002b. Lab's Team Wins World Series of Birding. *BirdScope* 16(3):3.

Appendices

Administrative Board

Name	Special Capacity	Years
Morton S. Adams		1980-1986
Ellen G. Adelson		1999-
Kraig Adler	*ex officio*	2000-
Arthur Augustus Allen	Life Member	1955-1963
A. Dean Amadon		1958-1962, 1966-1972
Albert F. Appleton		1985-1988
Sanford S. Atwood	Chairman and President's Designee	1962-1963
Robert Barker		1983-1989
John Frederick Barry		1977-1984
Rex J. Bates		1985-1998
C. W. Bice		1958-1962
William Boas		2003-
E. Edward Bruce		1998-
Peter J. Bruns		1988-
Benjamin P. Burtt		1977-1984

Name	Special Capacity	Years
David L. Call	Chairman	1985-1988
David L. Call		1995-1999
Justin M. Carisio, Jr.		1991-1997
Betty Carnes		1961-1967
Richard D. Cliggott		1993-1998
Victoria Shaw Cohen		1988-1991
William G. Conway		1968-1974, 1975-1979, 1981-1988
Dale R. Corson	Chairman and President's Designee	1963-1964
Alan Crawford, Jr.		1982-1987
John H. Dakin		1985-1988
Robert W. Dickerman		1974-1979
Thomas E. Donnelley II		1999-
Jean Wallace Douglas		1994-2000
John S. Dunning		1971-1976
Robert Dyson		2002-
Don R. Eckelberry		1974-1978
Thomas Eisner		1988-1991
Theodore L. Eliot, Jr.		1998-
Stephen T. Emlen		1976-1981

Name	Special Capacity	Years
Ostrom Enders		1971-1976
Robert G. Engel		1978-1985, 1986-1993
Jane C. Engel		1994-2000, 2001-
Ted Eubanks		2003-
Jonnie (Mrs. Bradley) Fisk		1969-1975
Paul J. Franz, Jr.		1976-1983
H. Laurence Fuller		2000-
Clifton C. Garvin, Jr.		1983-1988
Cutberto Garza	*ex officio*	1999-2000
Ann (Mrs. Harvey) F. Gaylord		1975-1979, 1983-1989
Crawford H. Greenewalt		1955-1961, 1962-1968
William W. H. Gunn		1973-1976
J. Allison Halaby		1987-1990
Thomas M. Hampson		1984-1990
Carol Hart		2003-
Oliver H. Hewitt		1970-1973
Joseph J. Hickey		1976-1981
Kenneth E. Hill		1982-1983
Mary P. Hines		1996-2002, 2003-

Name	Special Capacity	Years
Robert T. Horn	Chairman	1973-1978
Bruce S. Howard		1987-1993, 1994-2000
Ronald R. Hoy		1991-1998, 1999-
Frances C. James		1985-1991
Samuel C. Johnson		2000-2001
Imogene P. Johnson		1980-1986, 1987-1993, 1994-2000, 2001-
Mary Johnston		1999-
Hamilton F. Kean		1982-1987
William T. Keeton		1971-1976
Peter Paul Kellogg	Life Member	1955-1975
W. Keith Kennedy	Chairman	1968-1971
Richard J. Kent		1976-1981
Austin H. Kiplinger		1999-
Mary L. Kiplinger		1993-1999
Josephine W. KixMiller		1976-1983
T. Spencer Knight	Honorary Life Member	1960-1966, 1967-1973, 1974-1997
Donald E. Kroodsma		1990-1995

Name	Special Capacity	Years
Wesley E. Lanyon		1972-1977
Frank Y. Larkin		1993-1999
James P. Lassoie		1990-1993
John D. Leggett, Jr.		1980-1986
Robert L. Lewin		1967-1973
Randolph S. Little		1998-
Franklin A. Long	Chairman	1964-1968
Lawrence W. Lowman		1966-1972
Linda R. Macaulay		1992-1998, 1999-
Cyrus Mark		1963-1969
Peter R. Marler		1985-1991
Harold Mayfield		1967-1973, 1980-1984
Donald S. McChesney		1958-1964, 1966-1972, 1973-1983
David E. McGiffert		2000-2003
Barnabas McHenry		1985-1988
G. Michael McHugh		1980-1987
Frank McIntosh		1974-1977
True McLean		1955-1960
Herbert H. Mills		1972-1973

Name	Special Capacity	Years
Edwin H. Morgens		1977-1988
Edwin H. Morgens	Chairman	1988-
Robert S. Morison		1966-1970
Sandra C. Morrissey		1989-1994
William G. Morton		1972-1977
Eugene S. Morton		1985-1991
Royse P. Murphy		1968-1970
Robert Nagler		1988-1994, 1996-1997
Richard D. O'Brien		1970-1971
Richard D. O'Brien	Chairman	1971-1973
Donal C. O'Brien, Jr.		1990-1994
Raymond J. O'Connor		1988-1991
Ephram Laurence Palmer	Life Member	1955-1970
Francis P. Pandolfi		1987-1993, 1997-1998, 1999-
Theodore A. Parker III		1991-1993
Kenneth C. Parkes		1962-1968, 1970-1975
Wendy J. Paulson		1998-
Arthur H. Peterson	Chairman and President's Designee	1961-1962
Roger Tory Peterson		1961-1967, 1968-1974

Name	Special Capacity	Years
Olin Sewall Pettingill, Jr.	Honorary Life Member	1974-2001
William E. Phillips		1987-1993
Elizabeth T. Rawlings		1999-
Bayard W. Read		1961-1967
Frank H. T. Rhodes		1995-2001
Chandler S. Robbins		1980-1987
Edward W. Rose III		1994-1999, 2000-
Harvey Sampson		1993-1997
Virginia Scheetz		1955-1960, 1964-1966, 1970-1972
Robert F. Schumann		1993-1999, 2001-
Leslie R. Severinghaus		1964-1968
Victoria Shaw		1991-1994
John G. Sherwood		1987-1994
Lester L. Short, Jr.		1977-1984
Joseph R. Siphron		1983-1989
Carol U. Sisler		1998-
James W. Spencer	Chairman	1978-1985
James W. Spencer		1989-1998
Alexander Sprunt IV		1976-1983

Name	Special Capacity	Years
Stephen M. Stackpole		1970-1973
R. Eliot Stauffer		1977-1984
Peter Stettenheim		1977-1983
William R. Stott, Jr.		1993-1998
Gardner D. Stout		1964-1966
Phillips B. Street		1962-1968, 1973-1978
Lyman K. Stuart		1955-1961
George Miksch Sutton		1968-1974
Gustav A. Swanson		1955-1961, 1964-1966
John P. Syme		1958-1964
Joseph W. Taylor		1966-1972, 1973-1978
Stanley A. Temple		1986-1991, 1993-2002
Charles E. Treman, Jr.	Honorary Life Member	1964-1971, 1972-1977,1978-
Frederick Kent Truslow		1973-1977
Charles Walcott	*ex officio*	1980-1994, 1998-1999
Charles D. Webster		1980-1986
Edward Weidner		1992-1998
O. L. Westgate		1960-1966
Joseph H. Williams		1990-2003

Name	Special Capacity	Years
Terry T. Williams		2003-
David W. Winkler		1996-2002
David W. Winkler	*ex officio*	2003-

Arthur A. Allen Awards

The Arthur A. Allen Award was established in 1967 by the Administrative Board to recognize outstanding ornithologists who have exemplified effective emphasis on interpreting ornithology to the public and thereby increasing public awareness, understanding and appreciation of birds.

Awardee	Year
Roger Tory Peterson	1967
James Fisher	1968
George Miksch Sutton	1969
Alexander Wetmore	1970
Sir Peter Scott	1971
Allan D. Cruickshank	1972
Oliver L. Austin, Jr.	1973
Elizabeth S. Austin	1973
Olin Sewall Pettingill, Jr.	1974
Walter J. Breckenridge	1975
Joseph J. Hickey	1976

Awardee	**Year**
Jean T. Delacour	1977
Karl H. Maslowski	1978
Chandler S. Robbins	1979
William W. H. Gunn	1982
Alexander E. Skutch	1983
S. Dillon Ripley	1984
Robert S. Arbib, Jr.	1985
Susan Roney Drennan	1985
Tom J. Cade	1989
Crawford H. Greenewalt	1992
Kathleen Anderson	1995

Expeditions

The Cornell Laboratory of Ornithology and its collaborators have conducted numerous expeditions throughout the world to obtain audio and video recordings of birds. Below are listed many of those expeditions.

Expedition	Participants	Notes
Churchill, Manitoba 1931	G. M. Sutton, O. S. Pettingill, Jr	GMS finds first nest of Harris' Sparrow
Louisiana 1935	A. A. Allen, P. P. Kellogg, James Tanner	Photographed and recorded Ivory-billed Woodpecker
New Brunswick 1937	P. P. Kellogg	Leach's Storm-Petrel recorded via radio link
U.S. Pacific Coast 1939	A. A. Allen, D. G. Allen, Charles Brand	First US nest of Coppery-tailed Trogon
Panama 1944-45	A. A. Allen, P. P. Kellogg, D. G. Allen	First CLO field use of disc recording

Expedition	Participants	Notes
Alaska 1948	A. A. Allen, D. G. Allen, Henry Kyllingstad, Warren Peterson	DGA finds first nest of Bristle-thighed Curlew
Florida Bay 1952	A. A. Allen, P. P. Kellogg	First CLO field use of tape recording
Labrador	A. A. Allen, P. P. Kellogg	1953
Hudson Bay	A. A. Allen, P. P. Kellogg	1954
East Africa	D. S. McChesney	1956
New Zealand	L. I. Grinnell	1957-58
British Columbia 1958	R. C. Stein, M. C. Michener	Studying Traill's Flycatchers
Australia	L. I. Grinnell	1959
British Columbia 1959	R. C. Stein, R. S. Little	Studying Traill's Flycatchers
East Africa	L. I. Grinnell	1961
Rocky Mountains 1961	R. S. Little, W. Y. Brockelman	Recording for Western Field Guide
Southwestern U.S. 1961	R. C. Stein	Recording for Western Field Guide

Expeditions 448

Expedition	Participants	Notes
Florida 1962	R. S. Little, J. W. Kimball	Seeking Florida endemics
Grand Manan 1962	P. P. Kellogg, R. S. Little, R. C. Stein, P. Bondesen	Re-visit of 1937 expedition to Kent Island
Brazil	L. I. Grinnell	1963-1964
Ontario & Quebec 1963	R. C. Stein, R. S. Little	Seeking Wood Warblers
Venezuela	L. I. Grinnell	1965-1966

Fuertes Lectureships

Lecturer	Year
Donald A. Jenni	1975
Ian Newton	1976
Lewis W. Oring	1976
W. Roy Siegfried	1976
Robert K. Selander	1977
Peter Marler	1978
John H. Ostrom	1978
Fernando Nottebohm	1978
Luis F. Baptista	1979
Chandler S. Robbins	1979
Charles G. Sibley	1979
Jared Diamond	1980
John W. Terborgh	1980
J. Bruce Falls	1980
Frank A. Pitelka	1980
Paul A. Buckley	1981

Lecturer	**Year**
Raymond O'Connor	1981
Eugene Morton	1982
Glen Woolfenden	1982

Living Bird Editors

Editor	Issues	Years
Olin Sewall Pettingill, Jr.	Annual vols.1-11	1962-1972
Douglas A. Lancaster	Annual vols.4-18	1965-1980
Mary Heimerdinger Clench	Annual vol. 19	1980-1981
Jill Crane	Quarterly 1.1-9.4	1982-1990
Tim Gallagher	Quarterly 10.1 -	1991-

Sapsuckers Team Statistics

The *Sapsuckers* is the Laboratory of Ornithology's team that competes in the annual World Series of Birding, a 24-hour "Big Day" event within the state of New Jersey that is organized and hosted by the New Jersey Audubon Society. The date for this midnight-to-midnight treasure hunt is the Saturday in May immediately preceding Mothers' Day, a date chosen to coincide approximately with peak avian diversity across the Garden State. The *Sapsuckers* have participated every year since the inception of this great event, becoming undisputed champions in 2002 and raising substantial support for the Laboratory's programs along the way.

Year	Species	Pledges	Team Members
1984	167	$0	Rick Bonney*, Andy Dasinger, Cricket Melin, Ed Neumuth
1985	163	$9,000	Rick Bonney*, Greg Butcher, Andy Dasinger, Cricket Melin, Charlie Smith

* Team Captain.

Year	Species	Pledges	Team Members
1986	169	$16,000	Rick Bonney*, Mike Braun, Greg Butcher, Ken Rosenberg, Charlie Smith
1987	166	$20,000	Rick Bonney*, Mike Braun, Greg Butcher, Andy Dasinger, Todd Engstrom
1988	173	$28,000	Rick Bonney*, Mike Braun, Annette Finney, Ken Rosenberg
1989	174	$29,000	Rick Bonney*, Todd Engstrom, Annette Finney, Ken Rosenberg
1990	165	$28,000	Rick Bonney*, Todd Culver, Diane Johnson, Kevin McGowan, Ken Rosenberg
1991	166	$28,000	Rick Bonney*, Todd Culver, Tim Gallagher, Kevin McGowan, Ken Rosenberg
1992	184	$48,000	Tim Gallagher*, Ned Brinkley, Todd Culver, Kevin McGowan, Ken Rosenberg
1993	200	$56,000	Ken Rosenberg*, Ned Brinkley, Adam Byrne, Todd Culver, Kevin McGowan

* Team Captain.

Year	Species	Pledges	Team Members
1994	200	$54,000	Ken Rosenberg*, Ned Brinkley, Adam Byrne, Kevin McGowan, Jeff Wells
1995	202	$60,000	Ken Rosenberg*, Ned Brinkley, Steve Kelling, Kevin McGowan, Jeff Wells
1996	204	$70,000	Ken Rosenberg*, John Fitzpatrick, Steve Kelling, Kevin McGowan, Jeff Wells
1997	205	$84,000	Ken Rosenberg*, John Fitzpatrick, Steve Kelling, Kevin McGowan, Jeff Wells
1998	190[1]	$95,000	Ken Rosenberg*, John Fitzpatrick, Steve Kelling, Kevin McGowan, Jeff Wells
1999	220[1]	$120,000	Ken Rosenberg*, John Fitzpatrick, Steve Kelling, Kevin McGowan, Jeff Wells
2000	217[1]	$145,000	Ken Rosenberg*, John Fitzpatrick, Steve Kelling, Kevin McGowan, Jeff Wells

* Team Captain.
[1] Won Edwin Stearns Trophy (highest non-New Jersey team).

Year	Species	Pledges	Team Members
2001	214[1,2]	$150,000	Ken Rosenberg*, John Fitzpatrick, Steve Kelling, Kevin McGowan, Jeff Wells
2002	224[1,3]	$160,000	Ken Rosenberg*, John Fitzpatrick*, Steve Kelling, Kevin McGowan, Jeff Wells
2003	220[1]	$150,000	Ken Rosenberg*, John Fitzpatrick*, Steve Kelling, Kevin McGowan, Jeff Wells

* Team Captain(s).
1 Won Edwin Stearns Trophy (highest non-New Jersey team).
2 Tied for Urner-Stone Cup (highest number of species).
3 Won Urner-Stone Cup outright.

Significant "Firsts" of the Laboratory

Year	Event	Personnel
1915	First Professor of Ornithology	Arthur A. Allen (AAA)
1917	First Courses in Wildlife Conservation	AAA
1927	First Use of Colored Feathers for Marking Birds	W. K. Butts, M. H. Baumgartner
1929	First Sound Movie of Wild Birds	AAA & Fox-Case Movietone Corp.
1931	First Nest of Harris' Sparrow	George M. Sutton
1932	First Published Record of Wild Bird Songs	Albert R. Brand, M. Peter Keane (MPK)
1932	First Use of Parabolic Reflector for Bird Sounds	Peter Paul Kellogg, MPK
1932	Ruffed Grouse Drumming Demystefied	AAA, PPK, MPK, Charles Brand
1935	Ivory-billed Woodpeckers Recorded & Filmed	AAA, PPK, James Tanner

Year	Event	Personnel
1939	First U.S. Nest of Coppery-tailed Trogon Found	AAA, David G. Allen (DGA), Charles Brand
1944	Switch from Film to Disc Recording in the Field	AAA, PPK
1948	First Nest of Bristle-thighed Curlew Found	AAA, DGA, Henry Kyllingstad & Warren Peterson
1951	First Magnemite Tape Recorder Produced	N. M. Haynes, PPK
1952	Switch from Disc to Tape Recording in the Field	AAA & PPK
1954	First Whooping Crane Recordings	AAA, Elsa G. Allen & J. Howard
1972	Home Study Course in Bird Biology	Olin Sewall Pettingill, Jr.
1973	Elfin Woods Warbler Discovered	A.& C. Kepler
1975	First Restocking of Peregrine Falcons	T. J. Cade
1977	First Returns of Restocked Atlantic Puffins	S. W. Kress
1980	First Fledglings from Restocked Peregrine Falcons	T. J. Cade

Year	Event	Personnel
1986	Cuban Ivory-billed Woodpecker Sighted	G. B. Reynard, L. L. Short, Jr.
1987	First Recordings of New Parrot Species	L. Kibler, A. Meyer
1992	First National Science Experiments	R. E. Bonney, Jr., G. S. Butcher
1994	First Detailed Description of a Major Epidemic Caused by an Emerging Disease in a Wild Bird Species	A.A. Dhondt

Senior Staff of the Laboratory

Name	Position	Years
Arthur Augustus Allen	Honorary Director	1962-1963
Michele M. Barclay	Manager, Bookshop	1985-1986
Jill K. Baringer	Manager, Bookshop	1987-1987
Richard E. Bonney, Jr.	Director, EIS	1991-2000
Richard E. Bonney, Jr.	Director, Education	2001-
Jack W. Bradbury	Director, Library of Natural Sounds (LNS)	1999-2000
Jack W. Bradbury	Director, Macaulay Library	2001-
Gregory F. Budney	Assistant Curator, LNS	1980-1989
Gregory F. Budney	Curator, LNS	1989-2000
Gregory F. Budney	Curator, Macaulay Library	2001-
Gregory S. Butcher	Director, Cooperative Research	1984-1986
Gregory S. Butcher	Director, Bird Population Studies	1986-1993

Name	**Position**	**Years**
Tom J. Cade	Research Director	1966-1972
Tom J. Cade	Research Affiliate	1972-1976
Tom J. Cade	Director, Raptor Research Program	1976-1987
Christopher W. Clark	Director, Bioacoustics Research Program	1987-
Donna J. P. Crossman	Librarian	1983-1984
Andre A. Dhondt	Director, Bird Population Studies	1994-
William C. Dilger	Assistant Director	1962-1966
Robert W. Dorn	Development Officer	1979-1981
Samuel A. Eliot	Director, Public Affairs	1982-1984
Lang Elliott	Photography	1984-1987
Lucy V. Engelhard	Bioacoustics Assistant	1967-1973
Lucy V. Engelhard	Bioacoustician	1973-1974
John W. Fitzpatrick	Fuertes Director	1995-
Kurt Fristrup	Asst. Dir., Bioacoustics Research Program	1995-
Tim Gallagher	Director, Publications	1996-
James L. Gulledge	Sound Program Supervisor	1973-1976

Name	Position	Years
James L. Gulledge	Director, Library of Natural Sounds	1976-1987
Wesley M. Hochachka	Asst. Dir., Bird Population Studies	1998-
Linda G. Hooper	Director, Administration	1980-1982
Linda G. Hooper	Director, Art Programs	1983-1983
Michael J. Hopiak	Supervisor, Photographic Services	1976-1981
Sally F. Hoyt(Spofford)	Executive Secretary	1962-1966
Sally F. Hoyt(Spofford)	Admin. Assistant	1966-1969
Margaret H. Hundley	Public Relations Asst.	1967-1968
Lawrence J. Jackmin	Business Manager	1972-1976
Lawrence J. Jackmin	Director, Operations & Administration	1976-1979
Diane Johnson	Administrative Supervisor	1984-1987
Diane Johnson	Director, Business Operations	1987-1991
Steve Kelling	Director, BirdSource	2000-2000
Steve Kelling	Director, Information Technology & BirdSource	2000-
Peter Paul Kellogg	Assistant Director	1962-1966

Name	Position	Years
Douglas A. Lancaster	Assistant Director	1964-1972
Douglas A. Lancaster	Director	1972-1976
Douglas A. Lancaster	Executive Director	1976-1979
Helen S. Lapham	Librarian	1980-1982
Thomas S. Litwin	Director, Seatuck Research	1982-1987
Irby J. Lovette	Director, Evolutionary Biology	2001-
Donald A. McCrimmon	Director, Data Record Programs	1974-1979
Donald A. McCrimmon	Director, Cooperative Research	1980-1984
Kevin J. McGowan	Curatorial Assoc., Systematics & Collections	1996-2001
Kathleen A. McIsaac	Business Manager	1983-1984
David B. Peakall	Research Affiliate	1972-1974
Olin Sewall Pettingill, Jr	Director	1961-1966
Olin Sewall Pettingill, Jr.	Administrative Director	1966-1972
Carol Pyhtila	Administrative Manager	1992-1994
Carol Pyhtila	Director, Operations	1995-

Name	Position	Years
Ann Redelfs	Assoc. Dir., External Relations & Public Programs	2002-2003
Ronald W. Rohrbaugh	Director, Citizen Science	2001-
Kenneth V. Rosenberg	Sr. Scientist, Bird Population Studies	1993-2000
Kenneth V. Rosenberg	Director, Conservation Science	2001-
Steven C. Sibley	Librarian	1984-1987
Charles R. Smith	Director, Public Education	1976-1985
Charles R. Smith	Director, Education & Information	1986-1986
Charles R. Smith	Acting Director	1980-1981
Charles R. Smith	Director, Special Projects	1987-1991
Scott A. Sutcliffe	Director, Development	1985-1985
Scott A. Sutcliffe	Director, Public Affairs	1986-1988
Scott A. Sutcliffe	Director, Development	1989-1991
Scott A. Sutcliffe	Director, Public Affairs	1991-1994
Scott A. Sutcliffe	Executive Director	1994-1996
Scott A. Sutcliffe	Associate Director	1996-2002
Scott A. Sutcliffe	Assoc. Dir., Development & Operations	2002-

Name	Position	Years
James Tate, Jr.	Assistant Director	1968-1972
Charles Walcott	Executive Director	1981-1993
Charles Walcott	Fuertes Director	1994-1995
Sam E. Weeks	Assistant Director	1972-1976
Allison Childs Wells	Director, Communication & Outreach	2000-
Jane Hance Wood	Administrative Supervisor	1983-1984

Index

A

B

C

D

E

F

G

H

I

J

K

L

M

N

O

P

Q

R

S

T

U

V

W

X-Y

Z